山崎敏夫 著

ナチス期
ドイツ合理化運動の展開

東京 森山書店 発行

本書を今は亡き恩師　前川恭一先生に捧ぐ

は　し　が　き

　本書は，ナチス期（1933—45年）におけるドイツの合理化運動を研究対象とし，その歴史的な展開過程を実証的に明らかにしたものである。すでに筆者は，ヴァイマル期，とりわけ第1次大戦後の資本主義の相対的安定期（1924-29年）におけるドイツの合理化運動について考察しており，その研究成果は，別著『ヴァイマル期ドイツ合理化運動の展開』（森山書店，2001年）として公刊している。本書はこの別著の続編としての性格をもっている。

　周知のように，第1次大戦後の資本主義の相対的安定期のドイツにおいて，「労資協調」というかたちで労働者・労働組合をも巻き込んで，また国家の強力な支援のもとに合理化運動がひとつの「国民運動」として展開された。それは経済の再建という課題のもとに推し進められたが，合理化運動のいきつくところは「合理化恐慌」であり，1929年に始まる世界恐慌のなかで，ドイツの過剰生産能力は，他の諸国と比べても，一層きわだったかたちで，深刻な生産と消費の矛盾を露呈することになった。

　このようにヴァイマル期にひとつの「国民運動」として展開された合理化の組織的な取り組みは，その後のナチス期には，新たな展開をみることになる。そこでは，ファシズム体制のもとで，経済の軍事化と戦争経済が推し進められ，ヴァイマル期とは異なる条件のもとに，また異なるかたちで合理化運動が一層組織的に推し進められることになった。そこでの合理化の推進は生産力発展の直接的な契機のひとつにもなったが，労働者にきわめて過酷な労働を強いるかたちで推し進められ，軍備増強，戦争の遂行という政治的目的のもとに推進された。

　第2次大戦の敗北によるナチスドイツの崩壊にともない，そこでの合理化運動も終焉を迎えることになった。軍需市場を基盤とするファシズム的合理化の組織的な取り組みは，生産力増大の可能性を経済発展に十分に生かすことができなかっただけでなく，多くの場合，国民生活に悲惨な結果をもたらした。

このような帰結をもたらしたナチス期ドイツの合理化運動の考察をとおして当時の歴史から何を学ぶことができるであろうか。21世紀という新しい時代を迎え，新しい企業経営のあり方が求められている状況のなかで，過去の合理化問題の歴史を掘り起こし，未来を展望することは重要な意味をもつと思われる。

かくして，本書の目的は，ナチス期におけるドイツの合理化運動を分析し，その歴史的な特質・意義を明らかにすることにある。そのさいの筆者の問題意識は以下の点にある。

一般に，ナチス期の問題を対象としたこれまでの研究としては，歴史学や政治学の分野における研究は多くみられる。しかし，経済過程からの接近を行ったものはそれらに比べるとはるかに少ない。しかも，経済過程の分析を試みた研究のなかでも，分析の重点は，ナチスの経済機構や，ドイツ経済とナチスとの関係，個々の企業ないし資本家とナチスとの個別的関係，労働の問題などにおかれているといえる。

このような研究動向のなかにあって，この時期の合理化運動を経済過程の一環として分析した研究はきわめて少ないといえる。せいぜい経営史的研究や社会経済史的研究などにおいてこの時期の合理化の問題に関する若干の蓄積がみられるにすぎない。しかし，そこにはつぎのような限界がみられる。これらの研究は，個別の産業部門に考察の対象を限定したものや，特定の合理化方策を中心に考察したもの，労働面の問題に重点をおいたものであるなど，この時期の合理化の問題を包括的に扱った研究はほとんどみられない状況にある。また個別企業の合理化の問題を考察した研究には，合理化運動の国民経済的＝社会経済的側面が十分に考慮されていないという問題，限界をもつものもみられる。

このように，日本においても，またドイツにおいても，ナチス期の合理化運動の全体像が十分に明らかにされているとは必ずしもいえず，この点において，研究上の大きな空白部分，限界がみられるといえる。本書では，このような研究動向をふまえつつ，個別企業レベルにおける合理化過程の具体的な考察によって，また主要産業部門間の比較によって，この時期の合理化運動の全体構造を解明するとともに，それをとおして合理化運動の歴史的特質と社会経済的意義を明らかにしようとしている。そのことによってこれまでの研究上の空白部分を少しでも埋めることを意図している。そのさい，本書では，とくに以

下の点に留意して分析を行っている。

　第1に，当時の代表的な基幹産業部門の合理化過程を取り上げ，産業間の比較を行うなかで合理化の実態を把握することである。例えば合理化への国家のかかわりにもみられるように，合理化の展開のための条件は産業部門によって大きく異なっており，したがって，実際の合理化の展開のされ方にも大きな相違がみられる。それゆえ，本書では，それらの産業部門間にみられる共通性とともに，それぞれの産業における独自的な展開，その特徴をおさえ，国民経済全体のなかにそれを位置づけることによって，合理化過程の総合的な把握を行っている。

　第2の点は，企業の合理化過程においてどのような経営方式の発展がみられたかという点である。この時期の合理化は，技術と労働組織の領域の合理化を中心に取り組まれたが，本書では，個別企業レベルにおける合理化過程の具体的考察をとおして，この時期の経営方式の発展の特徴を明らかにするとともに，それをふまえて，ヴァイマル期および第2次大戦後の時期との関連のなかで，この時期の企業経営の発展の歴史的位置づけを行っている。

　第3の問題は，軍需市場の拡大を基盤にした大量生産への取り組みがもたらした結果とその意味についてである。すなわち，軍需市場の拡大を基盤にした大量生産体制への移行，その確立のための諸努力のなかで，それが実現されることができたかどうか，そのような市場の条件のもとでの大量生産のもつ意義と限界を明らかにすることである。この点を，自動車のような消費財の大量生産を基礎にした「現代的な」大量生産体制との比較を行うなかで，検討している。

　第4は，合理化運動への国家のかかわりとその特徴についてである。ナチス期には，ファシズム的合理化を推し進める上で，合理化への国家のかかわりは独特のかたちで展開されたが，本書では，ヴァイマル期や第2次大戦後の時期との比較をとおして，ナチス期の合理化運動への国家のかかわりの特徴を明らかにしている。この点はファシズム体制のもとでの合理化の特徴を明らかにする上で重要な意味をもつといえる。

　第5の点は，ナチス期と第2次大戦後の時期との間にどのような「連続性」と「不連続性」＝「断絶性」がみられるかという視点である。この点を，とく

に，実際の合理化の内容と，合理化が展開される諸条件との両面について検討を行い，ナチス期の合理化運動の歴史的性格と意義を明らかにしている。

以上のような視点から，本書では，つぎのような章別構成で考察を展開している。

まず序章「ナチス期の合理化運動の研究課題と分析視角」では，本書の考察をとおして解明すべき主要研究課題を明らかにした上で，合理化問題の分析視角について取り上げ，とくにこの時期の合理化運動を考察するさいに必要かつ有効となる基本的視角を明らかにしている。

つぎに，第1部「合理化運動の展開過程」では，ヴァイマル期とナチス期のドイツにおける合理化運動について，それらが取り組まれるに至る社会経済的背景と合理化運動の実際の展開過程の考察を行い，そこでの主要問題と特徴を明らかにしている。

まず第1章「ヴァイマル期の合理化運動の展開とその特徴」では，1920年代の資本主義の相対的安定期の合理化運動を取り上げて考察している。ナチス期の合理化の分析に先立ちヴァイマル期の合理化を取り上げる理由はつぎの点にある。ナチス期の合理化運動においては，国家のより強力な関与のもとにファシズム的合理化が取り組まれることになるが，合理化が展開される条件も，また合理化のあり方もヴァイマル期とは大きく異なっており，それゆえ，ナチス期の合理化問題の考察においては，ヴァイマル期の合理化との比較をふまえてみていくことが重要となるからである。この章では，ヴァイマル期に本来個別企業レベルの問題である合理化が労働者・労働組合の協力（「労資協調」）と国家の強力な支援のもとにひとつの「国民運動」として取り組まれるに至る社会経済的背景とともに，合理化運動の具体的な展開過程について考察を行っており，合理化運動の全体構造を明らかにしている。

また第2章「ナチス期の合理化運動の展開とその特徴」では，ナチス期の合理化運動について，国家のより強力な関与のもとにファシズム的合理化が取り組まれるに至る社会経済的背景の考察をとおして，ヴァイマル期と比べての合理化が展開される条件の変化を明らかにした上で，その具体的な展開過程を考察し，そこにみられる特徴を明らかにしている。

第2部「主要産業部門における合理化過程」では，合理化の具体的な展開過

程について，当時の代表的な基幹産業部門を取り上げて考察を行っている。そこでは，企業レベルの合理化について，「技術的合理化」と「労働組織的合理化」の諸方策を中心に，それらの展開過程の具体的考察を行っている。そのさい，旧産業部門と新興産業部門との間の差異・特徴を明らかにするだけでなく，重工業（とくに鉄鋼業）や化学工業のような装置・生産財産業部門と電機工業，自動車工業，機械製造業のような加工組立産業部門との間にみられる差異や特徴の当時の状況についても，産業特性との関連をふまえて究明し，合理化の展開過程を総合的に把握しようとした。

まず第3章「重工業における合理化過程」では，当時ドイツの国民経済のなかで最も大きな位置を占めていた重工業の事例を取り上げている。当時，この産業部門の代表的な大企業はやはり多くが炭鉱と鉄鋼を結合したいわゆる「混合企業」であったがために，石炭業と鉄鋼業における合理化過程の具体的考察を行っている。

つづく第4章から第6章までの各章では，新興産業部門の合理化過程を重工業との比較において考察している。第4章では化学工業を，第5章では電機工業を，第6章では自動車工業を取り上げている。これらの新興の諸部門において合理化が重工業と比べてさらにどのように展開されていったか，その特徴を明らかにしている。

また第7章「機械製造業における合理化過程」では，以上の産業諸部門との関連で，これらの産業部門をはじめとする多くの諸部門の主たる労働手段である機械設備を供給するという点で重要な役割を果す機械製造業を取り上げ，ナチス期の合理化の特徴を明らかにしている。

結章「ナチス期の合理化運動の特質と意義」では，第1部および第2部での考察をふまえて，ヴァイマル期，ナチス期および第2次大戦後のそれぞれの時期における合理化運動への国家のかかわりを比較し，各時期における国家の役割，その意義を明らかにしている。またこの時期の合理化運動がもたらした諸結果・帰結に関して，軍需市場を基盤にした大量生産の意義と限界を明らかにするとともに，この時期の消費財（とくに耐久消費財）部門の発展のあり方とそれがもたらした影響について検討を行っている。さらに，本書全体の考察結果をふまえて，ナチス期と第2次大戦後の時期との間にどのような「連続性」

と「不連続性」＝「断絶性」がみられるかを検討し，ナチス期の合理化運動の歴史的な位置づけを行うなかで，その歴史的性格と意義を明らかにしている。

なお，すでに述べたように，ナチス期の合理化運動を考察するさいには，ヴァイマル期の合理化運動の展開とその帰結をふまえてみていくことが必要かつ重要となるが，ヴァイマル期の合理化運動については，上述の拙書を御参照いただきたい。そこでは，合理化運動の展開過程と当時の代表的な基幹産業部門（重工業，化学工業，電機工業，自動車工業，機械製造業）における合理化過程について考察を行っており，それをとおして，この時期の合理化運動の歴史的性格と意義を明らかにしている。

このようなささやかな研究成果とはいえ，本書を刊行するにあたり，多くの方々に感謝を申し上げなければならない。とりわけ恩師である前川恭一先生に心から感謝を申し上げたい。私が学部・大学院時代をとおして学んだ同志社大学において，先生は指導教授として私を研究者に育てて下さった。先生からは，大学院での研究を始めるにあたり，ヴァイマル期，とくに1920年代の相対的安定期におけるドイツの合理化運動をテーマとして与えていただいた。このテーマについては1995年に先生との共著『ドイツ合理化運動の研究』（森山書店）の刊行を果すことができたが，その後，私は合理化と企業管理とのかかわりを検討するなかで企業管理史の分野にも研究をひろげ，その研究成果は1997年に『ドイツ企業管理史研究』（森山書店）として公刊することができた。この単著の出版後，先生は「そろそろEUの問題をやってみてはどうか」とおっしゃって下さった。しかし，ヴァイマル期の合理化運動の研究をより深め，それをふまえてナチス期の合理化の問題へと研究をすすめる必要性を感じていた私は，いましばらくは，現代の問題への関心をもちつつも，禁欲して，ナチス期の研究を先に手がけることにした。先生がよくおっしゃっていたように，歴史の大きな流れのなかで合理化問題，企業経営の問題をとらえていくことの重要性，基礎的な研究の重要性を感じていたからである。そのような意味で，本書の刊行は，歴史的な問題に対象を求めたこれまでの研究のひとつの区切りをなすものでもある。

とはいえ，両大戦間期のドイツの研究は私にとっては非常に難しいテーマで

あった。何度も自らの能力の限界を思ったものである。自分の力不足と先生の期待に少しも応えることのできていない状況を思い，京都から自宅へ帰る列車のなかで何度となく涙したものであった。しかし，そんな私でさえも，なんとかこのような研究成果を世に問うことができたのも，ひとえに先生が手とり足とり指導して下さったお陰である。大学院時代，つねに一対一で向かい合いながら，先生は，私の書いた拙い論文を一字一句直して下さり，研究の仕方を教えて下さった。自分の書いた論文であるにもかかわらず，不明な点を先生に指摘されてもお答えすることができない私に対して，先生は非常にひろい寛容さと忍耐をもって接して下さり，私が答えることができるまでひとつひとつ導くように指導して下さった。そんな私が職を得て，一応一人前の研究者として自立できるようになったある日，先生は「本当に厳しい，きつい指導であったな」と言われたことがあるが，私にとっては，厳しくも本当に暖かい心で，つねに全力で指導して下さったことへの感謝の気持ちで一杯である。学部長を2期つとめられるという御多忙のなかで，本当に密度の濃い指導をして下さったと思う。

　このように，私にとっては，前川先生は心から尊敬する恩師であり，つねに研究上の道しるべのような存在であった。しかし，1998年5月11日，先生は突如帰らぬ人となってしまわれた。数年前から体調を崩され，入退院を繰り返しておられたものの，4月末頃には退院され，つぎの著作の構想を練っておられるほどの御回復ぶりであった。それだけに，私にとっても，悲しさと無念さをどうしても抑えることのできないほどに大きな衝撃であった。先生のご葬儀も終わって数日が経ったとき，先生との永遠のお別れを現実のものとして受け止めざるをえないのだということを感じた。世の中にはどうにもできないこともあるのだということをこのとき初めて知った思いであった。ふと我に返り，先生を失ってしまったことを感じたとき，今でも，気が変になってしまいそうなときがある。しかし，そうしたなかで，研究者としての自分をずっと支えてきたものは，やはり研究という仕事であり，本書を完成させ，世に問うという目標であった。このことだけが，先生への御恩返しになるのだと思い努力を重ねてきた。この著作を完成させたときにこそ，このように「はしがき」において先生の追悼を行うことができるのだと思い，この日を目標にひたすら走り続け

てきた。いまこうして，先生の追悼を最も研究者らしいかたちで行うことができたのではないかと思っている。まさに先生は，天に召されてまでも，私に本書をまとめる上で力と勇気を与えて下さった。このような拙い成果ではあるが，謹んで本書を前川先生の御霊前に捧げ，心から御冥福をお祈りしたい。先生，どうぞ安らかにお眠り下さい。

　また学部時代から今日に至るまで多くの御指導と励ましをいただいている同志社大学の諸先生にも感謝を申し上げたい。中村宏治先生は，サブゼミとして参加させていただいた3・4年時の演習や「外国書講読」の講義をとおして，企業論や経営史の分野へと私の関心を導いて下さり，研究者を志すきっかけを与えて下さった。先生の御指導のもと同志社大学商学会懸賞論文制度への応募をめざして執筆した学部3年時および4年時の2本の論文が研究者を志すきっかけとなった。その意味でも，先生は私にとってのもう一人の恩師である。太田進一先生からは，学部時代より研究上の多くの助言をいただいているが，独占企業分析を主たる課題とする私にとって，つねに中小企業問題にも目を向ける重要性を教えていただいている。また岡本博公先生には，歴史的な問題を研究対象としてきた私に対して，つねにその現代的意義を考える上での有益なヒントを与えていただいている。

　私の勤務する立命館大学の先生方からも多くの御教示と励ましをいただいている。ことに仲田正機先生からは合理化問題について多くの御教示を賜わり，経営学研究における合理化研究の意義を教えていただいた。非常勤講師として御担当いただいていた「経営管理論」の講義を学部時代に受けさせていただいて以来，つねに先生は私にとっての目標であった。渡辺 峻先生からは，日頃企業管理問題をはじめとする経営問題全般にわたり多くの御指導と助言をいただいている。本書の刊行にあたっても，先生は原稿の一部を何度もお読み下さり，数多くの貴重な御教示を下さった。そのなかで，研究のむずかしさと厳しさを学ばせていただいた。田中照純先生には，ドイツ経営学やドイツの企業経営の問題について日頃多くの御教示をいただいている。

　また私が所属する学会（ことに日本経営学会，比較経営学会）の先生方からも多くを学ばせていただいている。紙幅の関係からお2人のお名前だけをあげさせていただきたい。大橋昭一先生（関西大学名誉教授，現在大阪明浄大学副学長）

からは，いつも変わらぬ多くの御教示と暖かい励ましをいただいている。恩師前川先生を失った私に対して，大橋先生は指導教授のように親身に御教示を下さり，本書の執筆・刊行にさいしても，多くの貴重な御教示と励ましをいただいた。また宗像正幸先生（神戸大学教授）からも，学会の席やその後の自由な議論のなかで多くの御教示をいただいている。つねに鋭い理論的な斬り口からの先生の議論をとおして日頃多くのことを学ばせていただいている。

さらに，1年の在外研究期間中の受入機関であったベルリン自由大学経済政策・経済史研究所の H. フォルクマン教授（Prof. H. Volkmann）および W. フィッシャー教授（Prof. W. Fischer）に感謝申し上げたい。フォルクマン教授は私の受入教授としてご尽力いただき，快適な研究環境を与えて下さった。またフィッシャー教授は，研究上だけでなく，私生活面においてもいろいろとお気づかい下さった。同教授は，1999年12月にはクリスマスプレゼントとしてフィルハーモニーのバッハ・コンサートに連れていって下さったり，2000年8月に妻が来た折りにも御家庭に食事に招待いただいた。さらに私の住まいの大家さんであったバルドゥス女史（Dr. D. Baldus）からは我が子のように可愛がっていただいた。祖国にいる母のような感じさえする優しい，心の豊かな方であった。妻がベルリンを訪れたさいに3人で食事をしたときの豊かな気持ちは今もすばらしい思い出として残っている。

また企業のアルヒーフをはじめとする一次史料の収集にあたり関係の文書館の方々にお世話になった。本書では，国内外の文献・雑誌，資料などとともに，主要産業部門における代表的企業の一次史料であるアルヒーフや営業報告書，ドイツ連邦アルヒーフにも依拠して考察を行っているが，企業アルヒーフでは，鉄鋼業（ティセン，クルップ），化学工業（BASF，バイエル，ヘキスト），電機工業（AEG），自動車工業（ダイムラー・クライスラー），機械製造業（M.A.N）の各企業を訪ねた。またベルリンにある連邦アルヒーフをも訪ね，多くの史料を閲覧することができた。各企業の文書館や連邦文書館の関係の方々に感謝を申し上げたい。

なお出版事情のきびしいなか，このような研究書の刊行を快く引き受けて下さった森山書店社長菅田直文氏の御好意に対して，深く感謝を申し上げたい。さらに，1年もの在外研究の機会を与えて下さった立命館大学および私の所属

する経営学部に対しても，心より感謝を申し上げたい。

　最後に私事で恐縮ではあるが，家族に対しても感謝を述べておきたい。学部卒業後も27歳になるまで大学院での研究に専念することを認めてくれた両親に感謝したい。両親はつねに研究者としての私の成長を楽しみにしてくれている。また1年間の留守中も家庭をしっかりと守ってくれた妻直美に感謝したい。自らも職をもち，1歳3ヶ月になる子供をかかえての1年は大変だったと思う。それだけに，本書を完成させるという妻との約束だけは何がなんでも果さねばならないという強い意思をもち続けることができた。本書の刊行をもって妻の努力にも報いることができ，本当に幸せに思う。さらに，私が不在の家庭を妻とともに守り，妻子の生活を支えてくれた義母にも感謝したい。また帰国して家に戻ったとき，すでに2歳3ヶ月に成長していた我が子智孝の喜びようをみると，1年間も父親のいない子にしてしまったことの重さを思わずにはいられなかった。智孝は1998年6月，恩師前川先生が亡くなられて1ヶ月後に生まれたが，先生の写真をみてはいつも「これ先生，先生」と言って写真のなかの先生を触ろうとしている。そんな息子をみていると，もしいま私に何か「夢」があるかと聞かれたなら，「将来この子が研究者となって2人で著書を書くこと」と答えたい気持ちでいる。子供も自然にそう思えるような父親になりたいと願っている。

　　2000年12月　　　　　16年間の研究生活をふりかえりつつ

　　　　　　　　　　　　　　　　　　　　　　　　山　崎　敏　夫

目　次

序章　ナチス期の合理化運動の研究課題と分析視角 …………………… 1

第1部　合理化運動の展開過程

第1章　ヴァイマル期の合理化運動の展開とその特徴 ……………… 11

第1節　ヴァイマル期の合理化運動の社会経済的背景 ………………… 12
　1　第1次大戦後の世界的条件の変化とヴェルサイユ条約の影響 ……… 12
　2　11月革命とヴァイマル体制による国内的条件の変化 ……………… 15
第2節　企業集中と産業合理化の展開 ………………………………… 19
第3節　企業における合理化の展開 …………………………………… 24
　1　生産技術の発展と「技術的合理化」の特徴 ………………………… 25
　2　「労働組織的合理化」の展開とその特徴 …………………………… 31
第4節　ヴァイマル期の合理化運動の帰結 …………………………… 35

第2章　ナチス期の合理化運動の展開とその特徴 …………………… 47

第1節　ナチス期の合理化運動の社会経済的背景 …………………… 47
第2節　設備投資の展開とその特徴 …………………………………… 51
　1　世界恐慌期の設備投資の動向 ……………………………………… 51
　2　ナチス期の設備投資の動向 ………………………………………… 54
第3節　「技術的合理化」の展開とその特徴 …………………………… 63
　1　労働手段の個別電動駆動方式の普及 ……………………………… 64
　2　硬質合金工具の普及 ………………………………………………… 66
　3　合成生産方式の本格的展開 ………………………………………… 68
第4節　「労働組織的合理化」の展開とその特徴 ……………………… 69
　1　レファ・システムの導入と労働組織の変革 ………………………… 70
　2　フォード・システムの導入とその特徴 ……………………………… 78

第2部　主要産業部門における合理化過程

第3章　重工業における合理化過程 …… 101

第1節　設備投資の展開とその特徴 …… 103
1　重工業における設備投資の動向 …… 103
2　重工業の代表的企業における設備投資の動向 …… 105

第2節　「技術的合理化」の展開とその特徴 …… 111
1　石炭業における「技術的合理化」の展開とその特徴 …… 111
2　鉄鋼業における「技術的合理化」の展開とその特徴 …… 122

第3節　「労働組織的合理化」の展開とその特徴 …… 152
1　作業準備，作業管理および作業編成の合理化 …… 152
2　標準化の取り組みとその特徴 …… 156

第4章　化学工業における合理化過程 …… 177

第1節　設備投資の展開とその特徴 …… 178
1　化学工業における設備投資の動向 …… 178
2　IGファルベンにおける設備投資の動向 …… 180

第2節　「技術的合理化」の展開とその特徴 …… 186
1　世界恐慌期のIGファルベンの経営状況 …… 186
2　IGファルベンの技術的優位とその意義 …… 188
3　研究開発投資の動向 …… 190
4　主要製品部門における「技術的合理化」の展開 …… 195
5　「技術的合理化」の成果と限界 …… 222

第3節　「労働組織的合理化」の展開とその特徴 …… 228

第5章　電機工業における合理化過程 …… 245

第1節　設備投資の展開とその特徴 …… 246
1　電機工業における設備投資の動向 …… 246
2　電機工業の代表的企業における設備投資の動向 …… 247

第2節 「技術的合理化」の展開とその特徴 …………………254
  1 「技術的合理化」の重点…………………………………254
  2 主要製品部門における「技術的合理化」とその特徴 ………256
第3節 「労働組織的合理化」の展開とその特徴 ……………262
  1 作業準備，作業管理および作業編成の合理化 ……………262
  2 フォード・システムの導入とその特徴 ……………………266

第6章 自動車工業における合理化過程 …………………301

第1節 設備投資の展開とその特徴 ……………………………302
  1 自動車工業における設備投資の動向 ………………………302
  2 自動車工業の代表的企業における設備投資の動向 ………304
第2節 「技術的合理化」の展開とその特徴 …………………311
  1 「技術的合理化」の重点…………………………………311
  2 「技術的合理化」の展開…………………………………312
第3節 「労働組織的合理化」の展開とその特徴 ……………328
  1 作業準備，作業管理および作業編成の合理化 ……………328
  2 フォード・システムの導入とその特徴 ……………………335
第4節 自動車工業の合理化の意義 ……………………………354

第7章 機械製造業における合理化過程 …………………381

第1節 設備投資の展開とその特徴 ……………………………382
第2節 「技術的合理化」の展開とその特徴 …………………384
  1 「技術的合理化」の重点…………………………………384
  2 「技術的合理化」の展開とその限界………………………386
第3節 「労働組織的合理化」の展開とその特徴 ……………394
  1 作業準備，作業管理および作業編成の合理化 ……………394
  2 フォード・システムの導入とその特徴 ……………………397

結章 ナチス期の合理化運動の特質と意義 ………………421

第1節 合理化運動における国家のかかわりとその意義 ……421

1	合理化運動の展開と国家の役割	*421*
2	合理化運動への国家のかかわりとその特徴	*423*

第2節 ナチス期の合理化運動の意義 …………………………… *434*
  1 大量生産の推進と軍需市場の限界 ………………………… *434*
  2 耐久消費財部門の立ち遅れとその影響 …………………… *436*
  3 ナチス期合理化とその後の「連続性」・「不連続性」 ……… *441*

図表目次

【図】

図2—1	レファ協会による教育コースの設置数および参加者数の推移	75
図2—2	1923年から43年までの規格リスト数の推移	80
図2—3	1927年と42年の規格リストの内訳	82
図3—1	炭鉱における電力消費量の推移	117
図3—2	合同製鋼の圧延会社（Bandeisenwalzwerke A. G.）の広幅帯鋼圧延機	138
図5—1	電気関係のドイツ工業規格数の推移	267
図5—2	1929年と33年のAEGのラジオ製造工場のレイアウト	281
図5—3	移動台でのラジオの組み立て	283
図6—1	オペルのブランデンブルクトラック工場のレイアウト	345
図6—2	1934年から44年までの自動車工業の需要別売上構成の推移	355
図7—1	1930年から37年までの機械製造業の受注額の推移	412

【表】

表番号	タイトル	頁
表2—1	1930年から34年までの主要産業部門における資本金100万RM以上・取引所上場の株式会社の設備投資額と減価償却額の推移	53
表2—2	1928年と33年から44年までのドイツ経済およびドイツ工業における設備投資額の推移	54
表2—3	1935年から39年までの主要産業部門における設備投資額と減価償却額の推移	58
表2—4	1936年の規格リストの内訳	81
表2—5	主要製品における第2次4カ年計画の生産実績	91
表3—1	合同製鋼の設備の増加額と減価償却額の推移	106
表3—2	合同製鋼コンツェルンの拡張投資額の推移	108
表3—3	クルップの固定設備額と減価償却額の推移	110
表3—4	1929年から38年までの石炭業における企業数，就業者数，賃金・給料，採炭および販売の推移	121
表3—5	1933年から39年までの高炉工場および製鋼工場における生産の推移	131
表3—6	1933年から39年までの熱間圧延工場における生産の推移	140
表3—7	1933年から39年までのコークス工場におけるコークスと副産物の産出高の推移	150
表4—1	IGファルベンの投資額の推移	181
表4—2	IGファルベンにおける設備投資の製品別割合の推移	182
表4—3	1913年から43年までのIGファルベンにおける販売額の製品別割合の推移	187
表4—4	1926年から33年までのIGファルベンの研究開発投資の推移	191
表4—5	1933年から43年までのIGファルベンの研究開発投資の事業部別割合の推移	193
表4—6	1920年から33年までの世界のゴム市場の動向	206
表4—7	1927年から35年までのIGファルベンのゴム事業における投資の推移	208
表4—8	1935年から44年までのIGファルベンのブナゴムの生産，販売，	

	収益および設備投資の推移 …………………………………	*210*
表4—9	世界の人絹生産に占める主要各国の割合の推移 ………………	*217*
表4—10	1925年から33年までのドイツの人絹の生産および市場の動向 ……	*218*
表4—11	1929年から39年までのIGファルベンの人絹業務 …………………	*219*
表4—12	1925年から44年までのIGファルベンにおける人絹およびスフの投資の推移 …………………………………………………	*219*
表4—13	1932年から44年までのIGファルベンの主要製品部門における売上高利益率の推移 ………………………………………………	*224*
表4—14	1932年から44年までのIGファルベンの鉱油部門の売上額および収益の推移 ……………………………………………………	*224*
表4—15	1932年から44年までのIGファルベンの繊維部門の売上額および収益の推移 ……………………………………………………	*225*
表5—1	ジーメンス&ハルスケとジーメンス・シュッケルトの固定設備額および減価償却額の推移 ……………………………………	*248*
表5—2	AEGの固定設備の増加額と減価償却額の推移 …………………	*251*
表5—3	1929年から44年までの電機工業の販売額と輸出額の推移 ………	*290*
表6—1	オペルの投資額の推移 ………………………………………	*304*
表6—2	ダイムラー・ベンツの投資額の推移 …………………………	*307*
表6—3	自動車工業における各種自動車の定型数の内訳とシェル計画による定型削減案 ………………………………………………	*338*
表6—4	1940年から45年までの自動車工業における定型クラス数と生産者数の推移 …………………………………………………	*342*
表6—5	1928年から38年までの自動車工業における就業者数，原材料消費額，生産台数および販売額の推移 ………………………………	*353*
表7—1	M.A.N.の設備の増加額と減価償却額の推移 ………………………	*383*
表7—2	1942年までの機械製造業における定型数の削減 ………………	*401*
表7—3	第2次大戦期における工作機械の利用者グループの内訳の推移 ……	*413*
表結—1	アメリカにおける主要耐久消費財の普及 ……………………	*437*

序章　ナチス期の合理化運動の研究課題と分析視角

　本書はナチス期（1933-45年）におけるドイツの合理化運動を研究対象としている。ここではまず本書における研究課題を明らかにし，つぎにそれをふまえて，この時期の合理化問題の分析視角について明らかにしておくことにしよう。

　一般に，ナチス期の問題を対象としたこれまでの研究としては，歴史学や政治学の分野における研究は多くみられる。しかし，経済過程からの接近を行ったものはそれらに比べるとはるかに少ない。しかも，経済過程の分析を試みた研究のなかでも，分析の重点は，ナチスの経済機構や，ドイツ経済とナチスとの関係，個々の企業ないし資本家とナチスとの個別的関係，労働の問題などにおかれているといえる。

　このような研究動向のなかにあって，この時期の合理化運動を経済過程の一環として分析した研究はきわめて少ないといえる。せいぜい経営史的研究や社会経済史的研究などにおいてこの時期の合理化の問題に関する若干の蓄積がみられるにすぎない。しかし，そこにはつぎのような限界がみられる。これらの研究は，個別の産業部門に考察の対象を限定したものや，特定の合理化方策を中心に考察したもの，労働面に重点をおいたものであるなど，この時期の合理化の問題を包括的に扱った研究はほとんどみられない状況にある[1]。また個別企業の合理化の問題を考察した研究には，合理化運動の国民経済的＝社会経済的側面が十分に考慮されていないという問題，限界をもつものもみられる。

　このように，日本においても，またドイツにおいても，ナチス期の合理化運動の全体像が十分に明らかにされているとは必ずしもいえず，この点において，研究上の大きな空白部分，限界がみられるといえる。本書では，このよう

な研究動向をふまえつつ，個別企業レベルにおける合理化過程の具体的な考察によって，また主要産業部門の比較によって，この時期の合理化運動の全体構造を解明するとともに，それをとおして合理化運動の歴史的特質と社会経済的意義を明らかにしようとしている。そのことによって，これまでの研究上の空白部分を少しでも埋めることを意図している。

　もとより資本主義企業の発展は，資本主義的生産の諸方法・諸形態の発展を基礎にしており，そこでは，労働時間の延長とともに，労働生産性の向上，労働強度の増大をはかるための諸方策が重要な役割を果すことになるが，そのような労働生産力の増大のための代表的な方法である技術的発展による諸成果の利用，生産の組織化のための諸方法の導入は，それ自体生産の合理化のための諸方法であり，その意味では，資本主義企業は，合理化を繰り返し推し進めながら発展してきたといえる。しかし，そのような企業の合理化がそれを超えて全産業的・全国民的次元で問題とされ，ひとつの国民的運動として「合理化運動」の名のもとに歴史の舞台に登場するようになったのは，1920年代のドイツにおいてであった。ドイツでは，第1次大戦後の革命・インフレーション期を経たのち，1924年から29年までの相対的安定期に，比較的短期間ながら，過去のどの時期よりも，また当時のどの資本主義国よりも強力かつ集中的に合理化運動が展開された[2]。そこでは，当時「国民的課題」とされた経済再建をはかるべく，国家の強力な支援のもとに，また労資協調路線の定着のもとに，初めてひとつの「国民運動」として合理化が取り組まれたのであり，それはそれまでの合理化とは質的に異なる特徴をもつものであるといえる。すなわち，この時期の合理化においては，「たんに産業レベル，企業レベルの合理化だけでなく，むしろ国民経済レベルの合理化が提唱され，国家の全面的支援と労働者階級の主流をなす右翼社会民主主義の諸勢力との階級的協調のもとで，文字通り『ひとつの国民運動』として展開され[3]」たのであった。

　しかし，このような特徴をもつ1920年代の合理化運動のいきつくところは「合理化恐慌」であり，29年に始まる世界恐慌のもとで，ドイツの過剰生産能力は，他国と比べてみても，一層きわだったかたちで，いやしがたい生産と消費の矛盾を露呈するに至り[4]，合理化運動はその終焉をむかえることになる。その後，ナチスの経済の軍事化の推進のもとで，また戦争経済の推進のもとで

合理化は新たな展開をとげることになる。そこでは，ファシズム体制のもとで，20年代とは異なる条件のもとに，また異なるかたちで合理化運動が一層組織的に推進された。

それゆえ，ナチス期の合理化運動の考察においては，1920年代の合理化運動の展開とその帰結をふまえて，20年代とは異なるファシズム的合理化が展開されるに至る社会経済的背景とともに，国家のどのような関与のもとに合理化がいかに展開され，またどのような諸結果をもたらしたか，そのようなかたちでの合理化はどのような意義をもつものであったか，合理化運動の展開過程の具体的考察をとおしてこれらの点を明らかにしていくことが重要な問題となる。本書では，このような課題を解明するにあたり，とくに以下の点に留意して考察を行っている。

第1に，当時の代表的な基幹産業部門の合理化過程を取り上げ，産業間の比較を行うなかで合理化の実態を把握することである。例えば合理化への国家のかかわりにもみられるように，合理化の展開のための条件は産業部門によって大きく異なっており，したがって，実際の合理化の展開のされ方にも大きな相違がみられる。それゆえ，本書では，それらの産業部門間にみられる共通性とともに，それぞれの産業における独自的な展開，その特徴をおさえ，国民経済全体のなかにそれを位置づけることによって，合理化過程の総合的把握を行っている。

第2の点は，企業の合理化過程においてどのような経営方式の発展がみられたかという点である。この時期の合理化は，技術と労働組織の領域の合理化を中心に取り組まれたが，本書では，個別企業レベルにおける合理化過程の具体的考察をとおして，この時期の経営方式の発展の特徴を明らかにするとともに，それをふまえて，ヴァイマル期および第2次大戦後の時期との関連のなかで，この時期の企業経営の発展の歴史的位置づけを行っている。

第3の問題は軍需市場の拡大を基盤にした大量生産への取り組みがもたらした結果とその意味についてである。すなわち，軍需市場の拡大を基盤にした大量生産体制への移行，その確立のための諸努力のなかで，それが実現されることができたかどうか，そのような市場の条件のもとでの大量生産のもつ意義と限界を明らかにすることである。この点を，自動車のような消費財の大量生産

を基礎にした「現代的な」大量生産体制との比較を行うなかで，検討している。

　第4は，合理化運動への国家のかかわりとその特徴についてである。ナチス期には，ファシズム的合理化を推し進める上で，合理化への国家のかかわりは独特のかたちで展開されたが，本書では，ヴァイマル期や第2次大戦後の時期との比較をとおして，ナチス期の合理化運動への国家のかかわりの特徴を明らかにしている。この点は，ファシズム体制のもとでの合理化の特徴を明らかにする上で重要な意味をもつといえる。

　第5の点は，ナチス期と第2次大戦後の時期との間にどのような「連続性」と「不連続性」＝「断絶性」がみられるかという視点である。この点を，とくに，実際の合理化の内容と，合理化が展開される諸条件との両面について検討を行い，ナチス期の合理化運動の歴史的性格と意義を明らかにしている。

　つぎに合理化問題の分析視角[5]に関して，ナチス期の合理化運動を考察する上で必要となる視角についてみておくことにしよう。この点に関してまず第一にいえることは，合理化運動のあり方・性格は当時のドイツ資本主義，ドイツ独占企業のおかれていた歴史的・特殊的・具体的条件によって規定されており，それゆえ，合理化運動の考察はそのような歴史的・特殊的・具体的諸条件との関連のもとで行われなければならないということである。このことは，合理化運動の考察においては，各時期のドイツ資本主義，ドイツ独占企業の直面していた歴史的情勢との関連でみていくことが必要であるということを意味している。すなわち，「『合理化』の目的・実施方法，その社会的結果をいっそう具体的に理解するためには，独占資本主義の直面していた歴史情勢，彼らがみずから生みだした深刻な矛盾とその解決の歴史的方向について明らかにすることが必要である[6]」ということである。そのさい，「資本主義的合理化の特徴的諸傾向をみるうえで，それらを基本的に規定している世界史的条件のもとで，またそのもとにおける国民経済的諸要因の作用との関連において，考察することが重要[7]」となる。

　それだけに，合理化問題の考察においては，合理化が展開される諸条件の変化という点で節目をなす各時期ごとに考察を行うという視点が重要となってくる。例えば合理化・合理化運動への国家のかかわり，そのあり方・特徴を明ら

かにするさいには,「各時期における国家独占資本主義の展開とその性格との関連において,合理化問題をみること」が必要であり,また重要である。ドイツの場合,「ドイツ資本主義の相対的安定期における国家独占資本主義的傾向の強まり,ナチス期におけるドイツ金融資本の最反動的分子を中心にした金融寡頭制と国家権力との融合である国家独占資本主義＝ヒトラー・ファシズム体制,第2次大戦後のアメリカの支配と援助のもとに復活・強化された西ドイツ国家独占資本主義など,そのもとで,各時期の合理化問題をいかにみるか,またそのなかで,国家とのかかわりを比較・検討し,その特徴を明らかに」することが必要である[8]。

　この時期の合理化の問題を考察するさいに重要となってくるいまひとつの視点は,合理化運動を合理化一般としてみるだけでなく,実際にどのような方法の合理化がどの程度実施され,それらがどのような役割を果したか,といった点について,合理化が推し進められた産業部門間の比較をとおして考察を行うことである。この時期の合理化運動が経済の軍事化と戦争経済の推進という条件のもとで取り組まれたという事情から軍需関連の産業部門の合理化の推進が最大の課題とされたこと,またそれだけに,これらの産業に対しては国家の関与・援助が強められたことからも明らかなように,軍需産業と非軍需産業との間や,生産財産業と消費財産業との間でも合理化の展開のための諸条件は大きく異なっており,合理化のあり方も大きく異なる結果となったといえる。それゆえ,主要産業部門の合理化の方法,そのあり方の相違を明らかにすることをとおして,合理化の実態を総合的に把握し,それをふまえて,合理化運動の意義と限界性を明らかにしていくことが重要である。

　この時期のドイツの合理化運動を考察するさいのもうひとつの重要な視点は,当時合理化運動が展開された他の資本主義諸国との比較である。そこでは,合理化運動の展開過程,そのあり方を規定する重要な要因のひとつをなす社会経済的背景とともに,合理化運動に対する国家の関与のあり方,合理化運動の実際の展開過程のあり方,その特徴を,当時合理化運動が展開された諸国との比較をとおして明らかにしていくことが重要となる。とくにこの時期のドイツにおける合理化運動はナチスのファシズム体制下の国家独占資本主義的諸方策のもとで,またそのような諸条件に支えられて展開されたわけで,そのよ

うな合理化は他の諸国と比べどのような特徴をもつものであったか，この点を，当時のドイツ資本主義，ドイツ独占企業のおかれていたそのような特殊的諸条件をふまえて，他の主要資本主義国との比較において明らかにすることが重要であるといえる。すなわち，ナチス期の合理化運動はファシズム体制の経済の軍事化の推進のもとで，また戦争経済の推進のもとで，合理化過程そのものだけでなく，公共投資のあり方や統制統制，合理化推進のための労働面での統制や規格化・標準化の取り組みに対する国家の強制など，合理化への国家のかかわりは独自のかたちをとることになった。この点は経済の軍事化の時期や戦時期に一般的にみられるようなかたちでの国家の関与を超えるファシズム的な介入のひとつの特徴を示すものであり，その意味でも，ドイツとは異なるかたちの体制のもとで戦争が遂行されたアメリカなどとの国際比較の視点からこの時期のドイツの合理化運動を考察することが重要であるといえるであろう[9]。

以下では，まず第1部において，ヴァイマル期とナチス期の合理化運動が展開されるに至る社会経済的背景と合理化運動の具体的な展開過程について考察を行い，それをふまえて，第2部では，当時合理化が最も強力かつ集中的に取り組まれた重工業，化学工業，電機工業，自動車工業，機械製造業の5つの主要産業部門における合理化過程について，その比較をとして考察を行うことにする。

（1）ナチス期の合理化運動を考察した最も代表的な研究としては，例えばT. ジーゲルとT. v. フライベルクの研究やR. ハハトマンの研究などがあるが，前者は電機工業と機械製造業における合理化を考察しており，また後者は経済の軍事化の時期だけでなく第2次大戦期の合理化運動をも取り上げているが，それは合理化運動を全面的に扱った研究ではないなど，当時合理化が最も集中的かつ強力に展開された主要産業部門を包括的かつ総合的に考察した研究はみられない状況である（Vgl. T. Siegel, T. v. Freyberg, *Industrielle Rationalisierurg unter dem Nationalsozialismus*, Frankfurt am Main, New York, 1991, R. Hachtmann, *Industriearbeit im 》Dritten Reich《*, Göttingen, 1989）。また個々の産業の合理化を扱った研究もみられるが，そこでも，当時の主要な合理化諸方策をなした「技術的合理化」と「労働組織的合理化」について，その現実過程の十分な考察を行った研究が多くみられるとはいえない状況にある。

（2）前川恭一・山崎敏夫『ドイツ合理化運動の研究』，森山書店，1995年，13ページ参

照。
(3) 同書，2ページ。
(4) 同書，241ページおよび拙書『ヴァイマル期ドイツ合理化運動の展開』，森山書店，2001年，結章，第2節参照。
(5) この点については，前掲拙書，序章を参照。
(6) 堀江正規『資本主義的合理化』(堀江正規著作集 第4巻)，大月書店，1977年，193ページ。
(7) 前川・山崎，前掲書，はしがき1ページ。
(8) 同書，249-50ページ。
(9) とはいえ，本書では，ドイツにおける合理化運動を主たる考察対象としているという事情から，アメリカのそれとの比較を全面的に行うというかたちにはなっていない。本書での考察においては，そのような国際比較視点の重要性をふまえて，つねにアメリカとの対比を念頭においてすすめている。

第1部　合理化運動の展開過程

第1章　ヴァイマル期の合理化運動の展開とその特徴

　周知のように，第1次大戦後，世界の主要資本主義国において，弱体化した資本主義経済の再建と独占企業の復活・発展をはかるための組織的な取り組みとして「合理化運動」が展開されたが，本来個別企業のレベルの問題である合理化がいわばひとつの国民的運動として広く全国家的・全産業的な次元で問題とされ，最も強力かつ集中的にそれが展開されたのはヴァイマル期のドイツにおいてであった。そこでは，1920年代の相対的安定期（1924-29年）にいちはやく「労資協調」路線のもとに労働者，労働組合をも巻き込んだかたちで，また国家の強力な関与のもとに合理化が展開されたことに重要な特徴がみられる。本章では，このような特徴をもつこの時期の合理化運動が具体的にどのような方法で開されたか，その展開過程をあとづけ，この時期の合理化運動の全体構造を明らかにしていくことにする[1]。序章でも指摘したように，ナチス期の合理化運動の考察は，ヴァイマル期の合理化運動の展開とその帰結をふまえて行うことが重要であり，その意味では，本章での考察は，本書の主たる研究対象をなすナチス期の合理化運動の分析のための前提をなすものであるといえる。

　1920年代の合理化は，相対的安定期の初期にみられた企業集中による産業の合理化と再編成（＝「消極的合理化」），また個別企業レベルでは，生産技術の発展による合理化，すなわち「技術的合理化」と，テイラー・システム，フォード・システムに代表されるアメリカ的管理方式の導入による労働組織の合理化，すなわち「労働組織的合理化」によって推し進められた。それゆえ，以下では，この時期の合理化がひとつの「国民運動」として取り組まれるに至る社会経済的背景をおさえた上で，それをふまえて，企業集中による「消極的合理化」，「技術的合理化」および「労働組織的合理化」のそれぞれの諸方策を取り

上げ，その特徴を明らかにしていくことにしよう。

第1節　ヴァイマル期の合理化運動の社会経済的背景

1　第1次大戦後の世界的条件の変化とヴェルサイユ条約の影響

　まず1920年代の相対的安定期に合理化がひとつの国民的運動として取り組まれるに至る社会経済的背景についてみることにするが，この点を国外的条件についてみると，それには，資本主義をめぐる第1次大戦後の世界的条件の変化とヴェルサイユ条約によってもたらされたドイツ資本主義，ドイツ独占企業をめぐる条件の変化をあげることができる。第1次大戦後のドイツ資本主義の危機は，敗戦・ヴェルサイユ条約による植民地の喪失，領土の割譲，巨額の賠償金支払の強制，革命情勢の激化，インフレーションの昂進などによって深まり，ルール占領によってその頂点に達した。そうしたなかで，社会主義国ソビエトの誕生という大きな変化のもとで，それ以上のドイツ資本主義の弱体化は，ヨーロッパにおける資本主義的秩序に対する危機を意味し，ドイツ資本主義の崩壊の危機を回避し，ヨーロッパにおける資本主義的秩序を維持することが，先進資本主義国にとって，わけてもイギリスにかわって資本主義体制の主導的地位を確立したアメリカにとって，最も重要な問題のひとつとなった。

　第1次大戦の結果もたらされた経済的破綻からのドイツの復興を助けることは，アメリカにとっては，ヨーロッパにおける資本主義的秩序を維持し，反ソビエト政策を遂行するという目標だけでなく，イギリス，フランスに対する戦時債権の回収の問題とも密接な関係をもっていた。すなわち，アメリカは，イギリスおよびフランスに対する戦時債権の回収の鍵をドイツの賠償金支払に求め，ドイツがこれらの戦勝国に支払う賠償金の一部から戦時債権の回収を行うことを意図したのであり，そのためには，何よりもドイツ資本主義の復活・発展を推し進めることが条件となった。このドイツ資本主義の復活・発展の基礎を与えたものが1924年4月のドーズ・プランであった。「ドーズ案」の意図は「戦後のアメリカ独占資本の対社会主義的な海外政策の一環として，ドイツ独占資本を発展させ，そこから莫大な利潤の分け前を獲得すると同時に，賠償支払を通じて連合国の対米戦債問題を有利に解決すること[2]」にあった。しか

し、そのことは、賠償不履行の場合には、国際信用の失墜とともに外資導入の停滞をもたらし、多額の外資を必要とする場合には、賠償を忠実に履行しなければならないという困難な問題となって現れたのである[3]。ドイツの独占企業は、そのようなアメリカ金融資本の強力な資本援助をテコにして合理化と資本集中を推し進めることになる[4]。なおそのさい注意しておくべき重要な点は、例えば合同製鋼の事例にみられるように、経営の合理化の推進がアメリカの借款の獲得のための前提条件にもなっており[5]、このような信用供与の問題をとおして、この時期のドイツにおける合理化がアメリカを中心とする国際的な金融資本の組織的な結びつきのなかで推し進められたということである。

こうして、戦後の賠償問題は相対的安定期の合理化運動の推進を条件づけるひとつの要因となったが、また他方で、イギリス、フランスに対するアメリカの戦時債権の回収問題ともかかわって、ドーズ・プランの実施のためのひとつの条件（インフレーションの終息、マルクの安定とともに）をつくりだすことになり、合理化運動の展開の条件を整備することにもなったといえる。

このような賠償問題とともにドイツ合理化運動の展開を規定したいまひとつの重要な条件は、領土の割譲によってもたらされた損失であった。例えば、R. ヴァーゲンフュールによれば、領土の割譲によって、ドイツは全体で約77万ヶ所もの工業の事業所を失っており、それは1913年の工業の総生産額の約10分の1に相当し、生産財工業ではその生産能力の約11％、消費財工業では約6.5％を失ったとされている[6]。

もちろん、産業部門によって被害の程度は大きく異なっており、その意味では、合理化の出発条件にも相違がみられるが、被害が最も深刻であった重工業をみると、ドイツはヴェルサイユ条約による領土の割譲によって、鉱石採掘量の79.9％、銑鉄生産の43.5％、溶製鋼生産の35.8％、圧延工場生産の32.4％を失ったとされている[7]。しかも割譲された地域において建てられていた製鉄工場および製鋼工場は、ドイツで最も新しく、最良でかつ最も近代的な工場であったとされている[8]。ことに「ドイツの重工業にとって重大な意味を持ったのは、それまでひとつのまとまりをもって生産されていた工業地域の分業関係が、領土の割譲によって分断されたことである。例えば、ロートリンゲンのフランスへの割譲によって、トーマス製鋼法に適した含燐性のミネット鉱を持

ち，銑鉄生産と半製品の生産を行っていたロートリンゲンと，石炭基盤を持ち，しっかりした精錬設備と加工設備を持ったライン＝ヴェストファーレンとの間の分業関係は打ち砕かれた[9]」。こうして，領土の割譲でもって必要な分業関係が引き裂かれ，また個々の生産段階の生産能力の不均衡が生み出されたのであった[10]。そのような状況のもとで，均衡を失った産業組織の再編成をはかり，個別企業レベルでの生産の合理化をより効率的に推し進めるための条件をつくりあげることが重要な課題となり，1926年には，合同製鋼の誕生をもたらしたかつてない企業集中＝トラスト化が行われたが，また他方では，屑鉄を原料として利用することのできる平炉法の利用の拡大のための諸方策が取り組まれるなど，生産の合理化が強力に取り組まれることになった。

　また化学工業をみても，ドイツの化学工業も戦争によって重要な国外市場および資産の喪失という大きな打撃を受けたといえる。1914年以前にはドイツの最善の顧客であったが4年の戦争の間にその供給源を断たれた多くの諸国における化学工業の生産のより急速な発展によって，ドイツ化学工業の地位は低下した。アメリカ，イギリスおよびフランスの化学工業の発展における特殊な，また非常に重要な要因は，戦時中のドイツの特許の没収およびこれらの国々の化学工業によるその取得であった。このことはとくに染料部門において顕著であり，例えば世界のアニリン染料の生産に占めるドイツの割合は，1913年には80％以上であったものが24年には46％に大きく低下している[11]。染料を主要製品とするドイツ化学工業にとっては，戦後における染料生産の落ち込みと諸外国の染料生産の増大によって，世界の染料生産に占めるドイツの割合が著しく低下したことは大きな痛手であった。そうしたなかで，染料生産の領域における過剰な生産能力を整理すること，また新しい生産領域を見い出し，それを急速に拡大することが，ドイツ化学工業にとっての最大の課題となり，そのことが1925年の企業合同の主たる要因のひとつとなった[12]。そのような状況のもとで，化学工業における合理化は，旧部門，とりわけ染料部門における過剰生産能力の整理と製品別生産の集中・専門化の推進，および経営の多角化による事業構造の再編成の推進を柱としていた。こうして，この産業部門においても，戦争および敗戦による経営環境の大きな変化が，その後の企業集中と合理化の推進を規定する要因となったのである。

このように，合理化が最も強力かつ集中的に行われたこれらの主要産業部門のなかでも合理化の出発条件には相違がみられたとはいえ，敗戦・ヴェルサイユ条約による諸結果がその後の合理化の展開の重要な規定要因のひとつとなったのである。

2　11月革命とヴァイマル体制による国内的条件の変化

またドイツ国内の問題をみると，第1次大戦後のドイツ独占企業の復活・発展にとって足かせとなり，合理化運動の推進を規定したいまひとつの重要な要因は，11月革命の結果労働者階級に対して認めざるをえなかった経済的譲歩（とりわけ8時間労働日，賃金制度の改善，労働組合と賃金協定の承認，失業保護など）による負担であった。そうしたなかで，「ドイツ独占体にとっての合理化運動の目標のひとつは，この『譲歩』を骨抜きにし，反故にすることであった[13]」が，1923年秋の革命勢力の敗北を契機として，独占企業は本格的な「巻き返し」の動きを始めるのであり，相対的安定期の合理化運動は，インフレーションの終熄，マルクの安定，ドーズ・プランによる外資の流入といった経済的条件だけでなく，そのようなドイツ国内の政治的安定という条件のもとに推し進められた。

この時期のインフレーションの歴史的な社会的意義は，ドイツの資本家階級が革命の防止策として政治的な理由から労働者に与えておいた「譲歩」を経済的に無効にすることであった。すなわち，「インフレーションによる実質賃銀の激しい低落は，労働者にたいする搾取率を自動的に高め，資本家の利潤を増大し，資本蓄積額を増大せしめると同時にまた，戦後の革命期における資本家の総退却に際して労働者階級にあたえたあらゆる譲歩を奪回するものであった」。「さらに実質賃銀の低下は，労働者階級の闘争目標を政治的要求から経済的要求に転化・縮小せしめ」，資本家階級にとって革命的危機を回避させるのに役だった。すなわち，彼らにとっては，「労働者階級の注意を革命の問題から賃銀問題へそらすことができ，政治闘争を経済闘争に解消することができた」。インフレーションは確かに危機を一層激化させる要因にも転化したが，「この危機を革命の達成のために利用しうる革命的組織が充分に強力でなかったがために，相対的安定を準備する最も重要な要因として作用した」[14]。

とはいえ，革命期の労働諸立法によって生み出された戦前とは比較にならないほどの賃金の下方硬直化傾向は，こうした資本の執拗な反撥にもかかわらず，とりわけ通貨の安定前後に行われた革命期立法の手直しにもかかわらず，根本的には変更されなかったといえる[15]。それだけに，独占資本にとっては，労働者階級に対する「譲歩」を骨抜きにし，反故にするためにも，合理化を推し進めることが重要な課題となったのである。

しかし，市場の条件をみても，インフレーションの昂進は中産階級の没落と労働者階級の生活状態の極度の悪化をもたらしたのであり，その結果，ドイツの国内市場は一層狭隘になっており，一層厳しいものになっていた。この点について，E. ヴァルガは1926年に，「ドイツ工業の生産設備は，現在の生産価格のもとでそれが販売の可能性にみあうよりもはるかに大きい。生産の諸可能性と販売の諸可能性との間にひどい矛盾が存在している。それは，生産能力の不完全な利用が生産コストの上昇をもたらすという一般的な有名な事情である。労賃は低く，生活資料の価格は相対的に高いので，国内販売はドイツの大衆の低い購買力によって制限されており，金利生活者の階層は消滅し，重税と貸付資本の高い利子の結果，農民の購買力が低下した」としている。このような状況のもとで，ドイツ独占企業は，生産能力の有効利用をはかるために，販路を再び国外に求めることになるが，国外市場の諸条件もまた極めて厳しいものであった。この点に関して，ヴァルガはつぎのように述べている。すなわち，「ドイツの産業資本にとっては，生産能力をある程度利用することができるように外国の販売を増大する必要性が存在している。しかし，そのことは，外国と成功裡に競争しうるためには，生産コストの引き下げを条件としており，そこでは，多くの国々へのドイツ工業の輸出は特殊な障害（最恵国待遇，関税）によって，また資本輸出を行うための非常に制限された可能性によって妨げられている。それゆえ，ドイツ工業は，世界市場におけるその特別な状況によって，合理化，すなわち，生産コストの引き下げ，労働者の搾取の増大へと強制されている。このことは，なぜ現在ドイツにおいて以前よりも，あるいは他の諸国におけるよりも合理化のテンポがはるかに激しいものであるかを明らかにする」[16]としている。

ドイツの独占企業は，インフレーション期には，為替ダンピング効果によっ

て輸出をそれなりに伸ばすことができたが，インフレーションの終熄，マルクの安定とともに，そのような国際競争力は失われ，その結果，ドイツの独占企業は，国際市場における本格的な競争の場に投げ出されることになった。しかし，戦争の結果，ドイツ独占体は長年世界市場から切り離されていたこともあり，生産設備も少なくとも一部はそのままにされていたので，国外市場におけるその競争力も大きく低下した。さらにイギリス連邦の自治領，中国，ブラジルおよび他の国々において新しい産業がおこり，また国外市場は広い範囲にわたって高率の保護関税によっておおわれていた[17]。こうしたなかで，「インフレーションの終熄，マルクの安定とともに，販路の困難の加重，企業の操業度の低下，世界市場の争奪戦の未曾有の激化という諸条件のもとで，国際市場における競争力の回復・強化，そのための合理化促進・資本集中が，ドイツ独占企業にとって，最大の課題となったのである[18]」。そのさい，「資本コスト」の負担（金利負担）の加重のもとで，外国信用のいわゆる「生産的利用」ということが，この時期の合理化の主要な課題となった[19]。

　このように，この時期の合理化は，国内市場の狭隘性と輸出市場における諸困難という市場の条件と，資本不足とそれに規定された資本コストの負担という厳しい条件のもとで展開されたのであり，そのような諸条件は合理化のあり方をも規定することになったといえる。そうしたなかで，「『ドーズ案』を契機とする賠償と外資導入という国際的関係に基礎づけられて，ドイツ独占資本は再び戦前の国際的地位の回復を目ざして発展を遂げねばならなかった」のであり，「そのためには従来よりも以上に賠償を始めとする資本にふりかかる一切の新たな負担を労働者に転嫁する必要があった[20]」。しかし，ドイツ独占企業の「合理化」促進・資本集中は，主としてアメリカの強力な資本援助のもとでのみ，初めて可能であったのであり，したがってそれだけに反面，「資本コスト」の負担が重く，そうした条件のもとで生産費を引下げ，競争力を強化し，利潤率を引上げんとする「合理化」への要求は，よりいっそうきびしい形をとってあらわれた。すなわち，「そこでは，労働者へのいっそうの負担転嫁がおこなわれ，いわゆる資本の『二重の圧迫』は，労働搾取，労働強化の増進，実質賃金の低下となってあらわれた[21]」。このように，「ドイツの合理化運動の真の狙いは，生産性を高めることによって，労働時間を短縮し，賃金を引上

げ，製品価格を引下げるという当時の労働組合の目標とはうらはらに，むしろそれまでに労働者が勝ち取った諸成果をなしくずし的に奪い去り，目に見えないかたちで労働の強度をいっそう高めることにあったといえる[22]。「独占資本のいう合理化はまさに直接的には，かかる新たな資本の負担を労働者に転嫁するために要請されたのであって，それはあくまでも独占資本の発展の歴史的な一契機として現われたものであった[23]」。

そのような合理化を可能にしたいまひとつの国内的条件として指摘しておかねばならないのは，労資関係の変化についてである。1920年代に自由労働組合幹部を中心に形成された「経済民主主義論」がこれに深く関係している。

すなわち，1923年秋の革命運動の敗北によって「社会主義化」の可能性が事実上なくなったのにともない，労資協調の側面が強調されざるをえなくなり，合理化の推進のための社会化にかわる新しいイデオロギーとして経済民主主義論が登場することになる。この時期の自由労働組合幹部の主張する経済民主主義論，「とりわけ1925年の第12回大会においてイエッケルによって主張されたものは，合理化など経済発展への協力によって労働者の経済的地位を向上させるという主張と密接にからんでいた点に，何よりも大きな特徴をもつもの」であり，「経済発展ないし合理化への協力が，ドイツ革命期においては社会化，その後においては民主化あるいは経済民主主義の名において遂行された」のであった。彼らのこのような立場は，ひとつには彼らがもともと有していた生産力主義的な考え方からくるものであった[24]。そのような考え方に立てば，当時彼らの目標とするアメリカ的な高水準の社会生活の実現は何よりもまず高い生産力水準を前提とするものであり，合理化はそれを実現するための最も重要かつ有力な手段とし受けとめられたのであった。こうして，この時期のドイツでは，このような労資協調政策のもとに，労働者・労働組合をも巻き込んだかたちで，ひとつの「国民運動」として合理化が強力に展開されることになった。

以上の考察から明らかなように，この時期のドイツ合理化運動の展開は，第1次大戦後の歴史的，特殊的諸条件によって規定されており，そのような諸条件のゆえに，本来個別企業のレベルの問題である合理化が全産業的・全国民的な次元において問題とされたのであり，しかもそのさい，国家の関与のもとに合理化が一層組織的に取り組まれたのであった。そこでは，とくに国家の財政

的援助を受けた合理化宣伝・指導機関の果した役割が重要である。なかでも最も重要な役割を果したのが「ドイツ経済性本部」(Reichskuratorium für Wirtschaftlichkeit ── RKW) であった。それは「経済性の上昇ひいては生産費の引き下げの直接的な方策を指導する機関として，さらには経済性の上昇即国民生活の向上というイデオロギーを宣伝する機関として推進・強化されたのであって，この場合，いわゆる『合理化の体系化』として，合理化を全産業的ないし全国民的な次元で推し進めるということが，そもそもの『ドイツ経済性本部』の狙いであり，また独占資本それ自身の要請でもあった」(25)。こうして，相対的安定期には，合理化が「合理化の体系化」として全産業的・全国民的レベルで取り組まれ，とくに強力な独占体や企業者団体や国家の援助によって，労働の強化が推進されたのであり，その本質はまさに「労働強化の体系化」にあった(26)。

このように，この時期のドイツ合理化運動は，まさにドイツ資本主義のこのような新たな存立条件への適応の過程であった。この点について，O. バウアーは，1924年から29年までの諸年度に実施された，新たな存立条件へのドイツ産業の徹底的な，急激な適応の過程全体が合理化として理解されていたとしており(27)，「合理化の歴史的意義は，戦争およびインフレーションを通り抜けた国民経済の，安定した貨幣価値への復帰によって規定された新しい経済状況への適応であった(28)」としている。

これまでの考察において，1920年代の相対的安定期に合理化が個別企業のレベルを超えた国民運動として推進された社会経済的背景についてみてきたが，以下の考察において，企業集中による産業の合理化と再編成＝「消極的合理化」，また企業レベルにおける「技術的合理化」と「労働組織的合理化」の諸方策の展開について具体的にみていくことにする。

第2節　企業集中と産業合理化の展開

ここでは，まずこの時期の合理化過程を考察する上での時期区分についてみてみることによって，企業集中による産業の合理化と再編成が合理化過程のなかでどのような位置にあったかをみておくことにしよう。J. ベェニヒは，こ

の時期の合理化過程を 3 つの局面に分けて考察しており，つぎのように述べている。すなわち，「1925年から26年にかけての第 1 の合理化局面において，資本は1914年以前よりも一層強力に，とりわけ重工業（1926年の合同製鋼の設立，その他），化学工業（1925年の IG ファルベンの設立），機械製造業その他において，集積され，集中化された。それはまた，例えばリノリウム産業のようなそれほど重要でない産業部門においてもおこった。特定の諸経営における経営の閉鎖，解雇，生産の専門化をともなった整理計画がいろいろな資本の結合につづいた」としている。つづく第 2 局面（1926—27年）では，外国——とくにアメリカ——からの信用に支えられて，「合理化過程はその下位までおりて，個別経営のレベルで始まった。そのさい，1925年からの鉱山の機械化は先駆者であった。工業的生産手段が更新され，補充されるところの投資をともなう合理化過程はすでに1927年で終った」としている。また第 3 局面では，「資本投下をともなう技術的合理化はもはや退き，かわって生産組織の再編成による労働の強化，賃金制度の変更，恐慌の圧力が前面に出てきた」[29]としている。

　このように，企業集中による産業の合理化とその再編成が強力に取り組まれた時期は合理化過程の第 1 局面にあたり，個別企業レベルにおける合理化の推進が本格的にすすむのはむしろその後の第 2 局面および第 3 局面であったといえる。それだけに，合理化運動の初期にみられた企業集中をテコとする合理化がどのように展開され，また企業レベルの合理化に対してどのような役割を果すものであったかを明らかにしておくことが重要となる。

　ドイツにおいて本格的なトラスト形態による企業集中が展開されるようになるのは1920年代後半のことであるが，ドイツ資本主義の相対的安定期における企業集中の主要特徴は，戦後の経済的混乱，インフレーションの時期にみられたような原料不足に対処するための原料部門との結合＝垂直的結合＝コンビネーションの増大とは異なり，特定生産物の大量生産および大量販売の利益を求めての水平的結合＝トラストに重点がおかれるようになってきたことにみられる[30]。この時期の企業集中の典型事例としては，重工業における合同製鋼の設立と化学工業における IG ファルベンの設立をあげることができる。そこでは，戦後の混乱・インフレーション期に温存あるいは一層蓄積された過剰設備，不良設備の廃棄，採算割れ工場の閉鎖，収益性の悪い採算割れ部門の切り

捨てが企業集中をテコにして推し進められたのであり，そのような合理化は一般に「消極的合理化」(Negative Rationalisierung) と呼ばれている。それは，技術的あるいは立地的に優れた経営，工場に生産の重点を移し，閉鎖されずに残された経営，工場を特定の製品の生産に専門化させるために，技術的あるいは立地的に劣った経営，工場を整理する過程であった[31]。このような方策は，生産性を向上させ，生産原価を引き下げ，利潤の増大をはかる合理化方策の重要な手段をなすものであったといえる。この点について，L. F. アーウィックは，この時期の合理化過程の重要な特徴が，需給のバランスをとるために，個々の企業を大規模なコンビネーションに集中させることと非能率的な製造業者の排除にあったため，「合理化」は多くの人々によって，そのような意味でのみ理解されてきたとしている[32]。

なおそのさい，そのような再編成が合同に加わった企業全体のなかでの「ひとつの契約による分業」の観点から推し進められた点にひとつの重要な特徴をもつといえる。産業の合理化と再編成をドラスティックに推し進める上で企業合同は重要な役割を果したが，この時期のドイツ産業に新しくおこった集中化の波の最も重要な発端のひとつは，専門化についての「取り決め」にあったとされている。すなわち，「それ以前には，ひとつの製造部門が，それまでそこに属していた製造の一部をひとつの独立した事業へと切り離すことによって，専門化がはかられたのであり，この過程は，一般的には，市場の諸条件の比較的長期にわたる発展の結果であり（例えば，かじ屋の手工業から釘職人，蹄鉄工，武具職人が専門化したことについてのビュッヒャーの事例)，また個々の経済主体の自由な決定にそうものであり，いささかもそれはいくつかの個別経済の協定の結果ではなかった」。これに対して，1920年代には，「普通，いくつかの独立した企業が，あとになって，他の種類の製品を生産するのではなく，もっぱらそれらの企業に言い渡された専門性の製品の生産に限定するように，何らかの形態で，特定の種類の製品の生産をたがいに割り当てることを取り決めるという方法で，専門化が行われ」たのであった。それゆえ，この時期のこのような専門化は，以前のそのような種類の現象とは異なり，「ひとつの契約による分業」(eine verträgsmäßige Arbeitsteilung) をはかるものである，とされている[33]。このように，この時期には，企業集中をテコにして製品別生産の集中・

専門化が強力に推し進められたのであった。

　この点を**合同製鋼**の事例でみると，同社は鉄鋼業の継起的な各生産工程のみならず，炭鉱をも結合した4つの主要混合企業のグループ（ライン・エルベ・ウニオン，ティセン・グループ，フェニックス・グループ，ライン製鋼）の合同によって生まれたものである(34)。「同社における製品別生産の集中・専門化は，これらの混合企業における過剰設備の廃棄や採算割れ工場の閉鎖など，整理計画に取り組むとともに，残された生産効率の高い工場や部門においては，できる限り，生産工程の一貫的統合をはかり，諸工程間の連続性を保つようにしながら，多くの圧延製品のなかから，それぞれの工場や部門が独自の専門性をいかして特定の製品の生産に特化することにより，全体としては，国内向けおよび輸出向けのすべての製品が混合企業のグループの間で，できる限り重複することなく，分業によって生産されるように生産過程の再編成をはかるものであった」。なおそのさい，同社の誕生をもたらした企業合同は製鉄，製鋼および圧延の各工程部門を結合したコンビネーション企業のトラスト化であったため，最終製品を生産する圧延部門において徹底的な製品別生産の集中・専門化を行うことによって，生産されるべき各圧延製品の生産能力が特定の工場に割り当てられるだけでなく，このような圧延部門における特定製品の生産能力の割り当てによって，前工程に位置する製鋼部門，製鉄部門の生産能力の割り当てが指定されることになり(35)，製品別生産の集中・専門化を一層徹底したかたちで，また一層組織的に推し進めることができたのであった。

　このような合理化を推し進め，製鉄・製鋼部門および加工部門の再組織を行うさいに，「(イ)以前は所属会社が異ったが為に別々に経営されていた近接企業を結合せしめる，(ロ)各企業単位の生産を出来るだけ専門化し，各専門分野において量的にも質的にも最高度の能率を発揮せしめるようにする，(ハ)最も西部にあって輸出に便利なライン河畔の工場は輸出向生産に主力を注がしめ，他のものは国内向生産に当らしめる」，という3つの原則が基準とされ(36)，つぎの4つの混合企業のグループの間で，製品別生産の集中・専門化が徹底したかたちで推し進められた(37)。

　まず**ドルトムント・ヘルデ・グループ**は，ライン・グループのように輸送上の利点をもたないので，主として国内市場向けの生産を担当した。そのうち，半製品および形鋼の供給は主にヘルデの工場によって行われ，他方，ドルトムント・ウニオ

ンでは，とくに国内向けの軌道用資材，汎用鋼および棒鋼が圧延されたほか，ドルトムントは引き続きさまざまな種類の工具の生産や橋梁および地上工事に強くかかわった。

また**ライン・グループ**では，ライン川を利用した輸送が有利であったために，ライン川流域のルールオルト・マイデリィヒ製鉄所には，できる限り輸出の注文，とりわけ棒鋼および形鋼の輸出の注文が割り当てられた。またそれとならんで，このグループは，その半製品の生産では，合同製鋼のさまざまな薄板工場の薄板用シートバーの供給や製管用半製品の生産にかかわった。

ハムボルン・グループのアウグスト・ティセン製鉄所も同様に，主として輸出向けの工場であり，軌道用資材の生産の主要部分がこのグループに集中された。またこのグループは，輸出向けの半製品，棒鋼および形鋼などの大量製品の生産に従事した。

さらに**ボフム・グループ**では，ボフム・フェラインの工場は，その生産の種類からみると，またヴェストファーレン製鋼所が組み入れられているさまざまな設備からみると，大規模な混合製鉄所のなかで，ある特別な位置を占めていたとされている。すなわち，ヴェストファーレン製鋼所の合併によって拡大され，ボフムに置かれたこのグループの設備は，主に高級鋼の生産のために配置されたものであった。このグループは棒鋼，形鋼，鋼板などをまったく生産しておらず，軌条は主として平炉鋼による良質鋼材の生産であった。さらにこのグループは鉄道車両，鋳鋼ベル，スプリング，ボルト，リベットおよびナットの高品質生産に専門化した。このグループが高級資材の生産に専門化したのは，それが高い価値をもち，高い輸送費を負担することができたことによるものであった。

このように，企業集中をテコとして推し進められたこの時期の製品別生産の集中・専門化は，各企業・工場のもつ独自の専門性をいかして特定の製品の生産に特化することによって一種の分業組織を形成するものであった。しかも，重工業や化学工業においてこの時期にみられたトラストの特徴が「単に二つの資本の間の合同ではなく，数個の資本あるいは同種生産部門全体を，一大資本の下に結合すること[38]」にあったので，企業合同によって誕生したトラスト企業は，生産の集積の度合いをみても，またその市場シェアをみても，それが

属していた部門において圧倒的な比重を占めており，それまでなしえなかった広がりをもって，「ひとつの契約による分業」を推し進めることができた。こうして，この時期の「消極的合理化」は個別企業をこえた産業部門全体のレベルの合理化をなしたといえる。

このような企業集中＝トラストをテコにした製品別生産の集中・専門化の推進は，過剰生産能力の整理のみならず，同時にまた「技術的合理化」や「労働組織的合理化」の諸方策によって企業レベルの合理化（生産の合理化）を本格的に推し進める上での前提条件を築くものであった。合理化の過程は，既存の市場の需要の範囲内に産出高を割り当てようとする試みとして始まったが，それはまた同時に，さまざまな工場のもつ低い負荷条件から本来おこるハンディキャップに直面して，生産コストを引き下げようとする試みとして始まったと指摘されているように[39]，この時期の合理化は，生産面だけでなく，販売面での対応策としても，重要な意味をもつものであった。そうしたなかで，合理化運動の初期に行われた企業集中は，生産と販売の不均衡の克服の問題への対応として推し進められたものでもあった。この点に関して，H. ヴァイスは，以前に拡大された生産基盤と現存の販売可能性との間の矛盾を克服するために，生産設備はあらゆる種類の方法によって縮小されるべきであったとしている[40]。この時期の合理化運動においては生産の効率化と市場の安定という2つがポイントとなっていたとされているが[41]，合理化過程の初期にみられた企業集中による産業合理化は，こうした目標のために生産面と販売面の両面から対応をはからんとするものであり，またそれは同時にその後の企業レベルでの合理化を本格的に推し進めていくための条件を築こうとするもの，言い換えればそのためのいわば「準備的」性格をもっていたといえる[42]。

第3節　企業における合理化の展開

そこで，つぎに個別企業レベルの合理化について，その主要問題と特徴をみていくことにするが，上述したように，この時期のドイツ独占企業の合理化は「技術的合理化」と「労働組織的合理化」によって推し進められた。この時期の「技術的合理化」としては，機械設備の更新・革新，熱経済の合理化，原料

輸送の機械化，副産物・廃棄物の有効利用などが取り組まれたが，ドイツでは，とくに原料，エネルギー，機械のより効率的かつ安価な利用がはかられた。当時アメリカにおいてもみられたそのような生産の効率化のための諸努力が頂点に達したのは，1924年から28年にかけてであったとされている[43]。また「労働組織的合理化」についてみると，20世紀初頭の時期からその導入が試みられながらもその本格的展開には至らなかったテイラー・システム[44]は，第1次大戦後の特殊ドイツ的ともいえる条件のもとで，レファ・システムというドイツの独自的な方式に修正されることによって，その本格的な導入がすすむことになる。フォード・システムの導入も，電機，自動車，機械製造などの加工組立産業を中心に推し進められたが，アメリカとは異なる市場の条件のもとで，それに適応するかたちで，ドイツ的展開がはかられたのであった。

1 生産技術の発展と「技術的合理化」の特徴

(1) 労働手段の個別電動駆動方式への転換

1920年代の生産技術の最も重要な発展のひとつは，電機工業，自動車工業，機械製造業といった加工組立産業や鉄鋼業などにおいては，産業電化の進展にともなう労働手段の駆動方式の改善にみることができるが，とくに加工組立産業では，切削工具の素材の開発・改良も大きな役割を果したといえる。また化学工業では，独占形成期に誕生した合成生産方式の利用が多くの他の製品分野において試みられ，その普及がすすむことになる。この時期の「技術的合理化」は，このような生産技術の発展を基礎にして展開されたのであった。

まず労働手段の駆動方式の改善についてみると，生産技術の発展を労働手段の技術的発展の段階でみた場合，汎用機械から専用機械への発展，作業機を蒸気機関で動かす方式から電力によって集合駆動する方式，さらに個別電動駆動方式への発展をたどることになるが，世紀転換期以降，産業電化の進展にともない，電力・電動機の導入による労働手段の技術的発展がみられた。W.ベッカーが指摘しているように，19世紀末に始まる産業電化においてはいくつかの電動機の設置はさしあたり集合駆動に限定されており[45]，個別駆動方式への転換は，大型の機械など特殊な場合に限られ[46]，そのような方式はアメリカにおいてみられたほどには急速に普及するには至らなかった[47]。

1920年代の生産技術の発展は，基本的には，そのような限界を克服せんとするものであり，この時期の労働手段の技術的発展は，個別電動駆動方式への転換を推し進めるものであった。例えば鉄鋼業をみた場合，この時期の生産技術の発展の指標として，最も重要なもののひとつに，産業電化にともなう作業機の個別駆動の進展がみられるが，この産業部門において，本来その利用が最も大きな成果をもたらしうるのは圧延部門であり，それは，連続広幅帯鋼圧延機（ストリップ・ミル）に代表される生産性の高い最新鋭の機械設備の利用にみることができる。また加工組立産業についてみても，そこでの「技術的合理化」は，労働手段の駆動装置の改善による労働手段の技術的発展にひとつの重点がおかれていたが，この点について，T. v. フライベルクは，工作機械の駆動システムは1920年代には工作機械製造の最も重要な発展領域のひとつであり，そこでは，伝力駆動の駆逐および個別電動駆動の普及という一般的な発展方向が定着したとしている[48]。この点について，W. ベッカーは，作業機を蒸気機関で動かすことから電気によってグループで動かすことへ，また最終的には個別的に動かすことへの移行は1926/27年の合理化景気以降，より高いテンポで行われたとしている[49]。

この点を例えば電機工業についてみた場合，先端工場であったジーメンス・シュッケルトの電動機工場では，1922年から23年にかけて，集合駆動から個別電動駆動への転換が推し進められているが，23年秋には，工作機械の4分の3（＝1,526台）が個別電動駆動装置を備えており，さらに506台だけが装備替えされねばなかった。その後に行われた改造計画とそれに応じた新規調達政策がすすむなかで，伝力機構でもって集合駆動される機械の数は24年秋の403台から25年には371台，30年秋には273に減少しており，この年には1,801台の工作機械が個別ないし複数の電気原動力を備えていた[50]。

また電動機による労働手段の個別駆動方式によるいまひとつの大きな成果として指摘しておかねばならないことは，W. ベッカーの指摘する「工場制度の工学上の主要矛盾」，つまり，生産にとっての増加するエネルギー必要度がエネルギー伝達体系，伝力機構の限界につきあたるということ[51]，またさらに

それにともなう労働組織の編成上の制約が取り除かれたことである。すなわち，「動力体系および伝力機構によるエネルギーの伝達は，作業機の特殊的な利用を制約しており，それは作業機を電力で個別的に動かすようになってようやく克服することができた[52]」のであり，そのことによって工程順に機械を配置することが問題なくできるようになった。こうして，特定の製品あるいは部品の製造について，作業対象の進行の順序に合わせて作業が配置され，また作業対象の進行距離をできる限り短縮しうる搬送経路が選ばれるようになり，大量生産，とくに流れ生産への移行のための基礎が築かれた[53]。流れ生産による大量生産は電力の導入を主導的要因とするこのような労働手段の技術的発展によって可能となったのであった[54]。

　このように，個別駆動は1900年以降ますます目立つようになり，20年代にある程度普及するようになるが，そこでは，そのときそのときの設計・技術上あるいは経済面での決定に基づく電流の種類（直流ないし交流）の選択の問題と，工作機械の駆動システムがどの程度統合されねばならないかという2つの問題領域が工作機械の開発活動を規定した[55]。とくに前者についていえば，大規模な組別生産や大量生産が可能であったところでは，汎用工作機械が作業職場から駆逐され，それに代わって，より単純であるがより狭い領域にしか使用できない生産機械ないし専用機械が配置され，そのような機械の動力機には三相交流電動機（Drehstrommotor）を必要とした[56]。しかし，1920年代には交流動力の利用の比率が上昇しているとはいえ，生産者の側における定型の多様性がもたらす生産効率の面での不利な諸結果のために，交流動力と直流動力との間での決定は未だなされないままであった[57]。個別駆動方式の普及状況をみると，20年代における進歩にもかかわらず，広い基盤をもった個別電動駆動の大規模な定着をみるには，ようやく30年代の後半をまたねばならなかったとされており[58]，そのような合理化方策の推進は一定の限界をもつものであった。しかし，それはこの時期の生産の合理化にとって大きな意味をもつものであり，第2章および第2部の各章でみるように，この時期のこのような生産技術の発展，「技術的合理化」の展開はその後のナチス期における展開の基礎を築くものでもあった。

28　第1部　合理化運動の展開過程

(2) 硬質合金工具の利用

　また切削工具の素材の開発・改良についてみると，切削工具用合金の発展の歴史は，炭素鋼から高速度鋼，さらに硬質合金へと，その素材が開発されてきたのをみる。高速度鋼は1900年以降工作機械の一層の発展に決定的な影響をおよぼし，この工具鋼ははるかに高い切削速度を可能にしたが[59]，20年代には工具用の新しい硬質合金の開発でもって工作機械技術の徹底的な変革の道が開かれることになった。ドイツでは，第1次大戦終結後に初めて――アメリカに対する立ち遅れを取り戻すために――テイラーの先駆的な刺激を受けて，研究開発活動が工業において新たに開始されたが，そこでは，ジーメンス・シュッケルトのエルモ工場（電動機工場）が目立った役割を果した。同社は1922年にそれまでの有名なステライトに対しても多くの点で優れていた新しい合金の開発に成功した。それは「硬質合金A」ないし「アクライト」いう名で呼ばれ，ジーメンス・コンツェルンの工場の自家需要のための生産が研究所で行われたが，26年には「新しい硬質合金B」を生み出すことに成功している[60]。このような新しい切削工具の素材の開発，その利用は切削速度の大幅な向上を可能にしたのであり，また個別電動駆動方式の導入を促進するものでもあった。

　ここで，硬質合金工具の普及の導入状況を電機工業についてみておくと，硬質合金製のバイトは，それらのもつ優位性にもかかわらず，工具用合金の開発に大きくかかわってきたジーメンス・シュッケルトの電動機工場（エルモ工場）においてさえ，1922年以降徐々にしか取り入れておらず，決して全般的に普及したのではなかった。はるかに性能の高いバイトの素材に対するさしあたっての利用見込みは，当初は，アクライトの急速かつ広範囲の使用およびその十分に経済的な利用を抑制するように作用したとされている。硬質合金の普及がゆっくりとしたテンポでしかすすまなかった理由としては，硬質合金の高い価格，ひとつの製品を一様に生産することおよび金属加工における諸要求を十分に充たしたすぐれた品質のものを生産することの初期の諸困難，切削加工工程へのゆっくりとしかすすまない科学の浸透，硬質合金とともに現れる新しい諸要求への工作機械の一層遅い適応および前方に位置する加工段階，例えば形成加工における科学技術の発展水準などをあげることができるが，最後に硬質合金の性能の優位性を少なくとも圧倒的なものでないように

した，高速度鋼合金の同時にすすんでいた諸改良もひとつの役割を果したとされている[61]。ジーメンス・シュッケルトのエルモ工場では，1922/23年には合計2,032台，23/24年には1,808台の工作機械が使用されていたが，アクライトの開発がすでに丸1年前に行われていたにもかかわらず，この時にはたかだか200台のアクライト工具を備えた旋盤が稼働していたにすぎなかった[62]。

このような当時の状況について，W. ドレッシャーは1927年に，「アクライトは確かに大量生産におけるいくつかの作業工程のために使用されたが，『さしあたり』，高速度鋼は『職場から大量に』駆遂されたのではなかった[63]」と結論づけている。またT. v. フライベルクも，硬質合金に関しては，20年代は準備，研究開発の年であり，30年代および40年代が初めて工業への予想されていた広い利用をもたらしたとしている[64]。しかし，硬質合金工具の利用は加工組立産業にとってはとくに重要な意味をもつものであり，個別電動駆動方式の場合と同様に，このような「技術的合理化」の方策もナチス期に本格的に進展をみることになるのであり，その意味でも，20年代における展開は大きな意義をもつものであったといえる。

(3) 労働手段の利用における弾力性の追求とその限界

このように，労働手段の個別駆動方式への転換と硬質合金工具の利用はこの時期の「技術的合理化」の主要な要素をなし，全体的にみるとそのような諸方策はなお十分な進展をみるには至らなかったとはいえ，大きな意味をもったといえる。この時期の「技術的合理化」のあり方をみる上でのいまひとつの重要な点は，狭隘で変動の激しい国内市場の条件のもとで，多くのところで労働手段の利用における弾力性の確保が重要な課題とされ，そのことが当時アメリカでみられたような大量生産に最も適合したかたちでの労働手段の利用とは異なる技術的方策の利用のあり方をもたらしたということである。

多くの産業部門における最も重要かつ主要な労働手段である工作機械の生産とその利用の問題についてのT. v. フライベルクの指摘によれば，この時期の工作機械製造業の合理化戦略は，工作機械の利用者の合理化の諸要求に応えるための方策である「外部的合理化」の諸要求と自らの生産を効率的なものにす

るための方策である「内部的合理化」の諸要求へのひとつの対応であったとされている。「外部的合理化」は工作機械の技術・設計面の発展にその重点をもつのに対して,「内部的合理化」は生産過程の技術的・組織的変革にその重点をもつが(65),ドイツにおける機械の利用者の合理化の諸条件は,例外的なケースにおいてしか,大量生産およびアメリカを手本とする近代的な自動専用機械の利用を可能にせず,むしろ,比較的高度な自動性と,利用の高度な転換性および汎用性とを結びつけることができる工作機械を必要とした(66)。工作機械の製造における「内部的合理化」の諸要求を工作機械の利用者における「外部的合理化」の諸要求と釣り合わせるという問題の核心は,専用機械よりは汎用機械の開発にむしろ重点をおかざるをえないという市場経済的諸要求と生産の効率化をはかるという生産経済的諸要求との矛盾に示されている。そこでは,「外部的合理化」と「内部的合理化」の両サイドにおいて,できる限り高度な弾力性を確保するという目標にむけて優先的にその方向を定めたとされている(67)。

　このことに示されているように,当時,大量生産の推進が合理化のひとつの重要な目標とされており,その意味では,アメリカで多くみられたような高性能な専用機械の利用をはかることが重要な意味をもつものであったにもかかわらず,工作機械を利用する多くの産業部門においてそのような労働手段の利用よりはむしろ生産における弾力性の確保が期待できる汎用機の利用が多くのところで求められることになった。そのために,工作機械の製造においても,高性能な自動機械を配置することがほとんどできず,専用機械の配置が十分にすすまなかったといえる(68)。このような限界性は「技術的合理化」の水準における一定の限界性を示すものであるといえるが,そればかりでなく,この時期に最大の課題のひとつとされた大量生産体制への移行をはかる上でも限界をもたらす要因とならざるをえず,アメリカとの競争力においても限界をもたらす結果とならざるをえなかったといえる。

　(4) 合成生産方式の普及とその意義
　さらに化学工業における生産技術の発展についてみると,W. ベッカーは,物質的・技術的基盤における決定的な質的変化,科学・技術的進歩の指標のひ

とつとして，1900年から45年にかけての，またその後における生産諸力の国際的発展を明確に示した発明や処理法を特徴づけるにあたって，ぜひとも指摘しておかなければならない重要なことのひとつとして，「触媒技術と高圧合成の導入によって，空気から窒素を獲得するための，また合成染料，合成ゴムを生産するための新しい方法が生まれたこと」をあげている[69]。このような合成生産方式の誕生・普及はこの時期の化学工業における最も重要な生産技術の発展のひとつであった。

化学工業における1920年代の生産技術の発展は，独占形成期の染料合成にそのはじまりをみる合成生産方式が他の製品分野にも応用されることによって，その普及がすすんだことに特徴をもち，それは多角化のための基礎をなした。染料合成によって，近代化学工業の基礎が与えられたのち，この工学的原理は，アンモニア合成，空気からの窒素の獲得の出発点となったが，そうした技術は，機械や装置の製造に新たな要求を突きつけただけでなく，流れ生産，結合生産，とりわけ，一生産工程の残留ガスが新生産工程の出発点となる，いわゆる連結生産を定着させた。このような方法の導入は，第1次大戦中，1916年に設立されたロイナ工場によって，その工程の基礎が築かれたため，ドイツにおいてはとくに急速に行われたが，アンモニア合成によって，工学的な近代的な大規模化学のためのいまひとつの決定的な前提が生み出され，それが必然的にメタノール合成（1923年），合成燃料や合成ゴムの生産へと進展していったのであった[70]。例えば化学工業の最も代表的な企業であるIGファルベンでは，このような技術発展の成果を基礎にして，窒素部門の投資の拡大，合成アンモニア，合成メタノール，人造石油の開発，合成ゴム，人絹・スフ，合成樹脂などの研究開発が推し進められていくのであり[71]，この時期の合成生産方式の本格的展開を基礎にした「技術的合理化」の推進は，第1次大戦後の蓄積条件の変化へのドイツ化学工業の適応のための重要な基礎的条件をなすものであったといえる。

2 「労働組織的合理化」の展開とその特徴

これまでの考察において，「技術的合理化」についてみてきたが，そのような合理化は諸方策はそれなりに資本支出をともなう合理化であり，当時のドイ

ツの独占企業がかかえていた資本不足とそれに規定された資本コストの負担といった諸困難，また国内市場の狭隘性と輸出市場の困難性といった諸問題のもとで，そのような合理化方策の推進は一定の限界をもつものであった。またこの時期の「資本運用」についてみても，もちろん設備投資による一定度の「技術的」合理化が進められたが，むしろその主力は，企業の集中，合併，参加政策などの独占的支配領域の拡大に利用された，とされている[72]。このような「技術的合理化」の限界は，この時期のドイツの主要産業に対して，労働組織の変革・再編成による合理化＝「労働組織的合理化」をそれだけ強く求めざるをえなかった理由でもあった。

このような状況のもとで，ドイツでは，労働組織の領域における合理化への取り組みが重要な課題となり，とくにアメリカのテイラー・システムやフォード・システムが注目を集め，それらをめぐる論議が活発になった。1920年代の後半には，このようなアメリカ的管理方式の導入が，「合理化運動の推進」の名のもとに，いわば国民経済的観点から取り組まれ，そのなかで，テイラー・システムがドイツ的に修正され，ドイツ独自のいわゆるレファ・システムが広く普及することになるのである。また，当時アメリカにおいてフォード・システムの展開によって大量生産体制の確立をみた自動車，電機，機械製造などの産業部門では，アメリカ企業との競争に打ち勝つためには，そのような生産・管理方式の導入が最も重要な課題のひとつとなり，その導入の取り組みが推し進められることになる。

まずテイラー・システムの導入についてみると，20世紀初頭に始まるドイツにおけるそのような取り組みは，相対的安定期に入って，ドイツ経済の再建といういわば国民的課題のもとで，かつてない高まりをみせるが，その運動は，実践的にはテイラー・システムの修正によるドイツ的テイラー・システムとでもいうべきレファ・システムの普及というかたちをとった。このような，いわば修正された，テイラー・システムの導入にさいして，その推進的役割を果したものが，ドイツ金属工業家総連盟（Gesamtverband Deutscher Metallindustrieller）とドイツ経営技師労働共同体（Arbeitsgemeinschaft Deutscher Betriebsingenieuer）によって1924年に設立された「ドイツ労働時間研究委員会」＝レファ協会であった[73]。レファ協会によって開発されたレファ・システムは，

第1次大戦後の特殊ドイツ的諸条件のもとで生まれた合理化方策であり，いわばドイツ的テイラー・システム，あるいは修正テイラー・システムであるといわれている。その意味では，レファ・システムは，まさに時代の要請をうけて誕生したドイツ的方式であるといえる。テイラー・システムとレファ・システムとの相違点としては，①賃金と給付との関係が異なること（テイラーの割増出来高給＝差別的出来高給では，賃金と給付との関係は累進的（progressiv）に変化するのに対して，レファ・システムでは，比例的（proportional）に変化すること，②給付標準（課業）の大きさが異なること（テイラー・システムでは，それは一流労働者の「最大給付」に求められているのに対して，レファ・システムでは，平均的な労働者の「正常給付」に求められている）の2点をあげることができる[74]。

　このような新しい方式の導入がどの程度すすんだかについてみておくと，もともとレファ協会がドイツ金属工業家総連盟とドイツ経営技師労働共同体によって設立されたこともあって，レファ・システムは，金属工業，機械工業，電機工業などを中心に普及し，ドイツ産業の広い部分がそれによって再組織されたとされている。例えば，1927年からの金属労働者組合（DMV）の調査によると，調査に対する回答が得られた1,102の部門のうち717（＝65.1％）がレファ・システムによる賃金支払方式を利用していたとされている。またこの調査結果の内訳をみると，出来高賃金が全体の23.7％（261部門），割増給制度が全体の9.3％（103部門），ビドー方式（Bedaux Verfahren）が全体の0.6％（7部門），その他の諸方式が全体の1.3％（14部門）の部門において利用されていた[75]。こうして，この時期に実施された調査は，レファの標準時間や賃金支払いの方法が，すでにその何年かの間に，ドイツにおいて，支配的位置を占め，全体の3分の2の企業で利用されていたことを明らかにしている[76]。

　またフォード・システムの導入についてみると，そこでは，まず流れ生産方式の導入の基礎をなす生産の標準化の推進が重要な課題となった。またこの時期のドイツにおいては，資本不足とそれに規定された資本コストの負担のもとで，「技術的合理化」の推進は一定の限界をもたざるをえず，それだけに，資本支出をともなわない合理化方策として，標準化の取り組みが重要な意味をもった。そのさい，標準化の推進が「標準化運動」として合理化運動の一環とし

て取り組まれることになり、そうしたなかで生産の標準化がそれなりの進展をみたが、それを基礎にして、流れ生産方式の導入が取り組まれた。

例えば1930年のドイツ金属労働者組合（DMV）の調査によれば、流れ作業の普及率は、輸送機械工業では19.3％、時計製造業では18.6％、電機工業では14.6％、光学産業では13.3％、機械製造業では10.5％、精密機械製造業では9.6％となっており[77]、産業部門によってひらきはみられるものの、いずれの産業部門においても、流れ作業の普及率は全産業でみた場合（G. デュビノウの1932年の指摘によれば流れ作業の普及率は産業全体では2～3％にすぎなかったとされている）[78]と比べるとすすんでいたといえる。しかし、コンベア作業の普及率をみると、輸送機械工業では16.6％、電機工業では15.5％となっており、そこでは、流れ作業の普及率と比べても大きなひらきがみられないが、時計製造業、光学産業、機械製造業および精密機械製造業では、コンベア作業の普及率はそれぞれ7.0％、5.6％、7.9％、6.2％と低くなっており[79]、流れ作業の普及率と比べると、大きなひらきがみられる。また1931年の金属労働者組合の調査結果では、この年には、電機工業では、調査の対象となった181の部門のうち、31.5％の57部門に流れ生産が導入され、また29.3％の53部門にコンベア作業が導入されており、それらは調査された産業部門のなかで高い割合を示していたとされている。また自動車・自転車工業では、調査の対象となった94の部門のうち、31.9％の30部門に流れ作業が、また21.3％の20部門にコンベア作業が導入されていたとされている。それゆえ、流れ作業かコンベア作業のいずれかの作業方法が導入されていた割合は、電機工業では60.8％、自動車・自転車工業では53.2％となっており、いずれも高い割合となっている。これに対して、機械製造業では、調査の対象となった475の部門のうち16.2％の77部門に流れ作業が導入されていたが、コンベア作業はわずか2.3％にあたる11部門において導入されたにすぎなかったとされている。それゆえ、機械製造業においては、流れ作業かコンベア作業のいずれかによる生産方法が導入されていた割合は18.5％にすぎない[80]。

しかし、ヴァイマル期の合理化運動は、特殊ドイツ的な状況——過剰生産能力の存在および変動する狭隘な市場——が近代的なアメリカの生産方法の受け入れを可能にしなかったことを出発点としている[81]とするT. v. フライベルク

の指摘にもみられるように，そのような取り組みは，輸出市場におけるアメリカとの競争と国内市場へのアメリカ企業の進出による一層厳しい市場の条件のもとで，多くの場合，むしろドイツ的な展開が試みられねばならなかった。ジーメンス・シュッケルト社のC.ケットゲンが1928年に確認しているように，「アメリカとはきっと反対に」，流れ生産の利点がより少ない生産量に対しても得られるように努力したということがドイツの発展の特殊性となったとしている[82]。また機械製造業についてみても，生産過程の合理化における基本的な要求は，「流れ生産で操業している経営の十分な弾力性に配慮することであり，生産すべき部品の設計の変更を可能にすることであり，生産すべき量を需要に合わせること」であったとされている[83]。当時のこのような状況について，フライベルクは，「フォードの生産方法の高度に統合された，機械的につなぎ合わされた流れシステムがヴァイマルの合理化運動の大きな手本であった」が，「ドイツにおける制限された市場の諸条件はこの理想からの実務的な離脱を強制した」とした上で，電機工業の場合と同様に，機械製造業においても，そのような合理化方策は，それによって生産の弾力性が犠牲にされない程度においてのみ実現されたにすぎないとしている[84]。市場の変動に対する「フレキシビリティ」の確保をめざしたこのような流れ生産方式の展開の試みは自動車工業でも同様にみられた。このように，実際には流れ生産方式のいくつかのヴァリアントがみられたのであり，フォード・システムそれ自体は，当時ドイツにおいて目標とされたまさに「理念型」にすぎなかったといえる[85]。

第4節　ヴァイマル期の合理化運動の帰結

　以上の考察において，1920年代の合理化運動の展開過程をあとづけ，そこでの主要問題とその特徴を明らかにしてきたが，それをふまえて，つぎに，この時期の合理化運動がもたらした帰結についてみておくことにしよう。ドイツの特殊な諸条件のもとでの「フレキシビリティ」の確保をめざした流れ生産方式の弾力的な編成や市場の変化への柔軟な適応の可能性を配慮した労働手段の利用などにみられるように，当時のドイツの状況に適応するためのさまざまな試みが行われたにもかかわらず，合理化は過剰生産能力の温存・一層の蓄積をも

たらすことになった。合理化運動のいきつくところは深刻な「合理化恐慌」であり，ドイツの過剰生産能力はいやしがたい生産と消費の矛盾を露呈することになる。合理化運動のそのような帰結のもとで，独占企業は国内の民需や輸出市場に替る新たな市場の追求へと向かうことになり，経済の軍事化への傾斜を強めることにもなったが，ナチスのファシズム体制における条件の大きな変化のもとで取り組まれることになる合理化運動をみる上でも，1920年代の合理化運動の帰結，それのもつ意味をおさえておくことは重要であるといえる。

そこでまず過剰生産能力の一層の蓄積の問題をみると，この点に関して指摘しておかねばならない重要な点は，この時期に合理化が最も集中的かつ強力に展開された産業部門において過剰生産能力一層の蓄積がとくに顕著にみられたということである。なかでも過剰生産能力の増大が最も深刻だったのは重工業であるが，これを合同製鋼についてみると，同社の製鋼工場の生産能力の利用度は，1927年の75.1％から28年には65.2％に低下し，29年には再び75.8％に上昇しているが，その後大きく低下し，32年にはわずか23.9％にまで低下している[86]。R.A.ブレィディは，過剰生産能力が石炭炭鉱，コークス生産，ガス生産および多くの一層重要な副産物の生産において，ひろくみられたとしている[87]。また彼は，ドイツ鉄鋼業が過剰建設を行ったかなりの証拠があるとしており，そこでの拡張は，主として，アウトラインエリアの工業化および外国の鉄鋼業の拡張の結果としておこる世界需要におけるたえざる諸変化を無視して行われたようだ，としている[88]。またカルテルやシンジケートの割当目当ての不良投資も行われており[89]，それによって過剰生産能力の一層の蓄積がもたらされたこと，結合経済によって，技術的に統合された技術設備全体にとって必要な最低操業度が引き上げられ[90]，そのために，わずかな景気の後退のもとでも，生産能力の遊休化が発生しやすい状態になっていることに注意しておく必要がある。また炭鉱業では，ルール炭鉱において1925年にすでに機械化のひとつの山を迎えていることにみられるように[91]，「技術的合理化」がはやい時期に展開されたが，そこでも，過剰生産能力がこの時期に一層蓄積されたとする指摘がなされている[92]。

また設備投資が比較的活発に行われた新興産業部門をみても，R.A.ブレィディは，化学工業では，多くの場合，合理化は企業間関係に強く影響をおよぼ

すことはなかったとして、そのような産業および産業間の調整の欠如が設備の重複をもたらしたとしている(93)。IGファルベンでは、この時期に経営の多角化が強力に推し進められ、新興事業分野の拡大がはかられたが、そのなかでも、最も成長の見込まれていた窒素部門でさえ、その操業度は、1926年から28年までの90％台から29年には65.6％に、30年には41.4％にまで低下している(94)。電機工業についてみても、R.A.ブレイディは、この産業が過剰な設備能力によって打撃を受けてきたといういくつかの証拠があるとして、電機工業においても過剰生産能力が顕在化したことを指摘している(95)。例えばジーメンス・シュッケルトの操業度をみても、それは1926年9月の56％から27年8月には79％に、28年8月には84％に上昇しているが、31/32年までに25/26年の水準を下回ったとされている(96)。また電機工業の操業時間でみた生産能力の利用度は、1929年の78.1％から30年には59.5％、32年には31.5％にまで低下している(97)。このように、産業基盤整備を目的とした公共投資の拡大や産業電化、鉄道の電化、家庭の電化の進展などによる国内市場の拡大という有利な条件のもとで「技術的合理化」と「労働組織的合理化」とがセットで強力に推し進められた電機工業でも合理化の過程において過剰生産能力の蓄積がすすんだことをみることができるであろう。とくに化学工業と同様に電機工業では、1929年にも活発な新規設備投資が行われているが(98)、世界恐慌期には、そのことが遊休化を一層深刻なものにしたといえる。自動車工業でも同様に合理化過程において過剰生産能力が一層蓄積される結果となったが、それは、この産業部門ではアメリカとの競争がとくにはげしく、流れ生産方式の導入と近代的な機械設備の導入による大量生産への移行が強く要請されたことによるものであった。この産業部門では、1928年の時点でさえもほとんどすべての主要企業において生産能力の遊休化がみられ(99)、29年の生産能力の利用度は約55％にとどまっている。その後、世界恐慌の深刻さが増すなかで操業度は大きく落ち込んでおり、1932年の生産能力の利用度はわずか約25％にすぎなかったとされている。比較的高い操業度を保つことができた主要4社をみても、1933年にはオペルでは61％、アウト・ウニオンでは58％、ダイムラー・ベンツでは54％、アドラーでは36％となっている(100)。

　さらに機械製造業では、合理化の始まる相対的安定期の初期にも多くの過剰

生産能力を抱えており，そのことが合理化，とくに資本支出をともなう「技術的合理化」の推進の制約要因にもなったが，そこでも，1929年までの時期に生産能力が完全に利用されることはなかった[101]。

このように，合理化過程において，過剰生産能力の蓄積がすすんでおり，そのことは，ドイツの産業全般にみられた現象であったといえる。A.シュリーパーによれば，ドイツ工業における生産能力の利用度は，1929年には平均で70％から75％であったが，32年までに45％に低下しており，それは経済的に必要な操業度をはるかに下回っていたとされている[102]。またI.M.ファインガルによれば，合理化が行われた企業の操業度は，それの行われなかった企業に比べると，全体として低下しているとされているが[103]，この指摘は，この時期の合理化運動のもたらした帰結のひとつの重要な側面を表現したものであるといえるであろう。

合理化のこのような限界性は，基本的には，国内市場の狭隘性と輸出市場における諸困難という厳しい市場の条件に規定されていたといえる。合理化は失業者の企業への再雇用ではなく，むしろ失業者の増大をもたらしたのであり，そのような「合理化失業」の増大は国内市場の狭隘化を一層促進することになった。とくに国内市場の狭隘性は，ドイツ独占体がよってたつところの資本主義的基盤の脆弱性，国民経済の疲弊を示すものであり，この時期の合理化の重要な制約要因のひとつとなった。確かにドイツ独占企業は合理化の推進によって急速な復活・発展をとげ，ドイツ資本主義の発展もある程度はなされたが，1928年，つまり1925/26年恐慌から2年もたずに，帝国主義的ドイツ経済に再び恐慌現象が現れたという事実，またこの2つの過程が——少なくともさしあたり——ドイツに限られていたという事実は，ドイツ帝国主義の特別の不安定性を示すものである。このことは，第1次帝国主義世界大戦における敗北と関連しており，またとりわけ，11月革命後に労働者階級に対してやむなくのまされた譲歩を取り除こうとするドイツ帝国主義の闘いと関連していた[104]。「この1928年の初期恐慌現象は，戦後の革命期に労働者階級に余儀なくされた経済的譲歩を取り除こうとするドイツ合理化運動の主たる狙いが，結果的には，生産と消費の矛盾を増幅させ，ドイツ資本主義の脆弱性を一層きわだたせることになる前兆を示しているといえる[105]」。

このような初期恐慌現象の直後の1929年には，ドイツも世界恐慌に見舞われることになるが，W. ベッカーが指摘するように，「資本主義の相対的安定期の末期における帝国主義ドイツの状態は，その全過程の基礎において，すでに1914年以前に独占化の長期的影響によってますます明瞭になった生産と市場との根本的矛盾の尖鋭化が，第1次帝国主義大戦とインフレーション期に隠蔽された後に，今やあらためて爆発的に噴き出そうとしていることを，全体として明らかにしたのであった[106]」。もとより「相対的安定期のドイツ経済の根本問題は，大戦およびインフレ期に累積されかつ隠蔽されてきた過剰資本をいかに処理するかという点にかかわっていた[107]」のであるが，この時期の合理化過程において，過剰資本の整理が不徹底に終わっただけでなく，過剰生産能力が一層蓄積される結果となっており，そのことが，世界恐慌時には，一層の圧迫要因として作用することにならざるをえず，ドイツ合理化運動は，結果的に，矛盾を拡大させることになったといえる。

このようなドイツ合理化運動の帰結とその限界についてみる上で重要な点は，各産業部門の合理化が国民経済におよぼした影響，その役割に関してである。フォード・システムの導入による大量生産のための取り組みは，この時期にもみられたが，ドイツでは，自動車のような消費財の大量生産は大きく立ち遅れており，アメリカにおいてみられた「現代的な」生産力の発展はほとんど緒についたばかりであったといえる。電機工業，化学工業，自動車工業などの新興産業部門では，重工業や機械製造業と比べ，比較的に活発な設備投資が行われており，合理化のあり方には，これらの産業部門の間でかなりの相違がみられるが[108]，これらの新興産業諸部門の発展は，ドイツの国民経済の発展を主導するほどのものではなかったといえる。W. ベッカーが指摘するように，「成長産業である化学工業，電機工業および自動車工業は，その積極的な発展の推進力にもかかわらず，1924年には，国民経済の他の分野の沈滞を前にして，力強い高揚を呼び起こすこともできなかったし，また構造危機，とくに重工業集団の危機を調整することもできなかった[109]」とされている。また「化学，電機，自動車などのいくつかの分野で，他の諸分野と比較して，異なった発展のテンポが生じた」が，新しい産業諸部門の急速な成長は，否定的な代替効果，すなわち，とくに資本主義的合理化による労働力の解雇や古い生産能力

の休止を基本的に埋め合わせるには十分ではなく，その結果，985億RM（1924—28年）の投資にもかかわらず，経済成長はとるに足らなかったとされている(110)。結局，自動車工業はもとより，化学，電機といった産業がドイツ経済に占める比重はまだ石炭・鉄鋼業の比ではなく，新興産業における合理化がドイツの資本蓄積全体の大勢を変えることはできなかったということである(111)。このことは，これらの新興産業部門に対する重工業の国民経済に占める比重がそれだけ大きかったことを意味しているが，この問題については，「戦後の諸結果においても，また世界恐慌期においても，最も深刻な影響をうけた重工業が，なおドイツの国民経済において，最も大きな比重を占めていたことの意味を，十分に考慮に入れて，この時期の合理化運動の展開と帰結をみることが必要だということである(112)」。

この点を，そこでの大量生産が他の産業部門におよぼす波及効果が大きい自動車工業についてみると，アメリカでは，第1次大戦をはさんで産業再編成が進展し，鉄道，石炭業は後退し，新興産業である自動車および石油，電力というエネルギー産業が基幹産業の一翼を担うようになっている。そこでは，「第1次大戦前の産業が『鉄道——鉄鋼——石炭』という関連を基軸としていたとすれば，1920年代は『自動車——鉄鋼——石油・電力』という関連を基軸とする体制へと転換した(113)」と指摘されるように，基本的に単一製品部門しかもたない自動車の大量生産が1920年代にフォード・システムの本格的展開によって大きくすすみ，それが関連する産業分野の市場の拡大をもたらし，これらの諸部門の発展を促進することになったといえる。これに対して，国内市場の狭隘であったドイツでは，自動車のような消費財の大量生産がアメリカのようにはほとんど展開されえず，そのことが，他の産業諸部門の合理化の展開，そのあり方にも大きな影響をおよぼすことになった。W.ベッカーの指摘するように，「大量生産の決定的諸要素および国民経済的有効性は，生産手段の製造よりも消費財部門においてずっと大きく，そのため，アメリカの例が示すように，消費財の大量生産が，初めて，生産手段の大量生産への移行の基礎を与えた(114)」のであるが，ドイツでは，「自動車のような消費財の大量生産の立ち遅れは，機械製造業の汎用主義の克服にブレーキをかけ，大量生産をはばむとともに，鉄鋼業のように，それなりに大量生産に移行してきている諸部門

に対しては，不均衡を強め，そのことがまたこれらの諸部門の海外市場への依存を強めることになる(115)」。自動車のような消費財の大量生産の立ち遅れはまた，機械製造業の大量生産にとっての制約要因となっただけではなく，機械の製造コストを高いものにし，機械加工を行うための工作機械の利用にさいして，大量生産への移行を推し進めてきている電機工業のような諸部門の合理化の制約要因ともなった。このような厳しい市場の条件がこの時期のドイツの合理化運動のあり方，その限界性を規定しているといえる。

とはいえ，1920年代の合理化の過程で取り組まれた諸方策の役割・意義をその後のナチス期における展開とのかかわりでみると，化学工業では，20年代の合理化の過程における合成生産方式の普及と新興部門の発展が30年代の人造石油，合成ゴム，合成繊維といった重要な新製品の開発・その事業化の本格的推進において重要な意味をもつことになる。また電機工業や自動車工業，機械製造業に代表される加工組立産業の諸部門でも，20年代のフォード・システムの導入，産業電化の進展による労働手段の個別駆動方式や硬質合金工具の開発による技術的発展の利用などが，その後のナチス期に本格的な進展をみることになるのであり，それらはこの時期の生産力発展，産業の発展の基礎を築く上でも大きな意味をもったといえる。こうした点は鉄鋼業についてもみられ，1920年代には，この産業部門において本来その利用が最も大きな成果をもたらしうる圧延部門において連続圧延機のような生産性の高い最新鋭の機械設備の導入がすすまなかったとはいえ，この時期の生産技術の発展の指標として最も重要なもののひとつをなす産業電化にともなう労働手段の個別駆動方式の導入は，ナチス期におけるその普及・拡大の基礎をなしたといえる。それゆえ，次章以下のナチス期の合理化運動および主要産業部門における合理化過程の考察においては，20年代の合理化の意義と限界をふまえて，みていくことが重要となる。

(1) この点について詳しくは，拙書『ヴァイマル期ドイツ合理化運動の展開』，森山書店，2001年を参照されたい。
(2) 吉田和夫『ドイツ合理化運動論——ドイツ独占資本とワイマル体制——』，ミネルヴァ書房，1976年，27ページ。

（3） 同書，185ページ。
（4） 前川恭一『ドイツ独占企業の発展過程』，ミネルヴァ書房，1970年，第1章二参照。
（5） Vgl. A. Reckendrees, Die Vereinigte Stahlwerke A. G. 1926-1933 und "das glänzende Beispiel Amerika", *Zeitschrift für Unternehmensgeschichte*, 41 Jg, Heft 2, 1996, S. 168.
（6） Vgl. R. Wagenführ, Die Industriewirtschaft. Entwicklungstendenzen der deutschen und internationalen Industrieproduktion 1860-1932, *Vierteljahrhefte zur Konjunkturforschung*, Sonderheft 31, 1933, S. 24-5.
（7） Vgl. B. Weisbrod, *Schwerindustrie in der Waimarer Republik. Interessenpolitik zwischen Stabilisierung und Krise*, Wuppertal, 1978 S. 36.
（8） R. A. Brady, *The Rationalization Movement in German Industry. A Study in the Evolution of Economic Planning*, Berkeley, California, 1933, p. 105.
（9） 前川恭一・山崎敏夫『ドイツ合理化運動の研究』，森山書店，1995年，14ページ。
（10） Vgl. Enguete Ausschuß, (Ⅲ)-2, *Die deutsche eisenerzeugende Industrie*, Berlin, 1930, S. 14.
（11） NICB (National Industrial Conference Board), *Rationalization of German Industry*, New York, 1931, p. 119.
（12） *Ibid*., p. 122.
（13） 前川・山崎，前掲書，16ページ。
（14） 服部英太郎『ドイツ社会運動史』（服部英太郎著作集 Ⅶ），未来社，1974年，142-3ページ。
（15） 加藤栄一『ワイマル体制の経済構造』，東京大学出版会，1973年，363ページ。
（16） E. Varge, Der marxistische Sinn der Rationalisierung, *Die Internationale*, 9 Jg, Heft 14, 1926. 7, 20, S. 435.
（17） Vgl. M. Nussbaum, *Wirtschaft und Staat in Deutschland während den Weimarer Republik* (Wirtschaft und Staat in Deutschland, Bd. 2), Berlin, 1978, S. 171.
（18） 前川，前掲書，15ページ。
（19） 同書，2ページ。参考のために当時のドイツとアメリカにおける資本コストの状況をみておくと，例えば1925年と29年の中央発券銀行の平均の割引率は，アメリカではそれぞれ3.421％，5.163％であったのに対して，ドイツでは9.153％，7.107％であり，民間銀行のそれは，アメリカでは3.315％，5.099％であったのに対して，ドイツでは7.62％，6.87％であった。Vgl. F. Ledermann, *Fehlrationalisierung —— der Irrweg der deutschen Automobilindustrie seit der Stabilisierung der Mark*, Stuttgart, 1933, S. 63.
（20） 吉田，前掲書，27ページ。
（21） 前川，前掲書，15-6ページ。
（22） 前川・山崎，前掲書，17ページ。
（23） 吉田，前掲書，185ページ。
（24） 大橋昭一『ドイツ経済民主主義論史』，中央経済社，1999年，107ページ。
（25） 吉田，前掲書，187ページ。

第1章　ヴァイマル期の合理化運動の展開とその特徴　43

(26) 同書，35ページ参照．
(27) Vgl. O. Bauer, *Rationalisierung und Fehlrationalisierung* (Kapitalismus und Sozialismus nach dem Weltkrieg, 1. Bd), Wien, 1931, S. 158.
(28) *Ebenda*, S. 160.
(29) Vgl. J. Bönig, Technik und Rationalisierung in Deutschland zur Zeit der Weimarer Republik, U. Troitzsch, G. Wohlauf (Hrsg), *Technikgeschichte*, Frankfurt am Main, 1980, S. 398-9.
(30) この時期のドイツの企業集中の問題については，上林貞治郎・井上　清『工業の経済理論――工業経済と工業経営――』［増訂版］，ミネルヴァ書房，1976年，230-1ページ，E. Varga, *a. a. O.*, S. 432などを参照されたい．
(31) 「消極的合理化」の概念については，O. Bauer, *a. a. O.*, S. 195-6, Enquete Ausschuß, (III)-2, *a. a. O.*, S. 22-3などを参照．
(32) L. F. Urwick, *The Meaning of Rationalization*, London, 1929, p. 14.
(33) Vgl. C. Schiffer, *Die ökonomische und sozialpolitische Bedeutung der industriellen Rationalisierungsbestrebung*, Karlsruhe, 1928, S. 30.
(34) Vereinigte Stahlwerke A.G., *Geschäftsbericht über das 1. Geschäftsjahr vom 14. Januar bis 30. September 1926*, S. 10, NICB, *op. cit.*, pp. 82-3, K. Lasch, *Entwicklungstendenzen für die Zusammenschußformen in der deutschen Großindustrie seit 1914*, Dusseldorf, 1930, S. 92.
(35) この点については，前川・山崎，前掲書，38-9ページ参照．
(36) 島田千代丸「獨逸合同製鋼の過去及び現在（三）」『鉄鋼連盟調査月報』，1940年12月号，19ページ．
(37) この点については，Vereinigte Stahlwerke A. G., *a. a. O.*, S. 12, P. Ufermann, *Der Stahltrust*, Berlin, 1927, S. 175, Enquete Ausschuß, (III)-2, *a. a. O.*, S. 32-3, Vereinigte Stahlwerke, Aktiengesellschaft, Düsseldorf, *Stahl und Eisen*, 47 Jg, Nr. 11, 1927. 3. 17, S. 475, NICB, *op. cit.*, p. 85, 島田，前掲論文，19-20ページ，前川・山崎，前掲書，40-1ページなどを参照．
(38) 上林・井上，前掲書，231ページ．
(39) A. P. Young, *Rationalization of Industry*, New York, 1929, p. 12.
(40) Vgl. H. Weiss, *Rationalisierung und Arbeiterklesse. Zur Rationalisierung der deutschen Industrie*, Berlin, 1926, S. 8.
(41) NICB, *op. cit.*, p. 33.
(42) この点について詳しくは，前川・山崎，前掲書，第1章第3節を参照．
(43) Vgl. Bönig, *a. a. O.*, S. 396.
(44) 拙書『ドイツ企業管理史研究』，森山書店，1997年，第1章第1節および第3章参照．
(45) H. Mottek, W. Becker, A. Schröter, *Wirtschaftsgeschichte Deutschlands*, Ein Grundriß, Bd. III, Von der Zeit der Bismarckschen Reichsgründung 1871 bis zur Niederlage des faschistischen deutschen Imperialismus 1945, 2. Auflage, Berlin, 1975, S. 33-4. 同書にはつぎの訳書がある．大島隆雄・加藤房雄・田村栄子訳『ドイ

ツ経済史　ビルマルク時代からナチス期まで(1871-1945年)』，大月書房，1989年．
(46) この点については，機械製造業の事例としては，幸田亮一『ドイツ工作機械工業成立史』，多賀出版，1993年，251-3ページ，同「ドイツ機械工業の発展とレーヴェ社新工場――第1次大戦前ドイツ機械工業の発展と工場改革(1)」『経済論叢』(京都大学)，第129巻第6号，1982年6月，101ページおよび105ページ，同「第1次大戦前ドイツ重機工業における工場制度の変容――N.A.N.社の事前研究(2)――」『経済論集』(佐賀大学)，第19巻第3号，1986年12月，294-9ページを参照されたい。また電機工業の事例については，今久保幸生『19世紀末ドイツの工場』，有斐閣，1995年，338ページを参照されたい．
(47) Vgl. K. H. Mommertz, *Bohren, Drehen und Fräsen. Geschichte der Werkzeugmaschinen*, Hamburg, 1981, S. 136.
(48) Vgl. T. v. Freyberg, *Industrielle Rationalisierung in der Weimarer Republik. Untersucht an Beispielen und dem Maschinenbau und der Elektroindustrie*, Frankfurt am Main, New York, 1989, S. 83.
(49) Vgl. H. Mottek, W. Becker, A. Schröter, *a, a, O.*, S. 36.
(50) Vgl. H. Homburg, *Rationalisierung und Industriearbeit. Arbeitsmarkt――Management――Arbeiterschaft im Siemens-Konzern Berlin 1900-1939*, Berlin, 1991, S. 453.
(51) H. Mottek, W. Becker, A. Schröter, *a. a. O.*, S. 28.
(52) *Ebenda*, S. 30.
(53) この点については，K. H. Mommertz, *a. a. O.*, S. 138, 井上　清『工業生産と管理の理論』(増補版)，ミネルヴァ書房，1986年，109ページなどを参照．
(54) この時期の労働手段の個別駆動方式への転換が流れ生産方式の導入との関連ですすんだことについて，W. ドレッシャーは，ジーメンス・シュッケルトの電動機工場では，硬質合金工具による切削加工の能率の向上の影響のもとで電動式駆動装置の開発が精力的に共同ですすめられてきたが，流れ生産がそれに対して一層の刺激を与えたと指摘している。Vgl. W. Drescher, Fortschritt der spanabhebenden Formung in der Kleinmotorenfertigung, *Siemens-Jahrbuch*, 1927, S. 444-5.
(55) Vgl. T. v. Freyberg, *a. a. O.*, S. 83.
(56) Vgl. *Ebenda*, S. 85-6.
(57) Vgl. T. Siegel, T. v. Freyberg, *Industrielle Rationalisierung unter dem Nationalsozialisumus*, Frankfurt am Main, New York, 1991, S. 232, T. v. Freyberg, *a. a. O.*, S. 85.
(58) Vgl. H. Mottek, W. Becker, A. Schröter, *a. a. O.*, S. 36.
(59) Vgl. T. v. Freyberg, *a. a. O.*, S. 64, T. Siegel, T. v. Freyberg, *a. a. O.*, S. 230.
(60) Vgl. H. Homburg, *a. a. O.*, S. 456-8.
(61) 硬質合金が高価であったことは，1927年には，1 kgの高速度鋼は約8マルクかかったのに対して，ステライトでは約60マルク，タングステン・カーバイド類の硬質合金では約180マルクかかったことからもわかる。Vgl. *Ebenda*, S. 461.
(62) Vgl. *Ebenda*, S. 465.

(63) Vgl. H. Homburg, a. a. O., S. 466.
(64) Vgl. T. v. Freyberg, a. a. O., S. 83.
(65) Vgl. T. Siegel, T. v. Freyberg, a. a. O., S. 223-4.
(66) T. v. Freyberg, a. a. O., S. 389-90.
(67) Vgl. T. Siegel, T. v. Freyberg, a. a. O., S. 13.
(68) Vgl. W. L. Vrang, Neue Aufgaben der deutschen Werkzeugmaschinenindustrie, *Werkstattstechnik*, 18 Jg, Heft 17, 1924 9. 1, S. 451, T. v. Freyberg, a. a. O., S. 80.
(69) Vgl. H. Mottek, W. Becker, A. Schröter, a. a. O., S. 25.
(70) Vgl. *Ebenda*, S. 38.
(71) 工藤 章『現代ドイツ化学企業史――IGファルベンの成立・展開・解体――』, ミネルヴァ書房, 1999年, 85ページ。
(72) 前川, 前掲書, 2ページ参照。
(73) Vgl. K. H. Mommertz, a. a. O., S. 142.
(74) Vgl. V. Trieba, U. Mentrup, *Entwicklung der Arbeiswissenschaft in Deutschland. Rationalisierungspolitik der deutschen Wirtschaft bis zum Faschismus*, München, 1983, S. 106-7.
(75) Vgl. Deutscher Metallarbeiter-Verband, *Die Rationalisierung in der Metallindustrie*, Berlin, 1932, S. 192-4.
(76) Vgl. H. Spitzley, *Wissenschaftliche Betriebsführung, REFA Methodenlehre und Neuorientierung der Arbeitswissenschaft*, Köln, 1979, S. 102 [高橋俊夫監訳『科学的管理と労働のヒューマニズム化』, 雄松堂, 1987年, 137―8ページ参照]。
(77) Vgl. G. Stollberg, *Die Rationalisierungsdebatte 1908-1933. Freie Gewerkschaften zwischen Mitwirkung und Gegenwehr*, Frankfurt am Main, New York, 1981, S. 51-2.
(78) Vgl. G. Duvigneau, *Untersuchungen zur Verbreitung der Fließarbeit in der deutschen Industrie*, Breslau, 1932, S. 68.
(79) Vgl. G. Stollberg, a. a. O., S. 51-2.
(80) Vgl. Deutscher Metallarbeiter-Verband, a. a. O., S. 86, S. 117 u S. 138.
(81) Vgl. T. Siegel, T. v. Freyberg, a. a. O., S. 267.
(82) Vgl. C. Köttgen, Die allgemeine Grundlagen der Fließarbeit, *Zentralblatt für Gewerbehygiene und Unfallverhüttung*, Beiheft 12, "Fließarbeit", 1928, S. 10, T. Siegel, T. v. Freyberg, a. a. O., S. 267.
(83) Vgl. H. Hänecke, Fließarbeit im deutschen Maschinenbau, *Maschinenbau*, Bd. 6, Heft 4, 1927. 2. 17, S. 158, T. Siegel, T. v. Freyberg, a. a. O., S. 267.
(84) Vgl. T. v. Freyberg, a. a. O., S. 390.
(85) この時期の流れ生産方式の導入について詳しくは, 前掲拙書『ヴァイマル期ドイツ合理化運動の展開』, 第2章, 第5～第7章を参照されたい。
(86) Vgl. B. Weisbrod, a. a. O., S. 48.
(87) R. A. Brady, *op. cit.*, p. 100.
(88) *Ibid.*, p. 138. C. クラインシュミットとT. ヴェルスコップは, 鉄鋼業では, 過剰生産

能力の蓄積と生産能力の遊休化によって，本来合同製鋼の設立によって克服されるべき危機的状況がより高いレベルで再生産されることになったとしている。Vgl. C. Kleinschmidt, T. Welskopp, Zu viel "Scale" zu weing "Scope." Eine Auseinandersetzung mit Alfred D.Chandlers Analyse der deutschen Eisen- und Stahlindustrie in den Zwischenkriegszeit, *Jahrbuck für Wirtschaftsgeschichte*, 1993/2, S. 280.
(89) この点については，前掲拙書『ヴァイマル期ドイツ合理化運動の展開』，第2章第2節参照。
(90) Vgl. J. Bönig, *a. a. O.*, S. 403.
(91) この点については，同書，第3章第3節1参照。
(92) Vgl. W. Zollitsch, *Arbeiter zwischen Weltwirtschaftskrise und Nationalsozialismus, Ein Beitrag zur Sozialgeschichte der Jahre 1928 bis 1936*, Göttingen, 1990, S. 33.
(93) R. A. Brady, *op. cit.*, p. 250.
(94) Vgl. G. Plumpe, *Die I. G. Farbenindustrie AG. Wirtschaft, Technik, Politik 1904 -1945*, Berlin, 1990, S. 224.
(95) R. A. Brady, *op. cit.*, p. 195.
(96) Vgl. T. v. Freyberg, *a. a. O.*, S. 30.
(97) Vgl. P. Czada, *Die Berliner Elektroindustrie in der Weimarer Zeit,* Berlin, 1969. S. 196.
(98) この点については，前掲拙書『ヴァイマル期ドイツ合理化運動の展開』，第2章，第4章および第5章参照
(99) この点については，同書，第6章参照。
(100) Vgl. K. W. Wusch, *Strukturwandlungen der westdeutschen Automobilindustrie. Ein Beitrag zur Erfassung und Deutung einer industrielen Entwicklungspfase im Übergang vom produktionsorientierten zum marktorientierten Wachstum*, Berlin, 1966, S. 27-8.
(101) この点については，同書，第7章参照。
(102) Vgl. A. Schliper, *150 Jahre Ruhrgebiet,* Düsseldorf, 1986, S. 123.
(103) I. M. ファインガル，小松一雄訳『獨逸工業論』，叢文閣，1936年，167ページ。
(104) Vgl. H. Mottek, W. Becker, A. Schröter, *a. a. O.*, S. 276.
(105) 前川・山崎，前掲書，241ページ。
(106) *Ebenda*, S. 275.
(107) 加藤，前掲書，206ページ。
(108) 前掲拙書『ヴァイマル期ドイツ合理化運動の展開』，第2部参照。
(109) *Ebenda*, S. 262.
(110) *Ebenda*, S. 270.
(111) 加藤，前掲書，210ページ。
(112) 前川・山崎，前掲書，244ページ。
(113) 塩見治人・溝田誠吾・谷口明丈・宮崎信二『アメリカ・ビッグビジネス成立史——産業的フロンティアの削減と寡占体制』，東洋経済新報社，1986年，139ページ。
(114) Vgl. *Ebenda*, S. 31.
(115) 前川・山崎，前掲書，240ページ。

第2章 ナチス期の合理化運動の展開とその特徴

　本章では，第1章での考察をふまえて，ナチス期の合理化運動の展開過程について考察し，その特徴を明らかにしていくことにする。この時期の合理化運動は，原料不足，労働力不足，経済の軍事化にともなう市場の拡大など合理化の推進のための条件の変化のもとで，国家のかかわりが一層強化され，しかもそれがより直接的なかたちで展開されたことに，20年代の合理化運動との相違をみることができる。それは，ひとつには投資統制や原料統制などの国家による合理化促進のための条件整備の施策にみることができるが，いまひとつには，第4節でもみるように，合理化諸方策の展開それ自体に対する国家的機関による直接的な支援，促進策にみられる。そのような条件のもとに，ナチス期には，1929年までの諸年度にはドイツ産業の比較的小さな領域のみをとらえたにすぎず，また恐慌期には休止に至った生産技術的および労働組織的な合理化の運動が，35/36年以降，再び強力に開始されたのであった[1]。

　そこで，以下の考察においては，まずこの時期に合理化運動が取り組まれるに至る社会経済的背景を明らかにし，それをふまえて，企業レベルの合理化について，「技術的合理化」と「労働組織的合理化」を取り上げて，その主要特徴を明らかにしていくことにしよう。

第1節　ナチス期の合理化運動の社会経済的背景

　まずナチス期に合理化運動が取り組まれるに至る社会経済的背景についてみると，それには労働力不足とナチスの労働政策の展開，原料不足と原料自給化政策の推進，経済の軍事化にともなう市場の諸条件の変化をあげることができ

る。1936年に始まる第2次4カ年計画のもとで，軍需市場の拡大がすすんだが，軍需生産の促進のために，①原料規制，②価格統制，③投資統制が行われており[2]，そのような国家統制の最も特徴的な点は，賃金・物価ストップとインフレ抑圧措置にみられる[3]。この時期にはまた国家の労働力市場統制，労働運動の抑圧をとおして，労働力不足への対応が試みられた。このような国家による経済統制と軍需市場の拡大のもとで，合理化の展開が促進されたのであるが，この点について，T. ジーゲルと T. v. フライベルクは，従属的な就業者の自律的な利益代表制の同時的解体および国家政策的プログラムとしての合理化思考の布告のもとでの軍需景気がひとつの新しい合理化の波を可能にしたとしている[4]。また戦争経済の課題は，最も生産能力の高い経営において労働力，機械およびエネルギー源を利用することを絶対的に必要としたのであり[5]，戦時中においても，合理化はそのような条件のもとに推し進められた。

そこで，まず労働力不足の問題についてみると，とくに1936年の4カ年計画の推進によって労働力不足が深刻化した。例えば電機工業では，当初は専門労働者が不足しており，その後は特殊技能労働者（Spezialarbeiter）や半熟練労働力の不足がおこったが，そのような状況のもとで，ジーメンスにおいてみられたように，「特殊技能労働者」，半熟練労働者および当該産業部門以外の労働力の教育のために速成職場が拡大され，教育方法が開発されたほか，「より大量の専用設備や専用機械の導入による」，あるいはより一般的には，生産技術的合理化や組織的合理化のさまざまな諸方策の結合による労働の一層の機械化により大きな重点をおくように努力がなされたとされている[6]。G. ゼーバウアーは1938年に，特定の原料の不足，またそれ以上に，熟練をもつ専門労働力の不足は経営管理者や彼らの協働者にとって，合理化を不可避の義務にしており，適切な労働の配置の統制が社会経済的合理化のとくに重要なひとつの領域をなしたと指摘している[7]。

労働分野においても，ナチスの労働政策によって，大きな変化がもたらされ，そのことは，労働力不足への対応を容易にした。この点について，H. ホムブルクはつぎのように述べている。すなわち，「ヴァイマル共和国においては，労働条件および賃金コストに対する組織化された，集団的影響の行使の過程は，国家的に認められ，またそれは労働市場過程への，社会政策的に動機づ

けられた国家の介入によって補完されたのであり，そのことは企業の計画の余地をそれだけ妨げた」のであるが，1930年以降の集団的労働権を穴だらけにする政治的な規定と33年5月における労働組合の解体は，それまで「労働要因」に対する企業家の処分権を妨げていた障害の多くを取り除くことができたとしている[8]。この時期にはまた，「ファシズム的支配のもとで，資本家と労働者との階級的区別を抹消する『経営共同体論』や両者を指導・被指導の関係（搾取関係の否定）においてとらえる『指導者原理』が現れ」，これらの理論はファシズム的労働管理の理論的基礎をなした[9]。すなわち，1934年1月20日の国民労働秩序法（Gesetz zur Ordnung der nationalen Arbeit）で，ナチス体制下の労働力市場の国家統制機構が整備されたが，この法律では，企業経営は，経営指導者と従属者よりなる経営共同体とされ，資本家に指導者としての支配的地位が法的に確保されることになり，ヴァイマル体制下の労働関係を規制していた法律，経営協議会法，労働協約・争議調整令，調整制度令，労働委任官法が廃止された[10]。このような労働分野における条件の変化について，M. シュタールマンは，自動車工業に関して，国民社会主義者による労働組合の解体が経営側に対して労働組織的および技術的な革新の障害のない実施のためのほぼ無制限の可能性を開いたのであり[11]，生産構造の円滑な近代化のためのそのような諸条件の枠組みのもとで，合理化が多くの自動車企業において急速にすすんだとしている[12]。また戦時中には，徴兵はほぼ全ヨーロッパに存在する労働力の数を大きく制限し，軍需生産に対する戦争の要求は生産の課題を根本的に拡大したのであり，こうした理由から，生産高に示されているように，国民経済の成果の悪化を阻止するためには合理化が行われなければならず，それゆえ，そうした条件は社会政策および生産の側面からみて，1920年代後半の合理化の時期と比べると根本的に変化したといえる[13]。

　また原料不足の問題をみると，このような問題への対応として既存の原料をより有効に利用するための諸努力が行われているが，原料不足のために，個々の工場において，何度も生産の中断がおこり，それへの対応として，乏しい原料の節約や代用を可能にするような発明を行うために，研究開発活動のかなりの部分が利用された。例えば，1935年夏にジーメンス・シュッケルトの小型製品製造工場から「原料の代用」というタイトルで報告が行われているが，そこ

では，同軸プラグのためのねじリングの生産では，1mm の強い真鍮板から0.4mm のそれへの転換は「材料の節約と同様に作業工程の大幅な節約」をもたらしたとされている。また同社の開閉装置製造工場の1938/39年の報告によれば，個々の製品における材料の不足によって，必要な自家原料への転換は，非常に多くのケースにおいて，新しい工具および設備を必要とし，また工具保有勘定を増大させることになった新しい作業工程を生み出したとしている[14]。また自動車工業をみても，賃金と利子がさしあたり変わらず，むしろ材料費が上昇しうるという状況のもとで，企業の生産過程の合理化がコスト引き下げの唯一の機会でありつづけたとされている[15]。 *Der Deutsche Volkswirt* 誌は1936年6月に，原料の最も効率的な有効利用，原料を節約しうる生産方式の開発，廃棄物の有効利用などの領域において，すでに合理化の大きな成果が達成されたとしている[16]。

この時期にはさらに原料不足の問題への対応と再軍備の目的ために原料自給化政策が国家によって強力に推進されることになり，それは1936年の第2次4カ年計画によって決定的な進展をみることになるが，そこでの最も重要な領域のひとつは輸入原料を国内原料によって代替すること，また天然原料を合成製品によって代替するということにあった。それはとくに化学工業をはじめとするそれに関係する産業の活動領域の拡大にとって大きな課題と可能性を与えるものであり，そのことが一層組織的かつ強力な合理化の推進をもたらしたといえる。

そのような原料自給化政策の推進は国内市場の拡大をもたらすものであったが，経済の軍事化の推進も国内市場の強力な拡大をもたらすことになった。そこで経済の軍事化にともなう市場の諸条件の変化をみると，ここで何よりも重要なことは，そのような軍需市場の拡大によって，量的にはフォード的な大量生産のためのほぼ「アメリカ的」水準の販売条件が与えられることになったということである。例えば，電機工業についてみると，この産業部門は軍需景気および戦時景気において大きな躍進をとげており，その総売上は1938年から43年までに85％増大した。民需向けの製品の販売は平均をはるかに下回っていたが，戦時中には，例えばラジオおよび電気医療器具についても軍は主要な需要者となっており，強電業務はほぼ平均的な発展をとげたのに対して，電話およ

び電信, 蓄電池およびバッテリー, あらゆる種類の照明 (とりわけサーチライト), また「その他の」器具, すなわち「国防軍の専用の電子製品」の領域は平均をはるかに上回る発展をとげたとされている[17]。G. ゼーバウアーは, 失業の克服後, ドイツは第2次4カ年計画の始まりでもって第2の大規模な計画的な国民経済的合理化を経験したとしている[18]。

しかしまた, ナチス体制を特徴づける権限の混乱, また国防軍のたえず変化する諸要求や設計の要望の変更は軋轢や生産の中断をもたらしたとされており[19], 第2部において詳しく考察するように, ナチスの経済の軍事化にともなう市場の諸条件の変化については, 軍需市場による市場の量的拡大が大量生産の推進のための条件を与えるという点だけでなく, 需要の変動が激しかったことや, 求められる製品の定型が多様であったことなど, 軍需市場のもつ特性が合理化のあり方を一面において規定することになった。それゆえ, この時期の合理化および企業経営の問題をみる場合, 大量生産の推進の問題をこうした市場の諸条件・特質との関連で個別具体的にみていくことが重要となる。

第2節　設備投資の展開とその特徴

1　世界恐慌期の設備投資の動向

以上の考察において, 合理化運動の社会経済的背景についてみてきたが, それをふまえて, つぎに, 企業合理化における「技術的合理化」の役割, あり方を明らかにするために, まずこの時期の主要産業における設備投資の状況をみておくことにしよう。世界恐慌期には, 生産能力のかなりの遊休化および大量の失業は「資本支出をともなわない合理化」, すなわち「投資をともなわない合理化」の普及をもたらし, 1930年には, 生産手段の改良はある程度終了するに至った[20]。そこで, まず1930年から32年までの世界恐慌期の設備投資の動向を簡単にみておくことにしよう。

この時期の設備投資をみた場合, 1928年に26億1,500万 RM に達した工業の設備投資総額 (新規投資と更新投資の合計) は30年には15億6,900万 RM, 31年には8億7,900万 RM, 32年には4億3,900万 RM にまで大きく落ち込んでおり, この3年間の合計28億8,700万 RM はドイツ経済全体の設備投資額 (210億

3,500万RM)のわずか13.7%を占めるにすぎないこと，公益事業に電力・ガス・水道および交通を加えた「公共部門」の投資がこの3年間には経済全体の43.1%を占めており，その比率が高いこと，また工業の設備の減価償却が30年には16億1,100万RM，31年には15億2,100万RM，32年には13億2,000万RMとなっており，いずれの年度をみても減価償却を下回る額の設備投資が行われたにすぎないことが注目される。工業全体でみた場合，こうした傾向は36年まで続いている。またドイツ経済全体でみた場合，1930年と31年には減価償却額をそれぞれ34億9,100万RM，7,500万RM上回る設備投資額が行われたが，32年と33年には減価償却額をそれぞれ16億200万RM，7億5,300万RM下回る額の設備投資が行われたにすぎない[21]。ただここでは，価格と賃金の低下のために，これらの諸年度には，実質的には，以前の諸年度と比べると，そこに示された金額よりもかなり大規模な更新投資が実施されたということを考慮に入れておく必要がある[22]。

　以上の点をふまえて，主要産業の設備投資の動向についてみると，1930年から34年までの主要産業部門における資本金100万RM以上・取引所上場の株式会社の設備投資額と減価償却額の推移を示した表2-1によれば，30年から32年までの間に，生産財産業では減価償却額の66.5%，消費財産業では59.8%にあたる額が設備投資として支出されたにすぎない。これを年度別にみると，31年にもこの表に示された産業部門のなかで，自動車工業を除くすべての部門において減価償却額を下回る設備投資しか行われていないが，設備投資の落ち込みがとくに大きいのは32年である。この年には，消費財産業では減価償却額の39.6%にあたる額が投資されたにすぎないが，生産財産業ではその割合はさらに低く，わずか27.7%にすぎず，表2-1に示されたいずれの部門をみても減価償却額を下回る設備投資が行われたにすぎない。33年にもほぼ同様の傾向がみられる。また1930—32年の合計でみると，減価償却を上回る額の設備投資が行われたのは自動車工業のみであり，電機工業では両者が同額となっているが，重工業，化学工業，機械製造業では，設備投資額は減価償却額をそれぞれ36.6%，45.7%，48.1%下回っており，全工業では35%下回っている。

表 2-1　1930年から34年までの主要産業部門における資本金100万 RM 以上・
　　　　取引所上場の株式会社の設備投資額と減価償却額の推移

(単位：100万 RM)

産業部門		1930	1931	1932	1933	1934	1930～32年の合計	
							金額	設備投資/減価償却 (%)
重工業[1]	設備投資①	257	129	40	50	115	426	63.4
	減価償却②	233	288	211	215	222	672	
	差額(①-②)	24	-99	-171	-165	-107	-246	
化学工業	設備投資①	80	44	33	49	110	157	54.3
	減価償却②	96	96	97	96	99	289	
	差額(①-②)	-16	-52	-64	-47	11	-132	
電機工業	設備投資①	59	26	15	16	23	100	100
	減価償却②	35	32	33	30	33	100	
	差額(①-②)	24	-6	-18	-14	-10	0	
機械製造業	設備投資①	42	17	10	18	45	69	51.9
	減価償却②	48	46	39	37	44	133	
	差額(①-②)	-6	-29	-29	-19	1	-64	
自動車工業[2]	設備投資①	28	35	4	11	27	67	115.5
	減価償却②	18	21	19	22	26	58	
	差額(①-②)	10	14	-15	-11	1	9	
全工業	設備投資①	884	461	229	298	626	1,574	65.0
	減価償却②	852	812	757	753	797	2,421	
	差額(①-②)	32	-351	-528	-455	-171	-847	
生産財工業	設備投資①	714	369	164	212	491	1,247	66.5
	減価償却②	651	630	593	592	624	1,874	
	差額(①-②)	63	-261	-429	-380	-133	-627	
消費財工業	設備投資①	170	92	65	86	135	327	59.8
	減価償却②	201	182	164	161	173	547	
	差額(①-②)	-31	-90	-99	-75	-38	-220	

(注)：1）石炭炭鉱および鉄鋼業。
　　　2）牽引車の製造業を含む。
(出所)：*Statistisches Jahrbuch für das Deutsche Reich*, 55 Jg, 1936, S. 508より作成。

2 ナチス期の設備投資の動向

(1) 1933年から44年までの設備投資の動向

つぎに、1933年から44年までの設備投資の動向をみると、この期間のドイツ経済およびドイツ工業における設備投資（新規投資と更新投資の合計）の推移を示した表2-2によれば、経済全体でみた場合、設備投資は38年にようやく28年の水準を上回り、39年に頂点に達した後も42年まではほぼ150億RMの水準を維持しており、43年には42年に比べ約30億RMの減少がみられるものの、ほぼ28年の水準を維持している。また工業の投資では37年に28年の水準を上回り、42年まで一貫して増大しており、43年をみてもあまり大きな落ち込みはみられない。工業の投資に関して注目すべきは、経済全体の粗設備投資に占めるその割合が33年にはわずか11％であったものが戦争の始まる39年には25.6％、

表2-2 1928年と33年から44年までのドイツ経済およびドイツ工業における設備投資額[1]の推移

年度	ドイツ経済の粗設備投資 (100万RM)[2]	工業投資		工業の4ヶ年計画投資	
		100万RM	ドイツ経済の粗設備投資に占める割合(%)	100万RM	工業の設備投資に占める割合(%)
1928	13,676	2,615	19.1	—	—
1933	5,064	557	11.0	—	—
1934	8,186	1,067	13.0	—	—
1935	10,555	1,636	15.5	—	—
1936	11,072	2,159	19.5	750	34.7
1937	13,101	2,843	21.7	1,500	52.8
1938	15,252	3,691	24.2	1,950	52.8
1939	17,312	4,432	25.6	2,100	47.4
1940	15,286	4,861	31.8	2,490	51.2
1941	15,011	5,254	35.0	2,490	47.4
1942	15,202	5,564	36.6	1,970	35.4
1943	12,265[3]	4,906	約40	?	?
1944	8,762[3]	3,505	約40	?	?

(注)：1) 新規投資と更新投資の合計。
　　　2) 価格調整はされていない。
　　　3) 概算値

(出所)：*Statistisches Jahrbuch für das Deutsche Reich,* 57 Jg, 1938, S. 565, D. Eichholtz, *Geschiche der deutschen Kriegswirtschaft 1939-1945,* Bd. II : 1941-43, Berlin, 1985, S. 381より作成。

42年には36.6％にまで上昇していることである。また36年に始まる第2次4カ年計画の投資は41年まで一貫して増大しており，工業の設備投資に占めるその割合をみても，すでに36年に34.7％であったものが41年までの諸年度には約50％に達していることにみられるように，4カ年計画による原料自給化と経済の軍事化の推進のもとで，工業に対して大規模な需要がひらかれ，それにともない生産能力の拡大が急速に推し進められたことが工業投資の割合の著しい上昇をもたらしたといえる。*Der Deutsche Volkswirt* 誌は1935年に，33年に始まる第1次4カ年計画による国家の雇用創出策が投資の増大において依然として大きな役割を果していたが，国防軍の拡大が決定的に重要であろう，と指摘している[23]。

　ただこの点に関しては，軍事関連の産業部門における投資の強力な拡大をはかるために国家による投資統制が行われたということに注意しておかねばならない。資本の一層の集積・集中のための諸方策や厳しい投資統制，あるいは投資の強制は国家独占資本主義的発展の新しい段階を特徴づけるものであるといえるが，4カ年計画は特定の生産領域の計画的な統制の最初の試みであり[24]，投資の禁止と制限を中心とする投資統制は主に消費財産業に対して行われた。すでに1933年の強制カルテル法に基づいて，投資と生産の制限および禁止が公布されており，行政による投資統制は34/35年以降，「新計画」（34年9月）の諸規定の枠内ではるかに組織的に行われているが[25]，投資の禁止，制限は，36年以降，投資統制の最も効率的な手段のひとつに発展した[26]。それは，必要な生産能力を軍需工場や4カ年計画のための工場の拡大のために確保しておくように，国家官庁が望ましくない投資を禁止することを可能にしたのであり，36年末以降，より大規模な投資計画は官庁の承認を必要とするようになった。例えば，製鉄業の新規建設は，労働局，土木建設監督局などの4カ年計画のための実施命令に基づいて承認を受けねばならず，以前の諸方策と比べると投資統制を担当する機関が多様であることにひとつの相違がみられるが，製鉄業の新規建設や拡張に対する承認義務は主に計画的な投資政策の確保に役立ったとされている[27]。また投資統制のために原料の統制も行われており，それは36年以前にすでにみられたが，この年以降に初めてその本来の意味をもつようになり，これらの政策でもって，消費財産業から軍備にとって重要な投

資領域への傾向的な移動が保証された。しかし，このような投資統制や生産統制は，軍備にとって重要な投資が実際に行われることを保証することはできず，1940年からの3年間に初めて4カ年計画は本来の軍需生産の経済的基礎を拡大することができたとされている。

このような投資統制と4カ年計画のもとでの軍需関連部門の設備投資の拡大の結果，投資構造の大きな変化がもたらされた。それは工業投資に占める生産財産業（化学工業，投資財，重工業）の比重の増大にみられる[28]。生産財産業の優位は1932年以降の諸年度を特徴づけるものであり，それは，一部は，中止された更新投資の再開であったが，その後はむしろ大規模な新規投資にみられ，36年にとくに第2次4カ年計画のもとで明確に現れたのであった。それは石油工業，褐炭炭鉱，金属鉱山，冶金工場，輸送機器製造，造船，建設業，電機工業やゴム工業におよんでいるが[29]，とくにドイツの国内燃料の供給は石油工業や褐炭炭鉱（乾留工場の建設）における強力な投資をもたらした[30]。1936年から42年までの4カ年計画の投資の総額132億5,000万RM──これは工業全体の投資の50％を占める──のうち，41％を超える部分が鉱油部門に，21％が金属工業，スフ・セルロース工業および土石業に，10％が軽金属に，12％が火薬，爆弾およびその1次加工品に投下されていた。そこで，1928/29年と37/39年の工業全体の投資に占める個々の産業部門の割合を比較すると，化学工業（燃料工業およびカリ工業を含む）の割合は18％から24％に，炭鉱・製鉄業のそれは25％から27％に，投資財産業のそれは15％から21％に上昇しているのに対して，消費財産業のそれは31％から17％に大きく低下しており[31]，4カ年計画と同じ範囲の原料部門において最も高い上昇率がみられる。これに対して，消費財産業では，36年までをみても，多くの場合，投資は経常的な減価償却よりも小さな額にとどまっている[32]。また4カ年計画によるこのような投資活動の資金調達をみると，その5分の4は工業によって，あるいは資本市場をとおして調達され，5分の1のみが国家資金によるものであった。総額の約75％を「鉱油」と「化学」が占めており，「繊維」を加えると81％となるが，そのうちわずか約15％だけが国家資金で調達された。ここでは，資本の利害が4カ年計画をとおして実現されたこと，またそれは実際には国家と独占体との協力による計画であったことが明らかになるとされている[33]。

第2章 ナチス期の合理化運動の展開とその特徴　57

　なおこのような設備投資の動向に関連して指摘しておかねばならないことは、公共投資の性格とそれの役割の変化についてである。経済全体の投資額に占める公共部門の割合は1928年の3分の1から36年には半分以上に上昇しているが(34)、33—35年には、「雇用創出のための公共投資が、たんに失業労働力に職場を与えるという失業対策的な事業から産業基盤を整備すると同時に需要上の産業関連から他の民間企業の生産活動を刺激して雇用増を波及させる効果をもつ公共投資へとかわっている(35)」。しかし、「雇用創出計画による公共投資はその延長として軍備のための公共投資をよびおこし、それは、新計画による原料輸入統制、第二次四カ年計画による国内原料統制を導入した」のであり、「公然たる再軍備に応じた公共投資の決定的軍事化は、第二次四カ年計画とともに生じる」ことになった(36)。軍備を除く公共投資は1933年の24億3,000万RMから36年には42億2,000万RM、37年には46億2,000万RM、38年には55億3,000万RMに増大しているが、軍備支出は33年には7億2,000万RMであったものが36年には90億RM、37年には108億5,000万RM、38年には155億RMとなっており、軍備を除く公共投資よりも急速かつ大規模に増大している(37)。その結果、「公共投資構成比は、相対的安定期には、産業基盤整備支出九〇％、軍備支出一〇％強であったのに対して、第二次四カ年計画のもとでは、軍備支出七〇％、産業基盤整備三〇％となり、その上、道路・国鉄関係を除いた部門への公共投資は相対的安定期の二八年水準を下回って」おり、この時に至り、「公共投資は国家的規模での産業合理化投資としての性格を失い、財政上の軍事支出という性格をもつにいたった」とされている(38)。

　(2)　1935年から39年までの工業における設備投資の動向
　そこで、1933年から44年までの設備投資の動向をふまえて、35年から39年までの主要産業部門における設備投資の状況を具体的にみると、この期間の主要産業部門における設備投資額と減価償却額の推移を示した表2-3によれば、この表にあげられたいずれの産業部門をみても、また全工業でみても、設備投資額は年を追うごとに一貫して増大しているが、36年に始まる「4カ年計画」は合理化投資の本格的な波をもたらしたとされている(39)。この期間に最も大規模な設備投資が行われたのは、化学工業・燃料工業、重工業であり、その額

はそれぞれ31億2,800万 RM, 28億3,400万 RM となっている。化学工業・燃料工業における設備投資の著しい伸びは，36年から39年までの４カ年計画の諸方策による化学工業の個々の諸部門の特別な促進によるものでもあった[40]。それはとくに合成ゴム，人造石油，スフなどの生産増大のための取り組みが国家のイニシアティブによって組織的に推し進められた点にみられ，また重工業でも，低品位の国内鉄鉱石の開発による鉄鋼生産の大幅な増大が目標とされる

表2-3　1935年から39年までの主要産業部門における設備投資額と減価償却額の推移

(単位：100万 RM)

産業部門		1935	1936	1937	1938[1]	1939	1935〜39の合計	
							金額	設備投資／減価償却 (%)
重工業[2]	設備投資①	276	381	540	726	911	2,834	108.7
	減価償却②	441	458	540	580	587	2,606	
	差額(①-②)	-165	-77	0	146	324	228	
化学工業・燃料工業	設備投資①	261	423	563	820	1,061	3,128	178.5
	減価償却②	216	285	354	389	508	1,752	
	差額(①-②)	45	138	209	431	553	1,376	
電機工業	設備投資①	73	88	119	141	193	614	91.9
	減価償却②	86	127[3]	133	153	169	668	
	差額(①-②)	-13	-39	-14	-12	24	-54	
機械製造業	設備投資①	114	151	221	267	322	1,075	100.4
	減価償却②	142	188	209	245	287	1,071	
	差額(①-②)	-28	-37	12	22	35	4	
自動車・オートバイ・自転車製造業	設備投資①	76	97	110	155	176	614	114.1
	減価償却②	73	101	114	110	140	538	
	差額(①-②)	3	-4	-4	45	36	76	
全工業	設備投資①	1,636	2,159	2,843	3,691	4,432	14,761	111.7
	減価償却②	2,024	2,380	2,679	2,939	3,193	13,215	
	差額(①-②)	-388	-221	164	752	1,239	1,546	

(注)：1) 旧領土。
　　　2) 石炭炭鉱および鉄鋼業。
　　　3) AEG の2,700万 RM の特別償却を含む。
(出所)：*Statistisches Jahrbuch für das Deutsche Reich,* 58 Jg, 1939/40, S. 584, 59 Jg, 1941/42, S. 612 より作成。

なかで，国営ゲーリング工場が新設されるなど[41]，原料の自給化をめざすナチスの政策がこれらの産業部門の設備投資の拡大に大きく関係している。

　また他の産業部門をみると，機械製造業では35年から39年までの期間に10億7,500万RM，自動車・オートバイ・自転車製造業，電機工業ではそれぞれ6億1,400万RMが投資されているが，20年代に合理化が最も強力に取り組まれた部門のひとつである電機工業の投資は化学工業・燃料工業，重工業だけでなく，機械製造業と比べても小規模であった。これを相対的安定期の資本金100万RM以上・取引所上場の株式会社の設備投資総額（新規投資と更新投資の合計）と比較すると，重工業では，35—39年の設備投資総額は24—29年のそれ（18億1,660万RM）の約1.7倍，化学工業・燃料工業では2.4倍（24—29年の設備投資総額は9億9,840万RM），電機工業では1.9倍（同3億2,690万RM），機械製造業では2.7倍（同3億9,480万RM），自動車・オートバイ・自転車製造業では2.9倍（同2億4,300万RM），全工業では2倍（同71億5,120万RM）となっており，20年代の合理化の時期と比べると，資本支出をともなう合理化が強力に取り組まれたといえる。また35年から39年までの工業全体の投資額147億6,100万RMに占める主要産業部門の投資額の割合は，重工業では19.2％，化学工業・燃料工業では21.2％，機械製造業では7.3％となっているのに対して，自動車・オートバイ・自転車製造業，電機工業ではそれぞれわずか4.2％にすぎない。これを相対的安定期の資本金100万RM以上・取引所上場の株式会社の数値と比較すると，重工業では25.4％，化学工業・燃料工業では18.2％，電機工業では4.6％，機械製造業では5.5％，自動車・オートバイ・自転車製造業では3％となっており，この点からも，化学工業・燃料工業の設備投資の拡大がすすんだことを確認することができるであろう。

　また設備投資の状況を減価償却との対比でみると，1935年から39年までの期間の減価償却額は重工業では26億600万RM，化学工業・燃料工業では17億5,200万RM，機械製造業では10億7,100万RMとなっているが，電機工業では6億6,800万RM，自動車・オートバイ・自転車製造業では5億3,800万RMとなっており，重工業や化学工業・燃料工業と比べると小規模であった。表2-3にあげた主要産業部門のなかでは，電機工業を除く諸部門において，この期間に減価償却額を上回る設備投資が行われている。これを年度別にみる

と，重工業では設備投資額が減価償却額を上回ったのは38年と39年のみであったが，化学工業・燃料工業では，どの年度にも減価償却を上回る額の設備投資が行われており，また38年と39年にはその差額が大きくなっている。減価償却を上回る額の設備投資が行われたのは，電機工業では39年のみであり，機械製造業では37年，38年および39年の3年間であり，自動車・オートバイ・自転車製造業では35年と38年，39年の3年間だけであるが，全工業でみても，37年，38年と39年となっている。このように，表2－3にあげたいずれの産業部門をみても，39年には減価償却を上回る額の設備投資が行われており，電機工業を除くと，38年についても同様のことがいえる。また1935年から39年までの主要産業部門の減価償却額を相対的安定期の資本金100万 RM 以上・取引所上場の株式会社の減価償却額と比較すると，重工業では，24―29年の総額（12億7,220万 RM）の約2倍，化学工業・燃料工業では2.6倍（24―29年の減価償却額は6億6,500万 RM），機械製造業では3.5倍（同3億850万 RM），電機工業では4.4倍（同1億5,290万 RM），自動車・オートバイ・自転車製造業では5.6倍（同9,530万 RM）となっており[42]，いずれの部門をみても，相対的安定期の額を大きく上回っており，こうした大規模な減価償却が資金的にも設備投資の拡大の重要な基礎をなしたと考えられる。

このように，ナチス期には設備投資額そのものは1920年代と比べると大きなものとなっているが，経済の軍事化と原料の自給化の推進にともなう市場の拡大のもとで，資本支出をともなう「技術的合理化」の推進のためのより有利な条件が与えられるようになっており，そのことが設備投資の拡大をもたらした重要な要因であったといえる。この時期の設備投資の状況に関して，R. ハハトマンは，工作機械製造業の生産高が1938年には29年に比べ3倍に，32年に比べ8倍に増大していること，また33年以降4倍に増大している投資支出に占める合理化投資の割合の上昇は，ドイツ工業の生産現場が第2次大戦のはじまり以前にすでにどの程度近代化されていたかについての明確な情況証拠であるとしている[43]。

(3) 第2次大戦期の工業における設備投資の動向

また第2次大戦期の工業における設備投資の動向をみると，工業内部の投資

構造の変化は，その当初においては，すでに戦前の諸年度（4カ年計画）にみられたが，1942/43年以降は，軍需省や集権的な計画化による国家独占的な厳しい統制は，機械の配置や建設がもっぱら，また一面的に軍需生産に向けられるように配慮した。43年の後半には投資の展開における諸変化がみられ，軍部の軍需品の領域，高射砲，爆弾の生産，自動車の供給，空襲による被害の克服や航空機エンジンの生産の領域における状況は，鉄の追加的な調達のための諸方策を必要とした。また1943年8月4日には，工作機械，建物，設備および装置の生産において流動的な，当座の生産のための材料を入手できるように，武器における長期計画の目標（「武器の最終計画」）を「期日上，後回しにする」こと，すなわち経常的な投資を切り詰めることを意図した計画がシュペーアによってヒトラーに提出されている。しかし，すでに同じ時期に，工業においては，明らかに戦後の経済への移行のための更新投資および新規投資にも向けられていた，より強力な，また高まる投資の差し迫った必要性が顕著にみられた。その後，空襲の被害が数倍にも大きくなった1944年以降，工業のすべての諸部門において，ドイツ西部の工業の粗投資は非常に強力に収縮したので，第2次大戦の最後の16カ月には，ドイツ西部の工業の粗固定資産は平均して毎月1％づつ減少しており，そうした減少は当初はわずかであったが，後にはかなり大きくなった(44)。

このように，戦争という固有の目的への経済の一層強力な転換は投資活動にも明確に現れた。このことはまず建設にいえるが，1941年の建設額（当時の領土）は69億RMであり，38年（130億RM）および39年（128億RM）のせいぜい半分にすぎず，44年（概算36—38億RM）までに戦前の水準の3分の1に低下した(45)。因みに1943年の建設投資（当時の領土）の内訳をみると，ドイツ全体の建設投資額に占める工業の割合は36.6％であり，工業の投資に占める軍需生産の割合は36.9％，他の工業製品の製造業の割合は7.5％，原材料・燃料工業の割合は52.4％となっており，原材料・燃料工業の投資に占める鉱油の割合は30.4％，化学製品の割合は26.3％，石炭の割合は12.7％となっている(46)。同年9月には約100万人が建設業で働いていたが，その内訳をみると，化学工業では14％，軍需工業では14％，鉄道・市街電車では13％，炭鉱業，製鋼業，電力・ガスでは10％，爆撃による被害の修理では15.5％となっている。爆撃に

よる被害の修理の必要性は急速に高まり，44年初めにはそれはすでに建設労働者の3分の1を必要とした。それとならんで，とりわけ4つの製品部門——鉱油合成，ブナ，電力および電炉鋼——に集中していた工業の生産能力の拡大が重要な役割を果した。もとより新規建設のための支出は大規模であったが，年間3,300万トンの生産能力をもつ12の合成工場と水素添加工場の新規建設には約46億RMがかかり，約2,400万トンの建設用鋼と760万日分の労働日を必要としたとされている。その他，発電の領域でも，1940年初めから44年初めまでに大規模な新規建設が約35％の公共電力網の拡大をもたらした。

またこの時期の投資活動の第2の重要な部門であった機械設備の配備についてみると，機械設備の形態での投資額は1941年には41億RM，42年には42億RM，43年には37億RMと算定されている(47)。因みに1943年の機械への投資の内訳をみると，ドイツ全体の投資額に占める工業の割合は77.5％であり，工業の投資に占める軍需生産の割合は30.4％，原料工業の割合は53.7％となっており，原料工業の投資に占める割合では炭鉱が63.2％となっており，圧倒的に高いことが注目される。また鉄鋼および鉱油の割合はそれぞれ11.1％，化学製品の割合は13.6％となっている(48)。こうした通常の生産とならんで，爆撃の被害を受けた機械の修理がいくらかの重要性をもつようになっており，それは1944年には生産能力の約10—12％に相当したとされている。しかし，空襲の被害による取り替えは何ら大きな役割を果すことはなく，直接的な軍備生産への機械製造業の組み入れ（43年秋には約33％）にもかかわらず，輸送機械の生産高はかなり増大され，また工作機械の供給も満足いく水準を保つことができたとされている。すなわち，ドイツにおける工作機械の保有台数は，1935年の124万5,000台から38年には170万7,000万台に増加した後，41年には169万4,000台にわずかに減少しているが，43年には再び210万台に増加している。戦時期にも本来の軍需工業の設備の配備は適切な割当によって容易にされたのであり，42年第4四半期には工作機械の74％が，また44年第2四半期には83％が軍需の領域に属していた。この時期の設備投資の状況について，R.ヴァーゲンフュールは，全体としては，あらゆる制限にもかかわらず，投資活動は43/44年までは十分であり，その結果，生産における重大な，また大きな隘路の形成はおこらなかったとしている(49)。

第3節 「技術的合理化」の展開とその特徴

　これまでの考察において設備投資の動向とその特徴が明らかにされたが，それをふまえ，つぎに「技術的合理化」についてみていくことにしよう。1935/36年頃以降にみられた合理化の波は，大量の失業者の急速な減少およびとくに熟練労働者不足によって促されたが，そこでは，「高い」専門労働力を「安い」不熟練労働力によってとって代えるか，あるいは全般的に労働力を節約することを約束する生産技術が導入された。例えばジーメンス＆ハルスケとジーメンス・シュッケルトでは，ベルリンのような産業の集積した地域において全般的な専門労働者不足がおこったこともあり，すでに1934/35年以降に作業が専門労働力の代わりに半熟練労働者，あるいは婦人によって行われうるように作業工程と作業方法の転換がはかられ，また多くの作業設備や組立設備が以前にはみられなかったような規模で生み出されたとされている。ジーメンス・コンツェルンは確かに，生産技術的な点ではトップの位置を占めていたが，そうした傾向は一般に加工産業のすべての諸部門にいえるとされている[50]。K.ランゲは，1936年以降，ドイツにおいて技術進歩はそれまでにみられなかったようなテンポをとったとしている[51]。この点について，R.ハハトマンも，この時期に生産技術革新が加工産業の一連の諸部門においてどの程度普及したかは経営の技術的革新の程度のひとつの指標としての労働生産性の推移からもわかるとして，合理化運動の中心をなす金属加工では，労働時間でみた労働生産性の上昇は2つの大戦前の年度を比べると17.4％にとどまっているのに対して，39年には29年と比べると32.2％の上昇をみたことを指摘している[52]。

　そのような状況のもとで，ナチス期には，1920年代の合理化過程において一定の進展をみながらも本格的展開には至らなかった技術的方策の導入が強力に取り組まれることになる。例えば，電機工業や機械製造業，自動車工業などの加工組立産業の諸部門においては，1920年代にすでにある程度の取り組みがみられた労働手段の個別電動駆動方式への転換と硬質合金製の切削工具用合金の改良によって労働手段の技術的発展が本格的に推し進められたことを指摘することができる。この点について，R.ハハトマンは，「第3帝国」の期間には，

加工産業の生産現場の近代化は——原料工業の重要な諸部門とは反対に——まず第1にすでに1933年以前に開発された技術を基礎にしておこったとしており，ヴァイマル期にはそれはしばしばわずかな代表的企業において利用されていたにすぎないのに対して，34/35年以降には工業の広い部分において導入されたとしている(53)。その上で，彼は，切削技術および中ぐり技術全体に革命をもたらした硬質合金を備えた工作機械の開発をそのひとつの良い事例としてあげている(54)。また労働手段の個別駆動方式の普及についてみても，W. ベッカーは，作業機を蒸気機関で動かすことから電気によってグループで動かすことへ，また最終的には個別的に動かすことへの移行は，1926/27年の合理化景気以降，確かにより高いテンポで行われたが，こうした進歩にもかかわらず，広い基盤をもった個別電動駆動の大規模な定着をみるには，ようやく30年代の後半を待たねばならなかったとされている(55)。第1章でみたように，1920年代にも，とくに電機工業でみられたように，労働手段の個別駆動方式への転換は流れ生産の導入との関連で強力に推し進められたが，ナチス期にも，それは，経済の軍事化による市場の拡大のもとに，大量生産への移行が流れ生産方式の導入によって推し進められるなかで，一層の進展をみることになる。

1 労働手段の個別電動駆動方式の普及

　そこで，まず労働手段の個別電動駆動方式の普及についてみることにしよう。1920年代には個別駆動に適した交流動力の利用の比率が上昇しているとはいえ，生産者の側における定型の多様性がもたらす生産効率の面での不利な諸結果のために，交流動力と直流動力との間での決定は未だなされないままであったが(56)，K. H. モメルツは，1934年の見本市において発表されたすべての工作機械が個別動力を備えており，それでもって，集合駆動を利用すべきか個別駆動を利用すべきかという経営技師の古くからの問題は決着がついたとしている(57)。また K. ヘクナーも1937年に，電動機による工作機械の直接駆動ははるかに重要性を増したとしているほか(58)，電動機を供給する電機企業の AEG も，その社史のなかで，30年代には，産業において，経営の諸要求により良く適応した個別電動駆動がそれまで一般的であった集合駆動にとって代わったと指摘している(59)。

第2章　ナチス期の合理化運動の展開とその特徴　65

　このように，1930年代には状況は大きく改善されることになり，そこでは交流電動機の利用が圧倒的な割合を占めるようになっている。例えば，各種機械の動力機である電動機を供給するジーメンス・シュッケルトの小型電動機 (500W～11KW) の売上額に占める三相交流電動機の割合をみると，1935/36年には85.4％，38/39年には87.6％にものぼっており[60]，労働手段の動力機として小型の三相交流電動機の占める比率が圧倒的に高くなっていることがわかる。W. ヴァイゲルは1939年に，小型や中型のタイプの工作機械の圧倒的多くには，ほとんどもっぱら三相交流電動機が利用されており，特殊なケースでは，電気によるできる限り大きな調整範囲を作業工程に利用できるようにする上で直流電動機が中型や小型の工作機械にも適している場合もみられたが，直流電動機は大型の工作機械のためにのみ選ばれたとしている[61]。また K. H. モメルツも，第１次大戦前にはなお個別駆動や集合駆動に利用されていた直流電動機はこの時期には大型の工作機械においてのみ一般的であったこと，より小型や中型の工作機械ではより安価な交流電動機が支配的であったことを指摘している[62]。労働手段への電動機の利用がこの時期に進展をみた産業部門別について，H. キントは1935年に，当時，すべての電動機のほぼ半分が製鉄業・金属業，炭鉱業，食品・嗜好品工業，機械製造業・輸送機械工業の４つの産業部門に属していたとしている[63]。

　このような技術的方策の導入の意義について，G. ブランケは1938年に，当時，少ない資金でもって高い生産能力をもつように，また効率的に経営を組織するという課題を経営者はそれまでの時期以上に突きつけられたが，そこでの過小評価されてはならないひとつの課題は既存の工場設備の電動式個別駆動への転換であったとしている[64]。集合駆動の形態での電動機の利用は，しばしば，電気以外のエネルギー源から供給される動力源の交替を意味したにすぎないのに対して，個別駆動や複数の電動機による駆動への移行は電動式駆動の一層の促進をもたらした[65]。ただ K. H. モメルツが指摘するように，1930年代になっても，多くの経営では，工作機械は伝動装置によって駆動されており[66]，個別駆動方式の普及にはなお一定の限界がみられたとされており，産業間，企業間，工場間の比較をとおして実態を明らかにしていくことが重要となる。

2 硬質合金工具の普及

つぎに硬質合金工具の普及についてみると，その導入は工作機械のより新しい発展におけるひとつの本質的な段階をもたらすことになったが[67]，1933年の *Maschinenbau* 誌によれば，硬質合金はまだ切削工具のための一般的な素材とみなされることはできなかったとされており[68]，硬質合金工具は，経済不況の結果，30年代の初頭にはまだ量的にはわずかなものにとどまっていた。

そのような状況はナチスの「権力掌握」後に初めて大きく変化した。硬質合金工具の導入はまず旋盤においてみられたが，1934年以降徐々に切削加工の他の方式においてもすすんだとされている[69]。F. W. エッケルトは1936年に，「硬質合金工具は比較的最近になって初めて切削加工におけるその今日的な経済的意義および国民経済的意義を獲得してきた」としており[70]，また F. シューベルトフェーゲルも37年に，「今日，炭素鋼は高速度鋼によってほとんど完全に駆逐されており，また高速度鋼に対しては，この10年間に，硬質合金のかたちでのはげしい競争が生まれてきている」としている[71]。また第2次大戦時をみても，利用価値の高い工作機械の有効利用を大きく高めるような，装置の製造や固定技術における労働を節約する多くの改良，回転数の上昇や送りの範囲の拡大，半熟練労働者にも精密な機械の正確な操作を可能にするような補助装置の導入などとともに，さまざまな機械や加工目的のための硬質合金の開発が重要な技術進歩のひとつをなしたとされている[72]。K. ランゲは1939年に，機械製造工場がその工作機械のより良い利用のために繰り返し注意を傾けてきた硬質合金のための基準値がドイツ経済性本部（RKW）の下部組織である経済的製造委員会（AWF）によって算定されてきたことを指摘しており，この時期には硬質合金の利用の拡大のための組織的な取り組みが推し進められている[73]。このように，T. v. フライベルクが指摘する如く，硬質合金に関しては，20年代は準備，研究開発の年であり，30年代および40年代が初めて工業への予想されていた広い利用をもたらしたといえる[74]。硬質合金の種類には，大きく分けて，鋳造された硬質合金（主としてコバルト・クロム・タングステン合金）と焼結された硬質合金とがあったが[75]，この時期には，ドイツのひとつの発明であり，ドイツ製品として依然として外国の硬質合金に対する優位を保って

きた焼結された硬質合金はひとつの重要な貿易対象となっており，硬質合金は企業への適切な利用において有益であっただけでなく，外貨政策上も支援されたと指摘されている[76]。

この時期に硬質合金工具の利用がいかにすすんだかは，クルップの硬質合金製造工場による投資資金の申請の状況にも示されている。同社では硬質合金製造工場の投資資金の申請は1920年代には最高でも645,000RMにとどまっているのに対して[77]，30年代後半から40年代にかけて硬質合金の生産拡大のための投資の申請が多く行われており，例えば36年5月には450万RM，39年には10,964,200RM，43年には1,150万RMの投資資金の申請が行われているように，その額は20年代と比べると非常に大きなものとなっているが，そのいずれもが承認されている[78]。

このように，1930年代のはじまりとともに，工作機械の発展方向は硬質合金工具の利用によって規定されており，それは近代的な大量生産のための用具となった。しかし，そのことはまた労働手段の一層の改良，変革を必要にした。硬質合金工具の利点はとくに切削速度の向上とその寿命の延長にあったが[79]，*Maschinenbau*誌は1933年に，当時，工作機械の設計者にとっては工作機械を硬質合金工具の諸要求に合わせることが課題となったとした上で，硬質合金の利点を有効に利用しうるためには，工作機械の軸のより高い回転数とより正確な送りの制御が求められただけでなく，硬質合金が高速度鋼よりも堅ければ堅いほど，高い切削速度とそれに規定された機械の大きな動力消費は工作機械がより頑丈であることを必要としたとしている[80]。このように，個別駆動方式への転換ともあいまって，硬質合金の本格的導入は工作機械の回転数の上昇をもたらしたのであり，20年代半ばには高速度鋼を備えた中型の旋盤の回転数は毎分300回転であったのに対して，30年代には硬質合金を備えたそれの回転数は毎分3,000回転に達している[81]。また硬質合金工具の利用によって高速度鋼工具を利用した場合と比べ切削加工においてどの程度の給付の上昇がもたらされたかをみると，それぞれの堅さの鋼の加工では300―600％，硬質鋼の加工では300％，はだ焼き鋼の加工では600％，鋳鉄の加工では200―600％，真鍮の加工では400％，赤黄銅・銅の加工では400％，軽金属の加工では500％と

なっている(82)。

　またこの時期の「技術的合理化」の問題をみる上で重要なことは，当時ドイツでは，軍需市場のもつ特殊的条件のもとでの諸要求ともかかわって，専用機械や特殊機械はわずかしか存在しておらず，そのことが大量生産や組別生産の普及の障害となったということである。ドイツでも，1942年には，大量生産の多様な課題をさまざまな方法で解決しうる多くの機械設備をその何年間かに開発しており，この領域におけるアメリカの優位は十分に取り戻されたという指摘もみられるが，それはせいぜい大量生産のために使用することのできる工作機械の品質に関するものであり，その量に関するものではなかったとされている(83)。A.ミルウォードによれば，第2次大戦の終わり頃になっても，全工作機械の8％が専用作業のために考案されたにすぎなかったとされている(84)。この時期にもなお汎用機が多く生産され，利用されたことは，軍需品の定型の多様性や，軍需市場の変動が激しかったことなどから，そのような諸要求に応えうる機械が求められたことによるものであるが，遅くとも電撃戦から陣地戦への移行後には，汎用工作機械が非常に多く存在したことが大量生産への転換を困難にしたので，そのことは目標とされた生産の拡大にとってのひとつの障害となったとされている(85)。また戦争の長期化にともない，利用できる特殊機械の数は一層制限されており(86)，アメリカとは異なり，機械製造業の汎用主義の克服が十分に実現されなかっただけでなく，そのことはまた流れ生産方式と専用機械を利用したフォード・システムのような大量生産への取り組みにおいても限界をもたらすことになったといえる。この点について，A.シュレーターは，汎用機械から専用機械への転換の企ては遅すぎ，また少なすぎたために，そのことは戦争の第2局面におけるベルト・コンベア生産の妨げにもなったとしている(87)。

3　合成生産方式の本格的展開

　さらに化学工業の領域では，1920年代に大きな進展をみた合成生産方式の利用が，原料不足への対応という課題のもとに，一層重要な意味をもつようになり，第2次4カ年計画による原料自給化政策のもとで，その利用領域の拡大がはかられた。とくに合成ゴム，合成繊維，鉱油合成など，新しい製品の開発が

推し進められたのであった。そこでは，設備投資と研究開発投資の拡大がはかられ，20年代に展開された多角化が一層強力に推し進められたが，それが軍需市場の拡大を基礎にしたものであったことや，また20年代末からの世界恐慌期の事業展開のあり方にも規定されて，とくに合成ゴムや合成繊維の開発・商品化においてアメリカとは異なる展開をとげることになった。それゆえ，ナチス期の化学工業における「技術的合理化」をみる場合にも，この産業およびその企業のおかれていた条件をふまえて考察することが重要となる。

第4節 「労働組織的合理化」の展開とその特徴

以上の考察をふまえて，つぎに，「労働組織的合理化」についてみることにしよう。1920年代における労働組織の領域の合理化の主要な方策は，テイラー・システムのドイツ的方式であるレファ・システムとフォード・システムの導入であったが，前者は基本的に資本支出をともなわない合理化として加工組立産業を中心に広く取り組まれたのに対して，後者については，自動車のような消費財を生産する産業部門の大量生産の立ち遅れもあり，市場の限界から，その導入の取り組みは一定の限界をもつものであった。ナチス期の合理化は，このような限界を克服せんとするものであったといえる。

すなわち，ナチス期に初めて，より発展した流れ生産システムが加工産業においてより大規模に利用され，テイラリズムのドイツ版であるレファ方式もこの時期に初めて十分な普及をみるに至っており，また1942年に作成された「製鉄・金属賃金目録」(>Lohnkatalog Eisen und Metall――LKEM<)でもって，最初の作業評価方式がドイツ産業の広範な，また主要な領域に導入された。さらにこれらと平行して，賃金形態の根本的な「近代化」，つまり，出来高給の多様な諸形態の利用および生産技術の発展への賃金制度の適応がはかられた。R.ハハトマンは，ナチス体制の継続的な販売，戦争準備および軍備政策によって，大量生産および合理化運動が初めて保証されたのであり，国家によって組織的に推し進められた標準化および定型化によって，それらがとくに広い基盤の上に可能となったとしており，ナチス体制による積極的でかつ無条件の支援がなければ，こうした近代化の動きには至らなかったであろう，と指摘して

いる(88)。また第2次大戦中をみても、生産および労働組織を合理化することへの工業企業に対する国家の圧力は、一層はげしくなる専門労働力不足を背景にドラスティックに強まったとされている(89)。このように、この時期の労働組織の合理化のひとつの重要な特徴は、それが国家の強力な、またより直接的なかかわりのもとに推し進められた点にある。以下では、労働組織の領域における合理化がどのように展開されたか、その特徴を明らかにしていくことにしよう。

1 レファ・システムの導入と労働組織の変革

(1) レファへの国家のかかわりとその意義

まずレファ・システムについてみると、レファの計算係によって実施された「科学的な」作業・時間研究（「時間研究」に基づく出来高給の前提としての）は、賃金形態の「近代化」および多様化をもたらす、生産技術的合理化とならぶ第2の要因をなしたとされている。テイラー・システムはフォード・システムの導入の基礎をなすものでもあるが、ドイツ的な修正テイラー・システムであるレファ・システムは、1924年から29年までの、35/36年から41年までの、また42年から44年までの生産技術的合理化の組織的な基礎をなすものであった(90)。

世界恐慌期には、多くのケースにおいて、レファやビドーの方法の導入をめざした動きが弱まったが(91)、ナチス政府の経済全体の計画化のなかで経営の給付経済・時間経済の重要性がますます高まったことによって、作業・時間研究の利用領域も拡大し、とくにレファ方式が普及することになった(92)。そこで、まずこの時期のレファの活動のあり方、その特徴をみておくことにしよう。

この点については、第1に、合理化の促進のための国家機関の活動をとおして、またそのイニシアティヴのもとにレファの活動の重要性が高まり、その活動領域が拡大されたことをあげることができる。すなわち、国家のイニシアティヴは材料の面から生産を標準化し、また規格化することのみに限定されず、「生産増大のための全国委員会」(Reichsausschuß für Leistungssteigerung) とその傘下の委員会のいまひとつの重点は人間の労働のテイラー主義的な「標準

化」,「合理的な作業方法の確保のための作業研究・時間研究の促進」におかれており，そのような課題の実現にさいして，レファの活動に依拠した。こうして，この時期にはレファの活動領域が拡大されたのであった[93]。

またそれとも関連して，レファの活動を推し進める上で，労働科学のさまざまな部分的な領域に取り組んでいた他の機関，とくに国家機関あるいは半国家的機関との協力がはかられたことがあげられる。それには，「ドイツ技術労働教育研究所」(Deutsches Institut für Nationalsozialistische Arbeitsschulung —— Dinta) から1935年に誕生した，ドイツ労働戦線内部の「経営管理・職業教育局」(Amt für Betriebsführung und Berufserziehung —— AfBuB) をあげることができる。レファと「ドイツ技術労働教育研究所」の活動は，「工業の人事管理」あるいは「人間労働力のコスト要因」の「管理」による工業生産の「改善および低廉化」を基本目標としていたが[94]，1933年以前にすでに始まっていた両者の協力は，レファの会長のO.クノープと経営管理・職業教育局長であり，「ドイツ技術労働教育研究所」の設立者でもあるC.アルンホルトとの35年10月5日の協定によって，公式的性格をもつに至った[95]。こうした協力の目標は，ドイツ経済の最高の給付にとって必要な経営経済の知識を企業に仲介することにあった[96]。その後，レファの教育コースはこれらの両機関によって共同で実施されることになった。レファは，教育と，教師および教材の提供をまかされることになり，経営管理・職業教育局は参加者への宣伝と募集に責任を負った。経営管理・職業教育局が使うことができた比較的大規模な人員組織が，1935年以降，レファの活動の非常に強力な拡大に大きく貢献した[97]。個々の企業の要請が問題とならない限りは，経営管理・職業教育局による合理化活動の支援はつねに国家の工業グループの仲介のもとに行われたが[98]，レファは，恐らく国家の工業グループの影響のもとで，組織的な自律性と内容に関する自律性を十分に保つことに成功したとされている[99]。

このようにして，レファ・システムが比較的短期間に産業の広い範囲に普及するに至ったのであり，R.ハハトマンは，そのような半国家的組織の支援がなければ，レファ方式の急速な拡大は考えられないであろう，と指摘している[100]。K.ペンツリンも1938年に，ドイツの産業経済にとっては，労働の合理化が一般に承認されるだけでなく要求されること，すなわち国家機関や経営管

理によって是認されるだけでなく少なくとも強力に促進されるかあるいは直接支援されることがとくに重要であったとしている[101]。国民社会主義者は，近代的な産業なしには戦争に勝利しえないという理由からのみ多種多様な近代化および合理化の運動を促進したのではなく，彼らの多くは，そうした諸過程のもつ支配の安定の効果を知っていたとされている。ナチスドイツにおけるテイラーの「時間・動作研究」の積極的な受け入れと1934年以降のレファの諸活動の著しい拡大は，経営内部の社会的衝突を「科学的に」解決し，また緩和し，そしてその限りでは，国民社会主義者によって目標とされた社会調和的な「経営共同体」の実現への決定的な貢献をなしうるというテイラリズムの約束から明らかになるとされている[102]。なおそのさい，工業生産の「アメリカ化」の進展および経営内部の社会的関係の急速な諸変化の背後で，労働科学や労働心理学，産業社会学などのような科学の諸領域からの研究や構想はより大きな反響を見い出したが，それらは――体系的な分析に基づいて――，社会紛争のできる限り円滑な抑制とその限りでは社会調和のとれた「経営共同体」の実現に対してひとつの重要な貢献をなすことを約束したのであった[103]。

　この時期のレファの活動に関して指摘しておかなければならないまひとつの重要な点は，ナチスの政権獲得，ドイツ労働戦線による労働者統制の強化のもとで，「中立」を標榜するレファや「ドイツ技術労働教育研究所」の独立性がもはや完全に失われてしまい，「科学的管理(法)の導入以降企業管理者や労働科学者たちが一貫して求めた労働者の最適能率の追求といった問題は後方におかれ，労働者に対する共同体意識の醸成や国家への忠誠といったことが重視され，戦時労働力総動員体制にむけての基礎が築かれ」たということである。なかでも，労働戦線の労働科学研究所が，レファや「ドイツ技術労働教育研究所」をその傘下に組み入れることによって労働者に対する国家的統制を強化し，彼らの精神的態度をナチスのイデオロギーに組み込むことを狙いとした機関であったこと[104]にもみられるように，レファ・システムの普及が労働戦線のような半国家的組織の援助によって大きな進展をみたという事情は，むしろ「中立性」，「客観性」の確保というレファの本来の目標から大きく遠ざかってしまう結果となったのである。

第2章　ナチス期の合理化運動の展開とその特徴　73

(2)　レファ・システムの企業への導入

　このように，ナチス期には，レファ・システムの導入のための取り組みが1920年代よりも一層組織的に推し進められたが，なかでもその方式の中核的位置を占める時間研究・作業研究については，外国では，思想の統一性やその方式の明確な体系性が欠如しており，この点にドイツとの大きな相違がみられたとされている[105]。そこで，つぎに，この時期にドイツ企業へのレファ・システムの導入がどのようにすすんだかをみることにしよう。テイラーおよびその「科学」は「第3帝国」期にもドイツの労働科学者によって積極的に受け入れられたとされているが，この時期には，レファの方法は質的拡大がはかられており，1936年3月に「全国作業研究委員会」（Reichsausschuß für Arbeitsstudien）に改称されたことにみられるように，レファの活動の重点は，――一層洗練された――時間研究から広範な作業研究に移った[106]。1924年のレファ協会の設立当初にあっては時間研究への取り組みが中心であったが，K.ペンツリンは35年に，決められた一定の方法で作業がいかにはやく行われるかをつきとめるだけでなく，作業がどのように行われるかという問題，ある特定の作業がより良く編成されるかどうか，それが理論的に最適に行われうるかどうかという作業の遂行それ自体が重要な問題となっていたとしている[107]。こうして，1936年には，その活動は，標準時間の設定，職務設計，作業評価，作業指導といった作業研究全般におよぶようになっている[108]。この点について，A.ヴィンケルは1938年に，レファの活動へのドイツ労働戦線の影響によってこのような発展過程が強力に促進され，また一層推し進められることになり，その結果，労働者の責任ある担当と関連して，最も合目的的な作業編成の要求は最も上位の基本原則となったとしている[109]。なおそのさい，H.ベールスが1942年に指摘しているように，経営における作業・時間研究の実施は，33年以降初めて，たえず拡大している心理学的な基礎の確立とその普及を経験することになった。そこでは，すでにヴァイマル期に発展した労働心理学や労働生理学の知識をわかりやすいかたちでまとめた「人間の経営労働の精神的・肉体的条件」に関する「手引き」がとくに重要であったとされており[110]，1920年代と同様に，労働科学的研究を課題とする合理化の諸科学が大きな役割を果したといえる[111]。

また第2次大戦時には軍需生産の一層の増大の必要性と専門労働者不足のもとで，作業研究の意義，役割は一層高まることになった。K. ペンツリンは1942年に，なお存在している予備的な生産能力をドイツの戦争経済に動員するのに役立ちうるあらゆる諸方策のなかで，作業技術，作業研究の諸成果の利用は重要な役割を果しうると指摘している[112]。W. ヴァイゲルも1942年に，専門労働者をとくに重要な目的のために確保しておくことや半熟練労働者によってとって代えることが配慮されなばならず，それゆえ，近代的に配置された工場は，もっぱら作業研究に従事し，はやめに認識し，また作業研究の組織化および拡大を十分に促進するような独立した部門の重要性と必要性をもつとしている[113]。またG. パイゼラーは1943年に，最善の給付の達成のための経営の比較は適切な時間研究・作業研究に基づいて初めて効率的かつ適切なものになるが，それをさまざまな経営に対して最も効率的に行おうとするならば，なお一層合理化を行わねばならなかったとされている[114]。

このように，レファの活動は，ナチスの軍需景気のもとで，また労働力不足のもとで急速に拡大していくことになるが，つぎに，レファによる教育コース数とその参加者数の推移（図2‐1参照）をみることにしよう。1929年には約1,650人の時間計測者がレファの教育コースにおいて養成されたが，31年から33年までの時期には，その数は1年当たりせいぜい1,000人程度にまで減少した後，労働力不足のためにかなり強められた労働強化のための諸努力が，35/36年以降，レファの教育コース数とその参加者数を急速に増加させることになった。また戦争経済に対する諸要求はこうした発展をさらに加速させることになり，レファの教育コースの参加者数は，1943年には約12,000人でもってその頂点に達した。1942年以降すべての金属経営に対して拘束力をもつことになった「製鉄・金属賃金目録」が，この年にはいま一度レファの本格的な躍進をもたらした[115]。それは作業評価の手段として重要な役割を果しており，40年代初頭には基本賃金の決定のための作業評価の導入はその利用によって行われたが，そこでは，作業評価に必要な作業研究が，個々の諸活動や個々の労働力を正確に分析し，また評価する可能性を与えた[116]。もとより，レファの原則に基づいて決定された時間は計算の基礎として，また計画化の基礎としての役割を果したが，レファの表や基準値がなければ，またレファの類似のものの利用

図2-1 レファ協会による教育コースの設置数および参加者数の推移

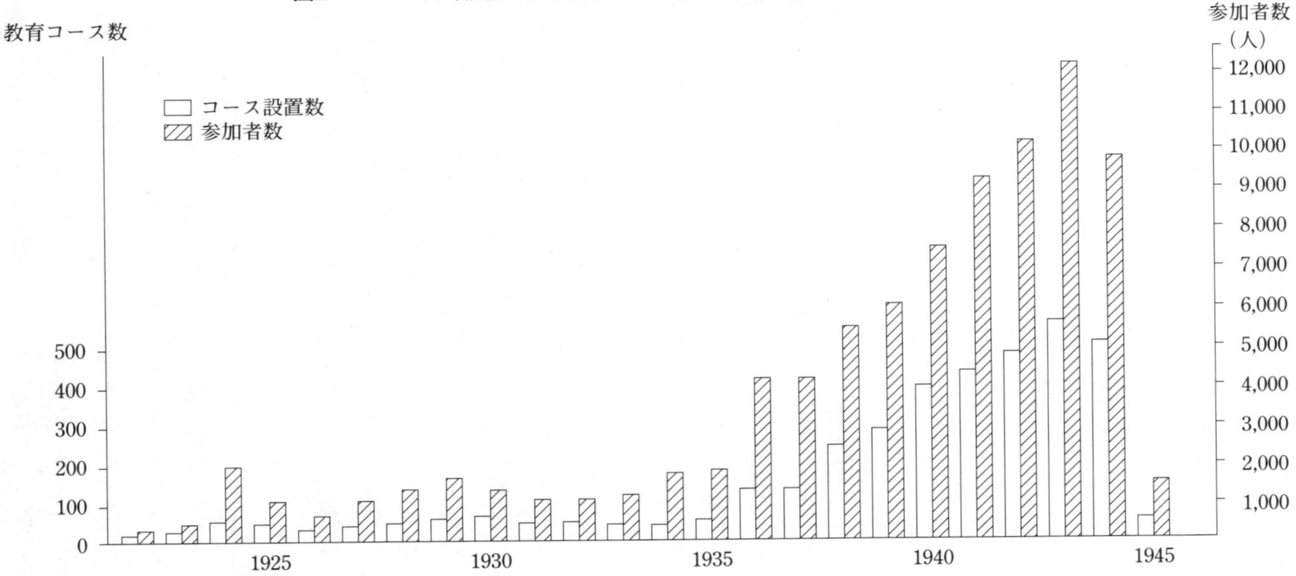

教育コース数 / 参加者数（人）

□ コース設置数
▨ 参加者数

(注)：1) 1924年10月以前は「時間研究委員会」の教育コースを含む。
　　　2) 1945年については、レファ協会の公式の資料が存在しないため、E. ペッヒホルトの算定による。
(出所)：E. Pechhold, *50 Jahre PEFA*, Berlin, Köln, Frankfurt am Main, 1974, S. 67, S. 86-7 より作成。

がなければ，時間のロスなしに予定の時間どうりに複雑な生産計画を正確に立てること，事前に計算すること，またたえまない合理化の活動によって正確な時間の算定に基づいて給付増大の残された余地を戦争経済のために利用することは不可能であろう，と指摘されている(117)。

しかし，戦争経済のたえず変化する諸条件のもとで，すでに生産経済的原則の遵守および時間経済の実施ははるかに困難となり，また傾向としてみれば不可能となった。このことはレファの活動の低下として現れており，1943年以降，レファの教育コース数と参加者数は35年の水準にまで減少している(116)。*Die Deutsche Volkswirtschaft* 誌は1943年に，作業研究および時間研究によって作業職場および事務部門における個々の作業の進行のための最善の解決策の調査が行われていることを指摘しているが(119)，E. ペッヒホルトは，材料の調達，経営手段の取り替え，攪乱されやすいこと，官僚的な経済組織などにおける欠陥は人間の給付の増大によって埋め合わせることはできず，戦争の負担の増大にともない作業研究の利用は破綻に向かってすすんだとしている(120)。こうして，レファの活動は，ナチス支配の終焉でもって初めて（一時的に）その機能を停止することになる(121)。

こうして，この時期のレファの方法の急速な拡大は労働市場の変化に規定されたものでもあったが，そこでは，作業・時間研究によって，労働の強度が大きく引き上げられ，労働力が節約されたのであった。組織的な時間研究や予定時間の決定のいまひとつの「主要な目的」は，「製造原価の算定の確保，それゆえ製造コストと製造時間のより確かな計算」にあり，レファ方式の「科学性」・「客観性」の主張は，給付にみあう推定による賃金支払を超えて，「経営共同体」内部の「労働平和」を持続的に確保する機会を開くと考えられていた(122)。

しかし，実際には，この時期にも出来高給をめぐる紛争が起こっており，そこでは，出来高の抑制が当時労働者によって好まれた出来高給をめぐる闘争の形態となりえたが，労働者の給付能力や給付の可能性のより正確な知識を獲得し，またそうして労働者の側の独自の「出来高政策」に狭い限界を設けようとする試みとしてのレファ方式の普及や，とりわけベルト・コンベアの導入（機械的な流れによる作業テンポの統制）が，彼らの出来高抑制の条件を徹底して奪

いとったのであった。それにもかかわらず，実際には，ナチスの「権力の掌握」後の4年間に確認されたように，労働の科学的な測定や時間研究自体も出来高払いをめぐる紛争を解決することはなく，レファ方式の普及と平行して，むしろ「ストップウオッチ」や計算係をめぐる紛争が頻発したとされている[123]。

それゆえ，ここで，この時期のドイツ企業へのレファ・システムの導入を産業部門別にみておくと，レファ協会の設立当初と同様に，その重点は広義の金属工業におかれていた。金属加工業では，1933/34年以降の景気の躍進の結果，古くなった生産設備が再び稼働され，その結果，ナチス独裁の最初の3年間は労働時間でみた生産性は低下せざるをえなかったが，レファおよび「経営管理・職業教育局」によって多くの金属経営において促された根本的な労働組織の近代化は，32年から34/35年までにみられたそのような傾向の転換に寄与し，34年から39年第1四半期までの間に，労働時間でみた生産性は34.4％の上昇をみている[124]。またこの時期のレファの教育コースについてみると，1939年から45年までにレファの正規の教育コースに追加的に提供されたドイツ労働戦線のアウクスブルク校の47の3週間集中コースのうち，26が金属経営の製造領域のためのものあった。しかし，衣料品工業の参加者のために7つの集中コースが，製材業および製紙業向けにそれぞれ3コースが，鋳造業向けに2コースが，またガラス工業，窯業，造船業，炭鉱業，ゴム工業，印刷業向けにそれぞれ1つのコースが開催されており[125]，レファの教育コースは他の産業部門においてもひろく普及している。またこの時期にはレファ方式はもはや大経営のみならず中規模の企業においてもますます利用されるようになっている[126]。こうして，第2次大戦時には，レファ方式の一層強力な拡大と1942年末以降の製鉄・金属賃金目録の導入が，とくに軍備にとって重要な金属加工業において，労働の強化を促進した[127]。作業研究の実施は決して機械的工業部門あるいは大経営に限られるものではなく，レファに依拠した活動はさらに冶金工業や鍛造工場，材木加工業，被服工業や製靴工業でもみられたとされている[128]。

レファ・システムの導入が一層すんだこれらの部門とともに，組織的な作業研究・時間研究が一部では大きな困難に直面した産業部門もみられ，造船業がその代表的事例をなす。レファ方式を造船所に導入しようとする諸努力がより強力に行わ

れており，1941年の初めまでに，レファ方式は，若干のより小規模な造船所を例外として，ほとんど至るところで導入されており，大多数の企業の管理者はレファ方式に依拠していたが，造船業では，レファに完全に依拠した把握とは非常に隔たりがあったとされている。出来高給の正確な算定が困難であったことは，それには比較的長い時間がかかり，そのために，一般的に比較的大ざっぱに評価された予定時間を基礎にせざるをえないこと，海軍のたえまない計画変更によってしばしば緊急の課題が優先されざるをえず，そのことによって予定された作業工程が攪乱されるので，徹底した作業準備がほとんど不可能であったこと，さらに戦時中には，出来高部における必要な要員が不足していたことによるものであった。それゆえ，わずかの造船所においてレファによる活動が十分に行われえたにすぎない[129]。また化学工業もそのような方法の導入が強力に取り組まれた部門ではなかったが，少なくともこの工業の一部では，特殊な賃金制度や時間研究によって労働強度を高めようとする諸努力が行われている[130]。

このように，1930年代の半ばに始まる景気の躍進は決して直ちにすべての産業部門において作業研究・時間研究の高まりをもたらしたわけではなかったが，そのことは，国民社会主義者の権力獲得と同時に現れた国家による経済政策の統制がまず第1に軍備にとって重要な産業部門に集中していたことによるものであった。そのことは，政府によって重視されなかったその他の産業部門，とくに消費財産業における立ち遅れをもたらした[131]。

2 フォード・システムの導入とその特徴

(1) 生産の標準化とその特徴

① ナチス期の標準化の取り組みとその特徴

これまでの考察において，レファ・システムの導入による労働組織の合理化をみてきたが，つぎに，フォード・システムについてみることにしよう。まず生産の標準化についてみると，それは始まりつつある大量生産の結果であり，また同時にその一層の躍進のための前提であったが，それらは同時に科学的——より正確には工学的——活動の成果であり，したがってまた科学と物的生産の相互依存関係におけるひとつの新たな変化の表現であったとされている[132]。ファシズムの経済政策は規格化および定型化に新しい目標をおいてお

第2章　ナチス期の合理化運動の展開とその特徴　79

り，そのことは，まず原料を節約する生産方式や原料を効率的に使用する生産方式の利用にとっての規格化の利益に示されている。そこでは，規格や引き渡し条件は「原料の適切な管理のための不可欠なベースメーカー」となったとされている。

こうして，規格化，標準化の必要性，重要性は一層ひろく認識されるようになり，1929年には約3,000であった規格リストの総数は36年までに6,000を超えるようになっており[133]，39年の初めには6,400以上にも達している（図2-2参照)[134]。36年の内訳をみると（表2-4参照)，造船業に関するものが1,250件と圧倒的に多く，機械製造・材料検査に関するもの（630件）や鉄道に関するもの（650件）がそれについで多い。その他でも，電機に関するもの（450件)，工具・工作機械に関するもの（250件)，自動車製造に関するもの（170件）など，加工組立産業に属するものが多いことが特徴的である。規格リストの数は1942年には約7,700にまで増加しているが[135]，その内訳では，36年とほぼ同じ傾向がみられる（図2-3参照）。

ただここでは，ナチスの経済の軍事化の推進のもとで，規格化，標準化の取り組みは大きな変化をみることになったことに注意しておかなければならない。すなわち，生産技術的な合理化を促進するナチス国家の介入が規格化・定型化の領域において始められたのであった[136]。それまでは，国防軍，ライヒスバーン，ライヒスポストなどへの供給に対しては規格が義務的なものとされており——官公庁のみが例外をなす——，一般的には，規格の創出への参加は自由であり，またそれはたんに推奨とみなされていたが，そのことは1936年の第2次4ヶ年計画にともない変化することになり，そこでは，経済大臣の訓令によって規格化の実施が初めて義務とされたのであった。また1939年2月の「生産増大のための全国委員会」の設立後，規格の強制的な導入が推し進められた。

こうしたなかで，規格化の活動は，軍需経済の生産能力を増大させる手段として，経済省が1939年5月に緊急計画において決定した課題の中心になった。さらに同年9月8日の4ヶ年計画のための全権代理の命令に基づいて，定型数および品種数の変更のための訓令が出されたが，これは経済大臣に規格を義務と宣言する権限を与えた。この年の9月28日には，規格化，定型化およびコス

図2−2 1923年から43年までの規格リスト数の推移

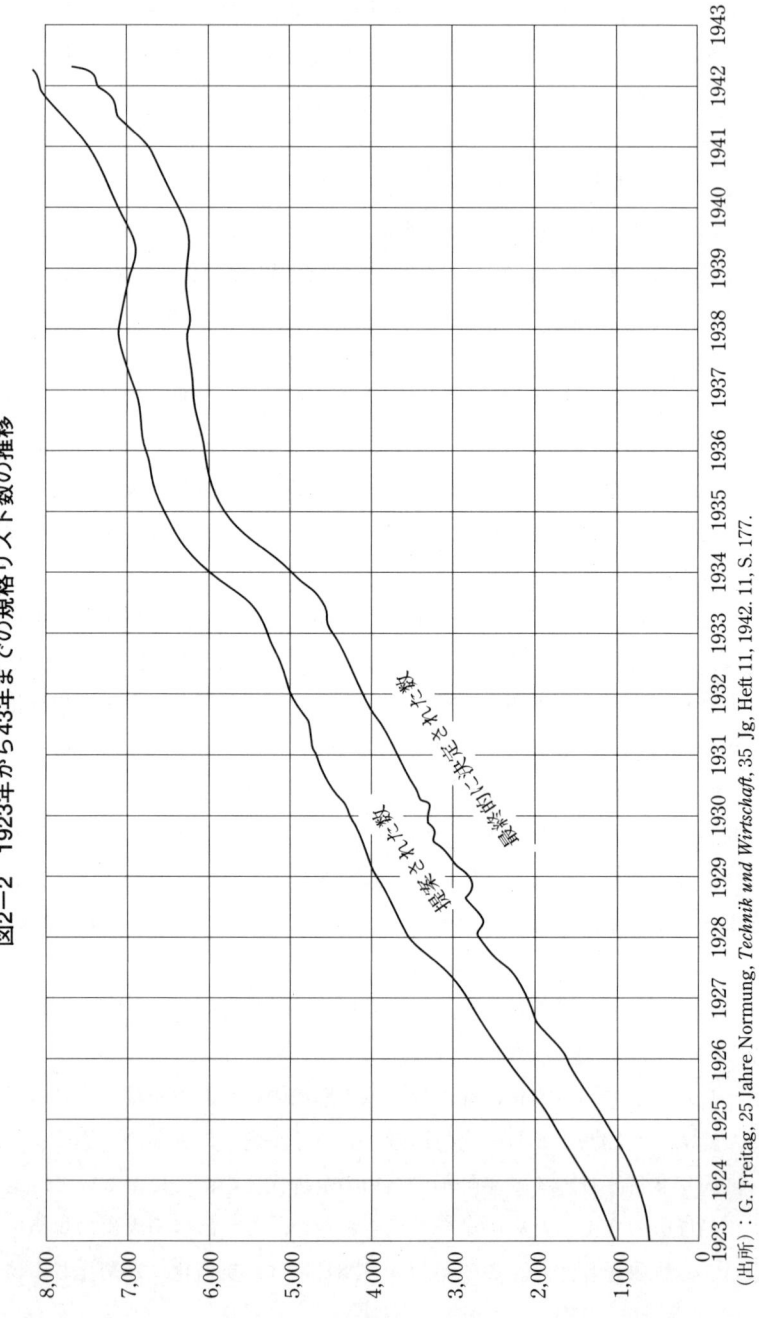

最終的に決定された数

推薦された数

(出所)：G. Freitag, 25 Jahre Normung, *Technik und Wirtschaft*, 35 Jg, Heft 11, 1942. 11, S. 177.

表2-4　1936年の規格リストの内訳

造船に関するもの	1,250
鉄道に関するもの	650
機械製造および材料検査に関するもの	630
電機に関するもの	450
建設に関するもの	410
炭鉱に関するもの	400
工具および工作機械に関するもの	250
自動車製造に関するもの	170
農業に関するもの	90
家政に関するもの	70
基本規格およびその他のさまざまな領域に関するもの	1,400

(出所)：*RKW-Nachrichten,* 1936, S. 136.

ト削減に関する産業グループの指導者の適切な指導が行われている[137]。

　さらに第2次大戦の勃発は規格化，標準化の取り組みを一層緊急かつ組織的なものにした。規格化および定型化の戦争経済上の意義は，1）生産を容易にすること，2）同じ設備の部品を互換可能にすること，3）さまざまな設備の部品を互換可能にすることにあるが，とくに3）については，そのような規格化によって，わずかな変更でもって，あるいは変更なしに，標準化された製品を平和的利用のためにも戦争への利用のためにも生産することができるので，戦争にとって重要な産業の転換に役立つものであった[138]。例えば自動車工業では，「自動車部門総全権代理」の配置でもって1939年初めに開始された自動車の定型の削減は戦時中も継続されており，また機械製造業でも，41年5月28日の命令によって，定型の削減が決定的な進展をみたほか，金属加工を行う他の諸部門や他の産業部門でも，定型数は徹底して削減された[139]。また，戦時生産の「成果の増大のために規格化の活動の効率を高めるべく」，1944年の軍需相の訓令でもって，「規格化・定型化のための委員会」（"Kommission für Normung und Typung"）がドイツ規格委員会の委員長を会長として組織され，規格を義務的なものと宣言する権限が彼に与えられた。この委員会の委員長は，「規格化および定型化の厳格な統合と促進」のためのあらゆる諸方策について軍需相に責任を負い，とくに彼は規格の導入のための適切な諸方策を軌道に乗せなければならなかった。そのような取り組みの結果，1942年には1,700の規

82

図2-3 1927年と42年の規格リストの内訳

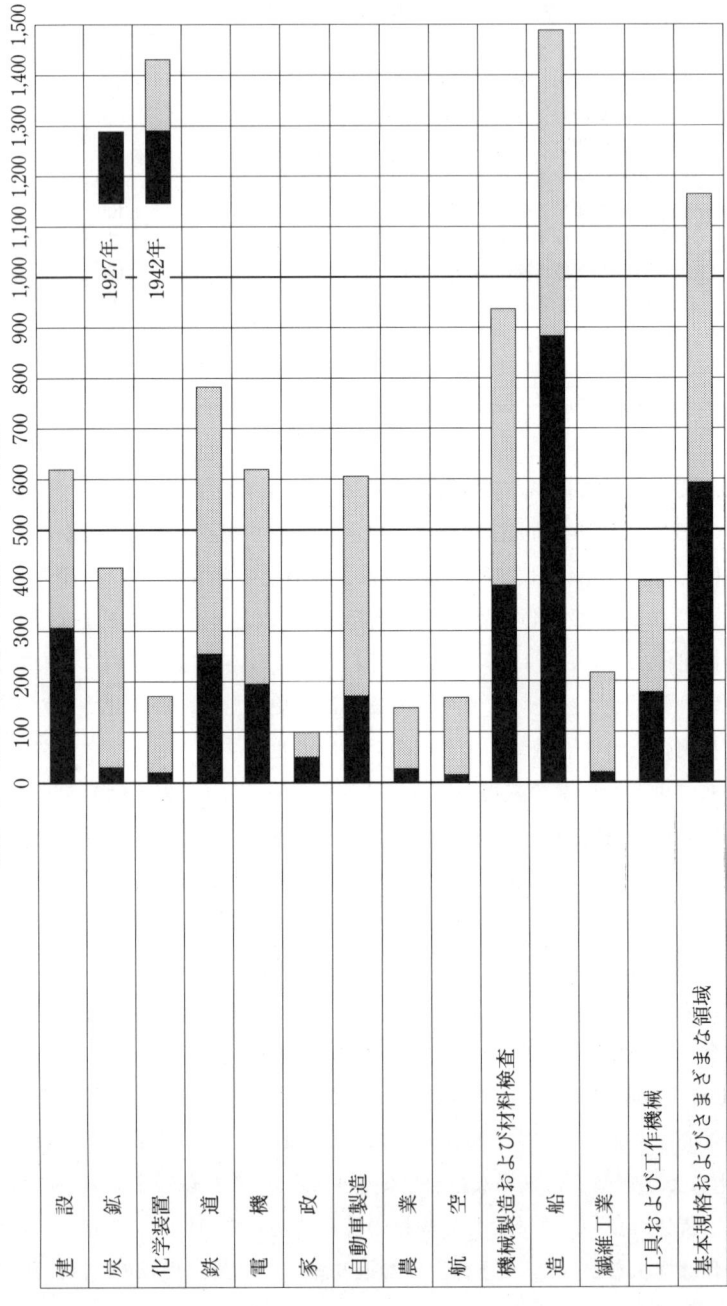

建　　設
炭　　鉱
化学装置
鉄　　道
電　　機
家　　政
自動車製造
農　　業
航　　空
機械製造および材料検査
造　　船
繊維工業
工具および工作機械
基本規格およびさまざまな領域

(注)：1927年と42年の規格リストの数はそれぞれ3,100、7,700である。
(出所)：G. Freitag, a. a. O., S. 178.

格のうち約1,500が強制力をもつものであったとされている。

　このように，ドイツにおいて規格化，標準化の取り組みが本格的にすすむのはナチスのファシズムの時期のことであったといえる。ヴァイマル期には定型化の試みはわずかな成果しかあげなかったが，ファシズムの時期には，規格化の強行とその強制的な導入とならんで，定型化が一つの主たる中心をなしたとされている。すなわち，機械生産，自動車，通信技術に関する各部門の全権代理の命令および定型数や品種数の削減のためのその他の命令は，定型化を「戦争経済の業務のなかに」位置づけたとされている[140]。こうして，1942年以降は，国家独占的規制の中央集権化によって，軍備基盤が拡大されただけでなく，戦時経済組織の効率も著しく高められたが，そのさい，全面に押し出されたのは，独占資本の諸組織を用いての企業間合理化の促進であり，それは生産工程や組立工程における規格化と分業の強化であった。それによって軍需品の大量生産の実現がめざされたのであった[141]。すなわち，生産能力を徹底的に閉鎖し，製品を定型化し，個々の製品の注文を特定の工場に集中させる諸努力が推し進められたのであり，そのことが大量生産を可能にしたのであった[142]。

　またこの時期の規格化，標準化のいまひとつの特徴は，とくに工作機械製造業において顕著にみられたように，ヴァイマル期には専門化にともなう市場における高いリスクに対応するためにカルテル政策が推し進められたのに対して，ナチス期には国家の強制がそのような合理化の推進において重要な役割を果したということである。ヴァイマル期には，組別生産あるいは流れ生産の合理化の潜在的な可能性を実現するために，中小企業においても，その生産をわずかな類似した機械の定型に削減することが強制されたが，そのような専門化は市場における高いリスクと結びついており，大部分の工作機械の生産者はそのようなリスクを恐れたのであり，専門化（規格化，定型化，産業集中）のための前提条件を改善することが，この時期のカルテル政策のひとつの重要な課題となった。1927年の合同旋盤製作所（die Vereinigte Drehbankfabrik——VDF）の設立がその代表的事例である。この事例は，規格化の思考を取り上げ，工作機械のすべての組立部品や機能の領域にまでそれを拡大し，専門化の原則を定型化の原則と結びつけ，また企業をこえる協力の形態（生産計画の割り当て，共同の設計部，外部代表者への協力）によって市場のリスクを削減するという，

定型の削減の複合的な戦略のもつ合理化の可能性を示している[143]。これに対して，ナチス期には，国家の強制力をもって，そのような合理化方策が推し進められた。

② 生産の標準化の限界

このように，ナチス期には，軍需品および軍需関連の代表的な産業部門を中心に大量生産が強力に推し進められ，そのなかで規格化，標準化の取り組みも一層強力かつ組織的に行われたが，そのような取り組みの成果についてみると，標準化は最善の解決をできる限り統一的に利用するのに役立ったとされている。製造業者にとっては，設計作業は，生きた労働力の支出を少なくする確実な，申し分のない基本的な構造によって単純になり，原料の消費は合目的的な組織化によって削減され，検査は統一的な検査方式によって容易になり，全体的にみれば，それによって労働生産性が引き上げられた。また販売では，品種の削減によって在庫保有が簡素化され，製品は何度も利用できるようになったために販売の可能性が高められ，また伝達が容易になったことや統一的なモデルの型によって，注文の処理がより迅速に行われるようになった。さらに消費者にとっては，適切な選択が容易になり，調達期間が短縮され，互換性の確保によって利用の可能性が高められたほか，使用上の安全性や精度が高められ，部品の迅速な交換によって修理が簡単になり，取替部品の迅速な調達によって操業の中断が少なくなり，また在庫保有が減らされた。

しかし，そのような規格の利益は，資本主義的生産の状況の下では十分に利用されることができなかったと指摘されている。一方では規格化は資本主義的競争の限界に突き当たり，他方では最新の科学技術の水準へのそのたえまない適応がつねになされているわけではなく，それは技術進歩を制限さえしたとされている。このことは，とくにファシズムの戦時生産の諸年度にみられた。規格化の活動の強行は原料，機械および労働力の困難な状況によって必然的に現れてきたのであるが，厳格な定型の削減は新たな設計の可能性を消し去り，また専用機械の配置を制限することになった。「定型の排除」は利益のあがる生産方式への努力に対応したものであっただけではなく，戦争経済の諸条件のもとでの経済的諸困難の結果でもあった。品目の縮小が必ずしも大量生産の必要

性にあっていなかったことは，必要であることが明らかになるはずであった場合には，定型の削減のさいに「平和の計画化」が考慮に入れられねばならず，それでもって，廃止された定型を後に再び容易に取り入れることができるというドイツ技師協会の確認に示されている[144]。R. ハハトマンは，ナチス期についてみても，規格化，定型化および専門化は，アメリカと比べると，わずかしかすすんでいなかったとしている[145]。

このように，定型化は1942年末までは決して「ほとんど完了」することはなく，戦争の最後の年にも定型の削減は国家のイニシアティブによって継続されているが，43年の初めに，機械製造業におけるそれまでの定型の削減を回顧して，「最終目標はまだまったく達成されていない」ことが確認されたと指摘されている[146]。また自動車工業をみても，「1939年以来，鋭意，型の削減の努力がなされたにもかかわらず，なおアメリカ軍などと比較すれば非常に多かった[147]」とされている。K. ペンツリンは1943年に，まさに直接的な戦時生産のもとで，定型数の削減という意味での全般的な定型の整理の傾向に対して，それとは逆方向の，それを妨げるような傾向がみられたとしており，わずかに存在する定型のたえまない変更がみられたことをあげている[148]。また J. ラートカウは，1950年代の西ドイツの自動車工業においても，なお部品の互換性は熟練をもった研削工によって達成されており，60年代になって初めてフォードの機械化の水準に達したとしている[149]。このように，ナチスの経済の軍事化の時期と第2次大戦時の積極的な取り組みにもかかわらず，生産の標準化の進展はなお限界をもつものであったといえる。

(2) 経済の軍事化と流れ生産方式の導入

ナチス期には，さらに，このような生産の標準化の進展を基礎にして，流れ生産方式の本格的な導入が推し進められていくことになるが，そのさい，そのような労働組織の合理化方策の展開のための条件をなしたのは，経済の軍事化のもとでの市場の拡大であった。1920年代には，国内市場の狭隘性と輸出市場の困難性という厳しい市場の条件がフォード・システムの導入による大量生産方式の実現を大きく制約する要因となっていた。しかも，コンベアのもとでの労働およびそこでの出来高給制度の採用は，労働者の労働条件を悪化させ，コ

ンベアの前進速度によって強制される作業テンポについていけない労働者は配置替えされるか，多くの場合，容赦なく解雇されたのであり，この時期の合理化の過程において，労働者の企業への吸収ではなく，むしろ失業者の増大がもたらされた。しかし，そのこと自体がドイツの国内市場の一層の狭隘化をもたらし，電機，自動車，機械製造などの産業部門を中心に推し進められた大量生産のための取り組みにとっての隘路にもなった。そのような生産の合理化の諸方策は大量生産への移行を推し進めるものであり，その実施は本来それを可能にする大量市場の存在を前提とするものであるが，20年代にはまだそれを本格的かつ十分に導入しうる社会的経済的諸条件は出来あがってはいなかったといえる[150]。それゆえ，そこでは，むしろ，より少ない生産量に対しても一定の効果をもち，市場の諸条件の変化に柔軟に対応することができるような流れ生産の方法による大量生産方式の導入に重点がおかれた。

この点に関して，H. ホムブルクは，1920年代の電機工業を取り上げて，工場管理自身によって画期的でかつ未来を指し示すものとみなされた技術的および組織的革新が決してすべての活動領域において同時に行われたのではなく，そのためには，財務的条件のみならず，とりわけ科学的，技術―設計上の前提条件，一部では人事的な前提条件も欠けていたとしている。すべての革新は何年もの準備活動と結びついており，また生産条件のもとでのその「成熟」は，それから十分な経済的成果を引き出さねばならなかった最初の実際の試みの後の数ヶ月あるいは数年に徐々に実現されたにすぎず，その限りでは，1920年代における合理化の諸努力の実験的な性格はその顕著なメルクマールであると思われる，としている[151]。また T. ジーゲルは，「技術的合理化」の明白な象徴，すなわち，ベルト・コンベアが広義のテイラー的な組織や作業部による生産の管理と比べると，また労働力の科学的な選抜と比べると，ジーメンスの工場では比較的遅くに初めて導入されたとすれば，このことは意思の欠如よりはむしろ可能性の欠如のためであったとしている[152]。

しかし，そのようなドイツ的な試みにもかかわらず，1930/31年以降の経済恐慌のはじまりおよびその深刻化にともない，流れ生産の拡大はその一時的な終わりをみることになる。1935/36年までは，人間と機械の生産の諸機能がほぼ円滑にかみ合い，またベルト・コンベアと部分的あるいは完全に自動化され

た機械設備によって作業テンポが徹底して規定されるような完全なかたちのベルト・コンベア・システムは，例外的な事例においてみられたにすぎないとされている[153]。

　その後，ナチスの経済の軍事化のもとで，流れ生産方式の本格的導入による大量生産のための一定の諸条件が与えられることになる。H. モテックも指摘するように，1934年から39年までの軍需経済の特徴は，国家の軍需が資本主義的工業生産の決定的な市場となったことにみられる[154]。このような市場の条件の変化のもとで，1920年代にみられたフォード・システムの導入による大量生産への移行における限界を克服するための取り組みが推し進められることになる。この点について，T. ジーゲルは，ジーメンスの歴史に関する叙述においては，合理化に関する章は1920年代に関係していたのに対して，30年代には合理化はもはやテーマではなく，このことは61年のゲオルク・ジーメンスの叙述にも65年の同社の記録にもみられるとしている。このことは，ジーメンスにおける合理化が20年代末に終了したということによるものでもなく，またナチスの下で合理化が一層行われることがなかったということによるものでもないとしている。むしろ1920年代には合理化過程は軌道に乗せられ，また合理化の思考が企業政策の自明のガイドラインにまで発展したが，歴史的にみると，30年代には，合理化そのものではなく，それが実施された特殊的な条件がテーマとなったということが明らかになる，とされている。すなわち，1932年には28年に比べてジーメンスにおいて売上が50％（AEGでは約60％）減少した世界経済恐慌には，「節約すること」（"Sparen"）が「合理化すること」（"Rationalisieren"）よりも重要であったが，その後市場が拡大し，36年にドイツ電機工業の生産能力が再び完全利用されたとき，フォード的な標準化された大量生産のためのほぼ「アメリカ的な」販売条件が生まれたとされている[155]。

　かくして，すでに1920年代に展開され，端緒的に実現されていた合理化計画は，とくに30年代後半以降により強力に追求されたのであり，それは確かに組織的合理化，生産技術的合理化，設計の合理化および「人事管理」のすべてのレベルで追求され[156]，ここに至り，合理化の諸努力はその実験的な性格を失うことになったとされている。1930年代には，作業方式の技術的・組織的な合理化にみられた欠陥が，それ以前の諸経験や恐慌の数年間に続けられてきた開

発活動に支えられて，比較的計画的に対処されることができたとされている。すなわち，そこでは，1920年代の諸条件のもとではまだ絶対的に必要であった間に合わせの設備や妥協的な解決のかわりに，高度に機械化され，標準化された大量生産のアメリカの模範への徹底した接近が行われ，流れ作業だけでなく，「フォード化」，作業の遂行の徹底的な機械化や，可能な場合には自動化が，36/37年以降の深刻な労働力不足によって大きな推進力を得た新たな合理化の中心的な目標となったとされている(157)。

このような条件のもとで，ナチス期には流れ生産方式の導入の取り組みが一層強力に推し進められたが，この点について，R.ハハトマンは，流れ生産は1936年から44年までの間にそれまでにない規模で拡大されたとして，その特徴をつぎのように指摘している。すなわち，ナチスの「権力掌握」以前にはほとんど利用されていなかった産業部門においても流れ作業がますますそのはじまりを見い出したこと，小規模な経営においてはベルト・コンベアは1933年まではあまりみられなかったが，ナチス期にそれが一層強力に導入されたこと，とくに金属加工業では，流れ作業システムがますます完成され，コンベアのもとでは，部分自動ないし完全自動の機械がはるかに強力に配置されたこと，とりわけ消費財産業では，その後もまだあまり発展をとげていないような流れ作業システムが利用を見い出し，若干のケースでは，その後もベルト・コンベアなしの流れ作業が実施されていたことがそれである(158)。また彼は，武器の大量生産およびナチス支配のもとでのヨーロッパ広域経済圏の創出が大量の製品のための市場を大きく拡大し，またそれでもってアメリカを模範とした大量生産の拡大のための条件を生み出した限りでは，戦争，とくに「西方出兵」およびその後のソビエトへの「国防軍」の進入は，合理化運動に関して，またとくに流れ生産に関して，ひとつの重要な転機を示したとしている(159)。

このように，1930年代後半のナチス下の合理化の進展のもとで，流れ生産方式の本格的な導入のための取り組みが推し進められることになるが，ここでは，そのような市場の諸条件に関して，大量生産への移行を推し進める上でのこの時期の市場，とくに軍需市場の特性，限界についてみておかねばならない。第1章でも少しふれたように，W.ベッカーは，大量生産はとりわけ拡大する国内市場のもとでのみ定着しうるのであり，大量生産の決定的諸要素およ

び国民経済的有効性は生産手段の生産よりも消費財部門においてずっと大きく、そのため、大量生産を導入し、遂行するためには、決して軍備を必要としなかったのであり、そのさい、消費財の大量生産が、初めて、生産手段の大量生産への移行の基礎を与えたとして[160]、自動車のような消費財の大量生産の意義を指摘している。しかし、ドイツの乗用車の普及状況をみても、ナチス期にもなお「事業所的・営業的モータリゼーションが主流であって、個人的・大衆的モータリゼーションは、なお初期的段階にとどまっていた[161]」とされている。それだけに、軍需市場の拡大は大きな意味をもったが、こうした市場は、確かに量的には大きかったが、変動もまた激しかった。すなわち、軍備計画の頻繁な転換、軍需品における定型の多様性および短い技術革新の期間、さらに大量生産のために同じ定型の注文を集めることを困難にしたところのつねにギリギリに差し迫った引き渡し期限がそれである[162]。この点について、R. ハハトマンは、軍需注文の発注のさいには、短い納期および低い生産コストを約束するような企業がとくに優先されており、そのために——大規模な産業コンツェルンへの生産の一層の集中とならんで——一般的に、その生産を徹底的に合理化した企業が古くなった生産設備をもつ企業よりも国家の注文を獲得したが[163]、生産における頻繁な定型の変更やたえまない転換は流れ生産の導入・拡大を大きく妨げたとしている[164]。それゆえ、ナチス期においても、そのような市場の条件に適応するために、流れ生産の導入を推し進める上で、生産の弾力性をいかにして確保するかが最も重要な課題となり[165]、それを可能にするための経営方式の導入が試みられたのであり、自動車のような消費財市場の拡大を基礎にして大量生産が推し進められたアメリカと比べると、大量生産とそのための経営方式の導入・展開のあり方は大きく異なっていたといえる。

（1） Vgl. R. Hachtmann, *Industriearbeit im 》Dritten Reich《*, Göttingen, 1989, S. 302. 1920年代の合理化について、R. ハハトマンは、経営合理化の実際の展開は当時の大規模な合理化の議論あるいは宣伝に何ら一致したものではなかったとしているが（Vgl. R. Hachtmann, Industriearbeiterschaft und Rationalisierung 1900 bis 1945. Bemerkungen zum Forschungsstand, *Jahrbuch für Wirtschaftsgeschichte,* 1996/1, S. 218)、こうした合理化の実態について詳しくは、拙書『ヴァイマル期ドイツ合理化運

動の展開』，森山書店，2001年参照。
（2）塚本　健『ナチス経済──成立の歴史と論理──』，東京大学出版会，1964年，252ページ。
（3）同書，237ページ。
（4）Vgl. T. Siegel, T. v. Freyberg, *Industrielle Rationalisierung unter dem Nationalsozialisumus*, Frankfurt am Main, New York, 1991, S. 15.
（5）Vgl. Gedanken zur Rationalisierung, *Wirtschaftsdienst*, 27 Jg, Heft 17, 1942. 4. 24, S. 269.
（6）Vgl. T. Siegel, T. v. Freyberg, *a. a. O.*, S. 295-6.
（7）Vgl. G. Seebauer, Pflicht zur Rationalisierung, *Der Deutsche Volkswirt*, 12 Jg, Nr. 29, 1937/38（1938. 4. 14), S. 1382-3.
（8）H. Homburg, *Rationalisierung und Industriearbeit*, Berlin, 1991, S. 3-4.
（9）前川恭一『現代企業研究の基礎』，森山書店，1993年，190-1ページ。
（10）塚本，前掲書，271ページ。
（11）Vgl. M. Stahlmann, *Die Erste Revolution in der Autoindustrie. Management und Arbeitspolitik von 1900-1940*, Frankfurt am Main, New York, 1993, S. 84.
（12）Vgl. *Ebenda*, S. 88.
（13）Vgl. Rationalisierung mit neuen Vorzeichen, *Wirtschaftsdienst*, 27 Jg, Heft 5, 1942. 1. 30, S. 61. 例えば1941年12月3日のヒトラーの訓令によって命じられ，ライヒ工業グループに委任された大規模な合理化の活動は，労働力を軍需経済のために使用可能にするためのひとつの手段をなしたとされている。Vgl. W. A. Boelcke, *Die deutsche Wirtschaft 1930-1945. Interna des Reichswirtschaftsministeriums,* Düsseldorf, 1983, S. 281.
（14）Vgl. T. Siegel, T. v. Freyberg, *a. a. O.*, S. 293-4.
（15）Vgl. G. Stahl, Automobilverbilligung als Imperativ, *Der Deutsche Volkswirt*, 11 Jg, Nr. 22, 1936/37（1937. 2. 26), S. 1068.
（16）Vgl. Rationalisierung, *Der Deutsche Volkswirt*, 10 Jg, Nr. 37, 1935/36（1936. 6. 12), S. 1795.
（17）Vgl. T. Siegel, T. v. Freyberg, *a. a. O.*, S. 281-2. 例えば重工業についてみても，破滅的な結果をもたらしたナチスの軍事計画が初めて1936/37年以降需要の欠落部分を埋めることになったとされている。Vgl. A. Reckendrees, *Das "Stahltrust"-Projekt : Die Gründung der Vereinigte Stahlwerke A. G. und ihre Unternehmungsentwicklung 1926-1933/34,* München, 2000, S. 592.
（18）Vgl. G. Seebauer, *a. a. O.*, S. 1384.
（19）Vgl. T. Siegel, T. v. Freyberg, *a. a. O.*, S. 288.
（20）Vgl. Institut für Wirtschaftsgeschichte der Akademie der Wissenschaften der DDR, *Produktivkräfte in Deutschland 1917/18 bis 1945,* Berlin, 1988, S. 43-4.
（21）Vgl. *Statistisches Jahrbuch für das Deutsche Reich*, 56 Jg, 1937, S. 539, Die Investitionen der deutschen Volkswirtschaft 1924 bis 1934, *Wirtschaft und Statistik*, 15 Jg, Nr. 18, 1935. 10. 2, S. 688-90.

(22) Vgl. *Ebenda*, S. 689, Staatliche Investitionskonjunktur, *Der Deutsche Volkswirt*, 9 Jg, Nr. 41, 1934/35 (1935. 7. 12), S. 1921.
(23) Vgl. Die allgemeine Wirtschaftslage in Deutschland, *Der Deutsche Volkswirt*, 9 Jg, Nr. 50, 1934/35 (1935. 9. 13), S. 2327.
(24) Vgl. Institut für Wirtschaftsgeschichte der Akademie der Wissenschaften der DDR, *a. a. O.*, S. 111.
(25) Vgl. M. Nussbaum, L. Zumpe, *Wirtschaft und Staat in Deutschland 1933 bis 1945* (Wirtschaft und Staat in Deutschland. Ein Wirtschaftsgeschichte des staatsmonopolistischen Kapitalismus in Deutschland vom Ende des 19. Jahrhunderts bis 1945, Bd. 3), Berlin, 1979, S. 74.
(26) Vgl. D. Petzina, *Die deutsche Wirtschaft in der Zwischenkriegszeit*, Wiesbaden, 1977, S. 134.
(27) Vgl. Gesteuerte Eiseninvestitionen, *Der Deutsche Volkswirt*, 11 Jg, Nr. 52, 1936/37 (1937. 9. 24), S. 2516.
(28) Vgl. D. Petzina, *a. a. O.*, S. 1347. この点は，第2次4カ年計画で目標とされた生産量がどの程度実現されたかを主要製品について示した表2-5からも明らかになる。すなわち，鉱油では1942年になってようやく目標値の45％に達したにすぎず，38年にはわずか16.9％にしか達しておらず，目標値に近い生産実績をあげた製品についても，その多くは42年になってからのことであり，スフと鋼を除くと，4カ年計画は，当初の計画どうりにはすすまなかったといえる。

表2-5 主要製品における第2次4カ年計画の生産実績

製　　品	計　画 (1,000トン)	生　産　高　(トン)			計画の達成率 (％)
		1936	1938	1942	
鉱　　　　油	13,830	1,790	2,340	6,260	45
アルミニウム	273	98	166	260	98
マグネシウム	36	13	13	30	83
ブ　　　　ナ	120	0.7	5	96	80
合　成　物　質	—	25.8	53.4	119.3	—
ス　　　　フ	146.5	42.8	154	300	206
爆　　　　薬	223	18	45	300	135
鋼	24,000	19,216	22,656	20,480	80
鉛	218.5	153.4	185.2	148.9	68
銅	75.9	61.4	68.8	41.1	54

(出所)：D. Petzina, *Die deutsche Wirtschaft in der Zwischenkriegszeit*, Wiesbaden, 1977, S. 137より作成。

(29) Vgl. Investitionen und Einkommen wachsen weiter, *Wirtschaftsdienst*, 23 Jg, Heft 4, 1938. 1. 28, S. 108.

(30) Vgl. Die Investitionen der deutschen Volkswirtschaft 1924 bis 1936, *Wirtschaft und Statistik*, 18 Jg, Nr 1, 1938. 1. 19, S. 31.
(31) Vgl. D. Petzina, *a. a. O.*, S. 138.
(32) Vgl. Die Investitionen der deutschen Volkswirtschaft 1924 bis 1936, *Wirtschaft und Statistik*, 18 Jg, 1938, S. 32.
(33) Vgl. M. Nussbaum, L. Zumpe, *a. a. O.*, S. 253-4.
(34) Vgl. *Ebenda*, S. 76.
(35) 塚本，前掲書，245ページ。
(36) 同書，250-1ページ。
(37) Vgl. *Ebenda*, S. 257, R. Erbe, *Die Nationalsozialistische Wirtschaftspolitik 1933-1939 im Lichte der modernen Theorie*, Zürich, 1958, S. 25, S. 109.
(38) 同書，253ページ。
(39) Vgl. R. Hachtmann, *a. a. O.*, S. 76.
(40) Vgl. F. Stratmann, *Chemische Industrie unter Zwang ?. Staatliche Einflußnahme am Beispiel der chemischen Industrie Deutschlands 1933-1949*, Stuttgart, 1985, S. 50.
(41) 戸原四郎「ナチス経済」，東京大学社会科学研究所編『ナチス経済とニューディール』，東京大学出版会，1979年，28-30ページ。
(42) Vgl. G. Keiser, B. Benning, Kapitalbildung und Investitionen in der deutschen Volkswirtschaft 1924 bis 1928, *Vierteljahrhefte zur Konjunkturforschung*, Sonderheft 22, 1931, S. 40, S. 47, S. 52, S. 56, S. 62, S. 67, S. 71, S. 84, *Statistisches Jahrbuch für das Deutsche Reich*, 55 Jg, 1936, S. 508.
(43) Vgl. R. Hachtmann, *a. a. O.*, S. 74.
(44) Vgl. D. Eichholtz, *Geschichte der deutschen Kriegswirtschaft 1939-1945*, Bd. II : 1941-1943, Berlin, 1985, S. 382-3.
(45) Vgl. R. Wagenführ, *Die deutsche Industrie im Krieg 1939-1945*, 2. Auflage, Berlin, 1963, S. 56.
(46) Vgl. D. Eichholtz, *a. a. O.*, S. 380.
(47) Vgl. R. Wagenführ, *a. a. O.*, S. 56-8.
(48) Vgl. D. Eichholtz, *a. a. O.*, S. 376.
(49) Vgl. R. Wagenführ, *a. a. O.*, S. 58-60.
(50) Vgl. R. Hachtmann, *a. a. O.*, S. 75-6.
(51) Vgl. K. Lange, Maschinenbau und neue Wirtschaftsaufgaben, *Die Deutsche Volkswirtschaft*, 7 Jg, Nr. 1, 1938. 1. S. 50, R. Hachtmann, *a. a. O.*, S. 76.
(52) Vgl. *Ebenda*, S. 76.
(53) Vgl. *Ebenda*, S. 75.
(54) Vgl. *Ebenda*, S. 333.
(55) Vgl. H. Mottek, W. Becker, A. Schröter, *Wirtschaftsgeschichte Deutschlands*, Ein Grundriß, Bd. III, 2. Auflage Berlin, 1975, S. 36.
(56) Vgl. T. Siegel, T. v. Freyberg, *a. a. O.*, S. 232, T. v. Freyberg, *Industrielle*

第 2 章　ナチス期の合理化運動の展開とその特徴　93

　　　Rationalisierung in der Weimarer Republik, Frankfurt am Main, New York, 1989, S. 85.
(57)　Vgl. K. H. Mommertz, *Bohren, Drehen und Fräsen. Geschichte der Werkzeugmaschinen*, Hamburg, 1981, S. 144.
(58)　Vgl. K. Hegner, Normung im Werkzeugnaschinenbau, *Maschinenbau*, Bd. 20, Heft 5/6, 1937. 3, S. 170.
(59)　Allgemeine Elektricität-Gesellschaft, *75 Jahre AEG*, Berlin, Frankfurt am Main, 1958, S. 18.
(60)　Vgl. H. Homburg, *a. a. O.*, S. 442.
(61)　Vgl. W. Weigel, Elektrische Antrieb von Drehbänken, *Maschinenbau*, Bd. 18, Heft 7/8, 1939. 4, S. 167.
(62)　Vgl. K. H. Mommertz, *a. a. O.*, S. 144-5.
(63)　Vgl. H. Kind, Der elektrischer Antrieb von Maschinen, *Der Deutsche Volkswirt*, 10 Jg, Nr. 4, 1935/36 (1935. 10. 25), Sonderbeilage: Die Wirtschaft im neuen Deutschland, 11. Folge, Elektroindustrie, S. 16.
(64)　Vgl. G. Blanke, Umstellung von Werkzeugmaschinen auf Einzelantrieb unter Berücksichtigung verschiedener Getriebsarten, *Maschinenbau*, Bd. 17, Heft 17/18, 1938. 9, S. 461.
(65)　Vgl. H. Kind, *a. a. O.*, S. 17.
(66)　Vgl. K. H. Mommertz, *a. a. O.*, S. 136.
(67)　Vgl. *Ebenda*, S. 143.
(68)　Vgl. Einfluß des Hartmetall-Werkzeugs auf die Werkzeugmaschine, *Maschinenbau*, Bd. 12, Heft 17/18, 1933. 9, S. 438.
(69)　因みにウィディアの生産は1933年以降，年間25％以上の増加を記録している。Vgl. R. Hachtmann, *a. a. O.*, S. 333.
(70)　F. W. Eckert, Spanabhebende Bearbeitung mit Hartmetallen, *Maschinenbau*, Bd. 15, Heft 5/6, 1936. 3, S. 121.
(71)　F. Schwerdtfeger, Schneidwerkstoff für die spangebende Bearbeitung, *Werkstattstechnik und Werksleiter*, 31 Jg, Heft 9, 1937. 5. 1, S. 198.
(72)　Vgl. G. Holten, Die Steuerung im Maschinenbau, *Der Deutsche Volkswirt*, 15 Jg, Nr. 30, 1940/41 (1941. 4. 25), S. 1091.
(73)　Vgl. K. Lange, Werkzeugmaschinen als Grundlage der Produktionsteigerung, *Der Vierjahresplan*, 3 Jg, Folge 19, 1939. 10, S. 1134.
(74)　Vgl. T. v. Freyberg, *a. a. O.*, S. 83.
(75)　Vgl. F. Schwerdtfeger, *a. a. O.*, S. 199.
(76)　Vgl. *Ebenda*, S. 201. これに対して，タングステン・カーバイドを素材とする硬質合金は確かに外貨負担のかかる素材であったが，硬質合金工具のより長い寿命，そのより高い経済性および性能は，最終的な結果では，圧倒的な外貨の節約をもたらしたとされている（Vgl. Innerbetriebliche Leistungsteigerung, *Der Vierjahresplan*, 3 Jg, Folge 11, 1939. 6, S. 734）。硬質合金が当時外貨政策上の理由からも大きな意味をもつも

のであったことは鉄鋼企業のクルップの内部文書でも指摘されており，外貨上の理由からはるかに多くのケースにおいて硬質合金が高合金鋼よりも選ばれたとされている。Vgl. Antrag auf Bewilligung von M. 1, 130, 000 für den Ausbau des Hartmetallbetriebs, *Historisches Archiv Krupp,* WA41/3-510, S. 1.

(77) Vgl. Antrag auf Bewilligung von M. 645, 000 für Erweiterungseinrichtungen des Widia-Schneidmetall-Betriebes in Kleinbau 1 zur Erzeugung von monatlich 750 kg Fertigprodukt (1929. 2. 5), *Historisches Archiv Krupp,* WA41/3-510.

(78) Vgl. Antrag auf Bewilligung von M. 4, 500, 000 für die Errichtung einer WIDIA-Sonderfabrikation (1936. 5. 16), *Historisches Archiv Krupp,* WA 41/3-510, Antrag auf Bewilligung von M. 1, 130, 000 für den Ausbau des Hartmetallbetriebs (1939. 1. 11), *Historisches Archiv Krupp,* WA 41/3-510, Antrag auf Bewilligung von M. 410, 000 für die Errichtung einer Widia-Sonderfabrikation (1939. 1. 11), *Historisches Archiv Krupp,* WA 41/3-510, Antrag auf Bewilligung von M. 6, 020, 000 für die Erweiterung der Widia-Sonderfabrikation (1939. 1. 11), *Historisches* Archiv Krupp, WA 41/3-510, Antrag auf Bewilligung von M. 4, 200 für einen Vorführungswagen (1939. 5. 19), *Historisches Archiv Krupp,* WA 41/3-510, Antrag auf Bewilligung von M. 1, 800, 000 für den Ausbau der Widia-Normalfertigung (1939. 6. 28), *Historisches Archiv Krupp,* WA 41/3-510, Antrag auf Bewilligung von M. 1, 600, 000 für Erweiterung der Spitzenfertigung (1939. 6. 28), *Historisches Archiv Krupp,* WA41/3-510, Antrag auf Bewilligung von M. 11, 500, 000 für Langenbielau (1943. 10. 23), *Historisches Archiv Krupp,* WA41/3-510.

(79) Vgl. Fräsen, Bohren und Reiben mit Hartmetall-Werkzeugen, *Maschinenbau,* Bd. 15, Heft 7/8, 1936. 4, S. 206

(80) Vgl. Einfluß des Hartmetall-Werkzeugs auf die Werkzeugmaschine, *Maschinenbau,* Bd. 12, 1933, S. 438. この点について，H. ベンケルトは1939年に，はるかにすぐれた硬質合金バイトが例えば新しい高性能なタイプの旋盤の構造へと強制したことはまれではなかったとしている。Vgl. H. Benkert, Die Werkzeugmaschine in der Massenfertigung, *Der Vierjahresplan,* 3 Jg, Folge 19, 1939. 10, S. 1136.

(81) Vgl. Institut für Wirtschaftsgeschichte der Akademie der Wissenschaften der DDR, *a. a. O.,* S. 70.

(82) Vgl. *RKW-Nachrichten,* 1941, S. 124.

(83) Vgl. R. Hachtmann, *a. a. O.,* S. 80.

(84) Vgl. A. Milward, Arbeitspolitik und Produktivität in der deutschen Kriegswirtschaft unter vergleichendem Aspekt, F. Forsmeier, H-E. Volkmann (Hrsg), *Kriegswirtschaft und Rüstung 1939-1945,* Düsseldorf, 1977, S. 78, R. Hachtmann, *a. a. O.,* S. 80.

(85) Vgl. *Ebenda,* S. 80.

(86) Vgl. Institut für Wirtschaftsgeschichte der Akademie der Wissenschaften der DDR, *a. a. O.,* S. 75.

(87) Vgl. H. Mottek, W. Becker, A. Schröter, *a. a. O.,* S. 333.

第2章　ナチス期の合理化運動の展開とその特徴　95

(88) Vgl. R. Hachtmann, *a. a. O.*, S. 302-3.
(89) Vgl. *Ebenda*, S. 78-9.
(90) Vgl. *Ebenda*, S. 175-6.
(91) Vgl. R. Schmiede, E. Schudlich, *Die Entwicklung der Leistungsentlohnung in Deutschland : Ein historische theoretische Unterschung zum Verhältinis von Lohn und Leistung unter kapitalistischen Produktionsbedingungen*, 4. Auflage, Frankfurt am Main, New York, 1981, S. 295.
(92) Vgl. *Ebenda*, S. 304.
(93) Vgl. G. Seebauer, Leistungssteigerung durch Rationalisierung, *Der Vierjahresplan*, 2 Jg, Folge 9, 1938. 9, S. 524, R. Hachtmann, *a. a. O.*, S. 74.
(94) Vgl. *Ebenda*, S. 180-1.
(95) Vgl. *Ebenda*, S. 181, E. Pechhold, *50 Jahre REFA*, Berlin, Köln, Frankfurt am Main, 1974, S. 83.
(96) Vgl. Schulungsarbeit des Refa, *Maschinenbau*, Bd. 13, Heft 21/22, 1934. 11, S. 602.
(97) Vgl. R. Hachtmann, *a. a. O.*, S. 181, E. Kothe, Bestgestaltung der Arbeit durch Arbeitsstudien, *Maschinenbau*, Bd. 15, Heft 3/4, 1936. 2. S. 65, A. Winkel, Die Auswirkung der Refa-Arbeit im Unternehmen, *Maschinenbau*, Bd. 17, Heft 19/20, 1938. 10, S. 505. この点に関して，1940年5月16日のレファの地域委員会の委員長会議では，35年に始まるレファ協会とドイツ労働戦線との協力は約5年間の協力の後に最善の諸成果を示し，レファの活動は普遍性に対してはるかに大きな意味をもたらしたことが確認された。Vgl. R. Hachtmann, *a. a. O.*, S. 368.
(98) Vgl. Klare Zuständigkeiten in der Rationalisierungsarbeit, *Der Deutsche Volkswirt*, 14 Jg, Nr. 5, 1939/40（1939. 11. 3), S. 124.
(99) Vgl. E. Pechhold, *a. a. O.*, S. 82, R. Hachtmann, *a. a. O.*, S. 181.
(100) Vgl. *Ebenda*, S. 303.
(101) Vgl. K. Penzlin, Grundsätzliches zur deutschen Arbeitsrationalisierung (Kritik des Bedaux-System), *Technik und Wirtschaft*, 31 Jg, Heft 2, 1938. 2, S. 40.
(102) Vgl. R. Hachtmann, *a. a. O.*, S. 303.
(103) Vgl. *Ebenda*, S. 81.
(104) 幸田亮一・井藤正信「ドイツにおける科学的管理法の展開」，原　輝史編『科学的管理法の導入と展開』，昭和堂，1990年，201ページ。
(105) Vgl. Refa —— Vorstufe der Rationalisierung, *Wirtschaftsdienst*, 27 Jg, Heft 26, 1942. 6. 26, S. 460.
(106) Vgl. R. Hachtmann, *a. a. O.*, S. 180, Aus der Gemeinschaftsarbeit, *Maschinenbau*, Bd. 15, Heft 7/8, 1936. 4, S. 215, A. Winkel, *a. a. O.*, S. 505.
(107) K. ペンツリンは，1930年代半ばまでは，レファが作業編成に従事する限りでは，レファの活動の限界および弱点はこうした問題への不十分な対応にあったとしている。Vgl. K. Pentzlin, Die Zweckstudie. Beitrag zum Neuaufbau der Arbeitswissenschaft, *Technik und Wirtschaft*, 28 Jg, Heft 8, 1935. 8, S. 226.
(108) Vgl. K. Schlaich, Stand und Weiterentwicklung der REFA-Lehre, *REFA-*

Nachrichten, 27 Jg, Heft 3, 1974. 6, S. 190, E. Bramsfeld, Entwicklung und Stand der Zeitstudie in Deutschland, *Technik und Wirtschaft*, 35 Jg, Heft 6, 1942. 6, S. 93-4, 井藤正信『ドイツにおける科学的管理の導入と展開』（愛媛大学経済学研究叢書 8）, 1995年, 121ページ.

(109) Vgl. A. Winkel, *a. a. O.*, S. 505.

(110) Vgl. R. Hachtmann, *a. a. O.*, S. 180.

(111) 1920年代に合理化の諸科学が果した役割とその限界については，拙書『ドイツ企業管理史研究』，森山書店，1997年，第3章第2節2を参照されたい．

(112) Vgl. K. Pentzin, Arbeitsforschung und Betriebspraxis, *Technik und Wirtschaft*, 35 Jg, Heft 4, 1942. 4, S. 57.

(113) Vgl. W. Weigel, Neuzeitliche Arbeitsuntersuchung im Zusammenbau, *Werkstattstechnik und Werksleiter*, 36 Jg, Heft 3/4, 1942. 2, S. 46.

(114) Vgl. G. Peiseler, Rationalisierung der Zeit und Arbeitsstudien, *Technik und Wirtschaft*, 36 Jg, Heft 2, 1943. 2, S. 26-8.

(115) Vgl. R. Hachtmann, *a. a. O.*, S. 176.

(116) Vgl. R. Schmiede, E. Schudlich, *a. a. O.*, S. 305.

(117) Vgl. Refa——Vorstufe der Rationalisierung, *Wirtschaftsdienst*, 27 Jg, 1942, S. 460.

(118) Vgl. R. Schmiede, E. Schudlich, *a. a. O.*, S. 312.

(119) Vgl. Rationalisierung nach Erzeugnissen, *Die Deutsche Volkswirtschaft*, 12 Jg, Nr. 15, 1943. 5, S. 470.

(120) Vgl. E. Pechhold, *a. a. O.*, S. 89.

(121) Vgl. R. Hachtmann, *a. a. O.*, S. 176.

(122) Vgl. *Ebenda*, S. 178-9.

(123) Vgl. *Ebenda*, S. 201-3.

(124) Vgl. *Ebenda*, S. 228.

(125) Vgl. E. Pechhold, *a. a. O.*, S. 88, R. Hachtmann, *a. a. O.*, S. 179.

(126) Vgl. *Ebenda*, S. 179.

(127) Vgl. *Ebenda*, S. 230-1, R. Schmiede, E. Schudlich, *a. a. O.*, S. 306.

(128) Vgl. Arbeitsstudien fördern die Leistung, *Der Vierjahresplan*, 3 Jg, Folge 14, 1939. 7, S. 881.

(129) Vgl. R. Hachtmann, *a. a. O.*, S. 179-80. ドイツ造船会社では，すでにナチスの「権力獲得」直後にレファの方法による作業研究・時間研究およびそれを基礎にした出来高給が導入されているが，造船業の大多数の他の企業は1938/39年に初めて造船作業のテイラー化を開始している．また1941年までまだレファ方式を利用しておらず，その多くがより小規模であったわずかな造船所では，主として，はるかに平均を超える割合の「レファの適用が可能」でない修理作業が発生したような企業が問題となるとされている．Vgl. *Ebenda*, S. 367.

(130) Vgl. R. Schmiede, E. Schudlich, *a. a. O.*, S. 304-5.

(131) Vgl. *Ebenda*, S. 295.

(132) Vgl. Institut für Wirtschaftsgeschichte der Akademie der Wissenschaften der

第2章 ナチス期の合理化運動の展開とその特徴 97

DDR, *a. a. O.*, S. 27.
(133) Vgl. *Ebenda*, S. 91.
(134) Vgl. R. Hachtmann, *a. a. O.*, S. 73.
(135) Vgl. G. Freitag, 25 Jahre Normung, *Technik und Wirtschaft*, 35 Jg, Heft 11, 1942. 11, S. 178-9.
(136) Vgl. R. Hachtmann, *a. a. O.*, S. 71.
(137) Vgl. Institut für Wirtschaftsgeschichte der Akademie der Wissenschaften der DDR, *a, a, O.*, S. 91-2, Der Weg der Rationalisierung, *Der Vierjahresplan*, 5 Jg, Folge 12, 1941. 7, S. 658.
(138) Vgl. J. Schnitt, Das Poteital der kriegswichtigen Industrie, *Der Deutsche Volkswirt*, 11 Jg, Nr. 5, 1936/37 (1936. 10. 30), S. 219.
(139) Vgl. R. Hachtmann, *a, a, O.*, S. 79.
(140) Vgl. Institut für Wirtschaftsgeschichte der Akademie der Wissenschaften der DDR, *a, a, O.*, S. 91-2.
(141) Vgl. H. Mottek, W. Becker, A. Schröter, *a. a. O.*, S. 339.
(142) Vgl. Kriegsumstellung durch Rationalisierung, *Der Deutsche Volkswirt*, 17 Jg, Nr. 8, 1942/43 (1942. 11. 20), S. 230.
(143) Vgl. T. Siegel, T. v. Freyberg, *a. a. O.*, S. 203-5.
(144) Vgl. Institut für Wirtschaftsgeschichte der Akademie der Wissenschaften der DDR, *a, a, O.*, S. 92-4.
(145) Vgl. R. Hachtmann, *a, a, O.*, S. 334-5.
(146) Vgl. *Ebenda*, S. 77.
(147) 大島隆雄「第二次世界大戦中のドイツ自動車工業(1)」『経済論集』(愛知大学)、第132号、1993年7月、69ページ。
(148) Vgl. K. Pentzlin, Überwindung der Massenproduktion, *Technik und Wirtschaft*, 36 Jg, Heft 4, 1943. 4, S. 53.
(149) Vgl. J. Radkau, *Technik in Deutschland vom 18. Jahrhundert bis zur Gegenwart*, Frankfurt am main, 1989, S. 279.
(150) この時期の市場の問題については、拙稿「1920年代におけるドイツ合理化運動と流れ生産方式の導入(Ⅳ)」『高知論叢』(高知大学)、第46号、1993年3月を参照。例えば、1920年代における流れ生産方式の導入の最も先進的事例のひとつであるジーメンス・シュッケルトの電動機工場の電気掃除器の供給台数をみても、ピーク時の1926/27年の約16万台から急激に減少し、29/30年には約7万台になっている。Vgl. H. Wupper-Tewes, *Rationalisierung als Normalisierung. Betriebswirtschaft und betribliche Leistungspolitik in der Weimarer Republik*, Münster, 1995, Abb. 15 (S. 229).
(151) Vgl. H. Homburg, *a. a. O.*, S. 525-6.
(152) Vgl. T. Siegel, T. v. Freyberg, *a, a, O.*, S. 311.
(153) Vgl. R. Hachtmann, *a, a, O.*, S. 69.
(154) H. Mottek, W. Becker, A. Schröter, *a, a, O.*, S. 141.
(155) Vgl. T. Siegel, T. v. Freyberg, *a, a, O.*, S. 317.

(156) Vgl. *Ebenda*, S. 367-8.
(157) Vgl. H. Homburg, *a. a. O.*, S. 527.
(158) Vgl. R. Hachtmann, *a, a, O.*, S. 80-1
(159) Vgl. *Ebenda*, S. 77.
(160) Vgl. H. Mottek, W. Becker, A. Schröter, *a. a. O.*, S. 31.
(161) 大島隆雄「両大戦間のドイツ自動車工業(2)」『経済論集』(愛知大学), 第127号, 1991年12月, 第3章III参照。
(162) Vgl. T. Siegel, T. v. Freyberg, *a. a. O.*, S. 268. この時期のドイツの軍備に関して, W. ベッカーは, 定型の多様性, 同じ種類の定型の少量性, 互換性部品の不足がみられ, またそのことがファシスト軍備の大失敗の一因となったとしているが (H. Mottek, W. Becker, A. Schröter, *a, a, O.*, S. 48), そのような失敗はこうした要因によってもたらされた大量生産の限界によるものであったといえる。
(163) Vgl. R. Hachtmann, *a, a, O.*, S. 73.
(164) *Ebenda*, S. 80.
(165) このことは, 電機工業, 機械製造業, 自動車工業などにおいてみられるが, この点については, 第2部において考察を行うことにする。

第 2 部　主要産業部門における合理化過程

第3章　重工業における合理化過程

　これまでの考察において，ヴァイマル期およびナチス期の合理化運動の展開とその特徴についてみてきたが，それをふまえて，第2部では，ナチス期における主要産業部門の合理化過程について具体的な考察をすすめていくことにする。ここでは，この時期に合理化が最も強力かつ集中的に取り組まれた基幹産業部門を取り上げて考察を行うことにするが，本章ではまず重工業について考察を行う。

　第1章でみたように，1920年代の合理化は，資本不足とそれに規定された利子負担のもとで，また国内市場の狭隘性と輸出市場における諸困難という市場の諸条件のもとで，合理化の展開は一定の限界をもつものであり，こうした状況は産業部門によってある程度の相違はみられるが，そのような限界性は重工業ではとくに顕著であったといえる。すなわち，1920年代の生産技術の発展の指標として，最も重要なもののひとつに，産業電化にともなう作業機の個別駆動の進展がみられるが，鉄鋼業において，本来その利用が最も大きな成果をもたらしうる圧延部門において，連続圧延機のような生産性の高い最新鋭の機械設備の導入がすすまなかったことに，この時期の合理化のあり方・性格があらわれているといえる。そこでは，製鉄・製鋼部門に比べ，とくに圧延部門における「技術的合理化」の立ち遅れが大きく，例えば，連続広幅帯鋼圧延機（ストリップ・ミル）に代表されるこの時期の最新鋭の機械設備の導入は，そこでは，ほとんどすすまず，1928年以降は，生産高も生産性も増大させることはできなかった[1]。このことからもわかるように，この時期は，鉄鋼業全体としてみても，根本的な技術的再編成はあまりみられず，そこでは，設備投資をともなう「技術的合理化」はあまり大きな成果をもたらすことはなかったといえる。

つまり、この時期のドイツ鉄鋼業は、国内外の市場問題の制約から、アメリカのような大量生産を推し進めることができなかったこと、また最新鋭の機械設備を導入した場合の減価償却費の負担が重かったこと、また一般的な資本不足の傾向に規定されて資本コストの負担が大きかったことなどをその理由としてあげることができる。とりわけドイツでは、自動車のような消費財の大量生産が、アメリカと比べ、立ち遅れていたことに大きな原因がみられるが、以上のような事情から、この時期の重工業における「技術的合理化」のなかで、それなりに重要な役割を果し、また大きな成果をもたらしたのは、熱経済の分野における合理化であった。また副産物・廃棄物の有効利用のための諸方策も比較的大きな成果をあげることができたといえるが、化学副産物の有効利用の場合には、それが本格的に取り組まれたのが合理化運動の比較的遅い時期であったこともあって、厳しい市場状況のもとで、十分な販売を確保することはできなかった。またガス副産物の有効利用は熱経済の合理化との関係で大きな成果をもたらしたといえるが、この場合にも、自工場内でのガス副産物の有効利用を除くと、遠距離ガス供給網の建設には多額の資本支出を必要としたこと、それが合理化運動の比較的遅い時期になって取り組まれたこと、また地方自治体などの強力な反対・抵抗がみられたことなど、このような合理化方策もまた順調な発展をとげることはできなかった[2]。

このように、重工業、とくに鉄鋼業の場合、少なくとも設備投資をともなう「技術的合理化」は広範に普及しえず、G. シュトルベルクの要約にもみられるように、重工業におけるこの時期の合理化は、断続的に、また急場しのぎのようなかたちで行われたといえる[3]。この時期には、鉄鋼業の大規模企業において、「結合経済」の利益を追求するための諸努力がなされたが、その「結合経済」によって、技術的に統合された設備全体の必要最低操業度が引き上げられており、そこでは、わずかな販売の低下のもとでさえ、鉄鋼業にとっては、全設備の閉鎖、さまざまな個々の設備における在庫品の生産あるいは新しい販売市場──とりわけ軍需生産の領域における──の追求のみが代替案として現われれたとされている[4]。このように、重工業における合理化は急場しのぎのようなかたちで行われ、過剰生産能力の一層の蓄積と経済の軍事化への傾向を強める結果となった。

第3章　重工業における合理化過程

　ナチス期には，重工業は1936年に始まる第2次4カ年計画の推進にとって重要な産業部門のひとつとなり，原料の自給化政策と経済の軍事化の推進という新たな条件のもとで合理化が推し進められることになるが，以下では，合理化過程の具体的考察を行っていくことにしよう。

第1節　設備投資の展開とその特徴

1　重工業における設備投資の動向

　まず「技術的合理化」の役割，あり方を明らかにするために，重工業とその代表的企業における設備投資の状況をみていくことにしよう。

　第1章でもみたように，1920年代の合理化過程において拡大された生産能力は，29年に始まる世界恐慌に直面して，その多くが過剰となり，遊休化せざるをえない状態に陥ったが，設備投資の大幅な縮小は，生産財産業のなかでも重工業においてとくに顕著であった。しかし，重工業のなかでも，製鉄業と石炭業とでは状況は異なっており，設備投資の抑制はとくに製鉄業で顕著であった。製鉄業では，著しい販売の減少がかなりの過剰生産能力をもたらし，生産設備の大きな部分が閉鎖されねばならないか，あるいは部分的に利用されたにすぎないのに対して，石炭炭鉱では1930年までなおかなりの新規設備への投資が行われている。例えばハルペン鉱山は1930/31年にその大きな縦坑施設（ロベルト・ミュンスターおよびグナイゼナウ）および中央選鉱設備を拡大しており，またコークス工場についても，さまざまな企業，とりわけグーテホフヌング精錬所やエルシュヴァイラー鉱山連合株式会社によって新規設備の建造が報告されている[5]。

　このように，前掲表2-1にみられる如く，重工業では，資本金100万RM以上・取引所上場の株式会社をみても，1930年にはまだ減価償却額（2億3,300万RM）を2,400万RM上回る額の設備投資（2億5,700万RM）が行われていたが，31年から34年までは減価償却額を下回る額の設備投資しか行われていない。とくに32年および33年には設備投資額は大きな落ち込みを示しており，それぞれ4,000万RM，5,000万RMにすぎない。また30年から32年までの合計でみると，減価償却額（6億7,200万RM）を2億4,600万RM下回る額

（4億2,600万RM）の設備投資が行われたにすぎない。国家は，1933年の第1次4カ年計画による大胆でかつ大規模な雇用創出計画でもって民間経済よりも強力に建設業と重工業を直接的に助成したとされているが[6]，重工業の設備投資が本格的にすすむのは36年の第2次4カ年計画以降の時期のことであった。

すなわち，1935年から39年までの主要産業部門における設備投資額および減価償却額の推移を示した前掲表2-2によれば，投資額そのものは増大しているものの，36年までは減価償却額を下回る額の設備投資しか行われておらず，37年にようやく減価償却と同額の設備投資（5億4,000万RM）が行われており，38年には減価償却額を1億4,600万RM上回る7億2,600万RMの設備投資が行われている。39年には減価償却額を3億2,400万RM超える9億1,100万RMの設備投資が行われており，第2次大戦までの時期をみた場合，設備投資は，第2次4カ年計画による投資の促進効果が現れてくる38年と39年にとくに集中して行われたといえる。また1935年から39年までの設備投資総額は28億3,400万RMにのぼっており，24—29の資本金100万RM以上・取引所上場の株式会社の新規投資と更新投資の合計が18億1,660万RMであったことを考えると，相対的安定期との対比でみると，資本支出をともなう合理化はより強力に取り組まれたといえる。しかし，全工業の設備投資総額に占める重工業の割合をみると，1935—39年には19.2％となっており，24—29年の資本金100万RM以上・取引所上場の株式会社の数値25.4％を下回っている[7]。

なおこの時期の設備投資の問題をみる場合，国家の投資統制が設備投資に大きな影響をおよぼしたということに注意しておかねばならない。投資統制によって，1936年以降，新規の建設は官庁の承認を必要とするようになり[8]，また37年9月16日の命令でもって，ヘルマン・ゲーリング国営工場の建設活動を他の企業に優先させるために，製鉄業の経営設備の拡大に対する承認義務や新規建設・拡張建設のための鉄需要の割当によって，国家は，軍需部門に有利なように投資活動を管理し，鉄を主に国防軍と4カ年計画のために確保しようとした。そのために，鉄鋼業は生産能力の拡大による生産増大をはかる上で諸困難に直面したとされている[9]。国家のこうした諸方策のために，民間経済は自らのイニシアティヴで高炉の更新・拡張を制限せざるをえず，むしろ炉の利用度の向上に努力することになり，製鋼と圧延の領域でも，民間企業の生産技術戦

略の重点は生産能力の拡張ではなく，既存の設備の冶金技術の変更や改良におかれたとされている[10]。

2 重工業の代表的企業における設備投資の動向

(1) 合同製鋼における設備投資の動向

そこで，つぎに，重工業の設備投資の状況をふまえて，代表的企業の投資状況をみることにしよう。まず合同製鋼をみると，そこでは，1920年代には資本関係の錯綜を背景に集権化への志向と分権化への志向が対抗したためにより優良な工場・設備への生産集中とその間での分業特化関係の進展という方向には徹底しなかった工場・設備の休止・廃棄による組織的合理化が，33年末の再私有化にともない，国家の直接的な救済のもとで錯綜した資本関係と過大資本が整理されたことによって本格化することになり，そのような組織的合理化が設備投資をともなう「技術的合理化」の本格的展開の基礎を築いたといえる[11]。

また世界恐慌期には同社は多くの過剰生産能力をかかえることになり，そのような状況のもとで多くの生産設備が休止あるいは閉鎖されたが，そのなかには1933年以降に操業を再開されたものも多くみられ，設備投資の拡大はそのことによってある程度抑制されざるをえなかったといえる[12]。

以上の点をふまえて，設備投資の状況を具体的にみると（表3-1参照），設備の増加額は1933/34年の980万RMから34/35年には3,822万RM，35/36年には5,767万RMに増大しているが，設備投資が本格的にすすむのは第2次4カ年計画の始まる36/37年以降のことである。すなわち，36/37年度から38/39年度までは1億RMを超える額の設備の増加がみられ，戦争の始まる39/40年にはそれは8,968万3,000RMに減少している。35/36年に比べると，それは36/37年には1.9倍，37/38年には2.2倍，38/39年には2.1倍に増大しており，39/40年をみても1.57倍となっている。その結果，36/37—39/40年の4営業年度の設備の増加額の総額は約4億4,850万RMとなっている。また注目すべきは機械設備への投資の占める割合の高さであり，34/35年の営業年度には3,180万9,000RMが機械設備への投資にあてられており，全体の83.2％を占めているが，その後の年度をみても，その割合が最低であった35/36年の74.9％から最

表3-1 合同製鋼の設備の増加額と減価償却額の推移

営業年度[1]	設備の増加額(1,000RM)	1935/36年＝100としたときの指数	ドイツ工業の設備投資総額に占める割合(%)	ルールのモンタン・コンツェルンの投資に占める割合(%)	合同製鋼の売上額に占める割合(%)	営業年度末の固定設備額[2](1,000RM)	減価償却額(1,000RM)
1933/34	9,800	17	0.9	26.5	0.9	969,969	68,817[3]
1934/35	38,220	67	2.3	34.1	2.9	988,128	127,519
1935/36	57,670	100	2.6	35.2	3.5	1,044,433	117,531
1936/37	110,799	194	3.9		6.0	1,165,244	131,234
1937/38	128,434	225	3.5	46.7	6.1	1,280,481	141,215
1938/39	119,580	210	2.7		5.2	1,363,601	139,102
1939/40	89,683	157	2.1		2.9	1,428,528	161,381
合計	554,186	―	―	―	―	―	886,799

(注): 1) 営業年度は10月1日から翌年の9月30日まで。
2) 減価償却控除前のもの。
3) 1933年4月1日～34年3月31日と34年4月1日～9月30日の合計
(出所): 各年度の貸借対照表および損益計算書，G. Mollin, *Montankonzerne und "Drittes Reich". Der Gegensatz zwischen Monopolindustrie und Befehlswirtschaft in der deutschen Rüstung und Expansion 1936-1944*, Göttingen, 1988, S. 78より作成。

高であった37/38年の83.8％の間を推移している[13]。

またこの時期の設備投資を減価償却との対比でみると，1933/34年から39/40年までのいずれの営業年度をみても減価償却を下回る額の設備の増加がみられたにすぎず，この期間の合計では，設備の増加額は5億5,418万6,000RMであったのに対して，減価償却額は8億8,679万9,000RMにのぼっている。同社では設備額の約13％にあたる額が減価償却されており，例えばヘッシュの8％よりも高い率が適用されていたが[14]，このような巨額の減価償却は設備投資の資金的基礎をなしたと考えられる。

そこで，設備投資の内容をみておくと，1934/35年の営業年度には，設備の生産能力の維持と技術進歩の促進のために，より大規模な経営の改善が計画され，その一部は実施されており，総額3,820万RMの新規設備の増加がみられた[15]。35/36年度にも新規建設，経営の拡張のために，また高まる品質の要求への工場設備の適応のために約5,700万RMが支出されたが，それを大きく上回る額が工場設備の改

第3章　重工業における合理化過程　107

良・維持のために支出された。この年度にはかなり大きな額の減価償却が行われたが，新規設備の建設のためにその約半分が使われたにすぎない[16]。この年度の投資は，ガソリン生産の着手とともに，高炉工場における国内鉱石の一層強力な利用の必要性や炭鉱とコークス工場の生産能力の拡大に対処するものであった[17]。また1937/38年には，新規建設および拡張建設のために，経営設備や輸送設備の改良のために，また品質向上に役立つあらゆる活動の継続のために非常に大きな額が支出されており，約1億2,800万RMが新規設備のために支出されている[18]。38/39年には貸借対照表に計上された約1億2,000万RMのうち約4分の3が製鉄所・製錬経営に，残りの4分の1が炭鉱施設にあてられている[19]。重工業では，ドイツ鉱石の精錬の一層の増大のために設備が追加されたほか，合理化および機械化による経営の成果の改善が他の産業部門よりも重要であったとされている[20]。さらに39/40年度には，戦争の課題の遂行のために極限にまで高められた経営設備の利用・酷使が保守と更新のためのかなり大きな需要をもたらしたが，炭鉱と製鉄のいずれの領域でも，技術的な生産能力の一層の拡大のために必要な工場・経営の拡大はその一部しか実施することができず，その最大部分が延期されざるをえなかった[21]。

　しかし，上記のデータは合同製鋼の事業会社のみを含んでいるにすぎず，それゆえ，このコンツェルン全体の設備投資の状況をみると（表3‐2参照），設備投資（拡張投資）の大幅な増大がみられるのはやはり1936/37年以降のことである。35/36年度（2,750万RM）に比べると36/37年には2.44倍（6,700万RM），37/38年には4.62倍（1億2,700万RM），38/39年には5.61倍（1億5,440万RM）に増大しており，その後は減少を示しているものの，42/43年までは2.76倍（41/42年）から4.29倍（39/40年）の間を推移している。1943/44年にはそれは1.46倍にまで低下している。1934年から44年までの期間に生産設備の拡大のために投資された額は約8億1,860万RMであったが，そのうち55.1％が原料部門に，44.9％が加工経営に投下されている。領域別にみると，全体の37.7％（3億800万RM）が石炭の水素添加に，25.3％（2億700万RM）が一般的な鋼の加工に，17.5％（約1億4,300万RM）が武器・弾薬に，7.1％（約5,800万RM）が炭鉱に投資されている。また4カ年計画との関連でみると，36/37年

表3-2 合同製鋼コンツェルン[1]の拡張投資額の推移

(単位:100万RM)

製造領域	1934/35	1935/36	1936/37	1937/38	1938/39	1939/40	1940/41	1941/42	1942/43	1943/44	合計
I 炭鉱	0.8	11.2	8.5	12.2	7.4	3.1	3.9	4.1	3.9	3.1	58.2
II コークス工場	—	1.4	5.7	19.4	5.5	0.9	1.1	0.9	0.2	0.7	35.8
III 水素添加	—	—	7.8	53.9	99.9	66.3	44.7	21.3	10.0	4.1	308.0
IV 高炉	—	—	—	—	0.9	1.0	1.8	3.9	7.0	5.9	20.5
V 選鉱	—	0.3	1.4	2.6	10.6	3.0	5.3	4.3	0.7	0.2	28.4
VI 武器・弾薬	4.1	2.0	1.3	4.0	5.6	28.0	27.2	17.4	36.8	16.4	142.8
VII その他の鋼の加工	10.8	12.6	41.3	32.9	22.5	13.5	21.9	21.5	21.1	8.9	207.0
VIII 自動車製造(ハノマーク)	—	—	1.0	2.0	2.0	2.1	2.5	2.4	4.9	1.0	17.9
合計	15.7	27.5	67.0	127.0	154.4	117.9	108.4	75.8	84.6	40.3	818.6
1935/36=100としたときの指数	57	100	244	462	561	429	395	276	308	147	2,976
原料生産のための投資の割合(%)	4.8	47.0	34.9	69.4	80.5	63.0	52.4	54.3	25.6	33.1	58.5

(注): 1) 合同製鋼が参与している企業を含んだもの。
2) 合計欄の数値に誤りがみられる箇所については訂正を行っている。

(出所): *Ebenda*, S. 378.

から41/42年までに設備の拡大のために約6億5,000万RMが投資されているが，その61％（4億RM）が4カ年計画の目的に直接役立ったとされている。この時期の拡張投資の圧倒的大部分は水素添加工場にあてられているが，同社の4カ年計画投資に占める鉱油の割合は73.5％であり，最大であったのに対して，鉄の割合はわずか8.3％にすぎなかった。1942年以降になって初めて，拡大において，原料部門に対して製造部門が明らかに支配的となっており，42―44年の3年間の2億40万RMの拡張投資のうち，35.1％（7,030万RM）だけが原料部門に投下され，64.9％（1億3,010万RM）が製造部門に投下されているが，軍需生産に投下された額は7,060万RM（総額の35.2％）であった[22]。

(2) クルップにおける設備投資の動向

またクルップをみると（表3-3参照），固定設備の純増加額は1933/34年の営業年度の13,056,740RMから38/39年の94,035,170RMまで一貫して増加しており，39/40年にも38/39年とほぼ同じ額となっており，この期間の合計では3億8,609万9,928RMとなっている。これを減価償却との対比でみると，減価償却も，38/39年には前年度に比べわずかな減少がみられるものの，33/34年の24,037,720RMから39/40年の64,508,247RMまでほぼ一貫して増大しており，この期間の合計では2億9,007万3,712RMにのぼっているが，設備の純増加額がなおそれを33％上回っており，この点では，合同製鋼とは対照的である。同社では1924年から33年までに1億4,100万RMが経営の改善および新規建設のために支出されたのに対して，1億1,920万RMが減価償却として計上されており[23]，減価償却とほぼ同額の設備投資が行われたにすぎないことを考えると，ナチス期の設備投資は比較的短期間に大規模かつ集中的に行われたといえる。

また機械設備への投資が高い割合を占めていることが注目されるが，その割合は1936/37年，37/38年，38/39年および39/40年にはそれぞれ38.5％，53.9％，59.6％，53.6％となっており，合同製鋼と比べると低い割合となっている。簿価でみると，固定設備額に占める機械設備額の割合は，この期間の最低を示した1934年9月30日の31％から40年9月30日の最高43.2％の間を推移している[24]。

表3-3 クルップの固定設備額と減価

営業年度[2]	1933/34	1934/35	1935/36	1936/37
営業年度末の減価償却控除前の固定設備額	183,649,452	198,689,565	213,622,962	223,537,199
前営業年度末の固定設備額[3]	170,592,712	159,611,732	171,367,266	176,864,128
固定設備の純増加額[4]	13,056,740	39,077,833	42,255,696	46,673,071
減価償却額	24,037,720	27,322,299	36,758,834	39,005,464

(注): 1) 1RM未満は切り捨て。
　　　2) 営業年度は10月1日から翌年の9月30日まで。
　　　3) 減価償却控除後の簿価。
　　　4) 固定設備額の減少がみられる場合にはこれを差し引いたもの。
(出所): 各年度の貸借対照表および損益計算書より作成。

　そこで，設備投資の内容をみると，1933/34年の営業年度には，より有利な経済状況が恐慌期に見合わされてきた設備の改良，機械設備の更新や補充に取り組むことを可能にした[25]。34/35年度にも生産設備や施設の更新や部分的な拡張が継続されており[26]，先行する，一部はまさに深刻な諸年度に実施されていた大規模な経営設備の改良や新規設備が初めて十分な生産能力となり，また経済的にも期待にかなうようになったとされている。この年度にも固定設備の一層の改良のための大きな支出が行われているが[27]，合理化された経営の比較的高い経済性は疑いえないとされている[28]。また35/36年度には，この期間に得られた利潤と減価償却は同社の技術的・経済的基盤の強化のために余すところなく利用されており[29]，投資はとくに機械・工具に関係していたが，製鉄経営ではエッセン鋳鋼所において行われている[30]。36/37年度も同様に収益のかなりの部分が設備の拡大のための投資にあてられており，利益と償却による強力な自己金融が展開されたとされている[31]。
　しかし，37/38年度には，設備の過度な酷使やそれと結びついた非常に大きな摩損の結果，設備をそれまでの生産能力の水準に維持するには経常的な減価償却ではもはや十分ではなく，生産増大，労働者の節約や収益の維持のためにすすまねばならない合理化および生産増大への道は，その非常に大きな部分が人間の労働力のかわりに新しい，また改良された機械や工具を利用するという方向ですすんだ[32]。38/39年度にも工場の合理化は新規設備によって根本的な進歩をとげだが，設備の更新にあたり，減価償却による資金は設備の増加分を調達するには十分ではな

償却額の推移　　　　　　　　　　　　（単位：RM）[1]

1937/38	1938/39	1939/40	1934/34～1939/40年の合計
241,750,158	273,854,714	291,229,829	—
184,531,735	179,819,544	197,446,834	—
57,218,423	94,035,170	93,782,995	386,099,928
50,058,556	48,382,592	64,508,247	290,073,712

く[33]，その結果，自己金融の可能性を大きく超える非常に大きな額の資金需要が生まれた[34]。しかし，39/40年度には，ドイツのさまざまな地域の重要な工場の拡大は戦争の勃発のもとでその最大の部分が終了することになった。フリードリッヒ・アルフレッド製鉄所では生産設備は計画的に一層拡大されたが，エッセン鋳鋼所では計画された設備の補充はさしあたり見合わされなければならなかった[35]。この年度の設備投資の動向のこのような変化はヘッシュ，クレックナー，グーテホフヌングといった他の企業でも同様であり，これらの企業では，大戦勃発前の1938/39年度には新規建設や投資活動はそれまで達成されたことのない規模で行われたが，39/40年度には，戦争の状況によって投資のテンポは再び鈍化した[36]。

第2節　「技術的合理化」の展開とその特徴

以上の考察において設備投資の動向をみてきたが，それをふまえて，つぎに，「技術的合理化」の展開過程について考察をすすめ，その特徴を明らかにしていくことにしよう。

1　石炭業における「技術的合理化」の展開とその特徴

まず石炭業をみると，ナチス期には，第2次4カ年計画による原料の自給化の推進や戦時中の石炭不足のもとで，炭鉱経営の一層の機械化の推進ととも

に，水素添加方式による石炭の利用法の拡大が重要な意味をもつようになったといえる。この点について，W. ツォリッシュは，炭鉱は1933年以降の経済発展の成果をわずかに享受したにすぎず，33年から36年までのルール炭鉱における1作業方当たりの採炭高の増大はわずか1.5%にすぎなかったことに示されているように，こうした数値の上では，この時期には合理化の進展はほとんどみられなかったが，化学における原料として石炭が特別な重要性をもつようになったナチスの4カ年計画および外国でもみられた景気の回復でもって初めて，37年以降ルール炭鉱の採炭高が世界恐慌以前の水準を上回ったことを指摘している[37]。

(1) 炭鉱経営における機械化の進展

そこで，まず炭鉱経営における機械化の進展についてみると，1933年以降の軍需生産への経済の転換期には，新しい縦坑の拡大は何ら役割を果すことはなかったとされており[38]，採炭高の増大をはかる上で，技術的革新の導入が重要な意味をもったといえる。石炭業でも，労働力不足が合理化の必要性を高めた。それへの対応は当初は坑内炭鉱における労働給付の大幅な増大によって，その後は50才を超える高齢の抗夫の配置によって対応がはかられたが[39]，労働給付の増大をはかる上で「技術的合理化」が重要な役割を果したといえる。V.K. プリッツコライトは1935年に，とくに原料不足の問題を考慮に入れて，アングロサクソンの生産に対して技術的な生産能力の改善における優位を与えないためにドイツの炭鉱は経営合理化の新しい道をすすむべきであるが，世界の石炭の採炭が与える全体像は，熱経済・動力経済の原料消費の構造変化によって引き起こされる収益性の低下の恐れを多かれ少なかれ炭鉱の徹底的な機械化によって防ぐことができるということを示していると指摘している[40]。またP. ヘルマンは1939年に，ルール炭鉱では，5億5,000万 RM を超える額の更新がその5年間で実施されたか，あるいは発注されており，その設備を最新の技術水準にまで引き上げ，また予期されるべき要求の高まりに応えようと強力に努力してきたとしている[41]。

ルール炭鉱における新たな躍進は1924年に始まり37年まで続いており，当時炭鉱が達成することができた合理化の大きな成果は，本質的には，坑内運搬が

シェーカーコンベア，ベルト・コンベア，機関車などのような機械駆動の搬送用機械に転換されたこと，採炭ではそれまで一般的であったつるはしが圧搾空気で動くコールピックによってとって代えられたことによるものであったとされている。しかし，それとともに，より大規模な単位への採掘現場の統合，床層の距離の拡大や鉱区の拡大，大規模な縦坑施設への採炭経営の統合も決定的な意味をもった[42]。ルール炭鉱では，採掘経営現場の数は1929年には12,500であったものが36年には3,172にまで減らされており，採掘が行われている炭鉱あるいは採掘経営現場1つ当たりの平均採炭高は30トンから106トンに増大している[43]。また坑内労働者の1作業方当たりの採炭高は1925年の1,179kgから37年には2,054kgに増大しており，全就業者の1人当たりの給付の増大は約72％にのぼっている[44]。

　ヘルマンは，石炭炭鉱のあらゆる諸部門における急速な一層の技術進歩に最大の価値がおかれていたとして，経営現場の削減を目的とした経営の統合，すでにその価値が証明されていた機械のより強力な配置，炭坑の坑内支保，坑内通気やその他の作業工程の改善をあげている。すでに各技術進歩が労働力を節約している場合には，それは石炭の採掘と積み込みの機械化にとくにいえる。そこでは，コールカッタ，截炭機などのより強力な配置が求められ，とくにより安全な坑内爆薬を利用した発破作業が拡大されたが，コールピックでの作業が本格的な採掘機械によってとって代えられねばならず，すでにそのために解決策が提案されている[45]。*Wirtschaftsdienst*誌は1941年に，すでにさまざまな構造の採炭機械や積み込み機が試されていたルール炭鉱の数はまさにかなりの数にのぼっていたとしている[46]。

　しかし，R.レグールの1940年の指摘によれば，このような合理化諸方策のもつ可能性は当時なお完全に使い尽くされていたわけではなく，ルール炭鉱の1作業方当たりの採炭高が37年以降はもはや上昇せず，時折低下さえしているという事実は，強力な給付の増大をもう一度もたらすには以前の推進力はもはや十分な効果をもたないことを示しているとされている。そこでは，機械化や合理化の可能性がまだ存在しているところ，すなわち石炭の本来の採掘である石炭の剥離，搬送手段への積み込みやそれと結びついた作業に給付増大のための手段を導入することがとくに重要となった。しかし，1930年代末から40年代

初め頃に代表的な炭鉱用機械の製造工場によって発表され，また個々のサンプルにおいてすでにテストされていた採掘機械や積み込み機の全般的な開発はなお初期的段階にあったとされている(47)。軍需生産の推進は，1936年以降，石炭炭鉱にも活気をもたらしたが，そこでは，採炭能力は資本設備の改良や技術的革新によってではなく，むしろはげしい乱掘によって増大されたという指摘もみられる(48)。

炭鉱における機械化の進展をみた場合，とくに採炭の機械化は，1920年代の合理化の時期に急速にすすみ，機械採炭の割合が圧倒的な比率を占めるようになっており（例えばルール炭鉱におけるその割合は1929年には90％に達している)(49)，その限りでは，採炭の機械化の比率の一層の引き上げには一定の限界があったといえる。1938年には96.6％が機械による採炭であった。その意味では，既存の部分的な機械化による採炭方法は利用され尽くしており，新しい完全機械化の方式については，必要とされる投資資金は採算が合うという見込みがなかったので，合理化の波は30年代の半ばにはむしろ停滞することになったとされている。しかし，機械採炭に関するこうした数値はコールピックやコールカッタの配置を示しているにすぎず，アメリカとは反対に，石炭のホーベル機，パンツアコンベア，積み込み装置を用いた真の機械採炭はルール炭鉱でもまれであり，終戦時にも採炭高のわずか約10％がそのような方式によって取得されたにすぎなかったとされている(50)。

こうした状況のもとで，新しい機械化の計画が立てられなければならなかったとされているが(51)，石炭業において「技術的合理化」の一層の進展をもたらし，またその成果が明確に現れたのはむしろ第2次大戦時のことであったといえる。E. シュタインは1942年に，坑夫の技術的な補助手段の改良がたえず取り組まれているとして，コールカッタ，鑿岩機やコールピックのようなできる限り反動のない圧搾空気工具類の性能の向上，より明るい坑内灯，手提げ電灯および作業現場における固定式の照明器具の生産，発破技術および爆破技術の改善や，新しいコンベア設備などによる機械的搬送手段の改善をその例としてあげている(52)。また1941年の *Technik und Wirtschaft* 誌によれば，炭鉱連盟がその近年に行った大規模な時間研究によって石炭の取得のための全時間のうち約半分が搬送手段への石炭の積み込みにかかっていたことが明らかになっ

ており，この領域に合理化の大きな可能性と課題があったといえる。まさにこの点において，新しい機械の配置によって時間を節約するための方策が講じられねばならなかったが，そのための前提条件は，搬送手段への石炭の積み込みのための新しい機械の配置を可能にするために支保，それゆえ採掘場の支えを木製ないし鉄製の支柱によってはるかに強力に組織し，また合理化をはかることであったとされている[53]。そこでは，石炭の採掘と積み込みの作業のテンポを互いに合わせることが新たな課題となっており，多くのケースでは，両作業工程がひとつの機械によって行われる場合にのみこうした調整は達成されることができたとされている[54]。*Wirtschaftsdienst* 誌は1942年3月に，ルール炭鉱における石炭の機械採炭の困難な課題のひとつの解決のための活発な諸努力は初めて明確な成果をもたらしたとしており，例えばラインプロイセン共同鉱山会社がアイクホッフ兄弟機械製作会社と共同で開発した採炭機械や積み込み機械の配置によって，圧搾空気ハンマーでのそれまでの採炭方法と比べ，100トンの石炭の採炭につき3.38労働日が節約されたことを指摘している[55]。同誌は，炭鉱，とくにルール炭鉱は数カ月後にはそれまでの要求をさらに上回る採炭の課題を突きつけられるであろうということを考えれば，石炭炭鉱における本来の採炭過程と積み込み工程の機械化やそのような採炭増大のための諸努力の最初の成果が戦時中にいかに大きな意味をもつことになるかが明らかになるとして，そのような「技術的合理化」の意義を指摘している[56]。

なお比較のために褐炭炭鉱についてみておくと，そこでは，1890年代には採炭の約70％から75％が坑内で行われていたものが41年にはわずか5.3％にまで減少しており，圧倒的に多くの部分が露天掘りで行われるようになっている。こうした移行は，露天掘りでははるかに性能の高い機器や搬送装置の利用によって，またより少ない就業者のもとでの採掘作業の計画的な統合によって採炭高の大幅な増大および製造原価の引き下げが達成されることができたということによって規定されていたが，褐炭の露天掘り炭鉱は，モンタン産業全体のなかで，完全に合理化された炭鉱部門のモデルとなったとされている。そこでは，作業の負担を機械や機器によって完全に取り除くこと，また人間の関与をそれらの目的にかなった管理や整備に制限することができたのであった[57]。

またこの時期の炭鉱における機械化の重要な特徴のひとつは電力の利用がすすんだことである。図3-1は炭鉱における電力消費量の推移を示したものであるが，1920年代後半の合理化の時期以降に電力消費量が大きく増大していることがわかる。1937年の報告によれば，炭鉱の機械に設置された動力の出力のうち，石炭炭鉱では，電力，蒸気機関，圧搾空気，内燃機関の占める割合はそれぞれ45.2％，34.9％，19.2％，0.7％となっているのに対して，褐炭炭鉱では66.6％，32.7％，0.4％，0.3％となっており[58]，褐炭炭鉱において電力の利用がよりすすんでいることがわかる。電気の容易な送電，他のエネルギーの形態へのその容易な変換，その操業の確実性および経済性は，以前には蒸気や圧搾空気のみが利用されていた炭鉱の領域においても電力の利用をもたらすようになった。W．グレチンガーの1937年の報告によれば，以前には加工職場，ふるい分け職場および洗炭において，経済性が低く，また操業上の見通を困難にしていた無数の伝達機構によって蒸気機関が個々の機械や搬送手段を駆動していたところでも，当時，ほとんど電動式個別駆動のみがみられるようになったとされている[59]。この時期には，電動機をできる限り本来の技術的な作業工程に近づけようとする諸努力によって特徴づけられる電動式駆動の一般的なより新しい発展は炭鉱においてもすでにひろく普及しており，それは，とりわけ加工職場では，機械による伝達機構の徹底的な駆逐と集合駆動の個別駆動への転換によって特徴づけられるものである[60]。

とくに電力の利用がすすんだ領域をみると，坑内における排水は電力によってのみ行われていたとされているほか，圧搾空気は経済的な理由からだけでなく一般的な技術的理由からももはや問題とはならなかったので，大出力の捲揚機は電力の利用によって初めて可能となった。坑内爆発の危険のある場所が問題とならない限りでは，そのより高い経済性と性能のために電力は坑道運搬においてあらゆる他の種類の動力を駆逐したのであった。また電力の種類としては，主として三相交流のみが対象となっており，炭鉱では，より大型の捲揚機の動力や坑内電車，またわずかな量であるが積み込み装置にみられたように，わずかなケースにおいてのみ直流が必要とされた[61]。石炭炭鉱における経営の統合がすすんだ結果，捲揚機の出力ははるかに大きなものになっている

第3章　重工業における合理化過程　117

図3−1　炭鉱における電力消費量の推移

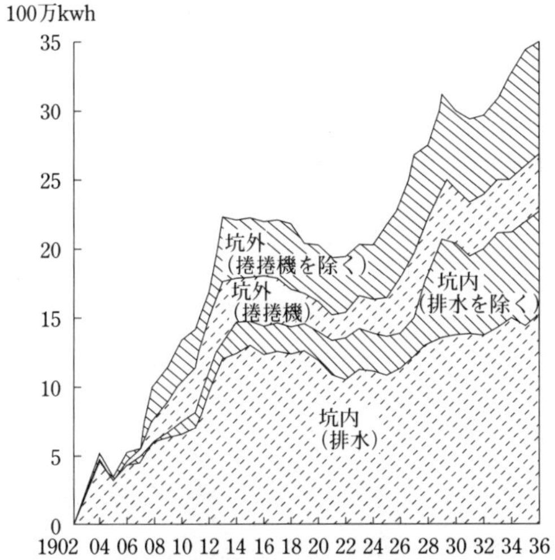

[図：1902年から36年までの炭鉱における電力消費量（100万kwh）の推移を示す積み上げ面グラフ。領域区分は下から「坑内（排水）」「坑外（捲揚機）」「坑外（捲揚機を除く）」「坑内（排水を除く）」]

（出所）：W. Groezinger, Stromerzeugung im Bergbau, *Elektrotechnische Zeitschrift*, 58 Jg, Heft 21, 1937. 5. 27, S. 549.

が[62]，例えば三相交流の捲揚機にみられるように，三相交流電力の機械の利用の大きな利点は調達費の安さにあった[63]。1939年の *Elektrotechnische Zeitschrift* 誌は，搬送設備に関して，石炭炭鉱では，採掘された原料の立坑への搬出や坑外への搬出のために，シェーカーコンベアとともにベルト・コンベアがひろく普及していたが，その動力としてかご形電動機が使われていたとしている。また立坑へとすすむ主要坑道では，石炭が搬送車に積み込まれた段階では，石炭はトロリー線の電気機関車か，あるいは坑内爆発の危険性がある場合には蓄電池式の機関車で搬送された[64]。電機企業のAEGの営業報告書によれば，1935/36年度には2基の大型の捲揚機が炭鉱に供給されており[65]，36/37年度にもルール鉱区の炭鉱向けの2基の捲揚機が完成しているが，それらは搬送能力では当時世界で最大のものであった[66]。37/38年度にも同社は一連の最大規模の捲揚機の注文を獲得しており[67]，また翌年の38/39年度にはドイツ西部の立坑において世界最大の捲揚機が操業を開始しているが，それは1,050mの最大の深所から1時間に545トンの石炭を搬送することができるというものであり，秒速20mの速度での1回の搬送工程で運ばれるその積載重量は14ト

ンであった[68]。

　ここで，主要企業の代表的事例をみておくことにするが，そのさい注意しておくべきことは，世界恐慌からの販売の回復の仕方をみた場合，石炭と鉄鋼を結合した混合企業の炭鉱，とくに製鉄コンツェルンに属し，またその採炭高の大部分をその自家消費の割り当ての範囲で自前の製鉄所に供給している炭鉱は外部への販売に頼らざるをえない純粋炭鉱よりも強力な回復を記録しており[69]，合理化を推し進める上でそのことが混合企業に有利な条件を与えたということである。

　まず**合同製鋼**をみると，1934/35年の営業年度には，同社の炭鉱部門の事業会社であるゲルゼンキルヘン鉱山株式会社の採炭施設の数は25で変わらなかったが，縦坑施設とコークス工場の拡大は進展をみたとされている。それには，アドルフ・フォン・ハンゼマン4/5の新しい縦坑施設の建設のほか，ノルドシュテルン・コークス工場の第1バッテリーの新規建設があげられる[70]。アドルフ・フォン・ハンゼマン4/5の縦坑施設のために1934年9月に1,100万RMの投資が承認されており[71]，35年5月にはノルドシュテルン炭鉱のコークス工場の改造のために380万RMの投資が承認されているほか，同炭鉱の中央コークス工場のためのガス発生炉の建設に約122万RMが支出されており，35年1月に操業を開始している[72]。35/36年度にも操業中の採炭施設の数は変わらなかったが，前年にも取り組まれていたアドルフ・ホン・ハンゼマン4/5の新しい縦坑施設の開削活動は予定どおりに終了することができたほか，ノルドシュテルン中央コークス工場では第1バッテリーが改造され，再び生産を開始している。この営業年度末には操業中のコークス炉バッテリーの数は36基に増加し，操業中の炉の数は2,118基となった。ゲルゼンキルヘンではまた，とくにさまざまな縦坑施設のできる限り有利な操業を実現するために，高性能なボイラーの設置によって動力経済の改良がはかられたが，コークスガス経済の拡大はこの年度にも特別な諸努力を必要とした[73]。そのような取り組みの代表的な事例としては，例えばエリン炭鉱における120基のコークス炉のためのガス加熱装置を含む8基のガス発生炉を備えた1基の回転火格子発生炉設備の建設が1,464,427RMの支出でもって35年11月に終了し，操業を開始していることをあげることができる[74]。37/38年度には，38年2月1日のグスタフ1/2縦坑施設の操業開始によって採炭可能な縦坑施設の数は27に増加したほか，この営業年度の末ま

でに281の新しいコークス炉が配置されており，その結果，操業中のコークス炉バッテリーの数は36基から41基に，コークス炉の数は2,369基に増加している[75]。グスタフ炭鉱のこの新しい縦坑施設には13,820,512RM が支出されている[76]。またエリン炭鉱ではコークス工場の拡大が行われており，それは38年9月に操業を開始しているが，そのための投資として1,604,866RM が支出されている[77]。この営業年度に投資が決定されたか，操業を開始したコークス炉バッテリのための支出額はノルドシュテルン炭鉱では8,979,025RM[78]，カロリーナ-グリュック炭鉱では3,589,171RM[79]，フリードリッヒ・ティセンIII/VII中央コークス工場では4,493,344RM となっており[80]，そのいずれもが大きな額になっている。この年度には，ゲルゼンキルヘンの経営の再組織は，坑内でも行われた経営の統合や機械化と結びついて，かなり少ない労働力でもって10年前とほぼ同じ量を採炭することを可能にしたが，縦坑施設の採炭の可能性はまだ完全には利用されていなかったとされている[81]。また38/39年度をみると，ハンザ炭鉱のコークス工場の拡大のために38年3月と10月に総額600万RM の投資が承認されており，39年9月までに2,269,015RM が支出されているほか，38年3月には副産物の取り出し装置の拡大を含む80基の炉の拡張建設のために880万RM の投資が承認されており，39年9月までに7,423,004RM が支出されている[82]。

　また**クルップ**をみると，1933年から36年までの期間には新規投資は主に露天掘りの設備，すなわち動力設備，圧縮機，積み込み場，洗炭設備に，また石油やベンゾールの取得および石炭の乾留のための設備において実施されており，そこでは主として石炭の品質の向上に注意が払われていたとされている[83]。1934/35年の営業年度には，ハノーバー・ハニバル炭鉱，エッセン炭鉱やエムシャー・リッペ炭鉱の新規設備や経営の改善のためにより大きな額が用意された[84]。35/36年度には洗炭所の改造や新規建設，ハノーバー・ハニバル炭鉱の三相交流発電機の調達や坑外設備の一層の拡大，アマリエ縦坑施設の発電所の拡大が取り組まれたほか，エムシャー・リッペ炭鉱ではそれぞれ1台のターボ圧縮機と高圧放射式ボイラーが調達されている[85]。炭鉱の経営設備は37/38年度にも一層の更新が行われたほか，ハノーバー炭鉱では1基の新しいコークス炉バッテリーが建設されているが[86]，石炭はクルップにとっては多くの他のモンタン・コンツェルンと比べるとはるかに小さな直接の販売対象にすぎず，それはまず第1に自前の経営のための原料であり，したがって，石炭部門における「技術的合理化」の取り組みはコークス生産の領域にも大

きな比重がおかれていたといえる。因みにコークスの生産は石炭部門の平均増加率である約7.5％を上回る10.9％の増加を示しており，そこでは，フリードリッヒ・アルフレッド製鉄所の新しいコークス工場の操業開始がひとつの役割を果した[87]。38/39年度にはモント・チェニス炭鉱の取得によって同社の石炭基盤が拡大されており，炭鉱とコークス工場の生産設備の拡大も計画的にすすんだとされている[88]。

なおこのような合理化の取り組みによって採炭高や生産性がどのように変化したかをみておくと（表3－4参照），石炭の採炭高は1933年には29年の約3分の2に減少しているが，その後38年まで一貫して増大しており，38年には33年に比べ69.9％増大している。しかし，就業者数も大きく増加しており，38年には33年に比べ57.3％の増加を示しており，就業者1人当たりの採炭高をみた場合，33年以降38年までの期間に最高に達した37年でさえ33年に比べ16％の上昇にとどまっており，生産性の上昇は採炭高の伸びと比べると低いものにとどまったといえる。また就業者の増加にともない賃金・給料の支払総額も大きく増大しており，38年には33年に比べ88.9％の増大となっている。

(2) 水素添加方式と石炭利用の拡大

また水素添加方式による石炭利用の拡大をみると，それは石炭からのガソリンの生産や化学副産物の有効利用をはかる上で大きな意味をもったといえる。さまざまな副産物を取り出し，製精するための方法は大きくコークス化（いわゆる「乾留」法），蒸留（「半コークス化」），水素添加法の3つに分けられるが，20年代には水素添加法はまだ多かれ少なかれ実験段階であり[89]，ナチス期にその本格的な利用がすすむことになる。R．レグールは1940年に，石炭の採掘と精製はもはや互いに存在する2つの独立した職分領域ではなく，関連する，また相互に規定しあうひとつのシステムをなしていたとしている[90]。

そこで石炭の水素添加法の利用の取り組みを設備の拡大についてみると，1936年にはゲルゼンベルクガソリン社がゲルゼンキルヘン鉱山株式会社の子会社として設立されているが，計画されていた石炭液化設備は，高圧・高温のもとで石炭と水素を炭化水素に合成することによって石炭からガソリンが生産さ

表 3-4　1929年から38年までの石炭業における企業数、就業者数、賃金・給料、採炭および販売の推移

年度	企業数	就業者数 (各年度の6月末)	賃金・給料 (1,000RM)	採炭高 (1,000トン)	就業者1人当りの 採炭高(トン)	採炭額 (1,000RM)	販売高 (1,000トン)	販売額[5) (1,000RM)
1929	266	517,401 (166.7)[3)]	1,316,557 (225.4)[3)]	163,440.6 (149.0)[3)]	315.7 (89.4)[3)]	2,480,593 (212.2)[3)]	163,691.7 (142.4)[3)]	2,484,124 (202.9)[3)]
1930	253	469,449 (151.2)	1,135,011 (194.3)	142,698.7 (130.1)	304.0 (86.0)	2,136,143 (182.7)	139,761.5 (121.6)	2,095,885 (171.2)
1931	233	371,691 (119.7)	813,308 (139.2)	118,640.1 (108.2)	319.2 (90.3)	1,554,013 (132.9)	118,473.0 (103.1)	1,558,545 (127.3)
1932	223	309,187 (96.5)	567,063 (97.1)	104,740.5 (95.5)	338.8 (95.9)	1,175,286 (100.5)	104,360.2 (90.8)	1,179,076 (96.3)
1933	219	310,469[4)] (100)	584,124 (100)	109,692.1 (100)	353.3 (100)	1,169,231 (100)	114,962.7 (100)	1,224,310 (100)
1934	224	331,468 (106.8)	665,917 (114.0)	124,856.5 (113.8)	376.7 (106.6)	1,305,482 (116.9)	130,979.1 (113.9)	1,364,391 (111.4)
1935[1)]	242	386,741 (124.6)	788,166 (134.9)	143,002.8 (130.4)	369.8 (104.7)	1,505,901 (128.8)	143,491.3 (124.8)	1,512,518 (123.5)
1936	238	393,780 (126.8)	856,156 (146.6)	158,282.8 (144.3)	402.0 (113.8)	1,687,606 (144.3)	159,756.6 (139.0)	1,697,715 (138.7)
1937	236	450,276 (145.0)	1,017,582 (174.2)	184,512.8 (168.2)	409.8 (116.0)	2,045,438 (174.9)	184,927.0 (160.9)	2,047,143 (167.2)
1938[2)]	239	488,456 (157.3)	1,103,686 (188.9)	186,404.1 (169.9)	381.6 (108.0)	2,198,334 (188.0)	184,151.6 (160.2)	2,173,942 (177.6)

(注)：1) 3月1日以降はザール地域を含む。
2) オーストリア地域を含む。
3) ( ) 内の数値は1933年＝100としたときの指数。
4) 1932年までは同業保険組合の加入者、33年以降は全就業者。
5) 販売高および販売額については、ドイツ帝国統計年鑑の巻によって数値が異なっている年度 (1933年と34年) がみられるが、ここでは1935年版による。

(出所)：*Statistisches Jahrbuch für das Deutsche Reich*, 54 Jg, 1935, S. 128, 59 Jg, 1941/42, S. 192 より作成。

れるベルギウス水素添加法に基づいて操業することになっていた。1937年春には水素添加工場の建設が始められており，その設備の当初の生産能力はガソリン年産15万トンと算定されていたが，その操業開始後，年産40万トンにまで拡大されることになっていた。国内の石炭からの燃料の生産は外国からの輸入への依存を小さくすることになった。1939年8月3日に最初の1,000トンのガソリンがゲルゼンベルクガソリン社によって供給されており，ナチスの経済政策のもとで，ヒベルニアとゲルゼンキルヘン鉱山株式会社の水素添加工場は重要な意味をもった。

またいまひとつの事例としてルール化学株式会社 (Ruhrchemie A.G) をみておくと，1936年には石炭からの合成燃料の生産のためのフィッシャー・トロップ法の設備が操業を開始しているが，最初の製造年度にはこの設備において1万トンのガソリンと重油が生産され，その最終的な生産能力は年間75,000トンとされていた。同社はフィッシャー・トロップ法の特許を1934年に取得しているが，35年には姉妹会社であるルールガソリン株式会社が設立されている。また1936年にはさら3つの工場が操業を開始しているが，それらの重点は油脂と油の生産におかれており，ガソリンの供給にとってはそれらはほとんど重要性をもたなかった。1940年代にはドイツの水素添加工場の総生産能力は370万トンであったが，フィッシャー・トロップ法の工場はわずか20万トンの燃料を生産したにすぎない[91]。またクルップでも，1937/38年の営業年度に，4カ年計画による原料の自給化の推進にともない，石炭利用の拡大のための取り組みが行われるようになっており，ハニバルコークス工場におけるアンモニアの結合のために，炭化硫黄の有効利用のための硫酸触媒装置が操業を開始しているが，この点からも，同社が石炭の精製やその化学技術的な利用にもいかに専念しているかがわかるであろう[92]。

2　鉄鋼業における「技術的合理化」の展開とその特徴

以上の考察において石炭業における「技術的合理化」の展開過程をみてきたが，つぎに，ドイツ重工業の根幹をなす鉄鋼業を取り上げ，そこにおける生産技術の発展と「技術的合理化」の取り組みをみていくことにしよう。

(1) 鉄鋼業における生産技術の発展
① 製銑部門における生産技術の発展
　まず製銑部門についてみると，1930年代には，生産技術の発展の重点は高炉への原料装入の効率化や機械化の一層の進展，送風設備の改善におかれていたといえる。まず装入についてみると，より確実な装入の準備，物理的な配合が生産の増大とコークス消費の削減による大きな利点をもたらした。F. シュプリンゴルムは1936年に，装入は徹底的に機械化されているとしており，装入ホッパーやスキップを備えた有名な傾斜式ホイストは，多くの場合，より高い効率性を実現した。いくつかの工場では，電動式駆動のオーバーヘッド・チェーン・コンベアの建造によってより簡単でまたより速い操作の実現が試みられており，また他のところでは，装入台の上を走るクレーンでもって複数の炉に装入するための垂直式リフトが利用された。しかし，こうした高炉への原料装入の機械化の一層の進展を除けば，基本的には，高炉は変化しておらず，高炉の型についても基本的には変わらなかったとされている。
　また送風設備の改善をみると，高炉の産出高を増大させるためには，その容量がほとんど拡大されなかった炉では，その炉に適切な量の風を送ることが必要であり，変化する操業条件のもとでの送風機の適応性やその経済性に関する研究は，新規設備や改造にさいして，中心的な送風機であるターボ送風機の利用へとうまく導くことになった[93]。電機企業の AEG は，1935年に *Stahl und Eisen* 誌の広告欄において，炭鉱経営と製鉄経営に同社が供給した合計625台の機械は同社のタービンがこれらの重要な産業においてどの程度みられたかということのひとつの証拠であると指摘しているが[94]，そのようなタービンは高炉のための送風機にも利用されたと考えられる。例えばグーテホフヌングでは，1938年1月末にトーマス銑鉄のための新しい1基の炉が操業を開始しているが，それとともに，高炉への酸素を多く含む衝風のためのひとつの新しい技術的方法が銑鉄生産の増大に寄与した。そこでは，2基の新しいガス送風機によるより多くの量の送風によっても，1938年2月以降，銑鉄生産はかなりの増大をみたとされている。酸性スラグの処理による低品位の鉄鉱石の精錬のさいの酸素を多く含む衝風の試みがすでに1932/33年に行われていたが，39年1月に再び取り組まれている。そのような方法は継続的に実施されたわけではなか

ったが，4カ年計画のもとでの高炉技術の一層の発展に方向性を与えるものであったとされている[95]。

さらに作業を改善し，容易にするために，銑鉄の破砕や積み込みの重労働の手作業が衝撃試験機や磁石を備えた鋳物クレーンに置き換えられたほか，鋳銑機が鋳銑の鋳造のためになまこ銑の鋳型を受け取る。また出銑口は圧搾空気ハンマーや酸素ハンマーで開けられるようになっており，圧搾空気によって遠隔制御される湯口閉塞機の使用によって，出銑口の閉鎖のさいの労働者の危険は最小限にまで減らされた[96]。

そこで，この間の製鉄設備の近代化について，主要企業の代表的事例をみると，**合同製鋼**では，1934/35年の営業年度にはシャルケル・フェラインの第3高炉に火が入れられており[97]，35/36年度にはアウグスト・ティセンのデュイスブルク・マイデリッヒの高炉工場において，ドイツの貧鉱からの精鉱の処理のための既存の焼結設備が改造されたほか，ジーゲルラント製鉄所のビィッセン工場では，亜鉛の生産のための新しい設備を備えた1基の高炉の操業再開のための準備が行われているが，より大規模な新規設備がすべての工場において生産増大と品質改善に役立ったとされている。ドイツ製鉄株式会社でも，製品の改良のために，また経済性を向上させるために，新しい設備によるもはや十分な生産能力をもたない古くなった設備の取り替えが一層大規模に行われている[98]。ティセンのデュイスブルク・マイデリッヒの焼結設備の拡大のために約103万 RM が支出されており，37年9月には操業を開始している[99]。36/37年度についてみると，37年3月にはティセンのデュイスブルク・ハムボルン製鉄所の第7高炉の改造のための120万 RM の投資が承認されており，それは38年4月に操業を開始しているほか[100]，37年5月にヘルデの第2高炉工場の送風機械室の拡張が決定されており，そのための投資として60万 RM が承認されている[101]。また37/38年度には，ボフーム・フェラインに新たに配置された第2高炉に火が入れられたほか，36年以降にヴィッセンにおいて開始された硫酸焼鉱やスラグからの鉄，亜鉛，鉛の生産のための有望な実験の成果がジーゲルラント製鉄株式会社の同種の第2号高炉の操業開始をもたらした[102]。この年度にはドルトムントとヘルデの工場のための月に80,000—85,000トンの能力をもつ焼結装置の建造が決定されており，1,012万 RM が支出されている[103]。翌年の38/39年

度にはティセンのデュイスブルク・ハムボルン製鉄所の第9高炉の建設が決定されており，1,063万RMの投資が承認されている(104)。アメリカの戦略爆撃調査団（USSBS）の調査によれば，第2次大戦終結時に，アウグスト・ティセン製鉄所には，ティセン工場にそれぞれ日産600トンの生産能力をもつ8基の高炉と日産1,000トンの生産能力をもつ1基の高炉が，ルールオルト・マイデリッヒ工場には月間生産能力が13万トンと評価された，1日平均540トンの生産能力をもつ8基の高炉があった(105)。ドルトムント・ヘルデには，ドルトムントの工場に1日の平均生産能力が約560トンと評価された5基の高炉が，ヘルデの工場に全体で月産75,000の生産能力をもつ4基の高炉があった(106)。またボフーム・フェラインには，1日の生産能力が400トンの高炉が3基，500トンと600トンの高炉がそれぞれ1基，合計5基の高炉があった(107)。

またクルップでは，1933/34年の営業年度にはフリードリッヒ・アルフレッド製鉄所の第3高炉および第6高炉の改造が終了しているほか(108)，34年8月にボルベック工場の直接製鉄（レン）法の設備の建設のために180万RMの投資の申請が行われており，この設備は35年6月に操業を開始している(109)。また34/35年度にはフリードリッヒ・アルフレッド製鉄所の第4高炉および第5高炉の新設が開始されており(110)，35/36年度には第4高炉が操業を開始しているほか，第8高炉の新設が開始されている(111)。同社では36年5月初めにボルベック高炉工場の1基の高炉が休止されねばならなかったが，9月半ばにこの炉が操業を再開できるように新たな設備の配置が予定よりはやく行われているほか，この炉の休止中にガス経済の目的で硫鍰式発生機が1基配置されており(112)，この発生機には396,214RMが支出されている(113)。この営業年度にはさらにボルベック工場の直接製鉄設備のための90万RMの追加の投資申請が行われており，その建設も完了している(114)。36/37年度にはフリードリッヒ・アルフレッド製鉄所の第5高炉が操業を開始しているが，さらに第9高炉の新設が開始されており(115)，また直接製鉄法の開発においてもそれは操業上成熟したものになったとされている(116)。37/38の営業年度にはフリードリッヒ・アルフレッド製鉄所では第7高炉および第8高炉の完成をみたほか(117)，より大規模なものへの高炉設備の拡大が計画的にすすめられている(118)。また38/39年度には「ブラサート法」に基づいて初めて新しく配置された高炉が完成をみたほか(119)，エッセン鋳鋼所の直接製鉄設備の生産能力が回転炉の内張りの有効寿命の改善によって高められており(120)，その結果，39/40年度にはこの設備

は経済性においても一層の進歩が達成されたと報告されている[121]。38年5月にはボルベック高炉工場のための1日に約700トンの焼結鉱の処理能力をもつ焼結装置の投資申請が行われており，1,995,000RMの承認が行われているが[122]，39年4月と42年2月にはさらにそれぞれ90万RM，143万RMの追加申請が行われており，そのいずれもが承認されている[123]。また39年1月には回転炉のための炉頂ガスでの空気予熱装置の配置のために95,000RMの投資申請が行われているが[124]，この設備は41/42年の営業年度に完成をみている[125]。W. ツオリッシュは，クルップにおいては高炉工場では新規投資はほとんど行われておらず，第2次大戦までは設備の在高は本質的には世界恐慌以前の水準にとどまっており，そうしたなかで，外国の原料の輸入に依存しないためのナチスの原料自給化政策の推進のもとで直接製鉄法が特別な意味をもつようになったために，この領域はそうした例外をなしたとしているが[126]，つぎに考察を行う製鋼部門と比べると「技術的合理化」への取り組みは強力に取り組まれたといえる。アメリカの戦略爆撃調査団の調査によれば，第2次大戦終結時には，ボルベック工場には，それぞれ1日に500トンの生産能力をもち，年間生産能力が30万トンと評価された2基の高炉が存在していた[127]。またイギリスによる調査では，同じ時期にラインハウゼン工場には9基の高炉が存在していたが，そのうち2基は4.5mの炉床をもつ手動装入の古い高炉であり，5基は6.5mの炉床をもつドイツ製の新しい設計のものであり，2基は6.85mの炉床をもつブラサートタイプのものであり，手動装入の2基の高炉は蒸気機関による駆動のエレベーターを備えていたのに対して，それ以外の7基のすべては個別電動駆動のスキップホイストを備えていた。また送風機をみると9基のガス機関と3基のターボ送風機があったが，後者は一般に5基から6基の高炉の操業にとって十分なものであったとされている[128]。

ここでこの時期の高炉数の推移をみておくと，ドイツ全体でみた場合，高炉の数は1929年末の165基から33年末には115基に減少した後，再び増加しているが，38年末に174基となり，ようやく29年の水準を上回っている[129]。またライン・ヴェストファーレン地域をみても，高炉数は1929年の97基から33年には76基に大きく減少した後，増加がみられるが，39年末に99基となり29年の数を初めて上回ったにすぎない。1938年中の，とくに同年6月の西部要塞の建設開始

後の軍備拡大の加速化は鉄と鋼の不足を先鋭化させることになり，また鉄鋼経営の過度の負担をもたらし，同年夏にはすべての製鉄所の高炉の生産能力は完全利用されたので，この年にはより多くの新しい高炉や焼結設備の建設が承認され，着手されたが，予定された新規建設は必要最低限にとどめられたとされている。そうしたなかで，1937年以降，この地域の操業中の高炉の数はかなり増加しており，39年には29年の69基より約40％多い96基が操業されていたが，こうした状況は，製鉄部門における経営設備の更新や拡張の制限のもとで設備の利用度の引き上げのための諸努力が行われた結果でもあった[130]。

② 製鋼部門における生産技術の発展

つぎに製鋼部門についてみることにするが，この点を，トーマス炉，平炉および電炉についてそれぞれみていくことにしよう。

トーマス炉について——ナチス国家の管理はドイツの低品位鉱石を以前よりも強力に採掘することを意図しており，そのことは，低品位の含燐性鉱石や燐分の多い銑鉄を処理することのできるトーマス法による鋼の生産の増大を必要とした。それゆえ，国内鉱石をより多く利用することができるかどうかは，鉄鋼業がトーマス式製鋼の利用度をどの程度引き上げようとするか，また引き上げることができるかにかかっていた[131]。例えば合同製鋼では，4カ年計画が鉄鋼業に突きつけた諸問題のなかで，それまで主に平炉鋼が原料として役立っていた利用目的にトーマス鋼をより大規模に利用しようとする試みが1937/38年度に実施されている[132]。

とはいえ，鉄鋼業は屑鉄の輸入に固執しており，また国家の希望に基づいた国内の低品位鉱石の精錬の増加に応じて，トーマス鋼の生産設備の拡大に取り組んだのではなく，むしろ生産方式の改良に取り組んだのであった[133]。この点について，F.シュプリンゴルムは1936年に，トーマス法でもかなりの発展がみられたが，それはおそらく平炉法の発展ほどには広範なものではなかったとしている。そこでは，新しく建設された転炉の容量が拡大され，その当時，30トンから50トンの容量をもつ炉がみられるようになっているが，それ以外にはあまり大きな変化はなかったとされている。そのような大型の転炉の長所

は，主として，生産量の大幅な増大とともに，銑鉄への送風の改善による生産能力の増大にあったが，より小型の転炉の場合には，改良は後者の方向で達成された。また内張りおよびとくに炉床の寿命の大幅な延長が達成されている[134]。

このような「技術的合理化」の結果，1933年から36年までの期間には粗鋼生産に占めるトーマス鋼の割合は上昇し，平炉鋼の割合は低下したが，それにもかかわらず，36年以降は国内鉱石の採掘を加速させるというもくろみは何ら反響を見い出すことはなく，36年から39年までの期間にはトーマス鋼と平炉鋼の生産高の割合は変わらなかった[135]。ナチス期のトーマス式製鋼における「技術的合理化」は，基本的には，20年代の生産技術の発展を基礎にしており，その延長線上で展開されたといえる[136]。この時期の製鋼部門の「技術的合理化」は，むしろ平炉鋼生産と電炉鋼生産の領域にその重点がおかれていたといえる。

平炉について——そこで，つぎに平炉についてみると，この時期には，高炉の負担軽減の目的でキューポラで銑鉄を再溶解するためには，また平炉における溶銑の使用によって粗鋼生産を高い水準に保つためには，銑鉄の大量購入や屑鉄の輸入以外に，粗鋼生産の増大の可能性は存在しなかったとされており[137]，粗鋼生産における平炉法の役割，その重要性が指摘されている。しかし，A.ネルの1937年の指摘によれば，平炉はほとんど同種の装入装置をもち，また鋳造ピットの設備でもわずかな相違しかみられず，それゆえ，根本的な改良を行う可能性は小さかったとされている[138]。1936年のF.シュプリンゴルムの指摘によれば，燃料の節約の必要性のために，平炉法の研究は主に炉とその改良に関係しており，そこでは，ガスや空気の予熱，達成可能な燃焼温度や平炉の操業時に発生する炎の光度がおよぼす影響に関する研究が重要であったが，全体的にみれば，これらの活動は平炉法の改良とそのコスト引き下げのために行われた諸努力の小さな部分しか示しておらず，依然として冶金法の一層の改良が主要な課題であったとされている[139]。

また平炉の構造については，ヘルマン・ゲーリング，マネスマン，クルップ，ヘッシュ，ドルトムント・ヘルデル・フェラインなどの会社の12の製鋼工

場を調査したイギリスの報告によると，酸性平炉はみられず，塩基性平炉の一般的なタイプは約150トンの容量をもつ傾注式平炉であったが，いくつかの工場は約80トンまでの容量の固定式平炉で操業を行っていたとされている[140]。

この時期の平炉製鋼におけるもうひとつの重要な技術発展は平炉への溶銑装入方法の改善にみられた。そこでは，すでに1920年代に取り組まれていた装入の機械化が一層すすんだが，従来のタイプの平炉では，屑鉄の準備のために大きなコストがかかること，炉の扉を頻繁に開けることによる熱の大きな損失や溶解時間が長いことなどの欠点をもっており，30年代には，アメリカのウェルマン・エンジニアリング社が，新式の平炉や新型の装入装置によってそうした欠点を克服するための取り組みを行っている。R. シュリックズップは1938年に，非常に大型の装入機械と大容量の装入タンクから構成される新式の装入装置の紹介を行っているが，ドイツにおけるそのような最新の設備の導入についてはとくに述べられているわけではなく[141]，またF. シュプリンゴルムも，電気製錬の顕著な普及を別にすれば，製鋼工場はほとんど変化を経験することはなかったようだとしている[142]。

この時期の平炉製鋼工場における設備の近代化を代表的企業についてみても，合同製鋼では，1935年9月と37年3月にボフーム・フェラインの第1平炉工場の改造のためにそれぞれ450万RMの投資が承認されており[143]，37年10月に操業を開始しているが[144]，34年11月のドルトムントの工場の平炉設備の大規模な修理の決定や[145]，35年5月のティセンのデュイスブルク・ハムボルン製鉄所の第1平炉工場における遠心鋳造機の配置のための25万RMの投資の承認[146]以外には，あまり変化はみられない。またクルップでも，平炉製鋼工場ではこの時期に新規投資はほとんど行われておらず，第2次大戦までは設備は本質的には世界恐慌以前の水準にとどまっていたとされており，第3平炉工場の1トン当たりの製造原価は1929/30年よりもつねに高く，この点にも設備の生産性が引き上げられなかった明確な事例をみることができる[147]。1933/34年から41/42年までの営業年度に新規設備のために承認された額は，第7平炉工場では，41年9月の特別計画のための2,051万RMの承認[148]を除いても10,161,300RMとなっており，比較的大きなものになっているが，第1平炉工場では902,400RM，第3平炉工場では1,225,200RMにとどまっている[149]。

しかも，36/37年度に750万RMの投資が承認されている第7平炉工場の場合をみても，この年度の240万RMの投資資金の承認は25トンアーク電炉の配置を含んでおり[150]，製鋼部門において「技術的合理化」が最も強力に取り組まれ，大きな成果をあげたのはむしろ電炉鋼生産の領域においてであったといえる。

電炉について――それゆえ，つぎに電炉についてみると，F. シュプリンゴルムは1936年に，電炉鋼生産の領域では，この製鋼法の多くの側面をみることができるとしている。低周波誘導電炉はほぼ完全に駆逐されてきたのに対して，アーク電炉は当時なお中心にあり，その操業は，ドイツの電炉製鋼業者の共同作業によって，例えば炉の効率性，製錬のさいのエネルギー消費や変圧器の特性計測に関して，大きな低廉化がはかられている。また電極の自動制御，特別な装入方法やより簡単な装入方法，また冶金の領域での合金の歩留まりの向上などによって一層のコスト低減が達成されている[151]。1929年以降の10年はドイツにおいて決定的な躍進をもたらしたのであり，W. ローラントは1941年に，「近年とくにドイツでは，電炉鋼生産は高級鋼の領域をはるかに超える位置を獲得してきた」としている。例えばアメリカでは電炉鋼生産の割合は鋼の全生産のわずか1.65％であったのに対して，ドイツのその割合は32年の1.6％から39年には約5％まで上昇している[152]。1933年から39年までのドイツの高炉工場および製鋼工場の生産の推移を示した表3-5にみられるように，同期間の生産高はトーマス鋼では3.5倍に，平炉鋼では2.6倍に増加しているにすぎないのに対して，電炉鋼・るつぼ鋼では生産量自体は少ないものの約8倍に増大しており，約3倍に増大した粗鋼生産全体と比べても大きな伸びを示している。また電炉の数をみても，1933年の47基から38年には138基に大きく増加している[153]。

このような発展の理由は，①特殊鋼需要の量的拡大，②建設用鋼材の品質向上の要求とそれによる平炉鋼から電炉鋼へのより強力な移行，③電炉でのトーマス鋼の製錬を行う組み合わせプロセス（合併法）のより広範な利用の影響，④屑鉄に含まれる合金は電炉において最も多く回収できることや屑鉄を特殊鋼に加工できることにあったが，ナチス期には，原料不足のもとで，④が特別な

表3-5 1933年から39年までの高炉工場および製鋼工場における生産の推移

年度	高炉工場		製鋼工場				粗鋼生産全体[1]	
	生産高[1] (1,000トン)	生産額[1] (1,000RM)	トーマス鋼の生産高 (1,000トン)	平炉鋼の生産高 (1,000トン)		るつぼ鋼・電炉鋼の生産高 (1,000トン)	生産量 (1,000トン)	生産額 (1,000RM)
				塩基性	酸性			
1933	5,247 (100)[4]	282,359 (100)[4]	2,626 (100)[4][35.5][5]	4,596 (100)[4][62.2][5]	48(100)[4][0.65][5]	123 (100)[4][1.8][5]	7,393 (100)[4][100][5]	826,471 〈100〉[6]
1934	8,717 (166.1)	463,837 (164.3)	4,414 (168.1) [38.0]	6,885 (149.8) [59.3]	126 (262.5) [1.1]	177 (143.9) [1.5]	11,602 (156.9) [100]	1,138,854 〈137.8〉
1935	12,846 (244.8)	665,005 (235.5)	6,885 (262.2) [43.0]	8,686 (189.0) [54.2]	176 (366.7) [1.1]	266 (216.3) [1.7]	16,013 (216.6) [100]	1,405,778 〈170.1〉
1936	15,302 (291.6)	833,519 (295.2)	7,870 (299.7) [42.3]	10,145 (220.7) [54.6]	190 (395.8) [1.0]	386 (313.8) [2.1]	18,591 (251.5) [100]	1,553,805 〈188.0〉
1937	15,960 (304.2)	891,531 (315.7)	7,962 (303.2) [41.5]	10,507 (228.6) [54.8]	172 (358.3) [0.9]	533 (433.3) [2.8]	19,174 (259.4) [100]	1,935,994 〈234.2〉
1938[2]	18,615 (354.8)	1,093,336 (387.2)	9,308 (354.5) [41.4]	12,192 (265.2) [54.3]	190 (395.8) [0.8]	785 (638.2) [3.5]	22,475 (304.0) [100]	2,007,104[7] 〈242.9〉
1939[3]	18,258[7] (348.0)	1,128,505[7] (399.7)	9,182[7] (349.7) [41.1]	12,156[7] (261.8) [54.5]		981[7] (797.6) [4.4]	22,319[7] (301.9) [100]	

(注): 1) フェロマンガンを含む。
2) 東部国境地域を含む。1938年以降は、溶製鋼工場と結合された鋳鋼形鋼工場が鋳鋼形鋼工場、可鍛鋳鉄形鋼工場および鋳鋼形鋼工場のなかに含まれている。
3) 東部国境地域およびズデーテン地方を含む。
4) ( ) 内の数値は1933年=100としたときの指数。
5) [ ] 内の数値は粗鋼生産全体に占める割合 (%)。
6) 〈 〉内の数値は1934年=100としたときの指数。
7) 販売の数値。

(出所): *Statistisches Jahrbuch für das Deutsche Reich*, 59 Jg, 1941/42, S. 197 より作成。

意味をもったといえる[154]。原料不足への対応は企業によって異なっており，例えばグーテホフヌングの製鋼工場は同社の製鉄所の銑鉄生産と屑鉄に依存していたのに対して，クルップでは，外貨不足のために屑鉄に含まれる合金成分の回収と新種の1次製品の処理が課題となった。そこでは，特殊鋼の生産のために電炉が合金屑鉄の事前製錬を受け継ぎ，平炉が装入用の溶融物の供給の負担を軽減させるために，第7平炉工場における25トンの容量をもつ1基のアーク電炉の拡大が計画され，それは1939年半ばに操業を開始している[155]。

また電炉鋼生産の増大を可能にした技術的な要因としては，①個々の炉の生産能力の増大，②組み合わせプロセス（合併法）のより強力な利用，③炉の数の増加と炉の容量の拡大をあげることができるが，③が主たる要因であったとされている。③は新しい炉の配置とそれと同時的に行われた大型の炉への移行による生産増大を意味するが，1933年にはドイツでは15トンの容量をもつ炉はわずか5基しか操業していなかったのに対して，39年にはその数は5倍に増加している。20トン以上の容量の炉を大型の炉とみなせば，1933年には2基の古くなったタイプの炉が存在していたが，操業を行ってはいなかった。35年には最初の近代的な大型炉が操業を開始しており，36年以降，その数は持続的に増加している[156]。

また電炉への装入方法の改善をみると，1932年8月の *Stahl und Eisen* 誌によると，それまで電炉では，若干の例外を除くと，装入は完全に手動で行われていたが，この頃には装入の機械化が取り組まれた。電炉への機械による装入方法にはシュートによる装入やかご装入などがみられたが，かご装入では本来の装入工程にはわずか数分しか必要としなかった。例えばレックリンゲン高級鋼株式会社の10トンの容量をもつアーク電炉では，溶解された鋼の出鋼からつぎの出鋼までの時間は，手動での装入の場合には平均58分かかっていたが，装入クレーンでのバケット装入への移行によって，電力の流れない休止時間は平均では14分にまで短縮されており，それは7％の生産の増大に相当した[157]。

このような装入方法の改善，機械化とあいまって，電炉では，そのような連続稼働の，流れ作業的な製鋼炉がひとつの役割を果すようになっている。もとより，多様な工業用炉は装入方法によって2つの主要なグループに区別されるが，ひとつは断続装入の炉であり，1933年の時点では最もよくみられたが，い

まひとつは溶解原料が加熱中に流れ作業的に進行していく（連続的な）炉である[158]。この時期の状況について，W. フィッシャーは1936年に，熱処理において流れ作業的な操業の発展がその3年間の経済の活況によっていかに強い影響を受けたかは，34年には電気抵抗炉において新たに消費された電力の約20％，32年には10％が流れ作業式の炉によるものであったのに対して，36年にはその割合が約40％に達していることからもわかるとしている。電気ほど容易に，迅速にかつ正確に制御できるエネルギー源はなく，そのようなすぐれた制御能力は，電炉をとくに高度な正確さを求める流れ作業方式の操業に適したものにする。そこでは，いったん設定された炉の温度が非常に高い正確さでもって自動的に保たれる場合には，熱処理の完全な均一性が保たれるのであり[159]，電炉の利用は製鋼工場における流れ作業の操業のための基礎を築いたといえる。

　ここで，この時期の主要企業の電炉製鋼工場における技術革新への取り組みの代表的事例をみておくことにしよう。**合同製鋼**では，1937/38年の営業年度には，数年来とくに強力な生産高の増大がみられた電炉鋼は，10年前に達成されたそれまでの最高水準をなお50万トン上回る粗鋼生産の増大にかかわっていたとされているが[160]，ボフーム・フェラインの電炉製鋼工場において，それぞれ35トンの容量をもつヨーロッパ最大の2基の新しい電炉が操業を開始している[161]。さらに38年3月にはティセンのデュイスブルク・ハムボルン製鉄所の電炉鋼の生産のための1基のアーク電炉の建設が決定されており，55万RMの投資が承認されている[162]。

　また**クルップ**をみても，この時期には，平炉製鋼工場の粗鋼生産の減少，停滞あるいは比較的ゆるやかな増大とは反対に，電炉製鋼工場の生産はドラステイックに増大しており，1936年以降も同社の生産戦略の重点は電炉鋼生産の領域におかれていた。このことは強力な新規建設活動に示されており，1935/36年には3基のアーク電炉，2基の低周波炉と1基の高周波炉を備えていた電炉製鋼工場では，38年7月にはもう1基のアーク電炉が，39年2月にはもう1基の高周波炉が操業を開始している。さらに持続的な電炉鋼需要が同年6月にボルベックにおける新しい電炉製鋼工場の操業開始をもたらした[163]。そこでは，25トンの容量をもつ1基のアーク電炉が新たに操業を開始しているが，それは，80トンの容量の1基の平炉の操業開

始とあいまって，粗鋼生産における重要な補完を意味したとされている[164]。ボルベック工場の新しい電炉には750万 RM の投資が承認されており，この設備は他のアーク電炉よりも経済的に操業を行うことができたが，それは大きな装入量や電力と電極の非常に良好な制御によるものであったとされている[165]。この時期には，エッセンでは生産の拡大のために必要な拡張のための場所がもはやなかったので，そのような拡張はボルベック工場において行われている[166]。30年代後半に配置された電炉は39/40年の営業年度にはまだ十分な効果を生まなかったが，製鋼工場の生産は前年の営業年度をさらに上回っており，鋼の生産に占める電炉鋼の割合はさらに上昇している[167]。1941年2月と4月にはさらにボルベック工場の第3電炉と第4電炉の建設が決定されており，これら2基の電炉には1,770万 RM の投資が承認されている。それらは40トンの容量をもつ大規模なものであったが[168]，第3電炉は42年12月に，第4電炉は43年3月に操業開始の予定とされていた[169]。また43/44年度にも6トンの容量をもつアーク電炉の調達のために34万 RM の投資申請が行われているが，この炉は戦車の鋼鋳物や遠心鋳物用の電炉鋼の供給に対する高まる要求に応えるべきものとされていた[170]。このような生産能力の拡大の結果，41/42年の営業年度末にはクルップの電炉の容量は230トンになっており，それでもって，同社の電炉鋼生産は再びドイツの電炉製鋼工場のトップにたったとされている[171]。このように，電炉鋼の生産は大きな容量の電炉がつくりだされたことによって促されたとする同社のアルヒーフの指摘にもみられる如く[172]，同社の電炉製鋼工場の生産増大はまず第1に生産能力の拡大の結果であり，平炉製鋼所と比べても大きく異なっているといえる。この点は，組み合わせプロセス（合併法）の利用にともない，とくに同社の第1平炉製鋼工場の平炉がますます電炉製鋼工場のための事前製錬の溶鋼を生産するようになっている[173]ことと対照的であるといえる。

電炉鋼生産の分野のこのような合理化の推進はとくに高級鋼や特殊鋼の需要の増大による市場の拡大を基礎にしたものであった。例えばクルップでは，これらの製品分野においては，ナチス期の始まる1933年以降は，大戦の始まる39/40年までのどの営業年度をみても，さらに著しい増大を示している[174]。この時期に電機工業や自動車工業，機械製造業などの加工組立産業を中心に硬質合金工具の利用がすすんだことは，その素材をなすウィディア鋼のような特殊

鋼の需要の増大をもたらしたひとつの要因であった[175]。クルップの電炉製鋼工場では1935年から37年までの間に200万RMの新規投資が行われているが、それは利用価値の高い特殊鋼の生産のためのものであった[176]。同社では、1932年から38/39年の営業年度末までに平炉鋼では約100%の生産増大にとどまっているのに対して、電炉鋼では約600%の増大となっており、その理由は合金鋼の生産増大と品質への要求の大きな高まりにあり、後者はとくに軍部に供給される原料においてみられたが[177]、それには大砲の生産、航空機の生産などのための利用価値の高い原料をあげることができる[178]。また合同製鋼でも、とくに4カ年計画の諸要求に対応して一層の開発が行われ、また改良されることができた特殊鋼の領域に特別な注意が払われていたとされている[179]。

③ 圧延部門における生産技術の発展

つぎに圧延部門をみると、R.ハハトマンは、第3帝国期の鉄鋼業について、1936年から42年までの間にいくつかの完全な連続圧延機が完成されたとしており[180]、この時期の圧延部門の技術発展、「技術的合理化」の最も重要な点として、20年代にはほとんどすすむことのなかった連続圧延機の導入をあげている。L.ベークマンは1935年に、圧延製品の多様性、品質、量や価格は製鉄所がその当時顧客に対して一層考慮に入れなければならない主要なポイントであったとした上で、多くの製鉄所はもはやこれらの諸要求のすべてを一様に充たす圧延設備をもつことはなく、それゆえ、製鉄所は既存の圧延機を改造すること、あるいは新しい設備によって補完することを強いられたとしている[181]。

もとより、圧延工場の就業者数は高炉工場や製鋼工場に比べ圧倒的に多く、1935年末には、鉄鋼業の全就業者に占めるその割合は66.7%にのぼっている。圧延工場の大部分の作業は、その一部しか機械作業によって置き換えることができない熟練をもつ専門労働者によって行われなければならないので、補助労働者について簡単に述べることはできないとされている。それだけに、鉄鋼業の各工程部門のなかで、圧延工場ほど機械化が多様な、また重要な、注目に値する役割を果す工程部門はなく、そこでは、一層の機械化を推し進め、作業の連続化・高速化をはかることが重要な意味をもった。また設備費に占める割合をみても、月に10万トンの粗鋼生産能力をもつ製鉄所の設備費のうち、高炉と

製鋼工場の割合はそれぞれ25%であったが，圧延工場は50%を占めていた。圧延製品が精密で多様になるほど，また完成品の機械化や精度を重視すればするほど，圧延工場に設備費のウエイトがかかるのであり，製造原価でも同様のことがいえる[182]。

そこで，つぎに圧延部門の技術変化と「技術的合理化」の展開を具体的にみると，F. シュプリンゴルムは1936年に，改良やコスト削減が革新的飛躍というよりはむしろねばり強い小さな活動によって，また機械の製造から引き出されたそれまでの諸成果や経営上の諸成果の導入・普及によって達成されてきたとした上で，線材圧延機や小型圧延機，帯鋼圧延機，薄板圧延機の性能はこうした方法で高められたとしている[183]。そのさい大きな役割を果したのは1920年代には十分にはすすまなかった個別電動駆動方式への転換であり，多くのケースでは，粗圧延機は交流電動機によって，仕上圧延機は直流電動機によって駆動されるようになっており，その多くが個別電動駆動方式に転換されたといえる[184]。圧延機の電動機を供給するAEGのアルヒーフによれば，1931年10月までに同社は圧延機のための95の原動機を供給しており，そのうち20年代以降の時期に代表的な鉄鋼企業に供給されたものとしては，合同製鋼のルールオルト・マイデリッヒ製鉄所の分塊圧延機（26年3月操業開始），ビレットミル（26年7月操業開始）やアウグスト・ティセンの仕上圧延機（24年10月操業開始），クルップの分塊圧延機，仕上圧延機（いずれも24年8月操業開始），棒鋼圧延機（31年操業開始）などの電動機をあげることができるが[185]，そのような技術的革新の導入が一層本格的にすすむのは30年代のことであったといえる。R. シッツは，製鋼工場，圧延工場，鋳造工場およびさまざまな種類の加工工場から成る混合製鉄企業において稼働している1933年から39年までの間に供給された3,621基の三相交流電動機のうち2,296基が個別駆動に適した毎分1,500回転のより小さな出力のものであり，この点からも，集合駆動から個別駆動への移行がいかにすすんだかがわかるとしている[186]。

こうしたなかで，この時期に導入された最も革新的な生産設備のひとつは1937年8月に操業を開始した合同製鋼の事業会社であるディンスラーケンの圧延会社（Walzeisenwalzwerke A.G.）のホット・ストリップ・ミルであるが，それはヨーロッパで最初のものでもあった[187]。広幅帯鋼圧延機の実際の拡大

においては，アメリカは大きな優位を獲得することができたが，ドイツの最初のストリップ・ミルはアメリカにおいて得られた諸経験を基礎にせざるをえず，またそれを基礎にすることができた[188]。この純粋に連続的な新しい広幅帯鋼圧延機は1935/36年にその配置が着手されているが[189]，この生産設備は，当時企画されていた大衆車（フォルクスワーゲン）に薄板を供給するためのものであった[190]。

そこで，合同製鋼のこの設備を中心に技術的革新の事例を具体的にみると，一次製品と完成製品の倉庫を備えた設備全体の面積は約2万m^2におよんでおり，この新しい広幅帯鋼圧延機は月産4万トンから6万トン規模で設計され，1.25-10mmの厚みと400-1,300mmの幅のストリップと薄板がそれによって生産される。図3-2からわかるように，この設備はスラブ倉庫のクレーンによって直接操作される装入装置，4台のスタンドを備えた粗圧延機の3基の炉，6台のスタンドを備えた仕上圧延機，剪断機と巻取装置を備えたホットベッド，圧延材を取り除くための設備から構成されていた。粗圧延機は直径800mm，ロール長1,450mmをもつ4台の二重ロールスタンドから成り，そのうち3台は汎用スタンドとして開発されたものであった。4台の粗圧延スタンドはピニオン歯車と増速歯車装置でもってそれぞれ1台の三相交流電動機によって駆動されるが，第1スタンドの電動機の出力は1,400馬力，他の3台のそれはそれぞれ2,500馬力であり，この3台は1万ボルトの送電網によって直接給電される。4台の粗圧延スタンドの圧延速度は一定であり，毎秒1.45mである。圧延される鋼片はつねに1台のスタンドのなかにあるので，圧延速度の変更は不要である。こうした理由から原動機には交流電動機が選ばれるのである。そこではスラブのスケール除去にとくに注意が払われており，電気制御による高圧脱スケール装置が配置されている。

また仕上圧延機をみると，それは500mmϕのワークロールと1,070mmϕのバックアップロールを備えた6台の四重式スタンドから構成されており，ロールスタンドの駆動は電動機と増速歯車装置によって電力で行われる。スタンドからスタンドまでの間隔は5,500mmとなっており，圧延スタンドの間にはストリップ昇降機あるいはスプリング制御器，ルーパーが配置されている。仕上圧延機の前には，スケール除去のための1台の小さなスタンドがあり，このスタンドと第1仕上スタン

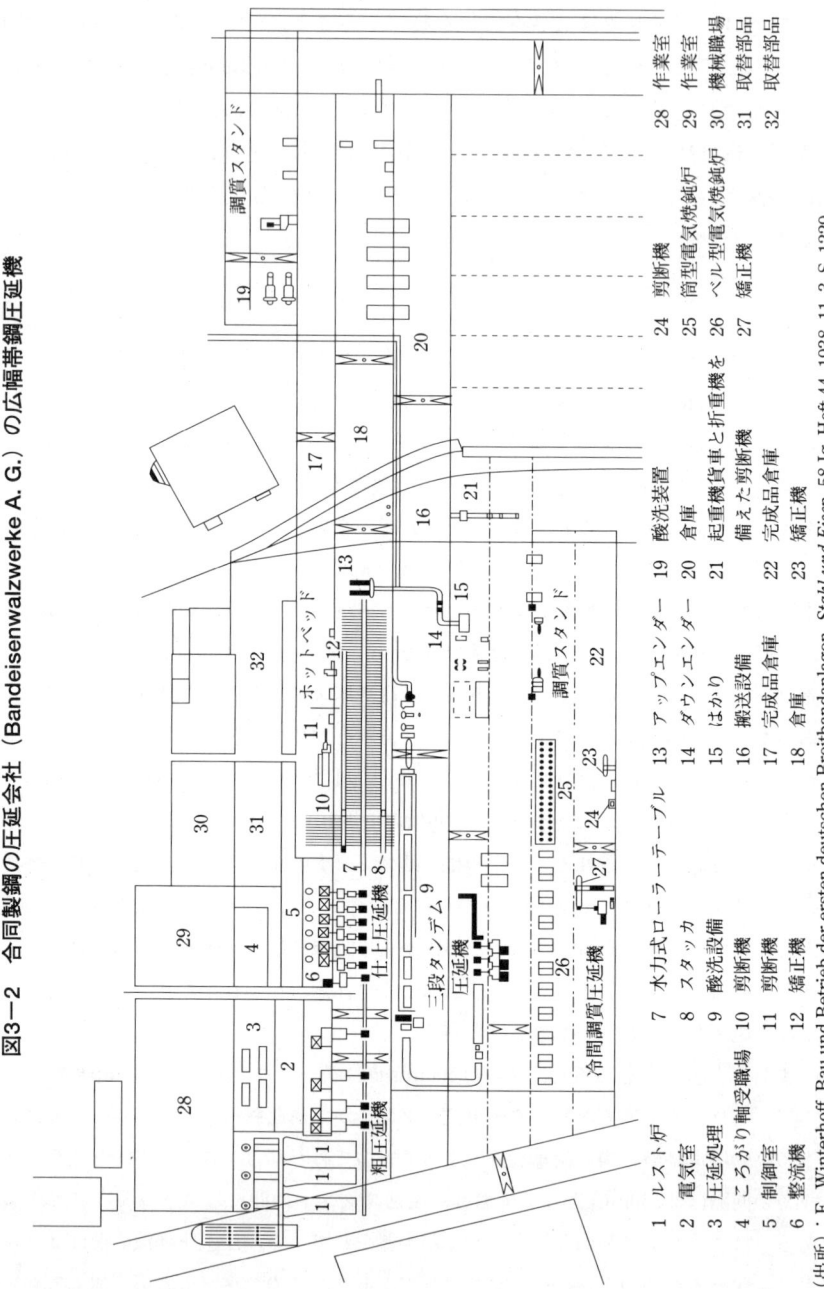

図3-2 合同製鋼の圧延会社（Bandeisenwalzwerke A. G.）の広幅帯鋼圧延機

1 ルスト炉
2 電気室
3 圧延処理
4 ころがり軸受職場
5 制御室
6 整流機
7 水力式ローラーテーブル
8 スタッカ
9 酸洗設備
10 剪断機
11 剪断機
12 矯正機
13 アップエンダー
14 ダウンエンダー
15 はかり
16 搬送設備
17 完成品倉庫
18 倉庫
19 酸洗装置
20 倉庫
21 起重機貨車と折重機を備えた剪断機
22 完成品倉庫
23 矯正機
24 剪断機
25 筒型電気焼鈍炉
26 ベル型電気焼鈍炉
27 矯正機
28 作業室
29 作業室
30 機械職場
31 取替部品
32 取替部品

(出所)：F. Winterhoff, Bau und Betrieb der ersten deutschen Breitbandanlagen, *Stahl und Eisen*, 58 Jg, Heft 44, 1938. 11. 3, S. 1229.

ドとの間には水圧式噴射洗浄装置が置かれていた。各四重式スタンドはピニオン指示器と増速歯車装置でもって毎分360/720回転の3,000馬力の出力をもつ直流電動機によって駆動される。それは水銀アーク変換装置によって給電され，制御される。粗圧延機の場合と同様に，仕上圧延機の操作は司令台から行われ，6つの圧下装置の作動には，第1，第3および第5スタンドの操作台をそれぞれ担当する3人の人間しか必要としない。ホットベッドと仕上圧延機の最後のスタンドとの間には30mの長さの電動式ローラーテーブルが存在しているが，それは，床下のバルブによって，仕上圧延されたストリップを両方の巻取機に搬送する。そこで巻取られたストリップは搬送設備によって移送されるが，3mmまでの厚さの帯鋼はすべて巻取られ，3mmから5mmまでの厚さのものは必要に応じて巻取られるかあるいは中型のローラーテーブルによってホットベッドの右側か左側に運ばれるのに対して，5mmを超えるものは巻取ることができず，そのままホットベッドに搬送される。18mの幅のホットベッドの両側には，電動式ローラーテーブルが配置されており，それによって，熱延鋼板はホットベッドの最初のところにある2台の剪断機に搬送される。これらの2台の剪断機の背後には，倉庫設備と搬送設備が存在している。これらの多くの設備から構成される連続広幅帯鋼圧延機のために合計35,000馬力分の電線が接続されており，施設された電線の全長は90kmにもおよでいたとされている[191]。この圧延設備のために1935年11月に800万RMの投資が承認されているが[192]，37年3月にはさらに286万RMの追加の投資が承認されており，39年9月までに約305万RMが支出されている[193]。

このように，合同製鋼において初めて導入されたこの連続広幅帯鋼圧延機（ストリップ・ミル）は，当時のドイツでは，産業電化の最も大きな成果のひとつである作業機の個別駆動による最新鋭の設備であり，すでに1937/38年の営業年度にはその性能は期待にかなったものであったと報告されている[194]。しかし，この時期には，ストリップ・ミルにおける新しい発展はドイツではまだ初期的な段階にあったとされている[195]。このようなアメリカに対する立ち遅れを規定していた要因としては，市場の条件に規定された生産量の問題だけでなく，両国の市場における製品構成の問題があった。すなわち，アメリカでは，自動車生産のための広幅帯鋼を大量に生産する広幅帯鋼圧延機が圧延部門

140   第2部   主要産業部門における合理化過程

表3-6   1933年から39年

年度	販売用の半製品[1]		レール	梁材
	生産高(1,000トン)	生産額(1,000RM)		
1933	545 (100)[4]	47,238 (100)[4]	606 (100)[5][10.9][5]	366 (100)[4][6.6][6]
1934	612(112.3)	56,190(119.0)	771(127.2) [9.0]	777(212.3) [9.1]
1935	818(150.1)	71,767(151.9)	921(152.0) [7.9]	1,137(310.7) [9.8]
1936	1,010(185.3)	95,769(202.7)	951(156.9) [7.0]	1,451(396.4) [10.8]
1937	1,246(228.6)	131,114(277.6)	870(143.6) [6.1]	1,222(333.9) [8.6]
1938[2]	1,423(261.1)	163,974(347.1)	1,221(201.5) [7.5]	1,225(334.7) [7.5]
1939[3]	1,572(288.6)	196,744(416.5)	1,298(214.2) [8.0]	1,186(324.0) [7.3]

年度	完成製品の生産高 (1,000トン)			
	ブリキ	鋼管[8]	鉄道車両	鍛造品
1933	208 (100)[4][3.7][5]	372 (100)[4][6.7][5]	78 (100)[4][1.4][5]	126 (100)[4][2.2][5]
1934	230(110.6) [2.7]	524(140.9) [6.1]	81(103.8) [1.0]	228(181.0) [2.7]
1935	248(119.2) [2.1]	772(207.5) [6.4]	107(137.2) [0.9]	284(225.4) [2.4]
1936	226(108.7) [1.7]	951(255.6) [7.0]	112(143.6) [0.8]	310(246.0) [2.3]
1937	268(128.8) [1.9]	1,037(277.4) [7.3]	132(169.2) [0.9]	340(269.8) [2.4]
1938[2]	247(118.8) [1.5]	1,086(292.0) [6.6]	190(243.6) [1.2]	395(313.5) [2.4]
1939[3]	194 (93.3) [1.2]	1,166(313.4) [7.2]	184(235.9) [1.1]	425(337.3) [2.6]

(注)： 1) 自社の他工場あるいはコンツェルンの工場向けの販売用を除く。
    2) 東部国境地域を含む。
    3) 東部国境地域およびステーデン地方を含む。この年度の数値は販売
    4) (　) 内の数値は1933年＝100としたときの指数。
    5) [　] 内の数値は完成製品の生産高の合計に占める各製品の割合(%)
    6) ユニバーサル厚板を含む。
    7) 4.76mm 未満のもの。
    8) 鉄製ボンベおよび鋼管ルッペを含む。
(出所)：*Statistisches Jahrbuch für das Deutsche Reich*, 59 Jg, 1941/42, S. 197-8

の生産設備のなかで中心的位置を占めていたのに対して，ドイツでは，自動車生産の立ち遅れによる市場の制約と国家による棒鋼優先の生産統制もあり，連続広幅帯鋼圧延機を広く導入するための条件は出来上がっていなかったといえる。

　アメリカの帯鋼圧延機の生産能力は年間約100万トン増大し，1938年には年に約1,200万トンの総生産能力をもつ27基の熱間帯鋼圧延機が操業しており，操業中の広幅帯鋼用の冷間圧延機は当時約200万トンを生産することができたとされており，ドイツとの生産量の絶対的な格差がみられる[196]。配置された生産能力でみると，ドイツの広幅帯鋼の生産の水準は1941年ないし42年になってようやくアメリカの30年の水準に達した程度にとどまっている[197]。アメリカでは，1926年に最初の連続広幅帯鋼圧延機が導入されているが[198]，39年の

までの熱間圧延工場における生産の推移

完成製品の生産高 (1,000トン)				
80mm 未満の棒鋼およびその他の形鋼	帯　　鋼	圧延線材	厚　　板[6]	中板・薄板[7]
1,582　(100)[4][28.5][5]	375　(100)[4][6.7][5]	671　(100)[4][12.1][5]	421　(100)[4][7.6][5]	711　(100)[4][12.8][5]
2,623(165.8)　[30.8]	546(145.6)　[6.4]	809(120.6)　[9.5]	867(205.9)　[10.2]	989(139.1)　[11.6]
3,655(231.0)　[31.3]	760(202.7)　[6.5]	1,096(163.3)　[9.4]	1,221(290.0)　[10.5]	1,380(194.1)　[11.8]
4,124(260.7)　[30.5]	867(231.2)　[6.4]	1,174(175.0)　[8.7]	1,548(367.7)　[11.5]	1,666(234.3)　[12.3]
4,458(281.8)　[31.5]	910(242.7)　[6.4]	1,234(183.9)　[8.7]	1,789(424.9)　[12.6]	1,662(233.8)　[11.7]
5,050(319.2)　[30.9]	1,011(269.6)　[6.2]	1,452(216.4)　[8.9]	2,304(547.3)　[14.1]	1,821(256.1)　[11.1]
5,167(326.6)　[31.9]	908(242.1)　[5.6]	1,299(193.6)　[8.0]	2,341(556.1)　[14.4]	1,678(236.0)　[10.4]

	完成製品全体		廃棄物（スラグを含む）	
その他の完成製品	生産高 (1,000トン)	生産額 (1,000RM)	1,000トン	1,000RM
42　(100)[4][0.8][5]	5,558　(100)[4][100][5]	839,161　(100)[4]	1,690　(100)[4]	48,727　(100)[4]
76(181.0)　[0.9]	8,521(153.3)　[100]	1,250,227(149.0)	2,629(155.6)	84,953(174.3)
96(228.6)　[0.8]	11,677(210.1)　[100]	1,699,735(202.6)	3,681(217.8)	122,523(251.4)
133(316.7)　[1.0]	13,513(243.1)　[100]	2,030,076(241.9)	4,387(259.6)	157,399(323.0)
262(623.8)　[1.9]	14,179(255.1)　[100]	2,309,995(275.3)	4,220(249.7)	154,101(316.3)
346(823.8)　[2.1]	16,348(294.1)　[100]	2,787,317(332.2)	4,975(294.4)	189,064(388.0)
364(866.7)　[2.3]	16,210(291.7)　[100]	2,891,558(344.6)	5,082(300.7)	191,362(392.7)

の数値。

より作成。

報告によるとその数は25基に増加しており，そのような圧延機は当時この国の鋼の全需要のほぼ半分を充たしていたとされている[(199)]。A. ネルは，ドイツと比べ約1.5倍なっているアメリカの人口1人当たりの鋼のより大きな需要はその大部分が薄板の生産であり，この点に，アメリカにおいて薄鋼板の生産が著しい進歩をとげたことの説明を見い出すとした上で，個々の工場の比較的少ない薄板生産がドイツにおけるそのような発展に阻止的にはたらいたとしている。1936年の圧延製品の生産高を種類別にみると，彼の算定によれば，アメリカでは帯鋼の割合は10.1％であったのに対して，ドイツのそれはわずか5.8％にすぎず，その生産量をみても，アメリカの3,425,927トンに対して，ドイツのそれは773,493トン（表3-6の数値では867,000トン）にすぎず，大きな格差がみられる。それゆえ，当時のドイツの薄板生産の割合からすると，アメリカ

において成功裡にすすんだ道を歩むことは不可能であるとしている[200]。1933年から39年までのドイツの熱間圧延工場における生産の推移を示した表3－6にみられるように、帯鋼の生産高は、1933年には375,000トンであったものが38年には1,011,000トンとなっており、2.76倍に増大しているが、ドイツの熱間圧延工場の完成製品の生産高全体に占める帯鋼の割合は両年度にはそれぞれ6.7％、6.2％にとどまっている。このような状況に関して、A.ネルは、例えば合同製鋼において1937年に導入された広幅帯鋼圧延機のような当時計画された生産設備はアメリカのスタンダードとはあまり変わらなかったが、その経済性のためには比較的大きな生産量が必要となるので、ヨーロッパではそのような設備の数は限られたままであることは明らかであるとした上で、その規模に関しては、調達費と生産量が制約されているがその製造原価が競争力をもち続けるような広幅帯鋼圧延機の設計の諸努力が精力的に行われたとしている[201]。

そこで、市場の問題をみると、薄鋼板が本来最も多く使われるのは自動車生産分野においてであるが、大島隆雄氏は、乗用車をみても、この時期にはなお、「事業所的・営業所的モータリゼーションが主流であって、個人的・大衆的モータリゼーションは、なお初期的段階にとどまっていた[202]」とされている。またR.ハハトマンは、ドイツでは、アメリカとは反対に、広く普及していた印象に反して、乗用車は決して大衆消費財にはならなかったとしている[203]。当時の状況について、F.ヴィンターホッフは、薄板圧延機が広幅帯鋼用に転換された場合でさえ、またモータリゼーションがなおかなり大きく進展する場合でさえ、多くの冷間圧延機は十分な仕事を見い出すであろうが、さらなる加工を担当する業者に原料を供給する熱間広幅帯鋼圧延機については、そのわずかのものだけがつねに十分な仕事を見い出すであろうと指摘している[204]。

この時期には、国家による棒鋼優先の生産統制・消費統制の影響もあり、むしろ棒鋼の生産拡大に重点がおかれており、例えばグーテホフヌングでも、国家の消費統制やそれと結びついた圧延製品の生産の種類の変化に応じて、とくに棒鋼や厚板を生産する圧延機は生産を増大させることになった[205]。しかし、棒鋼や形鋼でも、純粋な連続圧延機が普及するには至らなかったとされてい

る[206]。ドイツでは，当時，圧延計画の多様性のために，純粋に連続的な棒鋼圧延機はまったく問題になりえなかったとされており，例えばクロスカントリーミルをみても，1936年にはアメリカでは約18基みられたのに対して，ドイツではわずか1基しかみられず，フランスの3基をも下回っている。同年のアメリカとドイツの棒鋼の生産高がそれぞれ676万トン，402万トンであったことを考えるとその数はあまりにも少なかったといえる[207]。

当時アメリカですでに広くみられた近代的な圧延設備の導入は，高級鋼圧延工場においても，ほとんど取り組まれることはなかったといえる。そこでは，圧延される製品の種類や品質は非常に多く，その結果，ひとつのサイズや鋼の種類についてはまったくわずかな量が圧延されることができたにすぎない。また顧客は短納期を求めるが，すべてのサイズの鋼の種類を在庫することは不可能であるので，高級鋼圧延工場は圧延品種の生産において非常に弾力的でなければならず，それゆえ，そのような高級鋼圧延工場では，手作業の操業が支配的であり，また比較的少ない月間生産量と結びついた小ロットの圧延量は，大量生産の圧延工場では当然な徹底的した機械化を可能にしなかったとされている。さらに高級鋼の製品のコストをみても，圧延コストは普通鋼の大量製品の場合よりもはるかに小さな割合を占めるにすぎず，その結果，圧延におけるコストダウンが全製造原価にあたえる影響は小さなものにとどまったとされている[208]。

これまでの考察をふまえて，主要企業における技術革新への取り組みの代表的事例をみると，**合同製鋼**では，1934/35年の営業年度には約28万RMの支出でもってボフーム・フェラインのレール圧延機の蒸気力駆動から電動式駆動への改造が行われており，それは34年12月に操業を開始しているほか[209]，35年3月にジーゲルラント製鉄所株式会社のアイヘン工場の車体用鋼板および型抜き鋼板の冷間圧延のための逆転式四重式スタンドの配置が決定されており，1,726,664RMの投資が承認されている[210]。35/36年度には，ドルトムント・ヘルデル・フェラインのヘルデの工場において，幅広の厚鋼板を生産するための4.5mの新しい厚板圧延機の建造が始められており，ドイツ鋼管会社のティセン工場では閉鎖されたガスパイプ製造工場のかわりに第3号フレッツムーン式鍛接管圧延機が完成し，操業を開始したほ

か，37年に操業を開始する上述の圧延会社の帯鋼圧延工場において連続ストリップミルの設置が着手されている[211]。ドルトムント・ヘルデの厚板圧延機の建造には承認された650万RMを大きく上回る795万RMが支出されているが，39年3月にはさらに125万RMの投資が承認されている[212]。またドイツ鋼管会社のフレッツムーン式鍛接管圧延機の建造には591,145RMが支出されている[213]。35/36年度にはさらにヘルデの薄板圧延工場の薄板・中板調整機の拡大が完了し，36年9月に操業を開始しているが，それは29年10月と30年11月に承認されていたものであり，35万RMが支出されている[214]。36/37年度にはヘルデの新しい5m大型厚板圧延機の建造が順調に推移したので，この設備ははやくも数ヶ月後に操業を開始することができた。またドイツ鋼管会社では，機械設備やその他の生産設備の更新のためにより大きな額の資金が投下されたが，とくにペンスゲン工場では第3鋼管工場と第4鋼管工場の工場建屋と設備の拡大，同工場の直流発電設備の拡大・拡張が行われている。さらに鋼管圧延工場でも，スリーブ管の加工のための3つの建屋のほか，亜鉛めっき工場とスリーブの生産のためのもう2つの建屋が完成している。薄板圧延工場でも4つの建屋の拡張が行われている。またジーゲルラント製鉄所株式会社ではヴィッセン工場とアイヘン工場の冷間圧延設備のためのすでに開始されていた新規建設が継続されているほか，ニーダーシュレジェン工場における一連の加工機械の調達が行われている[215]。ドイツ鋼管会社のペンスゲン工場の設備の調達や改造には第4鋼管工場の調整機のための設備の調達や第1鋼管工場の鋼管加工設備の改造をあげることができるが，前者には235,000RM，後者には19万RMの投資が承認されているほか[216]，同社の薄板圧延工場の建屋の拡張には1,472,145RMが支出されており，39年5月に完成している[217]。ジーゲルラント製鉄所のヴィッセン工場の連続式酸洗設備と脱脂設備を備えた冷間帯鋼圧延機の建造は35年11月に決定されているが，それが操業を開始するのは39年6月のことであり，3,642,138RMが支出されているほか[218]，アイヘン工場でも37年3月に冷間帯鋼圧延機への投資として2,083,039RMが承認されており，39年4月に操業を開始している[219]。また同社のヒューステン工場でも第2圧延機の電化が38年3月に決定されており，約50万RMが支出されているほか[220]，ニーダーシュレジェンのシャルロッテン製鉄所でも37年3月に厚板圧延機のための電動機の製造が決定されており，約27万RMが支出されている[221]。この年度にはさらにドルトムントの第3圧延工場の粗圧延機の改造が決定されており，37年3月に110万RMの投資が承認されて

第3章 重工業における合理化過程 145

いるが，39年9月までに992,265RMが支出されている(222)。37/38年度には，ドイツ鋼管会社において，鋼管の加工のための機械設備とともに，機械工場や電気職場の機能的な配置が行われ，またねじ工具やゲージの生産のために，熱処理設備での最も精密な加工のための近代的な設備が生み出されたほか，フレッツムーン式鍛接管圧延機が完全に機械化された亜鉛めっき設備によって補完され，鋼管のための防錆表面処理設備が操業を開始した。薄板工場でも片面もしくは両面めっきを施した冷鋼板の生産のためのめっき設備が拡大され，またラジアル圧延機では60トンまでの重量の，18mの長さと1,800mmの直径をもつ中空体の生産のための新しい設備が完成している(223)。このラジアル圧延機の建設は37年3月に決定されており，360万RMの投資が承認されている(224)。また38年3月にはに662,030RMの支出でもってティセンのデュイスブルク・ハムボルン製鉄所の薄板圧延機の四重式スタンドの建造が終了し，操業を開始しているほか(225)，同年1月にはルールオルト・マイデリッヒ製鉄所でも847,494RMが支出された分塊圧延機の改造が終了し，操業を開始している(226)。また38/39年度には，ティセンのデュイスブルク・ハムボルン製鉄所の薄板圧延工場の建屋の拡張が終了しているが，そのために243,322RMが支出されている(227)。しかし，ボフーム・フェラインの圧延工場では何ら根本的な改造や新規建設は取り組まれなかったとされており(228)，その意味では，合同製鋼の圧延部門における「技術的合理化」は特定の経営に重点をおいたかたちで推し進められたといえる(229)。

またクルップでは，1934/35年の営業年度には薄板圧延工場に1,798,000RMの投資が承認されているほか(230)，第1厚板圧延工場には2,249,000RMの投資が承認されており，35/36年度にも1,402,700RMの投資が承認されている(231)。この年度には第1圧延工場にも1,475,900RMの投資の承認が行われている(232)。この営業年度にはエッセン鋳鋼所において仕上工場の拡大が行われているほか(233)，フリードリッヒ・アルフレッド製鉄所の三重式圧延ラインにおける複二重式圧延機の改造が終了している(234)。翌年の36/37年度には，エッセン鋳鋼所の圧延工場の生産は副次設備の拡張やプッシャータイプ炉と加熱炉の新規建設によって増大されたと報告されているように(235)，新規設備が重要な役割を果たしたといえる。第1圧延工場のプッシャータイプ炉の建設は36年2月に決定されているが，それには796,092RMが支出されている(236)。36/37年度には薄板圧延工場でも折り重機が完成しているが，そのための投資は165万RMにのぼっている(237)。またフリードリッヒ・

アルフレッド製鉄所では第3分塊圧延機が完成しているほか,第1圧延機の改造が終了しているが[238],翌年の37/38年度にも2つの圧延機のピニオン支持器の完成をみているほか,大型の炉における均熱炉の転換が終了している[239]。この時期の生産増大をもたらした技術的要因としては,例えばエッセンにある薄板圧延工場における36/37年度の前年度比26％の生産増大はひとつには三重式スタンドの操業開始によって可能になったとされている。36/37～38/39年度の期間にはこの工場の1時間当たりの生産高は生産高そのものよりも急速に増大しているが,このような生産はむしろ経営設備の拡大や原料の変更ほどには労働時間に依存することはなかったと指摘されているように[240],「技術的合理化」はこの時期の生産の拡大においてそれなりの役割を果したといえる[241]。この点を第1圧延工場についてみると,同工場には38/39年度にも1,293,700RMの投資が承認されているが[242],第4プッシャータイプ炉の新規建設後のこのタイプの炉の設備の生産能力は平均日産775トンの生産を可能にしたとされている[243]。またこの時期に「技術的合理化」の取り組みが強力に推し進められたいまひとつの工場は装甲板圧延工場であり,その第1工場に対しては1934/35年度には2,249,000RM,35/36年度には1,402,700RM,36/37年度には3,702,400RMの投資が承認されている[244]。36/37年度については戦車製造工場とともに承認された161万RMのうちの109万RMが第1装甲板圧延工場に対するものであり,さらに38/39年度には1,686,500RMの投資が承認されており[245],その総額は10,130,600RMにのぼっている。また第2圧延工場では戦時中の41/42年度に4,082,900RMの大規模な投資の承認が行われているが,そのうち350万RMが中間圧延機のための粗圧延スタンドの建造にあてられている[246]。

さらに**グーテホフヌング**をみると,1931/32年から33/34年までの薄板圧延工場の休止の後に,オーバーハウゼン圧延工場は,1台の三段式粗圧延スタンドと2台の近代的な仕上スタンド,炉の設備や仕上設備から構成される新しい薄板圧延機を手に入れており,36年2月には新しいロールスタンド,ロールガング,加熱炉や焼鈍炉を備えた1基の近代的な中板圧延機が操業を開始しており,またオーバーハウゼン新工場でも35年に鉱山用レールの圧延機が近代的な棒鋼・形鋼圧延機に改造されている。しかし,同社の圧延工場の技術的変化は,36年以降,国家の諸要求が比較的大きな役割を果していたオーバーハウゼン圧延工場においてみられたにすぎないとされている。この工場では1937年に薄板用の酸洗装置が建造されたほか,38年春に認可されたリー・ウイルソン焼鈍炉が1年後に操業を開始しているが,新工場で

は形鋼倉庫のクレーンの軌道が延長され，第2号クレーンが37年に配置されたにすぎず，圧延生産の主要設備の新規建設や拡大は取り組まれなかったといえる。そこでは，原料不足とそのために導入された国家の諸方策は一層の設備投資を妨げたのであった。オーバーハウゼン新工場に対してはより大型の圧延機の新規設備のために約2,100万RMが承認されたが，この計画は第2次大戦の勃発までは実現されなかった[247]。最初のホット・ストリップ・ミルが導入された合同製鋼とは異なり，クルップやグーテホフヌングの圧延工場は何ら根本的な改造や新規建設に取り組むことはなかったとされている[248]。

(2) 熱経済の合理化と副産物の有効利用

つぎに，熱経済（エネルギー管理），副産物の有効利用の分野の合理化をみると，ドイツの大規模な鉄鋼企業の多くは石炭と鉄鋼を結合したモンタン企業であったので，そのような諸方策は重要な意味をもった。ガス副産物の有効利用の取り組みはすでに1920年代にみられ，そこでは，遠距離ガス供給が大きな役割を果したが，ナチス期にはその拡大がはかられた。ルールガス株式会社のパイプ・ラインでの遠距離ガス供給網は1928年の329kmから30年には803km[249]，33年には933kmに拡大されており，ガスの販売は28年の1億3,700万m³から33年には10億7,600万m³[250]，34年には14億m³に増大している。この年にはルール地域のコークス工場からのガスの総販売高は33億m³にのぼっており[251]，遠距離ガス供給によって配給されたガスの量は35年には24億m³に達している[252]。1933年頃には，ルールガスによって販売されたガスのうち平均して80％が工業用であり，そのうち約3分の1を占める鉄工業がトップに位置しており，製鉄業の割合はそれよりわずかに小さかったが[253]，38年の報告では，遠距離ガスのうちの約90％以上が工業によって受け入れられたとされている[254]。例えば合同製鋼では，ガスの販売は1933/34年の営業年度の14億2,900万m³[255]から37/38年度には28億8,400万m³[256]になっており，約2倍に増大しているが，34/35年と35/36年には，販売の増大部分は自社工場の購入によるものであった[257]。また36/37年には発生したコークスガスの総量の73.4％，37/38年には80.2％が遠距離ガスの販売にあてられていた[258]。

そこで，ガスの有効利用の事例をみると，F.シュプリンゴルムは，炉の加

熱のために，発生炉ガス以外にも，コークスガスと炉頂ガスの混合ガスやコークスガスのほか，褐炭ガスと練炭ガスとの混合ガスなどが大量に使用されていたとしている[259]。ガスの利用は圧延工場の炉や圧延機の加熱においても行われており，そこでは，多くの場合，遠距離ガスが利用されている[260]。例えばクルップでは，1934/35年の営業年度には，石炭やコークスの燃焼はガスによる燃焼によってはるかに大規模にとって代えられており[261]，35/36年度にも，石炭による燃焼から経済的にも技術的にも利益の大きいガスによる加熱への転換が継続されている[262]。ガス経済の重要性はまたガス洗浄の改良をもたらし，そのための設備の利用の拡大がはかられている[263]。ドイツの12の製鋼工場を調べたイギリスの調査でも，古い工場のみが発生炉ガスで操業を行っていたにすぎず，大部分の通常の燃料は一般に高炉ガスとコークスガスとの混合ガスであったとされており[264]，例えばボフーム・フェラインの第3製鋼工場の製鋼炉やドルトムント・ヘルデの混銑炉ではその燃焼にはそのような組み合わせの混合ガスが利用されていた[265]。クルップでも1936/37年度に薄板圧延工場の加熱炉の発生炉ガスによる加熱からコークスガスでの加熱への転換がはかられており[266]，37年1月には同工場のマッフル炉でもコークスガスでの加熱への転換が決定されているほか[267]，37/38年度にもそのような転換が同工場の4つの炉で行われている[268]。ヘルマン・ゲーリングの製鋼工場でも発生炉ガスとコークスガスが半分ずつ混合されたガスが利用されていた[269]。また合同製鋼では1937年7月にヘルデの工場における副産物の取り出し装置を備えたコークス・バッテリーの建造が決定されており，5,541,974RMが支出されている[270]。この時期に合同製鋼において副産物の有効利用が大きな意味をもっていたことは，第3節1においてみた30年代後半の同社のコークス炉バッテリーの建設のいずれもが副産物の取り出し装置をもつものであったことからもわかる[271]。

また第2次大戦の勃発にともない，戦争経済の需要は大きなエネルギー不足をひきおこし，そのような状況のもとで，すべての重要な需要者に石炭，コークス，ガスあるいは電気によって必要なエネルギー量を供給しうるためには，あらゆるところで消費の最大限の節約に取り組むことが重要となった。経験の交流やそのための組織はそのような合理化の諸努力において重要な役割を果し

うるが，そこでは，1920年代と同様に，製鉄業者連盟のエネルギー・経営経済部（熱部門）の諸活動が特別な意味をもったとされている(272)。この時期に熱経済の合理化がとくに重要となったことについては，E. ブスキュールも，戦時中にもそのような合理化が継続されねばならないことを指摘している(273)。

またガス以外の副産物の有効利用をみると，1936年頃には改善されたスラグ造粉法に加えて，スラグ軽石への処理が行われるようになっているが，多様な利用のために，軽量建築物への使用がますます重要となった。高炉スラグはさらにコンクリートの原料，道路建設や枕木のための材料として，また石灰肥料としても利用された。またスラグウールも以前には非常に限られた範囲にしか利用されていなかったが，防音や断熱の目的に，さらにコンクリート道路の建設のさいの割れ目の充填材として新たな利用を見い出したほか(274)，トーマススラグは依然として農業にとって利用価値の高い副産物として利用された(275)。例えば合同製鋼では，1937/38年の営業年度には，トーマス式製鋼工場はかなりの量のヴァナジウムスラグを産出しており，セメント工場とスラグウール工場が，補修・改造によって拡大されているが(276)，36年3月にもティセンのデュイスブルク・ハムボルン製鉄所のトーマススラグミルのための1基の新しいクレーンの調達が決定され，約20万RMが支出されており，37年9月は操業を開始している(277)。またクルップでも，1933/34年の営業年度には，ボルベック製鉄所では，高炉スラグから軽石を産出するための工場は1基の新しい混合設備とプレス機を備えていた(278)。35/36年度にはボルベック工場の軽石などのような副産物の全産出量が国内外の需要家によって順調に受け入れられたと報告されている(279)。

さらに化学副産物についてみると（表3-7参照），コークス工場の最も重要な化学副産物としては，アンモニア，ベンゾール，タールなどをあげることができるが，1939年には33年に比べコークス生産高が2.15倍に増大したのにともない，タール・濃縮タールでは2.14倍に，ベンゾールでは2.42倍に，硫黄，アンモニア・アンモニア化合物では約2倍に増大している。これを代表的企業についてみると，クルップでは，1935/36年度に乾留コークスと乾留タールの生産・利用のための有望な新しい方法が開発されほか，ルルギ法によって石炭硫黄から硫酸を取得するための設備が建設されている(280)。こうした取り組みの

150　第2部　主要産業部門における合理化過程

表3-7　1933年から39年までのコークス工場におけるコークスと副産物の産出高の推移

年度	コークスの生産 (1,000トン)	副産物の生産					
		タール・濃縮タール (1,000トン)	未精製のベンゾール (1,000トン)	硫黄,アンモニアおよびその他のアンモニア化合物 (1,000トン)	ガス (100万 m³)		
					総生産量	そのうち外部に販売されたもの	
1933	20,944.7 (100)[2]	815.4 (100)[2]	231.8 (100)[2]	297.6 (100)[2]	8,181 (100)[2]	1,981 (100)[2]	
1934	24,484.9 (116.9)	951.1 (116.6)	270.0 (116.5)	347.6 (116.8)	10,209 (124.8)	2,286 (115.4)	
1935[1]	29,801.2 (142.3)	1,196.4 (146.7)	350.2 (151.1)	412.1 (138.5)	12,737 (155.7)	2,502 (126.3)	
1936	35,832.6 (171.1)	1,426.9 (175.0)	420.6 (181.4)	478.8 (160.9)	15,223 (186.1)	2,270 (114.6)	
1937	40,920.7 (195.4)	1,593.8 (195.5)	529.4 (228.4)	535.9 (180.1)	17,203 (210.3)	2,532 (127.8)	
1938	43,557.4 (208.0)	1,697.6 (208.2)	558.9 (241.1)	567.8 (190.8)	18,510 (226.3)	3,542 (178.8)	
1939	45,117.4 (215.4)	1,747.1 (214.3)	560.7 (241.9)	581.8 (195.5)	19,676 (240.5)		

（注）：1）1935年3月1日以降はザール地域を含む。
　　　 2）（　）内の数値は1933年＝100としたときの指数。
（出所）：*Ebenda,* S. 195より作成。

結果，同社の化学副産物の産出高は，1937/38年度には，前年度に比べタールでは17.9％，アンモニアでは15.6％，ベンゾールでは28.6％の増加をみている[281]。

(3)　鉄鋼業における「技術的合理化」の性格

以上の考察において，鉄鋼業における「技術的合理化」の展開過程を，生産設備の近代化，熱経済の合理化と副産物の有効利用についてみてきたが，そのような合理化は，1920年代の合理化の限界を克服し，同時にアメリカに対する立ち遅れを克服し，大量生産体制への移行を推し進めんとするものであった。しかし，こうした目標はナチス期にもなお十分に達成されることはできなかったといえる。F. シュプリンゴルムは1936年に，石炭にしても鉱石にしても豊富な原料をもち，また大きな国内市場をもつアメリカにおいてはコストのかかる手作業や個々の作業の排除のための徹底的な工場の機械化について述べることができるのに対して，ドイツではそのような状況にはなく，確かにある程度の機械化の試みや大規模な単位への努力はみられるものの，それらはアメリカでみられたレベルからは大きく離れていたとしているが[282]，合理化の取り組みにもかかわらず，基本的には，こうした状況はその後も大きく変わることは

なかったといえる。

　鉄鋼業では，1933年以降，労働生産性は非常に停滞しており，それは一方では低品位の国内鉱石の利用，原料供給の滞りや古くなった生産設備の操業再開によるものであったが[283]，とくに設備投資をともなう「技術的合理化」が十分にはすすまなかったこともそれに大きく関係しているといえる。例えば製造原価の推移をみても，合同製鋼の製鉄部門では，トーマス銑の製造原価は1933/34年の営業年度には全工場の平均で1トン当たり44.61RMであったものが，37/38年度には56.24RMに，40/41年度には71.71RMに上昇しており，製鋼用銑でも46.76RMから57.08RM，67.35RMに上昇している[284]。また製鋼部門をみても，同社のトーマス鋼の製造原価は33/34年度の1トン当たり52.91RMから37/38年度には70.32RMに上昇しており，平炉鋼でも62.96RMから81.44RMに大きく上昇している[285]。さらに圧延部門をみても，D. S. ランデスによれば，1938年にドイツにおいて操業していた418台の圧延機のうち300台は第1次大戦前に作られたものであり，30年代に建造されたものはわずか18台にすぎなかった[286]。確かにそのなかにはいくつかの完全な連続圧延機があり，そこでは，旧式の薄板圧延機において5人から10人の「専門労働者」が生産したのとほぼ同じだけを1人の不熟練労働者が生産したとされるように[287]，連続広幅帯鋼圧延機（ストリップ・ミル）は両大戦間期の鉄鋼技術における唯一の最も重要な進歩であったといえるが[288]，R. ハハトマンは，労働を強化しようというイニシアティヴとともに，軍需景気に規定されて著しく増大した大規模な銑鉄・粗鋼需要の結果としての生産能力の徹底的な利用も生産性の上昇にはたらいたのであり，こうした諸要因がなければ鉄鋼業の労働生産性は低下さえしたであろうと指摘している[289]。また電炉鋼生産の領域では，とくに高級鋼や特殊鋼といった製品の市場の拡大もあり，新しい技術的革新の導入が生産増大に大きく寄与したのであり，この時期の鉄鋼業の合理化のひとつの主要な領域をなしたといえるが，本来「技術的合理化」の成果が最も大きかった領域はむしろ圧延部門であり，そこでの連続圧延機のような最新鋭の設備の導入がごく限られた範囲でしかみられなかったことの意味は大きく，こうした状況に鉄鋼業における「技術的合理化」の性格，あり方が示されているといえる。また熱経済の領域の合理化やガス副産物の有効利用の諸方策は，製鋼部門の電炉

鋼生産における技術的革新の導入や圧延部門における連続圧延機の導入と比べると，それの果した役割，重要性は20年代にみられたほどには大きなものとはならなかったといえる。

第3節　「労働組織的合理化」の展開とその特徴

1　作業準備，作業管理および作業編成の合理化

(1)　石炭業における取り組み

これまでの考察において，「技術的合理化」についてみてきたが，それをふまえて，つぎに，「労働組織的合理化」について考察をすすめることにしよう。

まず作業準備，作業管理および作業編成の領域の合理化についてみることにするが，この点を石炭業についてみると，坑内経営における時間研究は以前にもすでに時々実施されていたが，それはとりわけ従業員の拒否的態度のために失敗したとされている。それが新たに大規模に実施されることができたとすれば，そのことは，炭鉱連盟におけるルール炭鉱の技術的研究の統合がこの領域ではとくに有利にはたらいたこと，時間研究の方法で自分たちの労働を軽減するための諸条件が生み出されるという坑夫自身の意識の変革によるものであった。炭鉱連盟によって実施された時間研究は，個々の作業工程の時間支出に関して，十分な解明をもたらした。それは例えば，「生産的な」労働時間の約半分が石炭の積み込みのために必要とされていたことを示した。すでに当時の経営にとっては，時間研究によって，特定の作業方法についての経済性の限界が把握されるようになっていたが，時間研究の画期的意味は新しい採炭機械や積み込み機械との結合のなかにあったとされている[290]。

また第2次大戦のはじまりが近づくにつれて，またそのはじまりにともない，生産増大のスローガンがすべての経済部門に対して掲げられるようになるが，1939年の初めには，国内の要求の高まりと，38年には37年に比べ就業者数は平均で約21,000人多かったにもかかわらずルールの石炭採炭高はほとんど変わらなかったという状況の2つの要因がこうした問題をとくに緊急のものにした。そうしたなかで，ルール炭鉱でも，生産増大の取り組みが推進されることになるが，その重要な方策のひとつが労働時間の延長や出来高給の導入であっ

た。1939年4月1日以降，45分の労働時間の延長，超過勤務時間内に要求されるべき標準給付に対する25％の超過勤務手当，それを超える特別な給付増大に対する200％の超過勤務手当が計画された[291]。Wirtschaftsdienst 誌は1942年に，軍需生産の一層の増強のために必要な炭鉱の生産増大を達成するべくあらゆる手段が試みられているが，採炭増大の達成のための最も重要な前提のひとつは公正な賃金の決定であったとしている。外国人労働力のより強力な配置は，この追加手当を維持したままでは，多くのケースでは，ドイツ人坑夫——とりわけルール炭鉱における——に対する公正な賃金の決定をもはや不可能にしたので，最後の12カ月間は，当該炭鉱地域の全炭鉱の平均で200％の追加手当を含めた額の賃金水準が少なくとも維持され，また公正な賃金が見い出されるように新たな規定がつくられた。またルール炭鉱の経営に対する命令が炭鉱特別労働管理官によって出され，その後は，一般的な労働給付の場合に坑夫が1労働日当たり少なくとも9.4RMを稼ぐことができるように，またひとつの縦坑施設の全坑夫の平均を15％以上超えた場合に初めて出来高給の変更が可能であるように，経営側と坑夫との間で出来高給が取り決められるべきものとされた。それでもって，ルール炭鉱における賃金政策の透明性が確保され，また戦争のための生産増大の実現のために必要な円滑な作業の進展が確保されたとされている[292]。

(2) 鉄鋼業における取り組み

また鉄鋼業についてみると，1930年には，時間研究は鉄鋼業者連盟の「経営経済専門委員会」(Fachausschuß für Betriebswirtschaft) の活動のひとつの主要なテーマとなっている[293]。時間の算定は，「レファ」に基づいて，時間研究，概算，計算，経験値との比較によって，またさまざまな諸方式の結合によって行われることができたとされているが[294]，製鉄所においては，時間研究は生産設備の最も効率的な利用のための，製造時間の短縮のための，作業準備のための，また時間の管理のための方法を示すのに役立ったとされている[295]。またある熱間圧延工場では，特別な仕上工程において，詳細な時間研究に基づいて各グループに対して新しい出来高給が導入されており，またロール切削工場においては，組別生産が問題となる限りでは，計画的な作業研究・

時間研究によって重労働の切削作業の時間が20％から40％短縮されている。冷間圧延工場でも，詳細な作業研究・時間研究に基づいて個人別の出来高給が導入されているが，そこでは，時間研究の結果は，手作業については1枚の表に，また機械作業については2枚目の表に記録され，それに基づいて予定時間が算定された[296]。またアウグスト・ティセン製鉄所ではタイム露出撮影による動作研究と給付の算定が取り組まれており，その結果，24時間当たりの溶銑炉の最高生産量は約1,000トン，平均生産量は815トンとされたが，これらの数字は拘束力をもつものとされており，生産計画の基礎にされた[297]。

またこの時期には，ガント・チャートを利用した管理の取り組みを行っているケースもみられた。圧延工場でそれが利用されていた事例では，労働時間の終わりに記録が圧延表から一定の書式に移され，ガント方式に基づいて生産の進行を評価するために，この書式は工場部に送られるが，この書式は1日の労働時間分の1ライン3台の仕上スタンドの生産工程を含んでいる。この書式は注文数，サイズ，鉄板の強度，品質，ロールの種類，スタンドの数などの各々の圧延項目に関して存在しており，最も重要な数字である予定時間と実時間がすでに存在するので，ガント・チャートへの書式の移し変えはきわめて簡単である。それゆえ，予定時間が事後的にチェックされるだけでよく，このチャートの利点は実時間と予定時間との一目瞭然の対比が可能となることにあった[298]。

このように，鉄鋼業でも，時間研究・動作研究に基づく労働組織の再編成が取り組まれているが，H. ロッシーは1939年に，当時なお実際に使用することのできる測定道具が欠けており，それゆえ，正確な時間研究の諸方式のための利用領域は限られており，とくに中小経営では，予定時間の決定にさいして，かなり大きな部分を概算ですませていたとしている。また時間の支出の測定のさいには，作業工程の時間の流れがある作業工程から最後のそれまである程度機械的に把握されるにすぎないので，先進的な測定技術を用いた最も正確な時間の算定でさえ多くの概算を含んでいたとされている[299]。

時間研究・動作研究に基づくこのような労働組織の再編成はまた作業準備の役割，意義をそれだけ高めることになるが，そこでは，時間が決定的に重要な位置を占めるものとみなされねばならないだけでなく，コストの側面も重視さ

れなければならず，この点が考慮に入れられる場合にのみ，経営経済的な観点に基づいた作業準備について述べることができるとされている(300)。当時鉄鋼企業では経営経済部や原料部が作業準備の職能を担当するというケースが多くみられたが，アウグスト・ティセンでは，経営経済部の生産増大のための諸方策のなかで最も成功をおさめたもののひとつは，生産，出荷，在庫，操業時間，実働労働時間，エネルギー消費量，例えば操業時間当たりの生産量や工場の生産における実働時間などの特定の単位に関する数値といった統計数値の工場管理への毎日の報告であったとされている。生産増大のためのいまひとつの手段は経営の休止や中断を毎日把握し報告することであったが，原料部がこれを担当した。また時間の支出を減少させるという目標は，個々の経営に対する予定要員数の決定，新たな配置の要請の再考，発送準備のできた経営の生産ごとの実働時間や粗鋼1トン当たりの実働総時間の絶え間ない管理によって達成された(301)。またある平炉製鋼工場では，経営経済部が装入の測定に従事し，銑鉄と屑鉄の装入地点の持続的な管理は良質の屑鉄の不要な消費をなくした。また原料部による管理は装入量や装入物の構成，炉の工程，保守などだけでなく溶融物の流し込みにまでおよんでいる。原料部は望ましい総重量の記録後に装入物の測定を行うが，そこでは，仕損品を事後的に明らかにすることを可能にする番号のつけられた重量測定カードが利用される。装入物は種類別に分けられて各炉に対して別々に記入され，それに基づいて1日の消費量がまとめられ，また月初め以降に消費される各種類の量が継続的に計算される。工場では，各溶融物のすべての他の数値，とりわけ時間，装入量，鋳造能力，溶解能力などが特別な書式に記入され，この帳票は，工場部において，1日分の報告のために工場の管理者用としてまとめられる。個々の1日の報告はすべての指数でもって図でも示される月間報告にまとめられ，最後に粗鋼の生産計画を考慮して，鋼の種類ごとに継続的にまとめられる(302)。

また出来高と時間の管理についてみると，個々の工場部門の出来高と給付を管理するために全従業員が工場職長のもとに分けられ，個々の工場職長の記録係りによって，費やされた総時間が毎日個々の勘定に記入されるが，そのために，番号のついた2つの帳票が巡回していく。記入された後，個々の経営についてまとめるために，この記録は経営経済部に送られ，それによって，予定さ

れた出来高が達成されたかどうか，また出来高時間と賃金支払時間との関係がどのようになっているかが明らかになる。この評価は毎日経営管理者のもとに届けられる。これらの諸方式によって，余剰人員がすぐに明らかになり，経営経済部によって，彼らは労働力が不足している経営に配置される[303]。

2　標準化の取り組みとその特徴

この時期にはまた，「労働組織的合理化」の方策のひとつとして標準化の取り組みも推し進められたが，つぎにこの点についてみることにしよう。

まず炭鉱業についてみると，そこでは，1942/43年には，専門化および定型化によって生産を単純化すること，軍需経済およびその他の戦争経済の生産を最も生産能力の高い経営に集中すること，またそれによって労働予備軍を生み出すことを求めたヒトラーの命令によってルール炭鉱は新たな大きな課題を突きつけられることになった。炭鉱にとっては，製造業のようには特定の種類の製品への採炭の専門化は問題とはならず，むしろ機械製造工場や，炭鉱に供給を行うその他の産業における専門化および定型化によって炭鉱への供給が確保されるということが大きな意味をもつ。必要とされる工具，機械および機器の数や定型において必要な制限を加えることによってそれらを供給する産業の生産増大に炭鉱が関与するという方向でのそれなりの進歩はすでにみられた。しかし，炭鉱の経営現場は鉱床と結びついており，こうした結びつきはしばしば機械にさえおよんでおり，それゆえ，定型化および規格化は，例えばコールピックのようにその利用可能性が鉱床によって制限されることのないような作業機器においてのみ実施されたのであり[304]，炭鉱業では，標準化の進展はそのような限界性をもつものであったといえる。

また鉄鋼業についてみると，O.C.シュルツは1933年に，原料の規格化の活動の最初の発端はすでに10年以上も前のことであったが，全般的な原料の規格化や建設用鋼材の規格化はまだ発展の初期的段階にあり，実際の導入の初期的段階にあったとしている[305]。ナチス期にはそのような状況は大きく変化することになる。*Der Deutsche Volkswirt* 誌は1939年に，「まさに今日，われわれは再び，規格化の，定型の単純化，製造，配給および流通の領域における合理化の新しい高度な時代のなかにある」とした上で，そのような当時の状況は製鉄

業に対しても圧延製品の品種の喜ばしいまたははるかに徹底的な単純化を実施する可能性を与えてきたとしている。またE. ペンスゲンの報告によれば，製鉄業と加工産業との交渉によって棒鋼カルテルと鉄加工業組合（Avi）との間で棒鋼カルテルの圧延製品の品種の単純化に関する合意が成立したが，1938年にはこのカルテルの純粋な原料にはなお7,500ものさまざまなタイプがみられたのに対して，39年半ばには製品品目の単純化によって6,000以上のタイプが姿を消している。また例えば形鋼のようなこのカルテルに含まれていない製品でも同じような徹底的な単純化の努力が行われた。製鉄業全体では，棒鋼，形鋼，半製品，普通鋼，厚板，中板，薄板や帯鋼，線材を含めると，その少し前まで約77,000を超える型が存在しており，こうした型の多様性は圧延工場における生産や全体的な注文の処理を困難にしたが，同誌は，「今では消費者が棒鋼の残っている1,500のタイプでやっていくことはまったく可能であるように思われる」としている。また総販売高に占める国内供給比が高いところでは，棒鋼の製品品目の単純化によって，需要者に対して供給の迅速化を約束するだけでなく，工場に対しても，注文の処理のかなりの負担軽減を約束することができるであろう，としている[306]。またF. ヴァイクセルマンは1940年に，製鉄業の経営経済部が何年もの間大きな成功をおさめながら活動してきたひとつの領域は生産増大であるが，それは作業方式の改善，労働の成果や製品の品質の改善，規格化，定型化，損失の源泉の抑制の諸努力などによる経営における生産の増大であるとして，規格化・定型化の意義を指摘している[307]。

　また製品の定型化とともに，部品の規格化の取り組みも重要な役割を果したといえる。M. フィッシャーは1937年に，当時，取り替え部品の在庫を最大限削減するという問題が原料不足のもとでとくに重要な意味をもったとしている。彼はある製鋼工場と圧延工場のクレーンの部品の在庫保有の推移をあげているが，それによると，クレーンの台数は1931年から37年までに73基から86基に増加しているにもかかわらず，部品在庫は31年に比べ33年には15.6％，35年には46.9％，36年には55.2％，37年には63％減少している。規格化の活動の諸努力は機械の部品を統一すること，また過度の損耗をともなう部分を避けることがめざされたほか，調達の困難な原料についてはその消費をできる限り削減することが試みられた。このような規格化の取り組みはドイツ工業規格

(DIN) の成果を基礎にして行われた[308]。しかし，1939年の H. A. ブラサートの報告によれば，アメリカとは反対に，ドイツでは，当時もなお多くの数の個々のタイプや方式が存在しており，生産増大は新規建設によってよりはむしろ既存の設備の拡張によって達成されねばならなかったので，標準化への傾向やそのための機会はより少なかったとされている[309]。

以上の考察から明らかなように，重工業の場合，生産過程の特質もあって，生産の合理化のための諸方策のなかで「技術的合理化」が果した役割は大きく，電機工業，自動車工業や機械製造業のような加工組立産業の場合とは異なり，「労働組織的合理化」はむしろ「技術的合理化」を補完するものとしての役割を果したといえる。

（1）　例えば1924年を100としたときの29年の合同製鋼の製銑部門（銑鉄）および製鋼部門の生産高は，それぞれ169，165.8，労働者1人当たりの生産高は190.7，178.2にまで上昇しているのに対して，圧延部門では，生産高と労働者1人当たりの生産高は27年にはそれぞれ164.7，162.5となっており，相対的安定期の頂点に達した後，29年には142.3，140にまで大きく低下している。Vgl. *Statistisches Jahrbuch für das Deutschen Reich,* 47 Jg, 1928, S. 114-5, 51 Jg, 1932, S. 98-9, Enquete Ausschuß（Ⅲ）-2, *Die deutsche eisenerzeugende Industrie,* Berlin, 1930, S. 8, S. 36. この点については，拙書『ヴァイマル期ドイツ合理化運動の展開』，森山書房，2001年，第3章第4節1をも参照。また合同製鋼についてみると，A. レッケンドレースは，とくに生産の新たな組織化が生産性の向上に決定的に寄与したが，その後の合理化の局面における技術的近代化はそれ以上の生産性の向上をもたらすことはなかったとしている。Vgl. A. Reckendrees, *Das "Stahltrust"-Projekt,* München, 2000, S. 434.

（2）　1920年代の重工業の合理化過程については，同書を参照されたい。

（3）　Vgl. G. Stollberg, *Die Rationalisierungsdebatte 1908-1933,* Frankfurt am Main, New York, 1981, S. 64.

（4）　Vgl. J. Bönig, Technik und Rationalisierung in Deutschland zur Zeit der Weimarer Republik, U. Troitzsch, G. Wohlauf, *Technikgeschichte,* Frankfurt am Main, 1980, S. 403.

（5）　Vgl. Die Investitionen in der deutschen Industrie 1924 bis 1931, *Wirtschaft und Statistik,* 13 Jg, Nr. 19, 1933. 10. 16, S. 595.

（6）　Die allgemeine Wirtschaftslage Deutschlands im Jahre 1934, *Der Deutsche Volkswirt,* 9 Jg, Nr. 15, 1934/35（1935. 9. 11), S. 672.

（7）　Vgl. G. Keiser, B. Benning, Kapitalbildung und Investitionen in der deutschen Volkswirtschaft 1924 bis 1928, *Vierteljahrhefte zur Konjunkturforschung,* Sonderheft 22, 1931, S. 40, *Statistisches Jahrbuch für das Deutsche Reich,* 55 Jg, 1936, S. 508,

第3章 重工業における合理化過程 *159*

    Die Investitionen in der deutschen Industrie 1924 bis 1931, *Wirtschaft und Statistik*, 13 Jg, 1933, S. 595.
(8) Vgl. Gesteuerte Eiseninvestitionen, *Der Deutsche Volkswirt*, 11 Jg, Nr. 52, 1936/ 37 (1937. 9. 24), S. 2516-7.
(9) Vgl. H. Yano, *Hüttenarbeit im Dritten Reich*, Wiesbaden, 1986, S. 10. なおヘルマン・ゲーリング社の設立については，M. Riedel, *Eisen und Kohle für das Dritte Reich. Paul Pleigers Stellung in der NS-Wirtschaft*, Göttingen, 1973, S. 155-80参照。
(10) Vgl. *Ebenda*, S. 15.
(11) 工藤　章『20世紀ドイツ資本主義──国際定位と大企業体制』，東京大学出版会，1999年，第II部第4章第2節2および岡本友孝『大戦間期資本主義の研究』，八朔社，1993年，139ページ参照。
(12) この点については，拙稿「ナチス期におけるドイツ重工業の合理化過程(Ⅰ)」『立命館経営学』(立命館大学)，第37巻第6号，1999年3月，58-9ページ参照。
(13) 合同製鋼の1934/35年から39/40年までの各営業年度の貸借対照表を参照。
(14) Vgl. Die Abschreibungspolitik des Stahlvereins, *Der Deutsche Volkswirt*, 10 Jg, Nr. 23, 1935/36 (1936. 3. 6), S. 1082-3.
(15) Vgl. Vereinigte Stahlwerke, Aktiengesellschaft, Düsseldorf, *Stahl und Eisen*, 56 Jg, Heft 11, 1936. 3. 12, S. 345.
(16) Vgl. Vereinigte Stahlwerke, Aktiengesellschaft, Düsseldorf, *Stahl und Eisen*, 57 Jg, Heft 10, 1937. 3. 11, S. 278.
(17) Vgl. Vereinigte Stahlwerke, A.-G., *Der Deutsche Volkswirt*, 11 Jg, Nr. 24, 1936/37 (1937. 3. 12), S. 1191.
(18) Vgl. Vereinigte Stahlwerke, Aktiengesellschaft, Düsseldorf, *Stahl und Eisen*, 59 Jg, Heft 10, 1939. 3. 9, S. 319.
(19) Vgl. Vereinigte Stahlwerke, Aktiengesellschaft, Düsseldorf, *Stahl und Eisen*, 60 Jg, Heft 10, 1940. 3. 7, S. 217.
(20) Vgl. Vereinigte Stahlwerke, A.-G., *Der Deutsche Volkswirt*, 14 Jg, Nr. 25, 1939/40 (1940. 3. 21), S. 815.
(21) Vgl. Vereinigte Stahlwerke, Aktiengesellschaft, Düsseldorf, *Stahl und Eisen*, 61 Jg, Heft 11, 1941. 3. 13, S. 277, Vereinigte Stahlwerke, A.-G., *Der Deutsche Volkswirt*, 15 Jg, Nr. 33, 1940/41 (1941. 5. 16), S. 1196.
(22) Vgl. G. Mollin, *Montankonzerne und "Drittes Reich". Der Gegensatz zwischen Montanindustrie und Befehlswirtschaft in der deutschen Rüstung und Expansion 1936-1944*, Göttingen, 1988, S. 81-3.
(23) Vgl. Friedrich Krupp, A.-G., Essen, *Der Deutsche Volkswirt*, 8 Jg, Nr. 24, 1933/ 34 (1934. 3. 16), S. 1064.
(24) クルップの1933/34年から39/40年までの各営業年度の貸借対照表を参照。
(25) Vgl. Friedrich Krupp, Aktiengesellschaft, Essen, *Stahl und Eisen*, 55 Jg, Heft 5, 1935. 1. 31, S. 135.

(26) Vgl. Friedrich Krupp, Aktiengesellschaft, Essen, *Stahl und Eisen*, 56 Jg, Heft 5, 1936. 1. 31, S. 137-8.
(27) Vgl. *Ebenda*, S. 137, Friedrich Krupp, A.-G., Essen, *Der Deutsche Volkswirt*, 10 Jg, Nr. 24, 1935/36 (1937. 3. 5), S. 1136.
(28) Vgl. *Ebenda*, S. 1139.
(29) Vgl. Friedrich Krupp, Aktiengesellschaft, Essen, *Stahl und Eisen*, 57 Jg, Heft 3, 1937. 1. 21, S. 72.
(30) Vgl. Friedrich Krupp, A.-G., Essen, *Der Deutsche Volkswirt*, 11 Jg, Nr. 23, 1936/37 (1937. 3. 5), S. 1140.
(31) Vgl. Friedrich Krupp, A.-G., Essen, *Der Deutsche Volkswirt*, 12 Jg, Nr. 21, 1937/38 (1938. 2. 18), S. 1002.
(32) Vgl. Friedrich Krupp, A.-G., Essen, *Der Deutsche Volkswirt*, 13 Jg, Nr. 32, 1938/39 (1939. 5. 12), S. 1592.
(33) Vgl. Friedrich Krupp, Aktiengesellschaft, Essen, *Stahl und Eisen*, 60 Jg, Heft 19, 1940. 5. 9, S. 416.
(34) Vgl. Friedrich Krupp, A.-G., Essen, *Der Deutsche Volkswirt*, 14 Jg, Nr. 38, 1939/40 (1940. 6. 21), S. 1335.
(35) Vgl. Friedrich Krupp, Aktiengesellschaft, Essen, *Stahl und Eisen*, 61 Jg, Heft 12, 1941. 3. 20, S. 302-3.
(36) K. H. Herchendöder, Kriegsstarke Montanindustrie, *Wirtschaftsdienst*, 25 Jg, Heft 49, 1940. 12. 6, S. 1008.
(37) Vgl. W. Zollitsch, *Arbeiter zwischen Weltkwirtschaftskrise und Nationalsozialismus. Ein Beitrag zur Sozialgeschichte der Jahre 1928 bis 1936*, Göttingen, 1990, S. 33-5.
(38) Vgl. Institut für Wirtschaftsgeschichte der Akademie der Wissenschaften der DDR, *Produktivkräfte in Deutschland 1917/18 bis 1945*, Berlin, 1988, S. 55.
(39) Vgl. Leistungssteigerung und Rationalisierung, *Wirtschaftsdienst*, 24 Jg, Heft 12, 1939. 3. 24, S. 391.
(40) Vgl. V. K. Pritzkoleit, Weltwirtschaft der Steinkohle, *Wirtschaftsdienst*, 20 Jg, Heft 50, 1935. 12. 13, S. 1695.
(41) Vgl. P. Herrmann, Ruhrbergbau und Gesamtwirtschaft, *Der Deutsche Volkswirt*, 13 Jg, Nr. 41, 1938/39 (1939. 7. 14), S. 2041.
(42) Vgl. R. Regul, Technik, Forschung und Leistung im Ruhrkohlenbergbau, *Der Deutsche Volkswirt*, 15 Jg, Nr. 5, 1940/41 (1940. 11. 1), S. 181. 1941年の *Technik und Wirtschaft* 誌も,その近年において,機械化とともに経営の統合,すなわち,大規模な採掘経営および採掘単位の開発や大規模な縦坑施設の拡大によってかなりの生産増大が達成されたことを指摘している。Vgl. Um die Mechanisierung des Bergbaues, *Technik und Wirtschaft*, 34 Jg, Heft 1, 1941. 1, S. 14.
(43) Vgl. E. Buskühl, Mensch und Maschine im Ruhrkohlenbergbau, *Der Vierjahresplan*, 4 Jg, Folge 24, 1940. 12, S. 1073.

(44) Vgl. R. Regul, a. a. O., S. 181.
(45) Vgl. P. Herrmann, a. a. O., S. 2042.
(46) Vgl. Die maschinelle Kohlengewinnung, *Wirtschaftsdienst*, 26 Jg, Heft 48, 1941. 11. 28, S. 912.
(47) Vgl. R. Regul, a. a. O., S. 181-2. ルール炭鉱における就業者1人当たりの採炭高は1936年には1,730kgであったものが39年春には約1,560kgに減少している。P. Herrmann, a. a. O., S. 2042.
(48) Vgl. B. Hartenberg (Hrsg), *Chronik des Ruhrgebietes*, Dortmund, 1987, S. 397.
(49) この点については，前掲拙書，第3章を参照されたい。
(50) Vgl. W. Zollitsch, a. a. O., S. 35. アメリカでは，機械による石炭の採炭の割合は1934年には79.2%であったとされているが，積み込み機械の導入は30年代に急速にすすんでおり，坑内において機械で積み込まれた石炭の量は28年には1,950万トンであったものが37年には9,400万トンに大きく増加している。Vgl. D. W. v Zglinicki, Die Kohlenwirtschaft der Welt, VI. Vereinigte Staaten von Amerika, *Technik und Wirtschaft*, 32 Jg, Heft 4, 1939. 4, S. 99.
(51) Vgl. E. Busköhl, a. a. O., S. 1073.
(52) Vgl. E. Stein, Mensch und Technik im Bergbau, *Der Vierjahresplan*, 6 Jg, Folge 5, 1942. 5, S. 222.
(53) Vgl. Um die Mechanisierung des Bergbaues, *Technik und Wirtschaft*, 34 Jg, 1941, S. 13.
(54) Vgl. E. Busköhl, a. a. O., S. 1073-4.
(55) Vgl. Erfolgreiche Bergbaumechanisierung, *Wirtschaftsdienst*, 27 Jg, Heft 10, 1942. 3. 6, S. 141.
(56) Vgl. Neue Mechanisierngserfolge im Ruhrbergbau, *Wirtschaftsdienst*, 27 Jg, Heft 34, 1942. 8. 21, S. 615.
(57) Vgl. H. Nathow, Der Braunkohlenbergbau im Kriegseinsatz, *Der Vierjahresplan*, 7 Jg, Folge 3, 1943. 3, S. 101-2.
(58) Vgl. H. Bohnhoff, Elektromotorische Antriebe im Bergbau, *Elektrotechnische Zeitschrift*, 58 Jg, Heft 21, 1937. 5. 27, S. 555.
(59) Vgl. W. Groezinger, Stromerzeugung im Bergbau, *Elektrotechnische Zeitschrift*, 58 Jg, Heft 21, 1937. 5. 27, S. 549.
(60) Vgl. H. Bohnhoff, a. a. O., S. 560.
(61) Vgl. W. Groezinger, a. a. O., S. 549-50.
(62) Vgl. H. Bohnhoff, a. a. O., S. 560.
(63) Vgl. *Ebenda*, S. 558.
(64) Vgl. W. Philippi, Elektrische Antriebe im Bergbau, *Elektrotechnische Zeitschrift*, 60 Jg, Heft 30, 1939. 7. 27, S. 909. 例えばベルト・コンベアをみた場合，ルール炭鉱では，1928年にはその全長距離はわずか7kmにすぎなかったが，10年後には230kmにまで拡大されている。Vgl. E. Stein, a. a. O., S. 21.
(65) Vgl. Allgemeine Elektricitäts-Gesellschaft, *Geschäftsbericht über das Geschäfts-*

jahr vom 1. Oktober 1935 bis 30. September 1936, S. 14.
(66) Vgl. Allgemeine Elektricitäts-Gesellschaft, *Geschäftsbericht über das Geschäftsjahr vom 1. Oktober 1936 bis 30. September 1937*, S. 13.
(67) Vgl. Allgemeine Elektricitäts-Gesellschaft, *Geschäftsbericht über das Geschäftsjahr vom 1. Oktober 1937 bis 30. September 1938*, S. 16.
(68) Vgl. Allgemeine Elektricitäts-Gesellschaft, *Geschäftsbericht über das Geschäftsjahr vom 1. Oktober 1938 bis 30. September 1939*, S. 16. とはいえ，電動式捲揚機は，長い間，普及するには至らず，1948年にもなおルール炭鉱の捲揚設備の80％が蒸気機関を動力としていたことにみられるように，第2次大戦後まで，蒸気機関が立坑巻上げのための最も多く利用されている動力でありつづけたとされている。Vgl. U. Burghardt, *Die Mechanisierung des Ruhrbergbaus 1890-1930*, München, 1995, S. 303.
(69) Vgl. H. Fezer, Neue Aufgaben des Ruhrbergbaus, *Der Deutsche Volkswirt*, 9 Jg, Nr. 46, 1934/35（1935. 8. 16), S. 2132.
(70) Vgl. Vereinigte Stahlwerke, Aktiengesellschaft, Düsseldorf, *Stahl und Eisen*, 56 Jg, 1936, S. 345.
(71) Vgl. Stand der Neuanlagen am 30. September 1934, *Thyssen Archiv*, VSt/5944, S. 32.
(72) Vgl. Stand der Neuanlagen am 30. September 1935, *Thyssen Archiv*, VSt/5945, S. 53.
(73) Vgl. Vereinigte Stahlwerke, Aktiengesellschaft, Düsseldorf, *Stahl und Eisen*, 57 Jg, 1937, S. 279 u S. 281.
(74) Vgl. Stand der Neuanlagen am 30. September 1936, *Thyssen Archiv*, VSt/5946, S. 50.
(75) Vgl. Vereinigte Stahlwerke, Aktiengesellschaft, Düsseldorf, *Stahl und Eisen*, 59 Jg, 1939, S. 320, Vereinigte Stahlwerke, A.-G., *Der Deutsche Volkswirt*, 13 Jg, Nr. 25, 1938/39（1939. 3. 24), S. 1227.
(76) Vgl. Stand der Neuanlagen am 30. September 1938, *Thyssen Archiv*, VSt/5948, S. 69.
(77) Vgl. *Ebenda*, S. 67.
(78) Vgl. *Ebenda*, S. 76.
(79) Vgl. Stand der Neuanlagen am 30. September 1939, *Thyssen Archiv*, VSt/5949, S. 76.
(80) Vgl. *Ebenda*, S. 90.
(81) Vgl. Vereinigte Stahlwerke, Aktiengesellschaft, Düsseldorf, *Stahl und Eisen*, 59 Jg, 1939, S. 318.
(82) Vgl. Stand der Neuanlagen am 30. September 1939, *Thyssen Archiv*, VSt/5949, S. 68.
(83) Vgl. W. Zollitsch, *a. a. O.*, S. 35.
(84) Vgl. Friedrich Krupp, Aktiengesellschaft, Essen, *Stahl und Eisen*, 56 Jg, 1936, S.

137.
(85) Vgl. Friedrich Krupp, A.-G., Essen, *Der Deutsche Volkswirt*, 11 Jg, 1936/37, S. 1140.
(86) Vgl. Friedrich Krupp, Aktiengesellschaft, Essen, *Stahl und Eisen*, 59 Jg, Heft 12, 1939. 3. 23, S. 383.
(87) Vgl. Friedrich Krupp, A.-G., Essen, *Der Deutsche Volkswirt*, 13 Jg, 1938/39, S. 1591.
(88) Vgl. Friedrich Krupp, Aktiengesellschaft, Essen, *Stahl und Eisen*, 60 Jg, 1940, S. 417.
(89) R. A. Brady, *The Rationalization Movement in German Industry*, Berkeley, California, 1933, p. 91.
(90) Vgl. R. Regul, *a. a. O.*, S. 182.
(91) Vgl. B. Hartenberg (Hrsg), *a. a. O.*, S. 420.
(92) Vgl. Friedrich Krupp, A.-G., Essen, *Der Deutsche Volkswirt*, 13 Jg, 1938/39, S. 1591.
(93) Vgl. F. Springorm, Die technische Entwicklung der deutschen Eisen und Stahlerzeugung während der letzten fünfzehen Jahre, *Stahl und Eisen*, 56 Jg, Heft 38, 1936. 9. 17, S. 1048-9.
(94) Vgl. AEG-Turbin in Bergbau- und Hüttenbetrieben, *Stahl und Eisen*, 55 Jg, Heft 11, 1935. 4. 14, S. 25.
(95) Vgl. H. Yano, *a. a. O.*, S. 17-8.
(96) Vgl. F. Springorm, *a. a. O.*, S. 1049.
(97) Vgl. Vereinigte Stahlwerke, Aktiengesellschaft, Düsseldorf, *Stahl und Eisen*, 56 Jg, 1936, S. 346.
(98) Vgl. Vereinigte Stahlwerke, Aktiengesellschaft, Düsseldorf, *Stahl und Eisen*, 57 Jg, 1937, S. 281.
(99) Vgl. Stand der Neuanlagen am 30. September 1937, *Thyssen Archiv*, VSt/5947, S. 13.
(100) Vgl. Stand der Neuanlagen am 30. September 1937, *Thyssen Archiv*, VSt/5947, S. 9, Stand der Neuanlagen am 30. September 1938, *Thyssen Archiv*, VSt/5948, S. 8.
(101) Vgl. Stand der Neuanlagen am 30. September 1937, *Thyssen Archiv*, VSt/5947, S. 21.
(102) Vgl. Vereinigte Stahlwerke, Aktiengesellschaft, Düsseldorf, *Stahl und Eisen*, 59 Jg, 1939, S. 321.
(103) Vgl. Stand der Neuanlagen am 30. September 1939, *Thyssen Archiv*, VSt/5949, S. 18.
(104) Vgl. *Ebenda*, S. 10.
(105) USSBS (The United States Strategic Bombing Survey), August Thyssen Hutte AG, Hamborn, Germany, *Final Reports of the United States Strategic Bombing*

164 第2部 主要産業部門における合理化過程

Survey, Washington, No. 72, second edition, 1947, Exhibit A_1-1, Exhibit A_2-1.
(106) USSBS, Dortmund-Horder Huttenverein AG, Dortmund, Germany, *Final Reports of the United States Strategic Bombing Survey*, Washington, No. 74, second edition, 1947, Exhibit A, p. 1, p. 5.
(107) USSBS, Bochumer Verein fur Gusstahlfabrikation AG, Bochum, Germany, *Final Reports of the United States Strategic Bombing Survey*, Washington, No. 76, second edition, 1947, Exhibit B, p. 1.
(108) Vgl. Geschäftsbericht der Friedlich-Alfred-Hütte für das Geschäftsjahr 1933/34, S. 22, *Historisches Archiv Krupp*, WA70/030-02.
(109) Vgl. Betriebsbericht über das Geschäftsjahr 1934/35, Hochofenwerk, S. 6, *Historisches Archiv Krupp*, WA41/3-946, Antrag auf Bewilligung eines Kredits von 1,800,000RM für den Bau einer Rennanlage für das Hochofenwerk Borbeck (1934. 8. 1), *Historisches Archiv Krupp*, WA41/3-151.
(110) Vgl. Geschäftsbericht der Friedlich-Alfred-Hütte für das Geschäftsjahr 1934/35, S. 22, *Historisches Archiv Krupp*, WA70/030-02.
(111) Vgl. Geschäftsbericht der Friedlich-Alfred-Hütte für das Geschäftsjahr 1935/36, S. 18, *Historisches Archiv Krupp*, WA70/030-02.
(112) Vgl. Friedrich Krupp, Aktiengesellschaft, Essen, *Stahl und Eisen*, 57 Jg, 1937, S. 73.
(113) Vgl. Betriebsbericht über das Geschäftsjahr 1935/36, Hochofenwerk, S. 6, *Historisches Archiv Krupp*, WA41/3-947.
(114) Vgl. Betriebsbericht über das Geschäftsjahr 1935/36, Rennanlage, S. 3, *Historisches Archiv Krupp*, WA41/3-947, Antrag auf Bewilligung von M. 900,000 für Überschreitung des Kredites Rennanlage (1935. 12. 10), *Historisches Archiv Krupp*, WA41/3-151.
(115) Vgl. Geschäftsbericht der Friedlich-Alfred-Hütte für das Geschäftsjahr 1936/37, S. 14, *Historisches Archiv Krupp*, WA70/030-02.
(116) Vgl. Betriebsbericht über das Geschäftsjahr 1936/37, Rennanlage, S. 3, *Historisches Archiv Krupp*, WA41/3-948.
(117) Vgl. Geschäftsbericht der Friedlich-Alfred-Hütte für das Geschäftsjahr 1937/38, S. 14, *Historisches Archiv Krupp*, WA70/030-02.
(118) Vgl. Friedrich Krupp, Aktiengesellschaft, Essen, *Stahl und Eisen*, 59 Jg, 1939, S. 383, Friedrich Krupp, A.-G., Essen, *Der Deutsche Volkswirt*, 13 Jg, 1938/39, S. 1591.
(119) Vgl. Friedrich Krupp, A.-G., Essen, *Der Deutsche Volkswirt*, 14 Jg, 1939/40, S. 1334, Friedrich Krupp, Aktiengesellschaft, Essen, *Stahl und Eisen*, 60 Jg, 1940, S. 417.
(120) Vgl. *Ebenda*, S. 417.
(121) Vgl. Friedrich Krupp, Aktiengesellschaft, Essen, *Stahl und Eisen*, 61 Jg, 1941, S. 303.
(122) Vgl. Antrag auf Bewilligung von M. 1,995,000 für eine A. J. B.-Agglomerieran-

第3章　重工業における合理化過程　*165*

　　　lage mit einer Tagesleistung von etwa 700t Sinter für das Hochofenwerk Borbeck (1938. 5. 20), *Historisches Archiv Krupp*, WA41/3-151.
(123)　Vgl. Antrag auf Bewilligung von RM. 900, 000 für Erhöhung der mit Beschluß Nr. 431 vom 20. 7. 1938 genehmigten Kosten für 1 A. J. B.-Agglomerieranlage bei Errichtung einer Greenawalt-Agglomerieranlage gleicher Leistung (1939. 4. 27), *Historisches Archiv Krupp*, WA41/3-151, Antrag auf Bewilligung von M. 1, 430, 000 für Erhöhung der mit Beschluß Nr. 431 v. 20. 7. 1938 und Beschluß Nr. 132 v. 1. 6. 1939 genehmigten Kosten für die Errichtung einer Greenawalt-Agglomerieranlage (1942. 2. 10), *Historisches Archiv Krupp*, WA41/3-151.
(124)　Vgl. Antrag auf Bewilligung von RM. 95, 000 für die Aufstellungeiner Luftvorwärmungsanlage mit Gichtgasbeheizung für den Drehofen (1939. 1. 16), *Historisches Archiv Krupp*, WA41/3-151.
(125)　Vgl. Betriebsbericht über das Geschäftsjahr 1941/42, Rennanlage Borbeck, S. 3, *Historisches Archiv Krupp*, WA41/3-953.
(126)　Vgl. W. Zollitsch, *a. a. O.*, S. 28.
(127)　USSBS, Friedlich Krupp AG, Borbeck Plant Essen, Germany, *Final Reports of the United States Strategic Bombing Survey*, Washington, No. 73, second edition, 1947, Exhibit C, p. 1.
(128)　BIOS (British Intelligence Objectives Sub-Committee), *Blast Furnaces. Notes on German Practice*, B.I.O.S. Final Report No. 819, Item No. 31, London, 1946, pp. 8-9.
(129)　Vgl. *Statistisches Jahrbuch für das Deutschen Reich*, 54 Jg, 1935, S. 131, 59 Jg, 1941/42, S. 197.
(130)　Vgl. H. Yano, *a. a. O.*, S. 13-5.
(131)　Vgl. *Ebenda*, S. 12.
(132)　Vereinigte Stahlwerke, Aktiengesellschaft, Düsseldorf, *Stahl und Eisen*, 59 Jg, 1939, S. 319.
(133)　H. Yano, *a. a. O.*, S. 13.
(134)　Vgl. F. Springorum, *a. a. O.*, S. 1053.
(135)　Vgl. H. Yano, *a. a. O.*, S. 12.
(136)　この点を合同製鋼についてみると、1939年3月にドルトムントのトーマス式製鋼工場の拡張が決定されており、85万RMの投資が承認されているが、そのほかにはトーマス式製鋼工場における再編成はほとんどみられない (Vgl. Stand der Neuanlagen am 30. September 1939, *Thyssen Archiv*, VSt/5949, S. 18)。
　　　またアメリカの戦略爆撃調査団 (USSBS) の調査によれば、第2次大戦終結時には、合同製鋼のアウグスト・ティッセンのルールオルト・マイデリッヒ製鉄所には、月産106,000トンの総生産能力をもつと評価されたそれぞれ14トンの容量をもつ4基のトーマス転炉とそれぞれ15.5トンの容量をもつ6基のトーマス転炉が存在しており (USSBS, August Thyssen Hutte AG, Exhibit A_2-1)、ドルトムント・ヘルデル・フェラインのドルトムント工場には、それぞれ20トンの容量 (イギリスの調査では25ト

ンから28トンとされている）をもつ6基のトーマス転炉と40トンの容量（イギリスの調査では45トン）をもつ1基のトーマス転炉が，ヘルデの工場にはそれぞれ20トンの容量をもつ6基のトーマス転炉があった（USSBS, Dortmund-Horder Huttenverein AG, Exhibit A, p. 1, p. 5, BIOS, *Steelmaking. Notes on German Practice*, B.I.O.S. Final Report No. 825, Item No. 21, London, 1946, p. 65）。またヘルマン・ゲーリングでは50トンから60トンの容量をもつ6基のトーマス転炉が存在していた。*Ibid.*, p. 10.

(137) Vgl. H. Yano, *a. a. O.*, S. 19.
(138) Vgl. A. Nöll, Die Bedeutung des Walzwerkes für die Arbeits- und Kostengestaltung auf Hüttenwerken, *Stahl und Eisen*, 57 Jg, Heft 40, 1937. 10. 7, S. 1121.
(139) Vgl. F. Springorum, *a. a. O.*, S. 1050-1.
(140) BIOS, *Steelmaking*, p. 5.
(141) Vgl. R. Schlicksupp, Neuartige Beschickung von Siemens-Martin-Oefen mit großen Mengen kalten Einsatzes in einem einzigen Besickungsvorgang, *Stahl und Eisen*, 58 Jg, Heft 29, 1938. 7. 21, S. 788.
(142) F. Springorum, *a. a. O.*, S. 1050. アメリカの戦略爆撃調査団の調査によれば，第2次大戦終結時には，合同製鋼のアウグスト・ティッセンのティッセン製鉄所には，その第1平炉工場にそれぞれ20トンの容量をもつ2基の固定式平炉，それぞれ30トンの容量をもつ2基の固定式平炉，それぞれ45トンの容量をもつ2基の固定式平炉があり，それらの月間生産能力は全体で15,500トンとなっており，第2平炉工場には，それぞれ55トンの容量をもつ2基の傾注式平炉，それぞれ120トンの容量をもつ4基の傾注式平炉があり，それらの月間生産能力は全体で37,700トンとなっていた。またティッセンのルールオルト・マイデリッヒ製鉄所には，それぞれ60トンの容量をもつ5基の固定式平炉，それぞれ75トンの容量をもつ3基の固定式平炉，それぞれ75トンの容量をもつ2基の傾注式，200トンの容量をもつ1基の傾注式平炉があった（USSBS, August Thyssen Hutte AG, Exhibit A_1-2, A_2-1）。ドルトムント・ヘルデル・フェラインのドルトムント工場には，それぞれ100トンの容量をもつ3基の平炉，それぞれ120トンの容量をもつ2基の平炉があり，ヘルデの工場には，第1平炉工場のそれぞれ50トンから60トンの容量をもつ7基の固定式平炉，第2平炉工場のそれぞれ100トンの容量をもつ3基の傾注式の塩基性平炉，それぞれ200トンの容量をもつ2基の傾注式の塩基性平炉があった（USSBS, Dortmund-Horder Huttenverein AG, Exhibit A, p. 1, p. 5）。ボフーム・フェラインにおいては，第1平炉工場にそれぞれ30トン（イギリスの調査では40トンとされている）の容量をもつ4基の固定式の塩基性平炉が，第2平炉工場にそれぞれ60トンの容量（イギリスの調査では65トン）をもつ6基の固定式の塩基性平炉が，第3平炉工場にそれぞれ120トンの容量をもつ2基の傾注式の塩基性平炉，それぞれ180トン（イギリスの調査では140トン）の容量をもつ2基の傾注式の塩基性平炉，250トンの容量をもつ近代的な設計の1基の傾注式の塩基性平炉が，第4平炉工場にそれぞれ60トンの容量をもつ6基の固定式の塩基性平炉があった（USSBS, Bochumer Verein fur Gusstahlfabrikation AG, Exhibit B, pp. 1-2, BIOS, *Steelmaking*, pp. 40-2）。イギリスの調査によれば，同社の塩基性平炉鋼の月間生産

第3章　重工業における合理化過程　*167*

量は平均10万トンであったとされている (*Ibid.*, p. 40)。またクルップでは，ボルベック工場には，それぞれ80トンの容量をもつ5基の傾注式の塩基性平炉，180トンの容量（イギリスの調査では160トンとされている）をもつ1基の傾注式の塩基性平炉が，エッセン工場には，それぞれ30トンの容量をもつ3基の固定式平炉，それぞれ40トンの容量をもつ2基の固定式平炉があった（USSBS, Friedich Krupp AG, Exhibit C, p. 1, p. 3, BIOS, *Steelmaking*, pp. 54-5)。さらにヘルマン・ゲーリングについてみると，イギリスの調査では，165トンの容量をもつ3基の傾注式平炉があった。*Ibid.*, p. 10.

(143)　Vgl. Stand der Neuanlagen am 30. September 1937, *Thyssen Archiv*, VSt/5947, S. 22.
(144)　Vgl. Stand der Neuanlagen am 30. September 1939, *Thyssen Archiv*, VSt/5949, S. 22.
(145)　Vgl. Stand der Neuanlagen am 30. September 1936, *Thyssen Archiv*, VSt/5946, S. 14.
(146)　Vgl. Stand der Neuanlagen am 30. September 1935, *Thyssen Archiv*, VSt/5945, S. 8.
(147)　Vgl. W. Zollitsch, *a. a. O.*, S. 28.
(148)　Vgl. Antrag auf Bewilligung von RM. 20, 510, 000 für das E-Program (1941. 9. 2), *Historisches Archiv Krupp*, WA41/3-259, Bd 2 : 1936-41.
(149)　Vgl. Betriebsbericht über das Geschäftsjahr 1933/34, *Historisches Archiv Krupp*, WA41/3-945, Betriebsbericht über das Geschäftsjahr 1934/35, *Historisches Archiv Krupp*, WA41/3-946, Betriebsbericht über das Geschäftsjahr 1935/36, *Historisches Archiv Krupp*, WA41/3-947, Betriebsbericht über das Geschäftsjahr 1936/37, *Historisches Archiv Krupp*, WA41/3-948, Betriebsbericht über das Geschäftsjahr 1937/38, *Historisches Archiv Krupp*, WA41/3-949, Betriebsbericht über das Geschäftsjahr 1938/39, *Historisches Archiv Krupp*, WA41/3-950, Betriebsbericht über das Geschäftsjahr 1939/40, *Historisches Archiv Krupp*, WA41/3-951, Betriebsbericht über das Geschäftsjahr 1940/41, *Historisches Archiv Krupp*, WA41/3-952, Betriebsbericht über das Geschäftsjahr 1941/42, *Historisches Archiv Krupp*, WA 41/3-953.
(150)　Vgl. Antrag auf Bewilligung von M. 2, 400, 000 für den Ausbau des M. W. 7. (1937. 3. 22), *Historisches Archiv Krupp*, WA41/3-259, Bd 2 : 1936-41, Betriebsbericht über das Geschäftsjahr 1936/37, Martinwerk Ⅶ, S. 9, *Historisches Archiv Krupp*, WA41/3-948.
(151)　Vgl. F. Springorum, *a. a. O.*, S. 1053-4.
(152)　Vgl. W. Rolhand, Die Entwicklung des Lichtbogen-Elektrostahlofens zum Großraumofen und seine metallurgische Anwendung, *Stahl und Eisen*, 61 Jg, Heft 1, 1941. 1. 2, S. 2-3.
(153)　Vgl. *Statistisches Jahrbuch für das Deutsche Reich*, 59 Jg, 1941/42, S. 197.
(154)　Vgl. W. Rolland, *a. a. O.*, S. 3.

(155) Vgl. H. Yano, *a. a. O.*, S. 20-1.
(156) Vgl. W. Rolhand, *a. a. O.*, S. 3.
(157) Vgl. Beschickungsvorrichtung an Elektrostahlöfen, *Stahl und Eisen*, 52 Jg, Heft 33, 1932. 8. 18, S. 806-8.
(158) Vgl. U. Aschmann, Fließend arbeitende Elektroöfen, *Siemens-Zeitschrift*, 13 Jg, 1933, Juni/Aug, S. 135.
(159) Vgl. W. Fischer, Fließbetrieb mit Elektroöfen, *Werkstattstechnik und Werksleiter*, 30 Jg, Heft 19, 1936. 10. 1, S. 405-6.
(160) Vgl Vereinigte Stahlwerke, Aktiengesellschaft, Düsseldorf, *Stahl und Eisen*, 59 Jg, 1939, S. 318.
(161) Vgl. *Ebenda*, S. 321, Vereinigte Stahlwerke A. -G., Düsseldorf, *Der Deutsche Volkswirt*, 13 Jg, 1938/39, S. 1227-8. アメリカの戦略爆撃調査団の調査によれば，第2次大戦終結時には，合同製鋼のアウグスト・ティセン製鉄所のティセン製鉄所には，それぞれ6トンの容量をもつ2基の傾注式アーク電炉，それぞれ7トンの容量をもつ2基の傾注式アーク電炉，20トンの容量をもつ1基の傾注式アーク電炉が存在しており，それらの月間生産能力は全体で7,200トンであった (USSBS, August Thyssen Hutte AG, Exhibit A_1-3)。ドルトムント・ヘルデル・フェラインには，ヘルデの工場にそれぞれ6トンの容量をもつ2基のアーク電炉，15トンの容量をもつ1基のアーク電炉，40トンの容量をもつ1基のアーク電炉があった (USSBS, Dortmund-Horder Huttenverein AG, Exhibit A, p. 5)。またボフーム・フェラインには，8トンと12トンの容量（イギリスの調査ではそれぞれ6トンと15トンとされている）をもつそれぞれ1基の電炉，それぞれ40トンの容量をもつ2基の電炉があった (USSBS, Bochumer Verein fur Gusstahlfabrikation AG, Exhibit B, p. 2, BIOS, Steelmaking, p. 41)。イギリスの調査によれば，同社の電炉鋼の月間生産量は9,000トンであったとされている。*Ibid*., p. 40.
(162) Vgl. Stand der Neuanlagen am 30. September 1939, *Thyssen Archiv*, VSt/5949, S. 8.
(163) Vgl. H. Yano, *a. a. O.*, S. 21. 同社の電炉製鋼工場において「技術的合理化」の取り組みが本格的に推し進められる1930年代後半までをみると，34/35年の営業年度にフリードリッヒ・アルフレッド製鉄所において珪素鉄の生産のための電炉設備の建設が行われているほかはとくに変化はみられない。Vgl. Geschäftsbericht der Friedlich-Alfred-Hütte für das Geschäftsjahr 1934/35, S. 22, *Historisches Archiv Krupp*, WA70/030-02.
(164) Vgl. Fried. Krupp A.-G., Essen, *Der Deutsche Volkswirt*, 14 Jg, 1939/40, S. 1334, Fried. Krupp, Aktiengesellschaft, Essen, *Stahl und Eisen*, 60 Jg, 1940, S. 417.
(165) Vgl. Betriebsbericht über das Geschäftsjahr 1938/39, Elektrostahlwerk-Borbeck, S. 5, *Historisches Archiv Krupp*, WA41/3-950.
(166) Vgl. Betriebsbericht über das Geschäftsjahr 1940/41, Elektrostahlwerke Essen, S. 9, *Historisches Archiv Krupp*, WA41/3-952.
(167) Vgl. Fried. Krupp, Aktiengesellschaft, Essen, *Stahl und Eisen*, 61 Jg, 1941, S.

303.
(168) Vgl. Betriebsbericht über das Geschäftsjahr 1940/41, Elektrostahlwerke Borbeck, S. 6, *Historisches Archiv Krupp*, WA41/3-952.
(169) Vgl. Betriebsbericht über das Geschäftsjahr 1941/42, Elektrostahlwerke Borbeck, S. 9, *Historisches Archiv Krupp*, WA41/3-953.
(170) Vgl. Betriebsbericht über das Geschäftsjahr 1943/44, Elektrostahlwerk Süd, S. 8, *Historisches Archiv Krupp*, WA41/3-954.
(171) Vgl. Betriebsbericht über das Geschäftsjahr 1941/42, Elektrostahlwerke Essen, S. 7, *Historisches Archiv Krupp*, WA41/3-953.
(172) Vgl. Betriebsbericht über das Geschäftsjahr 1938/39, Elektrostahlwerke Essen, S. 6, *Historisches Archiv Krupp*, WA41/3-950.
(173) Vgl *Ebenda*, S. 20-1. アメリカの戦略爆撃調査団の調査によれば，第2次大戦終結時には，クルップのボルベック工場には，それぞれ60トンの容量をもつ2基の傾注式電炉，それぞれ50トンの容量をもつ2基の傾注式電炉があり，エッセン工場には，それぞれ15トンの容量をもつ3基のアーク電炉，2基の小型の高周波電炉があった(USSBS, Friedich Krupp AG, Exhibit C, pp. 2-3)。また比較のためにヘルマン・ゲーリングについてみておくと，イギリスの調査では，12,000KVAの2基のジーメンス製の電炉が存在しており，それらは55トンから60トンの容量をもち，500mmの黒鉛電極を使用するものであった。BIOS, *Steelmaking*, p. 10.
(174) この点については，クルップに関する上述の*Stahl und Eisen*誌, *Der Deutsche Volkswirt* 誌の報告を参照。
(175) Vgl. Fried. Krupp A.-G., Essen, *Der Deutsche Volkswirt*, 8 Jg, 1933/34, S. 1063, 14 Jg, 1939/40, S. 1334, Fried. Krupp, Aktiengesellschaft, Essen, *Stahl und Eisen*, 59 Jg, 1939, S. 383, 60 Jg, 1940, S. 417.
(176) Vgl. W. Zollitsch, *a. a. O.*, S. 28.
(177) Vgl. Betriebsbericht über das Geschäftsjahr 1938/39, Elektrostahlwerke Essen, S. 6, *Historisches Archiv Krupp*, WA41/3-950.
(178) Vgl. Betriebsbericht über das Geschäftsjahr 1941/42, Elektrostahlwerke Essen, S. 6, *Historisches Archiv Krupp*, WA41/3-953.
(179) Vereinigte Stahlwerke, Aktiengesellschaft, Düsseldorf, *Stahl und Eisen*, 59 Jg, 1939, S. 321.
(180) Vgl. R. Hachtmann, *Industriearbeit im 》Dritten Reich《*, Göttingen, 1989, S. 81.
(181) Vgl. L. Wegmann, Neuzeitliches Stabstahl- und Drahtwalzwerk, *Stahl und Eisen*, 55 Jg, Heft 28, 1935. 7. 11, S. 754.
(182) Vgl. A. Nöll, *a. a. O.*, S. 1120-1.
(183) Vgl. F. Springorum, *a. a. O.*, S. 1054.
(184) Vgl. E. Wolff, Umbau einer leichten Mitteleisenstraße, *Stahl und Eisen*, 60 Jg, Heft 32, 1940. 8. 8, S. 698-9, R. Heifer, Neues Duo-Umkehr-Universalwalzwerk, *Stahl und Eisen*, 57 Jg, Heft 15, 1937. 4. 15, S. 398-400, A. Fischnich, Umbau eines Edelstahlwalzwerkes, *Stahl und Eisen*, 61 Jg, Heft 32, 1941. 8. 7, S. 753-6.

(185) Vgl. Elektrische Antriebe schwungsradloser Walzenstraßen mit Leonardsteuerung, *AEG Archiv*, GS 4954.
(186) Vgl. R. Schiz, Spezialisierung, Typung und Normung im Elektromotorenbau, *Elektrotechnische Zeitschrift*, 61 Jg, Heft 11, 1940. 3. 14, S. 275-6.
(187) Vgl. F. Winterhoff, Bau und Betrieb der ersten deutscher Breitwandanlagen, *Stahl und Eisen*, 58 Jg, Heft 44, 1938. 11. 3, S. 1227, F. Hexner, *The International Steel Cartel*, North Carolina, 1943, p. 207, H. Cramer, Die erste vollkontinuierliche europäische Breitbandstraße, *Der Vierjahresplan*, 3 Jg, Folge 16, 1939. 8, S. 973. なおこの設備の詳細については，F. Winterhoff, a. a. O., S. 1226-33, W. Treue, H. Uebbing, *Die Feuer verlöschen nie. August Thyssen-Hütte 1926-1966*, Düsseldorf, Wien, 1969, S. 92-4 参照。またドイツ以外のヨーロッパにおけるホット・ストリップ・ミルの導入状況をみると，イギリスでも1930年代の末に2基が導入されていたにすぎない。F. Hexner, *op. cit.*, p. 207.
(188) Vgl. F. Winterhoff, a. a. O., S. 1225.
(189) Vgl. Vereinigte Stahlwerke, Aktiengesellschaft, Düsseldorf, *Stahl und Eisen*, 57 Jg, 1937, S. 281.
(190) D. S. Landes, *The Unbound Prometheus. Technological Change and Industrial Development in Western Europe from 1750 to the Present*, Cambridge University Press, 1969, p. 479 [石坂昭雄・冨岡庄一訳『西ヨーロッパ工業史 2』，みすず書房，1982年，576ページ]。
(191) Vgl. F. Winterhoff, a. a. O., S. 1227-32, A. Nöll, Zeitgemäße Fragen aus dem Gebiete des Walzwerkswesens, *Stahl und Eisen*, 56 Jg, Heft 38, 1936. 9. 17, S. 1103, BIOS, *Rolling Mills. Notes on German Practice*, B.I.O.S. Final Report No. 824, Item No. 31, London, 1946, pp. 98-100, pp. 104-5.
(192) Vgl. Stand der Neuanlagen am 30. September 1936, *Thyssen Archiv*, VSt/5946, S. 40.
(193) Vgl. Stand der Neuanlagen am 30. September 1939, *Thyssen Archiv*, VSt/5949, S. 47.
(194) Vgl. Vereinigte Stahlwerke, Aktiengesellschaft, Düsseldorf, *Stahl und Eisen*, 59 Jg, 1939, S. 321.
(195) F. Springorum, a. a. O., S. 1055.
(196) Vgl. F. Winterhoff, a. a. O., S. 1227.
(197) Vgl. K. Hoffmann, Die moderne Blecherzeugung, II. Teil : Das kontinuierliche Bandwalzen in der Gesamtstahlwirtschaft, *Der Vierjahresplan*, 3 Jg, Folge 17, 1939. 9, S. 1020.
(198) Vgl. H. Cramer, a. a. O., S. 972, K. Hoffmann, a. a. O. , S. 1017.
(199) Vgl. H. A. Brassert, Erfahrungen in amerikanischen und europäischen Hüttenwerken. Mit besonderer Berücksichtigung der Verhüttung von Feinerzen, *Der Vierjahresplan*, 3 Jg, Folge 4, 1939. 2, S. 375.
(200) Vgl. A. Nöll, Die Bedeutung des Walzwerkes für die Arbeits- und Kostenge-

staltung auf Hüttenwerken, S. 1123. アメリカでは，連続広幅帯鋼圧延機はすべての薄板生産の一部を引き受けただけでなく，以前には木材，陶磁器製の物質やその他の原料の専門領域であった新しい追加的な販売領域をも獲得してきたとされている。Vgl. K. Hoffmann, a. a. O., S. 1018.
(201) Vgl. A. Nöll, Zeitgemäße Fragen aus dem Gebiete des Walzwerkswesens, *Stahl und Eisen*, 56 Jg, 1936, S. 1103-4.
(202) 大島隆雄「両大戦間のドイツ自動車工業(2)——とくにナチス期のモータリゼーションについて——」『経済論集』(愛知大学)，第127号，1991年12月，126ページ。
(203) Vgl. R. Hachtmann, a. a. O., S. 82.
(204) Vgl. F. Winterhoff, a. a. O., S. 1237.
(205) H. Yano, a. a. O., S. 24.
(206) Vgl. A. Nöll, Die Bedeutung des Walzwerkes für die Arbeits- und Kostengestaltung auf Hüttenwerken, S. 1123.
(207) Vgl. G. Esfeld, Neuzeitlicher Umbau eines Stabstahlwalzwerkes, *Stahl und Eisen*, 59 Jg, Heft 10, 1939. 3. 9, S. 306-7.
(208) Vgl. A. Fischnich, a. a. O., S. 753. なお T. ヴェルスコップは，1920年代の状況について，小規模な高級鋼圧延機をみた場合，電動機の配備も搬送設備の完全な機械化も長い間みられなかったとしている。Vgl. T. Welskopp, *Arbeit und Macht im Hüttenwerk. Arbeits- und industrielle Beziehungen in der deutschen und amerikanischen Eisen- und Stahlindustrie von den 1860er bis zu den 1930er Jahren*, Bonn, 1994, S. 447.
(209) Vgl. Stand der Neuanlagen am 30. September 1935, *Thyssen Archiv*, VSt/5945, S. 12.
(210) Vgl. Stand der Neuanlagen am 30. September 1938, *Thyssen Archiv*, VSt/5948, S. 35.
(211) Vgl. Vereinigte Stahlwerke, Aktiengesellschaft, Düsseldorf, *Stahl und Eisen*, 57 Jg, 1937, S. 281.
(212) Vgl. Stand der Neuanlagen am 30. September 1939, *Thyssen Archiv*, VSt/5949, S. 20.
(213) Vgl. Stand der Neuanlagen am 30. September 1936, *Thyssen Archiv*, VSt/5946, S. 25.
(214) Vgl. *Ebenda*, S. 16.
(215) Vgl. Vereinigte Stahlwerke, Aktiengesellschaft, Düsseldorf, *Stahl und Eisen*, 58 Jg, Heft 12, 1938. 3. 24, S. 335.
(216) Vgl. Stand der Neuanlagen am 30. September 1937, *Thyssen Archiv*, VSt/5947, S. 27.
(217) Vgl. Stand der Neuanlagen am 30. September 1939, *Thyssen Archiv*, VSt/5949, S. 30.
(218) Vgl. *Ebenda*, S. 34.
(219) Vgl. *Ebenda*, S. 36.

(220) Vgl. *Ebenda*, S. 38.
(221) Vgl. Stand der Neuanlagen am 30. September 1937, *Thyssen Archiv*, VSt/5947, S. 33.
(222) Vgl. Stand der Neuanlagen am 30. September 1939, *Thyssen Archiv*, VSt/5949, S. 18.
(223) Vgl. Vereinigte Stahlwerke, Aktiengesellschaft, Düsseldorf, *Stahl und Eisen*, 59 Jg, 1939, S. 321.
(224) Vgl. Stand der Neuanlagen am 30. September 1938, *Thyssen Archiv*, VSt/5948, S. 30.
(225) Vgl. *Ebenda*, S. 8.
(226) Vgl. *Ebenda*, S. 15.
(227) Vgl. Stand der Neuanlagen am 30. September 1939, *Thyssen Archiv*, VSt/5949, S. 8.
(228) Vgl. H. Yano, *a. a. O.*, S. 25.
(229) アメリカの戦略爆撃調査団の調査によれば、第2次大戦終結時には、合同製鋼のアウグスト・ティセン製鉄所のティセン製鉄所には、3基の分塊圧延機、10基の仕上圧延機、4基の薄板圧延機が、ルールオルト・マイデリッヒ工場には、それぞれ60,000トン、82,000トンの月間生産能力をもつ2基の分塊圧延機、それぞれ60,000トン、72,000トン、72,000トンの月間生産能力をもつ3基の一次圧延機、16,800トンの月間生産能力をもつ1基の大型汎用圧延機、4基の小型汎用圧延機があった (USSBS, August Thyssen Hutte AG, Exhibit A_1-3〜A_1-6, A_2-2〜A_2-3)。ドルトムント・ヘルデル・フェラインのドルトムント工場には、45,000トンの月間生産能力をもつ1基の電動式駆動の分塊圧延機、30,000トンの月間生産能力をもつ1基の蒸気力駆動の分塊圧延機、30,000トンの月間生産能力をもつ1基の蒸気力駆動の粗仕上圧延機、それぞれ20,000トン、8,000トン、4,000トン、4,000トン、1,500トンの月間生産能力をもつ5基の電動式駆動の粗仕上圧延機、それぞれ2,500トン、4,000トンの月間生産能力をもつ2基の電動式駆動の汎用圧延機があった。またヘルデの工場には、1基の分塊圧延機、3基の粗仕上圧延機、2基の中形圧延機、2基の仕上圧延機、2基の厚板圧延機、1基の中板圧延機があり、それらはすべて電動式駆動によるものであったが、2基の中形圧延機のみが集合駆動方式であった (USSBS, Dortmund-Horder Huttenverein AG, Exhibit A, pp. 2-3, p. 6)。2基の厚板圧延機のうちの大型の1基は1937年に配置されたものであり、月産3万トンの生産能力をもっていたが、そうした生産量は達成されることがなかったとされている。BIOS, *Rolling Mills*, p. 111.
(230) Vgl. Betriebsbericht über das Geschäftsjahr 1934/35, Feinblechwalzwerk, S. 6, *Historisches Archiv Krupp*, WA41/3-931.
(231) Vgl. Betriebsbericht über das Geschäftsjahr 1935/36, Grobblechwalzwerk I, S. 7, *Historisches Archiv Krupp*, WA41/3-920.
(232) Vgl. Betriebsbericht über das Geschäftsjahr 1935/36, Walzwerk I, S. 5, *Historisches Archiv Krupp*, WA41/3-920.
(233) Vgl. Fried. Krupp, Aktiengesellschaft, Essen, *Stahl und Eisen*, 57 Jg, 1937, S. 73,

第3章 重工業における合理化過程 *173*

Fried. Krupp A.-G., Essen, *Der Deutsche Volkswirt*, 11 Jg, 1936/37, S. 1138.
(234) Vgl. Geschäftsbericht der Friedlich-Alfred-Hütte für das Geschäftsjahr 1935/36, S. 18, *Historisches Archiv Krupp*, WA70/030-02.
(235) Vgl. Fried. Krupp A.-G., Essen, *Der Deutsche Volkswirt*, 12 Jg, 1937/38, S. 1000.
(236) Vgl. Betriebsbericht über das Geschäftsjahr 1936/37, Walzwerk Ⅰ, S. 5, *Historisches Archiv Krupp*, WA41/3-921.
(237) Vgl. Betriebsbericht über das Geschäftsjahr 1936/37, Feinblechwalzwerk, S. 7, *Historisches Archiv Krupp*, WA41/3-921.
(238) Vgl. Geschäftsbericht der Friedlich-Alfred-Hütte für das Geschäftsjahr 1936/37, S. 15-6, *Historisches Archiv Krupp*, WA70/030-02.
(239) Vgl. Geschäftsbericht der Friedlich-Alfred-Hütte für das Geschäftsjahr 1937/38, S. 15, *Historisches Archiv Krupp*, WA70/030-02.
(240) Vgl. H. Yano, *a. a. O.*, S. 22.
(241) アメリカの戦略爆撃調査団の調査によれば，第2次大戦終結時には，クルップのボルベック工場には，1基の分塊圧延機，1基の電動式駆動の粗仕上圧延機があり，またエッセン工場には，それぞれ約2,600トン，1,000トン，1,000トンの月間生産能力をもつ3基の棒鋼生産のための圧延機（うち1基は帯鋼の生産用でもある）のほか，6基の蒸気力駆動の圧延機から成る装甲板圧延機・中板圧延機があった。USSBS, Friedich Krupp AG, Exhibit C, p. 2, pp. 4-5.
(242) Vgl. Betriebsbericht über das Geschäftsjahr 1938/39, Walzwerk Ⅰ, S. 6, *Historisches Archiv Krupp*, WA41/3-923.
(243) Vgl. Betriebsbericht über das Geschäftsjahr 1937/38, Walzwerk Ⅰ, S. 7, *Historisches Archiv Krupp*, WA41/3-922.
(244) Vgl. Betriebsbericht über das Geschäftsjahr 1936/37, Panzerplattenwalzwerk Ⅰ, S. 7, *Historisches Archiv Krupp*, WA41/3-921.
(245) Vgl. Betriebsbericht über das Geschäftsjahr 1938/39, Panzerplattenwalzwerk Ⅰ/Ⅱ, S. 10, *Historisches Archiv Krupp*, WA41/3-923.
(246) Vgl. Betriebsbericht über das Geschäftsjahr 1943/44, Walzwerk 2, S. 11, *Historisches Archiv Krupp*, WA41/3-924.
(247) Vgl. H. Yano, *a. a. O.*, S. 22-3.
(248) *Ebenda*, S. 25.
(249) R. A. Brady, *op. cit.*, p. 87.
(250) Vgl. Absatzbesserung bei der Ruhrgas A. G., *Wirtschaftsdienst*, 19 Jg, Heft 7, 1934. 2. 16, S. 217, H. Seippel, Deutscher Gasfernversorgung, *Der Deutsche Volkswirt*, 8 Jg, 1933/34 (1933. 12. 1), Sonder-Beilage zu Nr. 9, Energieversorgung im neuen Deutschland, S. 32.
(251) Vgl. Die Verwertung des Koksofengas auf Hüttenweken, *Stahl und Eisen*, 55 Jg, Heft 44, 1935. 10. 31, S. 1153.
(252) Vgl. F. Springorum, *a. a. O.*, S. 1044-5.
(253) Vgl. Absatzbesserung bei der Ruhrgas A. G., *Wirtschaftsdienst*, 19 Jg, 1934, S.

174 第2部 主要産業部門における合理化過程

217, H. Seippel, *a. a. O.*, S. 32.
(254) Vgl. Weiter Ausbau der Ferngasversorgung, *Die Chemische Industrie*, 61 Jg, Nr. 18, 1938. 5. 7, S. 403.
(255) Vgl. Vereinigte Stahlwerke, Aktiengesellschaft, Düsseldorf, *Stahl und Eisen*, 56 Jg, 1936, S. 345.
(256) Vgl. Vereinigte Stahlwerke, Aktiengesellschaft, Düsseldorf, *Stahl und Eisen*, 59 Jg, 1939, S. 320.
(257) Vgl. Vereinigte Stahlwerke, Aktiengesellschaft, Düsseldorf, *Stahl und Eisen*, 56 Jg, 1936, S. 345, Vereinigte Stahlwerke, Aktiengesellschaft, Düsseldorf, *Stahl und Eisen*, 57 Jg, 1937, S. 279.
(258) Vgl. Vereinigte Stahlwerke, Aktiengesellschaft, Düsseldorf, *Stahl und Eisen*, 59 Jg, 1939, S. 320.
(259) Vgl. F. Springorum, *a. a. O.*, S. 1051.
(260) Vgl. A. Fischnich, *a. a. O.*, S. 754 u S. 756, Vereinigte Stahlwerke, Aktiengesellschaft, Düsseldorf, *Stahl und Eisen*, 57 Jg, 1937, S. 281.
(261) Vgl. Fried. Krupp, Aktiengesellschaft, Essen, *Stahl und Eisen*, 56 Jg, 1936, S. 138.
(262) Vgl. Fried. Krupp A.-G. , Essen, *Der Deutsche Volkswirt*, 11 Jg, 1936/37, S. 1138, Fried. Krupp, Aktiengesellschaft, Essen, *Stahl und Eisen*, 57 Jg, 1937, S. 73.
(263) Vgl. F. Springorum, *a. a. O.*, S. 1049-50.
(264) BIOS, *Steelmaking*, p. 5.
(265) *Ibid.*, p. 42, p. 65.
(266) Vgl. Betriebsbericht über das Geschäftsjahr 1936/37, Feinblechwalzwerk, S. 7, *Historisches Archiv Krupp*, WA41/3-921.
(267) Vgl. Betriebsbericht über das Geschäftsjahr 1938/39, Feinblechwalzwerk, S. 6, *Historisches Archiv Krupp*, WA41/3-923.
(268) Vgl. Betriebsbericht über das Geschäftsjahr 1937/38, Feinblechwalzwerk, S. 5, *Historisches Archiv Krupp*, WA41/3-922.
(269) BIOS, *Steelmaking*, p. 13.
(270) Vgl. Stand der Neuanlagen am 30. September 1939, *Thyssen Archiv*, VSt/5949, S. 20.
(271) Vgl. Stand der Neuanlagen am 30. September 1938, *Thyssen Archiv*, VSt/5948, S. 76, Stand der Neuanlagen am 30. September 1939, *Thyssen Archiv*, VSt/5949, S. 68, S. 76 u S. 90.
(272) Vgl. Energieproblem im Eisenhüttenwesen, *Wirtschaftsdienst*, 27 Jg, Heft 9, 1942. 2. 27, S. 124.
(273) Vgl. E. Buskühl, Der Ruhrerbau in der Leistungsprobe, *Der Vierjahresplan*, 6 Jg, Folge 5, 1942. 5, S. 220.
(274) Vgl. F. Springorum, *a. a. O.*, S. 1050.
(275) Vgl. *Ebenda*, S. 1053.

(276) Vgl. Vereinigte Stahlwerke, Aktiengesellschaft, Düsseldorf, *Stahl und Eisen*, 59 Jg, 1939, S. 321.
(277) Vgl. Stand der Neuanlagen am 30. September 1938, *Thyssen Archiv*, VSt/5948, S. 8.
(278) Vgl. Fried. Krupp, Aktiengesellschaft, Essen, *Stahl und Eisen*, 55 Jg, 1935, S. 135
(279) Vgl. Fried. Krupp, Aktiengesellschaft, Essen, *Stahl und Eisen*, 57 Jg, 1937, S. 73, Fried. Krupp A.-G., Essen, *Der Deutsche Volkswirt*, 11 Jg, 1936/37, S. 1138.
(280) Vgl. Fried. Krupp, Aktiengesellschaft, Essen, *Stahl und Eisen*, 57 Jg, 1937, S. 72.
(281) Vgl. Fried. Krupp, Aktiengesellschaft, Essen, *Stahl und Eisen*, 59 Jg, 1939, S. 383.
(282) Vgl. F. Springorum, *a. a. O.*, S. 1042.
(283) Vgl. R. Hachtmann, *a. a. O.*, S. 227.
(284) Vgl. Bericht über die Selbstkosten der Hochofenwerke im Geschäftsjahr 1933/34, S. 2, S. 11-2, S. 20 (*Thyssen Archiv*, VSt/4706), Bericht über die Selbstkosten der Hochofenwerke, Kostenentwicklung im Geschäftsjahr 1937/38, S. 1 (*Thyssen Archiv*, VSt/4706), Bericht über die Selbstkosten der Hochofenwerke, Kostenentwicklung im Geschäftsjahr 1940/41, S. 2 (*Thyssen Archiv*, VSt/4706). 1930年代後半の高炉工場の製造原価の上昇については，合同製鋼のアルヒーフも指摘するように，それは鉱石と屑鉄の価格の上昇によるものでもあり (Bericht über die Selbstkosten der Hochofenwerke, Kostenentwicklung im Geschäftsjahr 1937/38, S. 2, *Thyssen Archiv*, VSt/4706)，ことに40/41年度の製造原価の上昇は業務の縮小，外国鉱石の購入のさいの輸送費の増大や国内貧鉱の使用の増大によるものであったが (Bericht über die Selbstkosten der Hochofenwerke, Kostenentwicklung im Geschäftsjahr 1940/41, S. 1, *Thyssen Archiv*, VSt/4706)，製造原価の引き下げが順調にすすまなかった点にこの時期の重工業における合理化の限界性が示されているといえる。
(285) Vgl. Bericht über die Selbstkosten der Stahlwerke im Geschäftsjahr 1934/35, *Thyssen Archiv*, VSt/4654, S. 26, S. 62, Bericht über die Selbstkosten der Stahlwerke im Geschäftsjahr 1937/38, *Thyssen Archiv*, VSt/4655, S. 36-8, S. 78.
(286) D. S. Landes, *op. cit.*, p. 479 [前掲訳書，576ページ].
(287) Vgl. R. Hachtmann, *a. a. O.*, S. 227.
(288) D. S. Landes, *op, cit.*, p. 475 [前掲訳書，571ページ], H. Cramer, *a. a. O.*, S. 973.
(289) Vgl. R. Hachtmann, *a. a. O.* , S. 227-8.
(290) Vgl. R. Regul, *a. a. O.*, S. 181.
(291) Vgl. F. Vogel, Leistungssteigerung im Ruhrkohlenbergbau, *Wirtschaftsdienst*, 24 Jg, Heft 31, 1939. 8. 4, S. 1050-1.
(292) Vgl. Leistungslohn im Bergbau, *Wirtschaftsdienst*, 27 Jg, Heft 41, 1942. 10. 9, S. 757.
(293) E. A. Matejka, Betriebswirtschaftliche Arbeit auf Eisenhüttenwerken, *Stahl und Eisen*, 56 Jg, Heft 5, 1936. 1. 30, S. 105.
(294) Vgl. H. Rossie, Zur Frage der Schätzung von Arbeitsvorgabezeiten bei Akkord-

arbeit, *Stahl und Eisen*, 59 Jg, Heft 38, 1939. 9. 21, S. 1067.
(295) F. Springorum, *a. a. O.*, S. 1046.
(296) Vgl. F. Weichselmann, Betriebswirtschaftliche Maßnahmen zur Leistungssteigerung in der Eisenhüttenindustrie, *Stahl und Eisen*, 60 Jg, Heft 9, 1940. 2. 29, S. 170.
(297) Vgl. W. Schütte, Betriebswirtschaftliche Maßnahmen zur Leistungssteigerung in der Eisenhüttenindustrie, 2 Teil, *Stahl und Eisen*, 60 Jg, Heft 49, 1940. 12. 5, S. 1108.
(298) Vgl. K. Skroch, Leistungsüberwachung in Feinblechwalzwerken, *Stahl und Eisen*, 55 Jg, Heft 20, 1935. 5. 16, S. 547-8.
(299) Vgl. H. Rossie, *a. a. O.*, S. 1067.
(300) Vgl. G. Schmidt, Beispiel zur Auswahl der wirtschaftlichsten Arbeitsweise, *Stahl und Eisen*, 54 Jg, Heft 34, 1934. 8. 23, S. 883.
(301) Vgl. R. Risser, Betriebswirtschaftliche Maßnahmen zur Leistungssteigerung in der Eisenhüttenindustrie, 1 Teil, *Stahl und Eisen*, 60 Jg, Heft 48, 1940. 11. 28, S. 1071.
(302) Vgl. F. Weichselmann, *a. a. O.*, S. 169.
(303) Vgl. *Ebenda*, S. 173.
(304) Vgl. E. Buskühl, Der Ruhrbergbau in der Leistungsprobe, S. 218. 1942年10月の報告によれば，例えば120あったコールピックのタイプは12に減らされたほか，約80あったハンマードリルのタイプも8に減らされており，各企業はこれらのタイプを2つ以上製造することを禁止されていたとされている。Vgl. D. Eichholtz, *Geschichte der deutschen Kriegswirtschaft 1939-1945*, Bd. II: 1941-1943, Berlin, 1985, S. 306.
(305) Vgl. O. C. Schirt, Normung der Baustähle, *Werkstattstechnik*, 27 Jg, Heft 5, 1933. 3. 1, S. 86.
(306) Vgl. "Typenvereinfachung" auch in der Eisenindustrie, *Der Deutsche Volkswirt*, 13 Jg, Nr. 39, 1938/39 (1939. 6. 30), S. 1925.
(307) Vgl. F. Weichselmann, *a. a. O.*, S. 169.
(308) Vgl. M. Fischer, Normung von Kranersatzteilen unter Berücksichtigung des Vierjahresplanes, *Stahl und Eisen*, 57 Jg, Heft 34, 1937. 8. 26, S. 937-44.
(309) Vgl. H. A. Brassert, Erfahrungen in amerikanischen und europäischen Hüttenwerken. Mit besonderer Berücksichtigung der Verhüttung von Feinerzen, II, *Der Vierjahresplan*, 3 Jg, Folge 6, 1939. 3, S. 472.

第4章　化学工業における合理化過程

　本章では，前章の重工業の考察につづいて化学工業の合理化過程の考察を行うことにするが，第2章でもみたように，化学工業は，1936年に始まる第2次4カ年計画によって本格化するナチスの経済の軍事化，原料の自給化の取り組み，その進展のもとで，最も重要な位置を占め，それだけに，この時期の合理化においても，他の産業部門と比べても最も強力かつ集中的にそれが推し進められた産業部門であった。この点はとくに資本支出をともなう「技術的合理化」の展開，そのあり方に最も顕著に表れているといえる。以下では，そのような合理化推進のための条件の変化のもとで，化学工業の合理化がどのように展開されたか，この点を1920年代との対比を念頭において，とくに「技術的合理化」を中心に考察をすすめ，それとの関連で労働組織の領域における合理化の問題を取り上げ，この時期の合理化の特徴を明らかにしていくことにする。

　1920年代の化学工業の合理化は，第1次大戦およびその諸結果を契機とするドイツ化学工業をとりまく経営環境の大きな変化，ことに外国の化学工業の発展によるドイツ化学工業の国際的地位の低下と過剰生産能力の顕在化のもとで，IGファルベンの誕生をもたらした1925年の企業集中による「消極的合理化」＝「組織的合理化」，すなわち過剰生産能力の整理と製品別生産の集中・専門化の推進，および経営の多角化による事業構造の再編成の推進を柱としていた。そのような企業集中をテコにした産業の合理化と再編成は，企業レベルの合理化のための条件をつくりあげたところに特徴をもっており，そのような基盤の上に，「技術的合理化」と「労働組織的合理化」など，企業レベルの合理化が本格的に取り組まれるようになる。そこでは，化学工業の生産過程，労働過程の特質もあり，「技術的合理化」が主要な役割を果したのであり，「労働

組織的合理化」はむしろ「技術的合理化」の成果を補完する役割を果したといえる。この時期には，染料，医薬品，化学品などの旧来の諸部門では，企業集中をテコとした「消極的合理化」が大きな役割を果し，それはまた比較的大きな成果をもたらしたのに対して，投資が強力に行われた窒素，合成メタノール，人造石油などの新興事業部門では，比較的好調な事業展開をとげることのできた窒素部門でも世界恐慌期の大幅な売上の減少のもとで損失を出すなど，非常に厳しい状況に陥ることになった。ことに状況の悪かったのは人造石油部門であり，そこでは，窒素部門と同様に大規模な投資が行われたにもかかわらず，新しい製法の開発は技術的にも経済的にも十分な成果をあげるには至らず，世界恐慌期における同社の投資額そのものの大幅な削減にもかかわらず，その開発のために引き続き大規模な投資が行われるという結果となった[1]。

ナチス期における化学工業，とくに IG ファルベンの合理化は1920年代の合理化の時期にすでに取り組まれていた人造石油，合成ゴム，さらに30年代に開発が手がけられる合成繊維などの製品部門を中心に推し進められることになる。それらは1936年に始まるナチスの第2次4カ年計画による原料自給化と軍備の拡大と深い関連をもつ製品部門であったが，20年代の合理化および世界恐慌期の事業展開はそこでの製品開発，事業化，そのための合理化の展開に大きな影響をおよぼすことになったといえる。それゆえ，ナチス期の合理化の考察においては，これらの時期との関連を十分に考慮に入れてみていくことが重要となる。

第1節　設備投資の展開とその特徴

1　化学工業における設備投資の動向

そこで，まず「技術的合理化」の役割，あり方を明らかにするために，化学工業と IG ファルベンにおける設備投資の状況をみていくことにしよう。世界恐慌期の設備投資の状況からみると，資本金100万 RM 以上・取引所上場の株式会社をみた場合（前掲表2-1参照），設備投資額は1930年の8,000万 RM から31年には4,400万 RM，32年には3,300万 RM にまで落ち込んでいる。この3年間の合計は1億5,700万 RM となっており，投資額そのものでは，表2-

1に示された産業部門のなかでも重工業についで大きな額となっているが，減価償却額は30年と31年にはそれぞれ9,600万RM，32年には9,700万RM，この3年間の合計では2億8,900万RMとなっており，いずれの年度をみても，またこの期間の合計でみても，減価償却を下回る額の設備投資が行われたにすぎず，拡張投資にあたる新規投資がみられなかっただけでなく，設備の更新需要はそのごく一部しか充たされなかったといえる。こうした傾向は33年まで続いており，34年になってようやく減価償却額を1,100万RM上回る額の設備投資が行われている。ただ化学工業および石油工業では，一部では1930年までまだいくつかの新規設備が建設されており，石油工業では給油所網の拡大が中心をなしており，また肥料工業では，例えばルール化学株式会社にみられたように，この年に新しい窒素設備が建設されていた。これに対して，ドイツ最大の化学企業であるIGファルベンでは，設備額は30年には680万RM，31年には2,770万RM，32年には3,440万RMの減少をみており[2]，広義の化学工業の諸部門と20年代に合理化が強力に取り組まれた総合化学企業との間で相違がみられたことが注目される。

また1935年から39年までの状況を化学工業・燃料工業についてみると（前掲表2-3参照），この期間の設備投資総額は31億2,800万RMにのぼっており，重工業をも上回っており，工業全体に占めるその割合は21.2%におよんでいること，しかもどの年度をみても設備投資額が減価償却額を上回っており，この期間におけるその差額は13億7,600万RMにもおよんでおり，そのような拡張投資がどの産業部門よりも強力に行われたことが注目される。1930年から33年までの時期と比較すると，設備投資の状況はまさに対照的である。また1924－29年の資本金100万RM以上・取引所上場の株式会社の新規投資総額が6億3,340万RM，新規投資と更新投資をあわせた設備投資総額が12億9,840万RM[3]であったことを考えると，ナチス期には，資本支出をともなう合理化が強力に取り組まれたといえる。

第2章でも指摘したように，1930年代後半の諸年度の設備投資の著しい増大は36年に始まる第2次4カ年計画による原料の自給化のための取り組みが化学工業に対して大きな新しい市場を開いたことによるものであり，それだけに，設備投資において拡張投資の果した役割は大きかったといえる。化学工業は，

第2次4カ年計画の新しい経済計画の枠内において，外貨を生み出す産業としてだけでなく，外貨を節約する産業としても際だった位置を占めており(4)，原料の自給化において非常に重要な役割を果したが，4カ年計画による投資活動の総額の約75%を「鉱油」および「化学」が占めており，「繊維」を加えると，その割合は81%にものぼったとされている(5)。このように，化学工業の設備投資の著しい伸びは1936年から39年までの4カ年計画の諸方策によるこの産業部門の個々の諸部門の特別な促進によるものであった(6)。その結果，工業の投資総額に占める化学工業（燃料工業を含む）の割合は1928年には16%であったものが39年には24%に上昇しているが(7)，例えば電機工業の AEG の1936/37年の営業報告書も，4カ年計画の枠内で行われた化学工業の拡大が同社に対して圧縮機その他の大型の原動機の大規模な注文をもたらしたとしている(8)。しかし，化学工業の多くの製品部門のなかでも4カ年計画による大きな需要が与えられたのは一部の特定の部門に限られており(9)，それゆえ，この時期の設備投資の問題をみるさいには，製品部門別に具体的にみていくことが必要となる。

2 IG ファルベンにおける設備投資の動向

つぎに，化学工業におけるこのような投資動向をふまえて，IG ファルベンの設備投資の状況をみることにしよう。この点をまず世界恐慌期についてみると（表4-1参照），新規設備投資は1927年と28年にはそれぞれ約2億5,000万 RM であったものが30年には7,180万 RM，32年には2,060万 RM にまで落ち込んでおり，33年には3,770万 RM へとやや回復しているが，27年の水準のそれぞれ28.7%，8.2%，15.8%となっており，投資額全体に占める割合をみても27年，28年の54%から24%，16%，23%に低下している。これに対して，更新投資は大きな役割を果しており，29年までは新規投資額を大きく下回っていたものが30年から34年まではそれを上回っており，この期間に最も大きな額の更新投資がみられた30年（1億3,160万 RM）には27年の更新投資額（6,020万 RM）の2.2倍に達しており，投資額全体に占める割合をみても32年から33年までは約半分に達している。このように，1929年に始まる恐慌期には，投資活動の大幅な抑制が行われ，こうしたなかで，更新投資の占める割合が大きく上昇しているが，新規投資と更新投資とをあわせた設備投資総額をみても，1928

表4-1　IGファルベンの投資額の推移

年度	投資総額 (100万RM)	新規設備投資		更新投資		研究投資	
		100万RM	投資総額に占める割合(%)	100万RM	投資総額に占める割合(%)	100万RM	投資総額に占める割合(%)
1927	463	250.0	54	60.2	13	152.8	33
1928	461	248.9	54	78.4	17	133.7	29
1929	397	174.7	44	83.4	21	138.9	35
1930	299	71.8	24	131.6	44	95.7	32
1931	199	39.8	20	89.6	45	69.6	35
1932	129	20.6	16	65.8	51	42.6	33
1933	164	37.7	23	83.6	51	42.7	26
1934	270	108.0	40	116.1	43	45.9	17
1935	331	139.0	42	139.0	42	53.0	16
1936	451	207.5	46	171.4	38	72.2	16
1937	603	301.5	50	217.1	36	84.4	14
1938	727	385.3	53	247.2	34	94.5	13
1939	729	371.8	51	255.2	35	102.1	14
1940	755	362.4	48	286.9	38	105.7	14
1941	856	470.8	55	282.5	33	102.7	12
1942	1,074	644.4	60	322.2	30	107.4	10

(出所)：G. Plumpe, The Political Framework of Structural Modernization: The I. G. Farbenindustrie. A. G., 1904-1945, W. R. Lee (ed), *German Industry and German Industrialization : Essays in German Economic and Business History in the Nineteeth and Twentieth Centuries,* London, New York, 1991, p. 262. G. Plumpe, *Die I. G, Farbenindustrie AG. Wirtschaft, Technik, Politik 1904-1945*, Berlin, 1990, S. 465より作成。

年の3億2,730万RMから31年には1億2,940万RM，32年には8,640万RMにまで減少しており，28年の水準のそれぞれ39.5%，26.3%にすぎない。

このような設備投資の抑制のもとで，どの製品部門において重点的に投資が行われたかをつぎにみると（表4-2参照），1925年から29年までの合理化の時期には，窒素部門の占める割合が全体の31%となっており，最も高い比率を占めており，それについで高いのが無機化学品部門であり，その割合は16%となっており，さらに鉱油と人絹・スフの事業分野がそれぞれ10%となっていたが，30年から32年までの時期には状況は大きく変化している。すなわち，鉱油部門の割合が21%にも達しているが，これに対して，窒素部門と人絹・スフの割合はそれぞれ6%に低下してい

表4-2 IGファルベンにおける設備投資の製品別割合の推移

	IGファルベンの設備投資全体に占める割合（％）						
	1925/29	1930/32	1925/32	1933/36	1937/40	1941/44	1933/44
第1事業部							
窒　素	31	6	27.9	5.4	5.6	4.3	4.9
鉱　油	10	21	11.1	12.9	9.4	25.6	18.6
第1事業部全体	41	27	39.0	18.4	15.0	29.9	23.5
第2事業部							
無機化学品	16	19	16.7	16.1	15.0	9.6	12.2
金　属	1	1	1.2	10.7	5.5	8.1	7.6
有機化学品	6	6	5.8	10.9	8.8	7.2	8.2
溶　剤	2	4	1.6	3.0	4.1	6.4	5.2
合成物質	－	－	7.3	3.0	5.1	5.5	5.1
ゴ　ム	－	－	2.8	1.9	20.8	21.4	18.7
重合物質	2	3	－	－	－	－	－
染　料	7	13	7.3	5.4	1.4	0.3	1.3
医薬品	2	6	2.8	2.4	1.2	0.9	1.2
第2事業部全体	36	52	37.9	53.7	61.9	59.4	59.5
第3事業部							
人　絹	}10	}6	7.6	4.5	2.4	2.3	2.6
ス　フ			0.2	7.1	5.1	1.0	3.1
写真用品	4	4	3.7	2.2	2.9	1.3	1.9
爆　薬			1.2	0.7	0.9	0.2	0.5
第3事業部全体	14	10	14.8	14.6	11.3	4.8	8.1
鉱　山	8	8	8.2	13.3	11.4	5.5	8.4
その他	1	3	0.1	0	0.4	0.4	0.5
IGファルベン全体	100	100	100	100	100	100	100

（出所）：*Ebenda*, S. 468, S. 593より作成。

る。また無機化学品および染料の各部門の割合はそれぞれ19％，13％に上昇しているが，有機化学品および医薬品の各部門の割合はそれぞれ6％にすぎなかった。このように，世界恐慌期の設備投資は，鉱油部門に最も大きな重点がおかれており，重合物質，金属，人絹など，第1次大戦後に開発がすすんだ製品や，医薬品のような世界恐慌期にも比較的好調な事業展開をとげた製品分野には重点がおかれていなかったといえる。

そこで，つぎに，1933年以降の時期の設備投資の状況をみると（前掲表4‐1参照），新規投資は33年には3,770万RMにすぎなかったものが38年の3億8,530万RMまで一貫して大きく増大しており，39年と40年にはわずかな減少がみられるものの，41年には4億7,080万RM，42年には6億4,440万RMとなっており，戦時中のこの2年間にそれ以前の時期よりも一層大きな，また急速な増大がみられる。33年から戦争の始まる39年までに15億5,080万RM，また42年までに30億2,840万RMの新規投資が行われている。1935年の *Der Deutsche Volkswirt* 誌は，雇用創出の促進および外貨と原料の諸困難によって生み出された新しい諸課題との関係で同社はその近年においてその投資と修理のための支出をかなり増大させてきたが，34年には同社の新規建設計画は1億2,000万RM（その前の2年間には4,000万RMあるいは2,000万RMであった）となっており，大規模なものであったことを指摘している[10]。ことに第2次4カ年計画の推進の途上にある1938年度について，同誌は，非常に多くのところで予備的な生産能力はもはや存在しなかったので，新しい製品のための設備が生み出されなければならないだけでなく，古い製品のための設備もかなり拡大されなければならなかったとしている[11]。

また更新投資をみると，1930年から34年までは更新投資額が新規投資額を上回っていたのに対して，35年には両者は1億3,900万RMで同額となっており，その後は更新投資を上回る額の新規投資が行われており，この期間の同社の設備投資においては，生産能力の拡大をはかるための新規投資・拡張投資の果した役割が大きかったといえる[12]。1933年から39年までの期間には12億2,960万RM，42年までの期間には21億2,120万RMの更新投資が行われているが，それは同期間の新規投資のそれぞれ79.2%，70%にあたる額となっている。新規投資額が更新投資額を上回った36年から39年までには8億9,090万RM，42年までには17億8,250万RMの更新投資が行われており，これを新規投資（36―39年＝12億6,610万RM，36―42年＝27億4,370万RM）と比べると，更新投資額は新規投資額のそれぞれ70.3%，65%ににとどまっている。それゆえ，新規投資では1937年以降，更新投資では33年以降に20年代の合理化の時期よりも大きな額となっていること，第2次4カ年計画による軍備拡大と原料の

自給化が本格的に推し進められる36年以降になって新規投資の拡大が大規模に，また急速にすすんだこと，しかし戦時中にはそれ以上に新規投資の果す役割が大きくなっているとを確認することができる。この点については，同社の1937年の営業報告書も，第2次4カ年計画の推進と輸出のためのより強力な諸努力によって，研究，工場設備の拡大および新規建設にさいしての組織および計画のすべての領域，また資金調達の領域において高まる諸要求が生まれたとしている[13]。38年の報告でも生産設備および研究現場の拡大によって，また参与の増大によって同社の財務力が強く要求されたことが指摘されている[14]。戦時中の1940年の営業報告書も，軍備と4カ年計画の業務のなかで新たな大規模な投資が行われ，それによって同社の生産および業務規模が大きく高められてきたこと，またこの年度の新しい設備および既存の設備の拡大も同社の生産の一層の拡大をもたらすであろうということを指摘している[15]。また新規投資と更新投資とをあわせた設備投資総額は1933年から39年までの期間では27億8,040万RM，42年までの期間では51億4,960万RMにのぼっている。なかでも新しい工場への投資がどの程度行われたかをみておくと，1933/36年には3工場に4,900万RMが，37/40年には7工場に3億9,500万RMが支出されてたのに対して，41/44年には9工場に12億5,800万RMもの額が支出されており，戦時中にとくに新しい工場においてにいかに生産能力の拡大が推し進められたかがわかる[16]。

このように，IGファルベンにおける設備投資のあり方，その規模は，第3章でみた重工業最大の企業である合同製鋼と比べた場合，大きく異なっており，設備投資額そのものだけでなく，とくに新規投資をみても，ナチスの経済の軍事化と原料の自給化政策の推進のもとで設備投資がどの産業部門の企業よりも強力に，また集中的に展開されたといえる。

このような設備投資の拡大のもとで，ナチス期にどの製品部門において重点的に投資が行われたかをつぎにみることにしよう。経済の回復が再び需要の増大をもたらしたけれども，30年代の後半までは，既存の設備は，多くの場合，あらゆる諸要求を充たすのに十分であり，そのことはとりわけ窒素，染料といった大きな部門だけでなく医薬品にもあてはまるが，これに対して，国家が特定の製品を求め，また

生産能力を必要とした軽金属，人造繊維，合成燃料および合成ゴムのような製品部門では設備投資が必要となったとされている。ことに1933/34年には，同社の設備の拡大の最も重要な刺激は軽金属，人造繊維および燃料の合成の設備の拡大のための国家との協定によるものであり，33年から36年までの新規設備のための全投資に占めるこれら3つの製品の割合は30.7％に達している[17]。そこで，1933/36年の時期を30/32年と比べると（前掲表4-2参照），最大の割合を占めていたのは無機化学品（16.1％）であり，鉱山（13.3％），鉱油がそれにつづいているが，鉱油部門の割合は21％から12.9％に，染料部門のそれは13％から5.4％に低下していること，それに対して，金属の占める割合は1％から10.7％に，人絹・スフのそれは6％から11.6％に上昇していることが注目される。また37/40年の時期を33/36年との対比でみると，鉱油部門の割合は9.4％に，金属のそれは5.5％に，染料のそれはわずか1.4％に，人絹・スフのそれは7.5％に低下しているのに対して，ゴムの割合は1.9％から20.8％に大きく上昇しており，最大の割合を占めるに至っている。この点に関して重要なことは，同社に供与された国家資金のうち，1937/40年には合成ゴム「ブナ」に80.8％があてられており，41/44年にはその割合は14.1％に大きく低下しているが，33/44年の期間でみても35.6％に達していることである[18]。さらに41/44年の時期を37/40年との対比でみると，無機化学品部門の割合は15％から9.6％に，スフのそれは5.1％からわずか1％に低下しているのに対して，鉱油部門の割合は再び25.6％へと大きく上昇しており，最も大きな割合を占めるようになっている。このことは，同社が戦時中に航空機用ガソリン事業に一層強力に従事したこと，また国家の注文のもとでそのための新しい生産能力が生み出されたことによるものである[19]。またゴム部門の割合が21.4％と引き続き非常に高いことも特徴的であるが，1941年以降の本格的な投資の推進は，ゴムと航空機用ガソリンの重要な諸部門において同社の生産能力が戦争経済の需要にとってなおまったく十分ではなかったことによるものであった[20]。また1933/44年の期間でみると，鉱油部門，ゴムの占める割合はそれぞれ18.6％，18.7％にものぼっており，これらをあわせると37.3％になるが，そのいずれもが第2次4カ年計画による原料の自給化の推進によって大きな市場が与えられた製品部門であり，経済の軍事化の時期および第2次大戦期のIGファルベンの設備投資は，ナチスのこのような政策のもとで，またそれに関連をもつ部門を中心に，生産の軍事化への傾斜を強めながら拡大されたといえる。1936年以降のIGファルベン・コンツェルンの全投資の約80％が4カ年計画に

関係していたとされている[21]。

　また同社のこの時期の設備投資の展開をみる上で重要なことは、そのための資金の調達源泉として減価償却が果した役割である。設備の減価償却額は年々増大しており、1933年には57,153,561RMであったものが37年には105,250,295RMに増大しており、1億RMを超え、その後も39年の171,238,044RMまで一貫して増大している。1940年には168,781,391RMに減少しているが[22]、それもごくわずかな減少にすぎない。このような大規模な減価償却が資金調達の上で果した役割について、例えば1938年の *Der Deutsche Volkswirt* 誌は、その前年の減価償却はその年度当初の設備額の約4分の1に達しており、それでもって、現実の必要性によって求められる設備の拡大にあたり決定的な資金調達の基盤が築かれたとしており[23]、この年度の設備の新規調達のための支出の3分の2以上が減価償却によってまかなわれたとしている[24]。

第2節　「技術的合理化」の展開とその特徴

1　世界恐慌期のIGファルベンの経営状況

　以上のような設備投資の動向をふまえて、つぎに、「技術的合理化」の展開について、IGファルベンの事例を取り上げてみていくことにするが、ここでは、まず1929年から33年までの世界恐慌期の同社の経営状況について簡単にみておくことにしよう。

　そこで、この時期のIGファルベンの経営状況について、製品別の販売額の内訳をみると（表4-3参照）、第1次大戦前には染料の販売額が全体の63％を占めていたのに対して、1924年にはその割合は39％に大きく低下しており、これとは対照的に、窒素製品の占める割合は33％に上昇している。その後の時期をみても、基本的には、そのような傾向に変化はみられないが、1929年にはステープルレーヨン／人絹、ガソリンといった新製品が登場している。また1932年には、染料および医薬品の占める割合がわずかに上昇し、窒素製品のそれが低下した以外にはあまり変化はみられない。

　また輸出についてみると、輸出総額は1913年の3億5,000万RMから29年に

表4-3 1913年から43年までのIGファルベンにおける販売額の製品別割合の推移(%)

製　品	1913	1924	1926	1929	1932	1938	1943
染　料	63	39	34	28	36	22	11
化　学　品	28	19	11	16	15	21	25
医　薬　品	6	4	5	5	11	8	9
写　真　用　品	3	4	4	7	8	7	6
窒　素　製　品	—	33	43	34	21	16	8
合成ゴム／プラスチック	—	—	—	—	—	2	13
金　属	—	—	1	1	1	7	8
ステープルレーヨン／人絹	—	—	—	4	4	9	7
ガ　ソ　リ　ン	—	—	—	1	3	8	11
その他の製品	1	1	3	3	1	2	2
販　売　総　額 (100万RM)	566	951	1,027	1,469	874	1,648	3,119

(出所)：G. Plumpe, *op. cit.*, p. 256.

は7億8,200万RMに増大した後，32年には4億7,300万RMにまで大きく落ち込んでいるが，製品別の輸出割合をみても，染料の占める割合は1913年の79％から26―32年には45％に大きく低下しているのに対して，窒素製品の占める割合は0％からいっきに22％に上昇している。また輸出先をみると，1913年には，アメリカ，イギリス，フランスへの輸出が43％を占めていたものが26年には14％に低下しており，29年をみても16％にすぎなかったのに対して，アジアへの輸出の割合は13年の22％から26年には33％に上昇しており，29年には26％となっている[25]。

このように，IGファルベンの販売は，第1次大戦前の染料を中心とする構成から窒素製品をはじめとする新しい製品をも含んだ多様な構成へと変化したが，1929年から33年までの恐慌期の販売額の推移をみると，全製品でみた場合，国内販売は7.2％減少しており，また輸出は10.4％減少しており，販売総額では9.5％の減少をみている。この時期のIGファルベンの組織は製品別の3つの事業部(Sparte)に分けられており，第1事業部では窒素，メタノール，合成燃料，人造石油，石炭，褐炭などが，第2事業部では染料，重化学品，医薬品，アルミニウム，マグネシウム，合成ゴム，溶剤，洗剤，接着剤，合成タンニン，ガス溶接機およびガス切断機などが，第3事業部では，人絹，スフ，写真用品，セルロイドなどが扱われたが[26]，販売額を事業部別にみる

と，窒素部門の落ち込み（窒素肥料では19.2％，工業用窒素では20.8％の減少）が大きい第1事業部において17.7％の減少をみている。第2事業部においても，医薬品では3.8％の輸出の伸びによって0.5％の増大をみたものの，染料の4.3％，化学品の8.4％の減少によって，全体では6.0％の販売額の減少をみている。また第3事業部でも，その主要製品である人絹では6.5％，写真用品では8.3％の減少を示しており，全体では6.6％の減少となっている。この時期に販売額の増大をみたのはわずかにガソリンと医薬品のみであったが，12.3％の増加をみたガソリン[27]にしても，1932年には同社の全販売額のわずか3％を占めるにすぎない（前掲表4-3参照）。

このような厳しい状況のもとで，窒素部門では，1932年に2,500万RMの損失を出したが，こうした問題はこの部門だけにみられたことではなかった。例えば人絹事業もこの不況期には赤字操業であった。その損失は，1932年以降，好調な写真事業によって埋め合わされたが，第3事業部は29年に130万RMの赤字を計上している。このように，この時期には，いくつかの主要部門において損失を出すという厳しい経営状態にあったが，染料，医薬品および化学品の諸部門の莫大な留保利益は，窒素，ガソリンおよび人絹の損失を上回っていただけではなく，IGファルベンの財務流動性を維持したとされている。この不況の最も深刻な年である1931年でさえ，窒素と人絹の分野の3,900万RMの損失にもかかわらず，同社は9,300万RM以上の額を稼いでおり，公表された貸借対照表には4,450万RMの利益が計上されたのであった[28]。

2　IGファルベンの技術的優位とその意義

化学工業の領域では，とくに染料生産にみられるように，ドイツ化学工業の技術水準は世界的にみても高く，その技術的優位性は確固たるものがあった。「20世紀のはじめ，ドイツの化学工業は，空気中の窒素からアンモニアを合成する方法を開発し」，「現代の大規模化学工業への道をひらいた」[29]。「空中窒素固定の究極的な解決は，カイザー・ウィルヘルム研究所のハーバーによる，窒素と水素を直接反応させてアンモニアを生成させる研究によって道をひらかれた」のであるが，ハーバーのこの基礎研究をもとに，BASFは，C. ボッシュを中心に，その工業化のための装置の開発に成功し，1913年にオッパウに世界

最初のアンモニア合成工場をつくった(30)。第1次大戦の勃発によってチリ硝石の輸入の道が断たれたのにともない，ドイツでは，合成方式による窒素の生産が急速に拡大した。これに対して，アメリカでは，合成方式による窒素の生産はこの時期にはまだ大きな意味をもつものではなかった。L. F. ハーバーは，「アメリカ合衆国では，窒素固定は副次的な役割を果したにとどまり，1920年代を通じてチリ硝石が引き続き窒素肥料事業の主流を占めていた(31)」としている。

例えば主要各国における窒素の生産高をみても，ドイツでは，合成窒素（コークスアンモニアを除く）の生産は，1913年にはわずか12,000トンにすぎなかったが，25年には446,000トンに増大しており，その後も29年には677,000トンに増大しているのに対して，アメリカでは，それは25年にはわずか11,000トンであり，29年になっても77,000トンにすぎない。ドイツについでその生産高が多いイギリスでも，29年に110,000トンが生産されたにすぎず，ドイツにおける合成生産技術の圧倒的な優位性が認められる(32)。

またIGファルベンでは，1920年代以降に展開された経営の多角化は，自社技術の開発に基づいて推し進められたのに対して，デュポンの場合，①「企業買収もしくは技術導入による既存事業の移植」，②「外部からの先端的技術の導入による新事業の開拓」，③「自社独自の開発技術に基づく新製品の事業化」の3つの多角化の方法のうち，自社独自の技術開発に基づく事業化は，20年代においては，デュゴ塗料と防湿セロファンの2製品に限られていた(33)。この点においても，両社の間の技術格差が大きいものであったことが窺えるであろう。

このように，第1次大戦前に染料分野における高い技術水準によって世界を席巻していたドイツ化学工業は，大戦後もハーバー・ボッシュ法に基づく高圧合成方式によって，その技術的優位性を保っており，IGファルベンは，1920年代までは，24年のアンモニアとメチレンの高圧触媒合成に象徴されるその技術的優位性を保つことができた。しかし，アメリカ企業は，はるかに強力な財務状況を基盤として，急速にIGファルベンに追いついたとされている。すなわち，合成ゴムおよび合成繊維の最初の商品化が，デュポンによって，それぞれ1932年と38年に行われており，このことは，有機化学の領域におけるドイツ

の技術的優位性が最終的に消滅したことを示すものである。これらの製品はともに，世界恐慌期にIGファルベンが投資をドラスティックに削減した領域であった[34]。

それゆえ，以下では，IGファルベンにおいて1920年代の合理化の時期および世界恐慌期に大規模な投資が行われていた合成燃料部門，ナチス期にその開発・商品化がすすんだ合成ゴムおよび合成繊維の各製品部門の事業活動の展開を中心に「技術的合理化」の問題をみていくことにするが，これらの新しい製品部門では，その製品開発と商品化のための技術開発が重要な役割を果すことになったといえる。そこで，まず研究開発投資の動向をみておくことにしよう。

3 研究開発投資の動向

(1) 世界恐慌期の研究開発投資の動向

IGファルベンにおける研究開発活動の展開については，合成燃料のように世界恐慌期にもその開発・生産の拡大のための投資が引き続き推し進められた製品部門とともに，合成ゴムの場合のように1920年代に取り組まれながらも世界恐慌期に中止あるいは支出の大幅な削減が行われた製品部門もみられた。それだけに，世界恐慌期の研究開発投資，研究開発活動のあり方はその後のナチス期のそれらの製品部門における製品開発・事業化の進展にとっても大きな影響をおよぼしたといえる。それゆえ，まず世界恐慌期の研究開発投資の状況を簡単にみておくことにしよう。G.プルンペは，実際には，研究開発投資と経済的な成果との間の密接な因果関係のより確かな証明を詳細に行うことは可能ではないとしても，既存の方式や製品のたえまない改善，またその新たな利用可能性や新しい製品は，IGファルベンの経済的発展にとって根本的な意味をもっていたと思われる，としている[35]。1926年から33年までの同社の研究開発投資の推移を示した表4-4にみられるように，研究開発投資額は，27年にその頂点に達し，以降減少傾向にあるが，なかでも，30年以降の落ち込みはとくに大きく，33年には，27年の3分の1にもおよばない。売上高に占める研究開発投資額の割合をみても，1933年には27年の12.0％から4.7％に低下している。

表4-4　1926年から33年までのIGファルベンの研究開発投資の推移

年度	総額 (100万RM)	売上高に占める 割合（％）	領域別の割合（％）	
			新事業領域	旧事業領域
1926	82.0	8.0	26	74
1927	154.0	12.0	48	52
1928	134.9	9.4	52	48
1929	140.7	9.8	41	59
1930	95.5	8.1	42	58
1931	70.0	7.0	37	63
1932	42.7	4.9	10	90
1933	42.5	4.7	9	91

(出所)：*Ebenda*, S. 473.

　これを事業分野別にみると，新しい領域への研究開発投資の占める割合が世界恐慌期に著しく低下していることが特徴的である。すなわち，1928年には，その割合は52％を占めていたが，33年にはわずか9％に低下している。ただ研究開発投資の動向は各事業部によって大きく異なっている。研究開発投資の総額に占める第2事業部の割合は1927—29年の30.5％から29—32年の世界恐慌期には46.7％に上昇しているのに対して，1事業部の割合は64.8％から47.2％に大きく低下している。第3事業部ではその割合は4.7％から6.1％にわずかに上昇しているが，全体に占める割合はきわめて低い。また新しい領域の研究開発投資に占める各事業部の割合をみても，第2事業部では同期間に6.9％から16.5％に上昇しているのに対して，第1事業部では92.8％から78.7％に低下しているが，第1事業部では，他の事業部と比べた場合，新しい領域への研究開発投資が非常に大きな割合を占めていたことがわかる。また第3事業部では，1929—32年をみてもそれはわずか4.8％にすぎず，この時期にはまだ新しい事業領域への研究開発投資はほとんど行われていなかったといえる。

　また第1事業部における研究開発投資の果した役割と成果についてみると，G. プルンペは，この事業部の業績を研究開発のための支出が成功であったか失敗であったかということの基準とみなすならば，ネガティブな関係が明らかになるとしている。というのも，この事業部の収益はつねに減少しており，ま

た恐慌において大きな損失さえ生み出したからである(後掲表4-13参照)。

そこで,第1事業部におけるこのような活発な研究開発投資がどのような製品分野にあてられていたかを具体的にみると,1920年代には,IGファルベンは研究開発投資の圧倒的大部分を鉱油合成のために支出したとされている。しかし,そのために,全体的には,研究開発投資と経済的成果との間には何らポジティブな関係は出み出されなかったとされている。同社の研究開発投資の圧倒的大部分は経済的に問題のある高圧合成にあてられていたのであった。

世界恐慌期の同社の研究開発投資をみる上で重要ないまひとつの点は,すでに述べたように,当時ドイツ化学工業が技術的優位性をもっていた合成方式によるゴムの研究開発がこの時期に縮小され,いったん中止されたということである。1920年代における第2番目に大きい研究開発プロジェクトは,ゴムの合成のための事業化しうる方式を開発する試みであったが,そのような試みも,さしあたり,成功しなかった。例えば,ヘキストおよびルートヴィヒスハーフェンにおいては,とくにブタジエンの取得のための諸方式の開発が取り組まれており,またレファークゼンでは,主として重合化学および処理の問題が取り組まれていたが,このような重要な進歩にもかかわらず,1932年まではまだ十分な成功には至らなかった。また世界恐慌のなかで,確かに第1事業部の支出と比べると小さかったが大規模であった実験が中止されることになった[36]。

(2) ナチス期の研究開発投資の動向

世界恐慌期の研究開発投資のこのような動向をふまえて,つぎにナチス期についてみると,この時期の研究開発の重点は合成ゴム,合成繊維などの開発・生産のための合成生産方式の領域におかれていたが,この点について,1939年の *Die Deutsche Volkswirtschaft* 誌は,合成原料をさらに開発するために,また重要な領域においてIGファルベンがもっていた優位を維持するために費用のかかる研究活動が行われたことを指摘している[37]。しかし,前掲表4-1にみられるように,同社の全投資に占める研究投資の割合は1939年にはごくわずかな上昇がみられるものの33年以降ほぼ一貫して低下しており,30年代末から40年代初頭にかけての時期には33年の数値(26%)の約半分かそれ以下にまで低下していること,また研究費の金額そのものをみても売上に占めるその割合

をみても20年代の水準にはおよんでいないことが特徴的である。すなわち，売上に占める研究費の割合は1926年から29年までの景気の躍進期には年平均で9.87％であったものが世界恐慌期には約6.8％に低下しているが，33年から38年までの時期には5.2％に，さらに戦時期には3.97％にまで落ち込んでいる[38]。

これを事業部別にみると（表4-5参照），1933—38年および39—43年のいずれの期間をみても第2事業部の割合が大きくなっており，それぞれ59.5％となっているのに対して，第1事業部の割合はそれぞれ31.5％，33.1％を占めるにすぎず，20年代とは大きく異なっている。しかし，新しい領域の占める割合をみた場合には，第1事業部ではその割合が依然として比較的高く，1933—38年には39.8％，39—43年には64.4％となっているのに対して，第2事業部ではそれぞれ4.15％，24.6％にすぎない。IGファルベン全体でみると，新しい領域の占める割合は33—38年には13.5％，39—43年には11.3％となっており，研究開発費として支出された額の圧倒的大部分は古い領域に対してのものであった。この点も1920年代（前掲表4-4にみられるように，新しい領域の占める割合は26年には26％であったものが28年には52％に上昇している）とは大きく異なっている。また第3事業部は金額でみてもわずかな額にとどまっており，同社の研究費全体に占める割合は10％を下回っている。第2事業部の占める研究費の割合が大きかったこと，またそこでの新しい領域の割合が高かったことは合成ゴムの研究が強力に取り組まれたことにも関係している。この点について，G.

表4-5　1933年から43年までのIGファルベンの研究開発投資の事業部別割合の推移

期　間	事業部	金　額 (100万RM)	年平均 (100万RM)	割　合　(％)		
				旧事業領域	新事業領域	IGファルベン全体
1933—1938	第1事業部	122.1	20.35	30.2	39.8	31.5
1939—1943	第1事業部	175.1	35.02	29.1	64.4	33.1
1933—1938	第2事業部	230.7	38.45	62.3	4.15	59.5
1939—1943	第2事業部	314.5	62.90	64.0	24.6	59.5
1933—1938	第3事業部	35.0	5.83	7.5	18.7	9.0
1939—1943	第3事業部	39.1	7.82	6.9	11.0	7.4
1933—1938	IGファルベン全体	387.5	64.58	86.5	13.5	100.0
1939—1943	IGファルベン全体	528.4	105.68	88.7	11.3	100.0

(出所)：Ebenda, S. 612より作成。

プルンペも,少なくとも1936年まではブナの合成の活動が中心をなしていたことを指摘している。また第2事業部では,新しい領域のための研究開発費の最大部分はルートヴィヒスハーフェン,ヘキストおよびレファクーゼンの3つの中央工場にあてられており,そこでは,最大の部分が重合物質の研究にあてられていたとされている。さらに第3事業部では,新しい領域のなかでは,合成繊維が最大の支出を必要としたのであった[39]。

これまでの考察において,研究開発投資の動向をみてきたが,ナチス期のIGファルベンの事業展開をみると,とくにドイツの原料の供給の増大に役立つ新しい活動領域の拡大にその力を投入してきたとする1937年の *Wirtschaftsdienst* 誌の指摘[40]や,軍備の課題が同社の研究活動に新しい大規模な活動領域を拓き,巨額の投資を必要にしたとする41年の同誌の指摘にもみられるように[41],36年に始まる第2次4カ年計画の推進が大規模な市場の拡大をもたらしたといえる。ことに合成燃料,合成ゴムおよび合成繊維の各製品部門は最も重要な原料自給化の領域のひとつとなり,事業の急速な拡大が推し進められることになった。この時期のドイツ化学工業の事業展開をIGファルベンについてみた場合,染料部門および窒素部門が依然として売上の中心をなしており,そこでは国内での組織的合理化が徹底され,また対外的には国際カルテルの拡大による安定した売上と利益の確保が図られたが,「それ以上に企業成長に貢献したのは,人造石油および合成ゴムに代表される新興部門への展開,すなわち事業および製品の多角化であった」[42]と指摘されているように,これらの新興の製品部門は合理化の中心的な領域をなしたといえる。またR.G.ストークスも,ナチス期の同社の研究開発にとっての2つの重要な領域は合成燃料と合成ゴムであったとしているが[43],後にみるように,合成繊維もとくにデュポンとの競争の上でその研究開発,事業化が非常に重要な意味をもつことになる領域であった。

そこで,以下では,これら3つの製品部門における「技術的合理化」の展開過程を具体的にみていくことにするが,そのさい,合成ゴムおよび合成繊維の製品部門については,IGファルベンの最大の競争相手であり,この時期の同社のこれらの部門における合理化,事業展開のあり方,その成果にも大きな影響をもたらすことになったデュポンとの比較をふまえながら考察を行うことに

しよう。

4 主要製品部門における「技術的合理化」の展開
(1) 合成燃料部門における「技術的合理化」の展開
① 相対的安定期および世界恐慌期の事業展開とその限界

まず合成燃料部門についてみることにするが，この部門はナチス期に軍事化とアウタルキー化の推進にともない国家との強い関係を保ちながら事業の展開・拡大が推し進められた部門であり，両大戦間期にはIGファルベンはその注意の最も多くを合成ガソリンの開発に集中することになった[44]。ここでは，まずこの部門における1920年代の合理化の時期と世界恐慌期の事業展開を簡単にみておくことにしよう。

合理化が強力に推進されていく1920年代後半には油田が近いうちに涸渇することがたびたび予測されており，他方では，モータリゼーションの進展の結果，燃料需要が一層増大すると予測されており，その結果，不足している天然原料を工業合成製品によって代用するか，あるいは補充しなければならないという状況がドイツ染料工業に対して生まれると考えられていた[45]。そのような状況のもとで，IGファルベンでは人造石油部門への進出が推し進められたのであった。しかし，この領域における諸困難は窒素やメタノールの合成の場合よりもはるかに大きなものであった。活発な設備投資と研究開発投資に基づく「技術的合理化」が強力に取り組まれたにもかかわらず，この段階ではなお，費用のかかる一層の研究開発活動および設備投資が必要とされた。すでにみたように，1929—32年の期間に同社の設備投資全体のうち21％をも占める大規模な設備投資がこの部門で行われているが，褐炭の乾留タールを原料として使用するという29年以降の利用原料の転換の試みや[46]，31年秋以降の石炭を原料とする大規模な実験は設備投資だけでなく研究開発においても大規模な投資を必要としたといえる[47]。合成燃料の開発が取り組まれた1924年から32年末までの投資額は3億3,300万RMにのぼっており，そのうち研究開発活動に1億4,670万RMが投資され，設備投資のために1億720万RMが支出されている[48]。

このような大規模な投資の結果，1932年になってようやく合成燃料の生産の

ための技術的に完成された方式を利用することができるようになるが[49],20年代後半の合理化の時期にはその事業化が十分な成果を見込むことができる状態にはなく,H. タムメンも指摘するように,技術的に複雑な問題の最も重要な結果は,生産の拡大およびそれとともに生産の低廉化が計画されたようにはおこらなかったという点にあった。例えば合成ガソリン生産量をみても,1927年の1,000トンから28年には27,000トン,29年には69,000トンに増大しているにすぎず,31年になってようやく10万トンをわずかに超える108,000トンとなっているにすぎない[50]。ことにコスト面での限界は深刻なものであった。ガソリンの製造コストは合成アンモニアのようには順調に切り下げられることはできず,当初の目標としては1リットル当たり20ペニヒと設定されていたにもかかわらず[51],30年になっても40から50ペニヒがかかった。これに対して,販売価格は30から35ペニヒであり,20ペニヒの販売価格のもとで製造コストが23ペニヒにまで引き下げられた31年になってようやく両者の大きな開きは解消されたが[52],事業としての採算が成り立つものではとうていなかった。このような製造原価の高さは設備の異常な損耗によっても規定されたものであったとされている[53]。

また市場の面をみても,天然石油が近い将来に枯渇するという上述の如き予測は完全に誤ったものであり,すでに1920年代後半に原油価格の大幅な低下がおこっており[54],ことに世界恐慌には一層顕著なものとなったが,ドイツにおけるモータリゼーションの未発達もあり[55],相対的安定期における自動車工業の発展の限界などに規定されて,ほとんどないしはまったく市場を形成できなかった[56]。この点をドイツにおけるガソリン消費に占める合成ガソリンの割合でみると,1928年にはそれはわずか3.8%,29年には7.4%にすぎず,ガソリンの合成が技術的に完成された方式となった後の33年になっても10.4%にとどまっている[57]。そのような状況のもとで,20年代のIGファルベンの研究開発投資の大きな部分を占めていた鉱油合成事業は,世界恐慌期にも最大の割合を占めていた設備投資の展開をともなって引き続き継続されたこともあり,後にみるように,世界恐慌期には大きな損失を生むことになった。このように,合成燃料部門では,最大の諸努力が行われたにもかかわらず,その成果は決して期待されたようにはあがらず,むしろ世界恐慌期全体をとおして一層多

くの人員の投入と投資支出をガソリン合成に対して行うことになり[58]，同社の収益性を損なう結果となった。1931年の *Der Deutsche Volkswirt* 誌は，石炭の液化は窒素とならぶ誤れる投資の第2の源泉となったとしている[59]。BASFのアルヒーフは，1927年に操業を開始したロイナ工場の水素添加設備に関して，実験設備および大規模な生産設備における水素添加法の展開は資金的に困難であったが，そのような諸困難は33年以降になってようやく緩和されたとしている[60]。

　このような状況を生み出した要因に関して，1920年代後半の合理化の時期および世界恐慌期のこの部門における事業展開の問題をみる上で重要なことは，この部門における合成生産方式のもつ窒素部門などとの「結合経済」ともいうべき生産連鎖による矛盾が生み出されたことである。合成生産方式に基づく窒素，メタノール，人造石油などの分野では，「規模の経済」による効果だけでなく「範囲の経済」によってもたらされる効果の大きい生産連鎖の特性をもっており，この点では染料を中心とする旧来の諸部門とは状況は大きく異なっていたといえる。

　すなわち，IGファルベンはまず褐炭を乾留し，そこで発生するタールを水素添加に利用し，他方ではエネルギー生産とガス生産のさいの褐炭コークスを窒素の生産に利用することができたが，窒素市場における販売の減少は褐炭コークスの需要を減少させ，その結果，水素添加法のもとでは，石油製品の処理への移行が推し進められることになったのであり，このことは化学大工業の製法の密接な関連を示すひとつの例であるといえる[61]。そこでは，すべての製品が互いに依存しあっており，またある部門の生産の減少は他の部門にも不利な影響をおよぼさざるをえず，このことは世界恐慌期に顕著にあらわれたといえる[62]。すなわち，この時期に同社において人造石油事業の一時停止が検討された結果，その継続が決定されたが，とくに水素を基礎にしていることによる鉱油合成とその他の合成生産方式との密接な結合経済，さらにこうした結びつきのゆえに鉱油合成の中止は他の水素添加方式のより大きなコスト負担をもたらすであろうという認識，近いうちに採算の合うコストに到達することができるという技術者の確約がそのような意思決定にとって決定的であったとされているように[63]，こうした事情は「結合経済」ともいうべき

こうした製法の生産連鎖に規定されたものであった[64]。そのような状況について，H. タムメンは，この時期に比例費部分に対する固定費の増大のなかで企業の対応のフレキシビリティの低下という明確な事例がみられたとしており，そこでは，生産の中止にもかかわらず，損失を減らすことはできず，むしろ反対の作用をもたらすことにならざるをえないとしている。すなわち，もはや生産の中止のもとで大幅なコストの節約を期待することはできない状況にあり，強力なカルテル政策によって価格の低下をできる限り小さく抑えようとする努力は，一方では過剰生産への適応の困難によって恐慌の長期化と深刻さをひきおこし，また他方では他の領域においても業務の進行の自立的な回復を妨げる結果となり，恐慌において大コンツェルンをそのような危機的な展開へと強制するメカニズムができあがったとしている[65]。この点はたんに固定費の割合の上昇だけでなく，「範囲の経済」を生み出す「結合経済」が恐慌期にもたらす矛盾が強く作用したものであるといえるが，1920年代の合理化過程においてこのような新しい問題に直面する段階に到達したことの意味は大きいといえる。

G. プルンペが指摘するように，1920年代後半の IG ファルベンの技術開発および全般的な経済発展はともに，褐炭からの，また後には石炭からの燃料の高圧水素添加の実用可能な処理法を見つけ出すための大規模な努力によって支配されていたが，それは補塡を必要とするほどの莫大な損失をもたらしただけではなく，保護貿易主義とアウタルキー化への危険な傾向を促すことにもなった。彼は，高価な水素添加による燃料のためのマーケティングの諸問題が石油産業との協定によって解決されるようになったとしても，確実な政治的援助があった場合にのみ，この新しい技術の利用は割に合ったであろう，と指摘している[66]。また R. サシュリーは，1920年代の同社の最も大規模な投資のいくつかは合成硝酸塩，合成ガソリンおよび合成ゴムにおいてであったが，それらはドイツが天然ガソリンおよび天然ゴムのはるかに安い供給源から遮断されている場合にのみ報いることができたであろうと指摘している[67]。まさに1936年に始まる第2次4カ年計画による原料の自給化の推進のもとで，合成燃料部門は事業としての基礎を築くことができるようになるのである。

第 4 章　化学工業における合理化過程　*199*

　②　ナチス期の「技術的合理化」の展開とその特徴

　そこで，つぎにナチス期においてこの部門における「技術的合理化」がどのように展開されたかについてみると，この時期には，ナチス政府の助成のもとでこの部門における事業展開は急速に進展をみることになる。1933年になっても合成燃料は以前に染料あるいは合成窒素において可能であったような経済的な意義を得るには至らず，この年には，政府と IG ファルベンとの間で，合成燃料の開発・生産を国家が助成する「ガソリン協定」が結ばれた。それは，同社のこの部門の損失の段階を終了させる最低価格の保証を政府が同社の燃料生産に保証するというものであり，同社の生産能力の拡大（褐炭からのガソリン生産を年間30万トンないし35万トンに拡大すべきものとされていた）と引き替えに国家による最低価格と買い取りの保証を与えるというものであった[68]。しかし，この協定も費やされた開発費の償却の見込みを与えるものではなかったとされている[69]。このような協定に基づいて直ちに設備の拡大が開始され，1935年末には終了に至っているが[70]，利益のあがる製品サイクルを再び始動させるべきだとすれば，同社は新しい，また利益のあがる製品の開発に依拠せざるをえなかった。そのような製品は合成ゴムないしブナであったが，その成功は，天然ゴムとの真の競争能力を達成するためには合成による代替物質ができる限りコスト上有利に生産されねばならないこと，この物質についての同社の独占が維持されねばならないことの2つの問題にかかっていた。それゆえ，このコンツェルンの取締役会は1934年に燃料生産を制限すること，その製法を他の生産者に譲り渡すことを決定した[71]。こうして，IG ファルベンはあえてそれ以上の自前の水素添加設備の建設を断念し，ライセンスの方法でその製法の利用をすすめることになり，後にみる合成ゴムの開発の問題ともかかわって合成燃料部門の事業展開は大きな転換を迎えることになった。

　しかし，1936年の4カ年計画による原料の自給化の努力と軍備拡大がすすむなかで，同社の石炭水素添加法は年々大きな意味をもつようになった[72]。さらに IG ファルベンの C. クラウホが4カ年計画庁の最も重要な部門となる原料・外貨局の研究開発部門の長に，また1938年末には「化学生産特別問題全権代理」に任命され，4カ年計画の策定とその実施において決定的な役割を果すようになったこともそのような大きな転換をもたらすことになった。前者の段

階で同社はとりわけ化学品，鉱油，非鉄金属およびセルロースの領域におけるドイツの最も重要な，不可欠の軍事コンツェルンとなり，また後者の段階ではクラウホは鉱油，ゴム，軽金属，火薬および爆薬，その前過程生産物や補助材料，化学兵器を担当するようになった[73]。そのなかでも最も重要な位置を占めたのは鉱油合成による燃料生産の領域であった。P. ヘイズは，4カ年計画による自給化計画はIGファルベンにとってガソリン生産における損失をくい止め，合成ゴム「ブナ」を売れ行きのよい商品にするためのひとつの絶好の過渡的解決を示すものであったとしている[74]。

そこで，このような条件の変化のもとで合成燃料部門における合理化がどのようにすすんだかをみることにしよう。1930年代には，石炭水素添加法はたえず改良が行われており，その成果としては，ガソリンの産出高は水素添加に投入される石炭の60％分に達するようになっており，歩留率の向上が達成されたことを指摘することができる[75]。すでに1934年末までにロイナにおける水素添加設備の拡大は予定された年間22万トンの生産量を達成しているが[76]，35年の営業年度にはこの工場におけるそのような設備の拡大は終了しており，その生産高は前年度に比べ約60％増大し，30万トンの大台をすでにいくらか上回っている。この年度にはさらにドイツの3つの異なる場所に同社の製法に基づいて操業する水素添加設備の建設が行われており[77]，38年にはそれらが操業を開始する予定とされた[78]。こうしたなかで，原料自給化による市場の拡大のもとで合成燃料の販売高も大きな増大をみており，この時期に拡大された生産能力の操業度も大きく上昇している。この点について，1938年度のIGファルベンの営業報告書は，同社の燃料生産設備が徹底して有効利用されたこと，生産された製品はすべて販売されたことを指摘しているが[79]，39年度をみても燃料生産設備はフル操業を続けている[80]。また1938/39年度の電機工業のAEGの営業報告書は，この報告年度にも化学工業が同社に燃料生産の設備のための大出力の原動機の注文を行っていることを伝えている[81]。

このように，BASFのアルヒーフも指摘する如く，石炭の水素添加の領域では，1933年から第2次大戦までの期間には大規模な諸努力でもって一層の取り組みが続けられており，そこでは，製法が本質的には技術的に完成していた場合でもかなりの改良が達成されており，そのような活動がさまざまな面で拡

大されている$^{(82)}$。ロイナ工場が操業を開始した1927年の人造石油の生産高はわずか9万トンにすぎなかったものが39年の戦争勃発時には約150万トンに増大しており$^{(83)}$，なかでも水素添加法による工場はこの年までに年間100万トンを超える生産能力をもつようになっていたとされているが$^{(84)}$，IGファルベンのロイナ工場では，戦争が始まって2年後の1941年にようやく，目標とされた年産50万トンをわずかに超える502,431トンにまで生産が拡大されている$^{(85)}$。第2次大戦の始まり以前には水素添加設備の拡大はほとんどもっぱら事業的観点から行われており，設備費と操業費の削減のために重要な工場単位への集中化がはかられ，できる限り大規模な製造単位が選ばれたとされている$^{(86)}$。戦争の始まる1939年9月までにドイツでは7つの水素添加設備が生産を行っており，また5つが建設中であったが$^{(87)}$，戦争の開始にともない生産拡大が一層急速にすすめられた結果，44年までに16の水素添加工場が建設されている$^{(88)}$。この年までに年間生産量は約430万トン（同年の最初の4カ月を基礎にした数値）に増大しており，合成方式による生産能力は約500万トンとなっている$^{(89)}$。その結果，1936年にはドイツは約500万トンの液体燃料の需要のうちの約70％を輸入していたのに対して，44年の最初の4カ月までに年間ほぼ800万トンにおよぶ液体燃料需要のうちの72.3％を国内で生産するようになっており，そのうちの60％以上がこの国の豊富な石炭資源から合成方式によって生産されるようになっている$^{(90)}$。このように，合成燃料は戦争の始まりと鉱油の輸入停止にともない初めて量的により大きな意味をもつようになった$^{(91)}$。

しかし，1943年までのドイツの生産に占める同社の主要製品の割合をみた場合，ブナ，メタノール，合成潤滑油では100％を占めており，ニッケル，プラスティック，染料でも90％を超えていたのに対して，ガソリンではわずか23％にとどまっている$^{(92)}$。また4カ年計画において設定された目標の達成率をみても，1942年にはガソリンのそれはまだ45％にすぎなかった。その理由としては，輸入関税にもかかわらず外国の原油の占める割合が依然として高かったこと，戦争の始まりにともなう航空機用ガソリンへのガソリン生産の重点移動，フィッシャー・トロップ法によるガソリンのもつ自動車用ガソリンとしての低い適性あるいは航空機用ガソリンとしての適性の完全な欠如をあげることができる$^{(93)}$。

そこで、この問題についてみておくと、戦争の準備のための軍備拡大のもとで、航空機エンジンに適したオクタン価の高いガソリンの開発が重要な課題となったが、R.G.ストークスが明らかにしているように、ナチス期の燃料自給化の諸努力のなかで国家の助成は原油工業よりはむしろ合成燃料の開発・生産に向けられたこと、また合成燃料のなかでもフィッシャー・トロップ法よりもIGファルベンの水素添加方式（ベルギウス法）に対して国家の助成が集中的にあてられた理由のひとつも、同社の合成燃料がこの点においてより適していたことによるものであった[94]。しかし、航空機用ガソリンの領域では、国際的にみた場合、同社の製法がもたらす利点に関しては自動車用のガソリンの生産の場合とは状況が異なっていた。もとより、石油が限られた程度にしか利用できなかったこと、またイソオクタンおよびイソパラフィンのタイプのその他の燃料は一酸化炭素の水素添加合成ないしブタンの脱水素の費用のかかる製法によってしか利用することができなかったという理由から、ドイツの航空機用燃料の生産は石炭を基礎にせざるをえなかったという事情があった[95]。航空機用のガソリンは最もアンチノック性の高い特別な燃料を必要とし、自動車エンジンに使用されるガソリンのオクタン価が50であったのに対して航空機エンジンのガソリンのそれはもっと高いものであった。同社は水素添加法の転換によってオクタン価68のガソリンの生産に成功しているが、航空機エンジンは当時75—85のオクタン価を必要としており、そのような高いオクタン価は四エチル鉛の追加によって達成された。しかし、四エチル鉛の生産のための特許はアメリカのエチル・ガソリン株式会社の所有となっており、IGファルベンは長期におよぶ困難な交渉のすえ同社からライセンスを所得することによって打開をはからざるをえなかった。ドイツにおける四エチル鉛の生産のための設備の建設のために、エチル・ガソリン社とIGファルベンの小会社のアンモニア・メルゼベルク社がそれぞれ半分づつ出資したエチル有限会社が設立され、最初の設備が1935年に、第2番目の設備が38年に誕生している。しかし、1トン当たり285RMかかるその生産コストは124RMしかかからないルーマニアから輸入される航空機用ガソリンよりも明らかに高いものであった。年産20万トンへの生産の拡大が初めて航空機用の合成ガソリンの顕著な低廉化をもたらしたが、その間にアメリカでは精製所の副産物であるイソブテンを原料として利用することによってオクタン価100の高性能

燃料であるイソオクタンを生産するという大きな技術的成果が達成されており、その結果、英米両国は、ドイツがもはや取り戻すことのできない優位をもつようになっていた[96]。このような高性能燃料や高ビスコースの潤滑油のような特殊な製品は本来水素添加の領域には属さないものであり[97]、そのような技術的条件がIGファルベンに対してこうした問題をもたらす要因でもあった。1940年12月11日の同社の技術委員会の会議でも、燃料の品質に対する航空の高まる諸要求を突きつけた諸問題が取り上げられているが、そうした問題の解決は一方では水素添加技術の転換を、また他方では新しい生産方式の利用をもたらしたとされている[98]。

近代的な航空機のエンジンの開発に直面して、1930年代半ば以降、IGファルベンにとっては、航空機のガソリンのための混合成分としてのイソオクタンの生産に取り組む必要性が生まれたが、当初は製造原価は非常に高く、その結果、39年にはわずか約6,000トンが生産されたにすぎなかった。戦争の勃発後、ドイツのさまざまな水素添加工場において、水素添加からは限られた範囲にしか使用することができなかったイソブチレンからイソオクタンが生産されたほか、ほぼ同じ利用価値をもつアルキレートがイソブタンおよびイソブチレンから生産されるようになり、1943年には全体で85,000トンが生産された[99]。そこでは、アメリカやイギリスのガソリンに品質において匹敵する高性能な航空機用ガソリンに対する空軍の要求がイソオクタン設備の拡大をもたらすことになったが、それは何ら経済的な考慮なしに行われたものであったとされている。そうしたなかで、ロイナの実験設備が拡大されたほか、ショルベン、ペリッツおよびヘイデブリックに新しい設備が建設されており[100]、例えばヘイデブリック工場では年間10万トンのイソオクタンがイソブチルアルコールから生産されるようになっており、ヴァルデンブルク工場ではベンゾールおよびメタノールから合成方式によってトルオールを生産するための大規模な設備が建設されている[101]。しかし、終戦時にはドイツを除く世界の生産高は200万トンを超えていたとされており[102]、こうした点からみると、ドイツの生産量は決して十分に多いものとなるには至らなかったといえる。1939年にはロイナ工場で生産された393,166トンの燃料のうち自動車用ガソリンが200,864トンを占めており、航空機用ガソリンは154,781トンであったが、41年には502,431トンの生

産高のうち航空機用ガソリンが238,312トンを占めており,自動車用ガソリンはわずか21,410トンにすぎず,42年には265,779トンの生産高のうち自動車用ガソリンの生産高は2,697トンにまで減少しており[103],それだけに,航空機用ガソリンの生産拡大におけるこのような立ち遅れは合成燃料部門の事業展開の限界を示すものであるといえる。

　以上の考察において合成燃料部門における合理化の推進,事業展開の特徴についてみてきたが,この部門における IG ファルベンの事業活動のひとつの特徴は,第2次4カ年計画のもとでも,また戦時期にも経済的利害が同社の戦略の最も規定的な要因として維持されたということである。そこでは,高額の投資のために,ライセンスを売り渡すこと,またそれで稼ぐことがこの比較的利益のあがらない領域に一層の自己資金を投資することよりも有意義であったという事情があった。同社は1933年から43年までに独自の水素添加によって約1億7,300万 RM を稼いだが,ライセンスでもって5,530万 RM を稼ぐことができた。こうした理由もあり,同社は第2次4カ年計画の鉱油計画にはむしろ間接的にしか関与しておらず[104],1933年以降のこの部門における同社の一般的な企業政策はとりわけリスクの最小化と最低限の関与という目標を追求したのであり,そのことはまさに純経済的な基準に従ったものであるといえる[105]。そのような状況に変化がみられるのは第2次大戦期のことであり,戦争の開始にともなう航空機用ガソリン需要の大きな増大のもとで,本来水素添加の領域に属さない高性能燃料,潤滑油および四エチル鉛のような特殊製品のための設備の建設により強力に取り組むことになる[106]。この点を燃料・石油部門の投資の推移でみても,同社のこの部門への投資額は1937/40年には1億3,100万 RM にすぎなかったものが41/44年には5億8,600万 RM に大きく増大しており,25/44年の投資額8億9,400万 RM のうちの約65%を,また33/44年の投資額7億8,600万 RM の74.4%を占めているが,主に戦時期に同社は航空機用ガソリン,四エチル鉛および潤滑油の生産のための設備に5億1,100万 RM を投資しており（その内訳はそれぞれ63.8%,10.6%,25.6%となっている),この時期に同社がこれらの特殊製品の開発・生産にいかに重点的に取り組んだかがわかる。しかし,これらの領域は市場の見込みとしては最も低いものであり,同社の資金の調達に占める割合も最も低いものであったとされている。こうした

投資のうち航空機用ガソリンのための設備には同社はわずか20.2％を自ら資金調達したにすぎないのに対して，経済的利害の強い潤滑油の生産能力のためには41.2％の資金を調達したとされている[107]。

このように，同社のこの部門における合理化，事業の推進にさいしての取り組みのあり方は，原料自給化と軍需市場の拡大という特殊的な政治的・経済的諸条件のもとでも経済的利害を第一に考えた戦略によって規定されていたのであった。そのことは4カ年計画の目標達成にも一定の影響をおよぼすことになったといえるが，この点について，G.プルンペは，ドイツの染料工業の歴史的なパースペクティブからみれば，鉱油合成は市場経済的条件のもとでは天然原料を合成製品によってとって代えるという目標を達成することには成功しなかった最初の展開であったとしている[108]。

(2) 合成ゴム事業における「技術的合理化」の展開
　① 合成ゴム事業の経営環境
つぎに合成ゴム事業についてみることにするが，ここでは，IGファルベンにおいて合成ゴムの開発がいちはやく手がけられた1920年代および世界恐慌期の展開をふまえてみていくことにしよう。最初の合成ゴムは第1次大戦中にドイツのハリースの合成したメルチゴムであったが[109]，IGファルベンでは，1926年夏にゴム合成のための研究開発が再開された。このことはつぎのような経済的・技術的理由をもっていた。すなわち，ひとつには，ブタジェンの生産のためのより効率的な方式の開発に成功したこと，いまひとつは，1920年代にゴム市場において転換がおこると思われていたことがそれである。とくに後者については，1920年代半ばのゴム価格の著しい上昇が，そのような研究開発の取り組みの重要な経済的理由であったといえる。

ここで，第1次大戦後の世界のゴム市場の動向をみておくと（表4-6参照），1920年および21年には生産量が消費量を上回っていたが，22年以降25年まで消費量が生産量を上回っており，25年には，生産量が527,500トンであったのに対して，消費量は552,500トンとなっている。こうした状況のもとで，ゴムの価格は1925年には急騰し，前年の2.8倍に上昇している。1926年には価格は低下しているが，24

表4-6 1920年から33年までの世界のゴム市場の動向

年度	世界のゴム生産量 (1,000トン)	世界のゴム消費量 (1,000トン)	ドイツの割合 (%)	ゴム価格*) 1913年=100
1920	342.5	297.5	4.1	87.3
1921	302.5	277.5	8.0	33.3
1922	402.5	405.0	6.9	35.4
1923	405.0	445.0	4.5	60.3
1924	422.5	465.0	5.7	53.1
1925	527.5	552.5	7.8	147.8
1926	625.0	542.5	4.3	100.7
1927	610.0	595.0	7.6	77.1
1928	655.0	685.0	6.3	45.5
1929	870.0	805.0	6.1	41.8
1930	825.0	710.0	6.2	20.8
1931	802.0	682.5	5.6	12.5
1932	710.0	690.0	6.3	7.0
1933	825.9	710.0	6.2	20.8

（注）：*)ニューヨーク価格
（出所）：*Ebenda,* S. 349.

年の価格の約2倍となっている。このように，1920年代半ばの市場の動向，とくに25年から26年にかけての価格の上昇が，IGファルベンにおける合成ゴムの研究開発の再開の考慮に影響をおよぼしたのであった。1925年に同様にゴム合成のための活動を開始したデュポンにもおそらく同じことがいえるとされている。

このような状況のもとで，合成ゴムの開発の取り組みは，IGファルベンにおいても，またデュポンにおいても，1920年代半ば頃に始められたのであった。利用しうる技術的諸可能性の現実的な評価にさいして，IGファルベンのゴムの専門家たちは，合成ゴムは天然ゴムよりも高いであろうということ，また合成品が天然ゴムよりも適しているという使用上の特性が意味をもつ部分的な市場を獲得することができるにすぎないということを前提にしていた。1926年10月にフランクフルトで会談が行なわれ，そこでは，レファクーゼン，ヘキストおよびルートヴィヒスハーフェンから集まった同社の代表的なゴムの専門

家たちが経験や可能性についての総括を行い,活動計画の概要を議論した[110]。そこでは,天然製品を駆逐してしまうこと,あるいはそれにとって代えうることが期待されていたのではなく,その特別な使用上の特性のために,より高価格の特別な市場を獲得することのできる合成品が追求されたのであった。しかし,1927年以降,ゴム価格は著しく低下しており,確かにタイヤの原料を確保しようという目的が断念されたわけではないが,天然ゴムの価格の大幅な低下のために,そうした市場はもはや関心の中心ではなくなったとされている[111]。

② IGファルベンの合成ゴム事業における投資活動

そこで,つぎに合成ゴム事業における投資活動についてみることにしよう。1930年の天然ゴム価格の暴落,世界市場における供給過剰の深刻化のために,また応用技術では具体的な成果がみられなかったために,同社はこの年の10月3日にゴムの研究の大幅な中止の決定を行っているが,そこでは,科学的研究,とくに重合化学の研究のみが,規模を縮小して続けるべきだとされた。このことは,他の企業もゴム合成の研究に取り組んでいたことを同社が知っていたからであり,またこの重要な領域の研究にとどまっておかねばならないという見解をもっていたからであった[112]。

ここで1930年の合成ゴムの開発事業の大幅な縮小をもたらしたゴム市場の動向をみておくと,前掲表4-6よれば,ゴムの価格は,IGファルベンがゴム合成の研究に再び取り組んだ1925/26年以降,低下をつづけており,30年には,最高額に達した25年のわずか7分の1に低下している。価格はその後も大きく低下しており,1932年には,25年のわずか21分の1に落ち込んでいる。また世界のゴムの生産量と消費量をみても,1929年以降,生産量が消費量を上回っており,30年および31年には10％を超える供給過剰となっている。

このようなゴム事業の厳しい経営状況のなかで,ゴム事業における投資は大きく削減されることになった。

表4-7　1927年から35年までのIGファルベンのゴム事業における投資の推移

年度	設備投資 (1,000RM)	研究費 (1,000RM)	総額 (1,000RM)	IGファルベンの全研究費に占める割合(%)	新しい活動領域*)の占める割合(%)
1927	120	130	250	0.08	—
1928	775	2,694	3,469	2.00	3.82
1929	776	4,122	4,898	2.93	7.07
1930	111	2,558	2,669	2.68	6.38
1931	10	696	706	1.00	2.68
1932	15	344	359	0.81	7.98
1933	22	398	420	0.94	9.95
1934	218	1,031	1,249	2.20	39.65
1935	1,598	2,044	3,642	3.83	62.56

(注)：*)技術的にはまだ確立されていない活動領域。
(出所)：*Ebenda*, S. 354.

　まず1927年から35年までのIGファルベンのゴム事業における投資の推移をみると（表4-7参照），1929年には，設備投資額，研究費，同社の全研究費に占めるゴム事業の研究費の割合のいずれをみても，ひとつの高まりがみられるのに対して，30年にはそのいずれもが減少しており，31年には一層大きく落ち込んでいる。すなわち，設備投資は，1929年には776,000RMであったものが，30年には111,000RM，31年にはわずか10,000RMに著しく減少している。IGファルベンの設備投資全体に占めるゴム部門の割合は1925/32年には2.8%にすぎなかったが，33/36年の期間には1.9%にまで低下している（前掲表4-2参照）。また研究費をみても，それは1929年には4,122,000RMであったが，30年には2,558,000RM，31年にはわずか696,000RMにまで減少しており，その後の32年にも一層減少しており，344,000RMとなっている。それにともない，全研究費に占めるゴム事業の研究費の割合も，1929年には2.93%であったものが31年には1.0%，32年には0.81%にまで低下している。

　ただここでとくに注意しておくべきことは，そのような投資の縮小のもとで，新しい活動領域の占める割合が1931年に大きく落ちこんでいること，また34

年以降それが著しく上昇していることである。すなわち，それは1929年の7.07％から31年には2.68％に低下しているが，34年には39.65％，35年には62.56％に大きく上昇している。ここでの新しい活動領域とは技術的にはまだ確立されていない活動領域のことであるが，それは合成ゴム，とくに1930年代半ばに生産が開始されるブナゴムの開発に典型的事例をみることができる。このように，ゴム事業の全投資額に占める新しい活動領域のための投資額の割合は1931年には低下しており，その研究開発が本格的に推し進められるようになるのはナチス期に入ってからのことである。例えば同社の研究費の推移をみると，1935年には2,044,000RM であったものが38年には8,667,000RM に大きく増大しており，43年まで670万 RM 台から880万 RM 台を推移している[113]。

　ここで，IGファルベンの合成ゴムの開発についてみると，ゴム事業をその管理下においていた合成物質委員会（1930年設置）のE.コンラートが1932年11月に，ブタジエン・アクリルニトル・ゴム（ブナN）でもって，少なくともタイヤカバーとしては天然ゴムよりも優れており，利用価値の高い合成製品を開発したと報告しているが，この年の末には，同社はまだゴム合成のための完成した方式を使用することはできなかったとされている。1926年から27年にかけての状況と比べると，確かに根本的な進歩がみられ，とくにブタジエン・アクリルニトリルやブタジエン・スティロールからの共重合体でもって有望な手がかりを得ることができたが，32年には，ゴム合成は1912年や26年と同様に，技術的にはまだ未解決であった[114]。結局，IGファルベンは1935年に新しい合成ゴムであるスチレン・ブタジェンゴム（SBR）をブナ（Buna）という商品名で生産を開始することになる[115]。しかし，1935年12月の合成ゴムに関する会議でも，合成ゴムの種類とさまざまな利用領域におけるその特性について協議されている段階であり[116]，自動車用タイヤの原料としての合成ゴムの生産拡大にすでに本格的に取り組んでいたデュポンと比べると大きく立ち遅れた状況にあったといえる。

　このブナゴムの生産は，ナチス下の1936年の第2次4カ年計画による人造ゴムの自給化の推進にともない，本格的な増大をみることになる。ルートヴィヒスハーフェンのブタジエンの設備は1934年1月に操業が再開され，ブタジエン

表4-8 1935年から44年までのIGファルベンのブナゴムの生産,販売,収益および設備投資の推移

年度	生産高 (1,000トン)	販売高 (1,000トン)	売上額 (100万RM)	売上額全体に 占める割合(%)	利益／損失 (100万RM)	設備投資 (100万RM)
1935	0.26	—	—	—	—	—
1936	0.80	—	—	—	—	10.2
1937	3.50	3.0	12.80	0.8	-4.7	40.0
1938	5.78	5.3	20.58	1.2	-6.5	77.1
1939	22.42	18.7	62.34	2.9	-2.4	106.2
1940	41.22	22.6	102.89	4.3	-0.2	105.4
1941	70.61	71.4	167.78	5.9	5.1	160.6
1942	100.57	103.7	240.79	7.3	3.9	168.9
1943	119.80	121.4	283.71	7.6	1.5	139.6
1944	103.20	109.9	260.00	10.1	1.4	102.2

(出所): *Ebenda*, S. 385, S. 388 u S. 390より作成。

の需要の増大が35年半ばにはその一層の拡大を必要にし[117],36年にはショコパウに最初のブナ工場が誕生している[118]。そこで,1935年から44年までの同社のブナゴム事業について,その生産,販売,収益および設備投資の推移を示した表4-8をみると,その生産高は,1935年にはわずか260トンであったが,その後大きく増加しており,42年には100,570トンに増大している。またブナゴムの設備投資をみると,1936年には1,020万RMであったが,39年には1億620万RMに大きく増大しており,生産高が10万トンを超えた42年には1億6,890万RMに達している。同社の設備投資全体に占めるゴム部門の割合は1933/36年にはわずか1.9％にすぎなかったが,37/40年の期間には20.8％,41/44年の期間には21.4％に大きく上昇しており(前掲表4-2参照),この時期の設備投資がいかに大規模に,また集中的に行われたかがわかる。ショコパウ工場は1939年4月1日になってようやくフル操業を行うようになったとされているが[119],BASFのアルヒーフは,原料と労働力の調達における諸困難の増大にもかかわらず,同年初頭には大規模な設備の完成という目標が達成されたことを伝えている[120]。すでに1938年にはヒュルスに第2工場が建設されているが[121],その後もこれらの工場はかなりの拡大がはかられただけでなく,40年にはルートヴィヒスハーフェンに第3工場が建設されており,41年にはさらに

オーバーシュレジェンに第4工場の建設が開始されている。第4工場は操業を開始するには至らなかったが[122]、このような拡大によって、1943年のブナ工場の総生産能力は17万トンに増大している[123]。しかし、実際の生産高は112,000トンを超えることはなかったとされている[124]。なおそこでは、同社におけるこのような合成ゴム「ブナ」の開発にさいしては国防軍がその開発費の一部を負担し、また大蔵省・経済省が価格と買い取りの保証を与え、国防軍が開発費を引き受けるなど、国家の助成のもとにそれが推進されたこともひとつの特徴をなしているが[125]、鉱油合成の場合とは異なり、合成ゴムでは、同社は持続的な国家の介入なしに完全に経済的な観点を保つことができたとされている[126]。

1930年代末から40年代初めにかけてのこのような生産能力の拡大のもとで、生産高は大きく増大し、販売高もそれに応じて比較的順調に増大し、生産された量はほぼ販売されており、売上額も順調に増大しており、ドイツにおけるゴムの消費量に占める合成ゴム「ブナ」の割合も39年の19％から44年には97％へと著しく上昇している[127]。しかし、収益面をみると、1937年から40年までは一貫して赤字であった。1941年になってようやく510万RMの利益が生み出されているが、その後の第3工場および第4工場のための大きな支出によって利益額は再び減少しており[128]、44年には140万RMにまで落ち込んでいる（前掲表4-8参照）。

このように、1920年代後半にその取り組みの試みが始められたIGファルベンの合成ゴム事業は、世界恐慌期に投資の大幅な削減と研究活動の大幅な縮小を余儀なくされ、その後、36年の第2次4カ年計画のもとで、本格的な投資の拡大と増産体制の確立が推し進められることになるが、その当初は、その収益性は極めて悪く、その後もあまり利益をあげるには至らなかったといえる。軍需生産についてみても、1940年3月のデータによれば、国防軍によるゴムの消費量は天然ゴムでは371,695kgであったのに対して合成ゴムでは694,018kgとなっており、合成ゴムが天然ゴムを大きく上回っているが、国防軍向けの特定の特殊製品はなおもっぱら天然ゴムの利用を必要としたか、あるいは大きな割合の天然ゴムの利用を必要としていたとされている[129]。

③ デュポンの合成ゴム事業の展開

　IGファルベンのこのような事業展開の困難はその競争相手であるデュポンによっていちはやく合成ゴムの開発と商品化が手がけられたことによるものでもあった。そこでデュポンについてみておくと、同社も、IGファルベンと同じ理由から、すでに1925年にゴムの研究を開始していたが、アメリカは群を抜く最大のゴム消費量を誇っていた。デュポンでも、経済的にも技術的にも有望な単量体方式を自由に使用することができたという事情が重要な役割を果した。こうして、1929年までにモノビニル・アセチレン方式が技術的に開発された。モノビニル・アセチレンの一層の研究において、モノビニル・アセチレンへの塩酸の触媒加成によってゴム単量体に似たクロルブタジエンが生まれることを同社の研究者たちは発見した。さらにこの液体はゴムに似た物質に重合されることが発見された。デュポンは1931年にその発明をアメリカ化学学会 (American Chemical Society) に発表した。この製品はまず「クロルプレンゴム」と名づけられ、「デュプレン」という商品名をつけられたが、その後「ネオプレン」という商品名をつけられた。こうして、デュポンは1930年に合成ゴムの開発に成功したのである。

　このような合成ゴムの開発の成功をうけて、デュポンはその商品化に向けて工場設備の建設に乗り出すことになる。世界恐慌のさなかにもかかわらず、同社は1931年から32年にかけて、ネオプレンの生産のための設備を建設し、32年の夏に、天然ゴムの価格をはるかに上回る価格でそれを市場に出したのであった。それにもかかわらず、この製品のもつ特性のために、塩化ゴムは市場で受け入れられた。すなわち、天然ゴムとは異なり、ネオプレンは油や光の影響に対する抵抗力が高く、そのため、そのような使用価値をもつ弾力的な素材が求められるところでは、原料として普及したのであった[130]。当時の状況については、IGファルベンの1933年7月のゴム協議でも、アメリカでは天然製品に優る人造製品の利用のための経済的な見込みはドイツよりもかなり有利なように思われると指摘されている[131]。そうしたなかで、1932年にデュポンによって最初に合成ゴムが商品化されてからも、同社は35年に「デュプレン」の工場の建設を行ったほか、38年にもディープウォーター・ポイント工場の生産能力の拡大を行っている[132]。これに対して、IGファルベンでも、確かに、ブナゴ

ムNでもって，非常に利用価値の高い合成ゴムが生み出されたが，この時期には，その技術開発はまだ完了していなかった[133]。IGファルベンがその技術開発を完了させ，事業を推し進める頃にはデュポンは生産能力の一層の拡大をすすめており，アメリカの合成ゴムの生産高は1944年第2四半期には年換算で836,000トンに達したとされている[134]。1941年から終戦までの期間だけをみても，アメリカは140万トンの合成ゴムを生産しており，生産開始の年である37年から終戦までの期間のドイツの生産高47万トンの約3倍にもおよんでいる[135]。また特許についてみても，1934年2月のIGファルベンのゴム会議でも，デュポンはビニルアセチレン，ハロゲンブタジエンの生産，ビニルアセチレンやジアセチレンのブタジエンへの水素添加のための広範囲におよぶ特許をもっていたほか，さらにビニルアセチレンの一連のその他の添加反応についてもデュポンによって特許が取得されているなど，すべての領域がデュポンによって特許で閉め出されていると指摘されている[136]。さらにコスト面をみても，1947年のイギリスによる調査では，ドイツではカーバイドが合成ゴムの生産のための基礎原料として使用されていたが，ドイツは原価に関しては基礎原料として石油を使用するアメリカと決して競争することができないと考えられると指摘されている[137]。

④　IGファルベンの合成ゴム事業の限界

　これまでの考察から明らかなように，IGファルベンとデュポンは1920年代半ばに，合成ゴムの開発をほぼ同じ時期に手がけたが，結局，デュポンが30年にその開発にいちはやく成功し，32年に世界で初めてその商品化を行ったのであった。もともと第1次大戦中にドイツのハリースが合成したメチルゴムにみられるように，またデュポンでは，合成方式によって生産される製品分野への新規事業の参入が自社独自の技術ではなく，外部から導入した技術を基礎にしていたことにもみられるように，この分野は，IGファルベンがデュポンに対して技術的優位性をもっていた分野であった。

　このような状況は1930年以降大きく変化することになるが，つぎの2点にその主たる要因をみることができよう[138]。ひとつには，1929年に始まる世界恐慌期にIGファルベンは合成ゴムの開発のための研究の大部分を中止し，この

分野への投資も大きく削減されたのに対して，デュポンでは積極的な投資が行われ，31年から32年の不況期に工場設備の建設に乗り出すなど，将来的な展望を見込しての戦略的な経営資源の配分を行ったことをあげることができる。いまひとつは，IGファルベンでは，天然製品を合成ゴムによって駆逐したり，とって代えるのではなく，特別な消費者向けに，高い価格でも販売できる特別な市場の獲得を可能にするような，非常に高価な製品の開発を推し進めたのに対して，デュポンでは，油や光に対する抵抗力が高く，弾力性に富むといった，一般市場向けの実用的な製品の開発に重点をおいていたことである[139]。コンラートが指摘しているように，アメリカでは，主たる目的は，加工のしやすさが天然ゴムのそれにきわめて近い代替品をできる限りうまく生産することにおかれていたのに対して，ドイツでは当初からそのような加工のしやすさという条件はあまり考えられてこなかったという点に両国の開発における基本的な相違があった[140]。

　もちろん，両社の財務状況の違いも大きな要因であったといえるが，製品開発におけるこのような相違は，1929年に始まる恐慌期にその製品の開発を継続するかどうか，またどの程度の規模でそれを行うべきかといった意思決定を行うさいにも，この事業分野の将来性についての両社の経営者の判断の相違を生み出すことになったと考えられる。またそのような製品特性の相違は，IGファルベンのこの分野の収益性にもみられるように，ドイツとアメリカの市場構造の違いもあって，この分野における両社のその後の成長にも，大きな影響をおよぼすことになった。

　(3)　合成繊維事業における「技術的合理化」の展開
　　①　IGファルベンとデュポンによる合成繊維の開発
　つぎに合成繊維事業についてみると，そこでも，IGファルベンはすでに1931年にポリ塩化ビニール繊維でもって最初の合成繊維を開発していたが，それは，その低い融点のために，織物繊維としては適さなかった。重合化学の発展は合成繊維の生産にとって基本的なものであり，その基礎は，とりわけドイツでは，ヘルマン・シュタウジンガーとフライブルクにおける彼の学派によって築かれた。彼は，その研究活動において，IGファルベンによって援助を受

けていたが，高分子炭化水素の結合の最も重要な特性を発見し，それを説明した。近代的な人造繊維や合成物質の生産もそれを基礎にしていた。天然の重合体のさまざまな化学品への可溶度が発見された後は，合成繊維については，単量体の取得のノウハウおよび重合法が重要であったとされている。同社はゴムおよび合成物質の研究の先行する諸活動の諸経験を利用することができたのであり，合成繊維と初期の時代の繊維や合成品化学との論理的な結合がはかられたのは，同社が天然の繊維素にかわる合成による代替製品を追求したこと，またそのさい，合成品化学の重合体結合を十分にテストしたことによるものであった。

これに対して，デュポンでも合成繊維の開発が同じ時期に行われている。IGファルベンと同様に，デュポンも，繊維の取得のための一次製品として，天然の重合体にかわる代替品を追求した。同社では，1928年以降，カロザースが重合化学の領域において研究を行い，まずポリエステルの結合を発見したが，それは織物繊維に対する諸要求を充たさなかった。1935年に彼は，何年にもおよぶ費用のかかる研究の後に，ヘキサメチレンジアミンおよびアジピン酸から，それゆえジアミンおよびジカルボン酸からの重縮合製品の開発に成功した。この重縮合体はポリアミド66と呼ばれ，商品名ナイロン66を含んでいた。この合成繊維，ナイロンは1938年にデュポンによって最初に商品化されたのであった。

IGファルベンでも，そのすぐ後に，リヒテンベルク工場において，環状のε-カプロラクタムも環の分裂によって重合されること，またポリアミド66に匹敵する製品が生まれることをシュラックが発見し，この重合体はポリアミド6またはナイロン6と呼ばれたが[141]，IGファルベンは，合成ゴムの場合と同様に，合成繊維の開発においても，デュポンに遅れをとることになった。

② デュポンとの協定による対応

そこで，つぎに，合成繊維の開発におけるこのような立ち遅れに対して，IGファルベンがどのように対応したかをみておくことにしよう。同社では，デュポンのそのような優位性には決して異論がなかったわけではないが，それはおおむね認識されていた。こうしたなかで，これら2つの企業は，ジアミン

およびカルボン酸から生産されるポリアミドについての広範囲にわたる協定を1939年5月23日に締結した。

そこでは，デュポンはIGファルベンに，ドイツ，デンマーク，チェコスロバキア，ハンガリー，ルーマニア，ギリシャおよびトルコ向けに対しては，独占的なライセンスを与え，またスカンジナビア諸国およびバルト諸国，ポーランド，ダンツィヒおよびポルトガル向けに対しては，非独占的なライセンスを与えることが決められた。またまる2ケ月後にデュポンはICIとも同様の協定を締結しており，そこでは，大英帝国，アイルランド，エジプト，パレスチナ，イランおよびイラク向けに対しては，独占的なライセンスをICIが受けるが，それにはカナダが除外されるものとされ，またIGファルベンと同じ地域に対しては，非独占的なライセンスを得るものとされた。またこれらの協定には，生産量に応じて使用料を支払うというライセンスの受益者の義務が含まれていた。

このようなポリアミド協定は，デュポンがヨーロッパの化学コンツェルンと同じ市場戦略，すなわち，技術協定をできる限り広範囲におよぶ市場の支配と結びつけるという戦略を追求したことを示すものでもあった。しかし，ここで何よりも重要なことは，それでもって，ドイツの「染料工業」が初めて外部の企業から有機化学の大きな領域のために製法のライセンスを受けることになったのであり，この協定はその限りでは，歴史的意義をもつものであったということである。すなわち，この協定は，ドイツがそれまでにもっていた大きな技術的優位が消滅したことを示すものであった[142]。

このことに関してここで注意しておくべき点は，デュポンにおける合成繊維の開発は外部からの技術導入によって始められたレーヨン事業の展開のなかで培われていった繊維素の化学処理技術を基盤として推し進められ，同社は，そのような技術の蓄積を基礎にして，自社技術の開発によって画期的製品ナイロンの開発とその工業化に成功したということである[143]。この点からみても，合成繊維の開発におけるデュポンの技術的条件は，人絹事業を自社開発技術によって展開していたIGファルベンと比較すると，当初は，決して有利なものであったとはいえないであろう。それでは，このような状況の変化をもたらす

表 4-9 世界の人絹生産に占める
主要各国の割合の推移

国 名	世界の全生産に占める割合(%)				
	1913	1924	1929	1932	1937
アメリカ	6.4	27.2	25.1	25.5	26.6
イギリス	27.3	17.0	12.5	14.1	10.2
フランス	13.6	9.3	10.6	9.0	4.2
ド イ ツ	31.8	16.3	13.8	12.0	10.8
イタリア	1.4	12.3	15.2	13.8	9.7
ベルギー	11.8	6.2	3.5	1.8	1.4
オランダ	—	3.1	4.4	3.9	1.9
日 本	—	—	5.7	12.5	29.2
合 計	92.3	91.4	90.8	92.6	94.0

(出所)：*Ebenda*, S. 299.

ことになった要因とは一体何だったのか。この事業分野における両社の投資のあり方がそれと深いかかわりをもっていると思われる。そこで，つぎにこの時期の両社におけるこの事業分野に対する投資の状況をみていくことにしよう。

③ IG ファルベンの合成繊維事業における投資活動

IG ファルベンにおける合成繊維の開発は，デュポン社と同様に，当初は人絹の分野において行われ，それは第3事業部で扱われた。それゆえ，ここでは，人絹事業の展開をみていくなかで，IG ファルベンの合成繊維の開発のための活動の問題をみていくことにしよう。

まず世界の人絹生産に占める主要各国の割合の推移を示した表 4-9 によれば，1913年にはドイツ，イギリスの占める割合がそれぞれ31.8％，27.3％と高かったのに対して，アメリカのそれはわずか6.4％であったが，24年には，ドイツおよびイギリスの占める割合は大きく低下し，それぞれ16.3％，17.0％となっているのに対して，アメリカのそれは27.2％に上昇しており，世界最大の人絹の生産国となっている。その後もそのような傾向にはとくに大きな変化はみられない。また1925年以降のドイツの人絹の生産および市場の推移をみると

218 第2部 主要産業部門における合理化過程

表4-10 1925年から33年までのドイツの人絹の生産および市場の動向

年度	生産 (1,000トン)	輸入 (1,000トン)	輸出 (1,000トン)	国内供給 (1,000トン)	価格 (キロ当り, RM)[*]
1925	12.3	2.0	3.8	10.5	15.53
1926	11.6	4.5	3.7	12.4	10.83
1927	19.7	9.4	4.4	24.7	11.39
1928	23.0	8.6	6.3	25.3	11.75
1929	28.1	9.3	9.0	28.4	7.90
1930	29.3	11.7	7.0	34.0	6.92
1931	30.6	11.4	6.0	36.0	5.15
1932	28.2	10.2	6.8	31.6	5.08
1933	32.8	10.3	7.5	35.6	5.00

(注): *) 120デニル。
(出所): *Ebenda*, S. 309.

(表4-10参照), 生産高, 輸出高および国内供給量のいずれも相対的安定期には増大しているが, 生産高の増大は29年以降停滞しており, 輸出高は減少をみている。さらに価格も1929年以降低下をつづけており, 28年にはキロ当り11.75 RM であったものが33年には2分の1以下の5 RM に低下している。こうしたなかで, 人絹業務では1929年以降損失がつづいており, それは29年の1,490万 RM から33年には510万 RM に減少したとはいえ, この5年間に5,220 RM もの損失を出している (表4-11参照)。

このような状況のもとで, 人絹事業分野の投資は大きく削減されることになった。1925年から44年までのIGファルベンの人絹・スフ事業の投資の推移をみると (表4-12参照), 1925年から29年までの時期の投資額は8,700万 RM であったが, 30年から32年までの時期のそれは900万 RM に大きく減少している。その後, 投資額は再び増大しており, 1933年から36年までの時期には6,200万RM となっているが, IG ファルベンにおいて合成繊維の開発がすすむ37年から40年までの時期には1億400万 RM にまで増大している。このように, 同社の合成繊維の開発のための諸活動はナチス期になってようやくすすむことになるのであり, その本格的な展開は30年代後半を待たねばならなかった。

表4-11　1929年から39年までのIGファルベンの人絹業務

年度	売上額 (100万RM)	IGファルベンの 売上総額に占める 割合（％）	利益／損失 (100万RM)
1929	36	2.5	−14.9
1930	34	2.8	−13.0
1931	44	4.2	−12.6
1932	41	4.7	− 6.6
1933	46	5.2	− 5.1
1934	76	7.7	5.1
1935	66	6.0	− 2.5
1936	106	8.2	5.4
1937	139	9.2	19.4
1938	151	9.2	13.0
1939	163	8.2	17.4

（出所）：*Ebenda*, S. 312.

表4-12　1925年から44年までのIGファルベンにおける人絹および
　　　　スフの投資の推移

	1925／29	1930／32	1933／36	1937／40	1941／44	1925／44
投資額（100万RM）	87	9	62	104	76	338
うちスフの占める割合（％）	0	22	61	68	30	40

（出所）：*Ebenda*, S. 317より作成。

　しかも，合成繊維の開発にあてられた投資額は極めて小さかった。G.プルンペによれば，IGファルベンはそのポリアミド6のために約200万RMを研究開発費に支出したにすぎず，これに対して，デュポンはポリアミド繊維の開発に2,700万ドルを投資しており，ナイロン繊維の開発のために，IGファルベンにおいてペルロンの研究のために支出された額の4倍を支出したとされている[144]。両社のこのような投資のあり方の相違は，両社の合成繊維の開発およびその事業化の進展にも大きな影響をおよぼしたといえるであろう。
　また両社の合成繊維の生産能力をみると，IGファルベンでは，合成繊維の開発に成功し，それがひろく市場に登場した1930年代末から40年代初頭には，その生産能力は，デュポンのそれを大きく下回る結果となった。

デュポンは1935年のナイロンの開発をうけて38年にその商品化に乗り出した。同社はこの年にデラウェア州のシーフォードにおける大規模なナイロン工場の建設を開始しており，翌年の39年にはすでにヴァージニア州のマーツスビルにおいて，2番目の大規模な工場の建設に着手している。それでもって，デュポンは日産23トンのポリアミドの生産能力を使用することができた。
　これに対して，IGファルベンでは，デュポンの方式が受け入れられただけでなく，イガミドB，また繊維製品としてはペルロンと名づけられた独自のポリアミドもカプロラクタムから生産されたほか，さらに，1937年にオットー・バイエルによって開発されたポリウレタンを基に合成される第3のタイプの繊維であるイガミドCが加わった。ポリアミド6-6と呼ばれたイガミドAは1941年にまずルートヴィヒスハーフェンで生産が行われ，そこでは，当初は318トンが生産されたが，43年までに749トンに増大した。こうして，1941年には，同社は，全体で，月産150トンのイガミドAの生産能力と月産250トンのイガミドBの生産能力をルートヴィヒスハーフェンにもっていたほか，また月産3トンのイガミドCの生産能力をレファークーゼンにもっており，それらを合計すると月産403トン，それゆえ年産4,836トンの生産能力をもっていたことになる。しかし，1939年のデュポンのポリアミドの生産能力は日産23トン，年産では8,000トンを上回っており，IGファルベンの41年の生産能力はデュポンの39年の生産能力を大きく下回っていた。

　このように，IGファルベンは合成繊維の開発においてデュポンに遅れをとり，その商品化においても2年近くの遅れをとることになったが，IGファルベンは，そのような立ち遅れを克服し，この事業を規道にのせるために，その生産能力の拡大を急速に推し進めることになる。例えば同社はすでに1940年に，もともと新しいフィルム工場として計画されたヴァルテにあるランツベルク工場をペルロン繊維工場に拡張することを決定したほか，さらにリヒテンベルクおよびプレムニッツにおいても，ルートヴィヒスハーフェン工場およびメルゼブルク工場によって供給されるべき前過程生産物の処理のための生産能力の建設を行っている。1943年には，リヒテンベルク工場は月産101トンのペルロン繊維およびペルロン絹の生産能力をもっており，ランツベルクは月産585

トンの生産能力をもっており,その結果,IGファルベンの生産能力は,合計で年産8,200トンとなった[145]。しかし,同社の設備投資全体に占める割合を人絹・スフ部門のそれでみる限りでは,1933/36年の期間には11.6%であったものが37/40年の期間には7.5%,41/44年の期間には3.3%に低下しており,33/44年の期間でみても5.7%にとどまっており(前掲表4-2参照),合成ゴム事業の場合とは大きく異なっており,決して大きなものであったとはいえない。J.クライネは1942年に,その最近に人造繊維の領域における新しい時代が全合成繊維の創出によって始まったことを指摘しているが[146],合成ゴムの場合と同様に,IGファルベンは,この重要な領域でも,その開発だけでなく生産の拡大においてもデュポンに大きく立ち遅れることになった。C.ウンゲヴィッターは1938年に,ガソリンおよび潤滑油の合成,石炭からの脂肪酸の取得,ゴム合成およびその他の高重合合成された合成物質においては,外国はドイツからライセンスを受けるか,あるいはドイツの大きな技術的成果をたんに実験のレベルないしせいぜい最小の設備において再検査することに限られていると指摘しているが[147],アメリカ,ことにデュポンとの関係でみると,合成ゴムと合成繊維の領域では,明らかにそのようなドイツの技術的優位は失われる結果となった。1938年から41年までの諸年度におけるポリアミド繊維,ポリアクリロニトル繊維およびポリエステル繊維の発明は50年代および60年代における合成繊維工業の好況のための技術的基礎を築くものであっただけに[148],その後の事業展開をはかる上でもドイツの技術的優位の喪失は大きな意味をもつものであったといえる。

④ IGファルベンの合成繊維事業の限界

このように,合成繊維の開発およびその商品化におけるIGファルベンの立ち遅れは,合成ゴムの場合と同様に,1929年に始まる世界恐慌期のこの事業における投資の大幅な抑制に主たる要因をみることができよう。同社は,デュポンに先行する研究成果をもち,未完成ではあったものの,すでに合成繊維の開発に取り組んでいたのに対して,デュポンによる合成繊維の開発が外部技術の導入によって手がけられた人絹事業において培われた技術を基礎にしていたことを考えると,この分野における1930年代後半以降のデュポンの技術的優位

の確立は，化学工業において歴史的意義をもつものであったといえる。このような状況の変化は，両社のこの分野の成長にとって大きな意味をもつものであったであろう。

ただ，そのことに関して，ここでは，ドイツとアメリカの市場構造の違いにも規定されて，合成ゴムにおいてと同様に，両社が開発を行い，実際に市場に出した製品の特性が大きく異なっていたことに注意しなければならない。すなわち，デュポンはすぐに，消費財，とくに有名なナイロン製婦人用靴下の生産のためにその製品を大量に投入することができ，それでもって，強力に拡大する大規模な市場を獲得することができたのに対して，IGファルベンは，ドイツの戦争経済において，そのような可能性をもたなかったということが決定的であった。IGファルベンは，利益のあがる消費財市場向けに生産を行うことができず，主としてパラシュート用の絹を生産したのであり[149]，その生産は国防軍向けに必要とされたものであった[150]。1936年に始まる第2次4カ年計画の推進のもとで，人造石油，合成ゴムとならんで，天然の繊維にかわる人造繊維の生産増大が緊急の課題となるなかで，IGファルベンの合成繊維事業は市場を見い出すことになるが，このような軍需市場向けの製品を主たる内容とするこの分野の事業活動の展開は，この分野の成長のあり方を強く規定することにもなった。

5　「技術的合理化」の成果と限界

これまでの考察からも明らかなように，合成ゴムおよび合成繊維といった新しい製品分野はともに，IGファルベンが1929年に始まる世界恐慌期に投資をドラスチックに削減した領域であり，そのことが，これらの製品の開発と商品化において，デュポンに対する立ち遅れをもたらしたといえる。また1933年以降の製品別の設備投資の割合をみても（前掲表4-2参照），33年から36年までの時期に，鉱油の占める割合は12.9％となっており，無機化学品の16.1％についで大きく，鉱油部門の大規模な投資はむしろ合成ゴムと合成繊維の開発のための投資を制約する要因にもなったといえる。

そこで，つぎに，これまでの考察をふまえて，ここで取り上げた4カ年計画との深いかかわりをもつ主要製品部門の収益性について簡単にみておくことに

しよう。

　まず1932年から45年までのIGファルベンの主要製品部門の収益性の推移を示した表4-13および32年から44年までの鉱油部門の売上額および収益の推移を示した表4-14をみると，20年代後半以降の時期，とくに29年に始まる世界恐慌期に最も大規模な投資が行われ，その後も第2次4カ年計画の推進のための中心的部門をなした**鉱油部門**では，32年から35年まで大きな額の損失が発生しており，その合計額は5,220万RMにのぼっており，35年には損失は減少しているとはいえ，世界恐慌期には収益性は極めて悪かった。その後36年から43年まである程度の売上高利益率を示しており，39年，41年，42年および43年には売上高利益率は10％を上回っているが，全般的にみるとその変動は大きく，どの年度をみても，同社全体の売上高利益率を下回っており，とくに鉱油部門の売上高利益率が落ち込みを示している40年，44年にはそれを大きく下回っている。売上額は1933年以降43年まで一貫して大きく増大しており，第1事業部の売上額に占めるその割合は，32年には14.1％にすぎなかったものが42年には52.7％，44年には59.5％にも達しており，窒素部門を上回っているが[151]，鉱油部門の売上高利益率は43年と44年を除くと，窒素部門のそれを大きく下回っている（前掲表4-13参照）。

　また**ゴム部門**をみると，すでにみたように，そこでは1937-44年までの期間をとおしてIGファルベンの設備投資総額の20％以上があてられており（前掲表4-2参照），最大の投資が行われた部門となっているが，研究費を合わせたこの期間の投資額は約10億RMにものぼっており，37年から44年までの売上額が11億1,500万RMであったことを考えても，ゴム合成事業は何ら利益のあがらない領域であったことが明らかになる。しかも設備投資に占める新規投資の割合が大きかったこともあり，国家がブナ設備の資金調達を援助したけれども，このような大規模な投資はかなりのリスクを意味したといえる[152]。この点は1941年から44年までのブナの利益の合計が1,190万RMにすぎないこと，37年から40年までの損失が1,380万RMとなっており，その結果，37年から44年までの期間をみた場合に190万RMの損失となっていることにも示されている（前掲表4-8参照）。

　さらに**繊維部門**をみると，1934年以降収益性はほぼ一貫して上昇しているが，とくに合成繊維の販売が行われる40年以降に大きく上昇しており，IGファルベン全

表4-13　1932年から44年までのIGファルベンの主要製品部門における売上高利益率の推移

年度	売上高利益率（％）								指数*)
	窒素	鉱油	染料	化学品	医薬品・農薬	写真用品	繊維	IGファルベン全体	
1932	-10.8	-43.7	24.2	8.7	18.2	-18.7	8.7	8.4	46
1933	0.6	-48.9	29.2	14.6	15.5	-13.8	8.8	13.9	76
1934	4.0	-46.2	26.2	13.1	10.1	2.9	7.0	13.0	71
1935	14.4	-16.6	24.1	12.9	15.3	-12.1	9.7	14.1	77
1936	26.9	6.3	28.9	15.4	14.7	3.1	14.0	19.5	107
1937	24.8	10.6	29.4	13.0	19.8	12.2	15.1	19.8	109
1938	21.3	9.7	28.0	11.4	14.8	7.3	12.7	17.3	95
1939	23.9	14.4	29.7	13.3	21.5	6.4	16.8	19.4	107
1940	16.9	7.8	34.5	12.0	27.1	5.1	21.4	17.7	97
1941	20.3	14.2	35.2	13.6	24.6	7.0	23.0	18.9	104
1942	22.3	16.9	39.1	13.0	29.8	6.1	29.6	19.6	108
1943	11.8	11.6	39.1	10.3	36.5	4.7	30.6	17.7	97
1944	-4.2	3.7	34.1	7.8	31.5	9.2	23.5	12.7	70

（注）：*) 1928年＝100としたときの指数
（出所）：*Ebenda*, S. 549.

表4-14　1932年から44年までのIGファルベンの鉱油部門の売上額および収益の推移

年度	売上額		利益／損失 (100万RM)
	100万RM	1932年を100とした指数	
1932	30	100	-13.1
1933	27.9	93	-13.6
1934	34.2	114	-15.8
1935	58.7	196	-9.7
1936	98.6	329	6.2
1937	119.4	398	12.7
1938	138.0	460	13.4
1939	162.4	541	23.4
1940	191.7	639	15.0
1941	228.8	763	32.5
1942	339.8	1,133	57.4
1943	351.7	1,172	40.8
1944	240.6	802	8.9

（出所）：*Ebenda*, S. 548およびS. 549の表の数値をもとに作成。

表4-15 1932年から44年までのIGファルベンの
繊維部門の売上額および収益の推移

(単位:100万RM)

年度	売上額				利益／損失
	人絹	スフ	合成繊維	合計	
1932	35.4	5.5	—	40.9	3.6
1933	40.5	5.9	—	46.4	4.1
1934	60.9	15.0	—	75.9	5.3
1935	43.1	22.4	—	65.5	6.4
1936	62.5	43.0	—	105.5	14.8
1937	75.9	61.9	—	137.8	20.8
1938	71.2	78.2	—	149.4	19.0
1939	73.6	87.0	—	160.6	27.0
1940	77.6	93.2	1.9	172.7	37.0
1941	88.8	101.4	10.8	201.0	46.2
1942	85.9	102.8	20.0	208.7	61.8
1943	88.2	104.5	25.9	218.6	66.9
1944	96.6	91.8	22.1	210.5	49.5

(出所)：*Ebenda*, S. 549およびS. 556の数値を基に作成。

体の売上高利益率を大きく上回っている(前掲表4-13参照)。もちろん,表4-15にみられるように,1940年から44年までの時期は合成繊維の売上額はまだ小さく,人絹,スフおよび合成繊維をあわせた繊維全体の売上額に占めるその割合も小さいが,合成繊維の売上額は42年には2,000万RMに増大しており,この部門は収益面でも一定の成果を期待しうる事業分野であったといえる。第2次4カ年計画のもとで,人造石油,人造ゴムの生産増強とともにスフの自給化がはかられたこと,またIGファルベンの合成繊維は主としてパラシュート用の絹のような軍需品として生産されたことにもみられるように,経済の軍事化のもとで,繊維部門の売上は1930年後半から40年代初めにかけての時期に大きく増大していくことになる。このように,この時期には,繊維部門は高い収益率を期待することができる事業分野となったのである。しかし,合成繊維は大きな成長の推進力を示したにもかかわらず,この時期にはまだ最も小さな事業領域にとどまったといえる[153]。

ただこの時期の同社の合理化,事業展開の成果をみる上でとくに注目すべきは,

第2次4カ年計画の推進にともなう原料自給化と軍需市場の拡大のもとで事業の大幅な拡大をみたこれらの製品部門と比べても，染料部門にみられるように，旧来の部門が引き続き好調であったことである(154)。前掲表4-13によれば，染料部門の売上高利益率は1932年以降20％台から30％台の高い水準にあり，44年までの期間の最高に達した42年と43年には39.1％にもおよんでいる。また医薬品・農薬部門でも1939年以降20％台から30％台にあり，最高に達した43年には36.5％にもおよんでいる。確かに繊維部門も30年代末以降には高い売上高利益率を示しているが，32年から44年までの期間のいずれの年度をみても医薬品・農薬部門のそれを下回っている。ことに一定の技術的優位をもち，収益に貢献する安定した部門となっていた染料部門では，1936年の営業報告書も指摘しているように，品種の拡大と染料の品質の向上のための諸活動が推し進められており，それが成功裡に継続されたことがこの部門の好調を支える重要な要因のひとつとなったと考えられる(155)。また医薬品部門でも，新製品の投入が市場の拡大をもたらすことにつながったといえる。このような旧部門の好調がとくに本章で取り上げた3つの新興の製品部門をはじめとする投資の拡大において果した役割について，1937年の *Der Deutsche Volkswirt* 誌は，「旧事業分野」における収益性の向上が全投資の資金調達をほぼ可能にするだけの資金をまかなったとしており(156)，20年代と同様の傾向がみられる。G.プルンペは，1920年代と比べると，売上の推移は旧来の事業領域の復活と高圧合成部門の重要性の低下によって特徴づけられる明確な構造変化を示しており，それはIGファルベンが20年代末および30年代初頭の世界経済の構造変化のゆえにとった適応過程を反映したものであるとしている(157)。

　こうしてみてくると，1929年以降の世界恐慌期の鉱油部門の大規模な投資とそのことによる合成ゴムのような新製品の開発のための投資の抑制は，IGファルベンがすでに合成ゴムと合成繊維の開発における技術の蓄積をもちながら，これらの製品の開発とその事業化においてデュポンに遅れをとることになる主たる原因のひとつをなしたといえる。その意味では，世界恐慌期にも鉱油部門における開発活動を継続するという意思決定が行われるにあたり，「結合経済」ともいうべき窒素，メタノールといった合成生産方式で生産される製品部門との生産連鎖がもたらす技術的な諸問題が根底にあったとしても，世界恐

慌期における投資決定，経営資源の配分のあり方がナチス期における同社の事業展開，ことに合成ゴム，合成繊維というIGファルベンが技術優位をもち，アメリカのデュポンとの競争上非常に重要な意味をもった製品部門の事業展開において大きな立ち遅れをもたらす要因となったことの意味は大きかったといえる。

ことに，デュポンでは，「戦後最初に手がけられたレーヨン事業での成功は，続く1928年のアセテート・レーヨンの導入につながり，さらに，その過程で培われていった繊維素の化学処理技術を基盤として，後に，自社技術開発による画期的製品ナイロンの発明とその工業化（1938年）が行われる」ことになり，30年代末までには最大の事業部門としての地位を占めるようになっただけでなく，その成功によって，繊維事業部門は，第2次大戦後における企業発展を先導する役割を担うようになったことを考えると[158]，このことは一層明らかとなろう。因みにデュポンの部門別投資額順位をみると，レーヨン事業部門のそれは1932年には3位，34年には2位となっており[159]，積極的な投資の拡大が繊維事業における技術開発の成功をもたらしたといえる。デュポンの成功は，何よりもこれらの事業に対して積極的な投資を行い，自社技術の開発のための大規模な努力を行ったことによるものであった。

ただIGファルベンとデュポンのこの時期のこのような事業展開，それを推進するための研究開発活動と設備投資を基礎にした「技術的合理化」のあり方をみる上で最後に指摘しておかねばならないことは，ドイツとアメリカの市場の諸条件がおよぼした影響についてである。両社が開発し，商品化を行った商品の特性は，その市場の諸条件に規定されて，大きく異なることになった。例えば，合成ゴムの場合には，デュポンは自動車用タイヤの原料としてのゴムの市場をもっていたし，また合成繊維の場合でも，同社は婦人靴下用のナイロンを開発しており，大量消費財市場に密接に結びついた製品の商品化によって，大量生産の大きな可能性をもつことができた。L.F.ハーバーが指摘しているように，すでに1920年代の発展においても，デュポンは技術発展の流れに乗っていたばかりでなく，それ以上に市場の発展の流れに乗っていたことは疑う余地がないであろう。彼は，「こうした変化はデュポン社が生み出したものではなかった。同社がいくつかのきわめて収益性の高い製品を発明するのではなく

して，他社との協力によってそれらを獲得し発展させることができたのは，確かに幸運によるところが大きかった。幸運が訪れたときにその機を逃さずにとらえるには，経営者の戦略的手腕と確実な財務的洞察力が大きく与っていた(160)」としているが，ここで取り上げた1930年代から40年代にかけての時期をみても，デュポンの合成ゴム，合成繊維といった新しい分野の発展においては，大量消費財市場と密接に結びついた収益性の高い製品が開発されたことは重要な意味をもつものであったといえよう。

このように，アメリカでは，1920年代以降の時期には，化学工業や自動車工業，電機工業にみられるように，国内の大量消費財市場に密接に結びついた製品開発が行われ，そのような有利な市場の条件に支えられて大量生産体制の確立が急速に推し進められていくのであり，アメリカ企業は，国内市場，とくに消費財市場が狭隘であったドイツとは大きく異なる発展をとげることになる(161)。これに対して，ドイツの繊維化学は，第2次大戦後，1950年代初めにようやく，拡大する消費財市場に参入し，また合成繊維化学の拡大に関与することができたのであった(162)。この点に，この時期のドイツとアメリカの企業経営のひとつの重要な特徴とそれを規定した要因をみることができるであろう。

第3節 「労働組織的合理化」の展開とその特徴

以上の考察をふまえて，つぎに「労働組織的合理化」についてみることにしよう。1920年代の時期をみても，化学工業では，「技術的合理化」の果した役割が大きく，労働組織の領域における合理化は加工組立産業でみられたようには大きな役割を果すには至らなかったといえるが(163)，そのことはこの産業部門の生産過程，労働過程の特質に規定されたものでもあった。もとよりプロセス技術によって特徴づけられる化学工業の生産過程においては，とりわけ技術的革新が生産過程の経済性の上昇に寄与することができたのであり，そのことは，一般的に個々の設備単位の統合および個々の生産段階のよりよい時間の調整の高い度合いに示されている(164)。1920年代にはとくにこの産業部門の大コンツェルンでは，企業側は，その技術的再編成を労働科学の諸方策（人員の選

別,出来高給の方式など)によって補完したとされている(165)。また流れ作業の導入をみても,それはとりわけ包装や発送の部門でみられたにすぎず(166),電機工業や自動車工業などの加工組立産業の諸部門とは異なり,「組別作業」とか流れ作業とか,あるいはその他の配置によって,それが一般的になるほどには,そのような新しい労働組織の導入は問題にならなかったとされている。そこでは,個々の大企業に存在していた修理工場——その構造は機械製造工場に似ていた——を除くと,そのような諸方策は,製品の特性が可能にする限りは,人間の労働の関与なしに行われる搬送作業に限られていたとされている(167)。

　ナチス期においても,そのような傾向は基本的に変わらなかったといえる。1943年の *Die Chemische Industrie* 誌は,機械的生産のほとんどすべての部門において一般的となっているような成果を化学工業についてみることはできないとしている。そこでは,化学の対象をなすものは多くの部品から構成される複雑な器具のように個々の部品において規格化されうるような一定の寸法や技術的な機構をもたない物質であり,そのような物質の規格化は品質規定の設定と複雑な構成の製品の場合における製法あるいは調剤方法の決定の2つの方向でのみ可能であり,化学の領域では,品質規定の設定はすでにひろく行われていること,大部分の原料については品質規定のための検査方式さえ規格化がなされていることが指摘されている。しかし,製法や基礎となる化学公式の多様性のために作業時間も材料も製造単位に正確には算入しえないので,工場間の給付の比較は不確かであり,またさまざまな製法はしばしば互いに結びついており,何が主たる製品や副産物であるか,共通のコストがまったく異なる種類の個々の製品にどのように賦課されるべきかということはある程度の恣意性をもってしか決定されえないとされている(168)。

　このように,化学工業では,生産の標準化は加工組立産業においてみられたようにはすすまなかったといえるが,化学工業における標準化のなかでひとつの中心をなしたのは化学装置の規格化であった。前掲図2-2にみられるように,化学装置に関する規格リストの数は1927年にはごくわずかであったものが42年には約150にまで増加している。この点に関しては,比較的多くの取り組みがなされていることが報告されている。例えばこの時期の *Die Chemische*

Industrie 誌において規格化の報告が行われているものとしては，化学装置では耐酸ストンウエア，軟水装置，計器，プラスティック管，配管，フィルタープレス，フランジ管の固定金具のような装置の部品などをあげることができる。そのほか，実験器具の規格化や合成樹脂のプレス部品の許容誤差の統一化，温度，圧力などの統一化，化学技術の基礎概念の統一化なども取り組まれており，その多くはドイツ工業規格（DIN）として設定されたものであった[169]。またこの時期には標準化，定型化の取り組みが合成ゴム・ブナについてもみられたが，そこでは，その製品特性との関係で標準化が問題とされていることが特徴的である[170]。IGファルベンにおいても，1942年12月の会議において，ブナSの標準化の課題として，検査の標準化と生産の標準化の問題が取り上げられており，前者が後者のための前提条件であったとされている[171]。また生産における標準化に関して，ショコパウの大規模な活動によってある工場の生産を標準化することだけでなく，さまざまな製造現場において行われる生産を相互に調整することを可能にするための基盤が生み出されたとされている[172]。ことにバイエルのレファークゼンはとりわけ連続的な重合および処理の導入によって標準化の問題の解決に大きく関与しており，そうした活動はブナ工場に標準化を完成へと前進させる可能性を与えたとされている[173]。

またこの時期の「労働組織的合理化」におけるいまひとつの重点は賃金の算定の問題にあった。化学工業でも1920年代の合理化の時期にも出来高給が導入されていたが[174]，世界恐慌期には，好調な販売の機会をもつことができ，またそれととともに人員削減によってコストの引き下げを実現することができた経営部門でのみなお出来高給制度が導入されるか，あるいは拡大された。そこでは，職場を失ってしまうのではないかという労働者の不安は給付の刺激の主観的な契機として十分なものであり，それゆえ，給付を刺激する機能が脅かされることなく出来高給は引き下げられることができたとされている。またナチス期の始まる1933年以降には協定賃金は経済恐慌期の低い水準にとどまったが，化学工業では，約14％の賃金カットを含む32年1月1日の賃金協定が39年10月1日の賃金令まで有効とされた。IGファルベンの従業員の所得は協定賃率を平均で30％上回っていたが，そこでは，出来高給制度は最も細かい部分に

第4章 化学工業における合理化過程 231

至るまで完全なものにされており，例えばレファークーゼンでは個々の経営および製品について表で決定される約3万もの出来高単価と数百もの割増給の規定が存在しており，この点からも，一定の協定賃金のもとで給付に基づく賃金部分が卓越した意義をもっていたことがわかる。多くの特別な賃金の刺激によって，賃金問題における労働者の集団的行動を困難にするような個人別の賃金のより巧妙な細分化が可能となり，またより多い所得による誘因と給付の圧力との個々の調整された組み合わせは労働者を分裂させ，労働者の連帯を解体することになったのであり，1933年以降，出来高給は経営において新たな，またより大きな意味をもつようになったとされている。また1934年の国民労働秩序法によって，経営側は，その経済的状況およびその特別な給付の必要性に応じて行使することができる，出来高給の個々の決定のための一層の裁量を与えられることになった。それでもって，集団での賃金の決定を否定する出来高給の原則が法的な根拠によって支えられることになったのであり，企業側に一層有利な条件が生み出されることになった[175]。このような出来高給のための洗練されたシステムの導入，展開にあたり，時間研究・作業研究の実施は一層重要な意味をもつことになったといえる。化学工業はレファ・システムのような方法の導入が強力に取り組まれた部門には属さないとされているが，少なくともこの工業の一部において，特殊な賃金制度や時間研究によって労働強度を高めようとする諸努力が行われたと指摘されている[176]。

　例えばIGファルベンのBASFでは，事前計算部の主要な領域は1) 出来高労働の実施，2) 製造割増給のためのデータの作成の2つの大きなグループに分かれていたが，製造割増給については，個人の給付ではなく一定の期間，通常1カ月におよぶある経営の全従業員の給付を基礎にすることが適切であることが明らかになっており，割増給はある経営の従業員をできる限りロスのない，また円滑な協働へと導くべきものとされた。そのような諸変化は事前計算部の組織の徹底的な再編を必要とすることになり，それまでの3つの出来高部にかえて中央事前計算部が設置された。そこでは，1932年には67人であった要員は40年には222人に増加しており[177]，そのうち事前計算係の数は33年にはわずか18人にすぎなかったものが40年には142人にまで大きく増加している[178]。

232 第2部　主要産業部門における合理化過程

またバイエルでも，事前計算や時間研究・作業研究に従事する部署として作業部（Arbeitsbüro）が設置されているが，それは1920年8月に設置された出来高給委員会（Akkordkommission）をはじまりとしており，この出来高部は監督機関および経営の助言機関として生み出されたものであった[179]。1920年代後半には，20年代初頭までもっぱら職長の手に握られていた事前計算[180]の機能を出来高部が作業研究・時間研究の助けでもって担当するようになっており，そこではレファ・システムに依拠したかたちで行われるようになっている。ナチス期にはそのような取り組みは一層すすんでおり，30年代末には，出来高部は，出来高時間の算定だけでなく，作業編成，賃金支払いの方法や賃金水準にかかわる諸問題にも従事するようになっており，そのような職務範囲の拡大にともない40年1月には作業部への名称変更が行われている[181]。ただそこでも，レファークーゼンでは1930年代に計算機能が時間検査係と職長によって行われる二重体制的な形態がとられており，その意味では，作業部あるいは出来高部への計算機能の移行はなお過渡的段階にあったといえる。そのような体制への転換後も事前計算は依然として主に作業職場の一員によって実施されており，42年以降，事前計算に関するすべての業務を作業部に移すための諸努力がはるかに強力に取り組まれている。しかし，事前計算が独立した計算係のもとにおかれるようになったのは1946年のことであり，そのような転換は作業部の要員の大幅な増加をもたらし，同年末には75人がそこで働いており[182]，33年の28人の約3倍に増加している[183]。また出来高給の設定に従事する要員の養成についてみても，20年代後半には28年の32人が人数としては最高であったのに対して，34年には92人，38年には80人が養成されるなどその数は大きく増加しており，33-45年の期間に養成された人数は501人にのぼっている[184]。作成された出来高給や割増給のデータをすべての職場や経営において均一的に利用することがそのような根本的な方法の転換，すなわち職長から中立的な機関である作業部への計算の移動を規定したとされている[185]。

このように，化学工業においても規格化・標準化の取り組みや賃金決定のための作業研究の導入なども行われているが，以下の3つの章でみるように，作業管理，作業準備および作業編成の領域においても，また生産の標準化の領域においても，電機，自動車，機械製造などの加工組立産業の諸部門でみられた

ようには労働組織の合理化はすすむことはなく，当時の合理化諸方策のなかでは，それらが果す役割もあまり大きなものとはならなかったといえる。この時期の化学工業の合理化において「技術的合理化」が中心的役割を果したことについては，1940年の *Der Deutsche Volkswirt* 誌も，その近年における多くの新規建設が機械化による人件費から投資コストへの移動をもたらしただけでなく，そこでは，たいていコスト水準全体を引き下げた——それゆえ本来の合理化の意味での——こと，またそうしたコストの引き下げは本来の意味での「技術進歩」によって，それゆえ生産方式などの改良によっても促進されたことを指摘している。同誌はまた，そこでのコストの引き下げは経済的な契機によっても促されたことを指摘している。そこでは，絶えまなく拡大する需要が個々の製品においてより大きな生産量を可能にし，販売の可能性に規定された経済的に最適な生産量がなお技術的に最適な経営規模ないし設備の規模を下回っている限りではそのことがコストの状況に有利な影響をおよぼすに違いないとしている[186]。しかし，化学工業においては，合理化諸方策のなかで「技術的合理化」が中心的役割を果すものであっただけに，本章で取り上げた当時の3つの主要な製品部門における「技術的合理化」の成果にはなお一定の限界性がみられたことの意味は大きかったといえる。

(1) 1920年代の化学工業の合理化過程については，拙書『ヴァイマル期ドイツ合理化運動の展開』，森山書店，2001年，第4章を参照されたい。
(2) Vgl. Die Investitionen der deutschen Industrie 1924 bis 1931, *Wirtschaft und Statistik*, 13 Jg, Nr. 19, 1933. 10. 16, S. 595.
(3) Vgl. G. Keiser, B. Benning, Kapitalbildung und Investitionen in der deutschen Volkswirtschaft 1924 bis 1928, *Vierteljahrhefte zur Konjunkturforschung*, Sonderheft 22, 1931, S. 46, *Statistisches Jahrbuch für das Deutsche Reich*, 55 Jg, 1936, S. 508.
(4) Vgl. L. Ziener, Die Bedeutung der deutschen chemischen Industrie für den Außenhandel, *Wirtschaftsdienst*, 21 Jg, Heft 51, 1936. 12. 18, S. 1851.
(5) Vgl. M. Nussbaum, L. Zumpe, *Wirtschaft und Staat in Deutschland 1933 bis 1945*, Berlin, 1979, S. 253.
(6) Vgl. F. Stratmann, *Chemische Industrie unter Zwang ?*, Stuttgart, 1985, S. 50.
(7) Vgl. *Statistisches Handbuch von Deutschen Reich 1928-1944*, München, 1949, S. 605.

(8) Vgl. Allgemeine-Elektricitäts Gesellschaft, *Geschäftsbericht über das Geschäftsjahr vom 1. Oktober 1936 bis 30. September 1937*, S. 14. なお化学工業における電動機の利用領域については，Elektrische Antrieb, *Elektrotechnische Zeitschrift*, 60 Jg, Heft 32, 1939. 8. 10, S. 971-2を，また個別電動駆動方式への転換については，W. Buch, Antriebe in der chemischen Industrie, *AEG-Mitteilungen*, 30 Jg, Heft 5, 1934. 5, を参照。

(9) この点について，G. プルンペは，IG ファルベンでは，鉱山を除く14の活動領域のうち，その拡大のために本質的に国家の注文あるいは国家との協定が決定的な意味をもっていた「アウタルキー部門」とみなされるのは鉱油，金属，ゴムおよびスフの4部門であったとしている。Vgl. G. Plumpe, *Die I. G. Farbenindustrie AG*, Berlin, 1990, S. 592.

(10) Vgl. I. G. Farbenindustrie A.-G., Frankfurt am Main, *Der Deutsche Volkswirt*, 9 Jg, Nr. 36, 1934/35（1935. 6. 7），S. 1689.

(11) Vgl. I. G. Farbenindustrie A.-G., Frankfurt (Main), *Der Deutsche Volkswirt*, 13 Jg, Nr. 39, 1938/39（1939. 6. 30），S. 1958.

(12) この点を例えばBASFについてみても，この期間にはルートヴィヒスハーフェン工場では非常に活発な新規建設や改造が行われており，それらはすべての諸部門におよんでいたが，工場の建物が建てられている土地の面積は1932年には4,912エーカーであったものが38年には5,062エーカーに拡大されており，工場の建物のための支出は1914—25年には130万RM, 25—32年には32万RMであったのに対して32—38年には245万RMに増大している。またこの時期には新規の建設や改造とともに装置の更新も取り組まれている（Vgl. Chronik der BASF 1865-1940, VIII. Periode, 1933-1940, *BASF Archiv*, Vogtländer-Tetzner V, Werksgeschichte Heft IX, S. 1266-7)。バスフでは1930年代末には全生産のうち少なくとも90％が電動式駆動で行われるようになっていたとされている。Vgl. *Ebenda*, S. 1285.

(13) Vgl. I. G. Farbenindustrie Aktiengesellschaft, *Bericht des Vorstandes und Aufsichtrates über das Geschäftsjahr 1937*, S. 1.

(14) Vgl. I. G. Farbenindustrie Aktiengesellschaft, *Bericht des Vorstandes und Aufsichtrates über das Geschäftsjahr 1938*, S. 1.

(15) Vgl. I. G. Farbenindustrie Aktiengesellschaft, *Bericht des Vorstandes und Aufsichtrates über das Geschäftsjahr 1940*, S. 1-2.

(16) R. G. Stokes, *Divide and Prosper. The Heirs of I. G. Farben under Allied Authority, 1945-1951*, Berkeley, Los Angeles, London, 1988, p. 19.

(17) Vgl. G. Plumpe, *a. a. O.*, S. 591.

(18) Vgl. *Ebenda*, S. 599.

(19) Vgl. *Ebenda*, S. 592.

(20) Vgl. *Ebenda*, S. 596.

(21) Vgl. *Ebenda*, S. 593.

(22) IG ファルベンの各年度の営業報告書参照。

(23) Vgl. I. G. Farbenindustrie A. -G. , Frankfurt (Main), *Der Deutsche Volkswirt*, 12

Jg, Nr. 41, 1937/38（1938. 7. 8), S. 2022.
(24) Vgl. *Ebenda*, S. 2020.
(25) G. Plumpe, The Political Framework of Structural Modernization : The I. G. Farbenindustrie A. G., 1904-1945, W. R. Lee (ed), *German Industry and German Industrialization: Essays in German Economic and Business History in the Nineteeth and Twenteeth Centuries*, London, New York, 1991, p. 257.
(26) Vgl. H. Tammen, *Die I. G. Farbenindustrie Aktiengesellschaft [1925-1933]. Ein Chemiekonzern in der Weimarer Republik*, Berlin, 1978, S. 23-4, G. Plumpe, *a. a. O.*, S. 147-9, F. ter. Meer, Die I. G.: Ihre Entstehung, ihre Entwickung und Bedeutung, *Chemische Industrie*, 4 Jg, Heft 10, 1952. 10, S. 783.
(27) G. Plumpe, *op. cit.*, p. 263.
(28) *Idid.*, p. 236.
(29) 内田星美『産業技術史入門』，日本経済新聞社，1974年，230ページ。
(30) 同書，232-3ページ参照。
(31) L. F. Haber, *The Chemical Industry 1900-1930*, Oxford University Press, 1971, p. 310 ［鈴木治雄監修，佐藤正弥・北村美都穂訳『世界巨大化学企業形成史』，日本評論社，1984，471ページ］。
(32) Vgl. Enquete Ausschuß, (Ⅲ)-3, *Die deutsche Chemische Industrie*, Berlin, 1930, S. 38.
(33) 中村宏治「多角化戦略と企業成長――両大戦間のE. I. デュポン社――」，前川恭一編著『欧米の企業経営』，ミネルヴァ書房，1990年，83-4ページ参照。
(34) G. Plumpe, *op. cit.*, pp. 236-7, p. 244.
(35) Vgl. G. Plumpe, *a. a. O.*, S. 471.
(36) Vgl. *Ebenda*, S. 471-3.
(37) Vgl. Investitionsrekord der I. G. Farbenindustrie, *Die Deutsche Volkswirtschaft*, 8 Jg, Nr. 17, 1938. 5, S. 634.
(38) Vgl. G. Plumpe, *a. a. O.*, S. 609.
(39) Vgl. *Ebenda*, S. 610.
(40) Vgl. Zwei Aufgaben der I. G. Farben = Industrie, *Wirtschaftsdienst*, 22 Jg, Heft 17, 1937. 4. 23, S. 577.
(41) Vgl. I. G. Farben rüstet sich für neue Aufgaben, *Wirtschaftsdienst*, 26 Jg, Heft 31, 1941. 8. 1, S. 619.
(42) 工藤　章『現代ドイツ化学企業史』，ミネルヴァ書房，1999年，265ページ。
(43) R. G. Stokes, *Opting for Oil. The Political Economy of Technological Change in the West German Chemical Industry, 1945-1961*, Cambridge University Press, 1994, p. 35.
(44) R. S. Yavner, *I. G. Farben's Petro-chemical Plant and Concentration Camp at Auschwitz*, University Microfilms International, 1984, P. 12.
(45) Vgl. G. Plumpe, *a. a. O.*, S. 255.
(46) Vgl. H. Tammen, *a. a. O.*, S. 47-8.

(47) Vgl. *Ebenda*, S. 95.
(48) Vgl. G. Plumpe, *a. a. O.*, S. 257-8.
(49) Vgl. *Ebenda*, S. 257.
(50) Vgl. H. Tammen, *a. a. O.*, S. 49.
(51) 工藤, 前掲書, 159ページ。
(52) Vgl. O. Köhler,… *und heute die ganze Welt. Die Geschichte der IG Farben und ihrer Väter*, Hamburg, Zürich, 1986, S. 201.
(53) Vgl. I. G. Farbenindustrie A.-G., Frankfurt a. M., *Der Deutsche Volkswirt*, 6 Jg, Nr. 35, 1933/34 (1934. 6. 1), S. 1569.
(54) R. G. Stokes, *Opting for Oil*, p. 30.
(55) この点については, 前掲拙書, 第6章を参照されたい。
(56) 工藤 章「相対的安定期のドイツ化学工業」『社会科学研究』(東京大学), 第28巻第1号, 1976年7月, 181ページおよび同「IGファルベンの成立と展開(二)」『社会科学研究』, 第29巻第6号, 1978年3月, 113ページ参照。
(57) Vgl. H. Tammen, *a. a. O.*, S. 96.
(58) Vgl. *Ebenda*, S. 49-50.
(59) Vgl. I. G. Farbenindustrie A.-G., Frankfurt a. M., *Der Deutsche Volkswirt*, 6 Jg, 1931/32 (1931. 10. 16), Beilage zu No. 3, S. 30-1.
(60) Vgl. Die Entwicklung der Hydrierung Leuna, *BASF Archiv*, M 1104, Nr. 49 (Hydrierng Leuna ab 1933), S. 2.
(61) Vgl. M. Menzel, Die deutsche chemische Industrie in der Krise, *Wirtschaftsdienst*, 16 Jg, Heft 46, 1931. 11. 13, S. 1872.
(62) Vgl. H. Tammen, *a. a. O.*, S. 49.
(63) Vgl. G. Plumpe, *a. a. O.*, S. 266. この点については, 工藤, 前掲書, 205ページをも参照。
(64) Vgl. W. Teltschik, *Geschichte der deutschen Großchemie. Entwicklung und Einfluß in Staat und Gesellschaft*, Weinheim, New York, Basel, Cambridge, 1992, S. 97.
(65) Vgl. H. Tammen, *a. a. O.*, S. 108.
(66) G. Plumpe, *op. cit.*, p. 244.
(67) R. Sasuly, *IG Farben*, New York, 1947, p. 138.
(68) この点については, R. S. Yavner, *op. cit.*, p. 19, W. Teltschik, *a. a. O.*, S. 108, F. ter. Meer, *a. a. O.*, S. 797, R. G. Stokes, *Opting for Oil*, pp. 32-3, A. Schneckenburger, *Die Geschichte des I. G.-Farben-Konzerns. Bedeutung und Rolle eines Großunternehmens*, Köln, 1988, D. Petzina, IG-Farben und nationalsozialistische Autarkiepolitik, *Tradition*, 13 Jg, Heft 5, 1968. 10, J. Borkin, *Die unheilige Allianz der I. G. Farben. Eine Interessengemeinschaft im Dritten Reich*, Frankfurt am Main, New York, 1978, Kapitel 3 などを参照。
(69) Vgl. W. Birkenfeld, *Der synthetische Triebstoff, 1933-1945. Beitrag zur nationalsozialistischen Wirtschafts- und Rüstungspolitik*, Göttingen, 1964, S. 33-4, P. Hayes, Industrie und Ideologie: Die IG Farben in der Zeit des Nationalsozialismus, *Zeit-*

schrift für Unternehmensgeschichte, 32 Jg, Heft 2, 1987, S. 131.
(70) Vgl. F. ter. Meer, *a. a. O.*, S. 797.
(71) Vgl. P. Hayes, *a. a. O.*, S. 131-2. U. マルシュは，ドイツ化学工業においては，1930年代半ばまでに合成燃料および合成ゴムは科学的にも技術的にも利用可能になっていたが，経済的には引き合うものではなかったとしている。U. Marsch, Transferring strategy and structure: The German chemical industry as an exemplar for Great Britain, J. E. Lesch, *The German Chemical Industry in the Twentieth Century*, Dordrecht, 2000, p. 238.
(72) Vgl. F. ter. Meer, *a. a. O.*, S. 797.
(73) Vgl. P. W. Schreiber, *IG Farben. Die unschuldigen Kriegsplaner*, 2. verändert Auflage, Düsseldorf, 1987, S. 88.
(74) Vgl. P. Hayes, Die I. G.-Farbenindustrie, L. Gall, M. Pohl (Hrsg), *Unternehmen im Nationalsozialismus*, München, 1998, S. 111-2.
(75) Vgl. W. Teltschik, *a. a. O.*, S. 95.
(76) Vgl. I. G. Farbenindustrie A.-G., Frankfurt am Main, *Der Deutsche Volkswirt*, 9 Jg, 1934/35, S. 1688.
(77) Vgl. I. G. Farbenindustrie Aktiengesellschaft, *Bericht des Vorstandes und Aufsichtrates über das Geschäftsjahr 1935*, S. 7, I. G. Farbenindustrie, *Der Deutsche Volkswirt*, 10 Jg, Nr. 43, 1935/36 (1936. 6. 24), S. 2168.
(78) Vgl. I. G. Farbenindustrie Aktiengesellschaft, *Bericht des Vorstandes und Aufsichtrates über das Geschäftsjahr 1937*, S. 5, I. G. Farbenindustrie A.-G., Frankfurt (Main), *Der Deutsche Volkswirt*, 12 Jg, 1937/38, S. 2021.
(79) Vgl. I. G. Farbenindustrie Aktiengesellschaft, *Bericht des Vorstandes und Aufsichtrates über das Geschäftsjahr 1938*, S. 4, Investitionsrekord der I. G. Farbenindustrie, *Die Deutsche Volkswirtschaft*, 8 Jg, 1938, S. 635.
(80) Vgl. I. G. Farbenindustrie Aktiengesellschaft, *Bericht des Vorstandes und Aufsichtrates über das Geschäftsjahr 1939*, S. 3.
(81) Vgl. Allgemeine-Elektricitäts Gesellschaft, *Geschäftsbericht über das Geschäftsjahr vom 1. Oktober 1938 bis 30. September 1939*, S. 16.
(82) Vgl. Chronik der BASF 1865-1940, VIII. Periode (1933-1940), *BASF Archiv*, Vogtländer-Tetzner V, Werksgeschichte Heft IX, S. 1384a.
(83) R. G. Stokes, The Oil industry in Nazi Germany, 1936-1945, *Business History Review*, Vol. 59, 1985, summer, p. 264.
(84) *Ibid.*, p. 266.
(85) Produktion und Gestehkosten Leuna, *BASF Archiv*, M 1104, Nr. 49 (Hydrierng Leuna ab 1933), P. Hayes, *Industrie and Ideology. IG Farben in the Nazi Era*, Cambridge, Massachusetts, 1987, p. 183.
(86) Vgl. W. Birkenfeld, *a. a. O.*, S. 148.
(87) Vgl. W. Teltschik, *a. a. O.*, S. 119.
(88) Vgl. K. Brückmann, *Geschichte der Farbwerke Hoechst und der chemischen*

Industrie, Einhausen, 1984, S. 80. 合成燃料の研究に関しては，重要かつ顕著な進歩の大部分はすでに第2次大戦の勃発までにおこっており，それゆえ，戦時期は既存の工場の操業の発展の時期であったが，この時期にはさらに5つの工場が生産を開始し，合計12の工場が生産を行っていた。A. N. Stranges, Germany's synthetic fuel industry, 1927-1945, J. E. Lesh (ed), *op. cit.*, p. 203.

(89) R. G. Stokes, The Oil industry in Nazi Germany, p. 264.
(90) *Ibid.*, p. 255.
(91) Vgl. F. Stratmann, *a. a. O.*, S. 121.
(92) R. Sasuly, *op. cit.*, pp. 296-7.
(93) Vgl. F. Stratmann, *a. a. O.*, S. 121-2.
(94) R. G. Stokes, The Oil industry in Nazi Germany, pp. 261-2, pp. 264-6.
(95) BIOS (Britisch Intelligence Objectives Sub-Committee), *I. G. Farbenindustrie A. G. Ludwigshafen (Fuels and Lubricants)*, Final Report No. 373, Item No. 30, London, 1945, p. 8. これに対して，アメリカでは大量の航空機用燃料は主として接触分解によって生産されていたほか，接触水素添加法の利用によっても生産されていたが，ドイツでは鉱油，蒸留や分留のさいの残留物，シェール油，褐炭，褐炭タール，瀝青炭，瀝青タールなどのさまざまな原料が利用されねばならなかったことに関して，イギリスによる調査報告は，これらの原料からの大量の生産のためには接触水素添加法のみが利用可能であったと指摘している。*Ibid.*, pp. 106-7.
(96) Vgl. W. Teltschik, *a. a. O.*, S. 114-6.
(97) Vgl. G. Plumpe, *a. a. O.*, S. 289.
(98) Vgl. Unterlagen zur Tea-Sitzung vom 11. 12, 1940, *Hoechst Archiv*, Zentral Ausschuß 186.
(99) Vgl. F. ter. Meer, *a. a. O.*, S. 797.
(100) Vgl. Teltschik, *a. a. O.*, S. 121.
(101) Vgl. W. O. Reichelt, *Das Erbe der IG-Farben*, Düsseldorf, 1956, S. 42.
(102) Vgl. F. ter. Meer, *a. a. O.*, S. 797.
(103) Vgl. Produktion und Gestehkosten Leuna, *BASF Archiv*, M 1104, Nr. 49 (Hydrierung Leuna ab 1933).
(104) Vgl. G. Plumpe, *a. a. O.*, S. 285-6.
(105) Vgl. *Ebenda*, S. 289.
(106) Vgl. *Ebenda*, S. 286 u S. 289.
(107) Vgl. *Ebenda*, S. 292-3.
(108) Vgl. *Ebenda*, S. 295-6.
(109) 内田，前掲書，236—7ページ。
(110) Vgl. *Ebenda*, S. 349-50.
(111) Vgl. *Ebenda*, S. 352-3, "Kunststoffe", *BASF Archiv* (1955. 11. 18), S. 92. この点については，Niederschrift über die Besprechung in Höchst am 18. 6. 29. betreffend knapsacker Buna-Anlage, S. 3 u S. 6, *Hoechst Archiv*, Zentral Ausschuß 80, Autoreifen aus Buna, S. 1, *Hoechst Archiv*, Zentral Ausschuß 80 をも参照。この時

第4章 化学工業における合理化過程　239

期の自動車用タイヤのゴム需要の問題について，F. テル・メールは1930年に，ドイツにおける当時の大型車と小型車との関係が経済的には好ましい状態にはないこと，より小型の自動車にとっては天然ゴム製のタイヤの品質で十分であり，より良質のタイヤの需要はみられなかったことを指摘している。Vgl. Niederschrift der Besprechung über synthetischen kautschuk in Leverkusen am 30. Oktober 1930, S. 3. *Hoechst Archiv*, Zentral Ausschuß 80.
(112)　Vgl. G. Plumpe, *a. a. O.*, S. 353. 1920年代におけるIGファルベンの合成ゴムの研究開発が十分な成果をあげることができなかった点については，Kurze Niederschrift der Besprechung mit Dr. Krauch, Oppau über den Stand der Arbeiten betr. synthetische Kautschucke. 22. 1. 1930, *Hoechst Archiv*, Zentral Ausschuß 80 をも参照。またコスト面をみても，W. グライリングが1930年に指摘しているように，当時の価格水準のもとでは，ゴム合成はまだプランテーションと成功裡に競争することはできない状態であった（Vgl. W. Greiling, Aufgaben der Chemiewirtschaft, *Wirtschaftsdienst*, 15 Jg, Heft 9, 1930. 2. 28, S. 355）。この点については，Autoreifen aus Buna (1930. 10. 14), S. 1, *Hoechst Archiv*, Zentral Ausschuß 80, Buna-Anlage Knapsack (1929. 8. 8), S. 1, *Hoechst Archiv*, Zentral Ausschuß 80 をも参照。
(113)　Vgl. *Bayer Archiv*, 151/1, Vol. 1.
(114)　Vgl. G. Plumpe, *a. a. O.*, S. 353-5.
(115)　内田，前掲書，240ページ。
(116)　Vgl. Konferenz über synth. Kautschuk (Anwendungstechnik) am 7. Dezember 1935 in Leverkusen, *Bayer Archiv*, 153/1-1.
(117)　Vgl. Chronik der BASF 1865-1940, Ⅷ. Periode (1933-1940), *BASF Archiv*, Vogtländer-Tetzner V, Werksgeschichte Heft IX, S. 1257 u S. 1464, "Kunststoffe", *BASF Archiv* (1955. 11. 18), S. 90.
(118)　Vgl. *Ebenda*, S. 94.
(119)　P. Hayes, *op. cit.*, p. 191. この工場の最初の空爆前の生産能力は，ブナSでは月に6,000トン，ブナ32およびブナ85では270トンであり，45年5月の時点ではそれぞれ4,800トン，270トンであったとされている。Combined Intelligence Objectives Sub-Committee, *I. G. Farbenindustrie A. G. Bunawerk Schkopau, Germany*, Item No. 22, File No. XXII-20, p. 10.
(120)　Vgl. Chronik der BASF 1865-1940, Ⅷ. Periode (1933-1940), *BASF Archiv*, Vogtländer-Tetzner V, Werksgeschichte Heft IX, S. 1468.
(121)　Vgl. *Ebenda*, S. 1257 u S. 1468.
(122)　Vgl. F. ter. Meer, *a. a. O.*, S. 799, W. Teltschik, *a. a. O.*, S. 84, W. O. Reichelt, *a. a. O.*, S. 42.
(123)　Vgl. W. Teltschik, *a. a. O.*, S. 84.
(124)　Combined Intelligence Objectives Sub-Committee, *I. G. Farbenindustrie Synthetic Rubber Plant Ludwigshafen*, Item No. 22, File No. XXII-7, London, 1945, p. 4, p. 19. この点をルートヴィヒスハーフェン工場についてみても，生産能力は年間3万トンであったのに対して，その生産高は最高を記録した1944年3月でも月に2,000

240 第2部 主要産業部門における合理化過程

トンにすぎなかった。*Ibid*., p. 9.
(125) Vgl. W. Teltschik, *a. a. O.*, S. 110.
(126) Vgl. G. Plumpe, *a. a. O.*, S. 386.
(127) Vgl. F. ter. Meer, *a. a. O.*, S. 799.
(128) Vgl. G. Plumpe, *a. a. O.*, S. 388.
(129) Vgl. Buna-Einsatz im technischen Sektor der Wehrmachtsfertigung, S. 34-6, *Bayer Archiv*, 152/1-6.
(130) Vgl. G. Plumpe, *a. a. O.*, S. 355-6.
(131) Vgl. Kautschuk-Besprechung am 5. Juli 1933 in Frankfurt a. Main, S. 1, *Bayer Archiv*, 153/1-1.
(132) 中村, 前掲論文, 74ページおよび83ページ参照。
(133) Vgl. G. Plumpe, *a. a. O.*, S. 356.
(134) Vgl. Der synthetische Kautschuk in USA, *Die Chemische Industrie*, 67 Jg, Nr. 48 bis 52, 1944. 12. 25, S. 233.
(135) Vgl. W. Teltschik, *a. a. O.*, S. 84.
(136) Vgl. Niederschrift Kautschuk-Sitzung Frankfurt 22. 2. 1934, S. 4, *Bayer Archiv*, 153/1-1.
(137) BIOS, *Dutch Report on Visit to I. G. Farbenindustrie, Leverkusen Synthetic Rubber and Allied Subjects*, Report No. 84, London, 1947, p. 3.
(138) G. プルンペは、アメリカとドイツにおける合成ゴムの開発、事業化における条件の相違として、技術的条件のみが異なっていたのではなく、政治的状況を度外視しても、アメリカでは石油工業、化学工業およびゴム工業のより多くの企業が合成ゴムの開発計画に協力したのに対して、ドイツでは開発活動はIGファルベンのみに課されていたこと、ニュー・ディールの政治家の強力な反対運動や反トラスト運動にもかかわらず、政治の優位が明らかに展開を規定したドイツにおけるIGファルベンよりも大きな経済的・政治的な活動の余地をアメリカの民間経済はもっていたことを指摘している。Vgl. G. Plumpe, *a. a. O.*, S. 395.
(139) 1936年のバイエルのアルヒーフによれば、当時の合成ゴム素材は天然ゴムの代替とは決してみなされるものではなく、それはむしろ、原料としての利用に関しては、ゴムの品質の大幅な改善を示していたとされている (Vgl. Synthetischer Kautschuk, "Buna", S. 3, *Bayer Archiv*, 151/3)。またドイツにおける合成ゴムの利用についてみると、同年の *Die Chemische Industrie* 誌によれば、ゴム需要のうちタイヤ工業によるものは半分にすぎなかったとされている。Vgl. Synthetischer Kautschuk, Mittelpunkt der Automobilausstellung, *Die Chemische Industrie*, 59 Jg, Nr. 8, 1936. 2. 22, S. 145.
(140) BIOS, *Dutch Report on Visit to I. G. Farbenindustrie, Leverkusen Synthetic Rubber and Allied Subjects*, p. 2.
(141) Vgl. G. Plumpe, *a. a. O.*, S. 319-21.
(142) Vgl. *Ebenda*, S. 321-2.
(143) この点については、中村宏治「デュポン社の多角化戦略と成長」、丸山恵也・井上昭一編著『アメリカ企業の史的展開』、ミネルヴァ書房、1990年、90ページ参照。

(144) *Ebenda*, S. 321.
(145) Vgl. *Ebenda*, S. 322-3.
(146) Vgl. J. Kleine, Über vollsynthetische Fasern und Borsten, *Der Vierjahresplan*, 6 Jg, Folge 4, 1942. 4, S. 183.
(147) Vgl. C. Ungewitter, Der Aufstieg der deutschen Chemie seit 1933, *Die Chemische Industrie*, 61 Jg, Nr. 14, 1938. 4. 9, S. 297.
(148) Vgl. G. Plumpe, *a. a. O.*, S. 324.
(149) Vgl. *Ebenda*, S. 323. 合成繊維事業におけるアメリカの優位は第2次大戦後も続いたが、バイエルの1950年6月の協議でも、ナイロン絹の大きな生産量のゆえにアメリカはあらゆる国にはるかに優っており、他の諸国にに比べるとアメリカの価格は相対的に安く、それゆえ、ドイツの企業にとっての事業機会は比較的小さいと結論づけざるをえないと指摘されている（Vgl. Aktennotiz über die Besprechung über Perlonausbau Dormagen am 26. 6. 1950, S. 2, *Bayer Archiv*, 158/1）。そのような状況のもとで、IGファルベンの後継企業3社は第2次大戦後もデュポンとのライセンス協定を結ぶことによって事業展開を推し進めていかざるをえない状況にあった。Vgl. Verkauf chemischer Fasern, S. 33-4, *Bayer Archiv*, 1/6-6-17.
(150) Vgl. M. O. Schürmann, Chemiefasern, Vorstand der Farbenfabriken Bayer AG (Hrsg), *Die Beiträge zur hundertjährigen Firmengeschichte 1863-1963*, Köln, 1964/64, S. 284.
(151) Vgl. G. Plumpe, *a. a. O.*, S. 548.
(152) Vgl. *Ebenda*, S. 389.
(153) Vgl. *Ebenda*, S. 555.
(154) G. プルンペは、国家の産業政策およびアウタルキー政策の重点がおかれていた部門である鉱油、化学品、人造繊維の諸部門をあわせた売上はIGファルベン全体の売上の52.7％を占めていたのに対して、利益全体に占めるこれらの諸部門の割合は33％にすぎず、このような国家とのかかわりの強い部門の収益性が低かったことを指摘した上で、その理由として、公共注文および公共のプロジェクトにおいてはその遵守が厳格に管理される比較的狭い利益の幅しか存在しなかったことをあげている。Vgl. *Ebenda*, S. 550-1.
(155) Vgl. I. G. Farbenindustrie Aktiengesellschaft, *Bericht des Vorstandes und Aufsichtrates über das Geschäftsjahr 1936*, S. 2.
(156) Vgl. I. G. Farbenindustrie A.-G., Frankfurt (Main), *Der Deutsche Volkswirt*, 11 Jg, Nr. 35, 1936/37 (1937. 5. 28), S. 1722-3.
(157) Vgl. G. Plumpe, *a. a. O.*, S. 557.
(158) 中村、前掲「デュポン社の多角化戦略と成長」、90ページ。
(159) 中村、前掲「多角化戦略と企業成長」、75ページ。
(160) L. F. Haber, *op. cit.*, p. 314 [前掲訳書、476—7ページ]。
(161) A. D. チャンドラー、Jrは、「デュポンの場合と比較すると、IGファルベンにあっては、戦間期における新製品開発にさいしてマーケティング（すなわち市場調査、顧客テスト、顧客の関心への恒常的な調整）にあまり注意が払われなかったように思わ

れる」としている。また彼は、「IG ファルベンにとって、依然としてある製品の企業化は本質的には技術の問題」であり、同社では、「デュポンやユニオン・カーバイドと同様の戦略、すなわち旧来の製品を体系的に新製品で代替していくという戦略」——「レイヨンをナイロンに置き換え、さらにナイロン市場の一部をオルロンやダグロンが奪うという戦略」——を採択することがなかったと思われるとした上で、製品開発の方法におけるこのような相違は、ただたんに企業の歴史的発展や、その結果としての組織構造によって説明されるものではなく、「それはまた機会の問題でもあった」として、市場の問題を指摘している。すなわち、「海外の競争企業に比べて、IG ファルベンにはこのような消費者指向型の素材を利用する機会がはるかに少なかった」とした上で、第1次大戦後の復興需要に続いて不況が、そして再軍備による需要が訪れたし、またドイツやヨーロッパ大陸の消費者市場はアメリカやイギリスの市場よりも小さく、「こうした要因が、消費者指向型の新素材の開発にたいして不利に作用した」と述べている (A. D. Chandler, Jr, *Scale and Scope : The Dynamics of Industrial Capitalism*, Harvard University Press, 1990, pp. 580-2 [安部悦生・川辺信雄・工藤章・西牟田祐二・日高千景・山口一臣訳『スケール・アンド・スコープ 経営力発展の国際比較』, 有斐閣, 1993年, 501—2ページ参照])。このことは、本章で取り上げた合成ゴムと合成繊維の事例についてもいえるが、これらの製品の開発およびその商品化における IG ファルベンとデュポンの違いは、両社のもつ市場の諸条件の相違によって規定されるとろが大きかったといえるであろう。

(162) Vgl. G. Plumpe, *a. a. O.*, S. 323. ドイツ化学工業の多角化の進展について、工藤章氏は、本格的な製品多角化を迎えるのは第2次大戦以降のことであり、「それは、西ドイツが大衆消費社会の成熟を迎え、合成繊維、合成樹脂、合成ゴムに代表される化学製品が最終需要に直結してからのことであり、しかも、アメリカ、さらにはイギリスなどからの技術導入と石油への原料転換をつうじて実現された」ことを指摘されている。工藤, 前掲書, 254ページ。

(163) この点については、前掲拙書, 第4章第4節を参照されたい。

(164) Vgl. R. Schmiede, E. Schudlich, *Die Entwicklung der Leistungsentlohnung in Deutschland*, Frankfurt am Main, New York, 4. Auflage, 1981, S. 252.

(165) Vgl. J. Bönig, Technik und Rationalisierung in Deutschland zur Zeit der Weimarer Republik, U. Troitzsch, G. Wohlauf (Hrsg), *Technikgeschichte*, Frankfurt am Main, 1980, S. 405.

(166) Vgl. G. Duvigneau, *Unterschungen zur Verbreitung der Fließarbeit in der deutschen Industrie*, Breslau, 1932, S. 61.

(167) Vgl. Enquete Ausschuß, (III)-3, *a. a. O.*, S. 33.

(168) Vgl. "System Speer" und die Rationalisierung der Chemie, *Die Chemische Industrie*, 66 Jg, Nr. 25/26/27/28, 1943. 7. 15, S. 193.

(169) この点については、各年度の *Die Chemische Industrie* 誌の「経済報告」を参照。

(170) Vgl. Die Entwicklungsarbeiten der Technischen Kautschuk Verwaltung Leverkusen 1943/44 (10. Sachbearbeiter-Besprechung der Kauteko in Weimar am 25. 2. 1944), S. 27-40, *Bayer Archiv*, 153/4-2.

第4章　化学工業における合理化過程　*243*

(171) Vgl. Referat für die 9. Sitzung der Anwendungstechnischen Kommission für Kautschuk am 15. 12. 1942 in Leverkusen (Protokoll über die 9. Sitzung der Kauteko in Leverkusen am 15. Dezember 1942, Band Ⅰ), S. 5, *Bayer Archiv*, 153/4-2.
(172) Vgl. Protokoll über die 9. Sitzung der Kauteko am 15. 12. 42 in Leverkusen, S. 1, *Bayer Archiv*, 153/4-2.
(173) Vgl. W. Hofmann, Kautschuk, Vorstand der Farbenfabriken Bayer AG (Hrsg), *a. a. O.*, S. 216.
(174) この点については，前掲拙書，第4章第4節参照。
(175) Vgl. W. Zollitsch, *Arbeiter zwischen Weltwirtschaftskrise und Nationalsozialisnus*, Göttingen, 1990, S. 77-81.
(176) Vgl. R. Schmiede, E. Schudlich, *a. a. O.*, S. 304-5.
(177) Vgl. Chronik der BASF 1865-1940, Ⅷ. Periode (1933-1940), *BASF Archiv*, Vogtländer-Tetzner V, Werksgeschichte Heft IX, S. 1343-4.
(178) Vgl. *Ebenda*, S. 1539.
(179) Vgl. Arbeitsbüro, *Bayer Archiv*, 1/6-6-25, S. 1.
(180) Vgl. *Ebenda*, S. 4-5a.
(181) Vgl. *Ebenda*, S. 11-2. またレーファークーゼン以外の工場をみると，例えばドルマーゲン工場では，1935年頃以降にひとつの例外を除いてすべての製造現場において作業研究・時間研究を基礎にして出来高割増給が導入されている。*Ebenda*, S. 28.
(182) Vgl. *Ebenda*, S. 14-5.
(183) Vgl. *Ebenda*, Anlage 4.
(184) Vgl. *Ebenda*, Anlage 2.
(185) Vgl. *Ebenda*, S. 38.
(186) Vgl. I. G. Farbenindustrie A.-G., Frankfurt (Main), *Der Deutsche Volkswirt*, 14 Jg, Nr. 46, 1939/40 (1940. 8. 16), S. 1694.

第5章　電機工業における合理化過程

　第3章および第4章において，産業類型としては装置・生産財産業に属する重工業と化学工業についてみてきたが，以下の3つの各章では加工組立産業における合理化過程を取り上げて考察を行うことにする。本章ではまず電機工業についてみることにするが，この産業部門は，1920年代に合理化が最も強力かつ集中的に推し進められた部門のひとつであった。そこでは，主として産業基盤整備を中心とした公共投資の拡大や産業電化の進展，家庭の電化の進展などによる国内市場の拡大という比較的有利な条件のもとで，「技術的合理化」と「労働組織的合理化」とがセットで展開されており，合理化の最もすすんだひとつの姿をみることができる。しかし，国内市場の狭隘性と輸出市場の困難性という厳しい市場の条件のもとで，とくにフォード・システムにみられるような大量生産体制の確立のための合理化諸方策の推進は，一定の限界に直面せざるをえず，それは電気掃除機など特定の製品部門や特定の工程部門に限られていたといえる。しかも，そのような合理化方策が導入されたところでも，多くの場合，市場の限界，定型の多様性に対応して，ドイツ的な展開が試みられたのであった。また「技術的合理化」についても，それが「労働組織的合理化」との関連で展開されたこともあり，それは特定の製品部門やそこにおける先端工場，特定の工程部門を中心に取り組まれたのであり，そのような合理化の成果がこの産業部門全体にまで十分におよぶには至らなかったといえる[1]。そのような合理化の取り組みは，世界恐慌期を経てナチス期には一層強力に推し進められていくことになる[2]。この時期には，主要な動力の種類としての電動機の利用および新しい電気化学の方式の導入の結果，発電・送電や電力利用のための機械・装置，材料の生産が拡大されたほか，独占資本家の戦争・軍備政策

との緊密な結合および陸海空軍向の装置や設備の供給がこの時期の電機工業の急速な発展の原因をなしたとされている[3]。

第1節　設備投資の展開とその特徴

1　電機工業における設備投資の動向

　まず「技術的合理化」の役割，あり方を明らかにするために，電機工業とその代表的企業における設備投資の状況をみていくことにしよう。

　まず世界恐慌期についてみると，資本金100万RM以上・取引所上場の株式会社をみた場合（前掲表2‐1参照），1930年には設備投資額は5,900万RMであったのに対して，減価償却額は3,500万RMとなっており，減価償却を2,400万RM上回る投資が行われており，その意味では，恐慌による影響，打撃は，その当初は，他の産業と比べるとまだあまり大きなものとなるには至っていなかったといえる。*Wirtschaft und Statistik* 誌は，1929/30年にもなお電機工業および自動車工業はかなりの新規投資を示したとしている[4]。これに対して，1931年から34年までの諸年度には，設備投資額が減価償却額を下回っており，また30年から32年までの合計でみると，設備投資額と減価償却額はそれぞれ1億RMとなっており，減価償却に相当する額の設備投資が行われたにすぎない。

　また1935年から39年までの状況をみると（前掲表2‐3参照），この期間の設備投資総額は6億1,400万RMとなっており，24―29年の資本金100万RM以上・取引所上場の株式会社の設備投資総額（新規投資と更新投資の合計）が3億2,690万RMであったことを考えると，20年代との対比では，資本支出をともなう合理化が強力に推し進められたといえる。しかし，減価償却額もまた24－29年（1億5,290万RM）と比べると大きな額にのぼっており，35－39年の合計では6億6,800万RMとなっている。減価償却を上回る額の設備投資が行われたのは39年のみであり，その差額は2,400万RMにすぎない。この期間全体では，減価償却額を5,400万RM下回る額の設備投資が行われたにすぎない。前掲表2‐3にあげた産業部門のなかでこの期間の合計で設備投資額が減価償却額を下回っているのは電機工業だけであり，全工業でみても設備投資額が減価

償却額を上回っている。またこの期間の工業全体の設備投資総額に占める電機工業の割合は4.2%となっており，24－29年の資本金100万RM以上・取引所上場の株式会社の数値4.6%をわずかに下回っている[5]。

このように，アメリカの戦略爆撃調査団の報告も指摘する如く，1935年以降の第2次大戦前の時期は電機工業の製造設備におけるかなりの拡大によって特徴づけられるが，当時の政策は，そのような拡大を主要な組織が立地している設備に限定しており，また主要工場の立地において拡大のために利用できる余地がない場合にのみ生産を分散させるようにしたとされている[6]。また戦時期にも生産の集中化から分散化への急激な政策転換が行われたが，それは1943年頃までは主に生産設備の拡大のための手段とされたのに対して，その後は爆撃の予防を目的としたものであり，そうした分散化は拡張活動に有利な影響をおよぼしたとされている[7]。また戦時中の爆撃による生産能力の喪失を埋め合わせる必要性も設備投資の拡大をもたらす要因になったが，それはとくに電源変圧器やラジオ機器用の真空管の生産などにみられた[8]。

2 電機工業の代表的企業における設備投資の動向

そこで，つぎに，電機工業における投資状況をふまえて，その代表的企業であるジーメンスとAEGの投資状況をみることにしよう。

(1) ジーメンスにおける設備投資の動向

まずジーメンスをみると，世界恐慌期には投資は現実にマイナス投資となる低い額にまで減少したが[9]，全般的にみて強電の領域が弱電の領域よりもはやく，また強く恐慌に見舞われた[10]。このことは強電製品（ジーメンス・シュッケルト）に対する民間経済の投資需要が恐慌の始まりとともに非常に急速に減少するのが常であるのに対して，とくに通信技術（ジーメンス&ハルスケ）に対する注文が非常に重要である公共の注文の発注者はそれより後になって初めて注文を減らしたことによるものであるが[11]，こうした影響は両社の固定設備額と減価償却額の推移（表5－1参照）にも示されている。

それをふまえて，ナチス期についてみると，両社とも第2次4カ年計画による経済の軍事化が本格的にすすむ1930年代後半，とくに37/38年度以降に固定

表5-1 ジーメンス&ハルスケとジーメンス・シュッケルトの固定設備額[1]および減価償却額の推移

(単位: 1,000RM)

ジーメンス&ハルスケ

営業年度	1930/31	1931/32	1932/33	1933/34	1934/35	1935/36	1936/37	1937/38	1938/39	1933/34~38/39年の合計
営業年度末の減価償却控除前の固定設備額	43,697	46,473	45,646	45,163	45,298	45,339	42,564	48,773	49,291	—
前営業年度末の固定設備額[2]	38,866	43,285	45,451	44,581	43,803	43,142	43,372	39,844	42,073	—
固定設備の純増加額	4,831	3,188	195	582	1,495	2,197	-808	8,929	7,218	19,613
減価償却額	412[3]	1,022[4]	1,065	1,360	2,156[5]	1,967	2,720	6,700[6]	2,000	16,903

ジーメンス・シュッケルト

営業年度[1]	1930/31	1931/32	1932/33	1933/34	1934/35	1935/36	1936/37	1937/38	1938/39	1933/34~38/39年の合計
営業年度末の減価償却控除前の固定設備額	68,977	66,511	65,246	64,144	65,800	66,100	67,000	81,700	88,600	—
前営業年度末の固定設備額[2]	68,316	67,965	65,493	64,178	63,133	63,700	63,900	64,400	68,500	—
固定設備の純増加額	661	-1,454	-247	-34	2,667	2,400	3,100	17,300	20,100	45,533
減価償却額	1,012	1,018	1,068	1,011	2,100	2,200	2,600	13,200[6]	6,700[6]	27,811

(注): 1) ただし両社では、機械、工具などの勘定科目については、毎年それぞれIRMとして計上されている。
2) 減価償却控除後の簿価。
3) 建物の減価償却率は4％から2％に引き下げられている。
4) 建物の減価償却率は3％に引き上げられている。
5) 建物の減価償却率は4％に引き上げられている。
6) 固定資産の評価替えを含んでいる。

(出所): Der Siemens-Konzern, I. Siemens & Halske A.-G., *Der Deutsche Volkswirt*, 6 Jg, 1931/32 (1932. 2. 12). Beilage zu No. 20, S. 167, Siemens-Konzern, *Der Deutsche Volkswirt*, 7 Jg, 1932/33 (1933. 2. 17). Beilage zu No. 20, S. 234, Siemens-Konzern: Siemens & Halske A.-G. und Siemens-Schuckertwerke A.-G., Berlin, *Der Deutsche Volkswirt*, 9 Jg, Nr. 20, 1934/35 (1935. 2. 15). S. 918, S. 921, Die Siemensgruppe: Siemens & Halske A.-G. und Siemens-Schuckertwerke A.-G., Berlin, *Der Deutsche Volkswirt*, 10 Jg, Nr. 20, 1935/36 (1936. 2. 14), S. 933, Siemens-Gruppe: Siemens & Halske A.-G., Berlin, Siemens-Schuckertwerke A.-G., Berlin, *Der Deutsche Volkswirt*, 12 Jg, Nr. 20, 1937/38 (1938. 2. 11), S. 948, S. 950, Siemens-Gruppe: Siemens & Halske A.-G., Berlin, Siemens-Schuckertwerke A.-G., Berlin, *Der Deutsche Volkswirt*, 14 Jg, Nr. 23, 1939/40 (1940. 3. 8), S. 747-8より作成。

設備の増加額が大きくなっている。ジーメンス・シュッケルトでも，1935年以降，景気の上昇に見舞われたが，生産能力の拡大は，労働力不足，原料不足，ジーメンス社の限られた財政資金のために，この頃にはまだ必要な規模では行われなかったとされている[12]。33/34年度から38/39年度までの期間の固定設備（土地・建物）の増加額を減価償却額との対比でみると，2社ともに減価償却を上回る額の増加がみられる。また両社の機械設備，工具への投資額をみると，32/33年の120万 RM から36/37年には2,590万 RM，41/42年には5,850万 RM に大きく増大している[13]。年度別の状況をみると，35/36年度には，業務規模の拡大が生産現場の補充を必要にし，ジーメンス・シュッケルトは更新と新規の調達への生産現場の適応に取り組んでおり，投資は前年に比べ増大した[14]。ナチス期には軍需市場の拡大が設備投資の拡大をもたらす要因となったが，ジーメンスの新規投資は，一部はすでに，強力に始まっている軍需景気を先取りして行われており（36年には40-50％が公共機関向けの生産であった），同社は（過剰）生産能力の有効利用のために，それまで以上に国家の注文に依存することになり，「第3帝国」の軍需に完全に関与するようになっている[15]。また操業が多くのところで生産能力の限界に達していた1936/37年度には，大規模な原料の転換が必要となり，また個々の生産部門はすでに著しく拡大されねばならず，機械の購入額，計算上の減価償却額とのその差額は前年よりも，また準備金の形成よりはるかに大きかったとされている。この時期には労働力不足への対応として作業の一層の機械化が取り組まれており[16]，こうした事情も設備投資のあり方を規定する重要な要因のひとつとなっていた。1938/39年は，このコンツェルンの組織の改造や拡大とともに，前年の記録を上回るかなりの新たな生産増大をもたらしたが[17]，投資は同年度にその頂点に達した[18]。そこでは，約1,500万 RM の建物勘定の増加がみられるほか，機械の調達は，ジーメンス・シュッケルトでは，弱電技術に相応して同社ほどには資本集約的に活動していないジーメンス＆ハルスケや AEG よりもかなり大きかった[19]。このように，ジーメンスの設備投資の拡大が本格的にすすむのは1930年代後半のことであり，そこでは，新しい工場建屋が建設され，古いものは改造され，近代的な技術的方式に基づいて整備されたとされている[20]。

(2) AEG における設備投資の動向

またAEGをみると（表5-2参照），世界恐慌期にも設備額の増加はみられるが，減価償却と比べると小さな額にとどまっている。この時期には売上額も実働労働時間も大きく減少しており，前者は1932年には29年の38.3%，後者は40.4%の水準にまで低下しており[21]，そうしたなかで設備投資も大幅な減少をみた。しかも，AEGは強電業務を中心とする事業構造であったために，同社の業務および収益はとくに国内外の投資活動に依存しており，同社の生産の小さな部分だけが消費財の製品から構成されていたにすぎず，それ以外では，公共機関や他の産業企業の注文が中心となっていた[22]。そのために，設備投資の縮小はジーメンスよりも大きかったといえる。同社の営業報告書によれば，1930/31年の営業年度には新規建設はほぼ完全に停止し，調達は最も緊急の需要の充足のためにのみ行われたが[23]，この年度の建物勘定の増額は本質的にはヘニングスドルフ工場の建屋の改造の完成と関係している[24]。翌年の31/32年度の設備の利用度は平均するとそれ以前の最善の利用時の28-30%にすぎず[25]，32/33年度をみても生産能力はわずか28%しか利用されていなかった[26]。1932/33年度には，同社は製品の技術的な品質の維持，向上に努力し，また研究活動や技術発展のためにかなりの資金を用意してきたとしているが[27]，33/34年度までは，設備の減価償却には通常の損耗分しか考慮されておらず，収益状態の変化に簿価を合わせるには整理・再建を保留せざるをえなかったとされている[28]。

つぎにナチス期の状況をみると，固定設備の増加額は年を追うごとに増大しているが，飛躍的な増大をみるのは1937/38年度以降の時期であり，固定設備の増加額は同年度の10,454,436RMから39/40年度には29,033,613RMになっており，約3倍に増大している。このような傾向はジーメンスとほぼ同様であるが，とくに強電分野のジーメンス・シュッケルトとよく似ている。これを減価償却との対比でみると，1933/34年度から39/40年度までの合計では，減価償却額が設備の増加額を上回っているが，この点に関しては，35/36年度に行われた約2,700万RMもの特別償却を考慮に入れておくことが必要である。

また年度別の状況をみると，33/34年度には，一層の技術発展と科学的研究活動に特別な注意が払われており，こうした目的や生産設備の拡大のために，

表5-2 AEGの固定設備の増加額と減価償却額の推移

(単位：RM)[1]

営業年度[2]		1930/31	1931/32	1932/33	1933/34	1934/35	1935/36	1936/37	1937/38	1938/39	1939/40	1933/34～39/40年の合計
土地	増加	9,889	55,503	—	—	—	201,582	537,328	4,471,055	11,147,942	14,911,399	38,187,425
	減少	—	—	—	—	—	69,403	—	3,948,956	247,249	—	4,602,576
	純増加額	9,889	55,503	—	—	—	132,179	537,328	522,099	10,900,693	14,911,399	33,584,849
建物	増加	948,677	108,367	40,835	262,809	511,805	2,252,602	2,727,632				
	減少	—	108,040	1,258	—	—	227,670	—				
	純増加額	948,677	327	39,577	262,809	511,805	2,024,932	2,727,632				
機械	増加	856,810	389,306	132,909	839,821	2,403,692	2,715,308	4,114,802	5,328,983	6,958,091	12,032,563	35,772,285
	減少	—	12,374	83,824	64,833	34,129	146,074	21,259	56,922	18,659	9,218	447,292
	純増加額	856,810	376,932	49,085	774,988	2,369,563	2,569,234	4,093,543	5,272,061	6,939,432	12,023,345	35,324,993
新設備・機械の頭金の支払い		—	—	—	—	—	—	—	654,398	1,650,797	2,089,651	4,394,846
増加額の合計		1,815,376	553,176	173,744	1,102,630	2,915,497	5,169,492	7,379,762	10,454,436	19,756,830	29,033,613	78,354,556
純増加額の合計		1,815,376	432,762	88,662	1,037,797	2,881,368	4,726,345	7,358,503	6,448,558	19,490,922	29,024,395	73,304,688
減価償却		3,671,488	3,441,137	5,017,662	5,655,797	5,376,368	30,442,153[3]	5,928,175	9,711,488	12,790,124	17,669,744	99,704,136

(注)：1) 1RM未満は切り捨で。
 2) 営業年度は10月1日から翌年の9月30日まで。
 3) 特別償却27,223,987RMを含む。

(出所)：各営業年度の貸借対照表および損益計算書より作成。

最大可能な限り資金が使われたが[29]、設備額の削減のためにも全体ですでにかなりの資金が調達され、この年度に行われた540万 RM の削減を含めると、その4年間に建物では720万 RM、機械では1,230万 RM が削減されている。それは同期間に計上された新たな増加額を大きく上回っている[30]。ジーメンスでは機械設備については備忘価値として1 RM が計上されているにすぎないことを考慮に入れておく必要があるが[31]、AEG の再建は1935/36年の営業年度にようやく行われたにすぎないので、同社の34/35年の固定資産額は、2倍の売上額をもつジーメンス2社の総額に匹敵していた[32]。しかし、この年度には3,040万 RM の設備の減価償却（320万 RM が通常償却、2,720万 RM が特別償却）が行われているのに対して、新規投資のための資金需要はなお比較的小さく、設備勘定は、全体では470万 RM の純増にとどまっている[33]。

同社では、個別の活動領域における業務の回復は恐慌の末期にすでにみられたが、1935/36年度から36/37年度にかけて業務の回復がすべての活動領域にまでおよぶようになっており[34]、投資額は純額では740RM であり、依然としてあまり大きくはなかったが設備の減価償却額を150万 RM 上回っている[35]。35/36年度には再建が取り組まれたこともあり同社は非常に大きな額の投資支出を行わねばならなかったが、そのような投資は38年になってようやくそれなりの利益をあげることができたとされている[36]。また36/37年度には、4カ年計画の進展にともない、電力需要や利用価値の高い電気設備の需要が増大し、その結果、すべての工場・作業場の生産能力はフル操業されねばならず[37]、このような市場の拡大が設備投資の拡大をもたらしたといえる。37/38年度には業務用ないし住居用の建物とその土地はベルリン市への管理棟の売却によって減少しているが[38]、設備勘定に70万 RM が計上されている頭金の支払いは再び200万 RM 増加したほか、借記された約1,000万 RM（450万 RM が不動産、530万 RM が機械勘定）の投資が加わる。とくに機械勘定では、業務の拡大のための支出は、それまで例えばモンタン産業のような多くの他の経済部門よりもまったく小さな範囲にとどまっていたが、それは新しい工場の建設をそれまでほぼ完全に回避することができたことによるものであった[39]。1938年2月の監査役会の委員会の会議では、業務の状況は満足のいくものであったが、個々の工場をそれまでよりもはるかに利益のあがるように組織すること、また専門

の領域への一層の転換をはかることが主要な課題となっており，そのためにさしあたり約500～600万 RM が必要になるとされている[40]。このように1930年代後半から末にかけて設備投資が一層強力に取り組まれることになるが，38/39年度には，減価償却の実施後も，工場の建物は前年よりも約500万 RM 上回っている。また機械では，約690万 RM の増加をみたが，680万 RM の減価償却が実施された結果，簿価は600万 RM となっており前年とほぼ変わらない[41]。1940年 2 月の *Der Deutsche Vokswirt* 誌によれば，設計の進歩と合理化のおかげで，当時，10年前よりも少ない支出でもって同じだけの生産成果が達成されており，新たな生産増大は，それまでまだ完全に利用されていなかった設備の配置とならんで，経営内部の合理化に決定的に帰因されうるとしており，合理化の意義が指摘されているが，そこでは，設備投資に基づく技術的合理化が大きな役割を果したといえる。フル操業に近づいた最初の年には，既存の建物のより強力な利用のもとで，AEG はまだ主に新しい機械の調達に限定することができたが，この営業年度に初めて，一層大きくなった機械の需要（700万 RM の機械勘定の増加）のために新しいスペースがより大きな規模で生み出され，その結果，工場の建物の増加は1,090万 RM に拡大しており，設備簿価は再び600万 RM 増加した[42]。このような設備投資による「技術的合理化」の成果については，1938年10月の監査役会の会議でも，前年に比べての事業の成果のかなりの増大は主として企業内部の再編成および合理化の諸方策によるものであったが，そこでは，科学の発展，機械設備の改良などのための支出でもって製品の品質の改善をはかることにとくに努力が払われたとされている[43]。

また戦時期についてみると，1939/40年度には，土地・建物は減価償却後も前年に比べ約700万 RM 増加しており，機械では約1,200万 RM の増加がみられた[44]。1939年11月の監査役会の会議の議事録によれば，工場の生産能力はフル稼働しており，それまでの最高の収益をすでに部分的に上回っているが，機械の調達および隘路の克服によって収益性を一層向上させる努力がはかられたとされている[45]。また40年 9 月の監査役会の会議でも，電機工業の全業務に占める同社の割合を維持するためには大規模な投資が必要であり，さらに3,000～3,500万 RM の投資が計画されているが，生産能力の増大のための前

提条件は工場の生産能力の拡大であり，そのためには増資によって資金が用意されねばならないとされている(46)。

第2節 「技術的合理化」の展開とその特徴

1 「技術的合理化」の重点

　以上の考察をふまえ，つぎに「技術的合理化」の展開について具体的にみていくことにしよう。ジーメンス2社では，すでに1934/35年に作業が専門労働力のかわりに半熟練労働者によって，あるいは婦人によって行われうるように作業工程と作業方法の転換がはかられ，また多くの作業設備や組立設備が以前には実施されることのなかった規模で生み出されたとされており，ジーメンス・コンツェルンは確かに，生産技術的な点では，トップの位置を占めていたとされている(47)。H. ホムブルクは，ジーメンスは1930年代の需要における変化および労働市場に関するドラスティックな状況の変化に一層の合理化の推進でもって対応したが，そこでは，最もすすんだ高度に資本集約的な技術が導入され，またそれは統合化された工作機械やそれらの容易な操作のための特別な工夫でもって一層の発展をみたとしている(48)。また W. ツォリッシュも，ジーメンスについて，例えば溶接技術，複数の機械の操作や，根本的な技術進歩としての自動化ないし部分的な自動化が非常に大きな意味をもったとしている(49)。

　このように，ナチス期には，「技術的合理化」が1920年代よりも一層大規模に推し進められたが，そこでは，20年代に一定の進展をみながらもひろく普及するには至らなかった労働手段の個別駆動方式への転換と硬質合金の利用による切削工具の改良によって，労働手段の技術的発展が本格的に推し進められた。AEG の1939年度に関する技術報告も，同社の新しい電動式工具が労働力不足への対応を助けたとしており(50)，また W. ヤッケルも，ドイツの電気製品の生産はその多くのあらゆる諸部門において高度に発展した工作機械製造業に依拠しているが，工作機械の生産能力はそのかなりの部分が電気工学の進歩を基礎にしており，電気設備の生産はその駆動と制御のための手段を提供してたとしている(51)。さらに硬質合金工具の利用も加工速度の大幅な上昇に大きく

寄与したのであった。

　この時期の「技術的合理化」のいまひとつの重点は，原料不足とそれへの対応策としての原料自給化政策のもとで，あらゆる可能なケースにおいて外国の原料を国内の原料で代用すること(52)，またそれまで使用されていた原料の代替原料を利用するための方策にあった(53)。原料のかなり多くの部分が輸入に依存していたこともあり，こうした方策は外貨の逼迫という状況のもとで要請されたものでもあった(54)。電機工業の非常に重要な輸入品目は，銅，鉛，ニッケル，クロム，モリブデン，天然ゴム，錫，セレン，白金および綿のような重要な原料であったが，例えば合成ゴムは電線の絶縁用の天然ゴムの代わりに使用されたほか，新しい合成物質が絶縁材料用に開発された。また「グラフォール」は雲母の代用のために開発され，紙が綿や電線の絶縁物質としてのその他の繊維にとって代わった。また銅は電気設備の生産における決定的な品目であったが，銅の使用の徹底的な削減はほとんどすべての重要な需要に対する十分な供給を維持するのを助けた(55)。このような諸努力の結果，1937年には絶縁電線・ケーブルにおけるアルミニュウムへの転換による銅の節約は2万トン，架空電線用の銅の節約は16,500トンと算定されており，それは約1,500万RMの外貨の節約に相当した。また自動電話器の文字盤におけるプラスティックによるニッケルめっきされた真鍮の代用は年間約60トンの真鍮の節約を意味した(56)。ジーメンス，ブラウン・ボーベリなど5社の電動機工場と電源変圧器工場を調べたイギリスの調査も，合成品による雲母の代用や特殊な絶縁における不足する原料の代用など，原料不足への対応が強力に取り組まれたことを指摘している(57)。このような取り組みの成果について，*Elektrotechnische Zeitschrift* 誌は1940年に，電機企業は新種の原料の利用ないし新しい種類の利用領域への既存の原料の利用において大きな進歩をとげたとしている(58)。全体的にみると，生産の増大にもかかわらず，原料利用における組織的な転換によって，電機工業の消費は44年までに41年の年間消費量の3分の1にまで減少している(59)。しかし，第2次大戦期には，原料の転換，期限が遵守されないことや軍部の計画変更などのために，原料の領域においてかなりのコストの上昇が記録されねばならなかったとされている(60)。

2 主要製品部門における「技術的合理化」とその特徴

そこで，つぎに，「技術的合理化」の展開過程を，主要製品部門を取り上げてみていくことにするが，H. ホムブルクは，両大戦間期のジーメンスにおける合理化の3つの動きを確認している。すなわち，①1919年から22年までのテイラーの諸原則の受け入れ，②1925年から28年までの標準化された大量生産のフォードの諸方法の最初の，まだ限られた導入，③1935年から37年までのより高い機械化の水準での標準化された大量生産の拡大がそれである。この第3の合理化の動きについて，彼女は，ジーメンスは標準化された大量生産の諸方法を1935年から36年にかけて量的にも質的にも組織的に拡大したこと，最もすすんだ高度な資本集約的な技術が導入され，統合化された工作機械および専用機械でもってその操作の単純化が一層推し進められたことを指摘している[61]。

(1) 電動機製造部門の事例

まず1920年代に合理化が最も強力に取り組まれた製品部門のひとつである電動機部門についてみると，H. ホムブルクは，ジーメンスのエルモ工場について，30年代に実施された合理化の目標は10年前と同じであり，そのための手段もまた当初は同じであったとしている。すなわち，そこでは，製品グループの生産の流れにみあった作業場の統合と作業場の配置における転換がそのための手段とされたが，とくに30年代後半には，半自動ないし全自動の専用機械の広範な配置による工作機械設備の近代化，とりわけ電動式リフトトラックないしフォークリフトやパレットへの転換による搬送手段の近代化が加わったとして[62]，この時期の「技術的合理化」の重要な方向のひとつを指摘している。

ジーメンスのエルモ工場では，ナチス期の始まる1933/34年以降に投資資金を再びより大規模に使用することができるようになり，長年の研究開発活動に支えられて，機械設備全体の装備替えや近代的な高性能工作機械による古くなった工作機械の取り替えが推し進められた。今や同時に，また相互の同調（チューニング）のなかで実現された動力機の出力の向上，駆動装置，軸受けおよびその他の構成要素の改良は，新しい硬質合金工具や古い硬質合金工具の十分な経済的利用を妨げていた障害を取り除き，またそれでもって，最終的に，金属切削の革命のための道をひらいた。1933/34年の最初の，まだわずかな始ま

りの後に，エルモ工場における工作機械設備の大規模な近代化が34/35年にひろいレベルで始まり，37/38年には最初の終了に至ったとされている(63)。

とはいえ，ジーメンスの先端工場であった電動機工場の場合でも，硬質合金製の切削工具用合金の利用領域は，第1に低い経済性の考慮からも制限されており，それは，徐々に，また長期にわたる過程において拡大されることができたにすぎないとされている。それが1930年代後半に一時的な終了に至ったときでさえ，そのことは，各工作機械に硬質合金バイトが利用されるに至ったということを決して意味するものではなく，むしろコストとその効果という基準に基づいてみた場合にも，人間と機械の最善可能な労働成果を約束するようなバイトの素材が必要な精密加工の程度に応じて，また加工すべき原料に応じて選ばれるということが一般的であった，とされている(64)。

この時期の労働手段の技術的発展はまた，1920年代にも追求されていた自動化を一層推し進めるものでもあった。ファシズムの軍需経済と戦争経済の時期には生産財産業における専門的な熟練をもつ労働力の不足が機械の操作の一層の単純化を必要とした。自動化が最もすすんでいた産業部門のひとつは自動車工業であったが，自動化を促進した他の産業は電機工業および精密機械工業であったとされている(65)。ジーメンスのエルモ工場では，1938年の第1四半期にザール河畔のノイシュタットの第2建屋の建設のための計画が始められており，そこでは，冷蔵庫の生産が「最も近代的な観点から取り組まれる」べきものとされた。そのさい，最少の専門労働力でやっていくために，専用設備でもって生産の自動化を非常に強力に推し進めるという目標のもとに，最も近代的なアメリカ的生産方式の観点からこの計画が実施された(66)。またエルモ工場の1940/41年の報告によると，前年に始められた電動機の一定量の大きな数の固定子と回転子の薄板の押し抜きの自動化はストリップの自動取付設備によって完成され，全体では，この自動化によって79%の時間の節約と34%のコストの節約が達成されており，そこでは，賃金コストは，操業費に比べると，はるかに小さな割合まで引き下げられたとされている。三相交流電動機の小さな軸受台の生産ではすでに前年に一層の自動化が行われていたので，大きな軸受台の生産のために，新しく開発された3台の自動機械が配置されており，そのうちの1台は第3工場に配置された(67)。さらに同工場の巻線工場では，三相交

流電動機用の完全自動の巻線機が配置されており，その結果，巻線時間は手で行われていたときと比べかなり短縮されており，また自動機械の操作に従事する巻線女工の訓練期間も著しく短縮された[68]。しかし，部分自動ないし完全自動の工作機械の設計や，「個々の機械の高度な利用にもかかわらず」，1937/38年以降エルモ工場においても導入され始めた，複数の機械を受けもつ多台持ちへの移行がこの工場における工作機械の技術・設計の発展の中心にあったとされている[69]。

このように，ジーメンスの先端工場であるエルモ工場では，1930年代後半の時期に「技術的合理化」が強力に推し進められているが，37/38年に「計画的に，とくに強力に促進された生産の機械化」がかなりの「経営手段の更新および増加」をもたらしたことは，第1エルモ工場における減価償却額の増大に示されており，それは前年に比べ60％の増大をみたとされている[70]。

また5社の電動機工場と電源変圧器工場を調べた上述のイギリスの調査は，自働機械の大規模な利用がドイツの生産の最も顕著な特徴であるとした上で，その利用はとくに電動機の領域において広範囲にみられ，十分に大きな量の生産でもって製造時間における全体的な短縮は非常に大きなものになったとしている。この調査はまた単一目的の工作機械の利用がすすんでいたことをも指摘しており，それらの機械は特別に設計されたものであり，またジグや固定具でもって特定の製品ないし部品の一連の標準化された作業のために製造されたものであったとしている[71]。例えば0.5mmの薄さのスロットは高速自動単動プレスによって穴をあけられ，ストロークの直径が14cmまでの小さな電動機の生産の場合には，いくつかのケースでは，製造時間の節約のために異なるサイズの3つの穴あけさえひとつの作業で型打ちされたが，薄板の供給およびスタンピング部品の搬送は自動のコンベアの原則に基づいて行われた。直径20cmを超えるより大きなサイズのものについては，スロットはシングルスロット立て削り盤，回転テーブル，自動クランク掛け立て削り盤によってひとつずつ穴あけがされた。直径30cmを超える非常に大きなものについても，スロットは同様の方法でひとつずつ穴あけが行われた[72]。またエンドカバーとシャフトの加工についてみると，中ぐり，正面削り，切下げ，面削りなどのようなさまざまな切削作業は2本の多刃工具によって行われた。自動機械の工具のセッティン

グはタレット旋盤の場合よりもわずかに長い時間がかかったが，そうした差異ははるかに速い工具の取り替えと2つないし3つの工具の同時の使用によって十分に埋め合わされた。精度は非常に高く，またすぐれたバランスと機械の安定性のために長期におよぶ連続的な使用が可能であった。このように，電動機の生産では自動機械や専用機械の利用が最もすすんでいたといえるが，イギリスの調査報告は，標準化された大量生産のために，ねじ切り，キーの立て削りなどを含むシャフト（直径3cm，長さ12cmまで）の完全な機械加工が特別に採用された自動機械によってうまく，また経済的に行われてきたということに注目するのは興味深いものであったとしている[73]。

(2) 小型製品製造部門の事例

また小型製品製造部門をみると，ジーメンス・シュッケルトの小型製品製造工場のスイッチの生産では，新しい作業方式の開発のさいに，純粋に機械的なすべての同じ作業工程をできる限り自動装置でもって人間に依存しないで行うように努力がなされている。その結果，人間の作業が機械作業によって大規模にとって代えられることになるが，こうした要求は経済的な考慮にかなったものであっただけでなく，より大規模な生産を行っている他の作業場のために労働力を確保するのにも適しており，そのことは当時支配的であった労働力不足のもとで歓迎されるべきものであったとされている[74]。同社のこの製品部門の工場は，1937/38年には，その前年度と比べると，その報告の非常に大きな部分を合理化諸方策にあてているが，そこでは，半熟練労働者や婦人によって専門労働者を置き替えることだけでなく，労働力の節約も非常に重要であったとされている。それゆえ，新たな製造単位がベルト・コンベア方式に転換されたが，とりわけ自動化が推し進められた。ある職場では，ヒューズ部品の真鍮の振れ止のための半自動の専用絞り用プレスが60％の時間の節約をもたらし，2台の最も近代的な高速型鍛造プレスと追従工具の配置は調査された型鍛造品の60％もの全体的なコスト削減をもたらした。そのさい，工具用の硬質合金の利用の増大が重要であり，そこでは，研究所の実験室の半分も必要とされた[75]。

そこで，自動機械の導入をみると，同社の1934/35年の報告は，「フィラメン

トの差し込みを除いて，検査および梱包を含む組み立てのすべての作業工程を行う自動機械を設計することに成功した。…そのような機械が我々をまさにこの領域においてダンピング競争に対応しうる水準におくことができるということが期待されうる」として，小型製品製造工場におけるこの時期の自動機械の導入の意義について指摘している(76)。またデルタスイッチの組み立てはゾネベルクに移されたが，そこでは，労働力が一層不足しており，一層の自動化が強く求められた。それゆえ，そこでは，器具用の接続コードのための電線の切断やヒューズカートリッジのヒューズ線片用のすず電線への銀線のはんだ付けが完全に自動化され，自動はんだ付け機は，それまで5の婦人が銀線職場において行っていた作業を受け継いだ(77)。こうして，この工場では，カートリッジの組立機械が検査や梱包を含むすべての作業工程を受けもつようになった(78)。

このように，小型製品製造工場でも労働手段の一層の技術発展によって自動化が推し進められたが，そこでは，1936/37年には，前年度の20万RMに対して36万RMが新しい工作機械のために投資されている。それには，引抜き工具および新しい絞り用プレスとともに，とりわけ21台の高性能旋盤，5台の大型中ぐり盤，12台の近代的なプレス，4台のフライス盤，4台のねじ切り自動盤が調達されたほか，プラグのピンの生産のための自動機械が調達されている(79)。

　(3)　電話器製造部門の事例

さらに電話器製造部門をみると，ジーメンス＆ハルスケのヴェルナーF工場でも，売上の増大，より大きな組およびそれによって可能なより大きなロットのために，また「適した労働力の」不足のために，「合理化および機械化」がすでに1935/36年の営業年度に前面に出てきた。そこでは，高いコストのかかる組み立てにおいても，婦人や半熟練労働者の利用を可能にする多くの作業設備および組立設備が以前にはみられなかったような規模で生み出されたとされている。そのような労働力不足に対しては，作業工程の一層の分割，機械化，専用機械や専用設備の配置だけではなく，専門労働者のより効率的な配置や再教育，訓練といった諸方策によっても対処がはかられたのであった。

しかし，1936/37年のジーメンスの年報によれば，ドイツの工作機械製造業に対する高まる諸要求は工作機械の調達をはるかに困難なものにしており，当時，通常の納期は機械の種類によって12－24ヶ月であったとされている。ヴェルナーF工場にとっては，そのことは，強力な操業や工作機械の需要を考慮すると，一部ではすでに低い経済性でしか稼働しえない工作機械を予定した規模では排除することができなかったということを意味した。更新投資および拡張投資を徹底的な合理化と結びつける可能性は翌年には悪化しており，経営の拡張にとっては，一般的に新しくならし運転される機械が問題となるので，新しく調達された機械を取り替え機械として利用しようという本来の意図は実現されなかったとされている。すなわち，新しい，より生産的でかつ専門労働を節約する機械が調達されたけれども，いくつかの工場では，減価償却期間をはるかに超えた多くの古い機械——それらは15年以上も古くなっていた——でもって操業しなければならなかった[80]。このように，ジーメンスの電話器製造工場では，電動機工場，小型製品製造工場とは「技術的合理化」のあり方は異なっていたといえる。

(4) 電熱機器製造部門の事例

最後にアイロンやポットなどの電熱機器製造部門の事例をジーメンス電熱有限会社 (Siemens-Elektrowärme G. m. b. H.) についてみることにしよう。そこでは，アイロンの生産において，すでに1924年に「ジーメンス家における最初の流れ生産」であるベルト・コンベアでの組み立ての完成でもって生産のほぼ完全な機械化を実施することに成功している。1934/35年には工場の拡大が始められ，35/36年には，組織的な機械化のための前提条件が生み出されたとされている。この年度には工具の製作が新しく組織され，またかなりの数の新しい機械が装備された。「技術的合理化」が再び取り組まれた1934/35年には多くの技術的革新が報告されている。すなわち，レンジの生産のために，より少ない台数の加工をも一層経済的に組織することを可能にする工具が開発されたほか，古い旋盤は単一目的機械に改造され，操作は簡単にされたが，それは約30％の時間の節約をもたらしたはずであるとされている。また押し抜き職場では，古い構造の機械に比べ約25％に達した新しい高速摩擦プレスによる給付の

増大が「注目に値する」とされている(81)。

この時期の同社におけるこのような合理化について，T．ジーゲルは，1935/36年までは，合理化の動機はとりわけ特殊な販売市場の諸条件から生まれていたとしている。そこでの合理化の動機は実際には労働力および原料の不足にあったが，基軸製品の生産禁止や軍需生産への転換にみられるように，本来民需向けに組織されていた経営にとっては特殊的な諸問題がみられ，そのことが合理化の条件をなしたとしている。合理化諸方策は一方ではそのような諸問題によって強制されたが，また他方では妨げられたとされている。さらに1939/40年には，同社の合理化は一層の進展をみており，そこでは，自動化が強力に推し進められたが，労働力不足が，同社に対して，とくに強力な合理化諸方策を強制したのであり，また自動化の実施にさいして，新しい道への歩みを強制することになった(82)。

第3節 「労働組織的合理化」の展開とその特徴

1 作業準備，作業管理および作業編成の合理化

これまでの考察において，「技術的合理化」の展開過程をみてきたが，つぎに，労働組織の合理化についてみていくことにしよう。1920年代のレファ・システムの導入は，とくに時間研究の実施を促進し，作業準備の重要性を高めることになったが，ナチス期にも，作業時間の研究は作業準備の最も責任の重い活動に属しており，そこでは，「レファの基準値」の利用が作業時間の算定の最善の形態を示していたとされている(83)。G．ライファーが1939年に指摘しているように，専門能力を基準にした労働の配置は給付能力を基準にしたそれによって補完されねばならず，給付能力は申し分のない給付の算定によってのみ突き止めることができる。技師の目からみれば，それは単位当たりの時間の算定あるいは作業研究と同じであるが，その近年にレファの考え方が経営においてより多く採用されてきたとされている。また生産技術の最新の知識の利用にさいし，作業計画や作業研究を担当する諸部門による生産の継続的・組織的な研究は，大多数のケースにおいて，労働力の削減と専門労働者の割合の低下をもたらしたほか，適した組立設備や検査装置が生み出された後に，例えばそれ

まで熟練をもつ専門労働者によって行われていた測定器，無線送信機，電信機，事務機などのような利用価値の高い機器の組み立てを婦人に行わせることに成功したとされている[84]。

　この時期に時間研究・作業研究を基礎にした労働組織の合理化が進展をみたこと，ことにそこではレファ・システムが重要な役割を果したことは AEG のつぎの事例にも示されている。1940年6月の同社のアルヒーフによれば，真空管の生産においてレファの原則に依拠した作業時間の算定が取り組まれており，ベルリン真空管工場では作業研究・時間研究はレファの方針に依拠して経営の改善，公正な賃金および概算のための基礎資料が生み出されるべきものとされており，その導入のために作業計画部がレファの基本概念をまとめている。それでもって，将来には経営のすべての部署において同種の資料が使用され，照合可能となるほか，統一的な概念の適切な利用が達成されるものと考えられていた[85]。同月にはさらに時間の観察およびタイム露出撮影の利用に関するガイドラインが説明されているほか[86]，1941年1月にもレファに基づいた作業時間の算定における損失時間の問題が取り上げられている。そこでは，すべての部署において同じかあるいは類似している，埋め合わされるべき損失時間について，全般的に妥当する時間値の決定が計画されている[87]。またこの時期には作業評価の導入もすすんでおり，AEG では，一般的にすでにさまざまな原価部門に作業工程の評価が任されてきたが，そのような評価を他の部署にも適応させるために，この領域に対しても緊密な接触をはかることが推奨されている[88]。

　そこで，つぎに，作業準備，作業管理および作業編成の合理化の代表的な事例を製品部門別にみておくことにしよう。

　まずこの時期の電機工業の中核的部門である**電動機製造部門**をみると，ジーメンス・シュッケルトのエルモ工場は，1935年に，丸1年を超えて時間研究およびタイム露出撮影の実施の拡大を報告しており，それは20％を超える時間の節約をもたらしたであろう，と報告している。さらに個々の製品グループの生産の流れに基づいた職場の統合が取り組まれ，同時に，それにともない，同種の職場が統合された。それによって，不要な材料搬送が回避され，また同種の工作機械の有効利用がはかられた。さらに，古くなった工作機械は取り除か

れ，最も近代的な，一部は自ら開発された機械によってとって代えられたが，労働組織の変革はこのような技術的革新の導入と関連をもって推し進められたのであった。またエルモ工場と小型製品製造工場の両工場の2つの最大の補助経営である工場・製造局（Betriebs- und Baubüro）および工具製作がそれぞれひとつの部門に統合された。このような動きは，互いに規定しあうさまざまな合理化諸方策，すなわち，より近代的な機械による古くなった機械の取り替え，時間研究の拡大や改善，作業準備，在庫保有および期限制度の再組織，同種の生産の集中化，あるいは機械操作の単純化のための専用設備の配置によっても生み出された。このように，1934/35年には合理化の重点は組織の領域にあったとされている[89]。しかし，それまでの諸年度には，合理化諸方策は確かに規模的には拡大したが，依然として個別的なものにとどまっており，エルモ工場では，1937/38年の営業年度に，はるかに大規模に，また徹底的に合理化が行われたとされている。そこでは，期限制度が新たに組織され，冷蔵庫や電動機などの製品の生産の拡大を準備する計画部（Plannungsbüro）が設置された。その前年の営業年度には，指令を与えるさいに労働者を最も迅速にさばき，またそれでもって損失時間を短縮することを可能にする出来高証明書，図表の作成および材料の予定納期の決定に従事する部署が生み出された[90]。1939年の *Der Vierjahresplan* 誌によれば，電動機製造の領域において，作業研究，より良い作業準備，工具の改良やより多くの装置の配置によって，部品の生産では，以前には専門労働者と半熟練労働者（特殊技能労働者）との比率は7：3であったものが5：95になっており，また組み立てでは80：20であったものが10：90となっている[91]。

つぎに**小型製品製造部門**をみると，ジーメンス・シュッケルトの小型製品製造工場でも，エルモ工場と同様に，時間・動作研究のための取り組みが行われており，1935年にはタイム露出撮影による15－20％の時間の節約が達成されている[92]。

また**電話器製造部門**について，ジーメンス&ハルスケのヴェルナーF工場の事例をみると，この工場は「以前には35％を超える専門労働者を示していた」とされているように[93]，専門労働者への依存度の高い工場であったが，1930年代に取り組まれた合理化はとくにこのような条件によって規定されてお

り，労働力，とりわけ熟練労働力，専門労働力の不足への対応をはかるものでもあった。すでにみたように，この工場では，「技術的合理化」の諸方策だけでなく，専門労働者のより効率的な配置や再教育および職業訓練の諸方策によっても，そのような労働力不足への対応がなされたが，労働力の組織的な教育や出来高賃金の支払いの科学化は，すでに長い間，適切な男女の労働者を適した作業場に配置し，また適切な給付へと導くことを目標とするジーメンスの人事政策の標準的な項目に属してきたとされている[94]。

　最後に**ラジオ製造部門**をみると，U. v. メーレンドルフは1933年に，AEGの事例について，綿密な，詳細な生産の準備はラジオの製造における主たる職務のひとつであり，その重要な領域はこの製品の望まれる特性に決定的な影響をおよぼす原料の選択と検査，必要な工具の調達にあったとしている。とくに後者に関しては，スーパーへテロダイン受信機が約1,600の部品から構成されていたことを考えると，それに必要な大量の工具をはやめに，また必要な正確さでもって準備するという職務の範囲が明らかになるとされている。またそこでは，短い時間で非常に多くの量の部品が中断することなく生産されうるように工具の性能や，既存の機械設備へのその適応を考えることも重要であったとされている[95]。またラジオの生産では，製造職務が多様であったために必要な工具や装置も多様であり[96]，そのことは作業準備の意義を一層高めることになったといえる。作業準備のこのような機能はその後も重要な役割を果したといえる。また1941年1月には，そのような作業準備や作業管理のための用具としてベルリン真空管工場にホレリスコードによるパンチカード方式を導入することに関して協議が行われている。それによると，それまで工場記帳部には8人の労働者が毎月発生する仕事に取り組んでいたが，ホレリスカードの導入によってそのような作業は機械によって行われるようになるとされている[97]。

　このように，この時期の作業準備，作業管理および作業編成の合理化の取り組みは，1920年代にみられた生産の管理の一層の発展を意味するものであり，またフォード・システムによる流れ生産方式の導入の基礎をなすものでもあった。そこで，つぎにフォード・システムの導入についてみることにしよう。

2 フォード・システムの導入とその特徴

(1) 生産の標準化の進展

① 電機工業における標準化の取り組みの特徴

まず生産の標準化についてみると、第2章でみたように、ナチス期には国家の強制力をもって規格化・標準化の取り組みが推し進められたが、電機工業でも、この産業の経済グループの長の命令によってこの分野の多くの規格が義務づけられたほか、通信技術の全権代理によってラジオ真空管の領域において徹底した定型の削減が指示されるなど、規格化・標準化が国家の強制のもとに取り組まれている[98]。R. シッツは1940年に、戦時期の国家の主導のもとで、生産能力や経済の推進力の向上のための生産の合理化の諸方策の実施が重要となったとしており、その重要なひとつの手段として、定型化、規格化および専門化から成る生産の標準化をあげている[99]。戦争がすすむにつれて、政府による一層の生産統制と計画化が必要であることが明らかになり、1943年の春には、金属の割当、製品の標準化、生産工程の単純化などが電気技術専門委員会 (Fachausschuss Elektrotechnik) によって指揮された[100]。この委員会は軍および軍需産業向けの電気設備の生産の大幅な増大を達成するために設置されたものであったが、その最初の仕事は生産の標準化と重要でない特定の製品の排除にあった。こうした方法で、1943年に民間向けの生産が削減され、電機工業の生産はできる限り戦争のための需要に適合させられたのであった[101]。

また電機工業では、そのような国家の強制力とともにカルテル組織が標準化を推し進める上で大きな役割を果したといえる。この時期には、カルテルは、価格の規制、ドイツ以外のテリトリーの割り当て、生産の標準化および全般的な技術情報の交換の目的で形成されたものであったとされている[102]。

電機工業の標準化のいまひとつの特徴として、電気技師協会 (VDE) の果した役割があげられる。F. リュシェンは1937年に、当時家庭のいたるところで同じ電球のソケット、コンセント、ヒューズ、また一般に同期電気時計の同じ電圧、周波数がみられたが、それは、本質的には電気技師協会によって実施された大規模な規格化の活動の成果であったとしている[103]。このような協働の意義は、研究開発、生産における作業方法のたえまない改善、強力な外国の販売組織、規格化における徹底した協働によって、ドイツ電機工業は第1次大戦

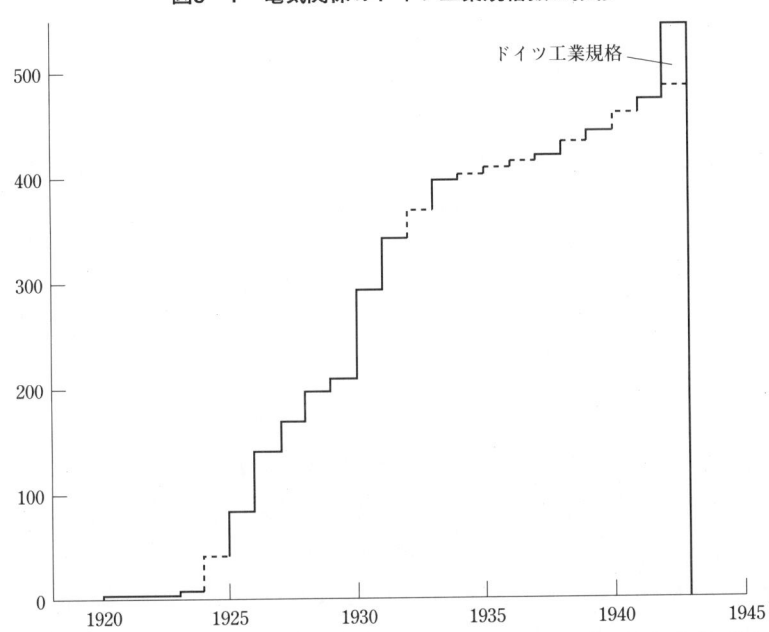

図5−1　電気関係のドイツ工業規格数の推移

（出所）：H. Wagner, Normung und Elektrotechnik. *Elektrotechnische Zeitschrit*, 63 Jg. Heft 45/46, 1942, 11, 19, S. 531.

後も再び世界のトップの地位を獲得することに成功したとする彼の指摘にも示されている[104]。

② 生産の標準化の推進

そこで，つぎに生産の標準化の取り組みについて具体的にみていくことにしよう。図5－1にみられるように，電機工業に関するドイツ工業規格の数は1925年のわずか約50から30年には200を超えるところまで増加しているが，本格的な増加は30年代に入ってからのことであり，42年には約500にのぼっており，この時期に規格化がいかに強力に取り組まれたかがわかる。もとより，電機工業の生産の本質的なひとつの特性はベルの押しボタンから10万KVAの出力をもつターボ発電機までにおよぶ多様性にあり，またそれらの利用領域においても同様に多様であったとされているが[105]，以下では，主要製品部門につ

いて具体的にみていくことにしよう。

電動機製造部門について――まず電動機製造部門をみると，主として出力，回転数，防護方式，稼働時間や寸法に関する一定の製品の種類の多様性の結果，電動機の生産においては，多くの定型が生まれており，電動機の定型化の進展は消費財である電気製品と比べると限界に突き当たったといえる。例えば製鋼工場，圧延工場，鋳造工場やさまざまな種類の加工工場を結合した混合製鉄企業において操業している開放タイプの三相交流電動機の数は1940年の時点では6,710台，その定型数は1,794となっており，1定型当たりの台数はわずか3.7台にすぎなかった。そのうち33年から39年までに調達された台数は4,807台，その定型数は1,072であり，1定型当たりの台数はわずか4.5台にすぎない。ある程度許容できる状況に到達するためには，まずできる限り1つか2つの電動機の納入会社に制限することが必要であったが，それはすべてのケースで実施されたのではなく，何ら問題の真の解決を示すことにはならなかった。また部品の規格化をみると，1930年代末にDIN VDE2,942でもって電動機のシャフト端，ベルト車や固定フランジの規格が誕生している。軸の高さではDIN747が遵守された。さらに生産の専門化についてみると，R.シッツは，根本的に小さな需要や一部では特許保護の理由からも整流子電動機，転向電動機や特定の利用目的のための原動機は比較的わずかな企業によって生産されていたにすぎず，工作機械の生産とは反対に，電動機の生産はすでにある程度の専門化を示しており，その結果，当時の状況を超えるような一層の専門化は恐らくほとんど必要ではなかったとしている。こうした事情もあり，1940年の時点でも，電動機の生産におけるそれ以上の専門化はあまりみられず，さまざまな防護方式やタイプの各出力の交流電動機，三相交流電動機，直流電動機が均等に生産されていた[106]。

またF.ゲッツとB.チェルナヴィンは1944年に，さまざまな作業機の個別駆動のための諸努力は動力機，主に三相交流電動機の非常に大きな需要をもたらし，10KWまでの出力の電動機がそれを超える出力の電動機よりもはるかに大きな台数で生産されたが，こうした需要を充たすには電動機の生産のできる限り広範囲におよぶ定型化が必要であったとしている。電動機の定型化を成功

裡に行うための前提は個々の定型の供給計画に基づいた電動機の計画的な，効率的な生産――一般に大量生産――であったとされている[107]。しかし，第2次大戦の終結直前になっても，電動機の定型化は十分にすすんだわけではなく，Der Vierjahresplan 誌も，この点について，1944年にもなお電動機の定型の削減は大部分の領域において継続されるべきであったとしている[108]。

通信機器製造部門について――つぎに通信機機製造部門について，電話器とラジオの事例を取り上げてみていくことにしよう。

まず**電話器製造部門**をみると，ジーメンス＆ハルスケのヴェルナーF工場の労働組織の領域の諸方策は，徹底的な規格化の推進と労働力のより効率的な配置による生産の効率化に重点がおかれていた。電話器の生産では，構造の単純化，部品の規格化などによって，電話器の総重量は16％減らされ，金属部品の重量も56％減らされたほか，部品点数は13％減らされており，製造にかかる賃金も38％引き下げられている[109]。また1937/38年の営業年度には，構造の単純化によって，最新の電話器のための個別部品の数は116から58に，ほぼ半分に減らされている[110]。こうした取り組みの結果，同工場における同一構造の電話器の製造時間と賃金コストをみると，1932年から38年までの期間に，製造時間は4,452分から3,341分に，すなわち25％短縮されており，賃金コストは40.78RMから29.62RMに，すなわち27.4％引き下げられている。なかでも部品生産にかかる賃金の減少が大きく，同期間に約20RMから約15RMに減少している[111]。またH.ヴァークナーは1942年に，その最近にコンデンサ，抵抗器などの通信設備の部品の規格化が特別な推進力を得たが，そこでは，「ユニット・システム」に基づいて，比較的少ない製造要素でもって，そのつど新たな設計作業や特別な製作を行うことなく大量のさまざまな機器が組み立てられたとしている。このような規格化の方法は，しばしば，組み立てられる製品の種類や大きさの規格化，それゆえ定型化へと導いたとされている[112]。

また**ラジオ製造部門**をみると，ラジオでは，1936年春に新たな市場規制が2年間にわたり発効したとき，それは大きな進歩として歓迎されたが，それでもって，定型数の削減，定型の変更の削減，低廉化のための単純化・統一化や販売増大を目的とした低廉化への期待は実現されることはなかった。1930年代半

ばにはラジオ工業では，生産能力と販売の可能性との不均衡がはるかに明確に現れており，共通の定型が普及すればするほど，定型が長く持ちこたえれば持ちこたえるほど，操業状態が変わらなければ変わらないほど，利用されない生産能力が多く生まれることになったとされている[113]。専門グループの希望に基づいて，すべての企業が特定の特別構造のものを放棄することになり，その結果，定型数は200を超えていたものが170未満に減らされた[114]。また1930年代末には，国防軍の受信機の大量生産への移行が精力的に取り組まれ[115]，価格委員の提案に基づいて策定され，通信手段特別委員によって承認されたラジオ製造業の合理化計画が推進されたが，その計画では，機器のタイプは40/41年には266から138に減らされるべきものとされた。こうして，個別部品の規格化や定型の削減でもって古くからの要求が実現されることになった[116]。

小型製品製造部門について——さらに小型製品製造部門をみると，*Der Vierjahresplan* 誌は1944年に，コンセント用の接触スプリングの統一化によって製造時間は80％以上も短縮され，原料消費は約30％，コストは40％引き下げられており，コンセント・プラグ類の接触器では原料節約のための組織化によって85％の製造時間の短縮，80％の原料の節約，60％のコストの節約が達成されたとしている[117]。また通信設備用のプラグでも，1944年の報告によると，さまざまなシャフトの直径がみられたほか，形状も互いに異なっていたが，新たな設計のさいには，直径5.75mmの三極プラグを DIN41,700に基づいて設計することがすべての機器の生産者とプラグの生産者に義務づけられた。DIN99,821に基づいたシャフトの直径6.5mmの三極プラグは，操業上の理由から DIN41,700に依拠したプラグの使用が不可能な場合にのみ使用することができた[118]。

開閉装置製造部門について——また開閉装置の製造部門をみると，G. マイネルスは1942年に，計画・設計作業を削減するために，開閉装置の構造について統一的なタイプを計画し，またその設計の細目についての予備的作業を十分に行うという方法がその近年に有効であることが明らかになったとしている。このような方法で多くの構成要素をもつ大規模な設計ユニットが誕生し

た(119)。開閉装置の生産は，屋内用の開閉装置のように，その他の多くの製品と同様，工場で行われる場合と屋外開閉装置のように工場ではなく組立作業現場で行われる場合とがあるが，後者の場合の合理化の課題は，大部分のケースでは，工場で生産される機器や機器のグループのようなケースとは違った方法で解決されねばならない。工場での生産では製造方法の単純化，鋳型の型や工具の削減および在庫保有の削減のためには定型の削減が最も重要であり，このことは開閉装置の生産にもいえる。これに対して，組立作業現場での開閉装置の組み立ての場合，ある程度の定型数の増加でも，多くの場合，組立作業や建設資材の消費の削減が可能であるので，定型の削減は非常に小さな役割しか果さなかったとされている(120)。

白熱球製造部門について――さらに白熱球製造部門をみると，白熱球の多様なタイプは非常に多様な利用目的に適応しなければならなかった。大型と小型の電球によって異なり，発光体としてのタングステン線を備えた白熱球は第1次大戦前には計り知れないほど多くのタイプが生産されており，「通常の形状のあらゆる用途に使用できる汎用的な電球」だけでも約27,000種が供給可能であり，グレージング，電圧，寿命，型，ガラス球の型などによって異なっていた。すでに第1次大戦前に自動化された生産を行っていた大工業が生産の広範囲におよぶ統一化・単純化や思い切った定型の削減に取り組んでいるが，そうした努力は精力的に継続され，とくに1942年半ばのサークル組織の設立後，「電球共同体」に統合された生産者の協力で驚くべき良い成果をもたらした。その結果，1944年5月には約330のタイプにまで減らされており，戦前の水準の約90分の1にまで定型の削減が行われたことになる。同様の取り組みは特殊な大型電球や小型の電球でもみられた。なおそのさい，電気技術専門委員会や電球技術専門委員会が模範的な協働においてこうした成果に決定的に貢献を行ったことが注目される(121)。

その他の製品について――最後にその他の製品についてみておくと，例えば**拡声器**は以前には100の定型が製造されていたが，1940年にはすでに14しか製造されていなかった(122)。拡声器システムとその部品の統一化は同年4月に開

始されたが，そうした活動は電機工業・経済グループの準備活動および1939年以降のラジオ専門部門の合理化委員会の決定にまで遡る(123)。また**電線**では，1943年4月の報告によれば，架空電線の製造において互換性をもつ原料を利用するために電気技師協会の一連の規定や規格が変更された。同協会はさらに架空電線の部品および絶縁体の領域における合理化や定型削減の諸方策にも関与した(124)。さらに**絶縁体**をみると，高圧用の絶縁体ではその定型数は1942年末までに120から19に減らされており，定型削減のこのような事例はさらに継続されているが(125)，架空電線用の絶縁体に関する43年の報告によれば，当時，適切なDINの規格リストが全面的に新しく作成され，定型削減の当時の状況への適応がはかられている(126)。また**蓄電池**では，R.ヴィンクラーの1944年の指摘によれば，すでにそのしばらく前に輸送機械の蓄電池の徹底した規格化がDIN72,311に基づいて実施されているが，43年10月に鉛蓄電池のための新しい統一規格が誕生している。固定式蓄電池の規格化では有利な条件がみられたのに対して，鉛蓄電池のその他の利用領域では状況は異なっていた。輸送機械の原動機用の蓄電池では，消費者はふつう容量，寸法，重量や型に関して非常に多様な諸要求を突きつけており，その結果，規格化以前には定型は261も存在しており，そのうち90のみが標準タイプであった。閉鎖型の小型蓄電池でもほぼ同じ数の定型が存在していたが，約200のタイプのうちDIN40,733によってわずか39の定型だけが残された(127)。さらに内燃機関を備えた**発電機**のタイプは1944年には以前の415からが51に，**電気はんだ工具**では105から66に，**電気測定機器**のケーシングでは260から8に，大型の**調理器**では150から9に減らされている(128)。

③ 生産の標準化の限界

このように，ナチスの経済の軍事化の時期には，規格化・標準化の取り組みが国家の強制力をもって推し進められ，それなりに大きな成果をもたらしたといえる。5社の電動機工場と電源変圧器工場を調べた上述のイギリスの調査によれば，そこでは標準化が非常にすすんでおり，それは製品の構成部品やその他の製造のデータに適用されており，最も効率的かつ経済的なかたちでの生産を促進してきたとされている(129)。H.ヴァークナーは，第2時大戦時には同じ

生産量のもとでのより少ない原料の消費や価格のたえまない低下に示されている大きな進歩を規格化や定型の削減がもたらしたとしている(130)。またアメリカの戦略爆撃調査団の報告によれば，1945年3月までの爆撃による工場設備の被害は約30％から40％と算定されているが，そのような大きな被害にもかかわらず，製品の定型の大幅な削減や生産工程の単純化のゆえに44年11月まで生産は増大し続けたとされている(131)。G. フェルデンキルヘンも，ジーメンスでは，第2次大戦期の合理化の最大の成果は定型の削減によるものであったとしている(132)。また例えば *Elektrotechnische Zeitschrift* 誌に掲載された規格化・標準化・定型化に関する論文や報告をみても第2次大戦時のものが圧倒的に多く(133)，この点を考えても，そうした取り組みは戦時期に本格的にすすんだと考えられる。しかし，そこでもなおそのような取り組みは十分な進展をみたとは必ずしもいえない。生産工程の再編成やそのために必要な設備の切り換えは，また使用者の側では規格化された部品への転換はつねにコストや経営上の諸困難と結びついていたので，実際の規格の導入は時おり諸困難に突き当たったとされている。費用は短い時間のうちに発生するのに対して，規格化から得られる利益はより長い時間の経過のなかで初めて明らかになるとされている(134)。K. ボベックも1945年1月に，ドイツの従来の規格の合理化への貢献は考えられていたほどには大きくなく，そのような成果をそれまでよりもはるかに大きなものにするためには，規格が拘束力をもつこと，それが持続することなどいくつかの諸要求を充たさねばならないとしている(135)。

(2) 流れ生産方式の導入

このような生産の標準化の進展を基礎にして，流れ生産方式の導入が推し進められることになるが，1920年代には，電機工業において，鋳造・鍛造工程，機械加工工程および組立工程のいずれにおいても流れ生産方式への転換が行われ，部門間搬送システムが高度に組織されていた事例は，電動機工場，なかでも，電気掃除器の生産などにおいてみられたにすぎない。多くの場合，機械加工工程では，機械的搬送手段であるコンベアの導入はあまりみられず，組立工程において，機械的搬送手段を内装化した流れ作業組織の形成がわずかなケースにおいてみられたにすぎない。またコンベアを利用した流れ生産がみられた

製品部門や工場，工程部門においても，それはすべてが必ずしも移動作業型流れ作業組織である「コンベア・システム」を意味するわけではなく，「コンベア式タクト・システム」や「交替型流れ生産」のようなケースもみられ，そこでは，より少ない生産量でも流れ生産方式による合理化の効果がある程度確保でき，市場の変動に対して「柔軟性」を少しでも確保しうるようなドイツ的方式の展開が試みられたのであった(136)。

また世界恐慌期をみると，ジーメンスでは，この時期にも流れ生産の一層の拡大が行われており，それでもって生産期間が短縮され，また全体の在庫量が削減されており，そのような諸方策でもってコストの状態と競争の状況における必要な改善が達成されたが，1932/33年の営業年度にはもはや流れ生産の拡大については述べることはできないとされている。そこでは，新たな調達や修理が延期されただけでなく，受注の減少とそこからおこる生産量の減少の結果，多くのケースにおいて，流れ生産の経済性が疑問視されるようになった。その結果，生産コストの上昇が伴うけれども部分的にそれ以前の生産方式に再び戻らなければならなかったとされている。そのような厳しい状況は1933/34年の営業年度にはすでに克服され，例えば電動機工場におけるシャフトの生産や家庭電気器具部門のような生産領域は流れ生産に再編されており，33年以降には質的に新しい合理化の波について語ることができるとされている。しかし，本来の意味でのベルト・コンベアは，1930年代の後半に，安価な大量生産の兆候のもとで，前もって決められた個々の操作への作業工程の分割が可能なところで普及したとされている(137)。

しかし，電機工業では多くの製品を生産するなかで，製品部門によって生産方式も異なっており，そこでは，さまざまな生産方式がみられたが，ケーブル，電線や取付のための大量製品の生産では原料のもつ重要性が大きいのに対して，その他の製品は最も高くつく精密な手作業を必要とし，また多くの部品の自動化された生産は典型的に資本集約的であった。例えば大型機械の組み立ては典型的な個別生産であったのに対して，小型の電動機や積算計器のような標準化された個々の製品の大きな売上は大量の生産を可能にしたのであり，1920年代にすでにそのような大量製品の組み立てにおいて流れ作業の導入がみられた(138)。そこで，以下，主要製品部門を取り上げてみていくことにしよう。

① 電動機製造部門の事例

まず電動機部門をみると，ジーメンス・シュッケルトの電動機工場であるエルモ工場では，ナチス期には，とくに基軸となる製品と軍需品の生産を結びつけるという企業管理の原則を実現することができたとされている。この工場は，電動機および電動工具とともに，例えば，扇風機やヘアドライヤー用の小型電動機を生産するかわりに，軍需産業向けの生産手段を供給しており，航空機の装備用の小型電動機の開発を行った。国防軍向けの特別生産を計算に入れると，エルモ工場の総売上高は1935/36年には28/29年の水準に達し，基軸製品の売上高は36/37年に初めて28/29年の水準に達している。とくに家庭用電気器具の市場における激しい競争は，この工場に「生産の経済性」に対して特別な注意を払うように強制した。その結果，1930年代には，エルモ工場は，生産の一部をはやくに移転させ，ベルリンの高い賃金水準を回避したのであった[139]。

かくして，ザール河畔のノイシュタットに第２工場が建設されたが，同社の1937/38年の営業報告書は，電気掃除機の安価な生産を達成するために，リズミカルに動くベルト・コンベア，専用の自動機械や搬送設備が開発されたとして，この工場における電気掃除機の生産の技術的・組織的合理化の特徴を指摘している。上述したように，1938年の第１四半期にすでに，第２建屋の建設のための計画が開始されているが，そこでは，冷蔵庫の生産は「最も近代的な観点から取り組まれる」べきであるとされた。前年には，新しいモデル，すなわち，コンプレッサー冷蔵庫が開発され，その生産はベルリン工場の特別な部門において計画され，またテストされた。この新しい生産ラインの計画化は，「最少の専門の労働力でやっていくために，生産を専用設備でもって非常に強力に自動化するという目標をもって，最も近代的なアメリカ的な生産方法の観点から実施された」[140]。

それゆえ，ここでエルモ工場における流れ生産方式の導入を具体的にみると，1935/36年には，冷蔵庫の組み立てが流れ生産に転換され，最も小型の電動機の組み立てにおいてはコンベアでの梱包が導入された。電動機のケーシングの生産は

「流れ作業ライン」の配置によって増大され，電動機の組み立てでは，既存の1本のベルト・コンベアに加えて，さらに2本の新たなベルト・コンベアが配置された。多様なタイプの電気掃除機の効率的な生産は，ベルト・コンベアの頻繁な転換によって非常に困難となったので，複数のタイプの電気掃除機に同じ機械装置を取り付けることを目標として，設計の再検討が行われた[141]。

また巻線職場をみると，電動機の総コストに決定的な影響をおよぼす巻線作業は，より多くの作業工程への分割によって，ベルト・コンベアで行われるようになっている。この巻線コンベアは十分な成果をもたらしたとされている。巻線におけるこのような作業方法の導入［作業工程の一層の分割が考えられる］によって，仕損じの巻線のパーセントは半分に減少した。またそれによって，巻線時間が短縮されたほか，巻線女工の訓練期間は3カ月から4週間に短縮され，1人の巻線女工の養成のための費用は220マルクから75マルクに引き下げられた。1937/38年の年報によれば，生産の増大にもかかわらず，製造時間は16％短縮されているが，巻線職場の製造時間が第1工場の総時間の4分の1以上を占めていたという状況からすれば，このことは大きな意義をもっていたとされている[142]。

このような技術的・組織的合理化の推進によって，エルモ工場では，不熟練労働力，とくに婦人の大量の投入が可能となり（なかでも，第2工場では，婦人は1938年の235人から44年には561人に増加しており，男子の382人を上回っており，また第3工場および第4工場では，40年の163人から44年には1,023人に増加しており，男子の860人を上回っている）[143]，労働力不足，とくに熟練労働力不足に対応することができた。しかし，第2工場の合理化の取り組みは，1940年代の軍需生産への重点移動の一層の推進のもとで大きな影響をうけることになった。例えば，冷蔵庫の生産は1940年1月に開始されるべきものとされていたが，「軍備のための準備」は新しい建屋の建設と経営設備の調達に「非常に強い影響をおよぼした」とされている。確かに民需向けの財の生産はかなり制限され，その生産禁止は，例えば第2工場における「電気掃除機のベルト・コンベア生産のほぼ完全な休止」をもたらしたが，1939/40年についてのエルモ工場の報告が示しているように，電機工業でも，この段階ではまだ戦争の早期の終結が考慮されており，冷蔵庫の生産に関しては，戦争の終結後の冷蔵庫の輸出

を準備するために，建物の完成とその操業開始を成し遂げるという決議がなされた。

ところが，家庭用電気器具に対する生産の禁止は1940/41年にはより大規模で，かつ厳しいものとなり，その結果，第2工場では，電気掃除機，床みがき機や換気装置と同様に，まさに始まったばかりであり，まだ非常にわずかな台数であった冷蔵庫の生産も中止されねばならなかった。そのかわりに，航空機用の電動機の生産がベルリン工場から第2工場に移されたほか，焼夷弾のための部品の生産が開始された。このように，同社の電動機製造部門でも，確かに「軍事注文のための準備が中心」となっていたが，そこでも，同社の電気器具の生産の基礎が維持されたとされている(144)。

② 積算計器製造部門の事例

つぎに積算計器製造部門の事例をみると，積算計器が稼働する非常に多様な経営技術的・経済的条件がこの製品の多くの数の基本形態をもたらしたが，それにもかかわらず，多くのタイプでは，流れ生産の配置を正当なものにするだけでなく，それを絶対的に必要にするだけの台数がみられたとされている。最短の経路をとることが流れ生産への転換のための基本であり，また流れ生産は，当時，以前とは反対に，明らかに品質向上のための最善の手段とみなされていたので，そのような生産方式はAEGの積算計器の精密な生産にとくに適していた。わずかな重量機械を度外視すると，主として軽量機械のみが問題となるので，それらはあまり大きな諸困難なく非常にうまく流れ作業過程に組み込まれたとされている。

AEGの積算計器工場では，1,500メートルにおよぶ合計で50の移動台が設置されていた。そこでは，従業員の移動の自由と搬送用のケースのための場所を確保するために，作業場の間隔は平均すると1メートルとなっていた。それゆえ，たいていの複数の仕掛品も2つの作業場の間を移動していく。それによって，仕掛品の搬送の手待ちが削減され，流れのある程度の弾力性が実現された。例えば大型の押し抜き機職場においてのように，個々の作業を機械で行わねばならない移動台では，仕掛品を直接機械に送る特別な設備がみられた。ポイントのついたレールによって仕掛品は流れの方向にそってつぎの機械まで送

られていき，そこでは，ローラー・コンベアによって非常に密集して機械のところまで転がっていくので，女子労働者は起きあがることなく仕掛品を容易につかむことができた。作業の終了後，仕掛品はもう1基のローラー・コンベアの上におかれ，それによって再び流れの方向に送られる。H.ヘルホルトは，このような流れ生産の利点として，徹底した分業のために作業が非常に簡単であり，その結果，労働力の取り替えが可能なこと，また以前の作業方法よりもはるかに高い快適性や作業のしやすさが実現されること，材料ないし仕掛品は自動で送られてくるので，女子労働者はそれらの調達をもはや心配する必要はなく，部品の加工により集中することができ，そのことが製品の品質にとってもプラスになることをあげている。

そこで，当時の近代的な生産のモデルをなすAEGにおける流れ生産の実態を具体的にみていくことにしよう。まず**機械加工工程**をみると，この工場の作業の流れは小型の押し抜き機の職場で始まり，そこでは，製造職場は積算計器の全部品の70％を生産し，それにつづく大型の押し抜き機の職場では，床板とフードが長い移動台で生産されるが，生産に必要な機械は移動台の左右に配置されている。その後次々に作業が行われるが，平行して流れるサブラインで生産される部品——フックの留め環や留め金の差し金のような——が電気スポット溶接かリベット留めによって固定される。別のグループのプレスでは，フレームがベルト・コンベアで加工され，またリベッタや溶接機によって，複数のゲージでの制御のもとに完成される。1階の他の所には中子押し抜き職場があったが，自動高速押し抜き機によって1往復行程当たり2つの中子内板が切断される。押し抜き機から送られてくる個々の板を複数の移動台が手作業へと搬送する。

1階で製造されたすべての部品は塗装のためにエレベータで4階に搬送され，グリース抜きの後，3台の塗装用移動台に床板とフードが送られる。フードに対する作業も移動台で行われるが，移動台のコンベアのすぐ横には浸漬け設備が配置されており，床板は両面を塗装されねばならないので，この設備はとくに床板の塗装のために利用されていた。特別な針金製の弓形金具でもって床板はチェーン・コンベアに掛けられ，搬送のさいに塗料タンクに浸される。その後，床板はタンクから離れ，弓形金具でもって移動台のコンベアの上におかれる。移動台は塗装がされたす

べての部品を20メートルの長さの乾燥炉を横切って搬送し，約1時間後に部品は加工のために炉のもう一方の側に現れる。こうした炉での塗装とならんで，多くの部品は空気乾燥の塗料を塗られる。このような塗装は，乾燥のために短い時間しか必要としないという利点をもっていた。

　また塗装職場に隣接して精密部品の製造が行われるが，計量装置の部品の製造では，計量装置の台は自動金属被覆機械（自動鋳造機械）によって精密な方式に基づいて生産された。また真鍮製のライニングや軸は多くの小さな機械で製造され，ウオームや歯車は特別な自動フライス盤で製造される。計量装置の部品の製造につづいて計量装置の組み立てが行われるが，それも移動台で行われた。ドラム，軸，歯車などはここでは適切なはめ合わせ装置でもって組み立てられる。計量装置は検査所で検査された後に専用の搬送ケースに入れて倉庫に運ばれる。

　つぎに**巻線工程**をみると，積算計器の生産のいまひとつの要素にコイルの巻線があるが，直巻コイルの巻線は小さなクランク機械で行われ，電圧コイルの生産は毎分3,000の高回転数で稼働する特別な専用機械で行われた。この機械は幾重もの巻線を完全自動で行い，線の異常や結び目などにあたった場合にはこの機械は自動で停止する。コイルの生産やフランジの固定が行われた後，これらのコイルは電流コイルとともに駆動システムの組み立てに届く。そこで，中心部分，より小さい部品およびねじと一緒に，ベルト・コンベアの上で，積算計器への組み付けのための完成したユニットとして特別な搬送ケースに入れて最終組立に送られる駆動システムにひとつずつ組み立てられる。もう1台の移動台では，円板状の電機子が，原料から組み付けが完了した部品になるまで順番に生産されていく。

　さらに積算計器の最後の構成要素として制動磁石があるが，そこでは，1日に数千もの鋼磁石が継ぎ目なしチェーンで複数の洗浄漕およびめっき漕をとおって運ばれていく移動式の電気めっき設備がとくに注目に値する。チェーン・コンベアが電気めっきされた磁石を移動台に搬送し，そこでそれらは磁化され，また専用の器具でもって正確に測定される。

　組みつけが終了したすべての部品はいったん中継倉庫に送られるが，中継倉庫は，多くの部品を集め，生産計画に従って，組み立てが必要とするようにそれを並べるだけでなく，さらにさまざまな部品の所要時間の調整をはかるのであり，それによって，最終組立への安定した材料の流れが達成される。

　こうして，生産の最後の段階をなす最終組立が行われることになるが，つぎに**組**

立工程についてみると，それは2階の約90メートルの長さの建屋において複数の移動台のもとで電流の種類ごとに進められる。各移動台にはまず組み立てに必要な床板，フード，接続端子などが送られる。計量装置，駆動システム，磁石，ねじなどのようなその他の部品は，作業の遂行のためにそれらが必要とされる個々の作業場に直接置かれる。顧客の注文の特別な指示に合った部品が積算計器の床板に組み付けられるとすぐに，あらゆる特別な指示が記入されたカードが床板に貼られ，それによって，それ以外の部品の組み付けのさいにそれが顧客の注文に合っているかどうかをチェックすることができる。

最終組立が終わると**検査**が行われるが，フードは移動台の最後のところに一時的に置かれ，また完成した積算計器は移動式の棚の台架に片づけられ，検定所に運ばれる。検定所では積算計器はひとつずつ開けられ，検定されるが，そこでは，仕掛品が移動するのではなく，検定係が台から台へ移動していき，そのつど一定の調整のみを行うように流れシステムが実施された。検定が終わると，積算計器は結線に送られ，絶縁強度の高圧検査の後に検定所を離れ，倉庫に運ばれ，さらに梱包に送られたが，梱包作業も移動台で行われた[145]。

③ ラジオ製造部門の事例

さらにラジオ製造部門をみると，AEGやジーメンスでは，すでに1920年代にこの製品部門において流れ生産方式の導入が行われていたが，U. v. メーレンドルフは33年に，以前の単純な受信機は多かれ少なかれひとつだけの作業の流れのなかで，それゆえ，例えば1台の移動台で組み立てられていたのに対して，当時，徹底的に分解され，組立グループに分けられた生産方法がそのような方式にとって代わったとしている。AEGのスーパー605型受信機は，1日に生産されねばならない大きな台数のゆえに，以前の方式とは比べものにならないほどの大規模な工場の建設をもたらした。以前の方式では，個別部品の生産―検査―準備をともなう集積倉庫―組み立て―完成品の検査―梱包・出荷という作業の順序であったのに対して，新しい方式では，個別部品の生産―検査―集積倉庫―事前組立―グループごとの検査―中継倉庫―シャーシの組み立て―シャーシの検査―組み付け―最終検査―梱包・出荷という流れであり，それに応じて製造現場のレイアウトも変更された（図5-2参照）。そこでは，職場の

第5章　電機工業における合理化過程　281

図5－2　1929年と33年のAEGのラジオ製造工場のレイアウト

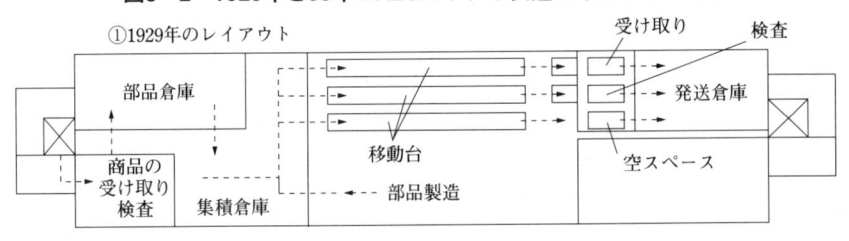

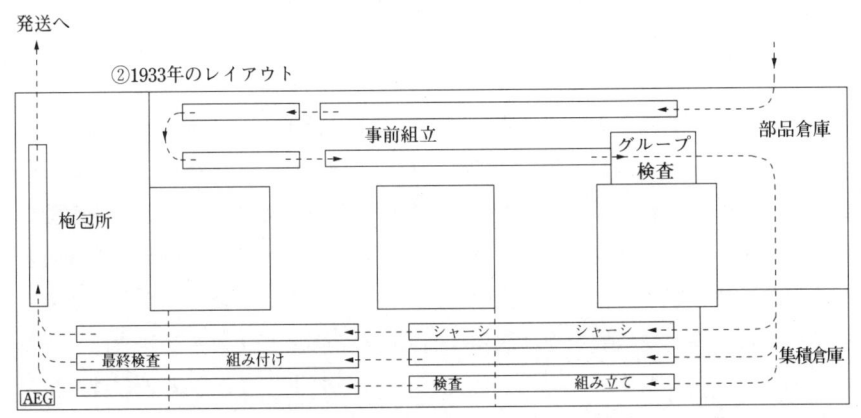

①1929年のレイアウト

部品倉庫／商品の受け取り検査／集積倉庫／移動台／部品製造／受け取り／検査／発送倉庫／空スペース

発送へ

②1933年のレイアウト

梱包所／事前組立／グループ検査／部品倉庫／最終検査／組み付け／シャーシ／シャーシ／集積倉庫／検査／組み立て

AEG

（出所）：U. v. Moellendorf, Fertigung der AEG-Rundfunk-Empänger, *AEG-Mitteilungen*, 27 Jg, Heft 5, 1933. 9, S. 173, U. v. Moellendorf, Fließende Fertigung von Rundfunkgeräten, *AEG-Mitteilungen*, 23 Jg, Heft 9, 1929. 9, S. 577 より作成。

徹底的な分割にもかかわらず，作業対象のスムーズな流れ，それゆえリズミカルな作業の流れに注意が払われねばならなかったが，そのことは，数カ月に限定された販売の可能性のもとで最短の時間で生産されれねばならない部品や機器の大きな量に規定されていた[146]。彼は，すでに1933年にラジオ機器の製造のまぎれもない大量生産が個々の作業場の結合のための手段である移動台の利用をもたらしたと指摘している[147]。

そこで，生産の状況を具体的にみると，受信機のとくに重要な部品は可変コンデンサであるが，生産すべきすべてのタイプの受信機のための可変コンデンサの生産は1台の移動台に集められる。そこでは，よく工夫された装置で個々の回転子や固定子が組み立てられ，調整用のキャパシタでもってケースに組み付けられる。完成したコンデンサはさらに検査へとすすむ。また巻線では，す

べての巻線機がひとつの建屋に集められ，さまざまなコイルの生産のために機種別に配置されている[148]。エナメル線，絹絶縁線ないし高周波用の素線から生産されるすべての種類の巻線のために専用機械が配置されており，決められた場所で短い時間に非常に多くのコイルを生産する必要性が，複数のコイルを同時に巻線することのできる機械を生み出すことになった。しかし，当面の目的にとっては市場で入手できる機械は必ずしも十分ではなく，しばしば既存の機械を特別な目的のために改造することに着手しなければならなかった[149]。固定コンデンサ，抵抗器やその他の個別部品でのコイルの組み立ては再び可変コンデンサの生産の隣の組立グループにおいて行われる。さらに受信機のシャーシの組み立てをみると，その本来の組み立ては機械による床板への構成部品の組み付けとその正確な結線のみであった。十分に機能する完成されたシャーシはさらにつぎの机の上でケースに組み付けられる。そこから，もう一度受信能力と検定が再検査され，組み付けられた拡声器も，音響効果のテストが行われる最終検査へすすんでいく。その後，ベルト・コンベアはさまざまな組立台や検査台から届く受信機を受け取り，梱包所をとおってそれを発送倉庫に送るのである。メーレンドルフは，1933/34年にはこのようなよく考えられた生産の組織は非常に複雑な受信機を予定の時間どおりに大量に生産することを可能にしたとしている[150]。

また1933年の彼の指摘によれば，ラジオ機器の生産は，その数年に，受信機の小さな組の実験的・試験的な個別生産から，研究所の技師から工場の末端の労働者までのすべての当事者の最も緊密な協力によってのみ解決することのできる諸課題を突きつけられたひとつの産業部門に発展したとしているが[151]，ナチス期には，軍需市場の拡大にともなうラジオ機器の大量生産の必要性のもとで，流れ生産方式の導入が一層強力に取り組まれることになる。1940年のメーレンドルフの報告によれば，効率的な大量生産の自明の作業方式である流れ作業はその実施のために適した搬送手段を必要とするが，とくに精密機械の生産において最も普及しているものは移動台であり，そこでは，中央を流れるエプロン・コンベアが流れの方向への仕掛品の搬送に役立つのに対して，加工は固定された棚板の両側か小さな側面机で行われた。そこでは，仕掛品は各作業場においてコンベアから取り出され，作業工程の終了後に再びコンベアに戻さ

図5-3 移動台でのラジオの組み立て

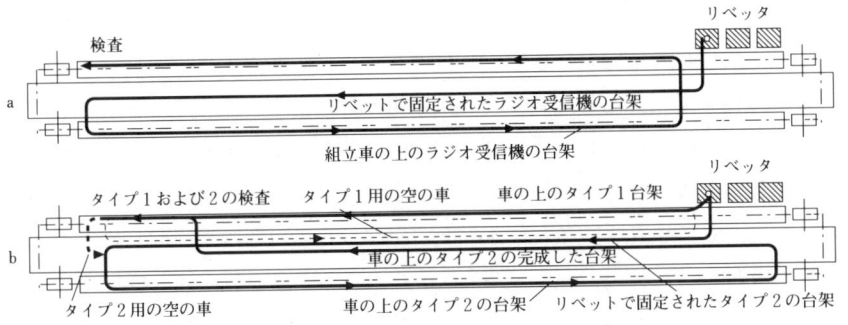

a：リベッタ／検査／リベットで固定されたラジオ受信機の台架／組立車の上のラジオ受信機の台架

b：リベッタ／タイプ1および2の検査／タイプ1用の空の車／車の上のタイプ1台架／車の上のタイプ2の完成した台架／タイプ2用の空の車／車の上のタイプ2の台架／リベットで固定されたタイプ2の台架

（注）： a） 両サイドがひとつの流れをなす。
　　　　b） 各サイドはひとつの特別なタイプのためのもの。
（出所）：U. v. Moellendorf, Leistungsteigerung im Zusammenbau, *Werkstattstechnik und Werksleiter*, 34 Jg, Heft 8, 1940. 4. 15, S. 131.

れる。

　その生産計画において非常に大きな数の特定の機器のタイプとならんで，より少ない台数のはるかに多くの異なるタイプの生産を開始するという特別な目的のために，2つの生産の種類に利用可能な，また製造年度ごとに必要となる生産計画の変更に合わせてできる限り多様な利用が可能な移動台が必要であった。図5-3に示された移動台はそのような事例のひとつをなすものである。すなわち，移動台は，大きな台数の機器の場合には，一方で前進のさいの作業が，他方で後退のさいの作業が行われるように配置される（図5-3の上段参照）。またより少ない台数の場合には，同じコンベアで2つのタイプが生産されるが，その最初の作業工程に類似性がみられる場合には，作業はコンベアの最初の所で一緒に行われ，その後，生産は2つの側に分かれる（図5-3の下段参照）。このような移動台の構造は大量生産のための非常に多様な実施方法を可能にしたとされている。

　しかし，より効率的な生産のために新しい設備を調達することが必ずしも可能ではなく，わずかな改造やそれなりに巧みな職場の配置によって既存の古い移動台の利用が最も効率的な方法で行われたケースもみられた。ケースへの受信機の台架の組つ付けのために，まず受信機の台架が軽量の車の上に置かれ，また組つ付けのために用意された空のケースが移動台のベルト・コンベアの上

に置かれる。ケースは組立女工によってそれが降ろされるラインのほぼ中央まで進んでいく。受信機の台架が積まれた車はコンベアの最後の所まで進んでいき，そこで棚板の位置のわきに取り付けられたレールの上に置かれる。それはそこから作業工程をとおってレール上を組み付け場まで進んでいき，さらに組み付けられた機器と一緒に再びコンベアの最初の所まですすむ。そこでは，完成した受信機は再びベルト・コンベアの上に置かれ，それによって管理職場へ運ばれ，さらに検査所に送られる。空の車はつぎの台架の受け取りのために再び使用される[152]。

また検査についてみると，P. ゴイテルとH. フェリーは1934年に，ラジオ受信機の生産の最初の諸年度には，職場の作業で比較的わずかな量が生産されたにすぎず，そのような生産方法では，あらゆる種類のミスに対する十分な信頼性を確保するには一般に実験所の原則に基づいた最終検査で十分であったが，1日何千台もの生産量をもつ最も複雑なラジオ受信機のベルト・コンベアでの生産の場合，それではもはや十分ではなかったとしている。そこでは，予定された1日の量を予定の時間どおりに，また効率的にこなすには，生産工程への適応にさいして組織されるか，あるいは配置されねばならない特別な検査方法や検査装置が必要になったとされている。多くの個別部品のあらゆる機械的・電気的特性は，製造の途中に，その基準値を基礎にした測定によってチェックされるだけでなく，生産がすすむなかで繰り返しひとつずつあるいはグループごとに再検査が行われる。それゆえ，近代的な検査所は，個別部品の検査—グループ検査—シャーシの検査—拡声器の検査—機器の最終検査の5つの段階を示しており[153]，そこでは，検査作業はベルト・コンベアで流れ作業的に行われた。

このように，ラジオの組み立てにおいては，機械作業によって手作業をとって代えることとともに，個々の作業職場の工夫された編成，工具や部品の適切な配置，疲労の多い姿勢や動作の回避が生産増大のひとつの重要な手段であったとされている[154]。アメリカの戦略爆撃調査団の報告は，戦時中には，電機工業内部の計画化は短期的な問題であり，頻繁な変更が行われており，それはとくに通信設備にみられたとしているが[155]，生産計画の変更に応じた移動台のできる限り多様な利用を可能にする上述の如き流れ生産の編成はこのような

問題に対応したものであり，市場の変動に対する柔軟性を配慮したものであったといえる[156]。

④　小型製品製造部門の事例

つぎに小型製品製造部門をジーメンス・シュッケルトの事例でみると，この工場は照明設備や動力装置のための設備取付材料を生産しており，それにはヒューズ，スイッチ，白熱球用のソケットおよび主にさまざまな種類の照明器具をあげることができる。1936/37年には小型製品製造工場の全注文の平均額は140RMにも達しておらず，そのことは，この工場の顧客層がいかにひろく分散していたかを示している。エルモ工場と同様に，この工場の広範な製品系列は，それらが市場の多様な諸要求に応えねばならないようにした。この工場も，エルモ工場と同様に，生産の一部をはやい時期に移転し，ベルリンの高い賃金水準を回避した工場に属していた。1934/35年には，ゾネベルク（チューリンゲン）の第2工場の組立職場が拡大されているが，そこでは，工場の部分的な移転とそれによる工場間の分業化が重要な課題とされた。すなわち，第2工場は標準化された大量生産のために拡大されたのに対して，ベルリンの第1工場では，航空機の搭載計器用の機器の生産のために新しい職場が組織された[157]。

このような生産の移転と2つの工場の間での分業化を基礎にして生産の合理化のための一層の取り組みが推進されたが，1939/40年には「新しい生産方式の開発と広範囲におよぶ合理化」がこの工場のスローガンであった。セレン整流器の生産は実験的な生産から大量生産へと発展し，ライヒスポスト向けの中央整流器の組み立ては連続生産に転換された。さらに中ぐりやねじ切りの合理化が取り組まれたほか，第2工場の組み立ても一層合理化された[158]。まためっき部門では，新しい環状式コンベアによって50％の給付の上昇が達成されている[159]。

またスイッチの生産では，組み立ては搬送機構での規則的に進んでいく流れ作業工程（コンベア作業）で行われていたが，それは，断続的に進んでいく流れ作業（静止状態での作業の遂行）と比べると，作業タクトを強制する自動搬送手段から組立機械の動力を直接引き出しうるという利点をもっていた。決めら

れたタクトで行われるのではない作業工程では，コンベアを備えた組立作業用の機械を複数設置する可能性やそれらの適切な操作によって作業タクトを何倍にも高める可能性が存在しており，そこでの流れ生産の導入は組立作業用の機械の設置とあいまって生産性を大きく向上させるための手段となっていたとされている[160]。また複雑な二重式スイッチの生産も半自動の組立台の上で行われるようになっている[161]。

そこで，そのような労働組織の合理化の取り組みによって，就業者数がどのように変化したかをみると，第1工場では，就業者数は1932年から41年までほぼ一貫して増加しており，3.5倍（1,392人から4,848人へ）への増加をみており，男子労働者数および女子労働者数はそれぞれ3.9倍（474人から1,841人へ），3.7倍（583人から2,129人へ）への増加をみており，ほぼ同じ割合で増加している。その後，就業者数は大きく減少しており，1944年には2,740人に，すなわち43.5％減少しており，男子労働者数は1,062人に，すなわち42.3％減少している。これに対して，女子労働者数は2,129人から878人に，すなわち約60％減少しているが，このことは，1943年9月の爆薬の生産開始にともなう就業構造の変化によるものであった。

他方，第2工場では，当初から女子労働者の占める割合が圧倒的に高く，職員1人当りの労働者数が第1工場に比べ著しく多いことが特徴的であるが，1934年から44年までに就業者総数は306人から3,104人に，男子労働者数は23人から821人に，女子労働者数は274人から1,784人に大きく増加しており，就業者総数および女子労働者数では第1工場を上回っている。それにもかかわらず，職員数の著しい増加にともない，職員1人当たりの労働者数は32年の35人から44年には5.2人に大きく減少している[162]。このような相違は，標準化された製品の大量生産を推し進めた第2工場に合理化の重点がおかれており，そこでは，労働組織の変革が強力に推し進められたことによるものであるといえる。

⑤ 電熱機器製造部門の事例

最後に電熱機器製造部門について，ジーメンス電熱会社の事例を取り上げてみておくことにしよう。そこでは，合理化方策が1934/35年にフォードを手本

とした大量生産への一層の接近という目標をもって始められ，35/36年以降，徐々に実施された。同社の製品の市場は確かに一層増大したが，同時に激しい価格競争に見舞われるという予想が，その最も重要な理由であった。また専門労働者および原料の全般的な不足も合理化の推進と深いかかわりをもっていた。1935/36年のジーメンスの年報は，「専門労働者と原料の不足の結果，将来には，機械，工具や設備の納期は大きな諸困難を予想させるので，われわれは，再編成をすでにはやめに始めたことを非常に有利なものとみている」としている。

さらにまた，ナチスの経済の軍事化のもとでの基軸製品の生産の禁止や軍需生産への転換のような特殊な諸問題によっても合理化が強制されたが，他方では，逆に妨げられたとされている。1937/38年の年報によれば，そのような諸困難にもかかわらず，約束された供給と納期を守ることができるように，同社は，一部は，暫定的な諸方策や一層強力な合理化方策を実施しなければならなかったとされている。この報告では，「適した労働力」の不足が「職業訓練や再教育の諸方策をそれまでにみられなかった規模で実施すること」を強制したことが強調されているが，翌年（1938/39年）の報告では，むしろ時間の節約を可能にする生産方法の一層の導入が強調されている。

そこで，合理化の取り組みを具体的にみると，1928/29年頃以降，同社の製品系列は減らされており，この工場は徐々に小型電気器具のための工場からレンジと蓄電池のための工場へと変化している。1934年には同社は家庭用レンジの国内市場の43％分，蓄電池の国内市場の50％分を供給していたが，レンジの生産の合理化は，市場の厳しい条件のもとでの価格の引き下げ圧力によって規定されていた。ジーメンスの1934/35年の年報によれば，同社の製品が高いとしても，それにもかかわらず販売することができた時代は決定的に過ぎ去ってしまったようだとしている。さらにジーメンス電熱会社の歴史にみられるように，1935年には，「大口の顧客，すなわち発電所やレンジ協会との間の激しい争い」は終了したが，それにともない，電機企業はガスレンジの価格で電気式レンジを市場に出すこと，またレンジの価格を約25％引き下げることを強いられた。そのような状況のもとで，すでにコンベア作業に転換されていたレンジの組み立てにおいて「作業方法の工夫」が取り組まれており，他の機器の組み

立ても転換がはかられた。生産の流れを改善するために，梱包に至るまでのすべての職場が新たに組織された。レンジの組み立てにおいては，平行して流れる3本の小規模なベルト・コンベアのかわりに，一本の大規模な組立コンベアが配置され，その上ですべてのモデル――しかしつねにひとつのタイプのみ――のレンジが，同じ時間にそれまでよりも多くの台数で連続して組み立てられた[163]。

ここで，そのような合理化の成果についてみると，この製品部門の全製品の平均では，製造原価は1935年9月には31年のそれを26.6％下回っており，製造時間は，アイロンでは29年の半分に，また「大衆向けのレンジ」では31年の半分に短縮されており[164]，流れ生産の導入による労働組織の革新が強力に取り組まれた製品において，合理化のより大きな成果が達成されている。またレンジの生産では，作業方式の改善によって13％のコスト削減が達成されたほか，熟練をもつ専門労働者の25％，半熟練労働力の約13％が不要となり，それにともない，婦人労働の割合は35％から63％に上昇している[165]。

このように，電熱機器製造部門でも流れ生産方式の導入による労働組織の合理化が積極的に推し進められたが，この点について，フレッケンシュタインは1942年に，電熱式キッチンレンジの流れ生産についての報告のなかで，その生産がすでにまぎれもない大量生産となっていたとしている[166]。上述したように，1935/36年までは，ジーメンス電熱会社における合理化の動機はとりわけ特殊な販売市場の諸条件から生じており，それは経済の軍事化にともなう市場の諸条件の変化によって規定されていた。同社は1940/41年の営業年度には売上の減少を記録しているが，同社の基軸製品の生産禁止の後には売上高は8％減少しており，また国防軍は短期の注文を取り消したので，軍需品の売上高は31％減少した。それにもかかわらず，翌営業年度とは反対に，この営業年度にはなお利益が獲得されたが，国防軍の計画変更による生産における不安定性および50万マルクの額の外国人労働力の雇用と食糧供給のための大きな費用は，1941/42年の営業年度には，この工場の収支結果において，ついに，16年来初めてわずかな損失をもたらしたと報告されている[167]。また季節と結びついた

電熱式レンジの需要は流れ生産ラインの組み替え可能な配置を求めたのであり，しかも高い輸出比率のもとで，各国のさまざまな諸要求が考慮されねばならず，そのことによって，交替性作業の割当が必要となった。そのような弾力的な流れ生産の形態は，ベルト・コンベアのもとでの機械的に規定された流れのタクトによる硬直的な流れ生産と比べると，最善の成果と実績を示してきたとされている[168]。

　これまでの考察から明らかなように，ナチス期の電機工業の合理化は，経済の軍事化による市場の諸条件の変化を基礎にして大量生産を一層推し進めんとするものであったが，そこでは，変動の激しい軍需市場の諸要求に対するフレキシブルな生産の適応能力が求められることになった。それゆえ，同一定型の製品を連続して大量に生産するアメリカ的な生産方式よりはむしろ，生産の「フレキシビリティ」の確保に重点がおかれなければならず，そのような市場の特殊的条件が合理化のあり方を規定することになったといえる。電機工業においても，フォード・システムの本格的な普及は——第2次大戦後の消費財生産のブームの結果——1950年代および60年代にみられ，この時期にようやく，ベルト・コンベア作業はとりわけ主要な製品系列，すなわちラジオやテレビ，電気掃除器，洗濯機，食器洗い器，レンジの最終組立において普及したとされている[169]。

　以上の考察をふまえて，最後に，この時期の合理化の進展のなかで，世界市場におけるドイツ電機工業の位置がどのように変化したかを簡単にみておくことにしよう。ドイツは電力の使用およびあらゆる種類の機械の駆動のための電動機の使用の増加において卓越してきたのであり，1914年までドイツは電気設備の製造および輸出においてきわだった位置を占めていた。しかし，25年には，アメリカの生産額は43億3,000万RMになっており，世界の総生産額の48.1％を占めており，ドイツの生産額21億RMの2倍以上となっている。また輸出をみても，アメリカ，ドイツ，イギリスの3国のそれは約3億5,000万RMであり，ほぼ同じ額となっており，競争が激しくなっている[170]。また1929年の電力生産量をみても，アメリカのそれは660億KWHであり，世界の電力生産量の40％を占めているのに対して，ドイツのそれは220億KWHであ

表 5-3　1929年から44年[1]までの電機工業の販売額と輸出額の推移

年度	販売		そのうちの輸出分
	全体[2]		
	100万 RM		販売総額＝100としたときの輸出比率
1929	3,200 (254.0)	639 (256.6)	20.0
1932	1,224 (97.1)	354 (142.2)	28.9
1933	1,260 (100.0)[3]	249 (100.0)[3]	19.8
1934	1,726 (137.0)	226 (90.8)	13.1
1935	2,046 (162.4)	233 (93.6)	11.4
1936	2,268 (180.0)	266 (106.8)	11.7
1937	2,500 (198.4)	328 (131.7)	13.1
1938	3,200 (254.0)	354 (142.2)	10.5
1939	3,990 (316.7)	318 (127.7)	8.0
1940	4,300 (341.3)	235 (94.4)	5.5
1941	5,180 (411.1)	304 (122.1)	5.9
1942	5,370 (426.2)	360 (144.6)	6.7
1943	5,916 (469.5)	465 (186.8)	7.9
1944	6,500 (515.9)		

(注)：1) 1939年以降はオーストリアおよびズデーデン地方を含んでおり，40年以降はメーメル地方および併合された東部地域をも含んでおり，41年以降はさらに併合された西部地域および西部民政地域を含んでいる。
　　　2) 電機工業・経済グループの販売統計による外部への販売額（電機工業内部の下請を除く）。
　　　3) （ ）内の数値は1933年＝100としたときの指数。
(出所)：*Statistisches Handbuch von Deutschen Reich 1928-1944*, München, 1949, S. 302より作成。

り，わずか13.3％を占めるにすぎず[171]，この点からも，両国の電機工業のおかれていた位置が示されているといえる。そうしたなかで，ドイツ電機工業にとっては，両大戦間期全体をとおして，企業成長の諸形態と規模，資金調達の方法と規模に関するあらゆる戦略的意思決定，また集中化，合理化，国際結合および組織の機能の発揮という標語に関係するあらゆる諸問題は，引き続き，第1次大戦前の地位の回復・強化という目標のもとにおかれており[172]，こうした諸努力の結果，1930年代後半から40年代にかけて，ドイツ電機工業は20年代と比べ大きな躍進をとげることができた。すなわち，1929年から44年までのドイツ電機工業の販売額および輸出額の推移を示した表5-3によれば，販売

額は29年の32億 RM から33年には12億6,000万 RM に減少しているが，その後一貫して増大しており，39年には39億9,000万 RM，44年には65億 RM となっている。また輸出額は1929年の6億3,900万 RM から34年には2億2,600万 RM に減少しているが，38年には3億5,400万 RM，43年には4億6,500万 RM まで増大している。しかし，ナチス期には国内市場の拡大が急速にすすんだこともあり，輸出比率は1932年の28.9％から35年には11.4％，39年には8％，さらにこの期間の最低に達した40年には5.5％にまで低下している。これをアメリカとの対比でみると，A.G.アーノルドによれば，1929年のアメリカの輸出額は6億2,790万 RM となっており，ドイツの5億8,770万 RM をわずかに上回っていたのに対して，30年にはドイツの輸出額（6億2,950万 RM）がアメリカのそれ（5億5,482万 RM）を上回っており，34年以降はその差額は小さくなっているが，37年をみてもドイツの輸出額がアメリカのそれを上回っている。

　しかし，ここでは，アメリカの電機工業の輸出比率がドイツと比べ低かったこと，この時期のアメリカの電機工業の生産額の伸びが機械製造業と比べても大きいこと，また家庭電気器具をはじめとするいくつかの製品では，アメリカとドイツの価格差が大きいことに注意しておく必要があろう。すなわち，1925年を100としたときのアメリカの機械製造業の生産額は29年には113にまで増大した後，33年には71に落ち込んでいるにすぎないが，37年にようやく106に回復しているにすぎないのに対して，電機工業のそれは29年には156に増大した後，33年には51まで落ち込んでいるが，37年には146まで大きく増大している。また1930年半ばのアメリカとドイツのいくつかの製品の価格を比較すると，25Ｗの白熱球の価格はアメリカの0.37RM に対してドイツでは0.82RM，家庭用冷蔵庫の価格はアメリカの332RM に対してドイツでは480RM，洗濯機の価格はアメリカの130RM に対してドイツでは400RM，掃除器の価格はアメリカの110RM に対してドイツでは135RM となっている[173]。このような価格差については，すでに1920年代に家庭電気器具を中心とする消費財の普及がすすんだアメリカに対するこの領域における立ち遅れがひとつの重要な要因となっていたと考えられる。この点は，すでにみたように，ドイツでは流れ生産方式による大量生産の進展が消費財部門でもアメリカのようにはすすまなかったことによるものであり，それだけに，軍需市場に依存したかたちでの大量生産の推

進が重要な意味をもつことになったのであるが，このような消費財，とくに耐久消費財の大量生産の立ち遅れがもたらした諸結果とその意味については，結章において取り上げることにしよう。

(1) 1920年代の電機工業の合理化過程については，拙書『ヴァイマル期ドイツ合理化運動の展開』，森山書店，2001年，第5章を参照されたい。
(2) なおナチス期における電機企業の合理化の問題については，このような観点とは異なる「社会的合理化」(Soziale Rationalisierung) の問題をジーメンスの事例で考察した研究として，C. Sachse, *Siemens, der Nationalsozialismus und die moderne Familie. Eine Unterschung zur sozialen Rationalisierung in Deutschland in 20. Jahrhundert*, Hamburg, 1990がある。
(3) Vgl. Institut für Wirtschaftsgeschichte der Akademie der Wissenschaften der DDR, *Produktivkräfte in Deutschland 1917/18 bis 1945*, Berlin, 1988, S. 56-7.
(4) Vgl. Die Investitionen der deutschen Industrie 1924 bis 1931, *Wirtschaft und Statistik*, 13 Jg, Nr. 19, 1933. 10. 16, S. 595.
(5) Vgl. G. Keiser, B. Benning, Kapitalbildung und Investitionen in der deutschen Volkswirtschaft 1924 bis 1928, *Vierteljahrhefte zur Konjunkturforschung*, Sonderheft 22, 1931, S. 56, *Statistisches Jahrbuch für das Deutsche Reich*, 55 Jg, 1936, S. 508, Die Investitionen der deutschen Volkswirtschaft 1924 bis 1931, *Wirtschaft und Statistik*, 13 Jg, 1933, S. 595.
(6) USSBS (The United States Strategic Bombing Survey), German Electrical Equipment Industry Report, *Final Reports of the United States Strategic Bombing Survey*, No. 48, second edition, Wahsington, 1947, p. 15.
(7) *Ibid*., pp. 31-2. ここで，ベルリン以外の地域における電気設備の製造業者の利用可能な床面積の推移をみておくと，1935年の2,200万平方フィートから39年には2,650万平方フィート，44年には6,600万平方フィートに増大しており，44年には35年の3倍になっており，戦時期に工場の移転がすすんだことがわかる (*Ibid*., p. 33)。この時期の工場移転の問題については，W. フェルデンキルヘンも，1942年までにみられた工場の移転は経済的理由から行われた生産能力の拡大を示しているので，それらは真の移転工場であったが，戦争の一層の進展のなかでみられた工場の移転は敵の攻撃によって失われた生産施設の補充をなしたにすぎないとしている。Vgl. W. Feldenkirchen, *Siemens 1918-1945*, München, 1995, S. 200.
(8) USSBS, *op. cit*., pp. 41-2.
(9) Vgl. W. Feldenkirchen, Zur Unternehmenspolitik des Haus Siemens in der Zwischenkriegszeit, *Zeitschrift für Unternehmensgeschichte*, 33 Jg, Heft 1, 1988, S. 36.
(10) Vgl. *Ebenda*, S. 39.
(11) Vgl. Siemens-Konzern : Siemens & Halske A.-G. und Siemens-Schuckertwerke

第5章　電機工業における合理化過程　*293*

A.-G., Berlin, *Der Deutsche Volkswirt*, 8 Jg, Nr. 21, 1933/34 (1934. 2. 23), S. 925. 強電部門のジーメンス・シュッケルトにおいて弱電部門のジーメンス＆ハルスケよりも世界恐慌の影響が大きかった事情について詳しくは，W. Feldenkirchen, *Siemens*, S. 318参照。
(12)　Vgl. *Ebenda*, S. 328.
(13)　Vgl. *Ebenda*, S. 700.
(14)　Vgl. Siemens-Gruppe : Siemens & Halske A.-G., Siemens-Schuckertwerke A.-G., *Der Deutsche Volkswirt*, 11 Jg, Nr. 20, 1936/37 (1937. 2. 12), S. 988.
(15)　Vgl. W. Zollitsch, *Arbeiter zwischen Weltwirtschaftskrise und Nationalsozialismus*, Göttingen, 1990, S. 21.
(16)　Vgl. Siemens-Gruppe: Siemens & Halske A.-G., Berlin, Siemens-Schuckertwerke A.-G., Berlin, *Der Deutsche Volkswirt*, 12 Jg, Nr. 20, 1937/38 (1938. 2. 11), S. 948.
(17)　Vgl. Siemens-Gruppe: Siemens & Halske A.-G., Berlin, Siemens-Schuckertwerke A.-G., Berlin, *Der Deutsche Volkswirt*, 14 Jg, Nr. 23, 1939/40 (1940. 3. 8), S. 746.
(18)　Vgl. W. Feldenkirchen, Zur Unternehmenspolitik des Haus Siemens in der Zwischenkriegszeit, S. 36.
(19)　Vgl. Siemens-Gruppe: Siemens & Halske A.-G., Berlin, Siemens-Schuckertwerke A.-G., Berlin, *Der Deutsche Volkswirt*, 14 Jg, 1939/40, S. 748.
(20)　Vgl. W. Zollitsch, *a. a. O.*, S. 22. なおジーメンス2社の機械設備と工具への投資額をみると，1932/33年にはあわせて120万RMであったものが，36/37年には2,590万RM，41/42年には5,850万RMに大きく増大している。Vgl. W. Feldenkirchen, *Siemens*, Appendix, Tabelle 58.
(21)　Vgl. M. Kasserra, *Die Elektrotechnischen Fachverbände*, Erlangen Nürnberg, 1967, S. 38, G. Hautsch, *Das Imperium AEG-Telefunken*; ein multinationaler Konzern, Frankfurt am Main, 1979, S. 30.
(22)　Vgl. Allgemeine Elektricitäts-Gesellschaft, *Der Deutsche Volkswirt*, 6 Jg, 1931/32 (1932. 4. 29), Beilage zu No. 31, S. 265.
(23)　Allgemeine Elektricitäts-Gesellschaft, *Geschäftsbericht über das Geschäftsjahr von 1. Oktober 1930 bis 30. September 1931*, S. 9.
(24)　*Ebenda*, S. 16.
(25)　Vgl. Allgemeine Elektricitäts-Gesellschaft, *Der Deutsche Volkswirt*, 7 Jg, 1932/33 (1933. 5. 26), Beilage zu No. 34, S. 362.
(26)　Vgl. Allgemeine Elektricitäts-Gesellschaft, *Der Deutsche Volkswirt*, 8 Jg, Nr. 40, 1933/34 (1934. 7. 6), S. 1817.
(27)　Allgemeine Elektricitäts-Gesellschaft, *Geschäftsbericht über das Geschäftsjahr von 1. Oktober 1932 bis 30. September 1933*, S. 10. 同社の監査役会の議事録も，恐慌の諸年度には製品の技術的な改良にとくに重点がおかれていたことを指摘している。Vgl. Protokoll über die Aufsichtsratssitzung am 9. April 1937, nachm. 4 Uhr, S. 2-3, *Bundesarchiv*, R8119F, Deutsche Bank, P3360.

(28) Vgl. Allgemeine Elektricitäts-Gesellschaft, *Der Deutsche Volkswirt*, 9 Jg, Nr. 25, 1934/35 (1935. 3. 22), S. 1149.
(29) Allgemeine Elektricitäts-Gesellschaft, *Geschäftsbericht über das Geschäftsjahr von 1. Oktober 1933 bis 30. September 1934*, S. 10.
(30) Vgl. Allgemeine Elektricitäts-Gesellschaft, *Der Deutsche Volkswirt*, 10 Jg, Nr. 23, 1935/36 (1936. 3. 6), S. 1085.
(31) Vgl. Allgemeine Elektricitäts-Gesellschaft, *Der Deutsche Volkswirt*, 9 Jg, 1934/35, S. 1149.
(32) Vgl. W. Feldenkirchen, Zur Unternehmenspolitik des Haus Siemens in der Zwischenkriegszeit, S. 51.
(33) Vgl. Allgemeine Elektricitäts-Gesellschaft, *Der Deutsche Volkswirt*, 11 Jg, Nr. 29, 1936/37 (1937. 4. 16), S. 1428-9.
(34) Vgl. Allgemeine Elektricitäts-Gesellschaft, *Geschäftsbericht über das Geschäftsjahr von 1. Oktober 1935 bis 30. September 1936*, S. 9, AEG, *Einhundert Jahre : 1883-1983* (Presseinformation), Frankfurt am Main, 1985, S. 30.
(35) Vgl. Allgemeine Elektricitäts-Gesellschaft, *Der Deutsche Volkswirt*, 12 Jg, Nr. 20, 1937/38 (1938. 2. 11), S. 953.
(36) Vgl. Protokoll über die Aufsichtsratssitzung am 16. April 1942, S. 2, *Bundesarchiv*, R8119F, Deutsche Bank, P3360.
(37) Vgl. Allgemeine Elektricitäts-Gesellschaft, *Geschäftsbericht über das Geschäftsjahr von 1. Oktober 1936 bis 30. September 1937*, S. 11. 第2次4カ年計画が同社の業務状態，売上および受注の増大におよぼした影響については，監査役会の会議でも指摘されている。Vgl. Protokoll über die Aufsichtsratssitzung am 1. Februar 1938, S. 1, *Bundesarchiv*, R8119F, Deutsche Bank, P3360.
(38) Vgl. Allgemeine Elektricitäts-Gesellschaft, *Geschäftsbericht über das Geschäftsjahr von 1. Oktober 1937 bis 30. September 1938*, S. 20.
(39) Vgl. Allgemeine Elektricitäts-Gesellschaft, *Der Deutsche Volkswirt*, 13 Jg, Nr. 19, 1938/39 (1939. 2. 10), S. 929.
(40) Vgl. Protokoll über die Sitzung des Ausschusses des Aufsichtsrates am 1. Februar 1938, S. 1-2, *Bundesarchiv*, R8119F, Deutsche Bank, P3360.
(41) Vgl. Allgemeine Elektricitäts-Gesellschaft, *Geschäftsbericht über das Geschäftsjahr von 1. Oktober 1938 bis 30. September 1939*, S. 12.
(42) Vgl. Allgemeine Elektricitäts-Gesellschaft, *Der Deutsche Volkswirt*, 14 Jg, Nr. 20, 1939/40 (1940. 2. 16), S. 633-4.
(43) Vgl. Protokoll über die Aufsichtsratssitzung am 27. Oktober 1938, S. 2, *Bundesarchiv*, R8119F, Deutsche Bank, P3360.
(44) Vgl. Allgemeine Elektricitäts-Gesellschaft, *Geschäftsbericht über das Geschäftsjahr von 1. Oktober 1939 bis 30. September 1940*, S. 11.
(45) Vgl. Protokoll über die Aufsichtsratssitzung am 15. November 1939, S. 1, *Bundesarchiv*, R8119F, Deutsche Bank, P3360.

(46) Vgl. Protokoll über die Aufsichtsratssitzung am 25. September 1940, S. 1-2, *Bundesarchiv*, R8119F, Deutsche Bank, P3360.
(47) Vgl. R. Hachtmann, *Industriearbeit im 》Dritten Reich《*, Göttingen, 1989, S. 80.
(48) Vgl. H. Homburg, Scientific Management and Personel Policy in the Modern German Enterprise 1918-1939 : The Case of Siemens, H. F. Gospel, C. R. Littler (ed), *Managerial Strategies and Industrial Relations, A Historical and Comparative Study*, London, 1983, p. 150.
(49) W. Zollitsch, *a. a. O.*, S. 22.
(50) Technischer Jahresbericht 1939, *AEG-Mitteilungen*, 36 Jg, Heft 1/2, 1940. 1/2, S. 1.
(51) Vgl. W. Jaekel, Die Leistungsfähigkeit der deutschen Elektrofertigung, *Elektrotechnische Zeitschrift*, 61 Jg, Heft 9, 1940. 2. 29, S. 184.
(52) Vgl. F. Lüschen, Technische Gemeinschaftsarbeit in der Elektro-Industrie, *Der Deutsche Volkswirt*, 12 Jg, Nr. 10, 1937/38 (1937. 12. 3), S. 423.
(53) 例えば AEG の1936年度に関する技術報告では，同社は，その活動領域において発生している原料問題に対して，大がかりな準備活動に基づいて，高い評価を得ている製品の品質を低下させることなく解決をはかろうとする努力を成功裡に推し進めてきたとしている。Vgl. Technischer Jahresbericht 1936, *AEG-Mitteilungen*, 33 Jg, Heft 1, 1937. 1, S. 1.
(54) Vgl. W. Braun, Die Elektroindustrie in der deutschen Wirtschaft, *Der Deutsche Volkswirt*, 10 Jg, Nr. 4, 1935/36 (1935. 10. 25), Sonderbeilage : Die Wirtschaft im neuen Deutschland, 11. Folge : Elektroindustrie, S. 14.
(55) USSBS, *op. cit.*, pp. 18-9.
(56) Vgl. F. Lüschen, *a. a. O.*, S. 423.
(57) BIOS (Britisch Intelligence Objectives Sub-Committee), *German Heavy Electrical Industry. Motors and Power Transfomers*, B.I.O.S. Final Report No. 600, Item No. 31, London, 1946, p. 4.
(58) Die Entwicklung der Elektrotechnik in der letzten Zeit, *Elektrotechnische Zeitschrift*, 61 Jg, Heft 27, 1940. 7. 4, S. 616.
(59) 個別の事例では，例えば当時亜鉛めっきされた鉄板から生産される白熱球のソケットの生産では約1,500トンの真鍮が節約されており，また電極ではニッケルからニッケルめっきされた鉄線への移行が98％のニッケルの節約をもたらした。Vgl. Elektroindustrie——eine Stütze unseres Rüstungspotentials, *Der Vierjahresplan*, 8 Jg, Folge 2, 1944. 2, S. 45.
(60) Vgl. W. Feldenkirchen, *Siemens*, S. 199.
(61) H. Homburg, *op. cit.*, pp. 148-50.
(62) Vgl. H. Homburg, *Rationalisierung und Industriearbeit*, Berlin, 1991, S. 520.
(63) Vgl. *Ebenda*, S. 468-9.
(64) Vgl. *Ebenda*, S. 465.
(65) Vgl. Institut für Wirtschaftsgeschichte der Akademie der Wissenschaften der

DDR, *a. a. O.*, S. 71-2.
(66) Vgl. T. Siegel, T. v. Freyberg, *Industrielle Rationalisierung unter dem Nationalsozialisumus*, Frankfurt am Main, New York, 1991, S. 348.
(67) Vgl. *Ebenda*, S. 365.
(68) Vgl. *Ebenda*, S. 363.
(69) Vgl. H. Homburg, *a. a. O.*, S. 470.
(70) Vgl. T. Siegel, T. v. Freyberg, *a. a. O.*, S. 361. ジーメンス・シュッケルトの先端工場のひとつであったエルモ工場におけるこのような「技術的合理化」の進展とは対照的に，AEGのシュトゥットガルト工場を調べたイギリスの調査によれば，全般的にいえば，電動機と変圧器のいずれに関しても，この工場ははるかに時代遅れのものであり，そのことは，第1次大戦前にこの工場は特別な個別生産や他の工場のための完成品以外の生産にかかわっていたという事実によるものであるとされており(BIOS, *German Electrical Industry*, B.I.O.S. Final Report No. 994, Item No. 31, London, 1946, p. 14)，合理化の展開，そのあり方をみる場合，企業間，工場間の比較をふまえてみていくことが重要であるといえる。
(71) BIOS, *German Heavy Electrical Industry*, p. 4.
(72) *Ibid.*, pp. 20-1.
(73) *Ibid.*, pp. 25-6.
(74) Vgl. K. Kaatz, Leistungssteigerung durch Anwendung von Zusammenbaumaschinen, *Maschinenbau*, Bd. 17, Heft 19/20, 1938. 10, S. 517.
(75) Vgl. T. Siegel, T. v. Freyberg, *a. a. O.*, S. 361-2.
(76) Vgl. *Ebenda*, S. 355.
(77) Vgl. *Ebenda*, S. 362.
(78) W. Zollitsch, *a. a. O.*, S. 22.
(79) Vgl. T. Siegel, T. v. Freyberg, *a. a. O.*, S. 358.
(80) Vgl. *Ebenda*, S. 335-6.
(81) Vgl. *Ebenda*, S. 324-6.
(82) Vgl. *Ebenda*, S. 328-9.
(83) Vgl. G. Frenz, Aus der Praxis der Arbeitsvorbereitung, *Maschinenbau*, Bd. 14, Heft 11/12, 1935. 6, S. 299.
(84) Vgl. G. Leifer, Der Einfluß des planmäßigen Arbeitseinsatzes auf die Leistung der Betriebe, *Der Vierjahresplan*, 3 Jg, Folge 10, 1939. 5, S. 667-8.
(85) Vgl. Arbeitszeitermittlung nach den Grundsätzen des Reichsausschuß für Arbeitsstudien (Refa) bei der Herstellung in der Röhrenfabrikation, S. 1, *AEG Archiv*, GS6385.
(86) Vgl. Richtlinien über Zeitbeobachtung und Auswertung von Zeitaufnahme, *AEG Archiv*, GS6385.
(87) Vgl. Verlustzeiten bei der Arbeitszeitermittlung nach Refa, S. 1, *AEG Archiv*, GS6385.
(88) Vgl. Bericht über eine Besprechung über Arbeitsbewertung und Zeitaufnahme

第5章　電機工業における合理化過程　*297*

am 14. 1. 41, S. 1, *AEG Archiv*, GS6385.
(89)　Vgl. T. Siegel, T. v. Freyberg, *a. a. O.*, S. 356.
(90)　Vgl. *Ebenda*, S. 359-60.
(91)　Vgl. Leistungssteigerung, *Der Vierjahresplan*, 3 Jg, Folge 11, 1939. 6, S. 735.
(92)　Vgl. T. Siegel, T. v. Freyberg, *a. a. O.*, S. 356.
(93)　*Ebenda*, S. 330.
(94)　Vgl. *Ebenda*, S. 341.
(95)　Vgl. U. v. Moellendorf, Fertigungsaufgaben im Rundfunkgerätebau, *Werkstattstechnik*, 27 Jg, Heft 24, 1933. 12. 15, S. 482-3.
(96)　Vgl. U. v. Moellendorf, Werkzeuge und Vorrichtungen im Rundfunkgerätebau, *Maschinenbau*, Bd. 14, Heft 3/4, 1935. 2, S. 81.
(97)　Vgl. Besprechung über Einführung des Hollerith-Lochkartenverfahrens in der Röhrenfertigung des RöwB, S. 1, *AEG Archiv*, GS6385. 作業準備，作業管理のための用具の利用に関しては，AEGでは1942年10月に機械による賃金総額の算定のための提案が行われており，そこでは，パンチカード部門において賃金総額の把握を機械的に実施することが提案されている。Vgl. Vorschlag für den Ablauf einer maschinellen Bruttolohnerrechnung, S. 1, *AEG Archiv*, GS6385.
(98)　Vgl. H. Wagner, Normung und Elektrotechnik, *Elektrotechnische Zeitschrift*, 63 Jg, Heft 45/46, 1942. 11. 19, S. 533.
(99)　Vgl. R. Schiz, Spezialisierung, Typung und Normung im Elektromotorenbau, *Elektrotechnische Zeitschrift*, 61 Jg, Heft 11, 1940. 3. 14, S. 275.
(100)　USSBS, *op. cit.*, pp. 2-3.
(101)　*Ibid.*, p. 20.
(102)　*Ibid.*, p. 13.
(103)　Vgl. F. Lüschen, *a. a. O.*, S. 422.
(104)　Vgl. *Ebenda*, S. 424.
(105)　Vgl. W. Braun, *a. a. O.*, S. 11.
(106)　Vgl. R. Schiz, *a, a, O.*, S. 275-8.
(107)　Vgl. F. Götz, B. Cernavin, Berechnung von Typenreihen im Drehstrom-Motorenbau, *Elektrotechnische Zeitschrift*, 65 Jg, Heft 21/22, 1944. 6. 1, S. 207.
(108)　Vgl. Elektroindustrie——eine Stütze unseres Rüstungspotentials, *Der Vierjahresplan*, 8 Jg, 1944, S. 45.
(109)　Vgl. *Siemens-Mitteilungen*, 1936, S. 106, G. Leifer, Der Einfluß des planmäßigen Arbeitseinsatzes auf die Leistung der Betriebe, *Der Vierjahresplan*, 3 Jg, Folge 10, 1939. 5, S. 666, T. Siegel, T. v. Freyberg, *a, a, O.*, S. 331.
(110)　Vgl. Siemens-Gruppe : Siemens & Halske A.-G., Siemens-Schuckertwerke A.-G., *Der Deutsche Volkswirt*, 13 Jg, Nr. 19, 1938/39（1939. 2. 10）, S. 924.
(111)　Vgl. Siemens-Mitteilungen, 1936, S. 108, T. Siegel, T. v. Freyberg, *a, a, O.*, S. 332, G. Leifer, *a, a, O.*, S. 667.
(112)　Vgl. H. Wagner, *a, a, O.*, S. 530.

(113) Vgl. O. Suhr, Rundfunkwirtschaft im Umbau, *Der Deutsche Volkswirt*, 10 Jg, Nr. 52, 1935/36 (1936. 9. 25), Sonderbeilage, S. 2592-3.
(114) Vgl. Die Funkgeräte : billiger, besser, weniger, *Der Deutsche Volkswirt*, 11 Jg, Nr. 45, 1936/37 (1937. 8. 6), S. 2197.
(115) Vgl. Rundfunkindustrie in der Umstellung, *Der Deutsche Volkswirt*, 14 Jg, Nr. 20, 1939/40 (1940. 2. 16), S. 616.
(116) Vgl. Konsolidierte Rundfunkwirtschaft, *Der Deutsche Volkswirt*, 13 Jg, Nr. 45, 1938/39 (1939. 8. 11), S. 2238.
(117) Vgl. Elektroindustrie —— eine Stütze unseres Rüstungspotentials, *Der Vierjahresplan*, 8 Jg, 1944, S. 45.
(118) Vgl. G. Biniek, Normung der Stöpel für die Nachrichtentechnik, *Elektrotechnische Zeitschrift*, 65 Jg, Heft 13/14, 1944. 4. 6, S. 131-2.
(119) Vgl. G. Meiners, Rationalisierung im Schaltanlagenbau, *Elektrotechnische Zeitschrift*, 63 Jg, Heft 35/36, 1942. 12. 10, S. 423.
(120) Vgl. G. Meiners, Rationalisierung im Schaltanlagenbau, *Elektrotechnische Zeitschrift*, 64 Jg, Heft 33/34, 1943. 8. 26, S. 445.
(121) Vgl. H. Freiberger, Die Glühlampe in der Kriegswirtschaft, *Der Vierjahresplan*, 8 Jg, Folge 5, 1944. 5, S. 124.
(122) Vgl. R. Hachtmann, *a. a. O.*, S. 335, Fortschreitende Normung und Typisierung, *Der Vierjahresplan*, 4 Jg, Folge 1, 1940. 1, S. 13.
(123) Vgl. W. F. Ewald, Die Normung von Lautsprechern und Kraftverstärkern, *Elektrotechnische Zeitschrift*, 64 Jg, Heft 47/48, 1943. 12. 2, S. 643.
(124) Vgl. P. Jacottet, N. Lieber, Die Mitarbeit des VDE auf dem Gebiete der Austauschwerkstoffe und der Typenbeschränkung im Freileitungsbau, *Elektrotechnische Zeitschrift*, 64 Jg, Heft 13/14, 1943. 4. 8, S. 196.
(125) Vgl. R. Hachtmann, *a. a. O.*, S. 335.
(126) Vgl. P. Jacottet, N. Lieber, *a, a, O.*, S. 197.
(127) Vgl. R. Winckler, Die Normung von elektrischen Sammlern (Akkumulatoren), *Elektrotechnische Zeitschrift*, 65 Jg, Heft 27/40, 1944. 9. 28, S. 315-6.
(128) Vgl. Elektroindustrie —— eine Stütze unseres Rüstungspotentials, *Der Vierjahresplan*, 8 Jg, 1944, S. 45.
(129) BIOS, *German Heavy Electrical Industry*, p. 3.
(130) Vgl. H. Wagner, *a, a, O.*, S. 534.
(131) USSBS, *op. cit.*, p. 39.
(132) Vgl. W. Feldenkirchen, *Siemens*, S. 199.
(133) この点について詳しくは、各年度の *Elektrotechnische Zeitschrift* 誌を参照。
(134) Vgl. H. Wagner, *a, a, O.*, S. 534.
(135) Vgl. K. Bobek, Rationalisierung und Normen, *Elektrotechnische Zeitschrift*, 66 Jg, Heft 1/2, 1945. 1. 11, S. 4.
(136) この点について詳しくは、前掲拙書、第5章および拙書『ドイツ企業管理史研究』、

第5章 電機工業における合理化過程 *299*

森山書店, 1997年, 第5章を参照されたい。
(137) Vgl. W. Zollitsch, *a. a. O.*, S. 22.
(138) Vgl. K. Mahn, Große Unternehmungen und Unternehmer der Welt. Siemens, *Der Deutsche Volkswirt*, 8 Jg, Nr. 3, 1933/34 (1933. 10. 20), S. 127-8.
(139) Vgl. T. Siegel, T. v. Freyberg, *a. a. O.*, S. 344-5.
(140) Vgl. *Ebenda*, S. 348.
(141) Vgl. *Ebenda*, S. 357.
(142) Vgl. *Ebenda*, S. 358 u S. 361.
(143) Vgl. *Ebenda*, S. 353.
(144) Vgl. *Ebenda*, S. 349. また AEG についてみると, 1941年2月の監査役会の会議の議事録によれば, 国内では家庭電気器具の業務は徹底して機能停止に至っており, そのかわりに軍事上重要な製品が現れたが, それはほとんどもっぱら電機関係の領域においてであり, 国内業務全体のうち99%が戦争にとって重要なものであったとされている (Vgl. Protokoll über die Aufsichtsratssitzung am 27 Februar 1941, S. 2, *Bundesarchiv*, R8119F, Deutsche Bank, P3360)。なお第2次大戦時の電機工業に対する生産禁止の問題については, W. Feldenkirchen, *Siemens*, S. 198参照。
(145) Vgl. H. Herfort, Herstellung von Elektrizitätszählern im Fließprozeß, *Feinmechanik und Präzision*, 45 Jg, Heft 14, 1937. 9. 8., S. 205-8.
(146) Vgl. U. v. Moellendorf, Fertigung der AEG-Rundfunk-Empfänger, *AEG-Mitteilungen*, 29 Jg, Heft 5, 1933. 9, S. 172-3.
(147) Vgl. U. v. Moellendorf, Fertigungsaufgaben im Rundfunkgerätebau, S. 484.
(148) Vgl. U. v. Moellendorf, Fertigung der AEG-Rundfunk-Empfänger, S. 173-4.
(149) Vgl. U. v. Moellendorf, Fertigungsaufgaben im Rundfunkgerätebau, S. 483.
(150) Vgl. U. v. Moellendorf, Fertigung der AEG-Rundfunk-Empfänger, S. 174-5.
(151) Vgl. U. v. Moellendorf, Fertigungsaufgaben im Rundfunkgerätebau, S. 484.
(152) Vgl. U. v. Moellendorf, Leistungssteigerung im Zusammenbau, *Werkstatttechnik und Werksleiter*, 34 Jg, Heft 8, 1940. 4. 15, S. 131.
(153) Vgl. P. Geuter, H. Fery, Prüfung von Rundfunkempfängern am laufenden Band, *Elektrotechnische Zeitschrift*, 55 Jg, Heft 10, 1934. 3. 8, S. 248.
(154) Vgl. U. v. Moellendorf, Leistungssteigerung im Zusammenbau, S. 132.
(155) USSBS, *op. cit.*, p. 3.
(156) こうした対応は組み立ての設備でもみられ, 生産するタイプの頻繁な変更や設備の限られた利用時間は, 生産される定型の変動のもとでもできる限り少ない変更でもって再び利用可能なできる限り単純な設備を求めたとされている。Vgl. U. v. Moellendorf, Werkzeuge und Vorrichtungen im Rundfunkgerätebau, *Maschinenbau*, Bd. 14, Heft 3/4, 1935. 2, S. 82-3.
(157) Vgl. T. Siegel, T. v. Freyberg, *a. a. O.*, S. 345-6.
(158) Vgl. *Ebenda*, S. 364-5.
(159) Vgl. *Ebenda*, S. 357.
(160) Vgl. K. Kaatz, *a. a. O.*, S. 517.

300　第2部　主要産業部門における合理化過程

(161)　W. Zollitsch, *a. a. O.*, S. 22.
(162)　Vgl. T. Siegel, T. v. Freyberg, *a. a. O.*, S. 352.
(163)　Vgl. *Ebenda*, S. 325-9.
(164)　Vgl. *Ebenda*, S. 325.
(165)　Vgl. *Ebenda*, S. 328.
(166)　Vgl. Fließzusammenbau von elektrisch beheizten Küchenherden, *Werkstattstechnik und Werksleiter*, 36 Jg, Heft 13/14, 1942. 7, S. 285.
(167)　Vgl. T. Siegel, T. v. Freyberg, *a. a. O.*, S. 328-30 u S. 352.
(168)　Vgl. Fließzusammenbau von elektrisch beheizten Küchenherden, *Werkstattstechnik und Werksleiter*, 36 Jg, 1942, S. 286.
(169)　Vgl. V. Wittke, *Wie entstand industrielle Massenproduktion?. Diskontinuierliche Entwicklung der deutschen Elektroindustrie von den Anfängen der "großen Industrie" bis zur Entfaltung des Fordismus (1881-1975)*, Berlin, 1996, S. 153.
(170)　R. A. Brady, *The Rationalization Movement in German Industry*, Berkeley, California, 1933, p. 170.
(171)　USSBS, *op. cit.*, pp. 6-7.
(172)　Vgl. W. Feldenkirchen, Zur Unternehmenspolitik des Haus Siemens in der Zwischenkriegszeit, S. 28.
(173)　Vgl. A. G. Arnold, Die amerikanische Elektroindustrie, *Technik und Wirtschaft*, 31 Jg, Heft 10, 1938. 10, S. 281-2. ドイツにおける1920年代の家庭電気器具の普及の遅れの原因については, 民間家庭の電化が十分にすすまなかったことがひとつの主要な隘路になっていたとされている。Vgl. P. Czada, *Die Berliner Elektroindustrie in der Weimarer Zeit*, Berlin, 1969.

第6章　自動車工業における合理化過程

　前章では，加工組立産業の代表的部門のひとつである電機工業についてみてきたが，本章では自動車工業を取り上げて考察を行うことにする。1920年代の合理化運動において合理化が最も強力かつ集中的に取り組まれたのは石炭，鉄鋼，化学，電機の当時の最も代表的な基幹産業諸部門であったが，この時期のアメリカにおいて顕著にみられたように，自動車工業は，その大量生産が関連する産業諸部門の市場の拡大をもたらし，それらの諸分野の発展，大量生産の進展を促進するという産業特性をもっており，そのような国民経済的意義からも，この産業部門の合理化の展開は非常に大きな意味をもったといえる。しかし，国内市場の狭隘性と輸出市場における諸困難という市場の条件のもとで，本来大量生産を主導すべき自動車工業の合理化は限界をもつものにならざるをえず，この産業部門の大量生産の立ち遅れは他の産業部門の合理化のあり方にも大きな影響をおよぼすことになったといえる[1]。1920年代の自動車工業における合理化の限界，大量生産の立ち遅れを規定していた最も重要な要因をなす市場の問題について，西牟田祐二氏は，「石炭＝鉄鋼を中心として，電機，化学が連なり，それらが全体として『鉄道によって総括』されるという体系」の「第二帝政以来のドイツ資本主義に特徴的な産業的発展構造」があり，「それに相応するライヒ政府の政策諸体系があり，さらに第一次大戦後のヴェルサイユ的＝ワイマル的諸条件が加わって」，総体として，自動車需要に対するいくつかの「社会的＝構造的」制約諸要因（貨物・旅客輸送分野における鉄道網の高度な整備，ライヒスバーンの独占的な地位とそれを支持するライヒ政府の鉄道中心の交通政策，自動車交通の要求を充たす道路整備の不十分性，ライヒ政府の租税政策および関税政策による，自動車保有・使用への重い課税，石油供給体制の不利とい

う問題,「自動車＝奢侈品」という「伝統的自動車観」の根強い残存)が形成されていたと指摘されている[2]。

　ナチス期には,モータリゼーションの促進のための新たな政策と経済の軍事化による市場の条件の変化のもとで,また労資関係における条件の変化のもとで,大量生産体制の確立をめざして合理化が一層強力に推し進められることになる。すなわち,ナチスによる「権力掌握」後,自動車工業は最初の経済部門として国民社会主義者の公式の支援を獲得したのであり,それは自動車税制の変更,道路やアウトバーンの建設のようなインフラストラクチュアの整備などにみられる[3]。そのことはとくに乗用車市場の拡大に大きく寄与するものであり,1930年代半ばになって自動車工業の生産能力は完全利用されるようになっている[4]。またこの時期の経済の軍事化の推進は軍需市場の拡大によって合理化推進のための新たな市場の条件をもたらしたのであり,自動車工業についてみても,とくにトラックや特殊車両などの市場を中心に,合理化推進のための市場の条件の整備がはかられた。さらに合理化推進のための労資関係における条件に関して,M. シュタールマンは,国民社会主義者による労働組合の解体が経営側に対して労働組織的および技術的な革新の障害のない実施のためのほぼ無制限の可能性を開いたのであり[5],生産構造の円滑な近代化のためのそのような諸条件の枠組みのもとで,合理化が多くの自動車企業において急速にすすんだとしている[6]。ドイツの自動車工業はその誕生から1930年代までの数十年間は何ら基幹産業ではなく,さまざまな産業部門の集まりであったが[7],30年代になって初めてひとつの重要な産業部門に発展したとされている[8]。それだけに,この時期の自動車工業の合理化過程が他の産業部門の合理化にどのような影響をおよぼしたか,その役割と意義を20年代との対比において明らかにしていくことが重要となる。

第1節　設備投資の展開とその特徴

1　自動車工業における設備投資の動向

　まず「技術的合理化」の役割,あり方を明らかにするために,自動車工業とその代表的企業における設備投資の状況をみていくことにしよう。

この点をまず世界恐慌期についてみると，資本金100万RM以上・取引所上場の株式会社をみた場合（前掲表2-1参照），1930年と31年には，設備投資額はそれぞれ2,800万RM，3,500万RMで，減価償却額は1,800万RM，2,100万RMとなっており，減価償却額をそれぞれ1,000万RM，1,400万RM上回る設備投資が行われている。その意味では，電機工業と同様に，恐慌による影響，打撃は，その当初は，他の産業と比べるとまだあまり大きなものとなるには至っていなかったといえる。*Wirtschaft und Statistik* 誌は，1929/30年にもなお自動車工業は電機工業と同様にかなりの新規投資を示していたとしている[9]。これに対して，1932年と33年には設備投資額は減価償却額をそれぞれ1,500万RM，1,100万RM下回っており，34年になってようやく減価償却額をわずか100万RMだけ上回る設備投資額が行われている。また30年から32年までの合計でみると，設備投資額は6,700万RMであったのに対して，減価償却額は5,800万RMとなっており，減価償却額を900万RM上回る設備投資が行われている。

　また1935年から39年までの状況をみると（前掲表2-2参照），自動車・オートバイ・自転車製造業の設備投資額は35年の7,600RMから39年の1億7,600RMまで年々増加しており，その合計額は6億1,400万RMであり，電機工業のそれと同額となっている。1920年代に合理化運動が強力に取り組まれた24年から29年までの自動車・オートバイ・自転車製造業の資本金100万RM以上・取引所上場の株式会社の設備投資総額が2億1,430万RM[10]であったことを考えると，ナチス期には，相対的安定期と比べると，資本支出をともなう合理化がより強力に推し進められたといえる。しかし，減価償却を上回る額の設備投資が行われたのは1935年，38年，39年のみであり，その差額はそれぞれ300万RM，4,500万RM，3,600万RMとなっている。また工業全体の設備投資額に占める割合をみると，35—39年のそれはわずか4.2%にとどまっており，機械製造業の7.3%をも下回っており，24—29年の資本金100万RM以上・取引所上場の株式会社の数値3%[10]と比べてもわずかに上回る程度にとどまっている。

表6-1 オペルの投資額の推移

(単位：100万RM)

年度	1933	1934	1935	1936	1937	1938	1939	合　計
投資額	2.48(1.7)*)	9.83(6.8)	25(17.4)	33.35(23.2)	26(18.0)	23(16.0)	24.3(16.9)	143.96(100)

(注)：*)( )内の数値は各年度の分布率（％）。
(出所)：H. C. G. v. Sehrr-Thoss, *Die deutsche Automobilindustrie. Eine Dokumentation von 1886 bis 1979*, Stuttgart, 2., korrigierte u. erw. Auflage, 1979, S. 321より作成

2　自動車工業の代表的企業における設備投資の動向

(1)　オペルにおける設備投資の動向

そこで，つぎに，自動車工業における設備投資の状況をふまえて，その代表的企業であるオペルとダイムラー・ベンツの投資状況をみることにしよう。まずオペルについてみると，1929/30年にも，標準化されたわずかな定型への生産の根本的な転換のための合理化支出の結果，設備のかなりの増加がみられたとされており[11]，工具と機械への投資額をみても世界恐慌後の34年には8,588,081RMにのぼっているが[12]，設備投資が本格的に取り組まれるのは30年代半ば以降のことであったといえる。すなわち，1933年から39年までの同社の投資額の推移を示した表6-1によれば，この期間には総額1億4,396万RMが投資されているが，投資額は33年には248万RM，34年には983万RMであったものが36年には3,335万RMとなっており，33年から39年までの期間の最高額に達している。これらの投資額は，そのすべてが設備投資を意味するものではないが，各年度の占める割合をみると，33年および34年にはそれぞれ1.7％，6.8％にすぎなかったものが36年には23.2％にまで上昇しており，35年から39年までの間にこの時期の投資総額の91.5％が支出されている。

また設備投資の内容をみると，1935年と36年には，同社ではすでに近代的な流れ作業方式を行っていたリュッセルスハイム工場以外でも，新たな生産設備の建設が行われているが，それには，ドイツで最初の100％流れ作業による35年のブランデンブルクのトラック工場の建設や，36年のリュッセルスハイムにおける第2発電所の設置，マイン河沿の積出港の建設（37年完成），従来外部から調達していた部品の内製化のために行われた新しい型鍛造工場の建設，輸出のための積み込み駅の拡大などをあげることができる[13]。ヨーロッパの最も近代的な最新鋭の工場であるブランデンブルク工場のすべての建物と機械設

備のために1,400万RMが投資されたが,それは自己資金から調達されている。この工場の機械設備は約1,200台の工作機械から構成されており,その一部はリュッセルスハイム工場から移されたが,一部は新たに購入されており,その額は約700万RMであったとされている[14]。これらの大規模な投資の資金需要のために,1936年度には,同社は法定準備金を200万RMから400万RM増加させ600万RM(これは株式資本金の10%に相当する)としたほか,さらに更新と拡張のための建設用に900万RM,継続的な福利目的に100万RMの特別準備金を用意している[15]。また1938年には2,300万RMが投資されているが,そのうち740万RMが機械の新規調達のために支出されており,その3年間には平均すると1,300万RMが支出されており,工具の調達においても1,260万RMが支出されている。この年度の740万RMの機械の新規調達のうち600万RMがプレスライン,スポット溶接機および突き合わせ溶接機への投資にあてられており,同年末までにそれらの機械は完全に稼働するようになっており,そのときまでに700台分が生産されている[16]。また戦時期には,戦争の勃発にともない乗用車の生産が大幅に削減されるなかで,トラック生産への転換が推し進められており,1939年度には前年度よりも130万RM多い2,430万RMの投資が行われ,その結果,設備の簿価は1億3,200万RMから1億4,475万RMに増加している[17]。

(2) ダイムラー・ベンツにおける設備投資の動向

またダイムラー・ベンツをみると,1935年9月の *Der Deutsche Volkswirt* 誌によれば,世界恐慌期の生産能力のわずかな利用にもかかわらず,同社は,景気の上昇が再び高投資を必要にした数少ないドイツの企業に属していたとされているが[18],1933年に始まる自動車生産の躍進およびナチスの軍需景気が同社の経営者を一層の合理化投資へと向かわせたとされている[19]。実際の投資金額をみると(表6-2参照),1933年には550万RM,34年には950万RM,35年には2,020万RM,36年には2,200万RM,37年には2,300万RM,38年には2,680万RM,39年には4,400万RMに増大しており,同社の設備投資も30年代後半になって本格的な展開をみたといえる。ナチス期に設備投資がいかに積極的に行われたかは,例えばウンターテュルクハイム工場において1933—39

306　第2部　主要産業部門における合理化過程

年に調達された機械設備の金額が5,972,917RMとなっており、1932年の1,914,908 RMを大きく上回っていること、また機械の台数でみても33—40年には811台にのぼっており、32年の273台を大きく上回っていることからもわかる[20]。

　そこで、各年度の設備投資の内容についてみると、その主要なものに関しては表6-2の摘要の如くであるが、1933年の投資は主に自動車生産のためのものであり、1.3リッター車の生産開始や機械設備の補充、ジンデルフィンゲン工場の拡大、ガゲナウのバス生産の移転、マンハイムの鋳造工場の操業再開、ガゲナウにおけるさまざまな補充、シュトゥットガルトの修理工場の拡大ないし新規建設のために資金が必要とされ[21]、同年11月には、個々の工場における投資に関しては、以前に決定された改造や新規の建設はより大きな部分が実施されている[22]。これに対して、34年度には航空機エンジンの開発および生産の拡大のために695万RMが監査役会によって承認されており、投資の重点は航空機エンジン部門におかれていた[23]。この年にはトラックの生産台数は1928年の水準に達しているが、ことにガゲナウ工場はフル操業になっており、監査役会によって承認された120万RMのうち60万RMが同工場にあてられている[24]。ガゲナウ工場ではほぼ4年来更新のための調達が行われておらず、機械の更新がどうしても必要であったとされている[25]。35年にはトラック工場の再組織のほか、航空機エンジンの開発と生産のための投資が行われている。この年度には新しい1.6リッターエンジンの生産開始、ガゲナウ、ジンデルフィンゲンおよびウンターテュルクハイムにおける設備の拡大やいくつかの支店の拡大のために約700万RMが必要とされた[26]。また36年には、取締役会会長のキッセルによれば、1.7リッター車と2.3リッター車の乗用車のタイプの生産コストの引き下げのために約170万RMの額の新しい機械が調達されるべきであるとされているが[27]、この年度の投資はゲンスハーゲンの新しい航空機エンジン工場の建設のほか、マンハイムにおけるトラック部門の合理化やベルリン・マリーンフェルデにおける戦車部門の拡大のためのものであり[28]、航空機エンジン部門にむしろ投資の重点がおかれていた。

　これに対して、1937年と38年にはようやく乗用車部門をも含む合理化投資が行われるようになっており、39年にもウンターテュルクハイム工場を軍需品のすべての

表6-2　ダイムラー・ベンツの投資額の推移

(単位：RM)

年度	投資額(新規投資)	摘要
1933	5,500,000	・総額のうち工具・機械に2,494,207RMが支出されている。
1934	9,500,000	・うち670RMはウンターテュルクハイムおよびマリーエンフェルデの航空機エンジンの開発のためのもの。 ・総額のうち工具・機械に5,314,466RMが支出されている。
1935	20,200,000	・10,700,000RMはガゲナウのトラック生産のためのもの。 ・9,500,000RMは航空機エンジンの開発と生産のためのもの。
1936	22,000,000	・9,000,000RMは航空機エンジンの生産のためのもの。 ・2,700,000RMはベルリン・マリーエンフェルデの戦車工場のためのもの。 ・2,500,000RMはガゲナウのトラック工場のためのもの。 ・総額のうち工場の拡大に約2,503,000RM，実験設備に約1,625,000RM，機械に約7,010,000RM，工場の改造に約1,730,000RM，支店関係に約1,300,000RM，不動産に約600,000RMがあてられている。
1937	23,000,000	・投資の重点はウンターテュルクハイムの航空機エンジンの開発工場の拡大におかれている。
1938	26,800,000	・約9,400,000RMが自動車生産の合理化のために支出されており，それはさまざまな工場へのトラックと乗用車の生産の集中のためのものであった。 ・約8,452,000RMは生産の拡大のためのもの，約5,542,000RMは管理棟と営業所の拡大のためのもの，約5,000,000RMはウンターテュルクハイムにおける自動車生産の改造のためのもの。
1939	44,000,000	・14,000,000RMがウンターテュルクハイム工場の拡大に，15,400,000RMがガゲナウとマンハイムのトラック工場の拡大にあてられている（そのうち2,820,000RMはマンハイム工場のトラック生産の機械設備のためのもの)。
1940	62,000,000	・約26,000,000RMはSボート用エンジンとトラックの生産のためのもの。
1941	127,000,000	・約84,300,000RMは航空機エンジンの生産のためのものであり，そのうち，ゲンスハーゲンに50,000,000RM，ウンターテュルクハイムに19,400,000RM，コルマールに14,900,000RMがあてられている。 ・7,300,000RMがウンターテュルクハイム工場のSボート用エンジンの生産にあてられている。 ・総額で1,487,000RMは各工場における工作機械のためのもの。
1942	112,720,000	・48,000,000RMがウンターテュルクハイムの検査所に，47,800,000RMがウンターテュルクハイムの航空機エンジンの開発に，5,400,000RMがバックナウにおける駆動装置の開発にあてられている。 ・3,420,000RMはウンターテュルクハイムにおける外国人労働者のための住宅・賄いバラックの拡大，4,640,000RMはマンハイムにおける3トントラックの生産施設，3,465,000RMはベルリン・マリーエンフェルデにおける戦車の生産の拡大のためのもの。
1943	120,000,000	・投資の大部分がオルガン社とオストマルク航空機エンジン工場の拡大にあてられたほか，2,700,000RMはマリーエンフェルデにおける戦車の生産，3,086,257RMはマンハイムにおける3トントラックの生産，2,600,000RMはウンターテュルクハイムからヴェントリンゲンへの戦車用エンジンの生産の移転，約5,000,000RMはダイムラー・ベンツ・ノイバカ有限会社の拡大のためのもの。
1944	133,000,000	・オルガン社の拡大。 ・工場の移転のための投資。

(出所)：Schriften der Hamburger Stiftung für Sozialgeschichte des 20, Jahrhunderts (Hrsg), *Das Daimler-Benz Buch. Ein Rüstungskonzern im ›Tausendjahrigen Reich‹*, Nördlingen, 1987, S. 335, H. Pohl, S. Habeth, B. Brüninghaus, *Die Daimler-Benz AG in den Jahren 1933 bis 1945*, Stuttgart, 1986, S. 128-32より作成。

製品系列の開発の中核にするための同工場の改造のほか、ガゲナウとマンハイムのトラックおよび特別車両の工場の一層の拡大のための投資が行われている[29]。37年には、官庁の要望によってウンターテュルクハイムの開発工場が拡大されなければならなかったが、自動車部門では、ウンターテュルクハイム、ガゲナウおよびマンハイムのために、また生産の拡大や改善、コスト引き下げのために新しい機械の調達が必要となった。またマンハイムからウンターテュルクハイムへの中型の乗用車の生産の移転と集中化のために投資（マンハイムとガゲナウではそれぞれ60-70万RM、ウンターテュルクハイムでは200万RM）が必要とされたほか、ジンデルフィンゲン工場では、それまでの生産の改善とコスト引き下げのために、また新しいプレスの調達やいくつかの建物の建設のために約200—250万RMが必要とされた。さらにマリーエンフェルデでも生産設備の改良と新しい事務棟の建設が必要とされた[30]。この年のウンターテュルクハイム工場の投資コストとして4,065,815RMが予定されているが、その大部分が生産設備の更新や拡大にあてられている[31]。また38年にはトラック生産を拡大するという緊急の必要性のためにガゲナウの生産の一部をマンハイムに移すことが計画されたが、そのための両工場における変更は約940万RMの投資を必要としたほか、マリーエンフェルデでは220万RMが必要とされた。またウンターテュルクハイムでも乗用車の生産の改善とコスト引き下げの必要性が最善かつ最も近代的な工作機械の調達を必要とし、そのために400万RMが必要とされており、ジンデルフィンゲンでも個々の作業現場の拡大、とくに合成樹脂の塗装の開始のためにも190万RMが必要とされた。さらに営業所の拡大のために約500万RMが必要とされた[32]。1939年の営業年度においても、過去の諸年度においてと同様に、獲得された利益は、そのほぼすべてが経営の拡大および強化のために利用されている[33]。

またこの時期の設備投資をとくに機械設備についてみると、B. P. ベロンは、同社では、新しい機械、通常はドイツおよびアメリカの専用機への投資が30年代をとおして急速なペースで増加したとしている[34]。例えばこの時期に新たに購入された工作機械の金額をみると、1933年には約155万RM、34年には約284万RM、35年には約567万RM、36年には約521万RM、37年には約630万RMとなっており、35年以降に大きな額となっている。1930—37年の期間の総額22,405,579.12RMのうち21,587,826.71RMが33年以降に購入されたものであり[35]、また33年および34年には機械設備勘定の増額が生産の増大と更新需要によって必要とされたものであっ

たとされているのに対して(36)、35年以降は新規調達が大規模に行われるようになっており、この点にもナチス期になって資本支出をともなう「技術的合理化」が強力に取り組まれたことが示されている。

さらに戦時中をみると、戦争の勃発にともない、国内の民需向けの自動車の生産が抑制されたのに対して、トラックの生産増大がそれに対置していたが、その何年間かに再び開始されたすべての他の活動領域（とくに航空機用エンジンおよび大型エンジンの生産）における業務の可能性が高められ、そのことが民需向けの自動車の生産制限を埋め合わせただけでなく、それを超えて生産の拡大さえ可能にした。そのような生産における重点移動にともない本来の意味での徹底的な転換が必要となったということが重要な意味をもったといえる。戦争経済が突きつけた新しい課題は、諸要求の高まりや変化への個々の工場の生産能力および生産の適応を求め、そのことが労働力と資金のかなりの投入を求めたのであった。そこでは、人件費の削減は、定型の削減と最も大規模な大量生産によって促された一層の合理化の成果であるとともに、労働市場の状況を考慮すると必要となった経営の機械化の進展がひとつの役割を果したとされている(37)。

そこで、戦時期の設備投資の状況を具体的にみることにするが、1939年9月の戦争勃発後、「戦争にとって重要な目的」のためにのみ投資が行われたにすぎず、すでに承認されていた850万RM（500万RMが機械のためのものであり、残りの350万RMが建物のためのものである）は一時中断されざるをえず、新規投資については、40年にはさしあたり静観的な態度がとられていた。同年10月には「戦争にとって重要」と格付けされたものとして1,600万RMの投資が行われ、さらにトラックおよび大型エンジンの製造のために約2,600万RMの投資が新たに加わったとされている(38)。ウンターテュルクハイム、マンハイムおよびガゲナウの3工場におけるこの年度のトラックの生産のための支出総額は約1,400万RMに達する予定であったとされている(39)。同年9月20日の取締役会の議事録によれば、なかでもマンハイム工場においては、全体的にみれば、トラックの生産のために大規模な設備が生み出されたとされているほか、ガゲナウでも以前の製造建屋のなかに大規模な機械工場が配置されてい

る(40)。大きな製造ロットのあらゆる利点にもかかわらず,生産はわずかな転換の可能性しかもたない巨大な専用機械にあまり依拠しないという,すでに以前から採用されていた同社の政策は有益であったに違いないが,他方では,同社は,1938年および39年の2年間にもとくに大規模な投資を実施しており,それでもって,戦時中にもそれなりの生産の発展のための製造条件と機械の条件を生み出したとされている(41)。この点は機械設備の新規調達および更新のための調達の額が1938年には約950万 RM であったものが39年には約1,823万 RM,40年には約1,431万 RM に大きく増大していることにも示されている(42)。そうしたなかで,170V の車体部品の生産のための1台の1,250トンプレスの配置がこの年の設備投資の重要なもののひとつをなしたといえる(43)。また41年の初めには,同社の投資計画はとりわけ「大型プロジェクト」の計画によって1億 RM を超えたが,航空機エンジンの生産に約8,430万 RM があてられており,投資の重点はそのような軍需生産におかれていた。42年にもマンハイムの3トントラックの生産設備のために464万 RM が支出されているにすぎず,本来の自動車生産のための投資はごく小さなものにとどまっており,43年をみても同様の傾向がみられる(前掲表6-2参照)。

　また設備投資を減価償却との対比でみると,減価償却は1933年および34年にはそれぞれ3,432,156RM,6,456,267RM となっており,固定設備額の増加と比べると大きな額とはなっているが,減価償却額の大幅な増大がみられるのは35年以降のことであり,35年から39年までのそれは約2,000万 RM から約3,000万 RM にものぼっている(44)。1936年には設備簿価の3分の2の規模の投資は減価償却によって充足されたのであり,投資全体が減価償却でもって資金調達されたと指摘されている(45)。同社では,配当の抑制をともなう利益の運用政策においては,経営の近代化および合理化のための準備が新たなより大きな役割を果しているとされているが,減価償却の増大は設備投資のための支出の拡大にかなり正確に対応しており,その結果,両者の規模は37年にもほぼ同じであり,すでに長い年度にわたりそうであったように,設備簿価はごくわずかな変化しかみられなかった(46)。利益は本質的には経営の拡大,とりわけ生産能力の拡大に役立ったが,それは,営業決算にさいして,通常の使用によって算定される額をはるかに超える減価償却のやり方で行われただけでなく,正

確な経営経済的解釈によれば借方記帳されるであろう多くのかなりの費用が含まれる「経費」概念の大まかな解釈によるものでもあったとされている。このように，37年までの諸年度には高い収益性およびそれによって稼いだ利益をまず第1に経営に投下しようという諸努力が自己金融をもたらしたのであり，37年の営業年度の大規模な投資は経常的な事業の利益および帳簿上でみれば「減価償却」から資金調達された。これに対して，1938年には，初めて設備簿価の増大もみられるようになっており，それは400万RM増大して3,520万RMとなっている[47]。また39年をみても投資のための資金需要の3分の2が減価償却によってまかなわれたとされている[48]。

第2節 「技術的合理化」の展開とその特徴

1 「技術的合理化」の重点

以上の考察をふまえ，つぎに，「技術的合理化」の展開についてみていくことにするが，ナチス期の自動車工業における「技術的合理化」の特徴は，加工組立産業に属する機械製造業や電機工業の場合と同様に，1920年代の合理化過程において一定の進展をみながらも本格的展開には至らなかった技術的方策の導入が引き続き取り組まれたことにみることができる。それは機械設備の個別駆動方式への転換と硬質合金の利用による切削工具の改良によって，労働手段の技術的発展が本格的に推し進められたことにみられる。

この点を個別駆動方式への転換についてみると，例えばダイムラー・ベンツでは，1936年以降に個別動力および近代的な装置を備えた専用機械の配置が加速されており[49]，戦時中にも，「工作機械が個別駆動のものに代替され，製作中の重量の大きな半製品が容易に次の労働場所に搬送されるように捲き揚げ装置が設備され[50]」たこと，またオペルのブランデンブルクのトラック工場の1,200台のすべての工作機械が個別動力を備えていたこと[51]にみられるように，この時期に個別電動駆動方式の普及が大きな進展を確認することができる。また1937年の *Motorschau* 誌によれば，自動車工業全体でみると，工作機械の個別電動駆動はその近年にほぼ完全に普及しており，そこでは，最大の機械でさえ押しボタンを指で押すことによって操作を行うことができたとされて

いる。また伝達ベルトのからみあいによってもはや損われることのない当時の自動車工業の建屋の見通しのきく状態は工作機械の個別駆動によって達成されたと指摘されているように[52]，個別駆動方式への転換によって，流れ生産による大量生産のためのより良い技術的条件が与えられることにもなったといえる。例えば電機企業のAEGのアルヒーフも1939年に，当時，多様な利用が可能な電動式工具が自動車工業の職場において不可欠な補助手段となっており，それはとくに流れ生産において――ベルト・コンベアや移動台のもとで――すばらしい成果をあげていたと指摘している[53]。

また硬質合金による切削工具の改良についてみても，自動車工業は加工組立産業のなかでも大量生産への取り組みが最も強力に推し進められた部門のひとつであり，そこで加工される部品のロットの大きさのために，機械製造業のような部門と比べても硬質合金工具の利用がすすんだといえる。

2　「技術的合理化」の展開

そこで，つぎに「技術的合理化」の展開過程を具体的にみていくことにするが，自動車の生産は，多くの点で，その後に他の産業部門においても急速に導入された新しい生産方法や近代的な工作機械にとってのペースメーカーであったとされている[54]。ことにナチス期の強力なモータリゼーションの促進による成果は，自動車工業によって，一部は生産能力の拡大のために，また一部は新規設備のために利用され，それらは，生産過程を質的に高めること，すなわち合理化の継続によって製造原価を引き下げること，工場における材料の回転のテンポを加速させることに役立ったとされている[55]。

1930年代のドイツの自動車生産における工作機械の利用の問題について，P. ヘレルスベルクは37年に，工作機械をその当時の水準にまでもたらした一般的な傾向は例えば改良された工具による作業の質の大幅な向上，個別電動駆動の導入，振動に関する問題の解決の成功，高品質の軸受けおよびはすば歯車の開発といった諸要因によって特徴づけられるとしている。このような進歩は時間の大幅な短縮をもたらしたが，それらは自動車の生産における精密加工機械の領域の特別な進歩をなしたとされている。また自動車工業の資本投下に占める工作機械の大きな割合のもとでは，取り替え可能な専用の装置のみでもって機

械が根本的な変更なしに自動車工場の定型のたえずおこりうる変更に弾力的に適応することができるようなやり方で機械を標準化することが決定的に重要であった。そのような観点は、まさにその10年間には自動車工業用に生産される工作機械の発展にとって決定的な影響をおよぼしたのであり、それによって生産する品目の変更が比較的わずかなコストおよびわずかな時間のロスしかひきおこさないようにすることができたとされている(56)。この点については、*Automobiltechnische Zeitschrift* 誌も1936年11月に、ドイツの工作機械製造業は通常のエンジンおよび駆動装置の部品や自動車のあらゆるその他の部品を専用装置や工具の助けのみでもって経済的に生産することを可能にする水準にまで通常の機械を引き上げることにできる限り努力していること、またそのような機械が当時の自動車工業の機械設備のうち最大の割合を占めていたことを指摘している(57)。

またそのような通常の機械とならんで、この時期に自動車生産の特徴をなしたのは、例えばカムシャフト、スプライン軸などのための研削盤やカムシャフト、クランクシャフト用の専用旋盤のような特別な専用機械であった(58)。そこでは、同時に複数の加工を行うことのできる最新の機械設備の導入がとくに重要な役割を果したのであるが、生産コストに占める労働手段のコストの割合の高さゆえに機械設備のより集約的な利用が重要な課題となった当時の状況のもとでは、そのことはとくに大きな意味をもったといえる(59)。W. ヴェルナーは1942年に、かつては、自動車工業においても、工作機械の生産者に対して、長期におよぶ大量生産のための台数を直ちに云々することはできなかったが、今や、工作機械の生産者がそれを利用する産業と協力してまぎれもない単能機を開発し、製造するという課題を突きつけられる時が来たとしている(60)。

この時期に自動車工業において利用された工作機械の発展について、O. キーンツレは1939年に、1）はるかに多くの特殊機械の利用、2）多軸機械の利用、3）純粋な単一目的機械の利用、4）大量生産において初めて経済的になるその他の諸方式の利用（例えばブローチ盤によるフライス削りの代替）の4つの方向がみられたとしている(61)。

そこで、この時期の自動車工業における「技術的合理化」の進展状況をまず切削加工のための各種の主要工作機械について具体的にみていくことにしよ

う。

旋盤について——まず旋盤についてみると，*Automobiltechnische Zeitschrift* 誌は1936年に，旋盤のグループのなかでは，その近年に軽金属や非鉄金属製の仕掛品が精密に加工される精密旋盤がとくに目立っているとして，ケルガー社の普通旋盤および送り軸旋盤の事例をあげている。それらは硬質合金工具やダイアモンド工具の利用のもとで，高品質の正確な寸法の表面加工を可能にしたとされている。そのような旋盤とともに専用旋盤の発展，その利用がすすんだが，そのような事例は例えばピストン，ボルト，シャフトなどにみられる[62]。軽金属製のピストンの切削には一般に比較的単純な生産旋盤が利用されたが[63]，多くの場合，ピストンの加工やその他の自動車部品（フランジ，軸くびなど）の加工には多刃切削方式での旋盤が導入されている。そこでは，ピストンの加工のための近代的な専用旋盤において，硬質合金工具でのシャフトの荒削りおよび3つの工具でのキーみぞの同時のフランジカットでは1時間に100個，ダイアモンドでのシャフトの仕上げ切削およびピストンリングのキーみぞのフランジカットでは1時間に60個の加工時間が達成されている[64]。専用旋盤はそのほかブレーキドラムの旋削にも利用されており，それにはベーリンガー社によって開発された専用機などをあげることができる[65]。このように，大量生産は6軸を備えた自動盤のような高性能機械の配置をもたらしたが，あまり多くの量では生産されないトラックのピストンでは，切削工程はしばしば徹底して分割されており，そこでは，個々の作業工程のために用意される機械には球面上の回転スライドヘッドを備えた旋盤が利用された[66]。

旋盤の利用におけるそれ以外の重要な領域は，自動車の生産においてとくに大きな役割を果すクランク軸旋盤やカム軸旋盤であった。そこでは，もっぱらこうした目的のために開発され，またわずかな企業によってしか生産されない専用機械が問題となるが，そのようなクランク軸旋盤では，駆動のために30馬力の出力をもつ三相交流電動機か直流電動機のいずれかを備えていた[67]。この時期のクランク軸旋盤は4気筒と6気筒のクランクシャフトのすべての軸受けタップを同時に加工したほか，カム軸旋盤でも，6気筒のカムシャフトの12本のカムを同時に加工する専用のカム軸旋盤が，また丸い形状の切削には総形

削り旋盤が利用されていた(68)。H. メルヒャーらは1939年に，クランクシャフトの生産に関して，大きな生産量の場合には，各作業段階のために特別な機械が用意されているとして，4気筒のクランクシャフトのタップと中間軸受けの切削のための半自動の多刃旋盤をあげているが，そのような機械の利用は製造時間の短縮を達成しただけでなく，一回のバイトの装着によって均一的な生産の順序を保証することにもなった(69)。

また最大の旋削部品であるリアアクスルケースの加工でも一般的に専用旋盤が利用されていたが，その代表的な例として，25馬力のスピンドルの原動機と2馬力の送りの原動機を備えた，リアアクスルケースのブリッジの加工のための専用機をあげることができる。中ロットの場合には，ケースは通常のタイプの半自動盤かタレット旋盤で外側と内側が旋削された。アクスルそのものの加工には一般的に多刃旋盤が利用されていた。このように，リアアクスルのケースやシャフトは，一般的に，そのために製造され，少なくとも特別な装置を備えた機械によって加工されたのに対して，主として駆動装置の回転を歯車で伝達するボスや類似の中規模の部品の生産では，その大きさやロットに応じて，さまざまな種類の既存の機械を経済的に配置することが可能であったとされている。例えば大型トラックのボスのように複雑な形状のものの加工には大型のタレット旋盤が利用されたのに対して，単純な形状の仕掛品の強力な切削には半自動盤を経済的に配置することができた。またボスがあまり大きくない場合には多軸半自動盤を利用することもできた(70)。このように，切削における給付はとりわけ複数の位置での同時の旋削を行うための専用機械によって引き上げられることができたのであった(71)。

このような多軸旋盤の利用がいかに効率的な生産を可能にしたかについては，つぎの比較からも明らかとなる。O. ディックホッフは1941年に，8時間に190個のしゅ動歯車を生産するのに要する場所，作業者および段取工の比較をいくつかの種類の機械について行っている。それによると，28台の普通の旋盤の利用の場合には234㎡の場所と28人の作業者と1人の段取工が，12台のタレット旋盤の利用では130㎡の場所と12人の作業者と1人の段取工が，6台の単軸旋盤の利用では105㎡の場所と3人の作業者と1人の段取工が必要であったのに対して，2台の半自動の多軸

旋盤の利用では50㎡の場所と1人の作業者と1人の段取工しか必要とせず，8時間に480個の小歯車を生産するケースでの比較でも同様の傾向がみられる[72]。

さらに自動旋盤についてみると，自動車の生産において旋盤がどの程度自動で稼働していたかを，心押し軸の自動での前後の移動のもとで仕掛品の自動での固定と取り外しを行う，弁案内のブッシュの加工のための旋盤の事例が示している。とりわけ，2つのドイツの企業によって模範的な完成度にまで開発されたクランクシャフト用およびカムシャフト用の旋盤が自動車工業のための上述の如き専用機械に属している[73]。O. ディックホッフは1941年に，切削加工の作業工程においては自動化がひろく実施されているとした上で，単軸タイプおよび多軸タイプの自動盤としての完全な自動盤が最も有名であったとしている。自動化においては，空運転を排除するかあるいは最短の時間にまで短縮すること，加工すべき原料の送りを完全自動で行うか，あるいは不熟練労働者か半熟練労働者が利用できるように面倒な部分を単純化することが原則であったとされている[74]。自動車の生産に利用されていたタレット旋盤はほとんどすべて通常の旋盤であったが，専用装置によって自動車の生産に適したものにされたと報告されている。例えばアドラーの流行車の駆動装置のケースの加工のためのタレット旋盤やドイツ・クレックナー・フンボルト社のパッキンのキャップとバルブキャップの生産のための新しいタレット旋盤をそのような事例としてあげることができるが，後者の事例では，そのすべてが硬質合金による切削工具合金を備えた特別な装置・工具が利用されていた。またアーチキュレーションピースの生産のためにコレット＆エンゲルハルト社によって独自の10軸半自動盤が開発されている[75]。駆動装置の歯車の生産のなかでも単純な歯車についてはタレットヘッドを備えた単軸自動盤が大量生産においても有利であったが，大規模な大量生産の場合には，多軸自動盤が配置されている[76]。

中ぐり盤について──つぎに中ぐり盤をみると，旋盤では本質的に既存のタイプが維持されることができたのに対して，精密中ぐり盤の発展では，新しい道を歩まねばならなかったとされている[77]。この点について，P. ヘレルスベルクは1937年に，最大の精度で内面が加工される精密中ぐり盤がその最近の自

第6章　自動車工業における合理化過程　317

動車生産の特徴を示すもののひとつであり，そこでは，構造上まったく新しい道をすすんだのであり，例えばピストンピンの穴の加工あるいは連接棒における中ぐり，クランクシャフトの軸受けの中ぐりにおいて要求される最高の精度が達成されたとしている。なかでも，エンジンのシリンダーの加工のための多軸中ぐり盤は最も印象的な加工機械に属するとされている[78]。そこでは，単軸機械がいたるところで多軸機械によって駆逐されている[79]。例えばアドラーでは，50以上の中ぐり穴がひとつの作業工程で加工されるようになっており，そのような加工を可能にする中ぐり盤が配置されている[80]。オペルでも，ブランデンブルクのトラック工場のエンジンのシリンダーの加工における同時に3つの側から64の穴を中ぐりする多軸中ぐり盤の利用や[81]，24本のドリルがひとつの作業工程でエンジンのシリンダーヘッドのねじ穴を加工する機械の利用がみられる。フォードでもV型8気筒エンジンはひとつの作業工程ですべての中ぐり穴が加工されるようになっており[82]，また連接棒におけるピストン穴の荒中ぐりも12本のスピンドルをもつ1台の機械で行われるようになっており，そのような機械の操作には仕掛品の固定と取り外ししか必要としなかった[83]。エンジンのシリンダーの中ぐりでは，その準備のためには，一般的に既存のタイプの多軸中ぐり盤が利用されていたのに対して，シリンダーの加工それ自体には一連の専用機械が開発され，利用されている。そのような機械は複数の硬質合金工具あるいはダイアモンド工具を備えており[84]，またフォードにおける8時間に150のエンジンのシンリンダーの中ぐりを行う機械のロールも硬質合金製であったとされており[85]，旋盤の場合と同様に，多くのところで切削工具の改良が同時に取り組まれている。ダイアモンドでの加工は，達成される精度と均一性のゆえに，部品の確実な互換性を可能にしたのであり，それは適切な利用のもとでは非常に経済的であったとされている[86]。

　そのような精密中ぐり盤は弁案内，弁座などの加工のためにも利用された。シリンダーや弁の中ぐりとならんで，シリンダーヘッド，マニホールド，シャッターカバーなどの固定のための多くのボルト穴の中ぐりには，大量生産の場合には，多軸中ぐり盤が利用されており，非常に大きな数量の場合には，シリンダーブロックをすべての面から同時に加工する専用機械が配置された[87]。またすべてのクランクケースの非常に多くのねじ穴の中ぐりは，半自動の中ぐ

り盤でもって、合計96の中ぐり穴がつくられるひとつだけの作業工程で行われるようになっている。当時初めて導入され、またまったく確実に稼働する、近代的な中ぐり盤の回転数の無段階制御は、当時中ぐり盤でもって達成可能な給付にとってとくに重要な意味をもっていたとされている[88]。またクランクシャフトやカムシャフトの加工についてみると、とくに大きなクランクシャフトでは、タップは重量の軽量化のために空洞に中ぐりされるが、大量生産の場合には、そのために多軸中ぐり盤が利用された[89]。トラックを主に生産しているドイツ・クレックナー・フンボルト社でも、6気筒のエンジンケースのクランク軸受けの内径の中ぐりのために半自動の多刃中ぐり盤が利用されていた。こうした専用機では、主軸ドラムは作業工程の終了後自動で最初の場所まで戻り、労働者はその間に完成した仕掛品を取り外し、そして加工されていない新しい仕掛品を固定するだけでよく、専門労働者はそのような多くの機械の監視と保守を行った。このような専用機が配置される前にはエンジンケースは立て旋盤で生産されており、さまざまなタイプのために必要な作業時間は120分から50分の間であり、そのなかには約50％の手作業が含まれていたが、この専用機の場合に必要な時間は12分から15分ですんだ。そのような機械は装置の取り付けによって簡単に他の目的（例えば普通のバイスの利用によるボスやブレーキドラムのような丸い部品の加工）のために改造することができ、一定の汎用的利用が可能になった[90]。このように、1930年代末には、エンジンケースの大量生産のための半自動の中ぐり盤が、シリンダブロックのすべてのねじ穴の中ぐり、穴あけ、研磨およびねじ切りを同時に行うことを可能にした。そこでは、自動搬送設備が仕掛品を個々の機械ユニットに搬送するようになっており、シリンダヘッドの生産では、12軸の油圧式の二路式中ぐり盤が秒単位で個々の作業を正確に行ったのであった[91]。

　また自動車工業のための専用中ぐり盤はしばしば規格化された中ぐりユニットの利用によっても発展をとげており、そのひとつの事例として連接棒の油穴の中ぐりのためのユニットをあげることができるが[92]、例えば立て深穴中ぐり盤にそのような機械の例をみることができる[93]。このように、この時期には大量生産に適した機械が多く利用されるようになっているが、小さな組の生産や同じ加工ラインでのさまざまなエンジンブロックの交互の加工が行われる

場合には，より長い段取り時間と切り替えの時間がかかる多軸機械ではなく汎用的な使用範囲をもつ単軸構造の機械を利用することが有利であったとされている。そのような機械の例としてトラック工場における単軸精密中ぐり盤とホーニング盤があげられている[94]。

フライス盤について──またフライス盤をみると，自動車の生産においては，通常のタイプのものがひろく利用されていたとされているが，大きな部品（例えばシリンダーブロック，シリンダーカバー，クランクケース）のフライス加工には，仕掛品をより多くの組で順番に固定することのできる平削り型フライス盤が開発されている。この機械では各カッタスピンドルは個別の電動機を備えており，それでもって，個々のスピンドルの切削速度を工具のそれぞれの直径に合わせることができた。近代的なタイプでは1分間に20から530回転となっていたカッタスピンドルの大きな回転数の幅は，高速度鋼や硬質合金の工具のそのときどきの目的にあった利用のもとで，軽金属だけでなく鋳鉄や鋼の加工をも可能にした[95]。このように，例えばエンジンブロックのフライス削りにおいても，多軸平削り型フライス盤は自動車の大ロット生産あるいは大量生産のための機械として役立ったとされている[96]。

またフライス盤の多軸化とともに，硬質合金工具の利用も拡大されている。例えばフォードのシリンダーブロックやシリンダーカバーなどの加工のための大型のロータリーテーブル形フライス盤をみても，荒削りおよび仕上げ削りのためのそれぞれ2本の硬質合金製の大きな植刃フライスを備えており，8時間に150個の加工を行うことができた。また軸受けカバーの加工のためのロータリーテーブル形フライス盤でも同様に荒削りと仕上げ削りのためにそれぞれ2本の植刃フライスを備えていた[97]。フライス加工では，主にロータリーテーブルタイプのフライス盤によって大きな給付の増大が達成されたと指摘されているが[98]，硬質合金工具の利用はそうした給付の増大において大きな役割を果したといえる。とくにより大きなエンジン部品のための軽金属の多様な利用および硬質合金の利用は，当時，大きな調整範囲をもつ機械を求めることになったが，そのような機械は主に大きな鍛造型の生産やクランクシャフト，連接棒などのプレスのためにも利用された[99]。

この時期にはまた，例えば立てフライス盤にみられるように，カッタスピンドルやテーブルの駆動のために，独自のブレーキをもつそれぞれ1基の電動機が装着されるようになっており，そのようなブレーキモーターの利用によって，カッタスピンドルとテーブルの動力の正確かつより安全なスイッチオフが達成された[100]。また多くの他の自動車部品のように，弁も高度な特別な生産を必要とし，そのために専用の装置を備えた通常の機械かあるいは特別なタイプが開発されているが，そのような代表的な機械として2軸フライス盤をあげることができる[101]。このような大きな部品の加工とは異なり，単純な部品については，簡単な横スピンドルかあるいは縦スピンドルを備えた手加減フライス盤が選ばれたとされている[102]。

研削盤について——またこの時期には研削盤においても技術進歩がみられた。自動車工業は高度に発展した研削盤の特別な需要をもっており，それは弁や弁座，カムシャフトあるいはクランクシャフトの加工のためのものであったが[103]，例えば弁の加工には円筒研削盤が利用されていた[104]。1936年のライプツィヒ見本市において初めて球状の弁座の研削のための専用機がシュマルツ社によって発表されているが，この機械ではそれぞれの大きさに応じて1分間に4つから5つの弁の研削が行われた。またカム軸研削盤およびクランク軸研削盤も本来の専用機とみなすことができるが，小型の機械は例えば噴射ポンプのカムや小さなカムシャフトの加工に適していたのに対して，大型の機械は主として自動車や航空機のカムシャフトの生産に役立った。例えば代表的なカム軸研削盤では合計5つの電動機を備えていたが，それらは研削台，工作主軸台，ポンプおよび発電機の駆動，写取り装置，仕掛品の回転数の制御のためのものであった[105]。クランクシャフトの軸受けやタップは生産量に応じて同じ機械で加工されるか，あるいは各タップの種類に対して特別な機械が利用されるが，そこでの研削はもっぱら送り込み研削の方式で行われ，そのようなカム軸研削盤でもってすべてのタップを研削することができた[106]。またカムシャフトの場合にも，半自動のカム軸研削盤のほか，仕掛品の固定と原動機の操作の後は完全に自動で稼働し，大量生産に適していた近代的な機械が利用された[107]。例えば12のカムの形状をもつカムシャフトとガソリンポンプのための

斜板カムが仕上研削される自動のカム軸研削盤では、それまでと比べ機械の台数、場所および労働者はそれぞれ50％ですんだとされている(108)。

また主に自動車、航空機や工作機械の生産のために使われていたスプライン研削盤はこの時期には他の種類の機械の生産にもますます使用されるようになっているが、例えばフリッツ・ヴェルナー社のスプライン研削盤にみられるように、そのような機械は特別な装置の利用によってある程度半自動盤として稼働するようになっている。その他、表面研削盤も自動車工業においてシリンダブロックの排気曲がり管などの表面の研削のために経済的に利用されるようになっている。これに対して、ピストンの加工では、軽金属のピストンのさまざまな種類の熱膨張のために、ボルト穴にかえてピストンを楕円形に研削する方法への移行がはかられており、そのために、一般的に通常の円筒研削盤が利用されていたとされている。そのような円筒研削盤や楕円形研削盤は研磨ディスクの駆動、液圧によるテーブルの移動および研削ポンプの駆動のために各々の電動機を備えており、加工品はVベルトによって制御可能な直流電動機で動かされた(109)。またピストンリングの生産にはリングの両方の平らな側面の荒削りと仕上削りを行うための自動の滑車研削盤が利用されていた(110)。ブレーキ部品の加工においても専用機の利用がみられるが、それには例えば制輪子の研削のための研削盤があった(111)。

さらにこれらの研削盤のタイプとともにこの時期に大きな進歩を示したものに心なし研削盤があった。O. ディックホッフによれば、この時期にはカムシャフトの研削のために完全自動の研削盤が誕生しているが、心なし研削盤は研削盤の製造における最大の成果を示すものであったとされている(112)。大規模な大量生産の場合には、ジャケットやピストンリングのキーみぞの部分の研削にも心なし研削盤が利用されており、そのような機械は直径95mmの鋳鉄製のピストンを1時間に60個から80個仕上げた(113)。心なし研削盤はそれ以外にも弁の縁取りに利用されたほか(114)、リアアクスルのブレーキカムの管の研削にも利用された(115)。また駆動装置の歯車の生産には平面研削盤が利用されたが、シャフトの歯車の内径と側面の研削作業を同時に行うことによって、研削のコストが大幅に引き下げられ、また精度が高められた(116)。

またホーニング盤では、それまでは工具が手で送られねばならない単軸ホー

ニング盤のみが利用されていたが，新しい機械では6軸をもつものが現れており，そのような機械でもって3分の1の場所と労働者で同じだけの生産を行うことができた[117]。

ホブ盤・歯車形削り盤・ラップ盤について——また自動車の生産において非常に重要な役割を果す歯車の加工についてみると，そのような目的ために，組織的な科学的研究を基礎にして，最高の完成度の機械が生み出されている。そこでは，ホブ盤および歯車形削り盤が最も重要な役割を果したといえる[118]。この点について，O. ディックホッフも，嚙み合わせの生産では非常に大きな進歩が記録されることができたとした上で，歯切盤と歯車形削り盤がその2つの主要な代表をなしたとしている[119]。それゆえ，つぎにホブ盤・歯車形削り盤・ラップ盤についてをみることにしよう。

この時期には，これらの機械においても，主要な工作機械では個別電動駆動方式の普及をみている。1935年に操業を開始したオペルのブランデンブルク・トラック工場では自動かさ歯車歯切り盤が利用されていたが，そのような機械はアメリカにおいてのみ生産されていたものであり，ドイツ工業はその近年にそのような外国の優位を取り戻すことに成功したとされている[120]。この点については，イギリスによるドイツの戦時工業生産力に関する調査も，オペルの歯車形削り盤がアメリカにおいて製造されたものに匹敵していたことを確認している[121]。しかし，フォルクスワーゲン，ハノマーク，クレックナー・フンボルト・ドイツ，ヘッシュ，リュールシュタール，ブッシング，シュミーダックの7社の自動車生産に関係する企業を第2次大戦後に調査したイギリスの報告によれば，歯切盤の領域では当時アメリカから手に入れることのできる最新のタイプの機械に匹敵するものは何らみられなかったとしている。ことに小さな歯車のシェービングは伝統的な方向ですすんでおり，またあらいピッチのより大きな歯車の場合には，すべてのケースにおいて，歯の形状や仕上げの精度を確保するために仕上作業には歯車形削り盤か歯車研削盤が利用されていた。ドイツの製造業者はホブ仕上げよりもコストのかかるこうした方法を好んだとされており[122]，「技術的合理化」の具体的な水準をみる場合，企業間の格差の問題を考慮に入れておく必要がある。

第6章　自動車工業における合理化過程　323

　また歯車の仕上げ削りには歯車研削盤が利用されていたが[123]，焼き入れされた歯車の精密加工には，一般に，特別な歯車研削盤，すなわちいわゆるラップ盤が利用されていた[124]。この時期には，アメリカで開発された歯車のきさげ仕上げのための機械がドイツでも製造されるようになっており，有名なきさげラックを工具として使用するタイプのものがその代表例をなした。焼き入れ工程を最も慎重に行った場合でも決して避けることのできない焼き入れの遅れのために精度が後に再びある程度損われざるをえないという理由から，歯車のきさげ仕上げと結びついてラップ盤もかなり重要となったとされている[125]。ラックあるいはシェービングカッタでのきさげ仕上げはまぎれもない大量生産の方式であったとされている[126]。この時期には，歯車の仕上げの目的のためにも，とくに駆動装置の歯車の加工に役立つ専用機械が生み出されている[127]。P. ヘレルスベルクは1937年に，とくに多くの専用機械が歯車の仕上げのために役立ったとしてドイツ・ニレス社の機械の事例をあげているが[128]，その他の代表的なものとしてはヴェルナー社の4軸をもつ自動歯車ラップ盤やロレンツ社の完全自動の高速クランク掛け形削り盤などをあげることができる。またしゅ動歯車のよい噛み合わせのためには歯の角とりが必要となるが，そのような加工にはホブ盤やエンドミルが利用されていた[129]。ラップ盤はピストンリングの加工にも利用されており，それはピストンリングの最高の精度を可能にしたとされている[130]。またかさ歯車の加工では，差動衛生ピニオンは通常かさ歯車平削り盤で歯切りされたが，こうした機械では，専用の装置の装着によってはすば歯車も生産されることができた。このような機械の操作には仕掛品の固定と取り外ししか必要とせず，押しボタンのスイッチオンの後は，最初の位置への工具の素早い戻りや仕掛品の完成後の停止を含めてすべての工程が自動で行われた。小さな数量の場合には，ひとつの作業工程で荒削りと仕上削りが1台の機械で行われたのに対して，荒削りと仕上削りのためにそれぞれ1台の機械を完全に利用することが可能である自動車の大量生産の場合には，荒削りと仕上削りを別々に行うことが有効であったとされている[131]。

　ブローチ盤について——またブローチ盤をみると，1935年の *Werkstattstechnik und Werksleiter* 誌の報告にもみられるように，この時期にはエンジンの

主軸受の接触面の表面ブローチ削りに表面ブローチ盤が利用されているほか(132)，2軸の立て並列式表面ブローチ盤が例えばボスのような中規模の仕掛品の内径の加工のために利用されている(133)。O. ディックホフの1942年の指摘によれば，ブローチ削りは当時最も興味深い新しい作業方法のひとつであったとされており，その近年に，内面ブローチ盤とならんで，表面ブローチ盤が強力に前面に出てきたとされている。通常のブローチ盤ではなお空転がみられたのに対して，チェーン式のブローチ盤は空転なしに連続的に稼働するようになっているが(134)，当時，このような機械の代表的なものはアメリカ製のものであった(135)。

このように，この時期には，切削加工の領域において，技術発展の成果が生産過程にひろく導入され，「技術的合理化」は1920年代と比べても大きな進展をみたといえるが，つぎに，これとの比較において成形加工の領域における技術発展と「技術的合理化」の進展，その特徴についてみておくことにしよう。

車体生産のプレスと溶接機について——まず成形加工の領域において最も重要な位置を占める車体の製造に関してプレスと溶接機についてみると，車体の製造は，とりわけヨーロッパでは，すでに自動車生産におけるその他のすべての加工工程が完全に機械化されていたときにもなお，ほとんど純粋な手作業の個別生産の専門領域であったとされている(136)。1937年の *Motorschau* 誌は，その10年における全鋼製の車体の普及は車体の生産をも最も幸運な方法で流れ作業のテンポのなかに組み入れてきたが，車体部品のためのプレス工場では，そのような進歩は，とりわけ，組立時間および組立コストを大きく切りつめることを可能にした，プレスされた車体部品のはめあいの精度を工具の最大の精度でもって達成することによって実現されたとしている(137)。車体の部品の生産は一部ではさまざまな種類の専用機をもたらし，また一部では比較的薄い鋼板からの深絞りに利用される大型プレスや最大のプレスをもたらしたとされている(138)。

それゆえ，まずプレスについてみると，当時ドイツにおいて非常にひろく導入されていたプレスの種類は多段式水圧プレスであったとされているが(139)，

大きな車体の引き延ばし部品の生産にはベルクランク広幅絞り用プレスが利用されていた。車体の専用絞り用プレスは斜板カムによって駆動され，押しボタン操縦によって操作された。また当時液圧式プレスが再びより多く生産されるようになっているが，そのことは，より安い調達コスト，特別な垂直照準の消滅による工具のより短い固定時間にみられるように，機械式のプレスよりもすぐれた利点を液圧式プレスがもっていたことによるものであった[140]。この時期に普及のすすんだ深絞り技術は確かに自動車の大量販売・大量生産を可能にするような価格で車体を生産する可能性を与えたが[141]，巨大な絞り用プレスでもって大きな車体部品をたったひとつの作業工程で薄鋼板から生産するというアメリカにおいて開発された技術は，制約された市場の状況がより大ロットの自動車の生産を妨げている限りは，ドイツの状況には利用できない状態のままであった。そのことは，すべての自動車の生産技術のなかでも，このような最大の加工機械の非常に高い設備費もその大きな台数の生産能力も自動車の大きなロットの達成のもとで初めて有効となるためである。プレスされた全鋼製の車体はこの時期にはすでにドイツの自動車生産においてもあらゆるところで普及していたとされているが，車体の形状の変更のために新しく生産されねばならない絞り用プレスのための工具は大きな費用を要し，例えば中規模のたったひとつのフェンダーのための絞り用工具でさえ12,000RMがかかったほか，その生産には数ヶ月を必要とした。また絞り用プレスでの労働者の全作業はとくに高度な能力と熟練を必要とした[142]。ダイムラー・ベンツの事例も示しているように，絞り用プレスと溶接機が初めて全鋼製の車体を可能にしたのであるが[143]，そのことは，同時にそれなりの電気溶接機が生み出されなければ，プレスされた車体の利用は問題をかかえたままの状態にとどまり，そこでは，スポット溶接やシーム溶接のような最新の技術の利用が前提となるということを意味した[144]。それだけに，絞り用工具のコストの問題ともあいまって，そのような近代的な設備の利用は，生産量そのものの増大だけでなく，定型化の徹底によって同一タイプの車体のより大きなロットを可能にすることが重要な条件をなしたといえる。

　例えばH.メルヒャーらは1939年に，薄鋼板の加工においては電気溶接技術がリベット留めをほぼ完全に駆逐しており，リベット打ち機はフレームの製造

においてなお部分的に利用されていたにすぎないとしている(145)。フレームおよび車体の生産においてとくに普及したスポット溶接機は持ち運び可能な空気式のスポット溶接機であったとされている(146)。そのような状況のもとで，O. ディックホッフは1941年に，形成加工では，プレスに関しては，ドイツの製品に対するアメリカの進歩はもはやみられず，プログレッシブプレスではおそらくむしろドイツ工業の優位さえみられ，鍛造型のような形成加工の工具に関しても，アメリカの優位はすでに取り戻されていたとしている(147)。しかし，そうした評価についても，当時のドイツ自動車工業がなおかかえていた同一定型の製造ロットの問題を考慮に入れてみておく必要があろう。こうした点は，少ない生産量の場合には大きな車体部品のための工具のコストが非常に重要となるので，その削減のために圧延式絞り用プレスのような特別な機械が開発されていることにも示されているといえる(148)。例えばフォルクスワーゲンは確かにヨーロッパで最大のプレス工場をもっており，そこに配置された設備は最新鋭のものであったとされているが，その場合にも，そのような大量生産設備が完全に利用されることはなく，低い操業度にとどまらざるをえなかったことを考慮に入れておく必要があろう(149)。

鋳造・鍛造について——また鋳造・鍛造についてみると，当時，連動桿，クラッチ，引張棒，トラックアーム，トルク棒，軸くびなどの生産のために横型鍛造機が利用されており，こうした機械はとくに注目を集めたとされているが，それは両側のつめが動くように配置されているという点で通常のタイプのものとは異なっていた。また当時の熱間加工においては，電気加熱のもとでのすえ込み鍛造が一層大きな役割を果すようになっており，そのような電気すえ込み鍛造機ではほぼ自動操業が行われるようになっている(150)。O. ディックホッフは1942年に，とくに鋳造技術の領域では，鋳型の製造およびダイカスト鋳造によって自動車の生産にとって大きな軽減化が実現されており，鍛造の領域でも，よりわずかな切削加工を可能にする進歩がゆっくりではあるが達成されたとしている。また軽金属による重金属の代用も加工時間を大幅に短縮したほか，とくに，生産者において専用の検査装置で検査される半製品の均一性は，機械加工における作業を著しく容易にすることを可能にした(151)。また彼は

1941年に，鋳造の領域ではアメリカとの根本的な差はもはやみられないと指摘している[152]。7社を対象とした上述のイギリス調査によれば，それらの企業の鍛造機械のなかで興味深い唯一の機械は鍛造ハンマーであり，それによって鍛造コストの大幅な節約が達成されたほか，ドロップ・ハンマーでの作業の場合よりも明らかに振動を小さな範囲に抑えることができたとされている[153]。

以上の考察において，「技術的合理化」の進展状況を主要工作機械の導入・利用についてみてきたが，ドイツでは，自動車生産のための専用機械および単一目的機械において自動化が最も広範にすすんだとされている[154]。しかし，当時の状況について，O. ディックホッフは1941年に，アメリカの機械は一般にドイツのそれよりも強力な電動機を備えており，最良のバイトと最高の性能を備えていたのに対して，ドイツの工場はこの点ではいくらか遅れており，当時普及していた液圧式制御についてもアメリカの方式が模範的であったとしている。研削盤でもアメリカのスピンドルは球面軸受けによって最大の成功をおさめたのに対して，ドイツでは一般に熱をもちやすく，そのために精度を落とす可能性のあるすべり軸受けが利用されていたとされている[155]。また彼は1942年に，アメリカの生産がいくつかの領域における経営手段に関してなおドイツのそれよりも先行していたとした理由として，アメリカの生産量がドイツよりも大きいことを指摘している[156]。またフォルクスワーゲン，ハノマーク，リュールシュタールなど7社の自動車生産に関係する企業を調査した上述のイギリスの報告も，フォルクスワーゲンを除くと，イギリスにおいて一般的となっているような生産方法はみられず，工作機械および設備の設計や利用において何ら革命的な進歩はみられなかったとしており，その意味では，当時生産高で世界第2位にあったイギリスと比べても，ドイツの決定的な技術的優位がみられたわけではなかったいえる。全般的にみて，これらの機械工場は1946年時点で4年から25年が経過したいろいろな年の組み合わせの汎用目的の機械で構成されており，使用期間が5年を超えた機械が支配的であったとされている[157]。

この点を当時ドイツにおいて最も新しい自動車工場であり，その工場，機械設備に2億1,500万RM（約5,000万ドル）以上が投資されており[158]，多くのア

メリカ製の機械が購入され,そこには多くの専用機械が配置されたとされるフォルクスワーゲン[159]についてみた場合,つぎのように報告されている。同社では,ロータリーテーブル形フライス盤,多軸中ぐり盤および多軸ねじ立て盤から成るバランスのとれた,望ましい利用が行われており,多くのケースにおいて通常の中ぐり盤は専用装置や液圧式駆動装置の利用によって2方向や3方向の多軸機械に転換されたほか,自働機械および半自働機械の利用と工具旋盤の最小限の利用が達成されるなど,専用機の利用と自動化の推進が取り組まれているが,それにもかかわらず,そこには革命的な性格をもつものもイギリスやアメリカの大量製造業者にとって知られていないようなものも何らなかったとされている。また同社では1939年には1,800台の工作機械が配置されており,そのうち約200台が専用機であったとされているが[160],この割合をみてもアメリカの水準を大きく超えるものとは必ずしもいえないであろう。アメリカの戦略爆撃調査団の報告では,同社には2,700台の最も近代的な工作機械があり,その多くが単一目的機械であったとしているが[161],その具体的な数は示されてはおらず,こうした指摘を前提に考えた場合でも,設備の利用度に規定される経済的合理性が問題となるわけで,後にみるように,その大きな額の投資にもかかわらず,戦争の終結までこの工場が決して有効利用されることはなく,操業度が低い状態にとどまったことを考慮に入れてみておくことが必要であろう。上述のイギリスの調査報告は,同社の工場および生産方法はドイツの自動車業界では顕著なものであり,イギリスの最善の企業に匹敵するものであったとしているが[162],イギリスとアメリカとの生産量の絶対的格差の問題を考えても,当時の最高水準を誇っていたアメリカとの比較でみれば,ナチスのモータリゼーション政策の推進と経済の軍事化にともなう軍需市場の拡大のもとで「技術的合理化」が強力に推し進められたにもかかわらず,多くの場合,なおアメリカ的水準での大量生産体制の確立には至らなかったといえる。

第3節 「労働組織的合理化」の展開とその特徴

1 作業準備,作業管理および作業編成の合理化

これまでの考察において,「技術的合理化」の展開についてみてきたが,そ

れをふまえて，つぎに「労働組織的合理化」について考察をすすめることにしよう。ここでは，まず作業準備，作業管理および作業編成の合理化についてみておくことにする。

　自動車工業においても，1920年代の合理化の時期に作業準備，作業管理および作業編成の合理化の取り組みが行われているが[163]，31年のR.コッホの報告によれば，原料調達と製造時間の決定が生産計画の中心的な内容をなしており，販売される製品の個別部品の製造時間が事前に算定されるか，あるいは経験値に基づいて算定され，表にまとめられたほか，製造に必要な賃金の事前決定が行われ，実際に発生したコストが予定コストと比較された[164]。このような作業準備の機能はナチス期には一層重要な役割を果すようになっている。もとより，設計と工場での生産の間にはそれを結びつけるものとして「作業準備」が存在し，生産量が大きくなればなるほど，作業準備は綿密なものとならざるをえないが，自動車企業をみた場合，賃金の算定の問題が作業準備にとって重要な機能をなす事情があった。賃金の算定の問題も大ロットあるいは大量生産の工場では小ロットの工場とは異なる解決がなされるが，そのことは，後者では個人別の出来高給が支配的であったのに対して，大量生産の場合には集団出来高級がみられたという事情によるものである[165]。このような賃金決定の問題とならんでこの時期に作業準備の役割を一層重要なものにしたのは設計の領域における問題であり，そこでは，とくに原料の選択の問題を中心に作業準備の役割が高まったといえる。

　そこで，まず設計における作業準備の取り組みについてみると，E.アイヒヴァルトは1935年に，個別生産，組別生産あるいは大量生産で生産されるべき自動車部品の設計においては，資料の欠如の結果，これらの部品のための原料を決定するためにしばしば多くの時間が費やされており，このことは，多くのケースにおいて，設計全体の時間，経費や価格の形成，さらに納期にも不利な影響をもたらしていたことを指摘している。必ずしも適切とはみなされることのできないかあるいは時間を浪費する事後の調査が行われねばならないような，記憶や慣習に基づく自らの経験に設計担当者はもはや依拠するのではなく，自動車工場のさまざまな設計部には，適切な原料の選択のために必要な資料が設計者の利用のために存在しなければならない。このような資料の一定の

分類に基づいて新しい部品のための原料の選択が最も有利な観点から最短の時間で行われることができる場合に，原料の選択のための計画的な作業準備が達成されるとされている。原料の選択のために必要な資料としては，1）製造される部品に関する資料，2）部品および原料に関する規格リスト，3）原料表，原料リストないし原料カード，4）原料に関する印刷物，5）計算，調査，設計の規則など，6）文献があったが，これらの資料の管理と整備は設計部，規格部あるいは作業準備部によって最善のかたちで引き受けられるとされている[166]。また彼は1937年に，作業現場ではある製品の生産において生産コストの引き下げのためにあらゆる近代的な作業準備の諸方策が取り組まれているのに対して，設計部においては，同じ目的のために，また他の部門や設計者にとっての便宜のために作業準備が果す役割は同じ程度には達していなかったが，設計のコストの問題や新しい設備の調達の問題を考えると，設計部における計画的な作業準備によって比較的大きな支出を削減することはきっと割に合うものであったとしている[167]。そこでは，自動車やその他の輸送機械の販売価格の引き下げのために，作業現場においてと同様に，設計部においても，設計の全体的な作業計画に基づく広範囲におよぶ作業準備の諸方策が必要となったとされている[168]。

　このように，この時期には，設計の領域においても作業準備の機能が重要な役割を果すようになっているが，生産現場についても同様であった。W. v. シュッツは1942年に，その10年間は一方における組織的な経営の形成，すなわち合理化と他方におけるとくに戦時中の労働の配置の問題，すなわち経営の流れのなかで最も利用価値の高い要因である人間の労働力の最も節約的な管理によって支配されていたとした上で，需要が供給を何倍も上回るという当時の状況のもとで，作業準備および作業の計画化が非常に広い範囲で普及したとしている[169]。ドイツのすべての自動車企業においては，1930年代末には，作業準備が労働過程を組織化したが，そこでは，作業準備は部品あるいは機械ユニットの加工および生産のための作業順序を決定し，またこれらの作業のための機械，工具および設備を決定した。作業準備は，生産の管理として，生産過程の個々の段階をとおして命令を追求していくのであり，そこでは，アメリカの大規模な自動車企業とは異なり，徹底的な最適化をはかるという課題がなお職長

および専門労働者に対して残されていたとされている。すなわち，フォードでは作業は非常に詳細に計画されていたので，労働者には予定の時間どおりの執行のみが可能であったにすぎないとすれば，アメリカ的生産方法のドイツの代表者であるオペルでさえ，たとえ決められた枠内であったにせよ，作業の遂行の自立的な組織化の余地が残っていたとされている[170]。

またこの時期には，ナチスの労働憲章の確立およびナチスの指導者原理は一層の階層化を結果としてもたらし，また意思決定の権限を取締役レベルおよび技術的管理の領域により強力に移すことになったが，作業管理の計画機能は，ダイムラー・ベンツにおいてもまたオペルにおいても，ローワー・レベルから，新しく誕生したミドルのレベルにますます移されており，このことは出来高払いの決定と計算に，また労働給付の統制において明らかになる。こうして，業務の管理の機能の分化が強行されたのであるが，M. シュタールマンは，すでに第2次大戦前にこのような方法で経営社会組織における近代的な作業管理のための基礎が生み出され，また一層の職能的専門化とともに新しい作業管理がたえず形成されてきたのに対して，大量生産の進展が比較的遅いダイムラー・ベンツにおいても，第2次大戦後に行われているテイラー・フォード的な生産構造の工場全体におよぶ進展の過程において，作業管理の諸機能の独立化の進展がみられたとしている[171]。作業評価の形態での給付の決定のこのような客観化は作業管理の主要な機能のひとつである労働力の配分を経営のより高いレベルの管理にとって透明なものにしたのであった[172]。

さらに賃金制度についてみると，オペルでは，賃金支払の基礎は「作業リスト」に基づいたグループ分けおよびクラス分けにあり，労働者は5つの主要な賃金の範疇に分割された。賃金グループへの出来高労働の分類のさいには，作業に必要な専門知識，作業のきつさ，不良品の生産のリスク，使用することができる工具や技術設備の種類，材料に関する仕掛品の価値および——仕掛品が当該労働者に届く以前に——支出された労賃が評価に加えられた。それでもって，熟練だけでなく責任の度合い，作業の遂行の信頼性および労働の支出と一致した技術的な操作も個々の作業の評価に加えられた。ビドー・システムの場合に似て，作業に要求される能力に関する定数賃金制度（Pointsystem）による一覧表の助けでもって，労働者はさらに独立した賃金クラスに分割された。

このような出来高労働には，この時期にはもはや，しばしば専門労働者ではなく，出来高給で働くグループが一定の給付を達成した場合にグループ報償金の形態での基本賃金を超えるいわゆる剰余所得を受け取る半熟練および不熟練労働者のみが配置されていた。労働者の配置転換や配置は大きな抵抗のもとでしか経営側によって実施されることができなかったので，このような集団の標準出来高給制度は確かに柔軟性を制限したが，同時に給付増大に寄与したとされている。

これに対して，オペルでは時間賃金は主として高度な熟練をもつ専門労働者に適用されていたが，時間賃金の労働者は，出来高給の労働者と同様に，賃金グループおよびそこに含まれた賃金クラスに分割されていた。異なるグループの複数のクラスが同じ支払の水準となるように31存在する賃金クラスが重なり合っていたので，時間賃金労働者として賃金グループBに等級づけされた熟練をもつ専門労働者が集団出来高給で働くグループCの半熟練労働者の労働支出よりも高く評価されないということがどうしてもおこりえた。獲得可能な報償金を考慮に入れると，集団出来高給で働く半熟練および不熟練の労働者が時間賃金で働く高度な熟練をもつ専門労働者と同じかそれ以上の賃金を獲得するということがおこりえた。それでもって，この賃金制度は少なくとも獲得しうる報酬における上への移動を可能にした。この制度では，評価にさいして，直接的な作業の要求が，労働者個人と結びついた熟練よりも重きをおかれていたとされている。

こうした集団出来高給においては出来高抑制は困難であることが明らかであったので，経営側は，正常給付を超える生産成果を達成すること，また技術的革新のもとで，出来高払いの相対的な引き下げが起こるように出来高払いを定義することに何度も成功した。作業管理はしばしば簡単に基本賃金の水準の引き下げを行っており，その結果，以前の賃金に到達するためには，労働者はより高い「剰余所得」を獲得しなければならなかったとされている[173]。

またダイムラー・ベンツでは，1930年代後半には，経営側は「公正な賃金」というナチスの概念に応じて賃金政策を新たに確立する努力を行っているが，そこでは，賃金グループの設定および作業に基づく分類によって給付増大の刺激が生み出され，また労働強化によって場合によってはひきおこされる賃金や

給付をめぐる軋轢が回避されるべきものとされた[174]。同社では，1938年までは，他の金属工業においてと同様に，工場内に熟練工，半熟練工，補助労働者，女性労働者，若年労働者の5つの賃金階層が存在していたが，それは36年以降促進された上述の如き個別動力を備えた専用工作機械の導入とこの時期に実施された教育訓練制度の変更とに適合させられることになった。そのさい，すでにアメリカにおいてその価値が実証されていた「分析的職務評価」という新たな方法に依拠しており，新たな8つの労働グループが確定され，新たな順位がつけられた[175]。この点については，B. P. ベロンも，1930年代後半の急速な拡大および合理化との関係のなかで，19世紀以降存在していた熟練と能力のレベルに基づく範疇（熟練，半熟練，不熟練）をもつ賃金制度の最初の改革に同社が取り組んだことを指摘している。この新しい賃金制度は能力による支払いに代えて「成果」による支払いを行うというものであった[176]。そこでは，作業研究・時間研究の組織的な導入に対応した客観化の傾向や作業に関連した賃金支払いの形態へのより強い傾向によって，利用価値の高いあるいはより利用価値の高い労働を遂行することのできる能力をもつ従業員がそれまで以上に彼らにふさわしい作業場に配置されるように努力すべきものとされた。このような賃金グループの新たな編成および作業の詳細な分類でもって，それとともに比較可能性でもって，労働強度のレベルを引き上げることができたとされている。また1930年代末にとりわけマンハイムのトラック工場において好まれた集団出来高給によって，生産においてだけでなく製図や管理の労働においても多くの労働力が節約され，それでもって管理および監視のコストが削減されている。そのような集団出来高給の拡大でもって，経営側は，生産性の向上とともに，原料や外貨の不足による材料の調達における変動およびそれにともない変化する生産の諸要求への労働力のフレキシブルな適応を実現するだけでなく，グループのメンバーによる相互の統制の可能性を徹底して利用するという目標をも追求したのであった。しかし，賃金決定の客観化および作業評価の洗練された方式の利用をめぐる経営側の諸努力は，それによって一層の権限が時間研究部門や作業準備部門に移されたので，いつかのケースでは，職長や部門管理者の反対に直面したとされている[177]。また同社では標準時間の算定にあたりレファ・システムが導入されており，1942年3月23/24日の取締役会の議

事録によれば，例えばゲンスハーゲン工場では，時間の算定はレファ・システムに基づいて行われていたが，設定された出来高給を超えて達成された所得の増加分は平均で約40％となっていた。そこでは，より良い設備，工具などの結果，出来高単価あるいは前もって決められた標準時間を修正することが依然として必要であったとされている。時間の経過の最も大きな部分が機械によって規定されている場合にはレファ・システムが利用可能であったが，車体部門や組み立てにおいてみられたように，手作業の場合にはそうした問題は難しくなったとされている[178]。

なおこの時期の生産と労働の管理については，「1933年以降急速に進んだ『ナチス労働体制』とよばれる抑圧的労務管理の強化」に重要な特徴をみることができる。大島隆雄氏が指摘されるように，「労働者数は増加したが，その賃銀を厳しく抑制したまま進行する労働時間の延長，またそれ自体労働強化をもたらすベルト・コンヴェヤー・システムのフル操業と拡充といった労働条件の悪化は，まさに『ナチス労働体制』によって可能とされた[179]」といえる。1933年5月2日の全労働組合の強制的解散に基づく「全従業員」加盟によるドイツ労働戦線（DAF）の形成，さらに5月19日の「労働管理官法」の発令は，恐慌期の賃金・労働条件の固定化を可能にしたのであり，ダイムラー・ベンツの経営者層はこれらを徹底的に利用したとされている[180]。また同社は，ナチス体制のもとでの諸政策・諸法令に支えられて，「訓練された熟練労働力を，いわばその『国策会社』的性格から，優先的に確保して行くことができ」，「他方で，経営内教育＝訓練組織の拡充は，同社に『忠実な』新たな若年熟練工と大量の『半熟練労働者』（『速成労働者』）（Angelernte）を作り出して行った」のであり，広範に「合理化」の進展を速めつつある同社の全生産体制は，こうした労働体制にその基礎をもつことができたとされている[181]。

以上のように，ナチス期における作業準備，作業管理および作業編成の合理化の取り組みは，1920年代から取り組まれてきた生産の管理の一層の発展を意味するものであったが，同時にまたフォード・システムによる流れ生産方式の導入のための基礎をなすものでもあった。そこで，つぎに，フォード・システムの導入についてみていくことにしよう。

2 フォード・システムの導入とその特徴

(1) 生産の標準化の進展

① 生産の標準化の推進

フォード・システムの導入をまず生産の標準化についてみることにするが，まずそのような合理化方策が国家の強制力をもって強力に推し進められる1930年代末までの状況をみると，もとより，「従来から資本集中度が低く，自動車市場が狭隘なドイツでは，アメリカとはまったく逆に，極端な多種少量生産が行われて[182]」おり，1937年当時，乗用車では52，トラックでは133，オートバイでは150，牽引車（トラクター等）では105，3輪車では20の定型数が存在していた。例えばトラックでは15～16もの実用荷重別のクラスがみられたが[183]，38年11月のトラックの生産台数は41,407台であったから[184]，1定型当たりの平均生産台数はわずか32台にすぎなかった。また1938年12月の*Der Deutsche Volkswirt*誌は当時約200ものトラックの定型がみられたとしているが，緊急の輸出の諸要求を考慮してもそのうちの非常に多くはまったく不要であったとしている[185]。またトラックの被引車では，全生産のかなりのパーセントが手工業的に生産されていたために無数の定型が存在していたとされており[186]，1939年のその数は1,367にものぼったとされている[187]。しかし，実際には，440にものぼる自動車全体のこのような主要定型に加えて，1つの主要定型につき2つから3つのバリエーシュンが存在しており，その結果，全体では約1,200もの定型が存在していたとされている[188]。

例えば1935年のドイツの乗用車の生産状況を排気量別にみると，1リッターまでのクラスは52,081台が生産され，全体の25.9％を占めているが，そこでの定型数は6であり，1定型当たりの平均台数は8,680台となっている。1～1.5リッターのクラスでは生産台数は85,888台で全体の42.6％を占めており，そこでの定型数は13であり，1定型当たりの平均台数は6,607台となっている。このように，これらのクラスでは，1定型当たりの平均生産台数は比較的大きかったのに対して，排気量の大きいクラスになるほど1定型当たりの平均生産台数は少なくなっている。すなわち，2～3リッターおよび3～4リッターのクラスでは生産台数はそれぞれ9,480台，5,030台であり，全体のわずか4.7％，2.5％を占めるにすぎないが，定型数は

それぞれ9，5となっており，1定型当たりの平均台数は1,053台，1,006台にすぎない。また4リッターを超えるクラスではわずか1,095台の生産台数（全体の0.5％）に8つの定型が存在しており，1定型当たりの平均台数は137台にとどまっている[189]。

また部品の規格化についてみると，例えば取替部品リストにあげられた総数約4,670から成る個々の部品（部品ユニット，発電機，始動機などは含まない）で構成される1.5トントラックの部品について抜き取り検査の形式で行ったH.ヘルテルの調査では，1933年にはそのうち約41.5％が規格部品であったとされているが[190]，ドイツの自動車生産のための原料費は比較的高かったといえる。1934年の報告では，自動車1kg当たりの原料費はアメリカに比べ49％も高く，これを主要な原料についてみると，鋼では25％，銅では30％，プレス部品では60％，ゴムでは40％高く，ねずみ鋳鉄，ねじ・ナット・ボルトなどではそれぞれアメリカの2.25倍にもなっていたが，そのような原料費の高さは規格化の遅れが主たる要因のひとつであったとされている[191]。また1937年の *Der Deutsche Volkswirt* 誌は，取替部品の価格の高さは自動車の定型の多さによるものでもあったことを指摘している[192]。1939年の同誌によれば，それまで123種類の部品に対して5,381もの定型が存在しており，平均すると各部品につき約44もの定型が存在していたことになる[193]。同年の報告では，例えばピストンのタイプでは6,000以上が存在しており，その鋳型には約800万RMがかかった。またバルブピンでも取替需要を充足するためには12,000のタイプが在庫されねばならず，さらに方向指示器をみても100ものタイプがみられたが，それは10で十分であろうと指摘されている[194]。

そのような状況のもとで生産の合理化を推し進める上で，また自由に使用することのできる原料の制約のもとで定型化の問題が一層重要な課題となったが[195]，自動車工業では，他の産業部門と比べても国家の介入・強制力が特別なかたちをとることによって，そのような努力が本格的に推し進められることになったといえる。自動車工業では，アドラー社のE.ハーゲマイヤーが自動車工業・経済グループの長に任命され，彼によって乗用車の定型数を34に削減する案がすでに出されているが[196]，1938年までは自動車企業はその定型の決

第6章　自動車工業における合理化過程　337

定において自立性を保っていた[197]。しかし，開戦を控えたドイツは抜本的な型の縮減を実施しようとすることになり[198]，そこでは，同年11月に陸軍の最高司令部のA. v. シェルが「自動車部門総全権代理」(Generalbevollmächtigten für das Kraftfahrzeugwesen) に任命され，39年3月2日の自動車工業における定型の削減に関する命令の後に，彼は同年12月31日までに自動車の定型数を335から81にまで減らすべきであるということを決定した[199]。当時の状況について，シェルは1939年2月に，自動車の著しい増加にもかかわらず，ドイツにおけるモータリゼーションは当時なお依然として初期的段階にあったとした上で，その証拠として，モータリゼーション全体に占めるトラックの割合がヨーロッパの25％に対してドイツではわずか約17％にすぎないこと，またとりわけトラックの領域では法外に長い納期がかかっていることをあげており，そのようなモータリゼーションの立ち遅れは購買力不足にもよるものであったとしている[200]。

　そこでシェルによる定型削減案の内容をより具体的にみておくと，**乗用車**ではそれまで52の定型がみられたのに対して，1.2リッターまでの乗用車については5つの主要定型が4社によって，1.2－2リッターまでのものは6つの主要定型が6社によって，2－3リッターまでのものは11の主要定型が10社によって，3－4リッターまでのものは3つの主要定型が3社によって，4リッターを超えるものは5つの主要定型が3社によって生産されるものとされている。こうして，52から30への定型数の削減が目標とされたが，そこでの定型の削減の重点はとくに1.3リッターを超えるクラスにおかれていたといえる。
　また**トラック**では，それまでに存在していた15～16のさまざまな実用荷重別のクラスのうち，1.5トン，3トン，4.5トン，6.5トンの4つのみが残されたが，公称実用荷重1トンのトラックも1定型のみが1社によって生産されることになった。1.5トンのトラックは5つの主要定型が5社によって，3トンのものは6つの主要定型が7社によって，4.5トンのものは4つの主要定型が8社によって，6.5トンのものは3つの主要定型が6社によって生産されるものとされ，113から19への定型数の削減が目標とされた。トラックのなかでも小型のトラックでは，公称実用荷重650kgの500ccの3輪車と4輪車がそれぞれ1定型のみ5社によって生産されるもの

表6-3 自動車工業における各種自動車の定型数の内訳とシェル計画による定型削減案

乗用車

排気量	～1.2リッター	1.2～2.0リッター	2.0～3.0リッター	3.0～4.0リッター	4.0リッター～	合計
シェル計画以前	10	15	13	9	5	52
目標	5(4)[1]	6(6)	11(10)	3(3)	5(3)	30

トラック

実用荷重(トン)	1.0	1.5	1.75	2.0	2.5	2.75	3.0	3.5	4.0	4.5	5.0	5.5	6.5	9.5	10	10.5	合計
シェル計画以前	3	7	1	13	12	7	13	10	12	7	9	2	10	5	1	1	113
目標	1(1)[1]	5(5)	—	—	—	—	6(7)	—	—	4(8)	—	—	4(6)	—	—	—	20

オートバイ

排気量	100	125	150	200	250	350	500	600	750	800	合計
シェル計画以前	39	21	2	27	9	19	18	12	1	2	150
目標	—	9(12)[1]	—	—	9(9)	4(5)	3(3)[2]	4(3)	1(1)	—	30

(注):1)( )内の数字は生産を行う企業数。
 2)資料によっては2社となっているものもある。

(出所):Die deutsche Motorisierung vor und nach der Typenbereinigung, *Automobiltechnische Zeitschrift*, 42 Jg, Heft 9, 1939. 5. 15. S. 239-41, Die Typenbegrenzung in der Kraftfahrzeugindustrie, *Der Vierjahresplan*, 3 Jg, Folge 7, 1939. 4. S. 530-1より作成。

とされ,20から2への定型数の削減が目標とされた。それゆえ,このような小型トラックを含めた定型数は21に削減されるべきものとされた。

さらに**オートバイ**では,排気量125ccのものについては9つの定型が12社によって,250ccのものは9つの定型が9社によって,350ccのものは4つの定型が5社によって,500ccのものは3つの定型が3社によって,600ccのものは4つの定型が3社によって,750ccのものは1つの定型が1社によって生産されるものとされ,150から30への定型数の削減が目標とされた。

その他,トラックの**被引車および牽引車**では,上述したように,無数の定型が手工業的に生産されていたが,公称実用荷重1.5トン,3トン,5トン,8トンおよび11トンの5つのクラスの統一構造のもののみが生産されるものとされた。そこでは,さらに,手工業を排除してしまわなければならないことなく統一的な生産方法に到達するために,設計部をつくり,各生産者が同じ方法で,また同じ条件のもとで実施することのできる統一設計の試みが共同作業のなかで構想されている[201]。なお以上をまとめると表6-3のようになる。

このような定型削減案の結果，1939年9月にはバリエーションを含めると1,200にものぼっていた自動車の定型は200に減らされており，また部品についてみても，5,381あった定型が739にまで減らされている[202]。部品の規格化については，徹底した定型削減の過小評価されてはならない効果のひとつが取替部品の問題への大きな影響であったとされるように[203]，製品の定型化にともない部品の規格化が進展をみたといえるが，例えばオペルでは，1938年に同種のタイプの乗用車とライトバン（0.5トンのカデットと1トンのオリンピア）に関して部品の共通化が取り組まれている。その例としてはエンジン，クラッチ，駆動装置，リアアクスル，ブレーキ，操舵装置，ドアをあげることができるほか，4気筒と6気筒のエンジンの間でも部品の共通利用がはかられた[204]。シェルの「自動車部門総全権代理」への任命と彼による定型削減案は，軍事的観点から非常に多岐におよんでいた自動車の規格化，機種の制限を行おうとするゲーリングの意図によるものであったが[205]，それは当初の計画のようにはすすまず[206]，それでも多すぎるということで，シェルはさらに定型数を削減し，また同時に戦時案をも策定している[207]。

　それゆえ，第2次大戦中の進展状況についてみることにするが，この時期にも規格化，標準化の取り組みが重要な課題となっていたことについて，1941年の *Automobiltechnische Zeitschrift* 誌は，規格化および定型化，生産の増大，あらゆる種類の合理化およびとりわけ部品工業の発展が大きな低廉化を可能にすると指摘している[208]。そのような状況のもとで，戦時案では，例えば乗用車については，定型数を5つにまで減らすことが目標とされた[209]。しかし，「こうした努力にもかかわらず，機種の制限は計画通りには達成されず[210]」，例えば軍用車輌の種類をみても，なおアメリカ軍などと比較すれば非常に多かったとされている[211]。そうしたなかで，1943年1月にスターリングラードの戦いにおいて5万台のトラックと半年の生産分の牽引車を失ったことは状況を大きく変えることになり，そこでは，自動車中央委員会が再組織され，2，3のわずかな定型に生産を集中することが決められた[212]。そのような状況のもとで，1944年には新たな標準化案が出されており，そこでは，125ccと350ccの2つのオートバイがアウト・ウニオンによって生産されるものとされたほか，

フォルクスワーゲンは唯一の自動車（ジープ）の製造業者とされた。またトラックに関しては，1つの0.65トンの3輪トラック，2つの1.5トントラック，3つの3トントラック，2つの4.5トントラック，1つの8トントラックの9つのタイプが特定の企業によって生産されるものとされた。軍用の特別タイプでは，5つの定型の特殊車両と1トン，3トン，5トン，8トン，12トン，18トンの6つの定型の無限軌道車が生産されるものとされた。このような標準化案は自動車工業の内部でのある製品から他の製品への生産設備の転換を必要にしたが，アメリカの戦略爆撃調査団の報告はその事例として4工場をあげている[213]。戦争の始まり以降，トラックの生産とは反対に，民需用の乗用車の生産は小さな範囲に削減されており，それゆえドイツの市場向けには考えうる最小限の定型数に削減することが国民経済的な理由からも有効であったとされている[214]。しかし，それにもかかわらず，ダイムラー・ベンツでは「自動車部門総全権代理」の定型プログラムは本質的にはそのトラックにのみ関係しており，乗用車の製造においては，定型は本質的には承認されていたとされている[215]。

　それゆえ，**ダイムラー・ベンツ**の事例を簡単にみておくと，1937年の第1四半期には，乗用車部門では，豪華な自動車とともに5つの基本タイプが生産されていたが，多様なバリエーションは減らされており，37年には16モデルの乗用車が28,033台生産された。しかし，そのうち18,942台が170Ｖタイプであり，それは比較的大きなロットとなったが，他の15モデルの生産台数はわずか10,091台にとどまっており，したがって，そこでは，個別生産，品種別生産，小規模や大規模な組別生産が並存していた[216]。メルセデス170は当時の状況からみれば小型車ではなく中型車であったが，このタイプの決定が行われたさいにも，すでにアメリカでは，スローン主義およびいわゆるフレキシブルな大量生産への移行がみられたので，取締役会会長のＷ.キッセルにとっては，もとより単一定型戦略は問題とはならなかったとされている[217]。またトラックについてみると，戦争の始まりには，同社のガゲナウ工場は2トン，3トン，3.75トン，6トン，10トンのトラックを生産していたが，さまざまなトラックの製造工場の生産を1つのモデルに統一するというシェルの標準化計画の結果，1941年にはウンターテュルクハイム工場は1.5トントラック

のみを，マンハイム工場は3トントラックのみを，ガゲナウ工場は4.5トントラックのみを生産すべきものと決められており，古いモデルの注文が完成するにつれて，こうした計画は徐々に効果を現したとされている[218]。また同社における定型化の取り組みに関して指摘しておかねばならないことは，シェル計画にみられるナチス期の国家の介入による定型化の推進においても比較的自由裁量の余地が与えられていたということである。同社は1942年まで1.5トンから4.5トンまでにおよぶ39年3月のシェル計画の定型を供給しているが，そのような行動は兵器や武器の生産では考えられないことであったとされている[219]。

② 生産の標準化の限界

このように，ナチスの経済の軍事化の時期には，規格化・標準化の取り組みが国家の強制力をもって推し進められ，それなりに大きな成果をもたらしたといえるが，この時期にもなおそのような取り組みは必ずしも十分な進展をみたとはいえない。アメリカでは，1920年代および30年代に軍のモータリゼーションにおいて互換性の原則による軍用車と民生車との共通化の問題の解決が取り組まれており，ドイツでも，ナチス期にはそのような原則の適用がトラックの生産において試みられたが，生産が分散化していたという理由もあり，トラック工業はこうした原則の実施には乗る気ではなく，そのような試みは必ずしも成功しなかったとされている[220]。また定型化についてみても，1942年末まではそれは決して「ほとんど完了」することはなく，戦争の最後の年にも定型の削減は国家のイニシアティブによってさらに継続されている[221]。当時の状況について，例えばW. v. シュッツは1942年に，乗用車については当時初めて規格化および定型化の非常にゆっくりとした萌芽がみられたが，トラックについては上からの介入が非常に遅くになって初めて行われており，その結果，まさに戦時中には規格化の過渡的現象，つまりその導入期には規格として決定された定型が既存の定型に加わるという現象がおこっており，自動車工業における規格化および定型化の諸努力は少なくとも5年から10年は遅れて始まったとしている[222]。

また標準化の取り組みにおいては，定型数それ自体の削減とともに，できる限り少ない生産者に特定の定型の生産を集中させ，専門化をはかることによる

表6-4 1940年から45年までの自動車工業における定型クラス数と生産者数の推移

年度	乗用車		トラック		オートバイ		牽引車	
	定型クラス数	生産者数	定型クラス数	生産者数	定型クラス数	生産者数	定型クラス数	生産者数
1940	6	5	5	22	4	15	7	6
1941	8	5	7	23	5	15	8	7
1942	6	5	7	23	4	15	9	9
1943	5	4	6	18	4	7	7	11
1944	3	1	6	14	3	3	5	7
1945	3	1	6	12	3	3	6	8

(出所)：M. Pesch, *Struktur und Funktionsweise der Kriegswirtschaft in Deutschland ab 1942 —— unter besonderer Berucksichtigung des organisatorischen und produktionswirtschaftlichen Wandels in der Fahrzeugindustrie*——, Köln, 1988, S. 208-12より作成。

量産効果の発揮が重要な意味をもつといえるが，つぎにこの点についてみておくことにしよう。1940年から45年までの定型クラスと生産者数の推移を示した表6-4によれば，民生用乗用車の生産が中止されたこともあり乗用車の定型クラス数は同期間に6から3に，生産者数も5から1に減少しているが，トラックの定型クラス数は5から6に増えており，生産者数をみても22から12に減少しているものの，依然としてその数は多かったといえる。またオートバイでは，定型クラス数は4から3に，生産者数も15から3に大きく減らされているのに対して，牽引車では定型クラス数は7から6にわずかに減少しているものの41年および42年にはむしろ増加しており，生産者数も40年の6から43年には11まで増加しており，45年には再び8まで減少しているものの，40年の数を上回っている。特定の定型の生産を担当する生産者の数の削減を含めて考えると，乗用車では1942年末まで定型削減はまだ十分な効果を生んではおらず[223]，オートバイでも定型クラス当たり1つの生産者という合理化の目標は44年になって初めて達成されたことになる[224]。とはいえ，これらの領域では戦争の終結までには標準化は一定の進展をみたと考えられるのに対して，牽引車では戦時期には乗用車やオートバイでみられたような合理化の成果を何ら示すことはなく[225]，また軍需目的にとって最も大きな意味をもつトラックにおいて生産者数の削減によるドラスティックな生産の集中・専門化が十分に行われることができなかったことの意味は大きかったといえるであろう。

さらに部品の規格化についてみても，付属品製造業における統一化はなお走

行している以前の統一化されていない定型の自動車の取替部品によって制限される結果となったほか, 産業部門間の調整の欠如によって決定的な相乗効果を実現することは困難であったとされている。また1943年の戦時計画の発効にともない, 自動車部品の定型は本質的には既存の規格に基づいて製造されており, これらの定型の変更はもはや行われるべきではないとされたので, そうした規格化の諸努力は42年にはピークを迎えたとされている[226]。

このように, 自動車工業における生産の標準化は必ずしも目標どおりにはすすまなかったといえるが, 当時の状況について, R. ハハトマンも, 規格化, 定型化および専門化は, アメリカと比べると, わずかしかすすんでいなかったとしている[227]。J. ラートカウによれば, 1950年代の西ドイツの自動車工業においても, なお部品の互換性は熟練をもった研削工によって達成されており, 60年代になって初めてフォードの機械化の水準に達したとされている[228]。こうして, ナチス期および第2次大戦時の積極的な取り組みにもかかわらず, 生産の標準化の進展はなお限界をもつものであったといえる。

(2) 流れ生産方式の導入

つぎに, 流れ生産方式の導入をみると, 1920年代に多くのところで, 流れ生産方式のドイツ的展開が試みられた。この点について, P. ベルケンコッフは, とくに乗用車の生産において, はるかに小さな販売の可能性にみあった範囲のなかで, アメリカの技術の成果（とりわけさまざまな方法の流れ生産）をドイツにも適用可能にするような生産方式の開発が行われてきたとしている[229]。その後の世界恐慌期には広範囲におよぶ購買者層の貧困化のために自動車工業は再び小型車や大衆車を供給するという決定を行っているが[230], そこでも, 生産と販売の状況は一層厳しいものになるなかで, アメリカの生産方式は簡単には導入することができないようになった[231]。ナチス期には, 政府のモータリゼーション促進政策のもとで状況は大きく変化し, そうしたなかで, 流れ生産方式の展開のための取り組みがより強力に推し進められていくことになる。

① アメリカ的大量生産と流れ生産方式の導入

そこで, まずアメリカ的大量生産モデルの追求の典型事例としてオペルにつ

いてみることにしよう。W. ヴァールは，アメリカ企業GMがオペルの経営を受け継いで以降，すべての生産がアメリカの模範に従って拡大され始めたとしている(232)。同社は1935年4月1日にはそのすべてのトラック生産をリュッセルスハイムからブランデンブルクに移すことを決定し，わずか190日の労働日でもってヨーロッパで最も近代的な自動車工場が生み出されている。同社では，いたるところで最も近代的な生産方法がみられ，流れ作業システムのすべての可能性が徹底して利用されていたとされており(233)，同年11月以降には，このトラック工場において，100％流れ作業とみなすことのできる機械ライン，完全自動のコンベアベルトおよび完成組立のコンベアの非常に緊密な協働が実現されたとされている(234)。この工場では，製品の種類，加工機械の種類ないしグループが場所の需要あるいは機械の配置の計画を規定したのではなく，個々のベルト・コンベアのもとで正確に決めれた時間に従って生産が行われる完成組立に必要な自動車部品のみがそれらを規定した(235)。この工場のレイアウトを示せば図6-1のようになるが，それまでの自動車工場とは異なり，原料から完成車までのすべての生産がひとつの建屋において行われており，場所的に統合された本来の意味での工場結合体をなしている。当時この工場は800人の男性の従業員をかかえており，そのうち15％はとりわけ職長と専門労働者であり，8時間労働で日産50台，3交代制では約2,500人の労働者で150台の生産能力をもっていたが(236)，1937年2月のこの工場の視察報告によると，1シフト当たり約65台の1トンと3トンのトラックの生産が計画されていたとされている(237)。

そこで，この工場における流れ生産方式の導入状況を工程別にみていくことにしよう。

まず**機械加工工程**をみると，ブランデンブルク工場の機械設備は約1,200台の工作機械で構成されていたが，そこには13本の機械加工ラインが存在しており，個々の部品ユニット，フロントアクスルとリアアクスル，クランクシャフトとカムシャフト，シリンダブロックの加工，駆動装置およびフレームの製造はすべて機械ライン別に編成されていた。加工される部品の搬送にはローラー・コンベアや完全自動のベルト・コンベアのような機械的搬送手段が利用されていた(238)。ある作業機か

第6章　自動車工業における合理化過程　345

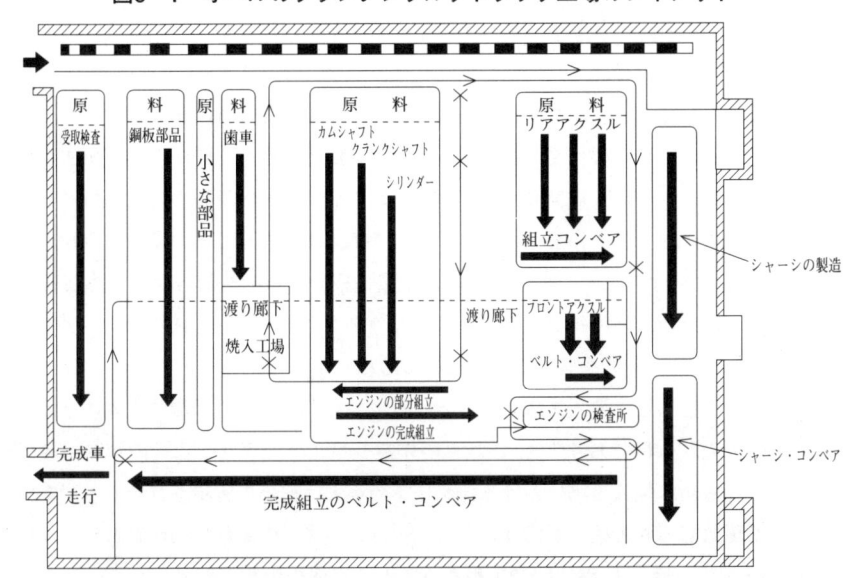

図6-1　オペルのブランデンブルクトラック工場のレイアウト

（出所）：Das Nene Opel-Lastwagenwerk, *Automobiltechnische Zeitschrift*, 39 Jg, Heft 2, 1936. 1. 25, S. 39, K. Stodieck, Entwurf und Bau mechanischer Werkstätten, *Maschinenbau*, Bd, 15, Heft 5/6, 1936. 3. S. 137, B. Hundt, Besuch bei OPEL, *Motorschau*, 1 Jg, Heft 4, 1937. 6, S. 356-7, H. C. G. v. Sehrr-Thoss, *Die deutsche Automobilindustrie. Eine Dokumentation von 1886 bis 1979.* Stuttgart, 1979, S. 337.

らつぎの作業機への重い仕掛品の搬送をローラー・コンベアが行っており[239]，そのような搬送手段を用いた流れ生産が行われていたが，特定の部品はベルト・コンベアにおいて生産された[240]。

　つぎに**組立工程**をみると，まず部分組立の方式で行われるエンジンの組み立てはベルト・コンベアの上に置かれた回転台の上で行われる。完成したエンジンは電気トラックによってエンジンの組立コンベアから検査所に搬送される。また完成組立をみると，個別部品および部品ユニットを生産するすべての機械加工ラインが「完成組立」のメインラインに流れ込むのであり[241]，到着する部品のグループは中継倉庫なしに約110mの長さの完成組立のコンベアへとすすんでいくのであるが，このコンベアの両端の間には原料倉庫があった[242]。完成組立は，まずコンベアの上でフレームにアクスルとスプリングが取り付けられ，その後にエンジン，操舵装置，燃料タンクおよびラジエータや踏み段およびフェンダーの組み付けが行われる

というようにすすめられた。完成組立の作業を例えばリアアクスルについてみると，それはもちろんベルト・コンベアで完成組立が行われるが，差動装置がリアアクスルケースに組み付けられ，そしてブレーキドラムとボスが組み付けられ，最後の作業工程として，完成組立が行われたリアアクスルに吹き付け塗装器でもって塗装が行われる。これらの作業の終了後，クレーンが運転台を1階から運び出すが，その間に，コンベアは，電装品，ボンネットおよび車輪がトラックに組み付けられる位置まですすんでいく。最後の30メートルですでに完成した車の検査と点検が行われる(243)。このように，この工場では，生産過程の組織的な統合化が最も広範に推し進められたが，最終組立コンベアには27のタクト化がはかられたコンベアが流れ込んでおり(244)，その全長は5kmにもおよんだ(245)。

その他の工程として**焼入工程**をみると，そこでも，焼入作業は流れ生産の進行のなかに組み入れられており(246)，これらの作業もベルト・コンベアでの流れ生産で行われているが，焼入工場における流れ作業の導入は初めて実現されたものであった。また**電気めっき工程**でも同様にベルト・コンベアでの流れ作業が行わるようになっている(247)。さらに**車体製造工程**をみると，車体の大きな部品もコンベアで組み立てられるようになっている(248)。

このように，最新鋭のブランデルブルク工場では，自動車生産の主要な工程において流れ作業やコンベア作業が展開されていたが，部門間搬送についてみても，完成部品および付属品，組み立てや組み付けに必要な小さな部品の搬送はオーバーヘッド・チェーン・コンベアやローラー・コンベアのような組織的な搬送装置によって行われた(249)。この工場で生産される「オペル・ブリッツ」は1939年から終戦まで国防軍の基盤をなしており，このトラックがなければ42/43年には軍の自動車設備は完全に麻痺したであろうという指摘やこのトラックのおかげでトラック工業の合理化の遅れはその大部分が埋め合わされることができたという指摘(250)がみられるほどにブランデルブルク工場の生産力は当時のドイツにおいては高い水準にあったといえる。また非常に大規模な鋳造工場，365台のプレスを備えたプレス工場，6つの大規模な地下の機械室と約1万台の高性能な工作機械を備えた工場をもつヨーロッパにおける最も完全に統合化された自動車工場である同社のリュッセルスハイム中央工場でも(251)，

1937年には約12キロメートルの総延長をもつ96のコンベアが存在していた(252)。オペルでは，同年には23,400人の従業員で合計130,300台（リュッセルスハイム工場では113,000台，ブランデンブルク工場では17,300台）の自動車が生産されており，そのうち32,611台が輸出されているが，輸出は前年の約2倍に大きく増加している(253)。このように，アメリカ的生産方式の導入の典型例をなすオペルでは，すでに第2次大戦の勃発までに，タクトサイクルおよび組立コンベアでの比較的細分化された製造作業，単純な標準化された生産構造，専用機械および最初の自動搬送コンベアの先駆け，階層的および職能的な次元における部分的な組織的分化，また水平的および垂直的な分業，生産技術，計画化，品質管理のための専門化されたスタッフなどの，近代的な大量生産の本質的な構成要素が普及するに至ったとされている(254)。

② 「フレキシブルな品質重視の生産」構想とその意義

　オペルでみられたようなアメリカ的モデルに基づく流れ生産方式の推進とならんで，この時期にも，1920年代と同様に，ドイツの状況に合わせて独自的な展開をはかった企業もみられた。ダイムラー・ベンツにその典型事例をみることができるが，同社にとっては，生産される品種の多様性によって，また伝統的な制約から，その製品特性への流れ生産の非常に徹底した適応の必要性が生まれたとされている。またそのことを完全に度外視しても，ウンターテュルクハイム工場では，1933年に始まるすべてのモデルの生産量の著しい増大を達成するという困難な課題が使用可能な作業現場において解決されなければならなかったとされている(255)。

　同社でも，コンベア生産への再編成が1930年代全体をとおして取り組まれたが，30年代前半にメルセデス170でもって乗用車の生産がコンベア生産に転換された後に，38年にはマンハイム工場における大量生産の開始でもって，トラック生産の近代化が第2次大戦勃発までの時期のその頂点に達したとされている(256)。この時期の同社の生産方式について，B. P. ベロンは，1930年代の半ばおよび末までにベルト・コンベアおよび組立ラインがウンターテュルクハイム，マンハイム，そしてジンデルフィンゲンの工場の主要特徴となっていたとしている(257)。このように，この時期には大規模な技術的および労働組織的な

再編成が実施されたが，1930年代末まで続いたこのような再編成にもかかわらず[258]，20年代半ばから第2次大戦の勃発までの時期の第2の近代化の局面において，労働過程のフレキシビリティおよび生産すべき製品のバリーションの互換性を損なわないようなひとつの合理化の模範が定着したとされている[259]。

　乗用車部門では，ドイツにおける自動車市場の実勢がいわゆる「小型車」を担い手とした大衆自動車市場の開拓・拡大へと強力に展開するなかにあって，むしろ逆に同社は中・高級車に特化するという戦略をとり，その結果，同社の生産体制は，「大づかみに言うと，中級車クラスの年間数千台から最高約18,000台規模に至るまでのそれなりの量産機構と，高級車・超高級車の年間数百台，数十台，ないしは数台単位でのほぼ完全な手工的個別生産との双方から成り立っている」とされている[260]。もとより，ドイツの工場はアメリカのように大きなロットを確保することは決してできなかったので，そのような状況を顧慮すると，アメリカの競争相手に品質で大きく優る自動車を市場に出す場合にのみ同社はこうした競争相手と戦うことができたという事情がそこには存在していた。そのような戦略のための方策として「フレキシブルな品質重視の生産」の方法が同社では30年代末まで維持されることになった[261]。

　またトラックの生産をみると，軍需市場の拡大によって大量生産の可能性が大きく高まったナチス期になって初めて，ある程度の大量生産を可能にするロットが実現され，1920年代には多くの定型をかかえ，それゆえ，近代化がゆっくりとしかすすまなかった同社のトラック生産においても，上述したように，38年にコンベアでの流れ生産への転換でもって大量生産のための決定的な打開がはかられた[262]。またガゲナウ工場でも，スターリングラードでの多くのトラックと牽引車の喪失の結果としての上述の如き定型化の一層の推進にともない，4.5トラックの「主力工場」の合理化が急速なテンポで取り組まれ，1944年5月から6月にかけてベルト・コンベアでの組み立てが開始されている[263]。しかし，このような最も近代的な生産構造の配備およびそれなりの労働組織の再編成にもかかわらず，同社においては，生産過程の乱れを最小限に抑えるために，アメリカの自動車工業と比べると高い専門労働者の割合が維持されており[264]，軍備計画の頻繁な変更にみられるように，変動が激しいという軍需市場の特殊的条件のもとで，同社では，小さな組の生産と専門労働者の

占める割合の高いフレキシブルな生産構造が生み出された。そこでは，フレキシブルな品質重視の生産構想のゆえに，既存の専門労働者のポテンシャリティおよびフレキシブルな生産構造でもって，同社は比較的短い期間にナチスの軍備拡張の要望を満足させることができた(265)。またそのような生産構造における人員配置，製品の変更および装備替えのフレキシビリティが——ドイツのすべての金属工業のように——，国防軍の多様な軍需品の需要への急速かつ円滑な適応を可能にしたのであった(266)。トラックを生産するガゲナウ工場は国防軍と国家の注文でもってフル操業を行っていたが，同社が1920年代および30年代に官庁向け業務を支配していたという事情は，こうしたフレキシブルな生産構造が築かれていたことによるものであるとされている(267)。こうして，1939年には，自動車生産はほとんどもっぱら「官庁向け業務」に転換されたが(268)，M. シュタールマンは，38年にマンハイム工場のトラック生産において始まった労働組織の再編成および技術的近代化はその後に実施された軍需生産における合理化諸方策にとっての模範となったとしている(269)。

　ダイムラー・ベンツにおいて20年代後半および30年代に普及したこのような，「フレキシブルな品質重視の生産」の構想は「量と質の効果」のひとつの混合形態を意味しており，またテイラーをモデルとするたんなる「低い信頼の組織」でもって実現されうるものではなく，アメリカや他のドイツの自動車会社と比べると同社において非常に遅くになって初めて行われた組織的な作業評価の方法の導入や，よりゆるやかな形態であったとはいえ熟練に基づく賃金支払いの要素がその指標をなすとされている。高い専門労働者比率をもつこのようなフレキシブルな生産構造は，国内市場への集中化にさいして，多くの異なる小さなロットが生産され，また個々の工場の間での移動が可能であるという利点をもっており，そのことは生産能力のより高い利用だけでなく，変動する需要構造への状況に見合った適応にも寄与したとされている。そのような専門労働者の占める高い割合が航空機や船のエンジンの生産の迅速な拡大を可能にしたのであり，こうした適応のフレキシビリティが同社の競争力を確保したのであった(270)。

　このように，同社においても，1930年代の末には，専用機械，組立コンベアおよび自動搬送コンベアの先駆けが見い出されるが，それは島方式的なものに

とどまっていた。そこでは，短いサイクルのタクトタイムは存在せず，給付の規制は，たいていの工場では，集団出来高給の特殊な形態に生産労働者を組み込むことによって行われていた。そのことは，生産過程の技術的な組織化がフォードにおいて第1次大戦前にすでにみられたようにはまだすすまなかったとはいえ，そのような組織化がレファ・システムを基礎にした給付の規制の官僚主義的な諸形態にとって代わることができたということのしるしであるといえる(271)。こうして，アメリカの自動車工業と比べると遅れて，また控え目に実施された同社の経営社会組織の合理化および近代化は，30年代になっても，経営側が意図したようには順調にすすまなかった。配置されたベルト・コンベアは30年代半ば以降ますます組織的に統合化されたが，コンベアが島方式的に配置され，その間に検査所や緩衝在庫が存在していた限りでは，労働者はなお作業のテンポに影響をおよぼしていたとされている(272)。

ただ第2次大戦の勃発にともない，ダイムラー・ベンツでも，自動車生産においては，野外走行車やトラックの生産が支配的となり，乗用車の生産はもはや何ら重要な役割を果さず，それに対して，航空機エンジンや戦車など軍需部門の生産が大きく拡大された(273)。そこでは，組立工程のベルト・コンベアおよびローラー・コンベアや電気式荷車が設備され，最初の大規模な「タクト・システム」による流れ生産ラインが生み出されており，そのようなシステムが「基本的な生産過程の進行様式」となったとされている。例えばベルリン—ゲンスハーゲンに新設された同社の航空機エンジン工場の場合，1941年には1タクト48分で工程が順次進行していくようになったとされているが(274)，専門労働者と人員配置のフレキシビリティも航空機や船のエンジンの生産の迅速な拡大を可能にしたとされている(275)。そのさい，労働力不足のために，人事配置の考え方が，戦線に出ない専門労働者が主として船や飛行機のエンジンの生産および戦車の生産に配置されるというように変化し，自動車生産においては，婦人，不熟練労働者および強制労働者としての捕虜がますます多く就業するようになった(276)。その結果，例えばダイムラー・ベンツの自動車の製造における労働者に占める専門労働者の割合は，個々の諸部門では7％から14％にすぎず，1,713人の男子をもつ自動車工場の最大の機械部門でも，わずか232人の熟練をもつ旋盤工がいたにすぎず，その割合は13.5％であった(277)。このように，

本来の自動車製造部門では，専門労働者はもはや十分には使用することができなくなり，オペルにおいてもダイムラー・ベンツにおいても，強制労働者の配置が合理化の障害にまで発展したとされている[278]。

　そこで，このような労働組織の合理化による熟練の解体がどの程度すすんだか，またそれにともない就業者構成がどのように変化したかを具体的にみておくと，ダイムラー・ベンツのウンターテュルクハイム工場では，1938年10月1日には自動車生産に従事する労働者（見習工は含まない）に占める専門労働者の割合はなお48.9％にのぼっており，オペルでも，それは約30％であり，すでに20年代半ばに5－10％にすぎなかったアメリカとは大きな違いがみられる。例えば男子労働者に占める専門労働者の割合は1928年の62.1％から40年には53.1％に低下しているが，不熟練労働者の割合も15.9％から11.4％に低下しており，これに対して，半熟練労働者の割合は22％から35.5％に上昇している。この数字は労働支出の諸形態における諸変化を反映したものであり，半熟練の機械作業および半熟練労働者によって行われる組立作業が拡大したのに対して，搬送作業の機械化に規定されて不熟練労働者の作業が減少したことによるものであった。熟練の諸要求は変化したが，とくに工具製作職場および整備・保守部門のような間接部門では，高度な熟練を必要とする専門労働が作業の支配的な形態でありつづけた。またしばしば職員によって行われた統制および監督の作業の割合が上昇しており，ダイムラー・ベンツでは，職員と労働者との比率は1927年の1：10から40年には1：4.5になっている。M.シュタールマンは，第2次大戦後になって初めて，労働者における一層の構造的諸変化をもたらした生産過程の徹底的な機械化がおこったとしている[279]。また戦時中の1940年と44年との比較でみておくと，自動車工業における労働者数は136,000人から80,560人に減少しているが，熟練度別にみたその内訳では40年には熟練労働者は68,272人，半熟練労働者は42,976人，不熟練労働者は24,752人であったものが，44年にはそれぞれ19,255人，36,090人，25,215人となっている。その結果，熟練労働者の比率は50.2％から23.9％に大きく低下しているのに対して，半熟練労働者と不熟練労働者の比率はそれぞれ31.6％から44.8％，18.2％から31.3％に上昇している[280]。しかし，労働者の構成のこのような変化については，戦時期の兵役による熟練労働者の職場からの離脱の問題を考慮に入れておく必要がある。

またこのような合理化の取り組みがすすむなかで自動車の生産台数がどのように推移したかをみると（表6-5参照），1928年の149,133台から32年には53,257台にまで落ち込んだ乗用車，バス・ライトバン・トラックおよび牽引車の生産台数は38年には366,234台にまで増加しており，32年の6.8倍に，33年の3.4倍に増加している。乗用車の生産台数は39年には32年の6.3倍，33年の3倍に増加しており，バス，ライトバン，トラックの生産台数も32年の7.7倍，33年の4.8倍に増加している。またオートバイをみても，1938年の生産台数は32年の4.9倍，33年の4.4倍に増加している。この時期の生産台数の推移を例えばオペルについてみると，1934年には17,000人の従業員でもって72,000台が生産されており，33年から36年までの期間にドイツにおいて生産された全乗用車の42％，トラックの33％が生産されている[281]。自動車の生産台数では，ドイツは1935年になってようやくフランスを追い抜いたが，なおイギリスのそれにはおよばず，36年の数値ではイギリスの461,300台に対して，301,700台にとどまっており，世界の総生産台数に占める割合をみてもわずか5.2％（29年の2％からは上昇したとはいえ）にとどまっている[282]。戦間期にはアメリカのビッグ・スリーが世界市場をほぼ完全に支配しており，1935年にはアメリカの生産台数は400万台に達していたのに対して，ドイツ，フランス，イタリア，およびイギリスのヨーロッパの最も重要な自動車製造国をあわせても生産台数は約88万台にとどまっている[283]。世界の総生産台数に占めるアメリカの割合は1929年の85％から36年には78％に低下したとはいえ，アメリカの圧倒的優位は変わることはなかった[284]。こうした状況のもとで，全体的にみれば，第2次大戦の勃発まで，あらゆる近代化の諸努力にもかかわらず，ドイツの自動車工業においては，生産されるロットはアメリカにははるかにおよばなかったとされている[285]。

さらに価格についてみると，当時ドイツの自動車工業全体においておこった機械化および労働組織的な再編成の結果，自動車の価格は大きく引き下げられている。1925年を100としたときの38年の乗用車の価格は44.7，トラックのそれは63.9に引き下げられており[286]，オペルの低価格車であるP—4の価格は36年のドイツの年間平均賃金である1,650RMにちょうど等しかったとされている[287]。また自動車の製造時間をみると，1930年には30馬力の乗用車の機械

表6-5　1928年から38年までの自動車工業における就業者数、原材料消費額、生産台数および販売額の推移

年度	就業者数(各年度の6月30日)	原材料消費額 (100万RM)			生産台数							
	人数	全体[1]	そのうちタイヤ		乗用車				そのうち		バス、ライトバン、トラック[2]	牽引車[2]
					全体	排気量1.5リッターまで	排気量1.5から3リッターまで	排気量3リッターを超えるもの				
1928	83,751(164.1)	624.4(307.3)	53.7(488.2)		108,029(117.2)	40,227(64.2)			67,802(229.5)		41,104(250.2)	
1929	80,037(156.8)	539.5(265.5)	43.8(398.2)		96,161(104.3)	37,207(59.4)	40,530(149.0)	18,424(783.0)			31,577(238.1)	5,928(187.1)
1932	34,392(67.4)	140.3(69.0)	7.7(70.0)		43,430(47.1)	25,060(40.0)	16,042(59.0)	2,328(98.9)			8,234(62.1)	1,593(50.3)
1933	51,036(100)[3]	203.2(100)[3]	11.0(100)[3]		92,160(100)[3]	62,612(100)[3]	27,195(100)[3]	2,353(100)[3]			13,261(100)[3]	3,168(100)[3]
1934	80,856(158.4)	386.4(190.2)	27.0(245.5)		147,330(159.9)	113,045(180.5)	30,232(111.2)	4,053(172.2)			27,325(206.1)	4,968(156.8)
1935	100,937(197.8)	625.4(307.8)	48.0(436.4)		205,092(222.5)	138,647(221.4)	58,993(216.9)	7,452(316.7)			41,528(313.2)	8,494(268.1)
1936	110,148(215.8)	799.6(393.5)	57.9(526.4)		244,289(265.1)	167,566(267.6)	70,257(258.3)	6,466(274.8)			57,312(432.2)	12,864(406.1)
1937	123,092(241.2)	912.7(449.2)	87.0(790.9)		269,005(291.9)	172,522(275.5)	88,592(325.4)	7,891(335.4)			62,404(470.6)	18,025(569.0)
1938	140,756(275.8)	1,129.0(555.6)	108.6(987.3)		274,849(298.2)	189,871(303.3)	74,195(274.3)	10,783(458.3)			63,470(478.6)	27,915(881.2)

年度	オートバイ		生産台数			販売額 (100万RM)			
	全体	そのうち排気量200ccを超えるもの	3輪自動車[2]	その他の自動車[2]	乗用車[2]	バス、ライトバン、トラック[2]	牽引車[2]	オートバイ	3輪自動車
1928	160,782(396.7)	84,193(546.2)	1,430(11.1)	842(342.3)					
1929	195,686(482.8)	9,604(62.3)	5,361(41.4)	181(73.6)	401.1(160.3)	209.9(290.3)	36.1(180.5)	155.8(364.9)	
1932	36,262(89.5)	15,415(100)[3]	10,939(84.5)	246(100)[3]	132.5(53.0)	41.7(57.7)	11.0(55.5)	25.1(89.3)	10.7(73.3)
1933	40,534(100)[3]	31,758(206.0)	10,939(100)[3]	737(300.0)	250.2(100)[3]	72.3(100)[3]	20.0(100)[3]	28.1(100)[3]	14.6(100)[3]
1934	88,312(217.9)	40,565(263.2)	11,697(90.4)	2,472(1,004.9)	382.2(152.8)	174.9(241.9)	32.6(163.0)	49.6(176.5)	12.9(88.4)
1935	117,651(290.3)	45,487(295.1)	12,029(93.0)	2,267(921.5)	536.2(214.3)	273.6(378.4)	66.5(332.5)	72.1(256.6)	11.7(80.1)
1936	145,916(360.0)	42,108(273.2)	14,316(110.6)	1,364(554.5)	583.7(233.3)	333.3(461.0)	78.1(390.5)	82.1(292.2)	16.4(112.3)
1937	159,815(394.3)	62,458(405.2)	14,116(109.1)	1,328(539.9)	631.8(252.5)	320.4(443.2)	139.3(696.5)	94.4(336.0)	17.8(121.9)
1938	177,842(438.7)		14,846(114.7)		655.4(262.0)	344.7(476.8)	139.3(696.5)	91.7(326.3)	18.7(128.1)

(注): 1) 他の経営に委託された賃労働および補助労働を含む。1936年以降は梱包および出荷のための原料、燃料および調剤を含む。
2) シャーシをも含む。
3) ( ) 内の数値は1933年=100としたときの指数。
4) 修理作業および個別部品・取替部品の供給を含む。
(出所): *Statistisches Handbuch von Deutschen Reich 1928-1944*, München, 1949, S. 301 より作成。

加工部門（クラッチ，駆動装置，操舵装置およびラジエーターは電装品やその他の外部購入品とともに外部調達されている）および組立部門において賃金が支払われた時間数は234時間となっていたが，第2次大戦前には，大ロットの場合には，約1.5リッターの乗用車については車体を含めて約160時間にまで短縮されており，フォルクスワーゲンの製造時間はそのほぼ半分にまで短縮されたとされている[288]。しかし，戦時期になっても大量生産はアメリカの水準には達することはできなかったといえる。アメリカ自動車工業の優位は標準化および機械化がよりすすんでいたことと規模の経済によるものであったと指摘されている[289]。そのような状況のもとで，ドイツでは，戦時中には乗用車の生産が大幅に削減され，自動車以外の軍需品の生産が拡大されていくなかで，本来の自動車生産の領域においてこのような立ち遅れを克服する可能性は一層狭められることにならざるをえなかった。

第4節　自動車工業の合理化の意義

これまでの考察からも明らかなように，ナチス期には，政府によるモータリゼーション政策の推進と経済の軍事化による市場の条件の変化のもとで，また労資関係の枠組みの変化のもとで，自動車工業における合理化は1920年代と比べ大きな進展をみたといえるが，つぎに，この部門の合理化が他の産業部門の合理化にどのような影響をおよぼしたか，またドイツ経済全体のなかでどのような役割を果すものであったか，その役割と意義を20年代との比較においてみておくことにしよう。本来，自動車工業の大量生産が他の産業部門，ひいては国民経済におよぼす波及効果には大きなものがあるが，それだけに，ここでは，この時期の自動車工業の合理化，大量生産の取り組みが他の産業部門の発展におよぼした影響，効果がどのようなものであったかが問題となる。

この点について，西牟田祐二氏は，1930年代の後半には，「ドイツ自動車工業は，石炭＝鉄鋼，電機，化学に比肩する一大部門へと成長を遂げ」ただけでなく，「この過程に先導されて，鉄鋼，化学，電機といったドイツ資本主義の伝統的主要部門が自動車関連分野（鉄鋼における薄板，化学における合成ゴム，合成石油，ラッカー，溶剤，等）を急速に拡大させ，『石炭―鉄―鉄道』を中心

第6章　自動車工業における合理化過程　355

図6-2　1934年から44年までの自動車工業の需要別売上構成の推移

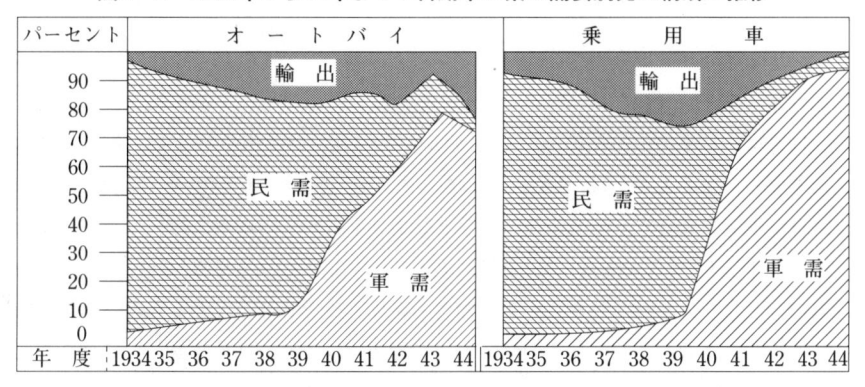

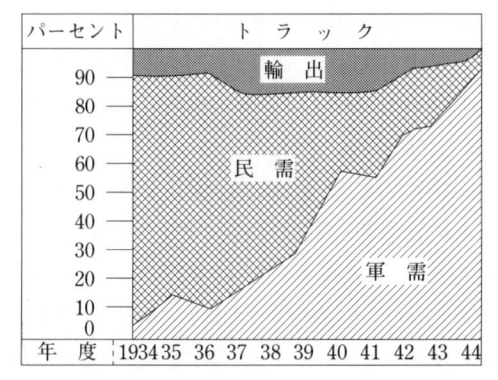

(出所)：The United States Strategic Bombing Survey, German Motor Vehicles Industry Report, *Final Reports of the United States Bombing Survey*, No. 77, second edition, Washington, 1947, EXHIBIT G-1.

とした従来の産業的諸連関から，いまや，いわば『自動車工業を中軸とする諸産業の大量生産体制』へと，ドイツ資本主義が大きく構造転換を開始した」と指摘されている[290]。確かにナチス期には，1920年代とは異なり，軍需市場の拡大によるトラックの大量生産の推進は一定の進展をみたが，自動車の需要構成の推移を示した図6-2からも明らかなように，第2次大戦の勃発までの時期には自動車需要の中心はなお民需にあったといえる。しかし，乗用車をみても，「なお当時は事業所的・営業所的モータリゼーションが主流であって，個人的・大衆的モータリゼーションは，なお初期的段階にとどまっていた[291]」

とされており，アメリカとは反対に，ひろく普及していた印象に反して，乗用車は決して大衆消費財にはならなかったとされている(292)。

　例えば1937年の上半期には，登録された109,112台の乗用車のうち，商業・交通業関係者によるもの（33,306台），工業・手工業関係者によるもの（22,229台）の割合が圧倒的に高く，両者を合わせると約半分を占めているのに対して，農林業関係者によるもの（7,088台），公務員によるもの（9,703台）の割合が低かったこと，人口のかなり大きな部分を占める労働者・職員（16,261台）によるものの割合が約15％と非常に低いことが特徴的である。労働者の自動車の保有は主としてオートバイであり，職員層をみてもオートバイの台数は自動車のそれよりも大きく，この期間に登録されたオートバイの60％が労働者・職員によるものであった。職員のなかでも，所得の高い管理職が乗用車の最も重要な購買層を形成していたとされているが(293)，同年に登録された自動車に占める労働者のそれの割合はわずか1.4％にすぎなかった(294)。また1930年代にイギリスやフランスでは自動車を購入することのできたより裕福な公務員，地方公務員，銀行員あるいは教員のようなサラリーマンがドイツでは明らかに自動車を買うことができなかったとされている(295)。労働者および下級の職員にとっては小型車の購入と維持のための比較的低い費用もあまりに高すぎたために，彼らは「大衆モータリゼーション」の影響を十分に受けることはできておらず，小型車をもってしても，ファシストによって扇動的に宣伝されたそのようなモータリゼーションは実現されることができなかったとされている(296)。1937年にはドイツでは住民47人に1台の自動車が保有されているにすぎず，アメリカの4.5人に1台，フランスの19人に1台，イギリスの21人に1台と比べると大きく立ち後れており，この点をみても，ドイツはこれらの先進諸国のモータリゼーションの水準には到達することはできなかったといえる(297)。1925年から38年までをみるといずれの年度についても国民生産と自動車生産との間にはほぼ完全な相関関係がみられたとされているが（ドイツでは0.92の相関値）(298)，そのことを裏返していえば，国民生産の増大，所得の増大が購買力の拡大をもたらしたとはいえ，所得水準自体がなおアメリカ的な水準でのモータリゼーションを可能にするだけのレベルに達していなかったことの意味は大きかったといえる。

本来大量生産を主導すべき自動車工業の発展，そこでの大量生産の意義については，W. ベッカーが指摘するように，大量生産の決定的諸要素および国民経済的有効性は，生産手段の生産よりも消費財部門においてずっと大きく，消費財の大量生産が，初めて，生産手段の大量生産への移行の基礎を与えたのであり，アメリカの事例が示すように，大量生産を導入し，貫徹させるためには，必ずしも軍需を必要とするものではなかったとされているが(299)，ドイツでは，自動車工業の大量生産を主導すべき民間向けの乗用車の大量生産がアメリカのようにはすすまなかった。それだけに，とくに戦時期に顕著にみられるように，自動車工業の生産のなかでもそれだけ軍需市場の果す役割が大きなものとならざるをえなかったといえる。またこの時期には，コストのかかる機械的搬送手段を利用しない方法での流れ生産方式の展開が多くのところで試みられた1920年代とは異なり(300)，生産過程におけるベルト・コンベアの導入や部門間搬送のための機械的搬送手段の導入が一層強力に取り組まれており，新しい機械設備の導入による「技術的合理化」の推進とあいまって，それは大きな資本支出を必要としたのであり，固定費比率の大きな上昇のもとで比例費の比率を大きく引き下げることになった(301)。それだけに，本来主力である乗用車の生産が大幅に削減される戦時期には，軍需生産への依存を一層強めることにならざるをえなかったといえる。

　戦争の勃発にともない，生産と販売の状況は根本的に変化し，国内の民需向けの乗用車の生産は，それ以外の顧客への供給の増大によってそれなりの埋め合わせを見い出す可能性なしに大幅に削減され，また公共機関の発注者はより強力な自動車を求めた。その結果，アドラー，オペル，フォードにおいては，より小型の乗用車のタイプの生産はもはや以前のような意味をもち続けることはできなくなっており，大量生産を主導すべき本来の自動車生産そのものが大きく制約されざるをえないという状況が生み出されている。これに対して，トラックでは，軍需目的の利用もあり，確かに依然としてかなりの需要が存在したが(302)，アメリカと比べると，自動車工業の大量生産がもたらした関連産業への波及効果は非常に小さなものにとどまらざるをえなかったといえる。アメリカにおいて自動車工業によって消費される原料の割合をみても，主要な12の原料において自動車工業は需用者として第一位を占めており，例えば合成物質

では全生産量の90％, ゴムでは80％, 板ガラスでは69％, 合金鋼では54％, 可鍛鉄では53％, 光輝引抜鋼では51％, 薄鋼板では41％, モヘアでは40％, 快速鋼では35％, 鉛では35％, ニッケルでは29％, その他の種類の鋼では17％となっており[303], 自動車工業は技術的にも経済的にもひとつの主導的部門であった。これに対して, ヨーロッパ, とくにドイツでは, 自動車工業の主導的役割は, 本質的には, 技術の領域に限定されていたとされている[304]。なかでも本来自動車工業による需要が大きな意味をもつ鋼についてみると, アメリカの鋼の生産はドイツの場合よりも自動車工業とはるかに密接に結びついており, 自動車工業の鋼の消費は鋼の全需要の18％を占めていたのに対して, ドイツのそれはわずか6％にとどまっている[305]。

このように, 西牟田氏が指摘されるような方向への大きな転換が推し進められながらも, それが軍需市場への依存というかたちでしか本格的展開へと向かうことができず, またそのことが一定の限界をもたざるをえず, アメリカ的な発展を十分にとげることができなかったという点に, この時期のドイツの特徴, 限界性が示されているといえるであろう。1941年の *Automobiltechnische Zeitschrift* 誌によれば, アメリカの自動車は当時より安く, より良いものであったが, 世界大戦の果てしない努力のなかでドイツの自動車工業はアメリカの自動車生産の進歩についていくことができなかったとされている[306]。アメリカにおいては, 自動車は景気政策の面でも大きな意味をもっており, 自動車の生産は実際に経済の全般的な水準にとっての決定的な指標となっており, 自動車の生産と販売は経済発展と連動して推移したのに対して, ドイツでは, モータリゼーションはまったく異なった進展をとげたといえる。そこでの目標は自動車の生産増大ではなく, むしろ国家と国民の利害のなかでモータリゼーションの一層の進展と絶え間ない進展のための前提条件を生み出すことに重点がおかれていた。そこでは, 合理的な大量生産によって需要を所得形成に適応させること, 原料の調達と加工の領域における国民経済的な諸課題を考慮に入れて既存の構造の改良や研究を行うという2つの課題がむしろ中心になっていたとされている[307]。

しかも, この点に関しては, この時期の自動車工業の生産のうちかなりの部分が軍需生産にあてられており, そのなかには, 航空機や船のエンジン, 戦車

など本来の自動車生産とは異なる分野の生産が大きな割合を占めるようになっていたことに注意しておかねばならない。当時の戦時計画では，自動車工業の生産能力の約40％が自動車の生産にあてられ，残りが例えば武器，砲架などのようなその他の軍需品の生産にあてられるものとされていたが[308]，戦争がすすむなかで自動車企業の軍需生産への依存は一層大きくなっていったといえる。例えばオペルでは，第2次大戦の開戦にともない，軍需工場への転換がはかられ，その生産能力のうち約70％が航空機部品の生産に，10％が他の兵器生産に，残りの20％が自動車の取り替え部品とブランデンブルク工場での3トントラック・ブリッツの部品の生産に転換されている[309]。また工場の操業開始が遅かったフォルクスワーゲンでも，1939—41年が軍需生産への転換の時期であり，42—44年の時期がその拡大の時期であったとされている[310]。同社の全販売に占める軍用自動車の割合は40年の18.78％から41年には33.48％に上昇しており，ジープの生産は44年には全販売の56.8％，45年には81.58％に達している[311]。しかし，同社における当初の軍需生産の重点はむしろ航空機の生産におかれており，1940年にはこの領域全体の売上は1,900万RMを超えており，全売上の73％を占めていた[312]。これらの企業では開戦後に軍需生産への転換がはかられたのに対して，軍需生産への依存度が高く，すでに戦前にそうした転換に取り組んでいた企業としてダイムラー・ベンツがあったが，そこでは，本来の自動車生産とは異なる領域の生産拡大をはかった最も代表的なケースをみることができる。同社ではそれが非常に早期に始められている。因みに同社の生産額に占める軍需品の割合をみると，1926年にはわずか8％にすぎなかったものが33年には26％，36年には43％，大戦の始まる39年には65％，44年には93％に達している[313]。このように，同社は，ほぼ1936年以降，しだいにはっきりと軍事生産に自らの足を踏み入れることになるのであり，それは大きく，1) 国防軍用悪路走行性乗用車，2) 軍用トラック，3) 航空機用エンジン，4) 戦車生産の領域から構成されていたが[314]，売上高に占める後二者の割合は，36年の25.7％から39年には42.4％，44年には78％に上昇している[315]。またBMWでも戦時中には乗用車およびオートバイは生産されておらず，実際には同社のすべての経営資源は航空機エンジンの生産にあてられており，この点を考えると，乗用車と発電機用エンジンの工場は余剰設備であったとされて

いる[316]。このように，多くの場合，自動車企業の戦時中の売上のかなりの部分が本来の自動車業務とは異なる領域によるものであったが，そこでは，関連する産業諸部門への大量生産の波及効果という点でも，自動車生産の場合とは大きく異なっており，この点においても限界をもつものものにならざるをえなかったといえる。

また軍需品としての自動車に対する市場の拡大についてみても，原則的に全輪駆動の軍用トラックを求めたアメリカ軍とは反対に1944年にさえドイツ軍が高い割合の標準化された民需用のトラックを使用していたという事実は，ドイツ政府が自動車工業を完全に動員することをせず，むしろ容易に平時の生産に再転換するためにこの産業を最大限そのままの状態にしておくことを計画していたということを示すものであったとされている。そのことは，少なくとも本来の自動車分野において十分な軍需市場が拓かれなかったことを意味するものであるといえる。確かにトラックの生産台数は1940年の63,296台から43年には109,085台に，また無限軌道車のそれは6,435台から17,535台に増加しているが，部品不足，工作機械，ジグ，工具および取付具の不足や労働力不足の問題もあり，トラックの生産でも計画の目標値（136,743台）を20％下回っている[317]。

しかも，軍需生産を基礎にした生産の拡大，大量生産の推進は，定型の多様性や市場の変動がはげしいことなど軍需市場のもつ特質によっても大きな障害に突き当たらざるをえないという限界をもたらした。例えばオペルにおける戦時期の生産の月次の変動は生産されるタイプの変更によってもたらされたものであったとされている[318]。同社が生産する製品の最も重要な品目をなしていた航空機部品でもそれを戦闘機に適応するために設計の変更が行われているが，こうした設計の変更は1944年第1四半期には生産を妨げることになったとされている[319]。またフォルクスワーゲンでも，工場の内部で生産されるべき製品の絶え間ない変更が生産減少のひとつの原因をなしたとされている[320]。例えば同社は1939年12月に航空機用の木製の燃料タンクを空軍から受注し，40年2月には生産を開始しているが，その設計変更が行われたために，数日後には生産は再び中断されなければならなかったほか，航空機の修理工場においても，注文取り消しの恐れがみられたとされている[321]。航空機の部品の製造部

門は同社のなかでも比較的好調な部門であり，ノイディック工場でも部分的に大量生産に移行することができたが，全体的にみれば，航空兵器の部門では絶えず変動する注文と数量のために大量生産は限られた範囲でしか可能ではなく，その結果，そのような生産はもっぱら割に合わないものにとどまったとされている(322)。軍需市場がもたらしたこのような問題については，当時の報告も，大きく変わる注文やそれによって必要となる生産の転換は工場の管理者に繰り返し多様な種類の新しい諸問題を突きつけたであろうということ，また工場の生産能力がフル操業とははるかに遠い程度にしか利用されないという状況をもたらしたことを指摘している(323)。本来，大量生産の拡大はそれを可能にするだけの市場規模を前提とするだけでなく，安定した市場の存在が重要となるが，軍需市場を基礎にした大量生産の推進はこうした点で大きな限界をもつものであったといえる。それだけに，自動車工業の大量生産がもたらす関連産業への波及効果においても，またそれのもつ国民経済的効果をみても，限界をもつものとならざるをえなかったといえる。

　さらに，戦争の始まりにともなう平和生産の削減は，自動車工業に対して，多くの軍需品の生産に容易に適応することのできる大量生産のための設備だけでなく大きな過剰生産能力をももたらすことになったが，こうした生産能力はすぐには有効利用されなかったという問題もあった(324)。戦時期には自動車生産は大きく減少しており，金額でみると1939年には13億9,000万RMであったものが41年には7億2,000万RMにまで落ち込んでおり，39年の52％となっている(325)。そのような状況のもとで，生産能力の有効利用をはかるために軍需生産への転換がはかられることになるが，戦時中のその他の製品への転換はわずか33％にとどまっており，その大部分は42年と43年に行われており，その時期は比較的遅かったといえる。

　アメリカの戦略爆撃調査団の報告によれば，生産能力の大部分は1942年および43年になって初めて戦前の水準で利用されるようになっており，その後，過剰生産能力はようやく主に航空機産業や戦車製造業のための部品の生産に転換されている(326)。しかし，例えばオペルのリュッセルスハイム工場でも生産能力は戦時中は完全に利用されることはなかった(327)。またフォルクスワーゲンは自動車の生産設

備の遊休化の異なる事例をなすが(328)，工場を軍需生産に組み入れるための諸努力はさしあたり何ら有効な成果をもたらすことはなく，むしろ40年3月末にはまだ製造建屋はその大部分が利用されないままであったとされている(329)。ことに同社の場合には，多くの専用機械が配置されていたことが自動車以外の軍需品の生産への転換をはかる上で困難をもたらした。例えばJu88型航空機の生産にはさらに200台もの機械が足りず，軍備にとって重要な各生産にはかなりの割合の新しい機械がつねに配置されねばならず，それゆえ，プレス工場も完全には利用されず，軍需生産には利用されない35,000㎡もの生産面積が存在したとされている。こうした事情から1940年の1年間にこの工場の機械設備は3分の1，金額では730万RMも増加することになった。それでもって，ようやく，当時の条件のもとでは軍需品への組み入れによってのみ可能であったこの工場の生産の完成への重要な一歩を踏み出すことができたとされているが(330)，41年の生産はその生産能力のわずか20—25％にすぎなかった。戦時期をとおしてこの工場は決してその生産能力の50％以上を生産することはなかったとされている(331)。

このように，軍需市場に依拠した自動車工業の大量生産の推進は大きな限界をもつものにならざるをえなかったといえる。ドイツにおけるモータリゼーションの進展の遅れによる影響について，W.ベッカーは，「帝国主義ドイツが自動車の大量生産の分野で遅れたことは，その物質的・技術的な全基盤にとって大きな結果をもたらした」として，アメリカに比べ科学的管理の導入や労働生産性の発展に至るまでの，経済の広い諸分野で遅れが生じたことを指摘している(332)。ナチス期および第2次大戦時の自動車工業における合理化の強力な推進にもかかわらず，こうした立ち遅れがもたらした限界の克服は実現されなかったといえる。ドイツにおいては，第2次大戦までは自動車の生産および販売は全般的な経済状況のひとつの機能にすぎなかったのに対して，経済状況はまさに自動車工業に依存しているということをとくにアメリカの例は示しており，そうした発展は西ドイツにもあてはまるとするK.W.ブッシュの指摘にもみられるように(333)，第2次大戦前の時期にみられた限界の決定的な打開が実現するのは，市場の諸条件が大きく変化し，大量消費財市場の拡大がすすむ第2次大戦後のことにならざるをえなかったといえる(334)。

第6章　自動車工業における合理化過程　363

（1）この点について詳しくは，拙書『ヴァイマル期ドイツ合理化運動の展開』，森山書店，2001年，第6章参照。1920年代の合理化の時期のドイツ自動車工業のおかれていた状況について，古川澄明氏は，「ドイツ資本主義の発展過程のなかで歴史的に与えられた，政治的にも，また経済的にも，不遇の地盤を出発点として，ドイツ自動車産業は，基幹産業としての大量生産産業への発展を指向せざるをえなかった」と指摘されている。古川澄明「フォルクスヴァーゲンヴェルクの生成の史的前提への接近──その1　ドイツ自動車産業の発展の主要特徴──」『鹿児島経大論集』（鹿児島経済大学），第22巻第4号，1982年1月，50-1ページ。

（2）西牟田祐二『ナチズムとドイツ自動車工業』，有斐閣，1999年，第5章第1節。ヴァイマル期の自動車工業の発展，モータリゼーションの進展を制約した条件については，大島隆雄「両大戦間期のドイツ自動車工業(1)──とくにナチス期のモータリゼーションについて──」，『経済論集』（愛知大学），第126号，1991年7月，III，F. Blaich, Die "Fehlrationalisierung" in der deutschen Automobilindustrie 1924 bis 1929, *Tradition*, 18 Jg, 1973. 10, S. 33をも参照。

（3）Vgl. M. Stahlmann, *Die Erste Revolution in der Autoindustrie*, Frankfurt am Main, New York, 1993, S. 85. この時期のモータリゼーション促進のための諸政策に関して，西牟田祐二氏は，それが「従来のライヒ政策諸体系の，少なくとも交通諸関連の政策に関するかぎり，全面的とも言える転換を意味」するものであったこと，また「ドイツ自動車工業に対する，とりわけドイツ自動車需要に対する『社会的＝構造的』制約諸要因をことごとく打ち壊すものであった」ことを指摘されている（西牟田，前掲書，139ページ）。またこうした政策は，それをてことして，「石炭と鉄とそれらの総括としての鉄道という第二帝政以来の体系から，自動車工業における大量生産体制を中軸に，鉄鋼，化学，巨大な道路建設，および石油という，ドイツにとっていわば必然的に『広域経済圏』構築へとつながらざるを得ない体系への」ドイツ資本主義の構造転換をもたらすものであったとされている（同書，274ページ）。

　　また大島隆雄氏は，ナチスのモータリゼーション政策は政治宣伝的効果をねらった政治的目的，雇用創出や，再軍備に必要な物資の輸入，それに必要な外国為替の確保や清算協定国への反対給付をめざす輸出政策といった経済的目的，軍事的目的を結合したものであり，後二者は不可分に結合していたが，「それは初期の頃の国際情勢・国内情勢に規定されて，1933・34年段階までは，経済的目的が前面にうちだされ，軍事的目的は後景に退いていた」のに対して，それ以後，「とくに1936年中葉以後の『四カ年計画』の段階になると，軍事目的が表面にたつようになった」と指摘されている。大島隆雄「両大戦間期のドイツ自動車工業──とくにナチス期のモータリゼーションについて──」(2), (3)『経済論集』（愛知大学），第127号，1991年12月，128-32ページ，第128号，1992年2月，70-1ページ。

（4）Vgl. M. Tessner, *Die deutsche Automobilindustrie im Strukturwandel von 1919 bis 1938*, Köln, 1994, S. 195. 1933年に始まるドイツ自動車工業の著しい躍進について，K. ブラントフーバーは，それが自動車を幅広い大衆の消費財として促進するた

めの国家の諸方策とともに，世界恐慌の克服後の世界的規模の補充のための需要によるものであったとしている。Vgl. K. Brandhuber, *Die Insolvenz eines Familien-Konzern. Der wirtschaftliche Niedergang der BORGWARD-GRUPPE*, Köln, 1988, S. 34.

(5) Vgl. M. Stahlmann, *a. a. O.*, S. 84.
(6) *Ebenda*, S. 88.
(7) Vgl. A. Kugler, Von der Werkststt zum Fließband. Etappen der frühen Automobilproduktion in Deutschland, *Geschichte und Gesellschaft*, 13 Jg, Heft 1, 1987, S. 307.
(8) Vgl. *Ebenda*, S. 339, M. Stahlmann, *a. a. O.*, S. 60. また M. テスナーは，ドイツの自動車工業は1930年代には経済の成長部門に属するようになったと指摘している。Vgl. M. Tessner, *a. a. O.*, S. 183.
(9) Die Investitionen der deutschen Industrie 1924 bis 1931, *Wirtschaft und Statistik*, 13 Jg, Nr. 19, 1933. 10. 16, S. 595.
(10) Vgl. G. Keiser, B. Benning, Kapitalbildung und Investitionen in der deutschen Volkswirtschaft 1924 bis 1928, *Vierteljahrhefte zur Konjunkturforschung*, Sonderheft 22, 1931, S. 56, *Statistisches Jahrbuch für das Deutsche Reich*, 55 Jg, 1936, S. 508.
(11) Die Investitionen der deutschen Industrie 1924 bis 1931, *Wirtschaft und Statistik*, 13 Jg, 1933, S. 595.
(12) Vgl. H. Pohl, S. Habeth, B. Brüninghaus, *Die Daimler-Benz AG in den Jahren 1933 bis 1945*, Stuttgart, 1986, S. 128.
(13) Vgl. H. C. G. v. Seherr-Thoss, *Die deutsche Automobilindustrie. Eine Dokumentation von 1886 bis 1979*, Stuttgart, 2., korrigierte u. erw. Auflage, 1979, S. 304.
(14) Vgl. Das Neue Opel-Lastwagenwerk, *Automobiltechnische Zeitschrift*, 39 Jg, Heft 2, 1936. 1. 25, S. 39-40. G. Neliba, *Die Opel-Werke im Konzern von General-Motors (1929-1948) in Rüsselsheim und Brandenburg : Produktion für Aufrüstung und Krieg ab 1935 unter nationalsozialistischer Herrschaft,* Frankfurt am Main, 2000, S. 63, S. 65-6. 同工場の投資額は操業開始後 4 年のうちに2,300万 RM に増大している。Vgl. *Eberda*, S. 63.
(15) Vgl. H. C. G. v. Seherr-Thoss, *a. a. O.*, S. 305.
(16) Vgl. *Ebenda*, S. 320-1.
(17) Vgl. Kraftfahrzeugfabriken nach der Umstellung, *Der Deutsche Volkswirt*, 14 Jg, Nr. 37, 1939/40(1940. 6. 14), S. 1289.
(18) Vgl. Daimler-Benz A.-G., Berlin-Stuttgart, *Der Deutsche Volkswirt*, 9 Jg, Nr. 51, 1934/35 (1935. 9. 20), S. 2386.
(19) Vgl. M. Stahlmann, Management, Modernisierung- und Arbeitspolitik bei der Daimler-Benz AG und ihren Vorläuferunternehmen von der Jahrhundertwende bis zum Zweiten Weltkrieg, *Zeitschrift für Unternehmensgeschichte*, 37 Jg, Heft 3, 1992, S. 167.

第6章 自動車工業における合理化過程 *365*

(20) Vgl. Daimler-Benz Aktiengesellschaft, *Jahresbericht 1958 des Werkes Stuttgart -Untertürkheim*, S. 27-8.
(21) Vgl. Protokoll über die Sitzung des Aufsichtsrates der Daimler-Benz A. G. am 4. Juli 1933, mittags 12 Uhr, in Stuttgart-Untertürkheim, S. 4, *Daimler-Benz Archiv*, Kissel 1. 7.
(22) Vgl. Protokoll über die Sitzung des Aufsichtsrates der Daimler-Benz A. G. vom 24. November 1933, 3 Uhr nachmittags, in Stuttgart-Untertürkheim, S. 5, *Daimler -Benz Archiv*, Kissel 1. 7.
(23) Vgl. Präsidial- und Aufsichtsratssitzung vom 24. Oktober 1934, S. 2-3, *Daimler- Benz Archiv*, Kissel 1. 8.
(24) Vgl. Protokoll über die Sitzung des Aufsichtsrates der Daimler-Benz A. G. am 16. Mai 1934, S. 3, *Daimler-Benz Archiv*, Kissel 1. 7.
(25) Vgl. Protokoll über die Vorstandssitzung am 16. Februar 1934 in Untertürkheim, S. 4, *Daimler-Benz Archiv*, Kissel 1. 7, Protokoll über die Aufsichtsratssitzung der Daimler-Benz A. G. am Dienstag, den 24. September 1935 in Werk Gaggenau, S. 4, *Daimler-Benz Archiv*, Kissel 1. 8.
(26) Vgl. Protokoll über die Sitzung des Aufsichtsrates der Daimler-Benz A. G. vom 5. Juni 1935, nachm. 4 Uhr, in Berlin W. 8, Mauerstr. 35, S. 2, *Daimler-Benz Archiv*, Kissel 1. 8, Investitionen 1935 und 1936, S. 1, *Daimler-Benz Archiv*, Kissel 2. 1, Investitionen.
(27) Vgl. Protokoll über die Präsidialsitzung der Daimler-Benz A. G. am Montag, den 25. Mai 1936 im Sitzungssaal der Gesellschaft in Stuttgart-Untertürkheim, S. 2, *Daimler-Benz Archiv*, Kissel 1. 9.
(28) Vgl. H. Pohl, S. Habeth, B. Brüninghaus, *a. a. O.*, S. 128-9.
(29) Vgl. Schriften der Hamburger Stiftung für Sozialgeschichte des 20. Jahrhunderts (Hrsg), *Das Daimler-Benz Buch. Ein Rüstungskonzern im 〉Tausendjährigen Reich〈*, Nördlingen, 1987, S. 167.
(30) Vgl. Protokoll über die am Freitag, den 9. April 1937, in Stuttgart-Untertürkheim im Sitzungssaal der Gesellschaft abgehaltene Aufsichtsratssitzung der Daimler-Benz A. G., S. 4-5, *Daimler-Benz Archiv*, Kissel 1. 10.
(31) Vgl. Etat 1937 Werk Untertürkheim, S. 1, *Daimler-Benz Archiv*, Kissel 2. 1, Investitionen.
(32) Vgl. Protokoll über die am Dienstag, dem 1. März 1938, nachmittags 4 Uhr, im Sitzungszimmer 10 der Deutschen Bank, Berlin W. 8, Mauerstrasse 39, abgehaltene Präsidialsitzung der Daimler-Benz Aktiengesellschaft, Stuttgart-Untertärkheim, S. 1-3, *Daimler-Benz Archiv*, Kissel 1. 11.
(33) Vgl. Daimler-Benz A.-G., Berlin-Stuttgart, *Der Deutsche Volkswirt*, 14 Jg, Nr. 35, 1939/40 (1940. 5. 31), S. 1206.
(34) B. P. Bellon, *Mercedes in Piece and War. German Automobil Workers, 1903- 1945*, New York, 1990, p. 224.

(35) Vgl. Investitionenbeträge für neugekaufte Maschinen 1930/1937, *Daimler-Benz Archiv*, Kissel 2. 9, Investitionen.
(36) Vgl. *Geschäftsbericht der Daimler=Benz Aktiengesellschaft Berlin=Stuttgart über die Geschäftsjahre vom 1. Januar 1932 bis 31. Dezember 1932 und vom 1. Januar 1933 bis 31. Dezember 1933*, S. 19, *Geschäftsbericht der Daimler=Benz Aktiengesellschaft Berlin=Stuttgart über das Geschäftsjahr vom 1. Januar 1934 bis 31. Dezember 1934*, S. 7.
(37) Vgl. Daimler-Benz A.-G., Berlin-Stuttgart, *Der Deutsche Volkswirt*, 14 Jg, 1939/40, S. 1206-7.
(38) Vgl. H. Pohl, S. Habeth, B. Brüninghaus, *a. a. O.*, S. 130.
(39) Vgl. Protokoll der Vorstandssitzung in U. T. am 20. 9. 1940, S. 22, *Daimler-Benz Archiv*, Kissel 1. 13.
(40) Vgl. *Ebenda*, S. 2.
(41) Vgl. Daimler-Benz A.-G., Berlin-Stuttgart, *Der Deutsche Volkswirt*, 15 Jg, Nr. 44, 1940/41（1971. 8. 1), S. 1554.
(42) Vgl. *Geschäftsbericht der Daimler=Benz Aktiengesellschaft Berlin=Stuttgart über das Geschäftsjahr vom 1. Januar 1938 bis 31. Dezember 1938*, S. 11, *Geschäftsbericht der Daimler=Benz Aktiengesellschaft Berlin=Stuttgart über das Geschäftsjahr vom 1. Januar 1939 bis 31. Dezember 1939*, S. 12, *Gescäftsbericht der Daimler=Benz Aktiengesellschaft Berlin=Stuttgart über das Geschäftsjahr vom 1. Januar 1940 bis 31. Dezember 1940*, S. 11.
(43) Vgl. H. C. G. v. Seherr-Thoss, *a. a. O.*, S. 325.
(44) 各年度の貸借対照表および損益計算書参照。
(45) Vgl. Daimler-Benz A.-G., Berlin-Stuttgart, *Der Deutsche Volkswirt*, 11 Jg, Nr. 33, 1936/37（1937. 5. 14), S. 1625-6.
(46) Vgl. Daimler-Benz A.-G., Berlin-Stuttgart, *Der Deutsche Volkswirt*, 12 Jg, Nr. 36, 1937/38（1938. 6. 3), S. 1759-60.
(47) Vgl. Daimler-Benz A.-G., Berlin-Stuttgart, *Der Deutsche Volkswirt*, 13 Jg, Nr. 31, 1938/39（1939. 5. 5), S. 1542-3.
(48) Vgl. Daimler-Benz A.-G., Berlin-Stuttgart, *Der Deutsche Volkswirt*, 14 Jg, Nr. 35, 1939/40（1940. 5. 31), S. 1207.
(49) Vgl. Schriften der Hamburger Stiftung für Sozialgeschichte des 20. Jahrhunderts (Hrsg), *a. a. O.*, S. 158. 西牟田，前掲書，213ページをも参照。例えばウンターテュルクハイム工場についてみると，1936年4月に個別駆動の機械の調達のために10万RMの投資が申請されている。Vgl. Zusammenstellung der Investitionsanträge für die Präsidialsitzung am 23. 4. 1936, S. 1, *Daimler-Benz Archiv*, Kissel 9.
(50) 同書，253ページ。
(51) Vgl. Das Neue Opel-Lastwagenwerk, *Automobiltechnische Zeitschrift*, 39 Jg, 1936, S. 40.
(52) Vgl. Rationlle Autofertigung, *Motorschau*, 1 Jg, Heft 3, 1937. 5, S. 264-6.

第6章　自動車工業における合理化過程　*367*

(53)　Vgl. Elektrowerkzeug im Kraftfahrzeugbau. Geschäftliche Mittteilung der AEG, S. 1, *AEG Archiv*, GS6099.
(54)　Vgl. O. Dyckhoff, Grundlagen für eine Großproduktion und deren maschinelle Ausrüstung im Kraftfahrzeugbau, *Automobiltechnische Zeitschrift*, 45 Jg, Heft 11, 1942. 6. 10, S. 293.
(55)　Vgl. Rationlle Autofertigung, *Motorschau*, 1 Jg, 1937, S. 266.
(56)　Vgl. P. Hellersberg, Die Werkzeugmaschine, *Motorschau*, 1 Jg, Heft 6, 1937. 8, S. 496-7.
(57)　Vgl. Neuzeitliche Werkzeugmaschinen im Automobilbau, *Automobiltechnische Zeitschrift*, 39 Jg, Heft 22, 1936. 11. 25, S. 561.
(58)　Vgl. P. Hellersberg, *a. a. O.*, S. 497, Neuzeitliche Werkzeugmaschinen im Automobilbau, *Automobiltechnische Zeitschrift*, 39 Jg, 1936, S. 561.
(59)　Vgl. P. Hellersberg, *a. a. O.*, S. 494.
(60)　Vgl. W. Werner, Wir brauchen Sonder-Werkzeugmaschinen!, *Werkstattstechnik und Werksleiter*, 36 Jg, Heft 17/18, 1942. 9, S. 337.
(61)　Vgl. O. Kienzle, Werkzeugmaschinen im Kraftwagenbau, *Werkstattstechnik und Werksleiter*, 33 Jg, Heft 3, 1939. 2. 1, S. 49.
(62)　Vgl. Neuzeitliche Werkzeugmaschinen im Automobilbau, *Automobiltechnische Zeitschrift*, 39 Jg, 1936, S. 561-2.
(63)　Vgl. H. Melcher, G. Oehler, F. Pohl, H. Rectanus, H. Saß, Werkzeugmaschinen für Motoren und Getriebe, *Werkstattstechnik und Werksleiter*, 33 Jg, Heft 3, 1939. 2. 1, S. 54.
(64)　Vgl. P. Hellersberg, *a. a. O.*, S. 497, Neuzeitliche Werkzeugmaschinen im Automobilbau, *Automobiltechnische Zeitschrift*, 39 Jg, 1936, S. 562.
(65)　Vgl. *Ebenda*, S. 562-3.
(66)　Vgl. H. Melcher, G. Oehler, F. Pohl, H. Rectanus, H. Saß, *a. a. O.*, S. 54-5.
(67)　Vgl. Neuzeitliche Werkzeugmaschinen im Automobilbau, *Automobiltechnische Zeitschrift*, 39 Jg, 1936, S. 565-6.
(68)　Vgl. J. Wollenhaupt, Neuzeitliche Fertigungsmittel für den Bau von Fahrzeugmotoren, *Automobiltechnische Zeitschrift*, 46 Jg, Nr. 1, 1943. 1. 10, S. 1-4.
(69)　Vgl. H. Melcher, G. Oehler, F. Pohl, H. Rectanus, H. Saß, *a. a. O.*, S. 60 u S. 62.
(70)　Vgl. *Ebenda*, S. 73-7.
(71)　Vgl. W. Werner, *a. a. O.*, S. 338.
(72)　Vgl. O. Dyckhoff, Massenerzeugung durch Automatisierung. Anregungen aus dem Volkswagenwerk, *Maschinenbau*, Bd. 20, Heft 4, 1941. 4, S. 147.
(73)　Vgl. P. Hellersberg, *a. a. O.*, S. 497, Neuzeitliche Werkzeugmaschinen im Automobilbau, *Automobiltechnische Zeitschrift*, 39 Jg, 1936, S. 562-3.
(74)　Vgl. O. Dyckhoff, Massenerzeugung durch Automatisierung, S. 149.
(75)　Vgl. Neuzeitliche Werkzeugmaschinen im Automobilbau, *Automobiltechnische Zeitschrift*, 39 Jg, 1936, S. 563-4.

(76) Vgl. H. Melcher, G. Oehler, F. Pohl, H. Rectanus, H. Saß, *a. a. O.*, S. 66.
(77) Vgl. Neuzeitliche Werkzeugmaschinen im Automobilbau, *Automobiltechnische Zeitschrift*, 39 Jg, 1936, S. 566.
(78) Vgl. P. Hellersberg, *a. a. O.*, S. 497.
(79) Vgl. O. Dyckhoff, Grundlagen für eine Großproduktion und deren maschinelle Ausrüstung im Kraftfahrzeugbau, II, *Automobiltechnische Zeitschrift*, 45 Jg, Heft 12, 1942. 6. 25, S. 338.
(80) Vgl. P. Hellersberg, *a. a. O.*, S. 495.
(81) Vgl. Das Neue Opel-Lastwagenwerk, *Automobiltechnische Zeitschrift*, 39 Jg, 1936, S. 40-1.
(82) Vgl. Rationlle Autofertigung, *Motorschau*, 1 Jg, 1937, S. 262-3.
(83) Vgl. Fertigungsverfahren im Kraftwagenbau, *Maschinenbau*, Bd. 13, Heft 11/12, 1934. 6, S. 315.
(84) Vgl. Neuzeitliche Werkzeugmaschinen im Automobilbau, *Automobiltechnische Zeitschrift*, 39 Jg, 1936, S. 566-7.
(85) Vgl. Fertigungsverfahren im Kraftwagenbau, *Maschinenbau*, Bd. 13, 1934, S. 314.
(86) Vgl. W. Werner, *a. a. O.*, S. 339.
(87) Vgl. H. Melcher, G. Oehler, F. Pohl, H. Rectanus, H. Saß, *a. a. O.*, S. 52-3.
(88) Vgl. P. Hellersberg, *a. a. O.*, S. 497, Neuzeitliche Werkzeugmaschinen im Automobilbau, *Automobiltechnische Zeitschrift*, 39 Jg, 1936, S. 567-8.
(89) Vgl. H. Melcher, G. Oehler, F. Pohl, H. Rectanus, H. Saß, *a. a. O.*, S. 61.
(90) Vgl. J. Wollenhaupt, *a. a. O.*, S. 4-8.
(91) Vgl. Institut für Wirtschaftsgeschichte der Akademie der Wissenschaften der DDR, *Produktivkräfte in Deutschland 1917/18 bis 1945*, Berlin, 1988, S. 72-3.
(92) Vgl. Neuzeitliche Werkzeugmaschinen im Automobilbau, *Automobiltechnische Zeitschrift*, 39 Jg, 1936, S. 568.
(93) Vgl. H. Melcher, G. Oehler, F. Pohl, H. Rectanus, H. Saß, *a. a. O.*, S. 54.
(94) Vgl. *Ebenda*, S. 52.
(95) Vgl. P. Hellersberg, *a. a. O.*, S. 497, Neuzeitliche Werkzeugmaschinen im Automobilbau, *Automobiltechnische Zeitschrift*, 39 Jg, 1936, S. 568-9.
(96) Vgl. H. Melcher, G. Oehler, F. Pohl, H. Rectanus, H. Saß, *a. a. O.*, S. 50.
(97) Vgl. Fertigungsverfahren im Kraftwagenbau, *Maschinenbau*, Bd. 13, 1934, S. 314.
(98) Vgl. W. Werner, *a. a. O.*, S. 340.
(99) Vgl. Neuzeitliche Werkzeugmaschinen im Automobilbau, *Automobiltechnische Zeitschrift*, 39 Jg, 1936, S. 569.
(100) Vgl. O. Dyckhoff, Grundlagen für eine Großproduktion und deren maschinelle Ausrüstung im Kraftfahrzeugbau, S. 297.
(101) Vgl. H. Melcher, G. Oehler, F. Pohl, H. Rectanus, H. Saß, *a. a. O.*, S. 59.

第6章　自動車工業における合理化過程　*369*

(102) Vgl. Neuzeitliche Werkzeugmaschinen im Automobilbau, *Automobiltechnische Zeitschrift*, 39 Jg, 1936, S. 568.
(103) Vgl. P. Hellersberg, *a. a. O.*, S. 503.
(104) Vgl. H. Melcher, G. Oehler, F. Pohl, H. Rectanus, H. Saß, *a. a. O.*, S. 59.
(105) Vgl. Neuzeitliche Werkzeugmaschinen im Automobilbau, *Automobiltechnische Zeitschrift*, 39 Jg, 1936, S. 570-2.
(106) Vgl. H. Melcher, G. Oehler, F. Pohl, H. Rectanus, H. Saß, *a. a. O.*, S. 61.
(107) Vgl. *Ebenda*, S. 64.
(108) Vgl. W. Werner, *a. a. O.*, S. 341.
(109) Vgl. Neuzeitliche Werkzeugmaschinen im Automobilbau, *Automobiltechnische Zeitschrift*, 39 Jg, 1936, S. 570 u S. 572.
(110) Vgl. H. Melcher, G. Oehler, F. Pohl, H. Rectanus, H. Saß, *a. a. O.*, S. 56.
(111) Vgl. *Ebenda*, S. 77-8.
(112) Vgl. O. Dyckhoff, Grundlagen für eine Großproduktion und deren maschinelle Ausrüstung im Kraftfahrzeugbau, II, S. 338.
(113) Vgl. H. Melcher, G. Oehler, F. Pohl, H. Rectanus, H. Saß, *a. a. O.*, S. 56.
(114) Vgl. *Ebenda*, S. 59-60.
(115) Vgl. *Ebenda*, S. 78.
(116) Vgl. *Ebenda*, S. 66.
(117) Vgl. W. Werner, *a. a. O.*, S. 341.
(118) Vgl. P. Hellersberg, *a. a. O.*, S. 497 u S. 503, Neuzeitliche Werkzeugmaschinen im Automobilbau, *Automobiltechnische Zeitschrift*, 39 Jg, 1936, S. 573.
(119) Vgl. O. Dyckhoff, Grundlagen für eine Großproduktion und deren maschinelle Ausrüstung im Kraftfahrzeugbau, S. 298.
(120) Vgl. Das Neue Opel-Lastwagenwerk, *Automobiltechnische Zeitschrift*, 39 Jg, 1936, S. 41.
(121) BIOS (British Intelligence Objectives Sub-Committee), *Investigation of Machine Tools of Adam Opel at Russelsheim*, Germany, Fiat Final Report No. 3, London, 1945, p. 1.
(122) BIOS, *The German Automobile Industry*, Final Report No. 768, Item No. 19, London, 1946, pp. 5-6.
(123) Vgl. Neuzeitliche Werkzeugmaschinen im Automobilbau, *Automobiltechnische Zeitschrift*, 39 Jg, 1936, S. 573.
(124) Vgl. P. Hellersberg, *a. a. O.*, S. 503, Neuzeitliche Werkzeugmaschinen im Automobilbau, *Automobiltechnische Zeitschrift*, 39 Jg, 1936, S. 573.
(125) Vgl. H. Melcher, G. Oehler, F. Pohl, H. Rectanus, H. Saß, *a. a. O.*, S. 68-9.
(126) Vgl. W. Werner, *a. a. O.*, S. 340.
(127) Vgl. P. Hellersberg, *a. a. O.*, S. 503. ここで取り上げた工作機械以外の専用機械では，例えば歯形面取り機をあげることができる。Vgl. H. Melcher, G. Oehler, F. Pohl, H. Rectanus, H. Saß, *a. a. O.*, S. 72.

(128) Vgl. P. Hellersberg, *a. a. O.*, S. 500.
(129) Vgl. Neuzeitliche Werkzeugmaschinen im Automobilbau, *Automobiltechnische Zeitschrift*, 39 Jg, 1936, S. 573.
(130) Vgl. H. Melcher, G. Oehler, F. Pohl, H. Rectanus, H. Saß, *a. a. O.*, S. 56-7.
(131) Vgl. *Ebenda*, S. 70-1.
(132) Vgl. Arbeitsbeispiele aus der Motorenfertigung, *Werkstattstechnik und Werksleiter*, 29 Jg, Heft 17, 1935. 9. 1, S. 346.
(133) Vgl. W. Werner, *a. a. O.*, S. 340.
(134) Vgl. O. Dyckhoff, Grundlagen für eine Großproduktion und deren maschinelle Ausrüstung im Kraftfahrzeugbau, II, S. 337.
(135) Vgl. O. Dyckhoff, Massenerzeugung durch Automatisierung, S. 149.
(136) Vgl. P. Hellersberg, *a. a. O.*, S. 503, Rationlle Autofertigung, *Motorschau*, 1 Jg, 1937, S. 266.
(137) Vgl. *Ebenda*, S. 266.
(138) Vgl. G. Oehler, Werkzeugmaschinen für Blechformung im Kraftwagenbau, *Werkstattstechnik und Werksleiter*, 34Jg, Heft 3, 1939. 2. 1, S. 84.
(139) Vgl. O. Dyckhoff, Grundlagen für eine Großproduktion und deren maschinelle Ausrüstung im Kraftfahrzeugbau, II, S. 344.
(140) Vgl. G. Oehler, *a. a. O.*, S. 88-9.
(141) Vgl. O. Dyckhoff, Grundlagen für eine Großproduktion und deren maschinelle Ausrüstung im Kraftfahrzeugbau, II, S. 344.
(142) Vgl. P. Hellersberg, *a. a. O.*, S. 503.
(143) Vgl. *Ebenda*, S. 498.
(144) Vgl. *Ebenda*, S. 503, Rationlle Autofertigung, *Motorschau*, 1 Jg, 1937. S. 266.
(145) Vgl. H. Melcher, G. Oehler, F. Pohl, H. Rectanus, H. Saß, *a. a. O.*, S. 81.
(146) Vgl. O. Dyckhoff, Grundlagen für eine Großproduktion und deren maschinelle Ausrüstung im Kraftfahrzeugbau, II, S. 343. 例えばオペルでは、1934年秋に車体生産のための溶接機の製造部門が設置され、400KVAの圧搾空気駆動の突起溶接機が開発されており（Vgl. H. C. G. v. Seherr-Thoss, *a. a. O.*, S. 289）、35年にも鋼板製車体を備えたドイツ最初の乗用車である「オリンピア」の大量生産のために最新式の溶接機が開発されており、8つのブレーキレバーをひとつの作業工程で溶接するための1台の自動突起溶接機（以前には17台のスポット溶接機で行われていた）およびフロントガラスの部品のスポット溶接のための4点スポット溶接機が製造されている。Vgl. *Ebenda*, S. 268.
(147) Vgl. O. Dyckhoff, Der Werkzeugmaschinenbau und die deutsche Automobilindustrie, *Automobiltechnische Zeitschrift*, 49 Jg, Heft 4, 1941. 2. 25, S. 76. O. ディックホッフは、すぐれたプログレッシブプレスはアメリカ人によってもすすんで購入されたとしている（Vgl. O. Dyckhoff, Massenerzeugung durch Automatisierung, S. 150）。例えばダイムラー・ベンツでは1935年にジンデルフィンゲン工場において車体のすべての側面部品のための新しい1,000トン高速プレスが配置されており（Vgl. H.

C. G. v. Seherr-Thoss, a. a. O., S. 300), この工場はドイツにおける最も近代的なプレス工場のひとつであったが, 同社を視察したE. フンツの1937年の報告も, 同社のこの車体製造工場は労働者数および生産量でも世界最大の車体工場であり (Vgl. E. Hundt, Besuch bei Daimler-Benz, *Motorschau*, 1 Jg, Heft 3, 1937. 5, S. 254), 最も近代的な生産方法では明らかに首位にあり, 当時, 車体を完全な大量生産で製造していたとしている。Vgl. *Ebenda*, S. 256.

(148) Vgl. G. Oehler, a. a. O., S. 87.
(149) USSBS (The United States Strategic Bombing Survey), German Motor Vehicles Industry Report, *Final Reports of the United States Strategic Bombing Survey*, No. 77, second edition, Washington, 1947, p. 5.
(150) Vgl. H. Melcher, G. Oehler, F. Pohl, H. Rectanus, H. Saß, a. a. O., S. 80-1
(151) Vgl. O. Dyckhoff, Grundlagen für eine Großproduktion und deren maschinelle Ausrüstung im Kraftfahrzeugbau, S. 295.
(152) Vgl. O. Dyckhoff, Der Werkzeugmaschinenbau und die deutsche Automobilindustrie, S. 75.
(153) BIOS, *The German Automobile Industry*, pp. 8-9.
(154) Vgl. Institut für Wirtschaftsgeschichte der Akademie der Wissenschaften der DDR, a. a. O., S. 72, H-J. Braun, W. Kaiser, *Energiewirtschaft Automatisiering Information seit 1914*, Berlin, 1992, S 49.
(155) Vgl. O. Dyckhoff, Massenerzeugung durch Automatisierung, S. 150.
(156) Vgl. O. Dyckhoff, Grundlagen für eine Großproduktion und deren maschinelle Ausrüstung im Kraftfahrzeugbau, II, S. 345.
(157) BIOS, *The German Automobile Industry*, pp. 4-5.
(158) USSBS, Volkswagen-Werke, Fallersleben, Germany, *Final Reports of the United States Strategic Bombing Survey*, No. 88, second edition, Washington, 1947, p. 3.
(159) J. M. Laux, *The European Automobil Industry*, New York, 1992, p. 116, S. Tolliday, Enterprise and State in the West German Wirtschaftswunder : Volkswagen and the Automobilindustry, 1939-1962, *Business History Review*, Vol. 69, 1995, winter, pp. 282-3.
(160) BIOS, *The German Automobile Industry*, pp. 11-2, pp. 63.
(161) USSBS, Volkswagen-Werke, Fallersleben, p. 7.
(162) BIOS, *The German Automobile Industry*, p. 62.
(163) この点については, 前掲拙書, 第6章第3節1参照。
(164) Vgl. R. Koch, Die Wirtschaftsplanung in Industrie-Unternehmungen. ihre Anwendungsformen, Überwachung und Auswirkung, *Maschinenbau*, Bd. 10, Heft 14, 1931. 7. 16, S. 467-9.
(165) Vgl. O. Dyckhoff, Grundlagen für eine Großproduktion und deren maschinelle Ausrüstung im Kraftfahrzeugbau, S. 296.
(166) Vgl. E. Eichwald, Arbeitsvorbereitung im Konstruktionsbüro von Kraftwagen-

fabriken, *Automobiltechnische Zeitschrift*, 38 Jg, Heft 12, 1935. 6. 25, S. 310-3.
(167)　Vgl. E. Eichwald, Arbeitsvorbereitung im Konstruktionsbüro von Kraftwagenfabriken, *Automobiltechnische Zeitschrift*, 40 Jg, Heft 10, 1937. 5. 25, S. 255.
(168)　Vgl. *Ebenda*, S. 258.
(169)　Vgl. W. v. Schütz, Betriebsführung und Betriebswissenschaft, *Automobiltechnische Zeitschrift*, 45 Jg, Heft 21, 1942. 11. 10, S. 580.
(170)　Vgl. M. Stahlmann, Von der Wekstatt zur Lean-Production. Arbeitsmanagement und Arbeitsbeziehungen im sozialen Wandel, *Zeitschrift für Unternehmensgeschichte*, 39 Jg, Heft 3, 1994, S. 228.
(171)　Vgl. *Ebenda*, S. 233-4.
(172)　Vgl. M. Stahlmann, Management, Modernisierung- und Arbeitspolitik bei der Daimler-Benz AG und ihren Vorläuferunternehmen von der Jahrhundertwende bis zum Zweiten Weltkrieg, S. 174.
(173)　M. Stahlmann, *Die Erste Revolution in der Autoindustrie*, S. 86-8.
(174)　Vgl. M. Stahlmann, Management, Modernisierung- und Arbeitspolitik bei der Daimler-Benz AG und ihren Vorläuferunternehmen von der Jahrhundertwende bis zum Zweiten Weltkrieg, S 171-2.
(175)　Vgl. Protokoll der Vorstandssitzung in UT. am 23./24. März 1942, S. 17, *Daimler-Benz Archiv*, Kissel 1. 15, Schriften der Hamburger Stiftung für Sozialgeschichte des 20. Jahrhunderts (Hrsg), *a. a. O.*, S. 158. この点については，西牟田，前掲書，213ページをも参照。
(176)　B. P. Bellon, *op. cit.*, pp. 224-5.
(177)　Vgl. M. Stahlmann, Management, Modernisierung- und Arbeitspolitik bei der Daimler-Benz AG und ihren Vorläuferunternehmen von der Jahrhundertwende bis zum Zweiten Weltkrieg, S. 172-4.
(178)　Vgl. Protokoll der Vorstandssitzung in UT. am 23./24. März 1942, S. 18-9, *Daimler-Benz Archiv*, Kissel 1.15.
(179)　大島，前掲論文(2)，93-4ページ。
(180)　西牟田，前掲書，209ページ。
(181)　同書，214ページ。
(182)　大島，前掲論文(1)，10ページ。
(183)　この点については，A. v. Schell, Neue Wege der deutschen Motorisierung, *Der Vierjahresplan*, 3 Jg, Folge 4, 1939. 2, S. 363, A. v. Schell, Nationalsozialistische Wirtschaftsformen und Kraftfahrzeugindustrie, *Der Vierjahresplan*, 3 Jg, Folge 17, 1939. 9, S. 1011, Die deutsche Motorisierung vor und nach der Typenbereinigung, *Automobiltechnische Zeitschrift*, 42 Jg, Heft 9, 1939. 5. 15, S. 239-41，同論文，10ページ参照。
(184)　Vgl. H-J. Braun, Automobilfertigung in Deutschland von den Anfängen bis zu den vierziger Jahren, H. Niemann, A. Hermann (Hrsg), *Eine Entwicklung der Motorisierung im Deutschen Reich und den Nachfolgestaaten. Stuttgarter Tage zur*

第6章 自動車工業における合理化過程 *373*

Automobil- und Unternehmensgeschichte, Stuttgart, 1995, S. 65.
(185) Vgl. Autoindustrie unter einheitlicher Führung, *Der Deutsche Volkswirt*, 13 Jg, Nr. 9, 1938/39 (1938. 12. 2), S. 379.
(186) Vgl. Die Typenbegrenzung in der Kraftfahrzeugindustrie, *Der Vierjahresplan*, 5 Jg, Folge 7, 1939. 4, S. 531, A. v. Schell, Nationalsozialistische Wirtschaftsformen und Kraftfahrzeugindustrie, S. 1011-2, Die deutsche Motorisierung vor und nach der Typenbereinigung, *Automobiltechnische Zeitschrift*, 42 Jg, 1939, S. 241.
(187) USSBS, German Motor Vehicles Industry Report, p. 11.
(188) Vgl. A. v. Schell, Nationalsozialistische Wirtschaftsformen und Kraftfahrzeugindustrie, S. 1011.
(189) Vgl. R. Stirl, Strukturfragen des Automarktes, *Der Deutsche Volkswirt*, 10 Jg, Nr. 19, 1935/36 (1936. 2. 7), S. 860-1.
(190) Vgl. H. Härtel, Normteile im Ersatzteillager, *Automobiltechnische Zeitschrift*, 46 Jg, Nr. 3, 1943. 2. 10, S. 65.
(191) Vgl. O. Schwenninger, Fertigungsfragen im Kraftwagenbau, *Maschinenbau*, Bd. 13, Heft 11/12, 1934. 6, S. 316.
(192) Vgl. Billigere Einzalteile für Kraftfahrzeug, *Der Deutsche Volkswirt*, 12 Jg, Nr. 22, 1937/38 (1937. 2. 26), S. 1054.
(193) Vgl. Genormte Automobilteile, *Der Deutsche Volkswirt*, 13 Jg, Nr. 41, 1938/39 (1939. 7. 14), S. 2039, A. v. Schell, Nationalsozialistische Wirtschaftsformen und Kraftfahrzeugindustrie, S. 1012.
(194) Vgl. R. Hass, Rationalisierung des deutchen Kraftfahrwesen, *Der Deutsche Volkswirt*, 13 Jg, Nr, 20, 1938/39 (1939. 2. 17), S. 952, A. v. Schell, Neue Wege der deutschen Motorisierung, S. 363.
(195) Vgl. R. Stirl, Sorgenkind Autotypen, *Der Deutsche Volkswirt*, 12 Jg, Nr. 3, 1937/38 (1937. 10. 15), S. 102.
(196) Vgl. P. Kirchberg, Typisierung in der deutschen Kraftfahrzeugindustrie und der Generalbevollmächtigte für das Kraftfahrwesen. Ein Beitrag zur Problematik staatsmonopolistischer Kriegsvorbereitung, *Jahrbuch für Wirtschaftsgeschichte*, 1969, Teil II, S. 126.
(197) Vgl. H. Pohl, S. Habeth, B. Brüninghaus, *a. a. O.*, S. 65.
(198) 大島, 前掲論文(1), 10ページ。
(199) Vgl. R. Hachtmann, *Industriearbeit im 》Dritten Reich《*, Göttingen, 1989, S. 72-3.
(200) Vgl. A. v. Schell, Neue Wege der deutschen Motorisierung, S. 362.
(201) Vgl. Die Typenbegrenzung in der Kraftfahrzeugindustrie, *Der Vierjahresplan*, 5 Jg, 1939, S. 530-1, Die deutsche Motorisierung vor und nach der Typenbereinigung, *Automobiltechnische Zeitschrift*, 42 Jg, 1939, S. 239-41, R. Hass, *a. a. O.*, S. 953, E. Gentsch, Die Typenbegrenzung in der Kraftfahrzeugindustrie, *Der Deutsche Volkswirt*, 13 Jg, Nr. 25, 1938/39 (1939. 3. 24), S. 1207-8, P. Kirchberg, *a. a. O.*, S. 135-6, H. C. G. v Seherr-Thoss, *a. a. O.*, S. 352-3.

(202) 代表的な部品について定型数の削減をみておくと，発電機ではそれまでの164から27に，始動機では113から10に，配電盤ボックスでは114から2に，点火プラグでは35から5に，電球では269から26に，方向指示器では38から2に，オートバイのクラクションでは25から1に，オートバイの始動機では212から19に，燃料コックでは435から4に，回転速度計では215から7に，反射鏡では50から1に，集中注油装置では32から4に，オートバイのサドルでは22から3に，その後部座席のサドルでは60から1に減らされいる（Vgl. A. v. Schell, Nationalsozialistische Wirtschaftsformen und Kraftfahrzeugindustrie, S. 1012）。また部品の規格化にともない，特定の部品を限られた企業で生産するように集中・専門化がはかられており，例えば自動車の投光器の生産は17の生産者から9に減らされており，トラックのジャッキの生産でも1942年には5つの製造現場をもつ4つの製造会社に集中化がはかられている。Vgl. M. Pesch, *Struktur und Funktionsweise der Kriegswirtschaft in Deutschland ab 1942—— unter besonderer Berücksichtigung des organisatorischen und produktionswirtschaftlichen Wandels in der Fahrzeugindustrie——*, Köln, 1988, S. 158.
(203) Vgl. R. Hass, *a. a. O.*, S. 953.
(204) Vgl. H. C. G. v. Seherr-Thoss, *a. a. O.*, S. 320-1.
(205) 大島，前掲論文(2), 143ページ，K. W. Busch, *Strukturwandlungen der westdeutschen Automobilindustrie*, Berlin, 1966, S. 31.
(206) Vgl. H-J. Braun, *a. a. O.*, S. 65.
(207) 同論文，143ページ。
(208) Vgl. Auseinandersetzung mit USA, *Automobiltechnische Zeitschrift*, 44 Jg, Heft 1, 1941. 1. 10, S. 2.
(209) Vgl. P. Kirchberg, *a. a. O.*, S. 139.
(210) 同論文，145ページ。
(211) 大島隆雄「第二次世界大戦中のドイツ自動車工業(1)」『経済論集』（愛知大学），第132号，1993年7月，69ページ。
(212) Vgl. Schriften der Hamburger Stiftung für Sozialgeschichte des 20. Jahrhunderts (Hrsg), *a. a. O.*, S. 285.
(213) USSBS, German Motor Vehicles Industry Report, pp. 19-21.
(214) Vgl. Die Umstellung des privaten Kraftwagenbedarfs, *Der Deutsche Volkswirt*, 14 Jg, Nr. 10, 1939/40 (1939. 12. 8), S. 269.
(215) Vgl. Daimler-Benz A.-G., Berlin-Stuttgart, *Der Deutsche Volkswirt*, 13 Jg, 1938/39, S. 1544.
(216) Vgl. M. Stahlmann, *Die Erste Revolution in der Autoindustrie*, S. 175-6.
(217) Vgl. *Ebenda*, S. 185.
(218) USSBS, Daimler-Benz, Gaggenau Works, Gaggenau, Germany, *Final Reports of the United States Strategic Bombing Survey*, No. 82, second edition, Washington, 1947, EXHIBIT D.
(219) Vgl. Schriften der Hamburger Stiftung für Sozialgeschichte des 20. Jahrhunderts (Hrsg), *a. a. O.*, S. 283.

第6章 自動車工業における合理化過程 *375*

(220) Vgl. P. Kirchberg, *a, a, O.*, S. 125-6.
(221) Vgl. R. Hachtmann, *a, a, O.*, S. 77.
(222) Vgl. W. v. Schütz, *a, a, O.*, S. 580.
(223) Vgl. M. Pesch, *a, a, O.*, S. 141.
(224) Vgl. *Ebenda*, S. 133.
(225) Vgl. *Ebenda*, S. 148.
(226) Vgl. *Ebenda*, S. 160.
(227) Vgl. R. Hachtmann, *a, a, O.*, S. 71.
(228) Vgl. J. Radkau, *Technik in Deutschland vom 18. Jahrhundert bis zur Gegenwart*, Frankfurt am Main, 1989, S. 279.
(229) Vgl. P. Berkenkopf, Die deutsche Automobilindustrie in der Krise, *Wirtschaftsdienst*, 18 Jg, Heft 2, 1933. 1. 13, S. 48.
(230) Vgl. V. Köhler, Deutsche Personenwagen-Fabrikate zwischen 1886 und 1965, *Tradition*, 11 Jg, Heft 3, 1966, S. 139.
(231) Vgl. E. Schütze, Achsschenkelfertigung in Fließarbeit, *Maschinenbau*, Bd. 10, Heft 7, 1931. 4. 2, S. 245.
(232) Vgl. W. Wahl, *Zwischenbetrieblicher Vergleich in der deutschen Automobilindustrie*, Würzburg, 1938, S. 98.
(233) Vgl. Das Neue Opel-Lastwagenwerk, *Automobiltechnische Zeitschrift*, 39 Jg, 1936, S. 39-40.
(234) Vgl. J. Bönig, *Die Einfürung von Fließbandarbeit in Deutschland bis 1933. Zur Geschichte einer Sozialinnovation*, Teil I, Münster, Hamburg, 1993, S. 445, H. C. G. v. Seherr-Thoss, *a. a. O.*, S. 295.
(235) Vgl. K. Stodieck, Entwurf und Bau mechanischer Werkstätten, *Maschinenbau*, Bd. 15, Heft 5/6, 1936. 3, S. 136-7.
(236) Vgl. Das Neue Opel-Lastwagenwerk, *Automobiltechnische Zeitschrift*, 39 Jg, 1936, S. 39-40, H. C. G. v. Seherr-Thoss, *a. a. O.*, S. 295.
(237) Vgl. Die Tagung der Automobil- und Flugtechnischen Gesellschaft am 25. Februar 1937 anläßlich der 33. ordentlichen Mitgliederversammlung, *Automobiltechnische Zeitschrift*, 40 Jg, Heft 7, 1937. 4. 10, S. 179.
(238) Vgl. Das Neue Opel-Lastwagenwerk, *Automobiltechnische Zeitschrift*, 39 Jg, 1936, S. 40.
(239) Vgl. Die Tagung der Automobil- und Flugtechnischen Gesellschaft am 25. Februar 1937 anläßlich der 33. ordentlichen Mitgliederversammlung, *Automobiltechnische Zeitschrift*, 40 Jg, 1937, S. 179.
(240) Vgl. Besuch bei OPEL in Brandenburg, *Motorschauen*, 1 Jg, Heft 4, 1937. 6, S. 355.
(241) Vgl. Das Neue Opel-Lastwagenwerk, *Automobiltechnische Zeitschrift*, 39 Jg, 1936, S. 41-2.
(242) Vgl. K. Stodieck, *a. a. O.*, S. 137.
(243) Vgl. Das Neue Opel-Lastwagenwerk, *Automobiltechnische Zeitschrift*, 39 Jg,

1936, S. 41-2. 組立工程における作業については, Besuch bei OPEL in Brandenburg, *Motorschaeu*, 1 Jg, 1937, S. 355をも参照。

(244) Vgl. M. Stahlmann, *Die Erste Revolution in der Autoindustrie*, S. 60, R. Hachtmann, *a. a. O.*, S. 76, H. C. G. v. Seherr-Thoss, *a. a. O.*, S. 295.

(245) Vgl. Das Neue Opel-Lastwagenwerk, *Automobiltechnische Zeitschrift*, 39 Jg, 1936, S. 40.

(246) Vgl. *Ebenda*, S. 40-1, K. Stodieck, *a. a. O.*, S. 137, H. C. G. v. Seherr-Thoss, *a. a. O.*, S. 295.

(247) Das Neue Opel-Lastwagenwerk, *Automobiltechnische Zeitschrift*, 39Jg, 1936, S. 40-1.

(248) Vgl. Die Tagung der Automobil- und Flugtechnischen Gesellschaft am 25. Februar 1937 anläßlich der 33. ordentlichen Mitgliederversammlung, *Automobiltechnische Zeitschrift*, 40 Jg, 1937, S. 180.

(249) Vgl. *Ebenda*, S. 179.

(250) Vgl. Schriften der Hamburger Stiftung für Sozialgeschichte des 20. Jahrhunderts (Hrsg), *a. a. O.*, S. 285.

(251) USSBS, Adam Opel, Russelsheim, Germany, *Final Reports of the United States Strategic Bombing* Survey, No. 81, second edition, Washington, 1947, p. 5. 同工場では, 検査の済んだ部品の搬送のために2.5Kmの長さのコンベアが利用されており, 最終組立では, オリンピアとカデットの組み立てが2基のコンベアで平行して行われており, 1日の標準的な生産能力は合計240台であったが, 同社の販売管理の技術顧問である H. ノルトホッフは, 同工場は「ベルト・コンベアでの流れ生産の徹底した実施」がみられたドイツの最も近代的で, かつ最善の設備を備えた自動車工場であったとしている。Vgl. G. Neliba, *a. a. O.*, S. 72-3.

(252) Vgl. M. Stahlmann, *Die Erste Revolution in der Autoindustrie*, S. 60.

(253) Vgl. H. C. G. v. Seherr-Thoss, *a. a. O.*, S. 311.

(254) Vgl. M. Stahlmann, Von der Wekstatt zur Lean-Production, S. 227.

(255) Vgl. E. Hundt, *a. a. O.*, S. 250.

(256) Vgl. M. Stahlmann, Management, Modernisierung- und Arbeitspolitik bei der Daimler-Benz AG und ihren Vorläuferunternehmen von der Jahrhundertwende bis zum Zweiten Weltkrieg, S. 167.

(257) B. P. Bellon, *op. cit.*, p. 224.

(258) Vgl. M. Stahlmann, *Die Erste Revolution in der Autoindustrie*, S. 175.

(259) Vgl. *Ebenda*, S. 243-4.

(260) 西牟田, 前掲書, 168ページ。

(261) Vgl. M. Stahlmann, Management, Modernisierung- und Arbeitspolitik bei der Daimler-Benz AG und ihren Vorläuferunternehmen von der Jahrhundertwende bis zum Zweiten Weltkrieg, S. 175.

(262) Vgl. M. Stahlmann, *Die Erste Revolution in der Autoindustrie*, S. 176-7.

(263) Vgl. Schriften der Hamburger Stiftung für Sozialgeschichte des 20. Jahrhun-

第6章 自動車工業における合理化過程 *377*

derts (Hrsg), *a. a. O.*, S. 286.
(264) Vgl. M. Stahlmann, Management, Modernisierung- und Arbeitspolitik bei der Daimler-Benz AG und ihren Vorläuferunternehmen von der Jahrhundertwende bis zum Zweiten Weltkrieg, S. 167.
(265) Vgl. M. Stahlmann, *Die Erste Revolution in der Autoindustrie*, S. 186 u S. 246-7.
(266) Vgl. *Ebenda*, S. 245.
(267) 同社では，1936年には，官庁向け業務は全業務の40％を占めていた。Vgl. *Ebenda*, S. 177.
(268) Vgl. *Ebenda*, S. 247.
(269) Vgl. M. Stahlmann, Management, Modernisierung- und Arbeitspolitik bei der Daimler-Benz AG und ihren Vorläuferunternehmen von der Jahrhundertwende bis zum Zweiten Weltkrieg, S. 174.
(270) Vgl. *Ebenda*, S. 177-9.
(271) Vgl. M. Stahlmann, Von der Wekstatt zur Lean-Production, S. 227.
(272) Vgl. M. Stahlmann, *Die Erste Revolution in der Autoindustrie*, S. 186-7.
(273) Vgl. *Ebenda*, S. 245.
(274) 西牟田，前掲書，253ページ。
(275) Vgl. *Ebenda*, S. 247.
(276) Vgl. M. Stahlmann, Von der Wekstatt zur Lean-Production, S. 229.
(277) Vgl. M. Stahlmann, *Die Erste Revolution in der Autoindustrie*, S. 247.
(278) Vgl. M. Stahlmann, Von der Wekstatt zur Lean-Production, S. 229.
(279) Vgl. *Ebenda*, S. 229-30.
(280) USSBS, German Motor Vehicles Industry Report, p. 24.
(281) Vgl. M. Stahlmann, *Die Erste Revolution in der Autoindustrie*, S. 85.
(282) Vgl. H. Ruelberg, Die deutsche Kraftfahrzeug-Industrie im Aufschwung, *Der Deutsche Volkswirt*, 12 Jg, Nr. 21, 1937/38 (1938. 2. 18), S. 969-70.
(283) Vgl. Ch. Berggren, *Von Ford zu Volvo. Automobilherstellung in Schweden*, Berlin, 1991, S. 23.
(284) H. Ruelberg, *a. a. O.*, S. 969.
(285) Vgl. M. Stahlmann, Von der Wekstatt zur Lean-Production, S. 228.
(286) Vgl. M. Stahlmann, *Die Erste Revolution in der Autoindustrie*, S. 88.
(287) J. M. Laux, *op. cit*, p. 112.
(288) Vgl. O. Dyckhoff, Grundlagen für eine Großproduktion und deren maschinelle Ausrüstung im Kraftfahrzeugbau, S. 295.
(289) J. M. Laux, *op. cit*., p. 112.
(290) 西牟田，前掲書，141ページ。
(291) 大島，前掲「両大戦間期のドイツ自動車工業(2)」，126ページ。
(292) Vgl. R. Hachtmann, *a. a. O.*, S. 82.
(293) Vgl. F. Huhle, Bestimmungsgründe des Kraftwagenabsatzes in der Welt, *Wirt-*

schaftsdienst, Heft 7, 23 Jg, 1938. 2. 18, S. 215.
(294) F. Blaich, Why did the Pioneer Fall Behind?. Motorization in Germany between the Wars, T. Barker (ed), *The Economic and Social Effects of the Spread of Motor Vehicles. An International Centenary Tribute*, The Macmillan Press, 1987, p. 155.
(295) *Ibid.*, p. 151.
(296) Vgl. P. Kirchberg, *a. a. O.*, S. 122-3.
(297) Vgl. H. Ruelberg, *a. a. O.*, S. 970.
(298) J. M. Laux, *op. cit.*, p. 103.
(299) Vgl. H. Mottek, W. Becker, A. Schröter, *Wirtschaftsgeschichte Deutschlands*, Ein Grundriß, Bd. III, 2. Auflage, Berlin, 1975, S. 31.
(300) この点について詳しくは，前掲拙書，第6章第3節2参照。
(301) Vgl. Rationalle Autofertigung, *Motorschau*, 1 Jg, 1937, S. 264.
(302) Vgl. Kraftfahrzeugfabriken nach der Umstellung, *Der Deutsche Volkswirt*, 14 Jg, Nr. 37, 1939/40 (1940. 6. 14), S. 1288.
(303) Vgl. Die Motorisierung Amerikas, *Automobiltechnische Zeitschrift*, 42 Jg, Heft 22, 1939. 11. 25, S. 606.
(304) Vgl. Institut für Wirtschaftsgeschichte der Akademie der Wissenschaften der DDR, *a. a. O.*, S. 31.
(305) Vgl. J. Werlin, Der wirtschaftliche und soziale Sinn des Volkswagens, *Der Vierjahresplan*, 2 Jg, Folge 8, 1938. 8, S. 473.
(306) Vgl. Auseinandersetzung mit USA, *Automobiltechnische Zeitschrift*, 44 Jg, 1941, S. 1.
(307) Vgl. Motorisierung und Wirtschaftspolitik, *Wirtschaftsdienst*, 23 Jg, Heft 8, 1938. 2. 25, S. 248.
(308) Vgl. P. Kirchberg, *a. a. O.*, S. 138-9.
(309) USSBS, Adam Opel, Russelsheim, p. 1. 同社の戦時期の生産については，G. Neliba, *a. a. O.*, IV, R. Billstein, K. Fings, A. Kugler, N. Levis, *Working for the Enemy. Ford, General Motors, and Forced Labor in Germany during the Second World War*, New York, Oxford, 2000, Chapter 1 参照。なお戦時期のオペルについて，A. クークラーは，同社の中心的人物，とりわけ H. バークナーと H. ノルトホッフはヴァイマル期の合理化戦略を洗練化し，「フォーディズム」，「生産のアメリカ化」，定型の集中やライセンス協定のような考え方をナチス期にとって時代に合うものにしたとしている。*Ibid.*, p. 81参照。
(310) Vgl. K. Kocks, H-J Uhl, 》*Aus der Geschichte lernen* 《 . *Anmerkungen zur Auseinandersetzung von Belegschaft, Arbeitnehmervertretung, Management und Unternehmensleitung bei Volkswagen mit der Zwangsarbeit im Dritten Reich* (Historische Notate. Schriftenreihe des Unternehmensarchivs der Volkswagen AG, Wolfsburg, Heft 1), Wolfsburg, 1999.
(311) USSBS, Volkswagen-Werke, Fallersleben, p. 4.
(312) Vgl. H. Mommsen, M. Grieger, *Das Volkswagenwerk und seine Arbeiter im Dritten*

Reich, Düsseldorf, 1996, S. 382. 同社における軍需生産の問題については，Ebenda, 6～9 および K-J. Siegfried, Rüstungsproduktion und Zwangsarbeit im Volkswagenwerk 1939-1945. Eine Dokumentation, Frankfurt am Main, New York, 2. Auflage, 1987 などを参照。

(313) B. P. Bellon, op. cit., p. 220.

(314) 西牟田祐二「ダイムラー＝ベンツ社の経営戦略 1930年代——ダイムラー＝ベンツ社の成立と展開（三）」『社会科学研究』（東京大学），第39巻第3号，1987年12月，213-4ページ。また同社の軍需生産について詳しくは，N. Gregor, Daimler-Benz in the Third Reich, New Haven, London, 1998, V, B. Hopmann, M. Sporer, B. Weit, B. Brüninghaus, Zwangsarbeit bei Daimler-Benz, Stuttgart, 1994などをも参照。

(315) 西牟田，前掲書，196-7ページ参照。同社の航空機エンジン生産について詳しくは，BIOS, Reports on visit to Daimler-Benz A. G. at Stuttgart-Untertürkheim, B.I.O.S Final Report No. 35, Item No. 26, London, USSBS, Daimler-Benz A. G., Unterturkheim, Germany, Final Reports of the United States Strategic Bombing Survey, No. 79, second edition, 1947 を参照。

(316) BIOS, BMW Passenger Car and Generator Engines, FIAT Final Report No. 687, London, 1946, p. 1.

(317) USSBS, German Motor Vehicles Industry Report, pp. 5-8.

(318) USSBS, Adam Opel, Russelsheim, Exhibit D-1.

(319) Ibid., pp. 20-1.

(320) USSBS, Volkswagen-Werke, Fallersleben, p. 16.

(321) Vgl. H. Mommsen, M. Grieger, a. a. O., S. 376-7.

(322) Vgl. Ebenda, S. 608.

(323) Vgl. Ebenda, S. 477.

(324) USSBS, German Motor Vehicles Industry Report, p. 1.

(325) Ibid., p. 7.

(326) Ibid., p. 5.

(327) USSBS, Adam Opel, Russelsheim, p. 1.

(328) USSBS, German Motor Vehicles Industry Report, p. 5.

(329) Vgl. H. Mommsen, M. Grieger, a. a. O., S. 368.

(330) Vgl. Ebenda, S. 372-4.

(331) USSBS, German Motor Vehicles Industry Report, p. 5.

(332) Vgl. H. Mottek, W. Becker, A. Schröter, a. a. O., S. 43-4.

(333) Vgl. K. W. Busch, a. a. O., S. 33-4.

(334) H-J. ブラウンは，第2次大戦のはじまりまでの時期について，ドイツ自動車工業における生産組織の種類は供給すべき市場に決定的に規定されており，その限りではこの産業における「アメリカニズム」は選択的に普及したにすぎないとしている。Vgl. H-J. Braun, a. a. O., S. 67-8.

第7章 機械製造業における合理化過程

　第5章および第6章において電機工業，自動車工業の合理化過程をみてきたが，つぎに，加工組立産業のもうひとつの重要な部門である機械製造業を取り上げて，考察をすすめることにしよう。1920年代の機械製造業の合理化は，過剰生産能力の存在と厳しい市場の条件のもとで，資本支出をともなう「技術的合理化」を徹底して推し進めるには，大きな限界に直面せざるをえなかった。また「労働組織的合理化」についてみても，フォード・システムの導入では，狭隘でかつ変動の激しい国内市場の条件に適応するべく，より少ない生産量でも流れ生産の効果がある程度確保でき，また生産の柔軟性の確保を配慮したドイツ的な展開が試みられた。この点では，電機工業や自動車工業でも共通した特徴がみられるが，多くの製品部門をかかえる機械製造業のなかでもそのような大量生産への移行のための取り組みがみられたのは工作機械，農機具，ミシン，事務機器などごくわずかな製品部門にすぎず，比較的有利な国内市場の条件のもとで合理化が展開された電機工業と比較すると，合理化のあり方には，大きな相違がみられる。このような相違は，とくに工作機械製造業にみられるように，自動車のような消費財を製造する産業部門の大量生産の立ち遅れから，これらの産業部門をはじめとする多くの産業における中心的な労働手段である各種機械の大量生産への移行が大きな限界に直面せざるをえなかったことによるものでもあるといえる[1]。そのような合理化の限界は，世界恐慌期を経てナチス期に，その克服のための諸努力が強力に推し進められていくことになる。以下では，合理化の展開過程を具体的にみていくことにしよう。

第1節　設備投資の展開とその特徴

まず「技術的合理化」の役割，あり方を明らかにするために，機械製造業における設備投資の状況をみていくことにしよう。これをまず世界恐慌期についてみると，資本金100万RM以上・取引所上場の株式会社をみた場合（前掲表2-1参照），1930年から33年までは減価償却を下回る額の設備投資が行われたにすぎず，30年から32年までの合計では，前者が1億3,300万RMであったのに対して，後者は6,900万RM（前者の51.9%）にとどまっている。また年度別にみると，設備投資の落ち込みがとくに大きいのは31年，32年および33年であり，これらの年度には減価償却のそれぞれ36.9%，48.6%，48.6%にあたる額の設備投資が行われたにすぎず，重工業の場合と同様に，電機工業や自動車工業と比べると，恐慌の影響，打撃は大きかったといえる。1934年にはようやく減価償却を超える額の設備投資が行われているが，その差額はわずか100万RMにすぎない。このような設備投資の大きな落ち込みは，ドイツ経済における機械への投資が1928年には約25億RMであったものが30年には約15億RM，31年には約10億RMに減少しており，32年には10億RMを大きく下回る水準にまで大きく落ち込んでいることにも示されている[2]。

また1935年から39年までの状況をみると（前掲表2-3参照），この期間の設備投資総額は10億750万RMとなっており，電機工業，自動車・オートバイ・自転車製造業のそれを大きく上回っている。1924―29年の資本金100万RM以上・取引所上場の株式会社の新規投資と更新投資をあわせた設備投資総額が3億9,480万RMであったこと，また35-39年の工業全体の設備投資総額に占める機械製造業の割合は7.3%となっており，24―29年の数値（5.5%）を上回っていることを考えると，20年代と比べると，資本支出をともなう合理化が強力に推し進められたといえる。ただ減価償却（10億710万RM）もまた24―29年（3億850万RM）[3]と比べると大きな額にのぼっており，その結果，35-39年の期間には，減価償却額とほぼ同じ額の設備投資が行われたにすぎない。これを年度別にみると，35年と36年には設備投資額が減価償却額を下回っているのに対して，37年，38年，39年には前者が後者を上回っているが，その差額はそれぞれ1,200万RM，2,200万RM，3,500万RMとなっており，これらの諸年度

表7-1　M.A.N. の設備の増加額[1]と減価償却額の推移

(単位：RM)[2]

営業年度	1930/31	1931/32	1932/33	1933/34	1934/35	1935/36	1936/37
設備の増加額	783,939	375,348	1,013,023	1,682,027	3,617,832	4,806,993	4,379,238
減価償却額	1,361,392	640,098	1,175,342	2,101,386	4,167,763	6,217,376	4,833,448
差　額	−577,453	−264,750	−162,319	−419,359	−549,931	−1,410,383	−454,210

営業年度	1937/38	1938/39	1939/40	1940/41	1930/31～32/33 年の合計	1933/34～40/41 年の合計
設備の増加額	7,577,840	6,674,601	8,924,621	9,029,711	2,172,310	46,692,863
減価償却額	5,982,825	5,366,185	5,325,238	5,633,185	3,176,832	39,627,406
差　額	1,595,015	1,308,416	3,599,383	3,396,526	−1,004,522	7,065,457

(注)：1) 設備額の減少分を控除したもの。
　　　2) 1 RM 未満は切り捨て
(出所)：各年度の営業報告書より作成。

の合計でみても6,900万RMにとどまっている。

　ここで，機械製造業における投資状況をふまえて，その代表的企業であるM.A.N.についてみておくと（表7-1参照），世界恐慌期の1930/31年から32/33年までの営業年度の減価償却は3,176,832RMとなっているのに対して，設備の増加額は2,172,310RMにとどまっている。また1933年以降のナチス期をみると，33/34年度から40/41年度までの設備の増加額は46,692,863RMとなっているのに対して，減価償却額は39,627,406 RMとなっており，この期間の合計では減価償却を上回る額の設備の増加がみられるが，わずか17.8％上回っているにすぎない。これを年度別にみた場合，設備の増加額が減価償却額を超えるようになるのは37/38年度以降のことであり，それは第2次4カ年計画による原料自給化と軍備の拡大が本格的に推し進められていく時期である。なかでも減価償却額を大きく上回る設備の増加がみられるのは39/40年度と40/41年度のことであり，そこでは，減価償却額はそれぞれ5,325,238 RM，5,633,185 RMとなっているのに対して，設備の増加額は8,924,621 RM，9,029,711 RMとなっており，減価償却額の1,67, 1.6倍となっている。

　また設備投資の内容についてみると，1934/35年度には，操業状態の改善の結果，恐慌期には見合わされなければならなかった設備の改良および更新を開始することが可能となったが，それはとくに機械設備においてみられ，なかでもアウクスブル

ク工場にいえる。そこでは，それまで閉鎖されていたさまざまな職場もしかるべき整備の後に操業を再開することができたが，そうした活動のためにかなりの金額が支出されている[4]。また35/36年度にも，引き続き好調な操業状態のもとで，工場設備の改良が取り組まれており，それはとくに機械設備においてみられたが，アウクスブルク，ニュールンベルクおよびグスタフスブルクの3つの全工場で継続されている[5]。この営業年度には総額3,277,000 RMの新規調達が承認されている[6]。36/37年度にも同様にこれらの3工場においてかなりの額が工場設備の改良のために支出されているが，設備の増加額のうち半分以上（約250万 RM）が「機械および機械設備」勘定における増加であった[7]。さらに37/38年度には設備の改良および拡大のために約780万 RMが支出されているが，そこでは，機械および機械設備の増加が第1位になっていた[8]。翌年の38/39年度にもさらに設備の改良と拡大が取り組まれているが，「建設中の設備」として計上されているより大きな額の支出はこのような諸方策によるものであり，それはまず第一に新規建設に関係していた[9]。また39/40年度には同社の多くの製造領域における高まる諸要求が設備額の大幅な増大を必要としたが，それはとくに「機械および機械設備」勘定においてみられた[10]。このように，この時期の同社の設備投資は機械設備への投資に重点がおかれていたといえる。

第2節　「技術的合理化」の展開とその特徴

1　「技術的合理化」の重点

これまでの考察において設備投資の動向をみてきたが，それをふまえ，つぎに「技術的合理化」についてみていくことにしよう。第2章でみたように，この時期の機械製造業における「技術的合理化」の特徴は，1920年代に一定の進展をみながらも本格的展開には至らなかった技術的方策の導入が一層強力に取り組まれたことにみられる。それは主に労働手段の個別電動駆動方式への転換と硬質合金工具の導入にみられる。

労働手段の個別駆動方式の普及に関して，H.キントは1935年に，当時，製鉄業・金属業，炭鉱業，食品・嗜好品工業や輸送機械工業とならんで，機械製造業は電動機の利用が最もすすんでいた産業部門のひとつであったとしてい

第7章　機械製造業における合理化過程　385

る(11)。またF. クラインペーターの1940年の指摘によれば，当時の工作機械の製造業者の努力は，専門労働者の負担を軽減させ，また場合によれば半熟練労働力によってとって代えるか，あるいは1人の労働者によって複数の機械を同時に操作させ，また監視させるために機械の操作を簡単にすることや完全自動の作業機を開発することにおかれており，電動式の自動操縦の徹底的な導入によってこうした要求にこたえたのであるが，機械に必要なあらゆる動作は，電気開閉装置によって制御される個々の電動機によって行われたとされている。それによって，多くの操縦のための部品，歯車やかさ歯車，操作レバーなどをなくすことができ，その結果，そのような工作機械の構造は根本的に単純になったとしている(12)。

　また硬質合金工具の普及について，その利用状況を工作機械の機種別にみておくと，1933年の時点で硬質合金工具の利用が最もすすんでいた工作機械は旋盤であり，そこでは，それはより簡単な旋盤用工具のために利用されていたが，形鋼，リーマなどにはまだ高速度鋼が選ばれていたとされている。これに対して，フライス盤では，はすばフライス盤に硬質合金製の切削工具を取り付けるための満足いく方式はまだ発見されていなかったので，硬質合金工具の利用は平らな表面の加工に限られていた。中ぐり盤でも，同じ理由から，硬質合金の利用は限界に突き当たることになっており，旋盤においてみられたような徹底的な諸変化は他の工作機械ではほとんどみられなかったとされている(13)。また Maschinenbau 誌は1936年に，中ぐり盤では，ウィディア工具でもって中ぐりすることは，一般的に，高速度鋼でうまくいかない場合にのみ推奨されており，前もって中ぐりされた穴をウィディアを備えたリーマで加工することはとくに大量生産のもとで効果が大きかったしている(14)。F. アイゼレの1939年の報告によれば，例えばヴァンデラー社のフライス盤の生産においても，机の表面や両側の面の加工ために3本の硬質合金製の植刃フライスが利用されており，机の下側にある両方の面のフライス削りにも硬質合金製の植刃フライスが利用されていた(15)。こうして，1930年代半ばになると，高速度鋼，硬質合金，規格化および大量生産によって規定された構造上の最も重要な諸変更は，代表的な機械製造業者においては，終了を迎えるに至ったとされている(16)。30年代後半に機械製造業においても硬質合金工具の利用が重要な意味

をもつようになったことについては，M.A.N. の39年12月および38年4月の経営委員会の会議においても，高速度鋼はすでに数年来同社のアウクスブルク，ニュールンベルクおよびグスタフスブルクの3工場によって唯一の高性能な工具鋼として導入されているが，その近年の発展は同社がますます硬質合金工具の利用に適応しなければならないことを示してきたとされている[17]。

2 「技術的合理化」の展開とその限界

以上の考察をふまえて，つぎに「技術的合理化」の展開過程をみることにするが，ここでは，まず1920年代の「技術的合理化」の特徴と限界について簡単にみておくことにしよう。第1章でもみたように，この時期の工作機械製造業の合理化戦略は，この産業部門の経営合理化の政策が工作機械の利用者の合理化の諸要求に応えるための方策である「外部的合理化」の諸要求と自らの生産を効率的なものにするための方策である「内部的合理化」の諸要求へのひとつの対応であったされている。「外部的合理化」は工作機械の技術・設計面の発展にその重点をもつのに対して，「内部的合理化」は生産過程の技術的・組織的変革にその重点をもつが[18]，工作機械の技術・設計の合理化（「外部的合理化」）のレベルの問題について，T. v. フライベルクはつぎのように述べている。すなわち，「アメリカを手本とする近代的な自動専用機械は，ドイツの工作機械製造の『理想的な』目標像であった。しかし，ドイツにおける機械の利用者の合理化の諸条件は，例外的なケースにおいてしか，大量生産およびそのような自動機械の利用を可能にはしなかった。むしろそれは，比較的高度な自動性と，利用の高度な転換性および汎用性とを結びつけることができる工作機械を必要とした。ドイツの工作機械製造の非常に特殊な技術・設計面の開発活動——とりわけ駆動システム，操縦およびユニット・システムに基づく設計——は，このようなバランスの要求に負うものである[19]」としている。工作機械の製造における「内部的合理化」の諸要求を工作機械の利用者における「外部的合理化」の諸要求と釣り合わせるという問題の核心は，専用機械よりは汎用機械の開発にむしろ重点をおかざるをえないという市場経済的諸要求と生産の効率化をはかるという生産経済的諸要求との矛盾に示されている。そこでは，「外部的合理化」と「内部的合理化」の両サイドにおいて，できる限り

第 7 章　機械製造業における合理化過程　387

高度な弾力性を確保するという目標にむけて優先的にその方向を定めたとされているが[20]，そのような限界性は，技術的・組織的合理化（「内部的合理化」）のレベルでは，工作機械の製造においても，高性能な自動機械を配置することがほとんどできなかったこと，また専用機械の配置が十分にすすまなかったことにみることができる[21]。

　ナチス期には，経済の軍事化にともなう軍需市場の拡大のもとで，合理化の展開のための条件は大きく変化することになる。1936年の第2次4カ年計画が始まるまでのナチス期の初期には，アウトバーンの建設，モータリゼーションの進展，入植計画の推進などによる需要の拡大，原料不足，外貨不足などによって機械製造業における技術発展，機械の生産増大が重要な課題となった。そこでは，技術的な活動の促進，すなわち，生産増大のための作業方式，設計，機械，工具および装置の生産における一層の技術的発展が主要な目標とされたのであり，人間の労働を徹底的に排除することはそれほど目標とされなかったとされている[22]。しかし，36年以降になると，軍需生産の増大という課題への対応としてだけでなく，労働力不足への対応のためにも「技術的合理化」の推進が重要な課題となったといえる。1936年以降の時期に「技術的合理化」が本格的に推し進められることになるいまひとつの背景としてナチスの機械化政策の転換があった。ナチス期の初期には雇用創出が最も重要な課題のひとつとされ，そこでは，人間のかわりに機械を使用することによって多くの失業者が生み出されていたと考えられており，33年には反機械化政策が実施されたが，産業家が政府に対して反機械化政策を転換するように影響をおよぼしたり，機械の輸出が外貨獲得のひとつの方法として公式に促進されるようになるなど，反機械化政策の転換が求められることになり，そうした状況は第2次4カ年計画の公布によって改善されることになった[23]。もちろん1933年から36年までの諸年度にも生産能力の拡大が取り組まれており，アメリカの戦略爆撃調査団の報告によれば，例えば工作機械製造業では，1929年に比べ35年には総床面積は25％増加しており，既存の建物におけるより多くの機械の配置によって生産能力のいくらかの拡大が達成されているが，この期間の生産能力の拡大は比較的小さかったとされており[24]，「技術的合理化」の本格的な展開は36年以降のことであった。

しかし，そこでも，工作機械製造業が合理化を推し進める上での問題は，基本的には，1920年代と大きく変わることはなかったといえる。T. ジーゲルとT. v. フライベルクによれば，工作機械製造業の技術的・組織的変革の分析は，この産業部門の経営合理化の政策が1933年以降の諸年度においても外部的合理化の諸要求と内部的合理化の諸要求とを釣り合わせる戦略として理解されうること，技術—設計の合理化のレベルと技術的—組織的合理化のレベルにおける均衡はそれぞれ独自の性格をもっていたこと，またナチス期の政治的—経済的条件が企業の合理化政策の「余地」を大きくしたということを前提としているとされている[25]。ナチスドイツにおける軍需景気および戦時景気の諸条件のもとでも，工作機械の利用者の合理化の利害は，工作機械製造における技術—設計の発展の支配的な基準であったとされている。そこでは，市場への適応と生産の効率化との間のかつての矛盾は引き続き存在したとされており，そうしたなかで，工作機械の開発は，利用者の側では，一部は補いあうが一部は矛盾するより多くの目標のもとにおかれていた。こうした諸要求は工作機械製造にとっては新しいことではなかったが，恐らく軍需景気および戦時景気の諸条件のもとで，緊急性および重点が変化したとされている。

——大量生産の互換性生産および組み立てにおける専門労働者不足は，高度な，高まりつつさえある加工の精度への要求を強めた。
——さらに大量生産は，——機械作業時間あるいは付随時間に関して——そのつど非常にさまざまな技術—設計上の対応をいどんだところの安定した「タクト」の正確性のもとでの大きな，部分的に高まりつつある加工速度を要求した。
——工作機械の操作において専門労働者を半熟練および不熟練の労働者によってとって代え，そして最終的には労働力を機械によってとって代えるという目標は，戦争の進展のなかで重要となった。
——フレキシブルな自動化は，高度な自動性を必要最少限度の利用の幅や装備替えの可能性と結びつけることのできる工作機械を必要とした[26]。

このように，この時期にもなお，工作機械の設計の一層の発展の特徴的なメルクマールは，1920年代からの一貫した連続性，すなわち工作機械の自動化とその利用のフレキシビリティとのバランスにその特徴をもつひとつの連続性に

みられた。しかし，何よりもまずできる限り大きな利用範囲をめざしていた工作機械の利用者の利害，すなわち工作機械のできる限り容易でかつ弾力的な装備替えの可能性は非常に重要であり，またその影響も大きかった。硬質合金工具と高性能な原動機のもつ生産合理化の潜在的な諸可能性は，戦争のすぐの終結や将来の販売市場をつねに念頭においていたこのような利害に従わねばならなかった。それゆえ，この時期には，工作機械製造における技術・設計の活動の重点は2つの領域，すなわち，工作機械の操作および操縦と，ユニット原則（Baukastenprinzip）に基づく工作機械の装備替えの可能性の改善にあった。したがって，これらの両方の発展の道は，工具や駆動装置の技術的発展による生産効率化の手段を徹底的に有効利用し，またそれでもって金属加工の大量生産のもつ合理化の潜在的な諸可能性を少なくとも一部は実現するが，それにもかかわらず，技術革新および市場経済のフレキシビリティを失わないという合理化の目標の結果として生じたものであった[27]。

　かくして，工作機械製造の設計の一層の発展は，ほぼ1936年以降，軍需経済および戦争経済の進展のなかで，一部では一層尖鋭化することになった2つの一般的な諸要求のもとにあった。そこでは，ひとつには，工作機械の生産者に対しても利用者に対しても突きつけられたフレキシビリティおよび弾力性の要求がそれである。1939年以前の軍需品の生産への金属加工業の急速な装備替えの可能性および39年以降の急速でかつ頻繁に変動する軍備計画へのその高い適応能力は，大きな利用範囲と多様な利用の可能性をもつ工作機械を求めたのであった。いまひとつは「時間と人を節約する」という要求である。この要求も工作機械の生産者と利用者に突きつけられたが，そこでは，「人間を節約する」ことは，とりわけ熟練をもつ専門労働力の節約や半熟練労働者ならびに不熟練労働者によるその置き換え，また機械によるその置き換えを意味しており，それゆえ，工作機械の自動化の進展をも意味した。工作機械の操作・操縦の技術・設計上の一層の発展は，その推進力をフレキシブル化と自動化の目標の軋轢に負っていた。電動機による工作機械の運転の発展は，1930年代および40年代には，技術―設計の合理化の領域において自動化とフレキシブル化の戦略を媒介するための恐らく最も重要なテコであったとされている[28]。

　それゆえ，ナチスのファシズムの軍需経済と戦争経済の時期に強行された生

産財産業における大量生産がまず第1に工作機械の一層の発展をもたらしたのであるが，専門的な熟練をもつ労働力の不足は，不熟練労働者および女子労働者の利用を可能にするために，操縦の一層の単純化を必要とした(29)。そこでは，第1次大戦前にすでにイギリスで知られ，その後ドイツではラーメイヤー社によって初めて製作され，20年代に完成された押しボタン式操縦（Druck-knopfsteuerung）が導入された。それは，工作機械の急速に変化する機能の多様性，とくに複数の原動機の配置によって複雑になっている操縦の職務を操作のレベルで簡単にしようとする試みであった(30)。それは自動のスイッチオン，始動，停止や電動機の回転数の自動制御を可能にしただけでなく，工作機械の従来の機械的な操縦と比べるとこのような操縦は一層簡単であり，多くの作業地点からの操作を可能にし，また「不熟練者による操作」を可能にした(31)。ことに大型の工作機械では押しボタン式操縦の導入によって操作における諸困難が克服されたことの意味は大きかったといえる(32)。しかし，この時期には，フレキシブルにプログラミングしうる工作機械の操縦のようなものはまだ視野のなかには入っていなかったので，個々の操縦や計測の諸機能の分散的な，部分的な自動化のみが暫定的な発展の道でありえたとされている(33)。

　ナチス期の合理化の取り組みのこのような限界性は，合理化の条件をなす市場の問題と大きく関係していた。この時期の軍需市場による国内市場の拡大は，量的には大きいが変動のはげしい需要を生み出した。すなわち，軍備計画の頻繁な転換，軍需品における定型の多様性および短い技術革新の時間，さらに大量生産のために同じ定型の注文を集めることを困難にしたつねにギリギリに差し迫った納期がそれである(34)。工作機械の主たる利用者となった軍需産業は，軍需市場のもつこのような性格によって大きな影響を受けたのであった。そこでは，生産量は，専用機械を利用するには十分に大きいものではなく，頻繁な設計の変更や国防軍の計画の変更はこれらの企業家が以前からもっていた専用機械に対する反感を強めたであろう，と指摘されている。さらに製造にかかる時間は専用機械では約18ケ月であり，汎用機械の3倍であったという当時の最新の議論は，むしろ短期的なものであった国防軍の計画にとってその開発をまさに無意味なものにしたとされている。それゆえ，軍需産業は汎用工作機械を好んだのであり，それは軍需産業における生産手段としてその優位

を保つことになったが，――すでに1920年代および30年代においてみられたように――専用装置や「単一目的の付属品」の一層の開発によって大量生産の高まる諸要求に応えたのであった。このような発展はまさに特殊ドイツ的な方法であったが，汎用工作機械の広汎な存在がなければ，たえまない設計の変更や計画の変更ははるかに困難な状況を生み出したであろう，と指摘されている(35)。この点について，J. イルテンカウフは第2次大戦中の1942年に，機械の最短の製造時間あるいは最大の生産量の要求は汎用的な一般的な構造によってはしばしば充たされなかったので，そのためにむしろ当該作業工程に直接合わせてつくられた専用装置が生み出されたが，配置されるさまざまな種類の機械のためのあらゆる専用装置は何ら汎用機械という特徴的なメルクマールを変えることはなかったとしている。工作機械製造業の多くの工場においても，加工における計画的な最善の方式の実現のために，自動専用機械が設計され，生産されたが，同種の加工品が存在する個数を前提にすれば，自動専用機械の無制限の生産はいくつかの限界に突き当たらざるをえなかったとされている(36)。この点については，H. ベンケルトも1939年に，工作機械製造においては，あらゆる規格化にもかかわらず，当時は，大量生産や自動化された生産を特徴づけるだけの大きな注文量をもつ製造領域が初めてわずかにみられるようになっている程度にすぎなかったことを指摘している(37)。

そこで，工作機械の生産に占める汎用機械と専用機械の割合をみると，この点についてはさまざまな算定がなされているが，H. キーケブッシュの算定では，1939年から45年までの間に工作機械の全生産に占める汎用機械の割合は約87―92%から約75―79%に低下しているのに対して，厳密な意味での専用機械の割合は約3―5%から6―8%に上昇したとされている。ただここでは，多目的工作機械の中間グループ，すなわち，非常に近代的な，高性能な工作機械であるが純粋な単一目的機械ではないものが問題となるのであり，その割合は戦時中に5―8%から15―17%に上昇したとされている。例えばすべての自動汎用工作機械をこの中間グループに数えると，工作機械の全生産に占めるその割合は，戦争のはじまりには25%であったが，戦争の末には約35%に上昇したとされている(38)。またA. ミルウォードも，第2次大戦の終わり頃になっても，全工作機械の8%が専用作業のために考案され

たにすぎなかったとしている(39)。

　このように工作機械の主たる利用者である軍需産業の市場の条件から汎用機械が多く利用されざるをえなかったという事情が，工作機械製造業が生産の合理化を推し進める上でも一定の限界をもたらすことになったといえる。ひとつには，専用機の生産量が少なかったために，その生産コストはそれだけ高いものにならざるをえず，このことが工作機械製造業における専用機の利用を困難にしたといえる。いまひとつには，軍需産業における市場の移動が大きかったということは，これらの産業の労働手段を供給する工作機械製造業の市場の不安定性を強めることにならざるをえず，そのために，工作機械の多くの製造業者は，変動する需要のもとで，弾力性およびフレキシビリティの確保という目標を追求したのであった。それゆえ，そこでも，汎用工作機械が広範に配置されることになった。このような事情もあり，戦争はドイツの工作機械製造業の技術革新のテンポをほとんど速めることはなく，その結果，生産方法が根本的に変わることもなかったとされている(40)。アメリカの戦略爆撃調査団の報告によれば，一部では，アメリカの市場よりも小さく，また貿易への依存が大きいというドイツ市場の特質のために，また一部では，高度な熟練をもつ労働者の豊富な供給による相対的に低い労務費のために，ドイツの産業は，専用機の開発と利用がすすんでいたアメリカとは異なる発展をとげたとされている。ドイツの工作機械の製造業者によって開発された機械は主として汎用目的の機械であり，それらはよりひろい適応範囲を備えてはいたが，普通，生産性はより低く，その操作を行う労働者のより高度な熟練を必要としたとされている(41)。

　またドイツでは，市場をめざして競争している多くの企業が存在していたために，工作機械の製造業者は決して大量生産方式を採用することができなかったとされている。機械工場は製造工程における多くの諸職能を遂行することのできる，またひろい範囲の製品を生産することのできる汎用工作機械を備えていたが，そうした機械の適応能力は需要における突然の変動に対する保険とみなされていただけでなく(42)，戦時中に発生するかもしれない特殊な需要に対する十分な保険ともみなされていた(43)。さらに多くの製造業者は，工作機械

だけでなく，その他の機械を生産することによって，また資本財産業だけでなく消費財産業における顧客の獲得を可能にすることによって，需要の変動に対して防御していたとされている(44)。このような専用機械の普及の立ち遅れの理由として，戦略爆撃調査団の報告は，製造業者がそのような機械への投資を躊躇したという理由に加えて，アメリカでは一般的であった高度に専用化された，また非常に効率的な工作機械のもつ潜在能力が理解されていなかったこと，またドイツの産業においては戦前には大量生産の方法が一般的ではなかったために，専用工作機械に戦争経済の基礎をおくのに必要な経験が欠如していたことをあげている(45)。

　キーケブッシュによれば，機械製造においても生産能力の拡大はみられ，それは主により高速の，またより効率的な工作機械による老朽化した工作機械の取り替え，大型クレーンの設置を可能にするような大規模な組立工場の建設や大型の機械の使用にみられたが，1942年以降はこの産業の生産高は減少しており，拡張は休止されるに至っている(46)。また工作機械製造業における総床面積をみても，1929年の1,290万平方フィートから35年には1,610万平方フィート，42年には1,940万平方フィートに増加しており，35年には29年に比べ25％，42年には50％の増加をみているが，42年と36年とを比べると12％の増加にとどまっている(47)。戦時中には，機械製造業におけるこのような生産能力の拡大のゆるやかなテンポとは対照的に，むしろ工作機械の製造業者を含めた資本財産業のあらゆる諸部門において軍需生産への大規模な転換が行われており(48)，そうしたなかで，工作機械製造業の労働者は軍部や軍需生産に動員され，不熟練の女子労働者や外国人労働者によって置き換えられた。それにもかかわらず，工作機械の製造業者は，専用機械と大量生産方法の採用を強制されることなく生産のテンポを維持することができたとされている(49)。このように，機械製造業における生産の合理化においては，市場の諸変化に柔軟に対応して機械設備をフレキシブルに配置すること，またそのための自動化が推し進められたのであり，そこでは，アメリカでみられたような専用機械の本格的導入，根本的な技術的革新の導入は，決して十分にすすむことはなかった。自動車のような消費財の大量生産が大きくすすみ，機械製造業のような生産財産業においてもそれが広がり，大量生産の本格的な展開のもとに「技術的合理化」

がアメリカのようなかたちで推し進められていくのは第2次大戦後のことになる。

　この時期のドイツにおける機械製造業における拡大の規模がいかに小さかったかはアメリカのそれと比較すると明らかである。例えば第2次大戦中をみても，アメリカでは1939年9月から41年9月までの間に72の新しい工作機械製造企業が設立されているのに対して，ドイツでは戦時中をとおして1社の設立もみられない。またアメリカでは1939年9月から40年末までに床面積は382万平方フィート追加されているが，これは35年から42年までの7年間のドイツの生産能力の増大を上回っている。アメリカの戦略爆撃調査団の報告は，ドイツの機械製造業全般，また工作機械製造業はとくに多くの小規模企業から構成されており，これらの企業は拡大のための信用を獲得することが容易ではなかったこと，戦争が短期間であろうというドイツで存在していた一般的な信念にみられるように，ただたんに戦争の必需品をまかなうために自らのリスクで拡大を行うことに彼らは熱心ではなかったこと，またこの産業はその生産能力の拡大を政府が保証し，融資することを期待したが，そうした期待は決して実現されなかったことに両国のこうした大きな相違の理由をみている[50]。

第3節　「労働組織的合理化」の展開とその特徴

1　作業準備，作業管理および作業編成の合理化

　これまでの考察をふまえて，つぎに，労働組織の領域における合理化についてみることにしよう。1920年代の合理化過程におけるテイラー・システムのレファ・システムへの修正とその導入は，とくに時間研究および作業研究の実施を促進し，作業準備の重要性を高めることになったが，ナチス期にはそのような組織的変革が一層強力に推し進められた。

　まず作業職場レベルでみると，作業準備は作業の計画化および作業指図，原料や工具の準備のようなあらゆる諸問題を職場の作業の開始前に処理するものであるが，作業準備の指示の厳密な遵守が成果の豊かな，また責任ある作業準備のための第1の条件をなすとされている[51]。この点について，C. ホッペは，

第7章　機械製造業における合理化過程　395

作業準備に関する各決定は可能な限り文書で示されねばならず，またそれらは拘束力をもつとみなされねばならないとしている[52]。工作機械製造においては，1933年以降，労働力，時間およびコストの管理の3つの領域において，作業準備の発展によって，専門労働者の管理能力やフレキシビリティポテンシャルの育成によって，また体系的な原価および時間の管理の一層の発展によって，技術的―組織的変革が推し進められた[53]。工作機械製造の一般的な生産条件のもとでは，高価な工作機械，装置や工具の配置は厳密に計算されなければならなかったので，作業準備は重要性を高めたが，作業準備の中心的な機能，すなわち，市場経済の諸条件のもとでの生産過程の統合がより重要な意味をもった[54]。この点について，ドイツ経営技師労働共同体は1939年に，「経営における作業の流れの計画化は作業の編成およびそれとともに合理的な経営管理に役立つ。それは，適切な組織的手段でもって経営の技術部門および商事部門の活動を経営目的との組織的な関係のなかに組み入れるという任務をもつ。そこでは，経営の種類や規模だけでなく，とりわけ生産方法（個別生産，組別生産あるいは大量生産）も組織の編成および拡大を規定するということが考慮されねばならない[55]」としている。この時期には，作業部は，生産方法に応じてそれぞれ異なる範囲の職分領域をもついくつかの部署に分けられていた[56]。

　　――注文部（Bestellbüro）は技術部（Technische Büro）からの部品明細書に基づいて（倉庫ないし購買への）原料および完成部品の注文を組織化し，また引き渡すべき受取者（職場単位）を決定する。

　　――製造部（Fertigungsbüro）は作業計画を立て，設備や専用工具を選び出し，また場合によっては，設備および工具の製造の新たな注文を出す。

　　――出来高部（Akkordbüro）（事前計算）は，生産の資料に基づいて作業時間を決定し，また生産の管理のための書式を作成する。

　　――作業割当部（Arbeitsverteilungsbüro）は個々の職長あるいは経営グループへの作業の割り当てにあたり，そこでは，日々おこる諸変化に対する必要なフレキシビリティの確保ために，引き続き，個々の工作機械への作業の割り当ては職長あるいはグループの長に任せられる。

　　――期限管理部（Terminstelle）は，生産計画，作業計画，加工計画，作業割当の

原則，注文部品表や工場一覧表に基づいて期限を決定し，また「ある注文，すなわちあるグループに属する部品（組み立てを含む）か，個別部品か，あるいはある部品の一作業工程の職場での遂行が問題となるかどうかによって，本期限（Hauptterm in），グループ期限（Gruppentermin），個別期限（Einzeltermin）および基本期限（Grundtermin）」に分ける。

　また作業準備のいまひとつの重点であった労働力の配置についてみれば，作業準備，作業管理および作業編成のテーマは，工作機械製造業における専門労働者不足の拡大によってその特別な推進力を得たとされている。K. ハーゼは，すでに1937年に，専門労働者の差し迫った問題の解決をドイツの工作機械製造業の最も重要な対応とみなしており，そこでは，徹底的な作業の分割，古くなった標準賃金のグループの修正およびより公正な賃金の発見の諸方法が必要な将来の動きであったとされている。このような方向は，作業準備に対する，新たな，複雑な諸要求と結びついていたとされている[57]。

　このように，作業準備は生産過程の管理および統合化の進展のためのひとつの中心的な手段となった。F. ゾメルが指摘するように，生産計画，原料需要の確定，経営資材の調達，設備の開発，工具の製作，基準値の算定，作業研究・時間研究，事前計算，工場注文の処理，期限の計画化と準備が作業準備に統合されるが，さまざまな職位を円滑かつ効率的な協働に導くことは，大量生産においては，効率的な作業準備の最も重要な前提条件のひとつであった[58]。

　それゆえ，つぎに作業準備の機能において重要な役割を果す時間研究・作業研究についてみると，その成果のひとつは労働者の作業負担の軽減にあったとされている。鍛造職場における配置の改善が行われた事例が報告されているが，そこでは，作業研究は労働手段のより良い配置によって鍛造工および補助労働者の時間と労力の節約をもたらしたとされている。また正確な作業研究によって期限の遵守においても大きな成果がもたらされたとされている。ある工作機械製造企業では，100の期限のうち27だけが遵守されることができたにすぎないのに対して，作業研究に基づいて計画的に期限を決定していた他の企業ではその数は65にのぼっており，また労働者100人当たりの職員数は前者の企

業では6.67人であったのに対して，後者の企業では4.04人にすぎなかった[59]。また組み立てをみても，批判的な観察者は，作業研究・時間研究によって，組み立てにおける誤った部品，粗悪なあるいは不適切な工具，専門労働者ないし半熟練労働力の不十分な訓練によってひきおこされる組み立て作業中の失敗の原因をみつけるだけでなく，工場の全体的な組織，例えば作業準備，作業の割り当て，期限，在庫保有，作業の計画化，作業の精度，なお不足している設備や装置についての有効な結論を引き出すことができるので，作業研究・時間研究は大きな利点をもっていたとされている[60]。

こうして，この時期には，時間研究を中心とする管理から作業研究を基礎にした管理の再編成，強化が取り組まれるなかで，作業準備の発展とともに作業編成の合理化が大きな進展をみることになり，管理の一層の強化がはかられたといえる。

2　フォード・システムの導入とその特徴

(1) 生産の標準化の進展

① 機械製造業における標準化の取り組みの特徴

これまでの考察において，作業準備，作業管理および作業編成の合理化についてみてきたが，機械製造業においてこの時期に取り組まれた「労働組織的合理化」のいまひとつの重要な方策としてフォード・システムがあった。それゆえ，つぎに，フォード・システムの導入について考察を行うことにするが，ここでは，まず生産の標準化についてみることにしよう。

この時期の機械製造業における生産の標準化の取り組みはつぎのようないくつかの諸特徴をもっていたといえる。ひとつには，工作機械製造業にみられるように，ナチスの経済の軍事化のもとで，合理的な生産のための最善の可能性をもつ企業にその製品の生産が集中されることによって同時に生産の割り当てが行われるようになり，そのことによって，標準化の進展のためのひとつの条件がつくられたということである。工作機械製造業では，そのような生産の調整によって，生産力のより合理的な配置が保証されたのであり，そのような専門化が実施された工作機械のタイプには，ラジアルボール盤，歯車加工機械，自動機械などをあげることができる。機械製造のすべての主要な専門領域に対

して，定型の削減をよりはやく，またより強力に推し進めるための専門委員会や作業委員会が組織され，工作機械の領域におけるそのような生産計画や統制の経験が1942年半ばには機械製造業全体に利用され，徹底した定型の削減が実施されている[61]。

いまひとつには，K. ヘクナーの1937年の報告にもみられるように，電機工業と工作機械製造業との間の緊密な協力が必要とされたにもかかわらず，そのような協力関係が十分には築かれてはおらず，とくに工作機械製造業では，そのことが合理化の展開，ことに標準化の推進においても大きな影響をもたらしたということである。工作機械製造業と電機工業との間のそのような協力は作業機への電動機の利用のために必要とされたが，電動機の生産者が生み出さねばならない規格化はまだ達成されていなかった。この事実は，工作機械製造工場に対して，設計上や経営技術的な点でも，非常に大きな困難をもたらしたとされている[62]。

② 生産の標準化の推進

つぎに生産の標準化がいかにすすんだかをみると，個別企業の事例では，ボーフムのヴェストファリア・リンネンダール・グレッペル機械製作会社は，1933年に規格への適応によって，形鋼の種類を448から140に減らしており，またロバート・ボッシュでは，規格化によってそれ以前に利用されていた71の大きさや種類のケーブルシューが16に減らされており，規格部品の生産のために必要とされる工具の調達では16,500RMが節約されており，それでもって，合理的な大量生産にとっての規格化の意義が明らかになるとされている[63]。

これをとくに工作機械製造についてみると，1940年の *Der Vierjahresplan* 誌は，工作機械製造はずっと以前から規格化のペースメーカーであり，定型化および専門化についてもそこによい事例をみるとしている[64]。H. キーケブッシュの1939年の指摘によれば，規格化は，数年来比較にならないほどに酷使された状態で操業しているこの産業を製品の設計や生産における統一化によって助けるという目的をもっていた。工作機械製造業は，通常の規格化をこえて，まとまった組み付け部品の一般的に知られている定型化（ユニット・システム）によって，特殊な目的のための機械の製造における統一部品や部品グループの

全般的な利用によって，また外部からの規格化された部品の購入などによって，こうした目的をねばり強く追求したとされている。ドイツの工作機械製造業はその規格化を1）工具や取付具の組立寸法の規格化，2）自然な摩耗をきたす，またそれゆえ時々取り替えられるべき部品の規格化，3）製造の統一化および低廉化のための構成部品の規格化の3つの方向で展開してきたが，2）の規格化は，多くの場合，工場規格として実施されていたとされている[65]。またK.ヘクナーも1938年に，工作機械製造において利用されている規格は一般的な基本規格（例えばはめあい），製造部品（例えば操作のための部品）の規格，工具や加工品の固定具の規格の3つのグループに分類されるとしている[66]。このような規格化の進展状況について，キーケブッシュは1939年に，生産と購入にとってのその利点のゆえに，切削加工の工作機械の製造における規格化はすでにひろく進展をみていたが，それに対して，形成加工のための機械における規格化の活動はなお立ち遅れており，例えば，プレス機，押し抜き機や引き延ばし機では，固定のためのタップやタペットの穴は規格化されていたが，キー溝のついた机では規格化は行われていなかったとしている[67]。

また当時，工作機械の製造における規格化だけでなく工作機械の利用においても重要な意味をもっていたものに工作機械の回転数の規格化があった。K.ヘクナーの1937年の指摘によれば，旋盤の回転数はその利用者にとって重要であり，それはドイツの工作機械製造業全体で統一的に調整されていたが，その規格化はDIN（ドイツ工業規格）323番に依拠しており，約4年来利用されてきた。同じ回転数を利用することの利点はとりわけ生産物1単位当たりの時間の算定および作業準備においてみられたが，当時，ドイツの工作機械製造業は回転数の規格化に国際的な有効性を獲得することに努力していたとされている。また工作機械の操作に関しては，作動の方向に関する統一化が非常に重要であり，最も主要な機械のグループについての諸規定はDIN1,401〜1,407番で決められていた[68]。

さらに第2次大戦時をみると，戦争は生産量の増大と定型数の削減をもたらしたとされているが[69]，この時期には，原料の節約，工具の保守，あるいは品種およびそれとともに事業資本の削減という理由からだけでなく，生産増大をはかり，大量生産によって注文を処理する上でつねに決定的な効果をもつこ

とからも，規格化は非常に特別な重要性をもつことになった。このことはとくに準備期間や製造中の取り替え部品の調達時間の短縮を配慮した装置や工具の規格化にいえるとされている[70]。例えば装置や工具の製造における工場規格の利用による生産増大に関するJ. パエルシュの1942年の報告によれば，装置の統一化によって，そのときそのときの加工品に応じて個々の部品が互換性をもつようになり，そのような工場規格の利用によって，そのときどきの加工品のために必要な装置を最短の時間で準備し，工具の製造を他の仕事のためにあけておくことができたほか[71]，工具の在庫や引き渡しが単純になり，生産設備の引き渡しと返却の状態の把握やその迅速化が容易になるなど[72]，生産活動そのものにおいて大きな効果をもたらした。また設計作業の効率化や生産設備，部品のより迅速な調達以外にも[73]，統一的につくられる装置，工具などによって，婦人労働の負担が大きく軽減され，その結果，工場規格は専門労働者不足の克服と生産増大にも間接的に寄与したとされている[74]。

　また定型化についてみると，工作機械の生産の開始や中止に対して報告義務を導入した1941年5月28日の命令によって，定型の削減が決定的な進展をみたとされている[75]。すなわち，工作機械の定型数は1942年までに1,321から526に減らされているが，この年には，それまでと比べ，切削加工機械全体でみた場合，61％の定型が姿を消している。これを機種別にみると，旋盤では53％，自動旋盤では70％，フライス盤では71％，平削り盤では67％，工具旋盤では84％，車輪ホブ盤では42％，歯車形削り盤では22％の減少となっている。また機械製造業全体でみると，1942年までにすべての機械の定型は3,637から1,011に減らされているが[76]，これを製品別にみると，定型数の削減がとくに顕著であったのは，工作機械以外では，選鉱設備，農機具・製粉機などであり（表7-2参照），流れ生産方式の展開が重要な課題となった部門である。G. ホルテンは1941年に，機械製造業においてこの時期に定型化が行われたものとして，浚渫機，電動機や蒸気力によるロードローラー，コンクリート・ポンプ，コンクリート打ち機，乾燥設備や混合設備，瀝青を含んだ道路の建設用の噴射機，粗製焼き物用機械，塔形ジブクレーンなどをあげている。彼はさらに，他の領域として，とくに小型の装備品，大型の装備品や蒸気機関の装備品，手押しポンプ，手さげかご式ポンプ，精肉工場用の機械，製粉機の製造のための機械，条

表7-2　1942年までの機械製造業における定型数の削減

機械の種類	1942年以前の定型数	1942年の定型数	残存率(%)
工作機械			
a）形成加工機械	884	354	40
b）切削加工機械	437	172	39
旋盤	216	101	47
自動盤（単軸）	37	11	30
フライス盤（最高品質のもの）	82	24	29
平削り盤	24	8	33
工具旋盤	45	7	16
車輪ボブ盤	24	14	58
歯車形削り盤	9	7	78
選鉱機	323	36	11
農機具および製粉機	1,088	213	19
建設機械	136	39	29
ホイストおよびポンプ	119	37	51
電動式コンクリート混合ロードローラー	40	6	15
電動式ロードローラー	20	6	30
汎用パワーショベル	20	4	20
条播機	240	9	4
ディスクハロー	9	3	33
ロール砕鉱機	30	1	3
みがきロール機	70	4	6

(出所)：*Zeitschrift des Vereines der Deutschen Ingenieure*, Bd. 86, Nr. 48, 1942. 11. 28, S. 725, T. Siegel, T. v. Freyberg, *Industrielle Rationalisierung unter dem Nationalsozialismus*, Frankfurt am Main, New York, 1991, S. 214, H. Guthmann, Typenabrüstung in der Maschinenindustrie（Ⅱ）, *Der Vierjahresplan*, 6 Jg, Folge 9, 1942. 9, S. 426-7より作成。

播機や刈り取り機，じゃがいも皮むき機，穀物サイロ，移動可能なピストン式圧縮機および回転式圧縮機，凸版印刷機，高速印刷機および鋼鉄製金庫室の戸をあげている[77]。

　ここで規格化，標準化の進展状況を代表的企業のひとつであるM.A.N.についてみておくと，1938年4月11日の経営委員会の会議の議事録によれば，90の規格リストの草案が作成中かあるいは完成している。なかでも搬送手段（電気トラック，起重機貨車，リフトトラック，被引車など）のための設備や機器の規格化が最もすすんでいたが，鋳造設備および鍛造設備の規格化も標準化のひとつの重要な領域であ

るとされている。また経営における規格の導入に関する討議においても、そこでの規格の導入が規格化の活動全体にとって決定的に重要であること、アウクスブルクとニュールンベルクの両工場では規格の導入にさいしての諸困難はみられないことが報告されている[78]。また40年9月30日の経営委員会の会議では、規格リストの数は138となっており、前回の会議の時点（その数は110）より25％の増加をみているが[79]、41年9月12日の経営委員会の会議の時点ではその数は172に増加している。その内訳をみると、事務機器が3％、工場の交通施設が2.5％、倉庫設備が25％、搬送設備が27.5％、作業現場の設備が25％、取付装置が13％、鋳造設備が4％を占めている[80]。さらに42年6月30日の時点では規格リストの数は183にまで増加しており、同年7月3日の経営委員会の会議では、戦争の諸要求による負担の増大にもかかわらず、規格化における進歩が達成されたと報告されている。またニュールンベルク工場では事業用機器の注文および供給の職務は同工場の規格部によって統一的に行われるようになったと報告されている。同社ではそれまでに合計22,800の事業用機器が規格に基づいて製造されてきたとされている[81]。しかし、その後は規格リストの数はほとんど増加しておらず、1943年の時点では183、44年1月24日の時点でも185にとどまっている。そうしたなかで、44年の経営委員会の議事録は、規格ファイルの数も実際の規格の導入の尺度とみなすことができるとしているが、その数は75にのぼったとされている[82]。そのような工場規格の取り組みにおいては、すでに39年12月15・16日の経営委員会の会議でも、M.A.N. コンツェルンにおける工具の多様性をできる限り制限するために工場規格をできる限り相互に調整することが決定されている。すでに行われている工具の規格化に関する交流は、同社の3つの工場に対して、それまでに実施されてきた諸活動を概観し、また自分のところのものと比較する可能性を与えたとされている。そのような規格化の取り組みにあたりその基礎としてドイツ工業規格をできる限り利用することが決定されている[83]。このような規格化の取り組みに比べると製品の定型化は遅くなっても取り組まれている。例えばC. ヘッヒナーは1942年2月に、船用の内燃機関に関して、定型の削減との関連で合理的な生産に寄与するあらゆる諸方策を試すという課題を引き受けたと報告しており[84]、また43年2月の経営委員会の議事録でも、将来には定型の単純化および既存の機器の整理に特別な注意が払われなければならないことが伝えられている[85]。

③ 生産の標準化の限界

　しかし，そのような取り組みにもかかわらず，機械製造業における生産の標準化の進展はなお一定の限界をもつものであった。例えば Der Deutsche Volkswirt 誌は1939年に，ドイツの機械製造業では，その数年間に専門化がかなり進んだとしているが[86]，アメリカの戦略爆撃調査団の報告によれば，第2次大戦前にはドイツの機械製造業における約6,000の企業のうち，約3分の2は100人未満の従業員を雇用する非常に小規模な企業であり，この産業はドイツの全地域に分散していたこと，また個々の企業による専門化の立ち遅れがみられたことが特徴としてあげられている。この産業の6,000以上の企業のうち約650が工作機械を製造しており，それらの企業のうち最も小規模な300の企業はこの産業の総生産能力のわずか約6％を占めていたにすぎないのに対して，220の最大規模の企業はこの産業の全労働力の約80％を雇用していた[87]。その意味では，生産の集積の傾向がある程度はみられたといえるが，1920年代と同様に，多くの中小規模の企業の存在が専門化の立ち遅れを克服する上でも困難をもたらしたといえる[88]。

　機械製造業，とくに工作機械製造業における生産の標準化の限界をもたらした要因として指摘しておかねばならないいまひとつの点は，工作機械のもつ生産財としての性格についてである。R. ベーリンガーが指摘するように，自動車工業の最大の顧客のひとつは国防軍であり，定型化を推し進める上で顧客との協力をはかることが比較的容易であったのに対して，工作機械製造では，少なくとも60の旋盤の生産者が存在しており，それらの各企業によってひとつだけでなく3つから8つのさまざまな基本の大きさの旋盤が生産されていた。この点にもみられるように，旋盤の個々の大きさに規定されたバリエーションの可能性のもとで，製造されるべき部品の構造や数量に標準的な機械が適応しなければならないという事情が，自動車のような消費財の場合と比べても徹底した標準化の推進を困難にしたといえる[89]。

　そのような状況のもとで，規格化，標準化の取り組みが一層強力に推進された第2次大戦中をみても，定型化は1942年末までは決して「ほとんど完了」することはなく，戦争の最後の年にも定型の削減は国家のイニシアティブによって継続されている。1943年の初めに，機械製造業におけるそれまでの定型の削減を回顧

して,「最終目標はまだまったく達成されていない」ことが確認された,と指摘されている(90)。例えば工作機械製造業をみても, 4つ以上の範疇に属する機械を製造している企業の占める割合は, 1938年の26.6%から42年には21.9%に低下しているにすぎず, 戦時中に行われた専門化の程度は非常に低く, 各範疇のなかで製造される機械の定型数は多いままであったとされている(91)。このような専門化の進展状況については, 81の工作機械の製造業者を調べたある研究によれば, 1938年にはこれらの企業は平均2.7の異なる種類の工作機械を製造していたのに対して, 44年にはなお2.3の異なるタイプを製造しており, これを機種別にみると, 研削盤では38年には33社によって製造されていたものが44年には27社に減少しているにすぎない。戦前には20以上の企業が中ぐり盤, 横中ぐり盤, フライス盤を製造していたが, こうしたケースは第2次大戦の末にもなおみられたとされている(92)。

(2) 流れ生産方式の導入

つぎに流れ生産方式の導入についてみると, 機械製造業では, 1920年代には, 市場の諸条件の限界から, フォード・システムのようなアメリカ的形態(「コンベア・システム」)での流れ生産の展開はごくわずかしかみられず, そこでは, 多くの場合, 市場の変動に対する柔軟性を配慮した流れ生産の方法を導入することが重要な課題とされた(93)。そのような限界は, ナチス期の経済の軍事化による市場の拡大のもとでその克服のための諸努力が推し進められていくことになるが, ここでは, この点をドイツ機械製造業の中核的位置を占める工作機械製造の事例を中心にみていくことにしよう。

1920年代には, 流れ生産の生産経済的な合理化の諸可能性を高度なフレキシビリティへの市場経済の諸要求とつりあわせるためにさまざまな諸方法が非常に慎重にテストされたということによって特徴づけられるが, そこで集められた最も重要な諸経験は, つぎのようなものであったとされている。すなわち, ①ユニット・システム(Baukastensystem)に基づく製品技術における設計の変更によって, 流れ生産および組み立てのための新しい部分領域を開拓することができたとういうこと, ②配置される生産手段の製造技術上の諸変更によって, 流れ生産ラインの弾力性が高められ, またそれでもって, その利用領域を

第7章　機械製造業における合理化過程　405

拡大することができたということ，③流れ生産ラインの部分的な配置のような組織的諸方策によって，また組別生産と流れ生産の適合された混合システムの展開や速やかな装備替えの可能性の準備によって，フレキシビリティの喪失なしに流れ生産への慎重な移行をテストすることができたということであった(94)。

　J. ラートカウが指摘するように，工作機械製造業や自動車工業では，「組」はアメリカの場合よりも非常に少ない量であったが，そのことはドイツの市場の諸条件からすれば合理的なものであり(95)，そこでは，より少ない生産量でも流れ生産の利益を実現するためのさまざまな諸方法が試みられたのであった。また機械設備についてみても，たったひとつの生産工程や製品に専門化された，また完全な「フォーディズム」の理念にかなうような「最高の発展段階の専用機械」はフレキシブルな製品の多様性を許容しなかったので，そのような専用機械はまれにしかみられなかったとされている(96)。

　そのような市場の条件は，ナチスの経済の軍事化のもとで大きく変化することになる。1936年以降，工作機械の需要は確実に高まり，生産能力は，第1次大戦の終結以降，初めて完全利用された。またこの時期には，軍需市場の拡大による国内市場の条件の変化のほか，工作機械製造業の原料依存も変化した。1920年代には，それは重工業と機械製造業との間の経済力の不均衡を意味しており，そのことは独占的に吊り上げられた原料価格に最も明確に示されているが，36年以降，そのような価格の問題は重要性を失い，原料の供給は需要者側，すなわち割り当ての担当者である国防軍に最も大きく依存するようになった。変化した条件の第3の，恐らく最も重要な点は労働力，とくに専門労働者不足の深刻化であり，この問題はヴァイマル期の合理化運動のもとでの工作機械製造業にはみられない問題であった。これらの3つの諸要因は，工作機械製造業に対して，自動機械の使用，その専門化，標準化および作業の分割，機械的に結合された流れ生産ラインの配置をともなうフォード型の工業大量生産への移行を加速するための組織的発展と合理化への圧力をかけたに違いないとされている(97)。ただここでは，汎用工作機械とは反対に，専用機械は，一般的には，まだ流れ生産では生産されていなかったとされており，機械製造業では，第2次大戦期に流れ作業システムがより強力に導入されたか，あるいは一

層発展したとされている(98)。戦争は従業員の構成における根本的な変化をもたらすことになり，熟練をもつ多くの専門労働力が入隊するなかで，戦争にとって重要な特定の製品の生産増大はその仕事に関する経験をもたない労働力や外国人の投入を必要にしたが，機械動力によって駆動されるベルト・コンベアを備えた機械の流れ生産ラインがこうした諸困難からのひとつの打開策を提供したとされている(99)。

しかし，機械製造業，すなわち工作機械の主たる利用者の軍需品生産への適応は，確かに，量的には大きいがはげしく変動する需要を生み出した。上述したように，そのような市場の特質は，軍備計画の頻繁な転換，軍需品の定型の多様性および短い技術革新の期間，さらに大量生産のために同じ定型の注文を集めることを困難にしたにギリギリに差し迫った引き渡し期限に示されている。また戦争がすぐに終わるという期待や将来の（世界）市場の諸条件への工作機械の生産者の持続的な対応によって，企業のフレキシビリティへの伝統的な適応が強化された。それによって，工作機械の生産者と利用者にとっては，変化する諸要求への彼らの生産過程の適応能力が引き続き最も重要となった。そのような状況のもとでは，硬直的なフォードの流れ生産をモデルとした生産の組織は，機械の主要な生産者にとっては，1920年代ほどには魅力的なものではなく，それゆえ，この時期になっても，工作機械製造業は，――好調な注文の状況にもかかわらず――流れ生産への慎重かつ弾力的な接近を続けたとされている(100)。

そのような市場の条件のために，そこでは，以前には組織的な方策によって，後には機械的，技術的方式や手段によって，市場適応の要求と生産の効率化の要求とのバランスをとるという目標を第一にめざした技術的・組織的合理化の戦略が追求されたのであり，そのさい，企業における生産の弾力性に最大の重要性が認められたのであった。すでにみたように，この時期には，確かに作業準備，作業管理および作業編成の領域において，時間経済的統合の度合は高められ，とくに代表的な工作機械製造企業において，混成的な流れ生産のフレキシブルな諸形態が一層展開されたが，革新的な変革や変動する需要に対する企業の弾力性の確保という目標への伝統的な，強力な志向がナチス期にも維持され，そのことが合理化政策における根本的な破綻を妨げたのであっ

た[101]。

　それゆえ，工作機械製造の発展について，生産方式の面から歴史的にみておくと，工作機械，とくにもっぱら加工品の特定の加工の種類や組に役立つ専用機械あるいは単能機の配置を正当なものにするだけの，加工品の十分に多くの数の個々の作業工程が存在すること，また効率的な有効利用，すなわち加工品のたえまない流れが見込めるだけの生産すべき加工品の数が存在することの2点が流れ生産の効率的な展開のための条件をなすとされている[102]。工作機械の開発期には，機械はほとんどもっぱら個別生産で生産されており，その結果，生産すべきより多くの同一の加工品を前提とする効率的な生産方式は利用されておらず，その後の数十年の経過のなかで，ある種類の工作機械は，その組別生産が経済的に可能となるような規模で必要とされるようになった。そこでは，とりわけ旋盤，タレット旋盤，フライス盤，中ぐり盤および研削盤が問題となったが，W. フェーゼの1939年の指摘によれば，工作機械製造において組別生産が実施されることのできるところではどこでも，生産台数は，その当時でもなお，機械製造業ないし輸送機械工業のその他の諸部門ほどには大きくなかったとされている。自動車の製造においては，大規模な組別生産，大量生産さえ問題となるのに対して，工作機械の製造においては，同時に生産されるべき部品の数は，一般的に，10個，20個，最高でも約40個であり，ドイツの工作機械の製造においては，40台の組の個数をこえて機械が生産されることはまれなケースにおいてしかみられなかったとされている[103]。また K. ペンツリンは1943年に，航空機，戦車，機関車や大砲などと同様に，工作機械はその数年前にはまだもっぱら個別生産で製造され，また組立作業職場で組み立てられていたが，当時，すでにしばしばタクト・システムで生産されるようになっていたとされている[104]。このように，工作機械の流れ生産は部品を製造する機械加工工程ではあまり多くはみられず，それが最もよくみられたのは組立工程においてであったといえる。

　そこで，流れ生産方式の導入状況について，とくに工作機械製造の事例を中心に具体的にみておくと，**ピッツラー工作機械会社**では，すでに数十年来，より大きな台数の機械の生産が取り組まれてきた。同社は，長い間，10台ないし20台の組で機

械を生産してきたが，とりわけピッツラー・タレット旋盤の生産は非常に大きな台数になったので，この部門は流れ生産にとって機が熟していると考えられ，すでに1926年に流れ生産の導入の考慮が行われている。このピッツラー・タレット旋盤の月間生産台数は，1939年当時，合計で約50台であったが，生産をその後も20台の組で実施することを決定すれば，約丸3カ月同じ大きさの機械を再び生産することが可能であると考えることができた。それぞれの大きさの機械が毎月継続して生産されるのではなく，機械が「コンベア」から取り出され，販売のために用意されて初めて新しい組が生まれることになるので，そこでは，まず販売部門において，流れ生産のための一定の前提が生み出されねばならなかった。流れ生産の導入のさいのある程度のリスクは，ある大きさのタレット旋盤がより大量に販売されるが，いくつかのものはきわめてわずかな台数しか販売されないこと，それゆえ，さまざまな大きさのものの販売はまったく均一的に行われるわけではないということにあった。それゆえ，大ざっぱにみて流れ作業がまったく経済的であると思われる機械もみられるが，もしかすると約丸2カ月ないし3カ月にわずか10台しか必要とされないような他の機械では，流れ生産にとってはまだまったく機が熟してはいなかったとされている。同社のこの製品における流れ生産の導入は機械の3つの主要なグループ，すなわち回転式送り台，主軸台，ベッドにおいて行われた。主軸台とベッドでは，流れ生産のための設備としてチェーンによって引っ張られる荷車が利用されており，回転式送り台の流れ生産には，手動ないし機械動力で移動する簡単な車が利用された。各製造グループでは，あるいは各組み立てコンベアに対しては，コンベアのそばには，機械加工での生産から到着する個々の機械の部品をサブグループに組み立てる事前組立のグループが配置されており，事前に加工された機械の部品がコンベアに到着し，それぞれの位置で組み付けられる。コンベアにはそのところどころに検査所がおかれており，ベッドの組み立ては例えば12の組立ポイントと2つの検査場所で行われ，スライドヘッドの組み立ては12の組立ポイントと6つの検査場所で行われた。回転式送り台の組み立てには適切な検査場所をもつ20もの組立ポイントがおかれていた。このような流れ作業の導入の成果をみると，期限の遵守に関しては，機械加工職場では，さまざまな大きさのタレット旋盤の部品が連続して生産されることができたことによって期限の計画が根本的に単純になったので，大きな安定性がうまれたとされている。機械部品を期限どおりに生産すること，また必要な互換性を実現することに関するさまざまな技術的な諸困難が克服された後

には，少なくとも25％から30％の組み立て時間の節約が達成された。流れ生産でのタレット旋盤の組み立ての導入は，より少ない台数で機械が生産される他の組立職場にも大きな影響をおよぼすことになり，そこでは，期限の決定の観点から，タレット旋盤の組立職場と同じシステムに基づいて作業が行われた[105]。

またレーヴェ社の事例をみると，1920年代には，同社の工作機械のロットは10台から100台という小さなものであったために，組立工程においても，流れ作業方式は導入されていなかったとされている[106]。ナチス期には，同社の製品品種は旋盤，フライス盤および中ぐり盤に限定されていたが，例えば旋盤の生産では，その組み立ては，主軸台，エプロン，送りケースのような個々の製造グループの組み立て（部分組立）とそれらの製造グループからの機械全体の組み立て（完成組立）の2つの主要な段階において行われた。1939年のK. ヘクナーの報告によれば，前者，とくに駆動装置は，当時，一種の流れ生産で行われていた。駆動装置の製造のための部品については，例えば送りケースやエプロンは特別な「駆動装置部門」において最初から最後まで生産されており，そのような駆動装置のケースに属する部品のうち，歯車とシャフトだけが外注で供給され，それ以外のすべての部品，それゆえ鋳物製のカバーケース，レバーおよび連動桿もこの特別な駆動装置部門で製造され，組み立てられた。各種の部品はフライス削り，中ぐり，はつりおよびパテ塗りなどの加工が行われた後，まとまったサブグループとして後に駆動装置に完全に組み込まれる部品をはめ込むといった準備作業が行われる。そこでは，例えばひとつのロットに属する20のさまざまな部品が順々にセットされ，各グループにおいて同じ作業工程が行われた。それに続いて駆動装置の組み立てが流れ生産で行われるが，そこでは，まず例えば20個の駆動装置のケースが組立机の上に順々におかれるか，あるいは必要に応じて簡単な手段でもって固定される。予め組み込まれた部品のサブグループないし新たにはめこまれる部品が各ケースの前におかれ，予め正確に決められた順番のままで駆動装置のケースへの部品やそのサブグループの組み付けが始められる。このような生産および組み付けの方法は1つないし2つの同種の駆動装置のみに導入されているのではなく，むしろ駆動装置部門においては，送り軸旋盤，普通旋盤，多刃旋盤のためのエプロン，送りケースのようなさまざまな種類の駆動装置のほか，タレットヘッドも同じ原則に基づいて製造され，また組み立てられた。このようなさまざまなタイプの駆動装置の流れ生産の円滑な実施のための基礎は徹底的な期限の計画化と管理であり，それは個々の部品の生産にまでおよ

ばなければならないが，機械全体の組み立ては期限の遵守にかかっているので，とりわけ組み立ての管理のためにも，一定のロットの駆動装置が完成組立されなければならない時間の始まりと終わりが把握されていなければならない。この目的のために，組み立てについて，行うべき作業の順序をときどきむこう2年間も前に決定しておく期限計画が立てられたとされている[107]。

しかし，これら2社とは異なり，流れ生産の導入には困難をともない，そのような生産方式の導入がほとんど行われていない企業もみられた。例えば**ベーリング兄弟社**では，旋盤およびタレット旋盤の生産においては，これらの工作機械のさまざまなベッドの長さや多くの専用装置（水冷装置，テーパ削り装置あるいは写取り装置，圧搾空気式チャック装置など）のために，他の部門でその価値が証明されていた流れ作業での組み立てを導入することは不可能であったとされている。また部品製造工程をみても，駆動装置の歯車，シャフト，主軸，軸受けなどのような共通部品は組別生産が支配的である工場の一部で生産されたのに対して，共通して利用することのできない部品のみが個別部品のための加工職場において，あるいは特別な構造のものための組立職場において生産されていた[108]。

ドイツの機械製造業におけるこのような合理化，大量生産の限界について，アメリカの戦略爆撃調査団の報告は，資本財産業はその個人主義的特質および競争が激しいという特質のために大量生産の諸方法を採用してこなかったとしている。輸出市場におけるこの産業の主たる競争力は顧客の厳密な諸要求を充たす，また広範な製品を提供する能力と意思にあった。そこでは，ひろい範囲の製品を供給することはより安く供給することよりも重要であるとみなされており，こうした利点を維持するために，この産業は大量生産方法を可能にしたかもしれない専門化を回避したとされている。こうした状況は戦時中をみても同様であり，戦争が始まったとき，製造業者に専門化と大量生産方法の利点を利用させようとする諸努力が行われたが，こうした動きはほとんど成果をあげることはなかった。戦略爆撃調査団の報告は，こうした諸方策はこの産業の生産性の向上においてほとんど成果をあげることはなかったとしており，この産業の全労働力に占める熟練労働者の割合の低下が労働生産性を低下させる傾向にあったことは事実であるが，こうした要因を斟酌しても，合理化の諸成果は

あまり大きなものとはなりえなかったであろう，と指摘している[109]。すなわち，工作機械製造業における労働生産性は，1939年に比べ，労働者1人・1時間当たりのトン数でみると，42年には10％，43年には18％，44年には24％の減少をみており，金額でみると，41年には9％，42年には6％の上昇をみているが，43年には4％の減少をみている[110]。アメリカとドイツの工作機械の専門家の見解では，ドイツの工作機械製造においては，その生産能力を増大させるという差し迫った必要性が存在していたならば，合理化はもっと推し進められることができたと考えられていたとされている。アメリカでは，工作機械製造業の生産能力の驚くほどの増大は，主に，一般機械を製造する工場の工作機械製造への転換によって達成されたのであり，アメリカの機械工場の3分の1は戦時中に工作機械の生産に切り換えられている。同様の可能性は恐らくドイツでもかなりの程度存在したが，ドイツの機械製造業は，その大量生産より以前の方法のおかげで，アメリカの機械製造業よりもフレキシブルであったとされている[111]。

なお最後に機械製造業の操業度，過剰生産能力の問題についてみておくと，1930年から37年までのドイツ機械製造業の受注額の推移を示した図7-1によれば，受注総額は世界恐慌期に大きく減少し，この期間の最低水準に達した31年末から32年初めにかけて，また32年から33年にかけての時期には28年の約30％にまで落ち込んでいるが，その後大きく回復し，36年には28年の水準を上回り，37年には28年の水準を約50％上回るまでになっている。なかでも注目すべきは国内注文の著しい伸びであり，受注総額に占める国内注文の割合は1933年前半の約半分から37年には約80％にも達している。こうしたなかで，機械製造業の操業度は1933年4月には32％[112]であったものが36年4月には78.1％に上昇しており[113]，37年12月には100％を超えるに至っているが[114]，アメリカの戦略爆撃調査団の報告によれば，戦時期には，ドイツ産業全体における工作機械は十分に存在していただけでなく，工作機械製造業自体においても，この時期をとおしてずっと過剰生産能力がみられた[115]。それは主に，工作機械を利用する産業からの需要の不足によるものであったとされている[116]。戦時中のドイツの資本財（電気設備を除く）の年間生産高は，工作機械では，この期間の最高を示した1941年には314,700トンとなっており，39年の276,700トンを

412 第2部　主要産業部門における合理化過程

図7－1　1930年から37年までの機械製造業の受注額*）の推移

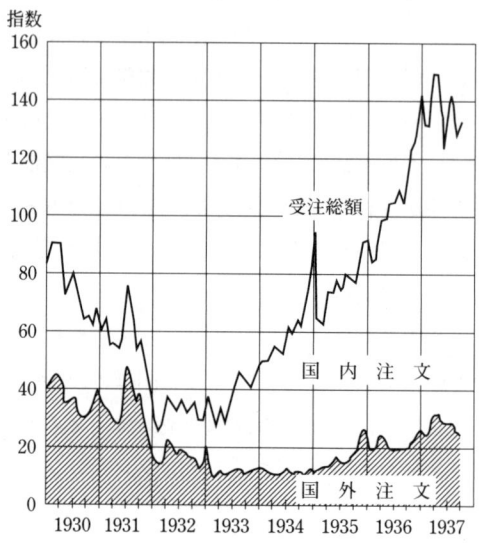

（注）：＊）1928年＝100としたときの指数
（出所）：*Maschinenbau*, Bd. 17, Heft 7/8, 1938. 4, S. 198.

13.7％上回った後，44年には218,100トンに減少しているが，その他の機械では，39年の2,199,400トンからほぼ一貫して減少し，44年には986,600トンとなっており，55％の減少をみている。これに対して，アメリカの工作機械の生産高は，この期間の最高に達した42年には39年の6.62倍に増加している[117]。またこの時期の工作機械の利用者の内訳をみると（表7－3参照），軍需産業の割合が圧倒的に高く，1942年第4四半期には74.3％，44年第2四半期には83％を占めている。また輸出をみると，機械製造業のなかでこの点で最も重要な部門は工作機械，繊維機械，印刷機械，農業機械，エンジン・動力機，精錬・圧延設備，建設用機械であったが，戦前には，いくつかの範疇では，総生産高の3分の1かそれ以上が輸出されており，機械製造業全体でみると，輸出比率は17.1％となっている。しかし，戦時中にはドイツの機械の輸出は非常にゆっくりではあるが減少しており，この産業全体の生産高が減少しはじめた1942年以降になって初めて10％を下回った[118]。これを工作機械についてみると，輸出比率は42年第2四半期には6.3％であったものが44年第4四半期には2.7％に低

表7-3 第2次大戦期における工作機械の利用者グループの内訳の推移

主たる利用者のグループ	1942年第4四半期	1943年第1四半期	1943年第2四半期	1943年第3四半期	1943年第4四半期	1944年第1四半期	1944年第2四半期	1944年第3四半期
全軍需産業	74.3	76.9	77.3	78.9	81.3	82.1	83.0	77.6
鉄道業	7.2	7.8	7.8	10.0	7.5	7.0	6.0	5.1
製鉄業	1.0	0.6	0.5	0.5	0.4	0.2	0.4	0.4
機械製造業	2.9	2.5	1.7	1.3	1.6	1.2	1.6	2.5
その他の金属加工業	2.3	1.7	2.1	1.8	2.0	1.7	2.5	8.6
鉱業	0.5	0.5	0.5	0.5	0.7	0.4	0.5	0.5
その他の利用者	5.5	4.6	4.9	1.7	1.4	1.5	1.2	2.6
輸出	6.3	5.4	4.7	5.2	5.1	5.9	4.8	2.7
合計	100.0	100.0	100.0	100.0	100.0	100.0	100.0	100.0

(出所): The United States Strategic Bombing Survey, Machine Tools and Machinery as Capital Equipment, *Final Reports of the United States Strategic Bombing Survey*, No. 54, second edition, Washington, 1947.

414 第2部 主要産業部門における合理化過程

下している。

　以上の考察から明らかなように，ナチスの経済の軍事化の時期および第2次大戦期をみても，軍需市場の拡大という市場の条件の大きな変化のもとで推し進められた機械製造業の合理化，大量生産のための取り組みにもかかわらず，ヴァイマル期にみられた限界性はなお克服されるには至らなかったといえる。

(1) 　1920年代の機械製造業の合理化過程については，拙書『ヴァイマル期ドイツ合理化運動の展開』，森山書店，2001年，第7章を参照されたい。
(2) 　Vgl. B. Köhler, Mensch und Maschinen, *Der Deutsche Volkswirt*, 9 Jg, Nr. 42, 1934/35（1935. 7. 19), Sonderbeilage : Die Wirtschaft im neuen Deutschland, 9. Folge : Maschinenbau, S. 12.
(3) 　Vgl. G. Keiser, B. Benning, Kapitalbildung und Investitionen in der deutschen Volkswirtschaft 1924 bis 1928, *Vierteljahrhefte zur Konjunkturforschung*, Sonderheft 22, 1931, S. 56, *Statistisches Jahrbuch für das Deutsche Reich*, 55 Jg, 1936, S. 508, Die Investitionen der deutschen Volkswirtschaft 1924 bis 1931, *Wirtschaft und Statistik*, 13 Jg, Nr. 19, 1933. 10. 16, S. 595.
(4) 　Vgl. M. A. N, *Geschäftsbericht über das Geschäftsjahr 1934/35*.
(5) 　Vgl. M. A. N, *Geschäftsbericht über das Geschäftsjahr 1935/36*.
(6) 　Vgl. Protokoll der 13. Sitzung der Betriebskommission am 5. Mai 1936 in Nürnberug, *MAN Archiv*, 2. 3, Nr. 13, S. 2-3.
(7) 　Vgl. M. A. N, *Geschäftsbericht über das Geschäftsjahr 1936/37*.
(8) 　Vgl. M. A. N, *Geschäftsbericht über das Geschäftsjahr 1937/38*. 1930年代後半になって活発に行われるようになった機械設備の調達の結果，37年9月にはアウクスブルク工場には1,962台，ニュールンベルク工場には1,657台の工作機械が存在しており，その合計は3,619台であったが，そのうち最も多かったのは旋盤（898台）であり，中ぐり盤（556台），研削盤（391台），フライス盤（388台），タレット旋盤・自動盤（318台）がそれについで多かったとされてる。Vgl. Vergleich der Arbeitsvorbereitungsbüros Werk Augsburg und Werk Nürnberg (Betriebskommissionssitzung am 24./25. 5. 38 in Nürnberg), *MAN Archiv*, 2. 3, Nr. 19, S. 6.
(9) 　Vgl. M. A. N, *Geschäftsbericht über das Geschäftsjahr 1938/39*.
(10) 　Vgl. M. A. N, *Geschäftsbericht über das Geschäftsjahr 1939/40*.
(11) 　Vgl. H. Kind, Der elektrischer Antrieb von Maschinen, *Der Deutsche Volkswirt*, 10 Jg, Nr. 4, 1935/36 (1935. 10. 25), Sonderbeilage : Die Wirtschaft im neuen Deutschland, 11. Folge, Elektroindustrie, S. 16.
(12) 　Vgl. F. Kleinpeter, Neuerung im Fräsmaschinenbau, *Maschinenbau*, Bd. 19, Heft 11, 1940. 11, S. 459.
(13) 　Vgl. Einfluß des Hartmetall-Werkzeugs auf die Werkzeugmaschine, *Maschinenbau*, Bd. 12, Heft 17/18, 1933. 9, S. 438-9.

第7章　機械製造業における合理化過程　*415*

(14)　Vgl. Fräsen, Bohren und Reiben mit Hartmetall-Werkzeugen, *Maschinenbau*, Bd. 15, Heft 7/8, 1936. 4, S. 206

(15)　Vgl. F. Eisele, Fertigung und Einbau von Wanderer-Fräsmaschinentischen, *Werkstattstechnik und Werksleiter*, 33 Jg, Heft 5, 1939. 3. 1, S. 137.

(16)　Vgl. K. H. Mommertz, *Bohren, Drehen und Fräsen*, Hamburg, 1981, S. 143-4.

(17)　Vgl. Niederschrift über die Tagung am 15. und 16. 12. 39 in Werk Gustavsburg (Betriebskommissionssitzung am 5./6. 4. 40), *MAN Archiv*, 2. 3, Nr. 23, S. 6, Niederschrift über die zweite Sitzung der Unterkommission für Betriebsnormen am 11. April 1938 in Nürnberg (Betriebskommissionssitzung am 24./25. 5. 38), *MAN Archiv*, 2. 3, Nr. 19, S. 5.

(18)　Vgl. T. Siegel, T. v. Freyberg, *Industrielle Rationalisierung unter dem Nationalsozialisumus*, Frankfurt am Main, New York, 1991, S. 223-4.

(19)　T. v. Freyberg, *Industrielle Rationalisierung in der Weimarer Republik*, Frankfurt am Main, New York, 1989, S. 389-90.

(20)　Vgl. T. Siegel, T. v. Freyberg, *a. a. O.*, S. 13.

(21)　Vgl. W. L. Vrang, Neue Aufgaben der deutschen Werkzeugmaschinenindustrie, *Werkstattstechnik*, 18 Jg, Heft 17, 1924. 9. 11, S. 451, T. v. Freyberg, *a. a. O.*, S. 80, T. Siegel, T. v. Freyberg, *a. a. O.*, S. 255.

(22)　Vgl. H. Ruelberg, Technischer Aufgabenstellung für den Maschinenbau, *Der Deutsche Volkswirt*, 9 Jg, Nr. 42, 1934/35 (1935. 7. 19), Sonderbeilage: Die Wirtschaft im neuen Deutschland, 9. Folge, Maschinenbau, S. 18.

(23)　USSBS (Unitede States Strategic Bombing Survey), Machine Tool Industry in Germany, *Final Reports of the United States Strategic Bombing Survey*, No. 55, second edition, Washington, 1947, pp. 9-10, USSBS, Machine Tools and Machinery as Capital Equipment, *Final Reports of the United States Strategic Bombing Survey*, No. 54, second edition, Washington, 1947, pp. 21-2.

(24)　USSBS, Machine Tool Industry in Germany, pp. 10-1, USSBS, Machine Tools and Machinery as Capital Equipment, p. 23.

(25)　Vgl. T. Siegel, T. v. Freyberg, *a. a. O.*, S. 223.

(26)　Vgl. *Ebenda*, S. 228-9.

(27)　Vgl. *Ebenda*, S. 253-4. なお生産増大をはかる上での工作機械の自動化の問題，意義については，例えば W. Schmid, Selbstgesteuerte Maschinen. Leistungssteigerung durch Automatisierung, *Maschinenbau*, Bd. 20, Heft 2, 1941. 2を参照。またユニット・システムの意義について，W. フェーゼは，その原則に基づいて，賃金と原料のより少ない支出のもとで機械の基本タイプをできる限り大量に，またそれでもって非常に経済的にかつ安く生産すること，特別な目的のための適した装置の装着によって機械を改造することが可能であったとしている。Vgl. W. Fehse, Serien= und Einzelfertigung im Werkzeugmaschinenbau, *Der Vierjahresplan*, 3 Jg, Folge 18, 1939. 9, S. 1076.

(28)　Vgl. T. Siegel, T. v. Freyberg, *a. a. O.*, S. 236.

(29) Vgl. Institut für Wirtschaftsgeschichte der Akademie der Wissenschaften der DDR, *Produktivkräfte in Deutschland 1917/18 bis 1945*, Berlin, 1988, S. 73.
(30) Vgl. T. v. Freyberg, *a. a. O.*, S. 97.
(31) Vgl. T. Siegel, T. v. Freyberg, *a. a. O.*, S. 236-7.
(32) Vgl. E. Benkert, Groß＝Werkzeugmaschinen, *Der Vierjahresplan*, 3 Jg, Folge 18, 1939. 9, S. 1071.
(33) Vgl. T. Siegel, T. v. Freyberg, *a. a. O.*, S. 240.
(34) Vgl. *Ebenda*, S. 268.
(35) Vgl. *Ebenda*, S. 218-9, USSBS, Machine Tools and Machinery as Capital Equipment, p. 35, USSBS, Machine Tool Industry in Germany, p. 20.
(36) Vgl. J. Irtenkauf, Sondermaschinen zum Drehen, *Werkstattstechnik und Werksleiter*, 36 Jg, Heft 17/18, 1942. 9, S. 356-8.
(37) Vgl. H. Benkert, Die Werkzeugmaschine in der Massenfertigung, *Der Vierjahresplan*, 3 Jg, Folge 19, 1939. 10, S. 1135.
(38) Vgl. T. Siegel, T. v. Freyberg, *a. a. O.*, S. 220-1.
(39) Vgl. A. Milward, Arbeitspolitik und Produktivität in der deutschen Kriegswirtschaft unter vergleichendem Aspekt, F. Forstmeier, H-E. Volkmann(Hrsg), *Kriegswirtschaft und Rüstung 1939-1945*, Düsseldorf, 1977, S. 78, R. Hachtmann, *Industriearbeit im 》Dritten Reich 《*, Göttingen, 1989, S. 80.
(40) Vgl. H.-J. Braun, W. Keiser, *Energiewirtschaft Automatiseirung Information seit 1914*, Berlin, 1992, S. 52.
(41) USSBS, Machine Tool Industry in Germany, p. 1. このような専用機械の導入の立ち遅れは生産性の向上をはかる上でも大きな限界をもたらした。専用機械の不足は例えばボールベアリング工業やクランクシャフトの生産のための機械にみられたが、後者についてみれば、ドイツの汎用工作機械での生産は一般的にアメリカの工作機械の4倍から5倍の時間がかかったとされている。*Ibid.*, p. 20.
(42) *Ibid.*, p. 8.
(43) *Ibid.*, p. 2.
(44) *Ibid.*, p. 8.
(45) USSBS, Machine Tools and Machinery as Capital Equipment, p. 36, USSBS, Machine Tool Industry in Germany, pp. 21-2.
(46) USSBS, Machine Tools and Machinery as Capital Equipment, p. 23,
(47) *Ibid.*, p. 23, USSBS, Machine Tool Industry in Germany, p. 11.
(48) USSBS, Machine Tools and Machinery as Capital Equipment, p. 30. 例えばこの点を工作機械製造業についてみると、1938年にはこの産業の全労働者の5.3%が軍需生産に従事していたが、その割合は44年には47%に上昇しており、72社を調べた調査では、生産高全体の29%が軍需生産であったとされている。USSBS, Machine Tool Industry in Germany, p. 13.
(49) *Ibid.*, p. 4. ここで第2次大戦期の工作機械製造業における就業者の熟練度別の内訳の推移をみておくと、熟練労働者の占める割合は1940年の51.1%から42年には41%、44

年には27.5%に低下しているのに対して，不熟練労働者の割合は12.7%から18.1%，32%に上昇している（USSBS, Machine Tools and Machinery as Capital Equipment, pp. 81-2)。また機械製造業についてみると，1930年代半ばには，就業者の半分以上（51%）がその職業のなかで何年もの準備的な訓練期間を経験した専門労働者であり，19%がその作業の遂行のために一般に数カ月の訓練期間を経過した半熟練労働者であり，15%が教育中の見習いであったとされている。Vgl. O. Sack, Aufgaben und Aufbau der Maschinenindustrie, *Der Deutsche Volkswirt*, 9 Jg, Nr. 42, 1934/35 (1935. 7. 19), Sonderbeilage: Die Wirtschaft im neuen Deutschland, 9. Folge, Maschinenbau, S. 9.

(50) USSBS, Machine Tool Industry in Germany, pp. 23-4.
(51) Vgl. G. Frenz, Aus der Praxis der Arbeitsvorbereitung, *Maschinenbau*, Bd. 14, Heft 11/12, 1935. 6, S. 299.
(52) Vgl. C. Hoppe, Gedanken zur Organisation der Arbeitsvorbereitung, *Maschinenbau*, Bd. 16, Heft 17/18, 1939. 9, S. 437.
(53) Vgl. T. Siegel, T. v. Freyberg, *a. a. O.*, S. 258.
(54) Vgl. *Ebenda*, S. 261.
(55) Vgl. ADB-Köln, Organisation der Arbeitsvorbereitung im Hinblick auf die Fertigungsart, *Maschinenbau*, Bd. 18, Heft 23/24, 1939. 12, S. 595.
(56) Vgl. T. Siegel, T. v. Freyberg, *a. a. O.*, S. 262.
(57) Vgl. *Ebenda*, S. 265, K. Haase, Aufgaben des deutschen Werkzeugmaschinenbau, *Werkstatt und Betrieb*, 70 Jg, Heft 5/6, 1937, S. 59.
(58) Vgl. F. Sommer, Arbeitsvorbereitung in der Reihenfertigung, *Maschinenbau*, Bd. 21, Heft 5, 1942. 3, S. 212, T. Siegel, T. v. Freyberg, *a. a. O.*, S. 266. 例えば M.A.N. では1942に作業準備部の拡大が取り組まれており，そこでは，主として職場における給付の増大に従事する若い3人の技師を作業準備部に新たに配置することが有効であるとみなされた。Vgl. Leistungssteigerung; 23. Betriebskommission-Punkt 19 (Betriebskommissionssitzung am 15. u. 16. Mai 1942 in Düsseldorf), *MAN Archiv*, 2. 3, Nr. 27, S. 1.
(59) Vgl. E. Kothe, Bestgestaltung der Arbeit durch Arbeitsstudien, *Maschinenbau*, Bd. 15, Heft 3/4, 1936. 2, S. 65-6.
(60) Vgl. F. Mayer, Arbeits- und Zeitstudien in der Schlosserei und im Zusammenbau, *Maschinenbau*, Bd. 18, Heft 19/20, 1939. 10, S. 509.
(61) Vgl. T. Siegel, T. v. Freyberg, *a. a. O*, S. 210-2.
(62) Vgl. *Ebenda*, S. 208.
(63) Vgl. Institut für Wirtschaftsgeschichte der Akademie der Wissenschaften der DDR, *a. a. O.*, S. 93.
(64) Vgl. Fortschreitende Normung und Typisierung, *Der Vierjahresplan*, 4 Jg, Folge 1, 1940. 1, S. 13.
(65) Vgl. H. Kiekebusch, Zur Normung im Werkzeugmaschinenbau. Aufgaben bei den Maschinen spanloser Formung, *Maschinenbau*, Bd. 18, Heft 23/24, 1939. 12, S.

569.
(66) Vgl. K. Hegner, Zukunftsaufgaben der Normung im deutschen Werkzeugmaschinenbau, *Werkstattstechnik und Werksleiter*, 32 Jg, Heft 12, 1938. 6. 15, S. 281.
(67) Vgl. H. Kiekebusch, *a. a. O.*, S. 569.
(68) Vgl. K. Hegner, Normung im Werkzeugmaschinenbau, *Maschinenbau*, Bd. 20, Heft 5/6, 1937. 3, S. 169-70.
(69) K. M. Dolezalek, Fließfertigung auf Maschinenstraßen, *Technik und Wirtschaft*, 37 Jg, Heft 3, 1944. 3, S. 29.
(70) Vgl. J. Paersch, Wege zur Leistungssteigerung durch Werknormung im Vorrichtungs- und Werkzeugbau, *Werkstattstechnik und Werksleiter*, 36 Jg, Heft 1/2, 1942. 1, S. 7.
(71) Vgl. *Ebenda*, S. 9.
(72) Vgl. *Ebenda*, S. 11.
(73) Vgl. *Ebenda*, S. 7.
(74) Vgl. *Ebenda*, S. 12.
(75) Vgl. R. Hachtmann, *a. a. O.*, S. 77.
(76) Vgl. *Ebenda*, S. 334.
(77) Vgl. G. Holten, Die Steuerung im Maschinenbau, *Der Deutsche Volkswirt*, 15 Jg, Nr. 30, 1940/41 (1941. 4. 25), S. 1090-1.
(78) Vgl. Niederschrift über die zweite Sitzung der Unterkommission für Betriebsnormen am 11. April 1938 in Nürnberg (Betriebskommissionssitzung am 24./25. 5. 38), *MAN Archiv*, 2. 3, Nr. 19, S. 2-3, S. 6-7.
(79) Vgl. Niederschrift über die 4. Sitzung der Kommission für Betriebsgeräte am 30. September 1940 in Gustavsburg (Betriebskommissionssitzung am 18./19. Oktober 1940 in Nürnberg), *MAN Archiv*, 2. 3, Nr. 24, S. 2.
(80) Vgl. Niederschrift über die 5. Sitzung der Kommission für Betriebsgeräte am 12. September 1941 in Nürnberg (Betriebskommissionssitzung am 24. u 25. 11. 1941 in Hamburg), *MAN Archiv*, 2. 3, Nr. 26, S. 3-4.
(81) Vgl. Niederschrift über die 6. Sitzung der Kommission für Betriebsgeräte am 3. Juli 1942 in Augsburg (Betriebskommissionssitzung am 6. u 7. Nov. 1942 in Augsburg), *MAN Archiv*, 2. 3, Nr. 28, S. 4-6.
(82) Vgl. Niederschrift über die 8. Sitzung der Kommission für Betriebsgeräte am 24. Januar 1944 in Nürnberg (Betriebskommissionssitzung am 2. u 3. 6. 44 in Gustavsburg), *MAN Archiv*, 2. 3, Nr. 31, S. 3-4.
(83) Vgl. Niederschrift über die Tagung am 15. und 16. 12. 39 in Werk Gustavsburg (Betriebskommissionssitzung am 5./6. 4. 40), *MAN Archiv*, 2. 3, Nr. 23, S. 1-2.
(84) Vgl. Typenbeschränkung von Marine-Verbrennungsmotoren, S. 3, *MAN Archiv*, 1. 3. 3. 5, Akt 17.
(85) Vgl. Niederschrift über die 9. Sitzung der Kommission für Betriebsgeräte am 9. Februar 1943 in Gustavsburg (Betriebskommissionssitzung am 9. u 10. April

1943 in Nürnberg), *MAN Archiv*, 2. 3, Nr. 29, S. 4.
(86) Vgl. Rationalisierung und Spezialisierung im ostmärkischen Maschinenbau, *Der Deutsche Volswirt*, 13 Jg, Nr. 22, 1938/39 (1939. 3. 3), S. 1067.
(87) USSBS, Machine Tool Industry in Germany, p. 7, USSBS, Machine Tools and Machinery as Capital Equipment, pp. 20-1.
(88) この点について詳しくは，拙書『ドイツ企業管理史研究』，森山書店，1997年，第4章第1節を参照されたい．
(89) Vgl. R. Boehringer, Spezialisierung, Normung und Typung im deutschen Werkzeugmaschinenbau, *Der Vierjahresplan*, 3 Jg, Folge 18, 1939. 9, S. 1069.
(90) Vgl. R. Hachtmann, *a. a. O.*, S. 77.
(91) Vgl. T. Siegel, T. v. Freyberg, *a. a. O.*, S. 216.
(92) USSBS, Machine Tools and Machinery as Capital Equipment, p. 26.
(93) この点について詳しくは，前掲拙書『ヴァイマル期ドイツ合理化運動の展開』，第7章第3節2(2)を参照されたい．幸田亮一氏は，1920年代のドイツにおける工作機械の生産について，「工作機械という生産台数が限られた機械の生産ではフォード的な生産方式はもともとなじまなかった」とされている．幸田亮一「ワイマール期ドイツ合理化運動における工作機械工業の役割」『経済論集』(佐賀大学)，第31巻第3・4合併号，1998年11月，207ページ．
(94) Vgl. T. Siegel, T. v. Freyberg, *a. a. O.*, S. 267-8.
(95) Vgl. J. Radkau, *Technik in Deutschland vom 18 Jahrhundert bis zur Gegenwart*, Frankfurt am Main, 1989, S. 274-5.
(96) Vgl. *Ebenda*, S. 277.
(97) Vgl. T. Siegel, T. v. Freyberg, *a. a. O.*, S. 274-5. 例えば重機製造企業のM. A. N.社でも，1934/35年の営業年度には，それまで閉鎖されていた工場が操業を再開しており，35/36年度には生産設備が初めて再びフル稼働となっており，同社の社史は，36/37年の営業年度には，労働力の投入の強化，労働過程の合理化，生産手段の性能の向上，販売価格の改善が同社のこの年度の成果を特徴づけるメルクマールであったとしている．Vgl. F. Büchner, *Hundert Jahre Geschicht der Maschinenfabrik-Augsburg Nürnberg 1840-1940*, Nürnberg, 1940, S. 169-70.
(98) Vgl. R. Hachtmann, *a. a. O.*, S. 79-80.
(99) Vgl. K. M. Dolezalek, *a. a. O.*, S. 29.
(100) Vgl. T. Siegel, T. v. Freyberg, *a. a. O.*, S. 268-9.
(101) Vgl. *Ebenda*, S. 274-6.
(102) Vgl. Fertigung in Abteilungen oder in Fließarbeit?, *Maschinenbau*, Bd. 16, Heft 7/8, 1937. 4, S. 256.
(103) Vgl. W. Fehse, Fließzusammenbau der Pittler-Revolverdrehbänke, *Werkstatts-technik und Werksleiter*, 33 Jg, Heft 5, 1939. 3. 1, S. 142.
(104) Vgl. K. Pentzlin, Überwindung der Massenproduktion, *Technik und Wirtschaft*, 36 Jg, Heft 4, 1943. 4, S. 52.
(105) Vgl. W. Fehse, *a. a. O.*, S. 142-4.

(106)　幸田，前掲論文，208ページ。
(107)　Vgl. K. Hegner, Der Getriebebau in den Loewe-Fabriken, *Werkstattstechnik und Werksleiter*, 33 Jg, Heft 5, 1939. 3. 1, S. 126-9.
(108)　Vgl. J. Martin, Vom Rohwerkstoff zur fertigen Boehringer-Werkzeugmaschine, *Werkstattstechnik und Werksleiter*, 33 Jg, Heft 5, 1939. 3. 1, S. 125-6. 例えばM.A.N.のアウクスブルク工場の小型エンジンの生産では1936年に流れ生産での組み立てが組織されたとされており，流れ生産方式の展開は比較的遅くにすすんだといえる。Vgl. Fließarbeit in der Werk Augsburg, *MAN Archiv*, 2. 3. 4. 8.
(109)　USSBS, Machine Tools and Machinery as Capital Equipment, p. 26.
(110)　*Ibid*., p. 89.
(111)　*Ibid*., p. 27.
(112)　Vgl. *Maschinenbau*, Bd. 12, Heft 13/14, 1933. 7, S. 314.
(113)　Vgl. *Maschinenbau*, Bd. 15, Heft 15/16, 1936. 8, S. 462.
(114)　Vgl. *Maschinenbau*, Bd. 17, Heft 7/8, 1938. 4, S. 199.
(115)　USSBS, Machine Tool Industry in Germany, p. 3, p. 5.
(116)　USSBS, Machine Tools and Machinery as Capital Equipment, p. 20.
(117)　*Ibid*., pp. 30-1.
(118)　*Ibid*., p. 25.

結章　ナチス期の合理化運動の特質と意義

　以上の考察において，ナチス期の合理化運動の展開過程と主要産業部門における合理化過程について具体的にみてきたが，本章では，これまでの考察結果をふまえて，この時期の合理化運動の特質と意義を明らかにしていくことにしよう。

第1節　合理化運動における国家のかかわりとその意義

1　合理化運動の展開と国家の役割

　第1次大戦後，世界の主要先進資本主義国において，弱体化した資本主義経済の再建と独占企業の復活・発展をはかるための組織的な取り組みとして「合理化運動」が展開されたが，本来個別企業のレベルの問題として取り上げられるべき合理化の問題がいわばひとつの国民的運動としてひろく全国家的・全産業的な次元で問題とされ，最も強力かつ集中的にそれが展開されたのはドイツにおいてであった。そこでは，合理化が「労資協調」路線のもとに労働者，労働組合をも巻き込んだかたちで推し進められたが，しかもそれが国家の強力な関与・支援のもとに展開されたことにひとつの重要な特徴がみられる。1920年代にそのような性格をもつに至った合理化運動は，その後のナチス期，第2次大戦後の時期にも国家の強力な関与と支援のもとで展開されることになる。それゆえ，ここでは，これらの各時期における合理化運動に対する国家のかかわりがどのように変化することになったか，その内容と特徴をおさえ，合理化運動において国家の果す役割，その意義を明らかにしていくことにしよう。

　序章でもみたように，資本主義企業の発展は資本主義生産の発展を基礎にし

ており，生産技術の発展の利用も生産の組織化の方法もそれ自体としてみれば生産の合理化のための方法であり，その意味では，企業はそのような合理化を繰り返し推し進めながら発展してきたといえる。しかし，歴史的にみると，「合理化は，資本主義経済が独占資本主義の段階に到達した時代に，独占資本の要求として生まれたものであり，生産をいかに合理化するかということは，単なる，『抽象的』な，技術問題ではなく，生産に対する独占資本の目的，独占資本のおかれている客観的な諸条件などによって，その性格と内容がきまる具体的な問題である[1]」。独占資本主義の時代には，独占的高利潤の追求が資本主義の発展の推進力となるが，「この独占的高利潤へのたえざる衝動こそ，独占資本主義の時代に資本の『合理化』運動が提起されてきた経済的基礎[2]」でもある。それゆえ，この時代になると，「資本主義的合理化の本質を規定しているのは，ただ一般的に，生産技術をいかに発展させるか，労働生産性をいかに向上させるか，というようなことではなく，独占的高利潤を獲得するために独占資本が要求している超過搾取の特別な方法である[3]」。ここで「特別な方法」という場合，資本主義的合理化には独占の強化を援助する国家の政策がつねに裏うちされているということが重要である[4]。

　独占的高利潤の追求という独占資本主義の経済法則に規定されて合理化が推し進められるという点では，1920年代のドイツの合理化運動は独占形成期の合理化と共通しているが，国家の政策という後押しのもとに，「体系化された」方法でもって合理化が全産業的・全国民的次元で展開されるに至るのは1920年のことである。この時期のドイツの合理化運動は，そのような組織的なかたちで合理化が推し進められた最も典型的な事例を示しているといえる。この時期のドイツの合理化運動における国家のかかわりをみると，①ドイツ経済性本部に代表される合理化宣伝・指導機関に対する援助のほか，②合理化推進のための産業基盤整備を目的とする公共投資と産業政策，③「労資協調」に基づく合理化の推進を促進するための社会政策面での諸施策[5]，④技術政策面でのかかわりをあげることができる。本節では，合理化運動への国家のかかわりを20年代，ナチス期および第2次大戦後の各時期について具体的にみていくことにしよう。

2 合理化運動への国家のかかわりとその特徴

(1) 1920年代の合理化運動への国家のかかわりとその特徴
① 合理化宣伝・指導機関に対する国家のかかわり

1920年代の合理化運動への国家のかかわりをまず合理化宣伝・指導機関に対する援助についてみることにしよう。すでに1921年に設立された「ドイツ工業・手工業経済性本部」は，それまで見るべき成果を示さなかったが，その後，25年以降になると電機・化学独占資本の積極的な要請と政府資金の援助によって本格的な作業を開始し，合理化という標語のもとに，名称も「ドイツ経済性本部」（RKW）と改めて，生産費引き下げの方策に関する中枢的な宣伝・指導機関としての役割を強化したのであった。「ドイツの合理化はまさに，この『ドイツ経済性本部』の徹底した宣伝・指導のもとに推進されたのである」。ドイツ経済性本部は，「経済性上昇ひいては生産費引き下げの直接的な方策を指導する機関として，さらには経済性の上昇即国民生活の向上というイデオロギーを宣伝する機関として推進・強化されたのであって，この場合，いわゆる『合理化の体系化』として，合理化を全産業的ないし全国民的な次元で推し進めるということが，そもそもの『ドイツ経済性本部』の狙いであり，また独占資本それ自身の要請でもあった[6]」。そのさい，ドイツ経済性本部によるそのようなイデオロギーの宣伝を通じて労働運動の修正主義や改良主義の潮流をとらえることによって，労働者・労働組合をも巻き込んだかたちで合理化をひとつの「国民運動」として推し進めることに成功したといえる。こうして，「合理化はいわゆる『合理化の体系化』として，全産業的・全国民的な次元で問題にされ，とくに強力な独占体や企業者団体や全国家機構の援助によって労働の強化が推進された[7]」のであった。この合理化宣伝・指導機関に対する国家の援助は，合理化をひとつの国民的運動にまで押し上げ，より安定した生産関係の条件のもとでそれを強行するためのイデオロギーの宣伝のみならず，労働強化を組織的に推し進めていく上でも重要な役割を果したのであった。

ドイツ経済性本部はまた，国民経済的レベルの合理化の推進においても重要な役割を果した。当時の合理化については，『合理化ハンドブック』にみられるように，「技術的合理化」，「商事的合理化」，「国民経済的合理化」という分類がよくみられるが[8]，この時期の合理化が「合理化運動」として展開された

ことの意味は，企業レベルの合理化を超えて「国民経済的合理化」が問題にされたことにも示されているといえる。そのような合理化を推し進める上で「ドイツ経済性本部」が果した役割について，G. シュトルベルクは，つぎのように述べている。すなわち，「国民経済的合理化のレベルでは，人間の共同生活は，『経済の理念』が実現されうるように，すなわち『需要と充足の持続的な一致が保証されるように，組織されるべきであり，（そのことを保証するのは），経済生活全般にかなりの介入ができるものであり，それは，目下のところ，強力な銀行，大コンツェルン，労働組合の連盟あるいは国家自身である』。そのような介入の準備あるいは仲介は，ドイツ経済性本部の重要な課題である[9]」としている。合理化推進のための合理化宣伝・指導機関によるこのような活動を促進する上でも，国家のかかわりは重要な意味をもったといえる。

　② 公共投資と産業政策の面での国家のかかわり

　つぎに合理化推進のための国家による公共投資についてみると，この時期には，「産業構造の重化学工業化の進展に伴い，交通（帝国・地方鉄道，道路，運河，港湾）・通信・電力・ガス・水道などの運輸・動力費用は，ますます重化学工業部門の独占的大企業にとり，重要なコスト要因」となった。「とくに，重化学工業製品の国際競争力強化のためには，これらの市場の外部条件を整備・拡大し，運輸・動力費用のきりさげをはからなければなら」ず，「産業基盤整備のための設備投資拡大は，国家的規模での産業合理化の重要な手段として要請された」。そのさい，「既存の国鉄・郵政事業とならんで，主に電力・運河・土地造成・アルミニウム生産部門に多数の公共企業体が設立され」，「これらの公共企業体の投資活動の拡大をつうじて，産業基盤が整備され，その上に，重化学工業部門での独占的大企業の強蓄積，世界市場への再進出が遂行された[10]」。「国家の資本参加による多数の公共企業体の設立は，産業基盤整備をつうじて，独占的大企業を中心とした強蓄積を可能にする機構の一端であった[11]」。こうして，「相対的安定期の公共投資は，直接には重化学工業の発展に並行して，産業基盤整備の要請にもとづいておこなわれたもの[12]」であり，合理化の推進のための条件整備を目的としたものであった。

　この点に関しては，吉田和夫氏も，この時期の公共部門の設備投資の割合が

高かったことをあげて，そのことは「独占資本の発展のための公共的な基盤の整備を意味したのであって，それは全く独占資本の要請に基づく設備投資であった[13]」と指摘されている。因みに1924年から29年までの工業の設備投資（工業の住宅建設を除く）は経済全体の18.1％しか占めていないのに対して，公益事業部門に電力・ガス・水道の部門，交通部門を加えた「公共」部門の割合は49.9％を占めており[14]，また新規設備投資をみても，工業の割合は12.3％にすぎないのに対して，「公共」部門のそれは47.3％を占めていた[15]。このように，この時期の合理化推進のための国家による公共投資は，独占的大企業の合理化推進のための産業基盤整備を中心とする社会的環境の整備をねらいとするものであったといえる。

そのような合理化推進のための産業基盤整備のためのかかわりとも関連して，この時期の合理化への国家のかかわりの重要な点として，産業政策を指摘することができる。1930年代の初めにアメリカのNICB (National Industrial Conference Board)は，「技術的合理化」および「科学的管理と結びついた他の諸活動」（労働組織的合理化）については，アメリカの諸方式の導入であり，何も新しいものはないが，「産業組織の合理化」（産業合理化）については，他のいかなる国においても展開されなかった産業政策のひとつのタイプを示している，としている。すなわち，「取引制限の協定を結ぶ個々の製造業者の権利についてのいかなる法的規制もないこと，また法律でのそのような協定の強制の可能性は，ドイツにおいては，その最も重要な産業のいくつかにおける『計画化された経済』のシステムの発展を可能にしたのであり，それは自由競争がまだ進歩と繁栄に欠くことのできないものと考えられている諸国における産業活動の計画のなさとの大きなコントラストを示している」としている[16]。

③　社会政策面での国家のかかわり

また合理化促進のための社会政策面での国家のかかわりをみると，「相対的安定期には，一方では，この時期に特有な産業合理化の強行に伴って生じる難点を処理するため，他方では戦後の政治的動揺期に多数成立した労働立法の跡をうけて，国家の労働力市場への介入が拡大され，社会政策機構が整備された」。つまり，「労資協調による産業合理化への協力体制に応じて，社会政策的

機構すなわち，(1)労働協約・争議調停制度，(2)職業紹介・失業保険制度も独特の形態をとった」が，「この時期には，国家の労働力市場への介入は，労働力商品の価格交渉の条件の整備，供給過剰労働力の保存という，いわば市場の外部条件の整備にとどまり，価格決定を指示したり，労働力の供給過剰に対して需要を追加するという形で市場内部に介入するものではなかった[17]」。この時期の社会政策について，新田俊三氏は，独占的大企業の合理化にとって一番障害となるものは労働者階級の階級意識の目覚めであるが，労働協約を国家権力で保証することを意味する，「労働協約・争議調停令」第二条に基づく労働協約拘束力宣言制度が「労資間の階級的対立を国家みずからの手で調整し，産業合理化を促進しようというもっとも重要な政策」であったとされている[18]。しかし，この点も，合理化推進のための外部的条件を整備するものであったといえる。

④ 技術政策面での国家のかかわり

この時期の合理化運動への国家のかかわりとして指摘しておかねばならないいまひとつの点は，とくにこの時期に重要な役割を果すようになった国家の技術政策についてである。それは第1次大戦とロシアの社会主義10月革命後の変化した歴史的情勢に対する帝国主義国家の対応として生まれたものであり[19]，生産諸力の社会化の水準に応じて科学と技術の発達に対する権力機構の介入をもたらした。それは，独自の帝国主義的発展と独占利潤の引き上げにとって決定的であるとみなされた諸問題の解決のために，科学・技術の潜在力を集中的に利用することを意味していた。例えば，国の多くの研究組織や国立の施設，また多くの民間の科学組織が設立されたことによって国家の影響力が強まり，科学の官僚化がすすんだが，国家独占的な科学組織と管理は，第1次大戦以降，コンツェルン経営における搾取過程の組織と集約化にとって重要であった新たな学問分野（例えば労働生理学，労働心理学や経営学の発展）の成立を助けたされている[20]。

このような国家の政策が推進された背景について，W. ベッカーは，生産関係が生産力の一層の発展に阻止的な役割を果すようになった状況のもとで，技術政策が1920年代および30年代のドイツにおいて重要となったとしている。そ

れは20年代の資本主義的合理化の概念と結びついており、国家独占資本主義の枠組みのなかで、独占資本はこうした国家の技術政策の助けを借りて生産の発展の停滞的傾向を打破しようとしたのであり、またそれによって、アメリカに対する技術的な立ち遅れが取り戻されるか、あるいは凌駕さえされるはずであったとされている(21)。H. モテックも、この時期には、たんに民間の企業家組織だけでなく、支配階級の集団的な公共機関、国家によって、技術・組織的進歩の影響を受けて、とりわけいわゆる合理化の旗印のもとに、工業生産力の向上と生産コストの引き下げをはかろうとする諸努力が行われたが、そこで重要視されたのが当初は一種の「技術政策」であったとしている(22)。こうして、経済政策の一構成要素としての技術政策は第1次大戦後には国家独占的規制の一要素となり、とくに資本主義的合理化の形態で利用されるようになった(23)。しかし、このような方策の成果については、帝国主義国家のもたらす誘因は、1920年代に資本主義的合理化が促進されることによって、第2次大戦前および大戦中のファシズムの軍備政策によって、また電化費用の大部分を国民所得の再配分によりまかなうことによって、特定の諸形態の技術進歩にとって一般的に良好な諸条件を生み出したけれども、全体的にみれば、さしあたり物質的・技術的基盤の変化のテンポをあまり加速することはできなかったとされている(24)。

このように、この時期の合理化運動への国家のかかわりは間接的なものにとどまっていたといえる。合理化への国家のかかわりのうち、上記の①については、主として合理化宣伝・指導機関への資金面での援助というレベルにとどまっており、また②、③および④についても、合理化を独占企業に有利に推し進めるためのいわば「外部的条件」の整備に重点がおかれており、直接的というよりはむしろ間接的なかかわりにとどまっていたといえる(25)。

(2) ナチス期の合理化運動への国家のかかわりとその特徴

つぎに、ナチス期に合理化運動に対する国家の関与、その役割がどのように変化したかをみると、そこでの大きな変化は合理化推進のための国家による公共投資のあり方と投資統制の実施、「労資一体」というかたちでの合理化の推進を促進するための社会政策面での諸施策のほか、企業レベルの合理化それ自

体への国家機関ないし半国家機関の関与・援助などにみられる。

① 公共投資の性格の変化と国家による投資統制

まず公共投資についてみると,ナチス期には,1920年代にみられたような合理化推進のための「外部的」条件の整備にとどまらず,公共投資をとおして市場と雇用を創出せんとするかたちでのより直接的なかかわりに発展した。この点に関して重要なことは,この時期の公共投資の性格とその役割の変化である。第2章でみたように,経済全体の投資額に占める公共部門の割合はナチス期には大きく上昇しているが,その初期には雇用創出のための公共投資としての性格を強くもっていたのに対して,第2次4カ年計画の始まる1936年以降,「公共投資は国家的規模での産業合理化投資としての性格を失い,財政上の軍事支出という性格をもつにいたった[26]」のであり,公共投資のあり方,その性格は大きく変化することになった。この時期の公共投資は,「まず第一次効果として,重化学工業への直接的な需要が形成され,しかもそれがすぐれて物財消費的なものであることから,重化学工業内部に相互的な需要の波及効果をおよぼし,さらに補填および新規投資が起こってくるにつれて,それは二次,三次と波及した[27]」とされている。

またこのような公共投資の性格,その役割の変化に関連して指摘しておかねばならないいまひとつの点は,軍需関連の産業部門における投資の強力な拡大をはかるために国家による投資統制が行われており,そのことが合理化,とくに資本支出をともなう「技術的合理化」のあり方とも深いかかわりをもったということである。4カ年計画は特定の生産領域の計画的な統制の最初の試みであり[28],投資の禁止および制限を中心とするそのような投資統制は主に軍需関連以外の産業に対して行われた。投資の禁止,制限は,1936年以降,投資統制の最も効率的な手段のひとつに発展したが,それは,必要な生産能力を軍需工場や4カ年計画のための工場の拡大のために確保しておくように,国家官庁が望ましくない投資を禁止することを可能にしたのであり,36年末以降,より大規模な投資計画は官庁の承認を必要とするようになったのであった[29]。このような投資統制と4カ年計画のもとでの軍需関連部門における設備投資の拡大の結果,投資構造の大きな変化がもたらされた。それは工業投資に占める生

産財産業の比重の増大にみられるが[30]、この時期の国家による公共投資と投資統制は、経済の軍事化の推進のもとで、軍需関連部門における優先的な公共投資と民間投資の統制をとおして、「技術的合理化」の展開に大きな、またより直接的な影響をおよぼすことになったのであった。このような投資統制のなかでも、投資強制と国家補助は巨大独占資本の蓄積を直接促進せしめるものであり、また「すでに二〇年代から技術的にはほぼ完成していながら、その初発投資の規模が大きく、かつ、リスクが大きいため、企業化、ないし拡張ができずにいた化学部門における投資や、製鉄製鋼部門での新技術の開発と投資を可能にし」ただけでなく、「投資強制と国家補助によって巨大独占体の勢力が拡張し、同時に、その勢力地図に変化を与える契機をともなった」ので、そのような政策は最も重要なものであったとされている[31]。

② 社会政策面での国家のかかわり

また社会政策面の施策による国家のかかわりについてみると、この時期にはヴァイマル期の社会政策的諸制度は解体され、そのことによって「労働要因」に対する企業家の処分権を妨げていた多くの障害を取り除くことができたのであり[32]、ナチスの労働政策が企業にとって有利な合理化推進のための新しい条件を与えたのであった。また他方では、「ファシズム的支配のもとで、資本家と労働者との階級的区別を抹消する『経営共同体論』や両者を指導・被指導の関係（搾取関係の否定）においてとらえる『指導者原理』[33]」が提唱された。そのような思想的・理論的基礎の上に、合理化運動がいわば絶対的ともいえる労資協調＝「労資一体」のもとで推進されることができたのであり、こうした面での合理化への国家の関与は、1920年代とは大きく異なり、より直接的なものになっている。

③ 企業合理化への国家のかかわり

この時期にはまた企業レベルにおける合理化諸方策の展開それ自体に対しても、より直接的な国家のかかわりがみられるようになっている。1936年という年は、軍備政策の新しい段階に応じて、経済性向上の運動におけるひとつの変革をもたらしたが、それは経済界とドイツ経済性本部（RKW）との間の協力

の強化を意味している。国家によって主導されたそのような協力は，軍需経済の利害のために産業経済のあらゆるグループや委員会に対して合理化を義務づけた同年11月12日の経済性訓令（Wirtschaftlichkeiterlaß）に基づいていた。ヴァイマル期には，ドイツ経済性本部の研究成果として特定の諸方策を実施することは企業の自由にまかされていたのに対して，この時期には，そのような諸努力は経営管理者の経済的な義務となった[34]。ドイツ経済における合理化の諸努力は，「4カ年計画全権代理」によって，「生産増大のための委員会」の保護のもとにおかれることになった[35]。この委員会は新しい官庁ではなく，合理化の担い手の統合化を示しており，当事者の共同活動によって合理化の円滑な実施を保証すること，官僚的な弊害を克服すること，時間のロスを回避することがこの委員会の長の任務であった[36]。企業合理化の展開に対する国家のこのようなかかわりは，ひとつにはレファ協会への国家機関・半国家機関の協力に，いまひとつには標準化の取り組みが国家の強制力をもって推し進められたことにみることができる。

　まずレファ協会への国家の関与についてみると，合理化の促進のための国家機関の活動をとおして，またそのイニシアティヴのもとにレファの活動の重要性が高まり，その活動領域が拡大されたこと，またレファの活動を推し進める上で，労働科学のさまざまな部分的な領域に強力に取り組んでいた他の機関，とくに国家機関あるいは半国家的機関との協力がはかられたことにみることができる。その代表的なケースとしては，ドイツ労働戦線内部の「経営管理・職業教育局」をあげることができるが[37]，1933年以前にすでに始まっていた両者の協力は35年10月5日に調印された協定によって公式的性格をもつようになった[38]。その後は，レファの教育コースはこれらの両機関によって共同で実施されるようになっている。第2章でみたように，レファは，教育と，教師および教材の提供をまかされることになり，経営管理・職業教育局は参加者への宣伝および募集に責任をもつようになったが，経営管理・職業教育局が使うことができた比較的大規模な人員組織が，1935年以降のレファの活動の非常に強力な拡大に大きく貢献したとされている[39]。そのような組織の援助がなければ，レファ方式の急速な拡大は考えられないであろう，というR.ハハトマンの指摘[40]にもみられるように，合理化への国家のかかわりが合理化宣伝・指

導機関への資金援助を中心とする「間接的な」関与にとどまっており，合理化過程それ自体への国家の関与はみられなかった1920年代とは異なり，ナチス期には合理化の実施過程そのものへの直接的なかかわりに発展したといえる。

また標準化の取り組みに対する国家の関与についてみると，生産技術的な合理化を促進するナチス国家の介入が規格化および定型化の領域において始められた[41]。それまでとは大きく異なり，規格化の適用が初めて義務とされたこと，また自動車工業などにおいて最も顕著にみられるように，国家のイニシアティヴによって定型の削減が組織的に推し進められたことにこの時期の特徴がみられる。こうして，ナチス体制の連続的な販売，戦争準備および軍備政策によって初めて大量生産および合理化運動が支えられたのであり，国家によって組織的に推し進められた標準化および定型化によって，それらがとくにひろい基礎の上に可能となったとされている[42]。

このように，ナチス期には，合理化運動の推進のための条件の整備という「間接的」かかわりのレベルを超えて，企業合理化の取り組みに対する直接的な関与というかたちで，国家が合理化運動の推進において一層重要な役割を果すようになっている。第2次大戦中をみても，生産および労働組織を合理化することへの工業企業に対する国家の圧力は，一層はげしくなる専門労働力不足の前にドラスティックに強まったとされている[43]。

(3) 第2次大戦後の合理化運動への国家のかかわりとその特徴

さらに第2次大戦後の合理化についてみると，この時期の合理化運動にはドイツ資本主義，ドイツ独占企業の復活・発展をはかろうとするドイツ独占資本の狙いだけでなく，マーシャル・プランの導入のもとでドイツの復活・発展を推し進めんとするアメリカ独占資本の意図があった。マーシャル・プランの導入にともない，それが適用された諸国において合理化諸方策が要求され，そのために，1948年にパリに「技術援助局」が設立されたが，さらに50/51年には，とくに重工業と，アメリカ独占資本によって支配されている生産部門における一層の合理化諸方策が要求された。そのために，「ヨーロッパ経済協力機構」(OEEC)に「生産性委員会」が設置され，これをとおしてアメリカの合理化方策がマーシャル・プラン諸国，とくに西ドイツに導入された。アメリカ独占資

本のために，そうした活動を一層促進するべく，この機関は1953年3月に「ヨーロッパ生産性本部」に改組された。そこから，52年4月に設立された「ボン生産性委員会」をとおして，西ドイツにおける個々の合理化方策が指図されたが，ヴァイマル期の「ドイツ経済性本部」に前身をもつ「ドイツ経済合理化協議会」(Rationalisierungs-Kuratorium der Deutschen Wirtschaft——RKW)が「ボン生産性委員会」の実行機関としての上部組織をなした。このように，アメリカ独占資本の合理化への影響が「ドイツ経済合理化協議会」から個々の諸経営や諸組織にまでおよんいることが特徴的である[44]。第1次大戦後におけるドーズ・プランというかたちでのアメリカの援助はドイツへの資本輸出による合理化資金の提供にとどまったのに対して，第2次大戦後の合理化は，「アメリカの主導のもとに，国際的に，『生産性向上』運動のかたちをとり，体系的・総合的に展開された[45]」のであった。

またこの時期には国家独占資本主義が支配的な制度となるに至っており[46]，この段階の合理化の特徴のひとつは，それが「国家独占資本主義の機構と機能を全面的に動員した『合理化』であるということ」にある。現代の国家は，合理化の基礎をかためる上で，かつてないほど積極的な役割を果しており[47]，「西ドイツにおける合理化のあらゆる諸方策は，さまざまな方法で，直接的および間接的に，国家的諸機関および国家的諸組織によって指揮されたり，あるいは助成されたりしている[48]」とされている。1953年10月20日にアーデナウアー首相は，その後の4年間においても合理化をより強力に実施することが重要であると発表し，合理化の推進に国家が積極的に関与することを示している。それには国家からの投資金融や税制上の優遇措置などの独占企業の投資促進のための国家独占資本主義的諸方策だけでなく，「ボン生産性委員会」の計画が国家の諸機関の援助でもってひろく実行され，西ドイツ政府の大臣自ら「ボン生産性委員会」や「ドイツ経済合理化協議会」において協力したこと，また財政政策，立法のほか，警察，国境守備隊，司法当局のような国家の権力機関も多かれ少なかれ直接的に合理化を促進したことがあげられる[49]。この「生産性委員会」には企業家の代表，労働組合指導部の代表だけでなく連邦政府の代表も加わっている[50]。

このようにこの時期の合理化が国家独占資本主義の機構と機能を全面的に動

員することによって推し進められたということは，それだけ合理化が緊急かつ不可避の課題となり，合理化の円滑な推進のための労資関係の安定化をはかることが重要な課題となったことをも意味するといえる。もともと合理化の語源はラテン語の ratio からきており，ドイツでは，それは「理性」(Vernunft) とか「合目的的な」(zweckmaßig) という意味にとられていたが，「何が理想的で，何が合目的的なのか，その基準はすぐれて階級的性格を担っているといわなければならない」[51]。それゆえ，そうした基準は資本家と労働者との間で大きく違ってこざるをえず，それだけに，独占資本にとっては，合理化を推し進める上でその階級的性格をやわらげる，あるいは消し去ることが重要となる。合理化のもつこのような傾向・性格について，E. ポットホッフは，「合理化の諸結果は，労働する者があまりにも多く要求されること，経営合理化の諸方策から失業が生まれること，労働する人間は，一般に，合理化の諸成果の分け前にあずからせてはもらえないという点にある[52]」としているが，このことは合理化のもつ階級的性格を示すものである。こうした意味からも，合理化問題はそれ自体として労働問題としての性格をもつものであり，それだけに，このような階級的性格を覆い隠し，労働者にとっても合理化の利益が大きいという思想的・社会的カンパニアによって労資協調の生産関係的基盤をつくりあげることが，本来個別企業レベルの問題である合理化を「ひとつの運動」としてより円滑に推し進める上で大きな意味をもつことになる。

　この点に関しては，第2次大戦後の時期には，独占的高利潤の獲得，労働者の搾取強化という本来の目的のために，戦前とは比べものにならぬ思想的・社会的カンパニアが展開されていることにひとつの特徴をみることができる[53]。それは，合理化問題に対する労働者階級の立場や物質的利害をあいまいにし[54]，彼らの集団主義の解体をはかるためにさまざまなイデオロギー攻撃を行うことによって労働者を労資協調主義の方向にひきこむ思想的・社会的カンパニアであったとされている[55]。こうした動きは「万人がより良い生活をすべきだ」という1953年のデュッセルドルフでの大合理化博覧会のモットーや「生産性とはより良い生活をすることである」とするK.ヘルミッシュの「啓蒙」パンフレットの標題などにみられるが[56]，他方では輸出増進のための生産性向上が強く叫ばれたのであった[57]。国家は「ボン生産性委員会」や「ド

イツ経済合理化協議会」をとおしてそのようなカンパニアにかかわりをもったが，例えば1955年度の「ドイツ経済合理化協議会」の報告では，合理化することはとくに組織化することであり，より少ない手段でもってより多くのことを成し遂げるものであるとしている[58]。このような思想的・社会的カンパニアは合理化のもつ階級的性格を覆い隠さんとするものであったといえる。1920年代には，弱体化したドイツ経済の再建という課題を国民的目標にまで押し上げることによって，またナチス期には，ファシズム体制の確立と労働組合の解体，経営共同体思想の普及などによっていわば絶対的ともいえる労資協調もしくは労資一体のかたちでそれをなしえたといえる。第2次大戦後の時期には，マーシャル・プランの導入にともなうアメリカ独占資本による合理化の要請だけでなく，ドイツ資本主義，独占企業の復活・発展にとってもそれが緊急かつ不可避の課題となったという国内・外の二重の圧力のもとで，合理化の円滑な実施のためのひとつの重要な条件をなす労資関係の安定化にそれまでよりも一層強力かつ組織的に取り組むことが必要となったといえる。それだけに，この時期には，そのような生産関係の安定化をはかる上で，労働組合運動のあり方だけでなく，国家のかかわり，その役割が一層大きな意味をもつことになり，そうした関与もより直接的かつ広範囲なものにならざるをえなかったといえる。

第2節　ナチス期の合理化運動の意義

1　大量生産の推進と軍需市場の限界

　これまでの考察において，合理化運動に対する国家のかかわり，その役割を1920年代，ナチス期および第2次大戦後の各時期について取り上げ，それぞれの時期の特徴を明らかにしてきたが，つぎに，第1部および第2部での考察結果をふまえて，ナチス期の合理化運動の意義についてみておくことにしよう。

　まず第1に取り上げなければならない問題は，軍需市場の拡大を基盤にした大量生産への取り組みがもたらした結果とその意味についてである。ドイツでは，1920年代には，国内市場の狭隘性と輸出市場における諸困難，また資本不足と資本コストの負担という制約的諸条件のもとで，当時アメリカでみられた

結章　ナチス期の合理化運動の特質と意義　435

ような自動車の如き消費財の大量生産を基礎にした「現代的」な大量生産体制への移行はすすまなかった。それに対して，ナチス期には，経済の軍事化と戦争経済の推進にともなう軍需市場の拡大という新たな条件のもとで，大量生産への取り組みが推し進められたが，それがどのようにすすんだか，大量生産体制への移行，確立が実現されることができたかどうか，そのような市場の条件のもとでの大量生産の意義と限界を明らかにすることが重要となる。

　ナチス期には，モータリゼーション政策の強力な推進のもとで，また軍需市場の拡大のもとで，1920年代にはアメリカに比べ大きく立ち遅れていた自動車工業の大量生産への取り組みがドイツにおいても急速にすすむことになり，また電機工業でも同様に，フォード・システムの導入による大量生産の推進が本格的に取り組まれることになった。この時期の軍需市場の拡大は，その規模自体でみれば，フォード・システムの導入・展開による大量生産を可能にするものであったとも考えられる。しかし，ここではむしろ軍需市場のもつ特質が問題となる。

　この点に関して指摘しなければならない重要なことは，軍需市場は，確かに量的には大きかったが，変動もまた激しかったということである。すなわち，そのような軍需市場の特質は，軍備計画の頻繁な転換，軍需品における定型の多様性および短い技術革新の期間，さらに大量生産のために同じ定型の注文を集めることを困難にしたところのつねにギリギリに差し迫った引き渡し期限に示されている[59]。それゆえ，ナチス期の軍需の拡大のもとで，流れ生産方式の導入による大量生産の推進のための一定の可能性が与えられることになったにもかかわらず，そこでも，流れ生産の導入を推し進める上で，そのような市場の条件に適応するためのドイツ的な方式の試みが行われざるをえなかった。

　軍需市場のもつこのような特殊的条件のために，ナチス期の経済の軍事化のもとでの軍需を基礎にした大量生産の推進は，一定の限界に突き当たらざるをえなかった。まず第1に，大量生産の効果が軍需という一定の「狭い」範囲に限られるためにそれが国民経済全体にまでおよぶことは少なく，消費財，とくに耐久消費財の大量生産の場合とは異なり，他の産業へのその波及効果は比較的に小さいものにとどまった。しかも経済の軍事化にともなう市場の拡大は一定の短い期間をもって終らざるをえず，そのために，軍需を基盤にした大量生

産の推進は国民経済全体に大きな効果をもたらすには至らなかったといえる。しかし，大量生産を推し進める上での軍需市場のもつこのような限界性に加えて，軍需市場のもついわば質的側面，すなわち，軍需品の定型の多様性，国防軍の軍備計画の頻繁な変更にみられるような軍需市場の特質は，ドイツの企業に対して「市場の諸変化に対する柔軟な，弾力的な対応」を求めたのであり，同時にまたそのような対応を一層困難なものにしたのであった。それゆえ，ドイツでは，大量生産を行う上で市場の諸変化に対する柔軟性・弾力性を確保することが重要な課題とされ，それを可能にするための経営方式の導入が試みられたのであり，自動車のような消費財市場の拡大を基礎にして大量生産が推し進められていったアメリカと比べると，大量生産とそのための経営方式の導入・展開のあり方は大きく異なるものとなった。

このように，軍需市場を基盤とした大量生産の推進は，フォード・システムに代表されるようなアメリカ的な大量生産方式の展開に対して一定の制約をもたらしただけでなく，その大量生産の経済効果も自動車のような消費財の大量生産の場合と比べるとはるかに小さかったといえる。ナチス期には，軍需関連の産業において大量生産への取り組みが強力に推し進められたにもかかわらず，関連する生産財産業の大量生産を促し，それをとおしてひろく国民経済全般に大量生産の経済効果が拡大していくというかたちでの展開をはかることができず，自動車の如き消費財の大量生産を基礎にしたかたちでの「現代的な」大量生産体制の確立を実現することはできなかった。

そこで，つぎに，大量生産体制の確立にさいして消費財市場が果す役割，その意義を考慮に入れて，消費財部門の大量生産の立ち遅れがもたらした影響，その意味についてみておくことにしよう。

2　耐久消費財部門の立ち遅れとその影響

ここでは，消費財のなかでも，大量生産を国民経済全体に拡大し，貫徹していく上で主導的な役割を果す耐久消費財市場・耐久消費財部門の発展について，アメリカとの比較においてみていくことにしよう。アメリカは消費財革命の進展において先駆者的な役割を果したが，同国の発展の注目すべき点は——テレビを除いて——すべてのフォディズム的なモデル製品がすでに両大戦間期

結章　ナチス期の合理化運動の特質と意義　437

表結-1　アメリカにおける主要耐久消費財の普及

(住民1,000人当りの台数)

年度	乗用車	ラジオ	洗濯機	冷蔵庫	テレビ
1920	76.4				
1925	151.1	34.6	25.0		
1930	186.6	106.8	58.0	21.2	
1935	176.7	175.6*	81.2	56.9	
1940	206.6	223.0**	117.8	121.5	
1950	264.6	268.0	189.5	223.6	69.8
1955	314.7		242.0	267.5	227.1

(注)：＊1936年の数値。
　　　＊＊1941年の数値。
(出所)：V. Wittke, *Wie entstand industrielle Massenproduktion?. Die Diskontinuierliche Entwicklung der deutschen Elektroindustrie von den Anfangen der "großen Industrie" bis zur Entfaltung des Fordismus (1880-1975)*, Berlin, 1996, S. 87.

に大規模な普及をみたということにあった（表結-1参照）。そこでは，第2次大戦後すべての「耐久消費財」の配備の度合いは一層すすみ，1960年には，テレビを含むあらゆるフォード的な大量消費財において飽和状態に達したとされている。これに対して，ヨーロッパにおける消費財革命は全般的にかなりの遅れをともなって始まった。そこでは，製品が高ければ高いほどアメリカとのタイムラグが大きくなるが，この単純な原則がとくにアメリカとドイツの間の対比にあてはまるとされている。すなわち，フォーディズムの典型的な製品である民生用乗用車ではドイツでは約40年の遅れがみられ，比較的値頃なラジオ機器でも最高4年から5年の時間的なズレがみられるが，こうした「消費者のギャップ」の背景は，とりわけ，1918年から60年までの期間にはアメリカとは極端に異なっていたヨーロッパの経済発展にあった。例えばモータリゼーションの進展の度合いでは，ドイツはアメリカの1920年の水準（住民1,000人当たり乗用車76.4台）に60年（同81台）になって初めて達しており，洗濯機ではアメリカの26年（その普及率は21％）と38年（同34％）の水準にドイツが到達するのはそれぞれ58年，63年であり，約30年の開きがみられる。また冷蔵庫ではアメリカの1934年（同19.2％），41年（同49％）の水準にドイツが到達するのはそれぞれ58年，62年であり，約20年の開きがみられる。さらにドイツにおいて当時最

も普及していた製品のひとつであるラジオ機器をみても、30年にはアメリカの住民1,000人当たり106.8台に対しドイツでは47台にとどまっており、41年（166台）になってもアメリカの35年の水準（175.6台）を下回っている(60)。

このような両国の大量消費財の市場構造の相違を規定した重要な要因のひとつとして需要者の構成の問題があった。アメリカでは、1910年代および20年代に大量消費のはじまりのさいに中間層や農場経営者が中心的な役割を果し、彼らの購入が最初の需要の高まりをもたらし、それによって達成された量を基礎にして、生産の諸変化が、その後、一層の販売領域を開拓した価格の低下をもたらした(61)。これに対して、ドイツでは、第2次大戦後まず自営業者、公務員および高給の職員が重要な役割を果し、あらゆる製品（乗用車では最も顕著でかつ最も持続的であった）において、最初の段階において、購入者の社会的な分化がおこり、その後、初めて社会の諸階層へのこれらの製品の普及がおこったとされている(62)。

このように、アメリカにおいてすでにフォーディズムのモデル製品がすべて大量に普及していた段階の時期に、ドイツでは自動車、家庭用洗濯機および冷蔵庫はまだ小さな台数だけが生産されていた決定的なぜいたく品であり、戦後の繁栄にともないヨーロッパの社会は1950年代および60年代にようやくアメリカに対する立ち遅れを克服することができた(63)。西ドイツでは、1955年になって初めて20年代初頭のアメリカの1人当たりの所得に達しており、50年代後半には所得の増加が加速され、耐久消費財への支出ははるかに強力に増大した。ドイツの民間消費は1950年から64年までの間に全体では2.5倍増加したのに対して、電気消費財の需要および販売は同期間に8.5倍増大している(64)。V. ヴィトケは、両大戦間期がドイツにおける消費財革命の第1の時期、1950—60年の時期がその第2の時期であったとしているが、娯楽用電子機器と家庭電気器具の生産は第2の時期に平均を上回る拡大をとげ、この部門全体に占めるそれらの割合は17.3%から30.7%に上昇しており、大量生産の製品の割合は47.7%にまで上昇している(65)。

しかし、一般に知られている認識とは反対に、ヨーロッパにおける消費形態の変化は「アメリカの生活様式」の時間的に遅れたコピーを示したのではなく、それゆえ、国の発展のモデルの変種は消費財革命の時間的な経過に限定さ

結章　ナチス期の合理化運動の特質と意義　*439*

れるものではなく，その内容面にも関係していたとされている。そこでは，自動車のもつ意味の相違が最も顕著であり，民間のモータリゼーションへのアメリカ社会全体の徹底的な方向づけについては，比較の時期を問わずヨーロッパでは何らそれに相当するものがみられなかったが，電気消費財もアメリカにおいてと同じ順序では大量に普及することはなく，製品によって時間的なずれがみられたとされている[66]。

　アメリカの電機工業の総生産高に占める娯楽用電子機器と家庭電気器具の割合は1919年の5％から29年には27％，さらに50年代半ばまでに41％に上昇しており，ラジオ（真空管の生産を含む）および家庭用電気器具の生産だけをみても29年には30億2,100万RMにのぼっており，ドイツの電機工業の全生産額にほぼ匹敵していたが，50年代半ばまでの時期には，アメリカの電機工業によって生産された消費財の量は西ドイツの電機工業の総生産高の4倍以上も大きかった。このような消費財生産の急速な拡大が1920年代および45年以降の10年間のアメリカ電機工業の例外的な成長率を可能にしたのであった。すなわち，世界の電機工業の生産に占めるアメリカの割合は，1925年の48.1％から29年には54.3％，36年には48.5％，53年には66.4％，60年には50％となっており，ドイツのそれが同期間に23.3％から18％，16.7％，6％，10％に大きく低下しているのと対照的である[67]。ドイツでも，1920年代の半ばに初めて始まったラジオの生産は39年には約45,000人の就業者をもたらし，38年にはこの部門の生産の割合は11.5％となっており，また家庭電気器具の生産でも39年には約17,000人が働いており，38年のこの部門の生産の割合は4.2％となっている。そのような発展の結果，1930年代の末頃には，第1次大戦前にはまだまったく存在しなかったこれら2つの新しい業務領域は全体の約16％を占めるに至っており，電機工業の大量製品の生産の割合をみても1898年の10.5％から38年には32％に上昇している。しかし，両大戦間期には，投資財の生産から消費財の生産への構造変化の程度はまだわずかなものにとどまっていたといえる。生産量ではそれらはまだはるかに少数派にとどまっており，アメリカにおけるよりも明らかに小さな役割しか果していなかった[68]。

　両大戦間期についてみれば，電機工業はひとつのダイナミックな，近代的な

成長産業であり，例えばラジオ，映画，電話，測定器のような情報通信や情報処理における徹底的な技術革新の結果，弱電技術は，1920年代以降，経済的な重要性と推進力を得るようになったとされている[69]。また家庭用電気器具，農業機械，ラジオ機器や照明器具といった領域でも，戦争の始まりまでの時期に非常に活発な業務の進展がみられ，機器の改良や電気の低廉化に刺激されて，またかなり増大している購買力に促されて，電気消費財の業務は以前にはほとんど期待しえなかったほどの高水準に達したとされている[70]。しかし，ドイツでは，電機工業のもつ軍需生産にとっての基幹的性格のゆえに，戦時期には，この産業はその最も緊急の軍事経済的課題に集中しなければならず，民需向けの電気掃除機，冷蔵庫などの生産は当分の間禁止されるようになっており[71]，アメリカのような家庭電気器具を中心とする消費財の大量生産はほとんどすすむことはなかったといえる。結局，1950年代への転換がドイツ電機工業の発展における新たなエポックを特徴づけたのであった。戦争の結果に規定された再構築の終了後，この部門は，とりわけ60年代までの10年間には例外的な成長の推進力（年平均18.5％の生産増大）によって特徴づけられるのであり，また生産構造が大量生産の方向へと持続的に変化した長期におよぶ拡張局面にはいったのであり，この段階はフォード的な大量生産への構造変革の兆候のもとにあったとされている[72]。

このように，ドイツにおいて自動車や家庭電気器具のような消費財市場・消費財部門の発展が本格的にすすむのは第2次大戦後のことであるが，これらの諸部門の拡大がもたらす影響，効果については化学工業の領域においてもみられる。合成繊維の場合と同様に1950年代および60年代に初めて合成物質（プラスティック）を大量製品にするための技術革新の進展が実現されたが，そのことは，大幅な所得の増加，それと結びついた購買力の増大，また大量製品としての電気器具，自動車，航空機の普及の結果としてのみ可能であったとされている[73]。またドイツの化学工業が本格的な製品多角化を迎えるのは第2次大戦以降のことに属するが，「それは，西ドイツが大衆消費社会の成熟を迎え，合成繊維，合成樹脂，合成ゴムに代表される化学製品が最終需要に直結してからのこと」[74]であった。こうした点にも，大量生産・大量消費の本格的進展というかたちでの第2次大戦後のいわば「現代的な」経済発展において消費財

市場・消費財部門が果した役割・意義が示されているといえる。

　これまでの考察から明らかなように，大量生産の効果をひろく国民経済全般に拡大していく上で耐久消費財部門の果す役割には大きなものがあるが，ナチス期のドイツにおいても，ヴァイマル期と同様に，自動車のような消費財の大量生産の立ち遅れが，他の産業部門の大量生産への取り組みに対しても，大きな限界として立ちはだかったといえる。第１に，鉄鋼業における連続広幅帯鋼圧延機（ストリップ・ミル）のような大量生産技術の導入の遅れ，限界をもたらしたことである。第２に，定型の多様性や変動の激しさにみられるような軍需市場の問題ともあいまって，自動車の大量生産の立ち遅れは機械製造業の汎用主義の克服にブレーキをかけることになり，そのことがこの産業部門をはじめとする多くの産業における大量生産の制約的要因にもなった。第３に，自動車の普及の遅れが合成ガソリンや合成ゴムのような化学工業の領域においても大きな限界をもたらしたといえる。第４章でみたように，ドイツでは，自動車タイヤ用のゴム需要はアメリカのような規模ではみられず，そのために，合成ゴム事業のあり方はデュポンとは大きく異なるものになった。また合成ガソリンをみても，自動車用ガソリンの需要増大はモータリゼーションの遅れによって制約されることになり，それだけに，航空機用ガソリン事業の意義は大きかったが，この分野では，アメリカやイギリスがむしろ技術優位をもっており，ドイツは，その合成生産方式の利点を十分に発揮することができなかったといえる。

　こうして，自動車のような耐久消費財の大量生産の立ち遅れは，多くの関連産業の発展にも大きな影響をおよぼすことになったといえる。当時アメリカにおいてみられたような現代的な大量生産の展開がドイツにおいて本格的にすすみ，大量生産体制の確立がみられるのは，消費財市場，とくに耐久消費財市場の拡大が本格的にすすむ第２次大戦後のことである。

3　ナチス期合理化とその後の「連続性」・「不連続性」

　以上の考察をふまえて，最後に，ナチス期合理化とその後の「連続性」・「不連続性」[75]の問題についてみておくことにしよう。序章でみたように，合理化のあり方は当時のドイツ資本主義，ドイツ独占企業がおかれていた歴史的条

件によって規定されている。それゆえ,ナチス期と第2次大戦後の時期の「連続性」・「不連続性」の問題を考えるとき,実際の合理化の生産力的側面と合理化が推進される国民経済的＝社会経済的諸関係という側面との両面について検討することが重要となる。

　まず実際の合理化の生産力的側面の内容についてみることにしよう。ナチス期には,労働手段の個別駆動方式や硬質合金工具の開発による技術発展の成果の利用,フォード・システムの導入,化学工業における合成生産方式の本格的展開などにみられる。これらの諸方式の導入の試みはすでにヴァイマル期にもみられたが,その多くは,一定の進展をみながらも,その本格的導入には至らず,ナチス期になってそのような合理化諸方策の本格的導入の試みが強力に取り組まれることになった。これらの諸方式は当時の企業における代表的な経営方式でもあったが,それらは,第2次大戦後の時期に主要資本主義国において本格的展開をみるいわば「現代的な」な諸方式の原型をなすものであったといえる。この点では,アメリカとは異なり,ナチス期にはなおそのような合理化諸方策,経営方式の展開は十分な進展をみるには至らなかったとはいえ,第2次大戦後の時期との間には一定の「連続性」をみることができるであろう。

　すなわち,労働手段の個別駆動方式への転換では,例えば鉄鋼業において連続広幅帯鋼圧延機のような近代的な機械設備の導入が1930年代後半に取り組まれているが,それは合同製鋼の事業会社1社に限られており,なお初期的段階にとどまっていたのに対して,第2次大戦後の時期にはその本格的な導入がすすむことになる。労働手段の個別駆動方式の導入はまたフォード・システムのような流れ生産方式による大量生産を推し進める上でも重要な意味をもつが,加工組立産業においても,第2次大戦後にそのような大量生産方式の導入が推し進められていくなかで,そのような「技術的合理化」の方策は大きな進展をみることになる。またフォード・システムは,ヴァイマル期と同様に,ナチス期にも,市場の条件に適応するかたちでドイツ的展開の試みが行われており,流れ生産方式の広範な普及・定着にはなお至らなかったとはいえ,第2次大戦後の本格的展開,普及の基礎を築いたといえる。合理化の生産力的側面における「連続性」は,化学工業の領域においてもみられる。すなわち,1938年から41年までのポリアミド繊維,ポリアクリロニトリル繊維およびポリエステル繊維

結章　ナチス期の合理化運動の特質と意義　443

の発明でもって50年代および60年代における合成繊維工業の好況のための技術的な基礎が築かれたことや(76)，合成繊維の場合と同様に50年代および60年代に初めて大量製品をもたらした技術革新の進展が実現された合成物質(77)でも30年代における W. レッペの化学的処理法の発明によって第2次大戦後の本格的な発展の基礎が築かれたこと(78)などにみることができる。同様のことは自動車工業においてもみられる。例えば M. テスナーは，1919年から38年までの時期にみられた，合理化，集中化および選別化をともなう構造変化が45年以降のドイツの自動車工業の躍進のための必要な前提条件をなすものであり，そのような構造変化がなければ第2次大戦後のドイツの自動車工業の躍進は可能ではなかったであろうと指摘している(79)。

　つぎに，合理化が推進される国民経済的＝社会経済的諸関係という側面についてみることにしよう。基本的にいえば，第2次大戦の終結までの時期をみた場合，ドイツ資本主義の生成・発展過程の特質に規定された国内市場の狭隘性という制約的条件は克服されることができなかったといえる。ヴァイマル期には，国内市場の狭隘性と輸出市場の困難性のもとで，そのような市場の諸条件に適応するかたちでのドイツ的な合理化の試みが行われながらも，その正否を決める最も重要な条件のひとつであった輸出市場での競争，とくにアメリカとの厳しい競争関係のなかで，合理化のそのような生産力的側面の効果を十分に発揮させることができなかったといえる。またナチス期には，ヴァイマル期とは異なり，経済の軍事化と戦争経済の推進にともなう軍需市場の拡大によってそれまでの制約的条件を変革させる試みが行われ，そのような新たな市場の条件のもとで合理化が一層強力に推し進められたのであった。しかし，すでにみたように，そこでは，むしろ，市場の規模そのものではなく，軍需市場のもつ特殊性のために，アメリカでみられたような大量生産体制の確立を実現することはできず，合理化のもつ生産力増大の可能性を経済発展に十分に生かすことができなかったといえる。その意味では，第2次大戦後にみられるような大量生産体制を確立しうるだけの市場基盤を生み出すことはできなかったといえる。こうしてみると，大量生産はとりわけ拡大する国内市場のもとでのみ定着しうるとする W. ベッカーの指摘(80)にもみられるように，生産力の発展をはかる上で国内市場はきわめて大きな役割を果したといえるが，第2次大戦の終結

までの時期には，ドイツは，その資本主義の誕生の仕方に規定された市場の制約的条件といういわば「鎖」を断ち切ることができなかった。それゆえ，そのような市場の条件は，合理化の展開にとって，したがって，経営方式の発展，生産力の発展に対しても，大きな制約，限界をもたらす要因として作用せざるをえなかったといえる[81]。

これに対して，第2次大戦後に行われた諸改革というむしろ政治的手段によって，市場面をはじめと国民経済的＝社会経済的諸関係の側面におけるそれまでの制約的条件を大きく変革することができたといえる。この点に関していえば，ヴァイマル期に行われたいわゆる「労資の同権化」は11月革命による体制的危機を回避するための資本の側の耐え難い譲歩であり，当時のドイツ資本主義のおかれていた厳しい条件からすれば，それは資本蓄積の制約的条件にこそなれ，国内市場の基盤を拡大する可能性をもつものにはなりえなかった。これに対して，第2次大戦後の諸改革によって実現された「労資の同権化」の本格的確立による市場基盤の形成・拡大というかたちをとることによって，それまでの市場の条件を根本的に変革させることができたといえる。そのことによって，初めて，第2次大戦の終結までの時期にはアメリカにおいてのみ本格的な展開をみた経営方式の発展，生産力発展がドイツにおいても定着しえたのではないかと考えられる。こうして，戦後，例えばフォード・システムのような大量生産方式の本格的展開が可能になり，自動車のような消費財の大量生産を基礎にしてひろく国民経済全般に大量生産の経済効果が拡大していくという経済発展のかたちが定着しえたといえる。

こうしてみると，合理化の生産力的側面＝企業の経営方式の発展の現実的過程をみた場合，そこには，2つの時期の間に一定の「連続性」がみられるのに対して，合理化や経営方式の発展が推し進められる基盤をなす国民経済的＝社会経済的諸関係の側面では「不連続」がみられるといえる[82]。合理化の展開をめぐるこのような「連続性」と「不連続性」の問題は，第2次大戦後の発展の問題をみる上でも重要な意味をもつと思われる。

このように，合理化問題，よりひろく企業経営の問題は，その国の資本主義経済のおかれている歴史的，特殊的，個別的諸条件のもとで，つねにそれとの

関連においてみていくことが必要かつ重要であるといえる。このような研究視角から，本書では，ナチス期の合理化運動を取り上げ，その歴史的特質と意義を明らかにしてきたが，残された課題も多い。それゆえ，残された問題と研究の展望について述べ，本書の締めくくりとしたい。

　まず第1に，ドイツとは異なるかたちの体制のもとで戦争が遂行されたアメリカなどとの国際比較をとおして，ナチスのファシズム体制のもとでの合理化の特徴をより明らかにしていくことである。本書の主要研究課題が，ナチス期ドイツの合理化運動の全体構造を解明し，その歴史的特質と意義を明らかにすることにあったため，国際比較視点からの合理化問題の分析を十分に行うことはできなかった。

　第2に，ナチス期の合理化は，ファシズム的合理化として展開されたことにその主要特徴のひとつがみられるが，その場合でも，1933-39年の経済の軍事化の時期と39-45年の第2次大戦期との間にはどのような差異，特徴がみられるか，この点をとくに戦争準備と戦争遂行との関連のなかでより明らかにすることである。本書では，経済の軍事化の時期と比べると，第2次大戦期の戦争経済の推進のもとでの合理化の問題を十分に取り上げることはできなかった。

　第3に，ナチス下のファシズム的合理化が労働者におよぼした影響を明らかにすることである。本書では，主として経営サイドからのアプローチに考察の重点がおかれており，合理化の労働者への影響については，十分に考察を行うことはできなかった。

　第4に，ヴァイマル期およびナチス期の合理化研究をふまえて，第2次大戦後の合理化問題の考察へと研究をすすめ，現代の合理化の諸特徴を明らかにしていくことである。労働過程や生産システムの激変が続く今日の合理化の問題を考える上で，戦後の合理化の歴史を振り返ることは重要な意味をもつといえるであろう。

　以上，残された課題について述べたが，このような諸課題を追求することによって，企業経営の未来をみすえる可能性が開かれるのではないかと思われる。本書をひとつの足場にして，さらにつぎの新しい第一歩を踏みだしたいと考えている。

446

(1) 堀江正規『資本主義的合理化』,大月書店,1977年,180-1ページ。
(2) 戸木田嘉久『現代の合理化と労働運動』,労働旬報社,1965年,89ページ。
(3) 堀江,前掲書,188-9ページ
(4) 戸木田,前掲書,65-6ページ。
(5) 国家のこのようなかかわりのうち,②と③については,塚本 健『ナチス経済』,東京大学出版会,1964年,第1章,新田俊三『国家独占資本主義と合理化』,現代評論社,1971年,38ページ参照。
(6) 吉田和夫『ドイツ合理化運動論』,ミネルヴァ書房,1976年,186-7ページ。
(7) 同書,189ページ。
(8) Vgl. Reichskuratorium für Wirtschaftlichkeit, *Handbuch der Rationalisierung*, 2. Auflage, Berlin, 1930, S. 2-5.
(9) G. Stollberg, *Die Rationalisierungsdebatte 1908-1933*, Frankfurt am Main, New York, 1981, S. 18.
(10) 塚本,前掲書,73ページ。
(11) 同書,76-7ページ。
(12) 同書,79ページ。
(13) 吉田,前掲書,188ページ。
(14) Vgl. *Statistisches Jahrbuch für das Deutsche Reich*, 56 Jg, 1937, S. 539.
(15) Vgl. G. Keiser, B. Benning, Kapitalbildung und Investitionen in der deutschen Volkswirtschaft 1924 bis 1928, *Vierteljahrhefte zur Konjunkturfouschung*, Sonderheft 22, 1931, S. 17, *Statistisches Jahrbuch für das Deutsche Reich*, 51 Jg, 1932, S. 532.
(16) NICB, *Rationalization of German Industry*, New York, 1931, pp. 5-6, 前川恭一・山崎敏夫『ドイツ合理化運動の研究』,森山書店,1995年,247ページ参照。
(17) 塚本,前掲書,88-9ページ。
(18) 新田,前掲書,39-40ページ。
(19) Vgl. H. Mottek, W. Becker, A. Schröter, *Wirtschaftsgeschichte Deutschlands*, Ein Grundriß, Bd. III, 2. Auflage Berlin, 1975, S. 24.
(20) Vgl. *Ebenda*, S. 51-2.
(21) Vgl. *Ebenda*, S. 24. この点については, Institut für Wirtschaftsgeschichte der Akademie der Wissenschaften der DDR, *Produktivkräfte in Deutschland 1917/18 bis 1945*, Berlin, 1988, S. 39をも参照。
(22) Vgl. H. Mottek, W. Becker, A. Schröter, *a. a. O.*, S. 113.
(23) Vgl. *Ebenda*, S. 266-7.
(24) Vgl. *Ebenda*, S. 36.
(25) 新田俊三氏は,合理化投資の資金が主として外資の導入という形態で処理されていたこともあり,この時期の「ドイツにおける産業合理化は,ドイツの独占的大企業がみずからの手で行い,国家のこれに対する直接的介入はそれほど重要性をもっていなかった」とされている。例えば独占形成についてみても,「コンツェルン形式による企業集中,資本参加・利益共同体協定など,要するに独占体の形成に対して国家は直

結章　ナチス期の合理化運動の特質と意義　*447*

接に介入することをせず，コンツェルンはみずからの手でこの問題を解決した」とされている。同書，38ページ。
(26)　塚本，前掲書，253ページ。
(27)　岡本友孝『大戦間期資本主義の研究』，八朔社，1993年，170ページ。
(28)　Vgl. L. Zumpe, Ökonomischer und außerökonomischer Zwang――Zur Funktion und Wirkungsweise im Kapitalismus, insbesondere im staatsmonopolistischen Kapitalismus, L. Zumpe (Hrsg), *Wirtschaft und Staat im Imperialismus. Beiträge zur Entwicklungsgeschichte des staatsmonopolistischen Kapitalismus in Deutschland,* Berlin, 1976, S. 45.
(29)　Vgl. Gesteuerte Eiseninvestitionen, *Der Deutsche Volkswirt,* 11 Jg, Nr. 52, 1936/37 (1937. 9. 24), S. 2516.
(30)　Vgl. D. Petzina, *Die deutsche Wirtschaft in der Zwischenkriegszeit,* Wiesbaden, 1977, S. 138.
(31)　同書，173ページ。
(32)　Vgl. H. Homburg, *Rationalisierung und Industriearbeit,* Berlin, 1991, S. 3-4.
(33)　前川恭一『現代企業研究の基礎』，森山書店，1993年，190-1ページ。
(34)　Vgl. Institut für Wirtschaftsgeschichte der Akademie der Wissenschaften der DDR, *a, a, O.*, S. 44.
(35)　Vgl. Klare Zuständigkeiten in der Rationalisierungsarbeit, *Der Deutsche Volkswirt,* 14 Jg, Nr. 5, 1939/40 (1939. 11. 3), S. 124.
(36)　Vgl. R. Schmeer, Leistungssteigerung?, *Der Deutsche Volkswirt,* 13 Jg, Nr. 18, 1938/39 (1939. 2. 3), S. 846.
(37)　Vgl. R. Hachtmann, *Industriearbeit im 》Dritten Reich《,* Göttingen, 1989, S. 180-1.
(38)　Vgl. *Ebenda,* S. 181, E. Pechhold, *50 Jahre REFA,* Berlin, Köln, Frankfurt am main, 1974, S. 83.
(39)　Vgl. R. Hachtmann, *a. a. O.*, S. 181.
(40)　Vgl. *Ebenda,* S. 303.
(41)　Vgl. *Ebenda,* S. 71.
(42)　Vgl. *Ebenda,* S. 302-3.
(43)　Vgl. *Ebenda,* S. 176. 第2次大戦時の合理化について，D. アイヒホルツは，スターリングラードの戦いでのドイツの敗北（1943年初頭）以降，新しい合理化の波が始まったとしているが，1942年から44年までのドイツ産業における合理化は全産業規模での国家独占資本主義的に統制された合理化という新しい特徴をもっており，構想や達成された規模では，ドイツ帝国主義の歴史における比類なき特徴を示すものであるとしている。この点は，「最善の経営」への軍需生産のはるかに徹底的な集中化，（専門）労働力の獲得のための経営の閉鎖の拡大，軍需相の開発委員会の援助での設計と科学技術の一層の単純化および統一化にみることができる。Vgl. D. Eichholtz, *Geschichte der deutschen Kriegswirtschaft 1939-1945,* Bd. II : 1941-1943, Berlin, 1985, S. 301, S. 127-31.

(44) Vgl. K. H. Pavel, *Formen und Methoden der Rationalisierung in Westdeutschland*, Berlin, 1957, S. 12-3, ハンス・タールマン「資本支出なしの合理化による西ドイツ労働者階級の搾取の強化」, 豊田四郎編『西ドイツにおける帝国主義の復活』, 新興出版社, 1957年, 248-51ページ, 前川恭一『ドイツ独占企業の発展過程』, ミネルヴァ書房, 1970年, 246-7ページ。なお「ドイツ経済合理化協議会」の機構と事業については, 工藤 章『20世紀ドイツ資本主義』, 東京大学出版会, 1999年, 第Ⅲ部第2章第1節参照。
(45) 前川, 前掲書, 195ページ。
(46) 堀江, 前掲書, 207-8ページ。
(47) 戸木田, 前掲書, 164-5ページ。
(48) *Ebenda*, S. 12.
(49) Vgl. *Ebenda*, S. 13, 前川, 前掲『ドイツ独占企業の発展過程』, 247ページ。
(50) Vgl. *Ebenda*, S. 15-6.
(51) 例えば, 前川・山崎, 前掲書, 5ページ参照。
(52) *Ebenda*, S. 15.
(53) 戸木田, 前掲書, 140-1ページ。
(54) 堀江, 前掲書, 175ページおよび178ページ。
(55) 前川, 前掲『現代企業研究の基礎』, 195ページ参照。
(56) *Ebenda*, S. 8, ハンス・タールマン, 前掲論文, 256ページ。
(57) 戸木田, 前掲書, 144ページ。
(58) Vgl. *Ebenda*, S. 7.
(59) Vgl. T. Siegel, T. v. Freyberg, *Industrielle Rationalisierung unter dem Nationalsozialisumus*, Frankfurt am Main, New York, 1991, S. 268, R. Hachtmann, *a. a. O.*, S. 80.
(60) Vgl, V. Wittke, *Wie entstand industrielle Massenproduktion?*, Berlin, 1996, S. 85-8. 因みにイギリスおよびフランスとの比較をみておくと, 1938年の住民1,000人当たりの乗用車の台数はイギリスでは42台, フランスでは43台であったのに対して (T. Südbeck, *Motorisierng, Verkehrentwicklung und Verkehrspoltik in der Bundesrepublik Deutschland der 1950er Jahre*, Stuttgart, 1994, S. 31), ドイツではわずか18台であり, 1920年のアメリカの76台を大きく下回っている (V. Wittke, *a. a. O.*, S. 89)。また家庭電気器具についてみると, イギリスでは, 1939年には洗濯機の設置台数は合計15万台, 冷蔵庫のそれは20万台と算定されており, それはそれぞれ1.9%, 約2.6%の普及率に相当したのに対して (R. E. Catterall, Electrical Engineering, N. K. Bukton, D. H. Aldcroft (Hrsg), *British Industry between the Wars. Instability and Industrial Development 1919-1939*, London, 1979, p. 265), ドイツでは, 38年の洗濯機の普及率は全家庭の1.4%から1.7%の間であり, 冷蔵庫のそれは0.7%から0.8%の間であった。Vgl. M. Wildt, *Am Beginn der "Konsumgesellschaft". Mangelerfahrungen, Lebenshaltung, Wohlstandshoffnung in Westdeutschland in den fünfziger Jahren*, Hamburg, 1994, S. 145, V. Wittke, *a. a. O.*, S. 89.
(61) Vgl. *Ebenda*, S. 88.

(62) Vgl, V. Wittke, *a. a. O.*, S. 88, A. Schildt, Hegemon der häuslichen Freizeit : Rundfunk in den 50er Jahren, A. Schildt, A. Sywottek (Hrsg), *Modernisierung im Wiederaufbau. Die westdeutsche Gesellschaft der 50er Jahre*, Bonn, 1993, S. 461, A. Schildt, Der Beginn des Fernsehzeitalter : Ein neues Massenmedium setzt sich durch, A. Schildt, A. Sywottek (Hrsg), *a. a. O.*, S. 481.

(63) Vgl, V. Wittke, *a. a. O.*, S. 92.

(64) Vgl. K. Schulz-Hanßen, *Die Stellung der Elektroindustrie im Industrialisierungsprozeß*, Berlin, 1970, S. 121, V. Wittke, *a. a. O.*, S. 92.

(65) Vgl. *Ebenda*, *a. a. O.*, S. 100 u S. 102-3.

(66) Vgl. *Ebenda*, S. 94.

(67) Vgl. *Ebenda*, S. 96-8.

(68) Vgl. *Ebenda*, S. 100-1. その他の大量生産の製品の割合をみると、1938年には電球では4.1%、積算計器では1.1%、蓄電池の生産では2.7%、設備取付材料・絶縁管では4.4%などとなっている（Vgl. W. Huppert, Elektroindustrie, *Handwörterbuch der Sozialwissenschaften*, Bd. 3, 1961, S. 191）。また V. ヴィトケによって1938年のドイツ電機工業について「大量生産」とみなされた商品のグループの生産比率は、アメリカでは20年代の好景気の頂点に達した29年にすでに38％を占めていたとされている。Vgl. V. Wittke, *a. a. O.*, S. 101.

(69) Vgl. W. Zollitsch, *Arbeiter zwischen Weltwirtschaftskrise und Nationalsozialismus*, Göttingen, 1990, S. 20.

(70) Die Entwicklung der Elektrotechnik in der letzten Zeit, *Elektrotechnische Zeitschrift*, 61 Jg, Heft 27, 1940. 7. 4, S. 615-6.

(71) Vgl. Elektroindustrie―― eine Stütze unseres Rüstungspotentials, *Der Vierjahresplan*, 8 Jg, Folge 2, 1944. 2, S. 45.

(72) Vgl. V. Wittke, *a. a. O.*, S. 132.

(73) Vgl. G. Plumpe, *Die I. G. Farbenindustrie AG*, Berlin, 1990, S. 339.

(74) 工藤 章『現代ドイツ化学企業史』、ミネルヴァ書房、1999年、254ページ。1920年代にはドイツがなお技術的優位を維持することができていた化学工業の領域でも、大規模な消費財市場の拡大を基礎にしていちはやく大量生産・大量消費社会の確立がみられ、第2次大戦後にもそのような発展が最も急速かつ強力にすすんだアメリカは、石油を基礎にした生産の領域だけでなく、人造繊維およびプラスティック工業の多くの諸部門においても同様に優位をもっており、ドイツの企業は、すでにアメリカではその多くが利用可能であった新しい製品および新しい技術を開発せざるをえなかったとされている。H. G. Schröter, The German Question, the Unification of Europe, and the European Market Strategies of Germany's Chemical and Electrical Industries, 1900-1992, *Business History Review*, Vol. 67, No. 3. 1993, Autumn, pp. 391-2.

(75) ナチス期合理化とその後の「連続性」・「不連続性」という視点は、神戸大学の宗像正幸氏より示唆を受けたものである。感謝を申し上げたい。

(76) Vgl. G. Plumpe, *a. a. O.*, S. 324.

(77) Vgl. *Ebenda*, S. 339.
(78) R. D. Stokes, *Opting for Oil*, Cambridge University Press, 1994, pp. 36-7. IG ファルベンのルートヴィヒスハーフェンでは，すでにナチス期に合成ゴムのブタジエンはレッペ法と呼ばれるまったく新しい製法によって製造されていたが，当時の状況に関して，1945年のイギリスとアメリカによる合同調査は，この時期にはまだこの製法がうまく機能するのは困難であり，また戦後の最も有利な条件のもとでさえブタジエンのコストは同社のヒュルス，ショコパウおよびアウシュビッツで使用されていた有名なアルドール法によって製造されるブタジエンとは競争にならないであろうと指摘している (Combined Intelligence Objectives Sub-Committee, *I.G. Farbenindustrie Synthetic Rubber Plant Ludwigshafen*, Item No. 22, File No. ⅩⅩⅡ-7, London, 1945, p. 11, p. 20)。しかし，戦後に合成物質の開発・生産においてレッペ法が果した役割を考えると，ナチス期にこの製法が開発されたことの意味は大きいといえる。
(79) Vgl. M. Tessner, *Die deutsche Automobilindustrie im Strukturwandel von 1919 bis 1938*, Köln, 1994, S. 206.
(80) Vgl. H. Mottek, W. Becker, A. Schröter, *a. a. O.*, S. 31.
(81) 筆者はかつて拙書『ドイツ企業管理史研究』（森山書店，1997年）において，アメリカとの比較において企業経営のドイツ的な発展の限界が問題となる場合，結局，例えば国内市場の狭隘性がその要因となるところが大きいが，ドイツの企業経営においては，まさにそのような制約的条件を突破することが肝要であったのであり，そのような制約性を打ち破ることができなかったところにドイツの限界があったという旨の主張をした。このような筆者の主張に対して，大橋昭一氏から，同書に対する書評において，当時のドイツにおいてなぜそのような制約性を突破することができなかったかなど，さらに一歩すすんだ考察が期待される，という点の御指摘をいただいた（大橋昭一「書評　山崎敏夫著『ドイツ企業管理史研究』」『立命館経営学』，第37巻第3号，1998年9月，212-3ページ）。この点は，裏返していえば，第2次大戦の終結までの時期にはアメリカにおいてのみ本格的な展開をみた企業経営の諸方式，合理化諸方策が戦後のドイツにおいてなぜ普及・定着しえたかという問題とも関係しているといえる。ここでの考察は，同氏のコメントに対して筆者なりにお答えしたものでもある。
(82) このような観点での2つの時期の「連続性」・「不連続性」の問題とは異なるが，川瀬泰史氏は，第2次大戦後の時期の企業発展をもたらした諸要因について，ダイムラー・ベンツ社の戦時期と戦後期を比較して，「戦時期の生産設備維持だけでなく，戦後期の新状況（通貨改革や連合軍の政策など）も，その戦後の企業発展に貢献した側面が存在するように思われる」とした上で，「その意味で，ナチス期から戦後期にかけて，連続性（戦時期の生産設備）と不連続性（戦後の新状況）の両方が存在し，両方共に，ダイムラー・ベンツの戦後期の企業発展に寄与したと考えるべきではないだろうか」と指摘されており，興味深い。川瀬泰史「ナチス期のダイムラー・ベンツ」『立教経済学研究』（立教大学），第52巻第3号，1999年1月，46ページ。

索　引

あ行

アーウィック（L. F. Urwick）………21
AEG…87, 249, 250, 251, 252, 253, 263, 265, 277, 278, 280, 281, 297, 299
アーク電炉………130, 132, 133, 168, 169
IGファルベン…20, 31, 37, 177, 179, 180, 181, 182, 184, 185, 186, 187, 188, 189, 190, 191, 193, 194, 197, 198, 200, 203, 204, 205, 206, 208, 209, 210, 211, 213, 214, 215, 216, 217, 218, 219, 220, 221, 222, 223, 224, 225, 226, 227, 230, 231, 234, 240, 241, 242, 449
アウグスト・ティセン…124, 136, 165, 166
アウグスト・ティセン製鉄所…23, 125, 154, 168, 171
アウト・ウニオン………………37, 339
圧延部門……101, 135, 136, 145, 151, 152, 158
アドラー………………316, 317, 336, 357
アメリカ…12, 13, 14, 17, 24, 25, 28, 29, 30, 34, 37, 40, 42, 85, 89, 102, 114, 129, 130, 137, 139, 140, 141, 142, 150, 158, 161, 170, 187, 189, 202, 203, 214, 217, 228, 240, 241, 242, 289, 291, 323, 325, 326, 327, 328, 341, 343, 348, 350, 351, 354, 357, 358, 362, 386, 392, 393, 394, 405, 411, 413, 416, 432, 434, 436, 437, 438, 439, 441, 442, 443, 449, 450

アメリカ的管理方式………………32
イギリス…12, 13, 14, 169, 187, 203, 217, 241, 242, 289, 327, 328, 353, 356, 448
移動台………………278, 281, 283
イルテンカウフ（J. Irtenkauf）……391
インフレーション………12, 15, 16, 17, 20
ヴァークナー（H. Wagner）…269, 272
ヴァーゲンフュール（R. Wagenführ）
　………………………………13, 62
ヴァイゲル（W. Weigel）…………74
ヴァイス（H. Weiss）……………24
ヴァイマル期…11, 34, 35, 73, 83, 405, 429, 430, 443, 444
ヴァルガ（E. Varga）………………16
ヴァンデラー………………………385
ウィディア………………………93, 135
ヴィトケ（V. Wittke）………438, 449
ヴィンターホッフ（F. Winterhoff）142
ヴェルサイユ条約………………12, 13
ヴェルナー（W. Werner）………313
ヴェルナーF工場……260, 261, 264, 269
ウンターテュルクハイム工場…306, 307, 340, 347, 351, 366
エッセン鋳鋼所………110, 111, 125, 145
M. A. N. …383, 386, 401, 402, 417, 419, 420
エルモ工場…28, 256, 257, 258, 263, 275, 276
遠距離ガス供給網………………102, 147
オペル…37, 304, 311, 317, 322, 331, 332,

344, 347, 351, 353, 357, 359, 360, 362, 370

か行

開閉装置製造部門 ……………………270
化学工業 …14, 20, 23, 25, 30, 31, 36, 39, 41, 50, 52, 58, 68, 177, 228, 231, 233, 240, 440, 441, 442
化学工業・燃料工業 …57, 58, 59, 60, 179
化学副産物 ……………102, 120, 149, 150
ガゲナウ工場 …………306, 341, 348, 349
加工組立産業…25, 26, 29, 41, 63, 69, 79, 158, 442
過剰生産能力…2, 34, 35, 36, 37, 38, 102, 105, 381, 413
ガス経済 ……………………………125, 148
ガス副産物 ……………………102, 147, 152
褐炭炭鉱 ……………………………115, 116
ガント・チャート ……………………154
キーケブッシュ (H. Kiekebusch)
……………………………391, 393, 398, 399
キーンツレ (O. Kienzle) ……………313
機械製造業…20, 25, 34, 35, 37, 39, 40, 41, 52, 59, 60, 63, 81, 85, 381, 382, 385, 393, 394, 400, 401, 403, 405, 406, 411, 441
規格化…78, 79, 81, 84, 85, 156, 157, 229, 266, 269, 273, 339, 342, 343, 398, 399, 401, 431
企業合同……………………………………22
企業集中……………11, 14, 20, 23, 24, 177
企業レベルの合理化 ………………20, 24
技術政策 ……………………………422, 426, 427
技術的合理化…11, 24, 25, 26, 29, 30, 31, 32, 33, 36, 37, 60, 63, 68, 101, 102, 105, 111, 112, 114, 120, 122, 126, 128, 130, 135, 136, 145, 146, 150, 151, 158, 168, 177, 186, 195, 199, 222, 233, 245, 253, 254, 255, 256, 258, 261, 309, 311, 312, 322, 327, 381, 384, 386, 387, 393, 428, 429

キッセル (W. Kissel) ………………340
金属加工業……………………………88, 389
金属工業……………………………………56
金属労働者組合……………………………34
キント (H. Kind) ………………65, 384
グーテホフヌング…111, 123, 132, 142, 146, 147
クノープ (O. Knoop) ………………71
組み合わせプロセス (合併法)…130, 132, 134
組別生産……………………………27, 68, 83
クラウホ (C. Krauch) …………199, 200
クルップ…67, 93, 109, 110, 119, 122, 125, 126, 129, 132, 133, 134, 135, 136, 145, 147, 148, 149, 166, 169, 172
クロスカントリーミル ………………143
軍需産業 ……………………………5, 390, 392
軍需市場…3, 48, 50, 51, 68, 88, 205, 282, 291, 349, 355, 361, 387, 390, 435, 436
経営管理・職業教育局 ………71, 77, 430
経営共同体…………………49, 72, 76, 434
経済の軍事化…3, 36, 47, 50, 51, 60, 64, 79, 85, 87, 177, 184, 185, 225, 272, 287, 288, 387, 404, 405, 429, 435, 443
経済民主主義論………………………………18
結合経済………………………36, 102, **197**
ケットゲン (C. Köttgen) ……………35
ゲルゼンキルヘン鉱山株式会社…118, 120, 122
ゲルゼンベルクガソリン社 …………120
減価償却…52, 56, 59, 104, 106, 109, 110, 186, 246, 250, 303, 310, 311, 382, 383

索　　引　453

研究開発……………………………………31
研究開発投資 ……190, 191, 192, 193, 196
研削盤…………………………………320
原料自給化政策 …………………50, 68, 255
原料統制………………………………47
原料の自給化 ………………177, 180, 199
原料不足…………47, 49, 68, 112, 132, 255
広域経済圏……………………………88
高級鋼 …………………………130, 143, 151
公共投資…6, 37, 56, 57, 245, 424, 425,
　　428, 429
航空機用ガソリン…185, 201, 202, 203,
　　204, 205
工作機械…29, 30, 62, 66, 67, 261, 305,
　　308, 311, 327, 347, 388, 400, 401, 404,
　　412, 413
工作機械製造業…29, 60, 83, 261, 313,
　　386, 387, 388, 392, 393, 394, 396, 397,
　　398, 399, 403, 404, 405, 406, 411, 413,
　　416
硬質合金……27, 28, 41, 44, 63, 66, 67, 93,
　　94, 254, 256, 257, 259, 311, 317, 319,
　　384, 385, 386
更新投資……………52, 56, 61, 180, 183
合成ガソリン …………195, 198, 202, 441
合成ゴム…31, 58, 68, 184, 190, 194, 198,
　　199, 209, 211, 212, 226, 227, 230, 240,
　　242, 440, 441
合成ゴム事業 …………205, 207, 211, 213
合成生産方式…25, 30, 31, 41, 68, 192, 441
合成繊維…68, 194, 214, 215, 216, 218,
　　220, 221, 225, 226, 227, 242, 440, 443
合成繊維事業 ……214, 217, 221, 222, 240
合成燃料…31, 122, 184, 190, 194, 199, 202
合成燃料部門 ……195, 198, 199, 200, 204
合成物質………………………91, 440, 443

高速度鋼 ………27, 28, 44, 66, 385, 386
交替型流れ生産 ……………………274
合同製鋼…13, 14, 20, 22, 23, 36, 105, 106,
　　107, 118, 124, 127, 129, 133, 135, 136,
　　137, 138, 139, 143, 147, 148, 149, 151,
　　158, 165, 166, 168, 171, 184, 442
鉱油………………………56, 90, 91, 180
鉱油合成 ………………………61, 68
鉱油部門 ……………181, 182, 185, 223, 224
合理化…11, 13, 14, 16, 17, 18, 19, 21, 24,
　　30, 35, 38, 41, 48, 49, 50, 83, 87, 101,
　　112, 150, 175, 245, 256, 264, 273, 286,
　　288, 301, 354, 388, 390, 432, 442
合理化運動…1, 2, 4, 5, 11, 15, 17, 18, 20,
　　24, 32, 33, 34, 35, 36, 38, 40, 41, 47, 51,
　　69, 88, 102, 405, 421, 422
合理化運動への国家のかかわり…423,
　　427, 431
合理化恐慌 ……………………………2
合理化宣伝・指導機関…18, 422, 423, 424
合理化の諸科学……………………73
交流電動機……………………65, 136, 137
高炉 ……………………123, 124, 125, 126
高炉工場 ………………126, 131, 174
コークスガス ……………………147, 148
コークス工場 …………………118, 149, 150
コークス炉 ………………………118, 119
小型製品製造工場 …………………260, 264
小型製品製造部門 ……259, 264, 270, 285
国内市場の狭隘性…17, 31, 38, 85, 101,
　　245, 434, 443, 450
国防軍…………………………79, 288
国民社会主義者……………49, 72, 78, 302
国家…2, 5, 18, 47, 48, 70, 83, 85, 104, 184,
　　234, 266, 341, 421, 422, 423, 424, 425,
　　426, 428, 429, 430, 431, 432, 434, 447

国家独占資本主義 …………………5, 427, 432
個別駆動…25, 26, 27, 29, 65, 67, 101, 116, 136, 139, 268, 312, 366
個別駆動方式…41, 64, 65, 254, 311, 312, 384, 442
個別電動駆動…25, 26, 27, 28, 63, 64, 126, 136, 311, 312
個別電動駆動方式…64, 311, 322, 384
コンビネーション …………………20, 21
コンベア ……………273, 283, 286, 346, 348
コンベア作業…………………………34, 287
コンベア式タクト・システム ………274
コンベア・システム ……………274, 404
コンベア生産 …………………………347

さ行

採炭の機械化 …………………………114
作業研究…73, 74, 76, 77, 78, 154, 231, 232, 243, 263, 333, 396
作業準備…152, 262, 265, 329, 330, 394, 395, 396
作業タクト ……………………………286
作業部 …………………………………232
サシュリー（R. Sasuly）……………198
産業基盤整備 ………………37, 57, 424, 425
産業合理化 ……………………………19, 24
産業政策 ………………………………425
産業電化 ……25, 26, 37, 41, 101, 139, 245
産業の合理化…………………………20
三相交流電動機 …………………27, 65, 137
ジーゲル（T. Siegel）……6, 48, 86, 87, 262
ジーメンス…48, 86, 87, 247, 252, 254, 256, 257, 258, 273, 274, 280
ジーメンス＆ハルスケ…63, 248, 249, 260, 264, 269

ジーメンス・シュッケルト…26, 28, 44, 49, 63, 65, 97, 248, 249, 259, 263, 264, 275, 285
ジーメンス電熱会社 ……………286, 288
シェル（A. v. Schell）……………337, 339
シェル計画 ………………………338, 341
時間研究…73, 77, 78, 152, 153, 154, 231, 232, 243, 262, 263, 333, 396
時間・動作研究…………………………72
事業部 …………………………………187
思想的・社会的カンパニア ……433, 434
シッツ（R. Schiz）………136, 266, 268
自動車・オートバイ・自転車製造業 ……………………………………59, 60
自動車工業…25, 35, 37, 39, 49, 50, 52, 63, 81, 85, 196, 257, 301, 302, 303, 313, 329, 336, 337, 342, 351, 352, 354, 355, 357, 358, 362, 405, 435, 443
自動車部門総全権代理…81, 337, 339, 340
自動車用ガソリン ………………203, 204
資本主義的合理化 ……………4, 422, 427
資本不足………………17, 31, 33, 101, 434
社会化…………………………………18
社会政策 ……………………422, 425, 429
11月革命 ………………………………15
重工業…13, 20, 23, 36, 39, 40, 52, 57, 58, 59, 60, 101, 102, 103, 150, 158, 175
集合駆動 …………25, 26, 64, 65, 116, 136
集団出来高給 ……………………332, 333, 350
柔軟性 ……………………………274, 381
自由労働組合 …………………………18
シュタールマン（M. Stahlmann）…49, 302, 331, 349, 351
シュッツ（W. v. Schütz）…330, 342
シュトルベルク（G. Stollberg）…102, 424

シュプリンゴルム（F. Springorm)
　…123, 127, 128, 129, 130, 136, 148, 150
シュレーター（A. Schröter）…………68
消極的合理化 ……………21, 23, 177, 178
消費財…39, 40, 41, 69, 89, 102, 222, 381,
　393, 403, 435, 436, 439, 441, 444
消費財革命 ……………………436, 437
消費財産業 ………5, 13, 52, 55, 56, 78, 88
消費財市場 ……………………440, 441
新規投資 …56, 61, 126, 129, 180, 183, 184
人絹………………31, 181, 217, 218, 219, 225
新興産業部門 …………………39, 40
人造石油 ………………31, 58, 178, 194
人造石油部門 …………………………178
水素添加方式 …………………120, 197
垂直的結合………………………………20
水平的結合………………………………20
ストークス（R. G. Stokes）……194, 202
ストリップ・ミル…26, 101, 137, 139,
　151, 169, 441
スフ………………31, 58, 91, 181, 219, 225
製鋼工場 ……………………………129, 131
製鋼部門 ………127, 130, 151, 152, 158
生産技術の発展…………25, 123, 127, 135
生産財産業………………5, 13, 52, 56, 428
生産の標準化…33, 78, 84, 85, 229, 232,
　266, 267, 272, 335, 341, 343, 397, 398,
　403
製鉄・金属賃金目録…………69, 74, 77
製鉄部門 ………………123, 127, 151, 158
製品別生産の集中・専門化…21, 22, 23,
　24, 177
ゼーバウアー（G. Seebauer）……48, 51
世界恐慌……………………………………39
世界恐慌期…51, 70, 105, 178, 182, 186,
　190, 195, 222, 230, 303, 343, 382, 383

積算計器製造部門 ……………………277
石炭業 ………………111, 112, 114, 121, 152
石炭炭鉱 ……………………………116, 117
石油工業 ………………………56, 179, 240
設備投資…51, 52, 54, 56, 57, 59, 101, 103,
　104, 105, 106, 109, 110, 151, 178, 179,
　180, 182, 183, 184, 185, 186, 195, 246,
　247, 303, 304, 305, 306, 310, 382, 424
1920年代…2, 11, 12, 18, 35, 63, 68, 69, 86,
　87, 101, 103, 105, 114, 129, 147, 150,
　190, 195, 228, 230, 232, 245, 254, 257,
　262, 273, 280, 300, 301, 329, 354, 363,
　381, 386, 388, 422, 427, 434
全国作業研究委員会……………………73
戦争経済 …3, 6, 48, 83, 185, 389, 393, 443
旋盤 ………………………314, 385, 400, 401
専門化…………85, 156, 266, 343, 403, 404
専門労働者 …48, 288, 332, 348, 349, 351,
　388
専用機械…25, 27, 30, 48, 68, 256, 279,
　311, 313, 315, 317, 327, 350, 362, 386,
　387, 390, 391, 393, 405, 416
戦略爆撃調査団…125, 126, 165, 166, 167,
　171, 172, 328, 361, 392, 393, 394, 403,
　410, 413
染料部門 ………………………………185
操業度……………………………………37
相対的安定期…2, 5, 11, 12, 13, 20, 32, 37,
　39, 57, 195, 196, 424, 425

た行

耐久消費財 ……………435, 437, 438, 441
第2次大戦期…60, 185, 273, 405, 412, 416
第2次大戦後…289, 431, 434, 438, 440,
　441, 442, 443, 444, 449
第2次大戦時……73, 77, 85, 114, 362, 399

第 2 次 4 カ年計画…48, 50, 51, 54, 56, 68, 79, 90, 104, 111, 177, 178, 194, 198, 204, 222, 223, 225, 387, 428
ダイムラー・ベンツ…37, 305, 307, 311, 325, 331, 332, 334, 340, 347, 349, 350, 351, 359, 370, 450
タイム露出撮影 …………………154, 263, 264
大量消費 ………………………………………441
大量生産…3, 27, 29, 30, 37, 39, 40, 41, 51, 64, 68, 69, 83, 84, 86, 87, 88, 89, 102, 227, 256, 282, 286, 288, 289, 291, 301, 309, 354, 355, 357, 360, 361, 371, 381, 386, 393, 410, 435, 436, 438, 440, 441, 443, 444
大量生産体制 …30, 32, 228, 245, 302, 435
多角化…………31, 37, 69, 177, 189, 242, 440
タクト・システム ……………………………407
タムメン（H. Tammen） ………196, 198
炭鉱業………………………………………36, 156
弾力性…………………29, 30, 35, 389, 392
窒素部門…………37, 178, 181, 187, 188
チャンドラー（A. D. Chandler, Jr）
………………………………………………241
中ぐり盤 ………………………316, 318, 385
直流電動機……………………65, 136, 139
通信機器製造部門 ……………………269
ツォリッシュ（W. Zollitsch） ………112, 126, 254
定型化…78, 79, 81, 83, 85, 156, 157, 230, 266, 268, 269, 273, 339, 341, 342, 343, 400, 403, 431
ティセン……124, 125, 129, 133, 145, 149, 155
ディックホッフ（O. Dyckhoff）…315, 316, 321, 322, 326, 327, 370
テイラー・システム………11, 25, 32, 33, 69

出来高給 …………153, 230, 231, 329, 332
テスナー（M. Tessner） ………364, 443
鉄鋼業…25, 36, 40, 101, 102, 122, 150, 151, 153, 154, 156, 442
デュイスブルク・ハムボルン製鉄所
………………………125, 133, 145, 149
デュポン…189, 206, 212, 213, 214, 215, 216, 219, 220, 221, 222, 226, 227, 241, 242
電機工業…25, 26, 34, 37, 39, 41, 48, 50, 52, 56, 59, 60, 63, 64, 86, 87, 245, 246, 255, 257, 266, 273, 276, 289, 290, 291, 381, 398, 439
電動機…………………26, 64, 65, 245, 269
電動機工場 ………26, 28, 44, 97, 257, 273
電動機製造部門 ………256, 263, 268, 275
電動式個別駆動………………………65, 116
電熱機器製造工場 ……………………288
電熱機器製造部門 ……………………261, 286
電力………………………………………116, 117
電炉 …………………130, 132, 133, 134, 168
電炉鋼…128, 130, 131, 132, 133, 134, 135, 151, 152
電話器製造部門 ……………260, 264, 269
ドイツ…2, 13, 28, 30, 31, 32, 33, 35, 36, 38, 39, 40, 42, 66, 132, 140, 141, 142, 158, 189, 203, 214, 217, 228, 240, 241, 289, 291, 323, 325, 327, 341, 348, 353, 356, 358, 362, 394, 416, 436, 437, 438, 439, 440, 448, 449
ドイツ化学工業………………14, 189, 192
ドイツ機械製造業 ……………………413
ドイツ技術労働教育研究所 ………71, 72
ドイツ・クレックナー・フンボルト社
………………………………………316, 318
ドイツ経済合理化協議会 …432, 433, 434

索　　引　457

ドイツ経済性本部…19, 66, 423, 424, 429, 430
ドイツ工業規格 …158, 230, 267, 399, 402
ドイツ合理化運動 …………13, 19, 38, 39
ドイツ自動車工業 326, 354, 363, 364, 379
ドイツ資本主義………2, 4, 12, 19, 38, 431
ドイツ電機工業 …266, 289, 290, 440, 449
ドイツ独占企業…4, 12, 15, 16, 17, 24, 38, 431
ドイツ労働時間研究委員会……………32
ドイツ労働戦線 ………71, 73, 77, 95, 430
投資統制 …………47, 55, 104, 428, 429
ドーズ・プラン ………………12, 13, 432
トーマス鋼 ………127, 128, 130, 131, 151
トーマス転炉 …………………………165
トーマス法 …………………………127
トーマス炉 …………………………127
特殊鋼 ………………130, 132, 135, 151
独占形成期………………………………31
トラスト ………………14, 20, 23, 24
ドルトムント・ウニオン………………22
ドルトムント・ヘルデ…22, 125, 144, 148
ドルトムント・ヘルデル・フェライン
　………………143, 165, 166, 168, 172
ドレッシャー (W. Drescher) ……29, 44

な行

ナイロン …………215, 222, 227, 241
流れ作業………………………34, 405
流れ作業方式 …………………………409
流れ生産 …27, 35, 44, 64, 83, 86, 88, 89, 274, 278, 286, 288, 348, 405, 406, 408, 420
流れ生産方式…33, 37, 45, 85, 87, 88, 273, 280, 282, 288, 291, 343, 344, 400, 404, 407, 420, 435, 442

ナチス…1, 36, 48, 66, 83, 87, 156, 184, 185, 287
ナチス期 …1, 5, 6, 29, 47, 60, 63, 83, 84, 85, 88, 89, 111, 132, 147, 150, 178, 190, 192, 194, 199, 218, 229, 232, 250, 262, 282, 291, 302, 312, 329, 362, 387, 390, 431, 434, 435, 441, 443
西ドイツ ……………………431, 432
熱経済………………24, 102, 147, 151
ネル (A. Nöll) …………128, 141, 142

は行

ハーバー (L. F. Haber) ………189, 227
ハーバー・ボッシュ法 …………189
バイエル ……………………230, 232
バウアー (O. Bauer) ………………19
白熱球製造部門 ……………………271
歯車形削り盤 …………322, 400, 401
BASF ……………188, 231, 234
ハハトマン (R. Hachtmann) ……6, 60, 63, 69, 71, 85, 88, 89, 135, 142, 151, 343, 430
範囲の経済 …………………197, 198
汎用機械…………25, 30, 68, 386, 391, 392
汎用工作機械 …27, 68, 390, 392, 405, 416
ピッツラー工作機械会社 ……………407
標準化…33, 78, 79, 84, 156, 230, 266, 273, 339, 342, 401, 430, 431
ファシズム的合理化 ………………3, 4
フィッシャー (W. Fischer) …133, 157
フィッシャー・トロップ法…122, 201, 202
フェーゼ (W. Fehse) …………407, 415
フェルデンキルヘン (W. Feldenkirchen) ……………………273, 292
フォード・システム…11, 25, 32, 33, 35,

39, 68, 69, 78, 85, 87, 245, 266, 289, 335, 381, 397, 404, 435, 436, 442, 444
フォルクスワーゲン…326, 328, 340, 354, 359, 360, 362
副産物の有効利用 …………147, 148
副産物・廃棄物の有効利用………24, 102
ブッシュ（K. W. Busch）…………362
ブナ …………62, 91, 199, 209, 211, 230
部品の規格化 ……………336, 339, 343
フライス盤 ………………319, 385, 401
フライベルク（T. v. Freyberg）…6, 26, 29, 34, 35, 48, 66, 386, 388
ブラウン（H. J. Braun）…………379
フランス…12, 13, 14, 143, 187, 353, 356, 448
ブランデンブルク工場…304, 344, 346, 347, 359
フリードリッヒ・アルフレッド製鉄所 ………………111, 120, 125, 145, 146, 168
プルンペ（G. Plumpe）…190, 191, 198, 205, 226, 234, 240
ブレィディ（R. A. Brady）………36, 37
フレキシビリティ…35, 289, 348, 349, 350, 388, 389, 392, 404, 405, 406
フレキシブルな生産構造 …………349
フレキシブルな品質重視の生産…347, 348, 349
プレス ………………324, 325, 326, 346
ブローチ盤 …………………………323
分析的職務評価 ……………………333
ヘイズ（P. Hayes）…………………200
平炉 …………………………128, 129, 166
平炉鋼 ………………………128, 130, 131
平炉法………………………14, 127, 128
ベーニヒ（J. Bönig）………………19
ベーリング兄弟社 …………………410

ヘキスト ……………………………192
ヘクナー（K. Hegner）……64, 398, 399, 409
ベッカー（W. Becker）…25, 26, 30, 39, 40, 64, 88, 97, 357, 362, 426, 443
ペッヒホルト（E. Pechhold）………76
ベルギウス法 ………………………202
ベルト・コンベヤー…86, 88, 117, 161, 261, 274, 275, 276, 278, 282, 284, 288, 345, 346, 347, 348, 350, 357, 406
ヘルホルト（H. Herfort）…………278
ヘルマン（P. Herrmann）……112, 113
ヘルマン・ゲーリング……148, 165, 166, 169
ヘレルスベルク（P. Hellersberg） ………………………312, 316, 323
ベロン（B. P. Bellon）……308, 333, 347
ペンツリン（K. Pentzlin）…71, 73, 74, 85, 95, 407
ボッシュ（C. Bosch）………………188
ボフーム・フェライン……23, 124, 125, 129, 133, 143, 145, 148, 166, 168
ホブ盤 ………………………………322
ホムブルク（H. Homburg）……48, 86, 254, 256
ボルベック高炉工場 ………125, 126, 149

ま行

マーシャル・プラン ……………431, 434
マンハイム工場 ………309, 341, 347, 349
ミルウォード（A. Millward） …68, 391
無機化学品部門 ……………181, 185
メーレンドルフ（U. v. Moellendorf） ………………………265, 280, 282
メルヒャー（H. Melcher）……315, 325
モータリゼーション…89, 142, 195, 196,

302, 312, 337, 341, 356, 358, 362, 387, 437, 439, 441
モテック（H. Mottek）………87, 427
モメルツ（K. H. Mommertz）…64, 65

や行

輸送機械工業……………………34
ユニット・システム…269, 386, 398, 404, 415
溶接機………………………324

ら行

ラジオ製造工場………………281
ラジオ製造部門…………265, 269, 280
ラップ盤……………………322
ラートカウ（J. Radkau）…85, 343, 405
ランゲ（K. Lange）……………63, 66
ランデス（L. S. Landes）………151
リュッセルスハイム工場………347, 362
両大戦間期……………290, 436, 439, 440
ルールオルト・マイデリィヒ製鉄所
　………………23, 136, 145, 165, 166
ルール化学株式会社………………122
ルールガス株式会社………………147
ルール炭鉱…112, 113, 114, 115, 152, 153, 156, 161
レーヴェ……………………409
レグール（R. Regul）…………113, 120
レッペ（W. Reppe）……………443
レッペ法……………………449, 450
レファ………70, 71, 72, 73, 74, 76, 78, 94, 95, 96
レファ協会………32, 33, 75, 77, 95, 430
レファ・システム…25, 32, 33, 69, 70, 71, 72, 73, 77, 231, 262, 263, 333, 334, 350
連続圧延機………101, 135, 143, 151, 152
連続広幅帯鋼圧延機…26, 101, 139, 140, 141, 151, 170, 441, 442
労資関係………………18, 433, 434
労資の同権化……………………444
労働科学……………71, 72, 229, 430
労働組合……………17, 18, 49, 302
労働生産性……………63, 84, 151
労働組織的合理化…11, 24, 25, 32, 37, 69, 152, 156, 158, 177, 228, 230, 245, 262, 329, 381, 394
労働力不足……47, 48, 112, 260, 262, 276, 387
ローラー・コンベア……………278, 345

索　引　*459*

著者略歴

山崎敏夫（やまざきとしお）

1962年　大阪府に生まれる
1985年　同志社大学商学部卒業
1990年　同志社大学大学院商学研究科後期博士課程単位取得
1989年　高知大学人文学部に勤務，助手，専任講師，助教授をへて
1994年　立命館大学経営学部助教授
現　在　立命館大学経営学部教授　博士（経営学）

主要著書

『ドイツ企業管理史研究』，森山書店，1997年
『ヴァイマル期ドイツ合理化運動の展開』，森山書店，2001年
『ドイツ合理化運動の研究』（共著），森山書店，1995年

著者との協定
により検印を
省略します

ナチス期ドイツ合理化運動の展開

2001年4月5日　初版第1刷発行
2003年7月10日　初版第2刷発行

著　者　©山崎敏夫
発行者　菅田直文
発行所　有限会社　森山書店　〒101-0054　東京都千代田区神田錦町1-10林ビル
　　　　TEL 03-3293-7061 FAX 03-3293-7063　振替口座 00180-9-32919

落丁・乱丁本はお取りかえします　　印刷　㈱シナノ　製本・鈴木製本

本書の内容の一部あるいは全部を無断で複写複製することは，著作権および出版社の権利の侵害となりますので，その場合は予め小社あて許諾を求めてください。

ISBN 4-8394-1931-0